농암 유수원 연구

실시학사
실학연구총서 08

농암 유수원 연구

聾庵 柳壽垣

❖ 정만조 · 김성우 · 이헌창 · 김태영 · 정순우 저
❖ 재단법인 실시학사 편

사람의무늬

實學硏究叢書를 펴내며

실학(實學)이 우리나라 학계에 연구주제로 떠올라, 정식의 학술논문으로 학술지에 등재(登載)되기 시작한 것은 1952년 이후의 일이다. 천관우(千寬宇)의 「반계 류형원(磻溪 柳馨遠) 연구」가 『역사학보(歷史學報)』 2·3집에 발표된 것이 그 시발점이다. 지난 계몽기(啓蒙期)의 몇몇 선학(先學)들이 실학에 대한 관심을 표명해 왔으나 일반 신문·잡지에 논설조(論說調)로 내놓은 것이 고작이었던 것에 비하면, 천관우의 글은 당시 비록 한편에서 저널리스트식 필치로 써내려 온 것이란 비판이 있었지만 일단 수미정연(首尾整然)한 체제를 갖춘 논문으로 주목할 만하였다. 그러나 당시 연구자의 수가 많지 않고 학계의 관심도 분산되어 있어서 개별 실학자에 대한 연구가 간헐적으로 있는 정도였고 그리 활발한 편은 아니었다. 그중에서 1961년에 한우근(韓㳓劤)의 성호(星湖) 이익(李瀷)에 관한 연구가 『이조후기(李朝後期)의 사회(社會)와 사상(思想)』이란 책으로 나와, 그의 실증사학(實證史學)으로서의 견고한 학풍을 보여 주었다.

그러다가 1970년에 이우성(李佑成)의 「실학연구서설(實學硏究序說)」이 나와, 그동안 유동적이었던 실학의 명칭문제가 일단 타결된 듯이 보이고, 나아가 실학의 내용을 경세치용(經世致用)·이용후생(利用厚生)·실사구시(實事求是)의 세 파로 나누어 설명함으로써 그 학문의 성격을 용이하게 파악할 수 있게 하였다. 또한 경세치용파를 근기지방(近畿地方)의 농촌토착적 환경에서, 그리고 이용후생파를 서울의 도시적 상황 속에 형성된 것으로 이해하면서 「18세기 서울의 도시적 양상」을 묘사하여 이용후생파의 성립 배경을 밝히려고 하였다. 다시 나아가 다산(茶山) 정약용(丁若鏞)에 이르러 위의 양파(兩派)가 회합(匯合)되는 동시에 호한(浩汗)한 경전해석(經典解釋)으로 실사구시파(實事求是派)를 추동(推動)시킨 느낌이 있어, 다산학이 실학의 대성을 의미하는 것이라고 언급하였다. 이후 계속해서 실학의 후속 학자로 최한기(崔漢綺)와 최성환(崔瑆煥)을 연구하여 최한기가 『기학(氣學)』과 『인정(人政)』을 저술하는 한편 서양 과학지식을 대폭 수용하고, 최성환은 중인(中人) 출신으로 국왕(國王)의 자문에 응한다는 취지에서 『고문비략(顧問備略)』을 저술하여 전반적 제도 개혁을 주장한 것을 높게 평가하였다. 특히 최성환의 바로 뒤에 중인층의 후배들이 개화운동의 배후 공작자로 활약하게 된 것을 말함으로써 실학사상(實學思想)과 개화사상(開化思想)의 연결관계를 미루어 알게 하였다.

한편 '실학국제회의(實學國際會議)'를 구성하여 한·중·일 삼국의 학자들이 각자 자국의 실학을 중심으로, 2년마다 돌아가면서 국제회의를 개최하도록 함으로써 동아시아 세계로 실학의 지평을 넓혔다. 그리고 '한국실학학회(韓國實學學會)'를 조직하여 국내 학자들을 수시로 발표시키고 1년에 두 차례 학보를 발행하여 우리나라 실학연구를 다소 진작되게 하기도 하였다.

실시학사(實是學舍)가 서울에서 근기(近畿) 쪽으로 옮긴 뒤에도 나는 젊은 학도들과 강독 및 연토(硏討)를 지속해 오고 있지만 연로신쇠(年老身衰)한 처지에서 불원 철수 은퇴할 것을 생각하고 있었다. 뜻밖에 나의 친구모하(慕何) 이헌조(李憲祖) 형이 거액의 사재를 출연하여 실시학사를 재단법인으로 만들고 그 기금으로 실학연구에 박차를 가해 줄 것을 권유해 왔다. 나는 사회와 학문에 대한 그의 열정에 감동하여 사양치 않고 그의 뜻에 따랐다. 즉시 연구계획을 세우고 국내 학자들을 널리 동원하여 1차 연도에 성호·다산을, 2차 연도에 담헌(湛軒)·연암(燕巖)과 실학파 문학을, 그리고 3차 연도에 반계(磻溪)와 초정(楚亭)을 다루기로 하였다. 각 팀에 5명을 한 단위로 하여 1년 동안의 공동연구 끝에 각자 논문을 제출하여 한 권의 책을 내기로 하였다.

어느덧 적지 않은 세월이 흘렀다. 1·2·3차 연도의 성과가 이미 여러 책으로 나왔다. 집필자들은 모두 해당 분야의 전문 연구자로서 가장 정예(精銳)로운 분들이라고 생각한다. 이제 4차 연도의 농암 유수원(聾巖 柳壽垣)과 풍석 서유구(楓石 徐有榘)에 대한 연구 성과를 실학연구총서의 제8, 9권으로 펴낸다. 풍석은 저술이 호한(浩瀚)하여 상하(上下) 2책으로 내기로 한다. 하책은 다음 연도에 나올 것이다. 국내외 학계 여러분의 성원과 협조를 기대하여 마지않는다.

이 글을 마치려 함에 있어, 거듭 모하(慕何) 형에게 고마움을 표하면서 앞으로 그 뜻을 살려 더욱 성과를 내게 될 것을 다짐한다.

2014년 7월

實是學舍에서 李佑成

농암(聾庵) 유수원(柳壽垣)은 비교적 늦게 실학자의 대열에 합류한 인물이다. 『우서(迂書)』가 1960년대 말에 와서야 그의 저술임이 밝혀졌기 때문이다.

『우서』는 조선 후기 사회의 폐단을 지적하고 그 대안을 제시한 투철한 견해로써 학계에 일찍부터 알려졌다. 다만 그 저자가 누구인지 몰라 주목을 받지 못했을 뿐이었다. 저자가 밝혀지자 『우서』에 실린 개혁론에 대한 연구가 본격화되었다. 이를 통해 그 개혁론의 내용이 사족지배체제에 토대를 둔 조선사회 전체를 흔들 만큼 혁신적이고, 국가경제와 민생안정의 방법으로 제시한 상공업진흥론이 같은 시대의 어떤 학자의 주장보다도 독창적이라고 말해지면서, 저자인 유수원도 단번에 실학의 이용후생적 측면을 대표하는 북학파의 선구로서의 위상을 확립하였다.

그러나 『우서』의 개혁론에 대한 호평(好評)과 유수원을 대표적인 실학자의 한 사람으로 보는 주장을 뒷받침할 만큼의 연구가 충분히 쌓인 것은 아니었다. 그동안 수십 편의 논문이 나왔지만 한두 분야의 특정 주제에만 쏠렸을 뿐이었다. 『우서』는 국허민빈(國虛民貧)으로 표현되는 조선 후기가 당면하였던 총체적 난국을 타개하기 위한 대책으로서 구상된 개혁안을 담고 있다. 그러므로 거기에는 신분과 상업문제와 함께 정치제도와 그 운영, 교육과 과거, 농업, 재정과 부세(賦稅) 등에 걸친 일련의 개혁론들이 부국안민(富國安民)에 초점을 맞추어 서로 밀접하게 연결되어 전개되었다.

따라서 『우서』에 대한 종합적 검토 위에서 유수원 개혁론의 전모(全貌)와 그 사상을 이해하며 개혁성을 평가할 필요성은 일찍부터 제기되었다. 다만 1970년대 이후의 내재적(內在的) 발전론(發展論)에 따른 자생적(自生的) 자본주의론(資本主義論)의 열기가 식어 『우서』에 대한 관심이 달라지면서 작금까지는 미결의 과제로 남아 있었다.

실시학사에서 2013년도 학술연구사업으로 '유수원의 『우서』 연구'를 과제로 선정한 이유는 바로 여기에 있다. 이 과제의 연구수행은 정치·사회신분·상업·농업·교육의 다섯 분야로 나누어 각기 전공자에게 맡겨졌다. 그러나 연구과제의 본래 목적을 살리기 위한 공동연구의 뜻에 충실하고자 5차례의 중간발표모임을 통해, 각자가 맡은 연구주제의 개성을 드러내면서도 이를 통해 공통점을 검출(檢出)해 냄으로써 유수원 개혁론의 기본구조와 전모를 탐색해 보고자 하였다.

본서의 수록 순서에 따라 요약해 보면 먼저 정만조의 「농암 유수원의 생애와 정치개혁론」은 그 개혁론의 배경 이해를 위해 자료를 더 보강하여 그 생애를 재구성하고, 지금까지 단일주제로는 연구되지 않았던 정치적 측면을 다룬 것이다. 여기서 그의 학문이 큰할아버지인 유상운(柳尙運)에게 배우고 현실과 실리(實理)를 추구하는 남구만(南九萬)과 윤증(尹拯) 등 소론의 학풍과 부국안민에 주력하던 김육(金堉)의 경세론(經世論)에 연원하였음을 밝혔다. 또 『우서』가 임금을 비롯한 당시 사대부층에 널리 알려지게 된 계기는 영조 13년 일시 집권한 소론이 『우서』를 통해 국정운영의 방향을 제시하려 했기 때문이라고 이해했다. 그의 관제개혁안은 정책에 반영될 정도로 결실을 맺지만, 그러나 그에 따른 명성은 오히려 그 정치적 전도에 족쇄가 되어 노론의 엄중한 감시하에 결국 역모혐의로 처형된다고 보았다. 그의 정치개혁론에 대해서는 예치(禮治) 지향의 군주정(君主政) 수립을 목표로 양인(良人)을 대상으로 한 시험과 교육에 의해 조사(造士)를 양성하고, 다시 이들을 과거를 통한 선보법(選補法)으로 관리에 선발하며, 6조정무체계(六曹政務體系)로 정비된 관제 속에 임용하여서 구임(久任)과 서승고적법(序陞考績法)에 의해 전문적 실무관료(Technocrat)로 확보하는 구조였다면서, 이런 전문실무관료를 그가 구상한 사회경제개혁의 추진주체로 삼으려 하지 않았을까 추론하였다.

다음 김성우는 「조선시대 사회구조의 변화와 유수원의 신분제 개혁론」에서 유수원이 구상하였던 사회신분제 개혁론의 특징과 그 한계를 함께 검토하였다. 이 논문에 의하면 유수원은 사회적 병폐를 불러오는 기본요인을 사족(士族)의 자폐적(自閉的) 엘리트로의 전환과 문벌사회 형성으로 진단하고, 그 해결책으로서 사민분업(四民分業)의 실현에 의한 양천제(良賤制) 사회구조의 회복에 따른 사족의 상업종사 허용을 주장했다고 한다. 직업의 평등과 이동을 보장하는 사민분업이 이루어지면 사족이면서도 상업을 꾸려가는 계층, 곧 사상층(士商層)이 출현할 것으로 예상했다고 한다. 이 '사상층'의 존재는 종래의 연구에서는 드러나지 않았다. 또 김성우는 유수원 사회개혁론에 대한 한계도 검토하였다. 우선 개혁론의 근거 마련을 위해 역대의 역사를 꼼꼼히 분석하고 나름대로 체계화한 것은 높이 평가되지만, 자신이 주장하는 논리에 맞추는 데 급하여, 양천제(良賤制)의 역사적 변천에 대한 인식의 명백한 오류에서 보듯이, 부정확한 부분이 나온다고 하였다. 그리고 사상층 창출에까지 이르는 개혁을 추진하기 위해서는 반드시 국왕과 국가가 그 중심에 서야 한다고 개혁의 주체로서 국왕의 존재를 설정하면서도 막상 그 역할과 기능에 대한 구체적인 언급이 없으며, 정통 성리학자의 성선설(性善說)을 신봉한 나머지 현실에서의 개혁론 실현을 너무 낙관적으로 보았다는 점도 지적되었다.

다음으로 이헌창은 「『우서』 경제사상의 기본구조」에서 『우서』에 나타난 유수원의 경제사상을 상업론을 중심으로 그 사상적 토대와 경제논리를 추출하고 이를 오늘날의 경제학적 관점에서 검토하였다. 그의 경제사상은 우선 주자성리학을 중심으로 한 유학사상의 기본원칙에 충실하면서도 실사구시(實事求是)를 중시하며 때로는 관자(管子)·한비자(韓非子)의 주장까지 수용하는 열린 자세의 경세관(經世觀)을 바탕으로 했다고 한다. 그 위에서 전개된 개혁론의 기본원리는, 부(富)의 긍정과 경제합리주의, 물질적 인센티브에 반응하는 인간관으로서 유학의 약점을 보완한 가난의 문제의식과 부국론(富國論), 사회적 분업과 직업제의 확립·기술도입·상업자본과 교육을 통한 상업인구의 축적·제도개혁을 내용으로 하는 경제발전의 원리, 영리 추구의 긍정과 사족(士族)의 상업종사를 통한 전통적 농본주의의 극복, 시장·자본주의적 생산관계 및 도시문화의 옹호, 재정과 세원(稅源)·시장을 통한 재분배의 국가적 경제관리 등이었다고 한다. 이러한 경제논리는 오늘날의 상업원리와 상업세 제도를 논한 데 해당하며 상학(商學)을 정립하려고 한 시도로서, 그런 면에서 그의 개혁론은 시민혁명 이전의 유럽 중상주의자(重商主義者)의 구상에 가깝다고 평가하였다. 물론 유수원의 개혁론이 갖는 문제점도 지적되었다. 개혁논리 강조를 위해 현실의 빈곤을 의도적으로 과장했다든가, 오늘날의 경제학 관점에서 볼 때 그 경제이론이 갖는 한계 또한 적지 않다고 한다. 그러나 유수원의 경제사상은 전통적인 유학의 경제관에서 탈피한 근대적 사유의 싹이었으며 이것은 유수원 개인의 창견(創見)일 뿐만 아니라, 소론(少論) 명사(名士)들과의 자유로운 토론 과정에서 나온 결과로서 당시 지식인들의 지적 역량을 보여 주고 있다는 점을 강조하였다.

김태영은 「『우서』의 농정론(農政論)」에서 농업분야에서 드러나는 유수원의 개혁론을 다루었다. 유수원은 흔히 상공업을 통한 경제개혁을 추구한 실학자로 알려져 있지만, 사실은 농업 또한 국가의 독자적인 산업분야로 탄생시켜 농・공・상업이 병진(竝進)해야 한다는 인식을 갖고 있었다고 한다. 그래서 이를 위한 농업 진흥 방안으로 중국으로부터 농법과 농사기술의 도입, 중국 제도에 따른 일종의 가호별(家戶別) 종합소득세 성격의 수세 방안 제시, 모든 전토(田土)를 호조(戶曹)에 귀속시키는 국가재정의 일원화, 전결의 숫자를 한번 정해 놓고 항구적인 기준으로 삼는 액전법(額田法)의 도입 등을 제시했다고 한다. 그중에서 특히 두 번째의 가호별 수세는 균요전(均徭錢)・균요미(均徭米)와 잡부(雜賦)를 일괄 타결하는 방안으로 세의 징수를 통한 균산(均產)을 도모하는 독특한 정책이어서 이채롭다고 하였다. 그러나 유수원의 농정론 속에는 문제점도 적지 않게 찾아진다고 한다. 예컨대 그가 도입하자고 한 구전법(區田法)은 중국에서는 이미 낡은 농법으로 치부되었고, 액전법도 명나라 후반기에 그 효력을 상실하였다고 판명난 것이어서 이를 도입하자고 한 그 개혁론의 실효성에 의심이 간다고 한다. 무엇보다도 농업의 전문적 분업을 강조하면서도 분업의 실행 주체인 농민층의 토지확보에 대한 대책 마련이 없는 것이 그 농정관의 가장 큰 문제점이라고 지적하였다.

정순우는 「유수원의 과거제 및 학교제도 개혁론」에서 유수원 개혁론의 사상적 기반에 대한 탐색부터 출발하였다. 그 결과 실용성(實用性)・공리성(功利性)・사회관리능력을 중시하는 순자(荀子)의 법치적(法治的) 사고와 양명학파(陽明學派)의 신사민론적(新四民論的) 요소가 그 토대가 되었음을 지적하였다. 그리고 그의 개혁안이 영조 대의 교육정책을 배경으로 하여 학교・과거제의 일원화 원칙 아래 양인을 양성함으로써 양반관료제의 기본 틀을 바꾸고자 한 것으로, 이를 위해 명(明)의 생원제(生員制)를 모방한 학생정원제로써 무분별하게 늘어난 사(士)의 범위를 확정하고, 거인(擧人)과 공거제(貢擧制)로써 과거제를 보완하려는 방안이었다고 하였다. 이러한 그의 개혁안에서 주목되는 것은 사민(四民)의 자제(子弟)는 누구나 재능에 따른 교육을 받아 과거에 응시할 수 있도록 문호를 개방한 것과, 고퇴생원(考退生員)을 평민이 되게 한 제도로서 조선 신분제의 근간을 흔드는 혁명적 발상이라고 하였다. 그러나 그의 개혁안은 시행을 뒷받침할 사회경제적 조건에 대한 고려가 부족하고, 그가 모델로 삼은 명대(明代) 학제・과거제가 청초(淸初)의 학자들로부터 비판받았던 점을 보면 그 현실성에 의심이 들지만, 평민의 삶을 회복시키고 실사(實事)・실정(實政)에 근거했다는 면에서 위대한 지적(知的) 실험이었다고 역사적 의미를 부여하였다.

이상에서 5인의 연구를 소개하였다. 가능하다면 『우서』에 나타난 유수원의 개혁론에 대해 같은 방향으로의 연구결과 산출을 희망했으나 반드시 의도대로 되었다고는 생각되지 않는다. 그러나 동일한 대상이나 자료에 대한 다양한 해석이나 의견의 표출 또한 학문의 속성이라고 본다면 의미 있는 공동연구였다고 할 수 있다.

5편의 연구에서 새로이 거론되고 주장된 사실을 하나씩 든다면 아마도 서승고적법(序陞考績法), 사상층(士商層)의 존재, 상업적 이익의 추구까지도 윤리적 정당성을 부여하여 부(富)를 긍정하는 관념, 균요전(均徭錢)・균요미(均徭米), 고퇴생원(考退生員)이 아닐까 한다. 유수원의 개혁사상 각 분야의 특징을 표출한 키워드인 만큼 앞으로 여기에 관한 연구를 기대한다.

본 공동연구를 통하여 처음 예측했던 대로 유수원의 개혁론이 국허민빈(國虛民貧)의 해결이란 국정과제에 목표를 두고서, 교육・사회・관제・상업・농업에서의 개혁방안이 유기적인 연관을 갖고서 전개되었음을 확인하였다. 그리고 이 과정에서 『우서』의 개혁론이 국왕 또는 국가를 주체로 하여 추진하려는 구상이었다는 사실도 밝혀졌다. 그런 면에서 관제개혁론의 결과로 나타난 전문적 실무관료의 존재에 대한 논의가 더 필요할 듯하다.

본 공동연구에서도 『우서』가 당시로 보아서는 획기적인 개혁론을 담고 있으며 유수원이 뛰어난 실학자라는 종전의 연구결과를 재확인할 수 있었다. 그러나 동시에 그 개혁론에 문제점이 있고 그 실현성에도 의문이 있다는 지적이 같이 나왔다. 유수원이 자신의 개혁논리를 확립하는 데 급하여 그 근거가 되는 역사나 제도에 대한 이해에 부정확한 부분이 적지 않고 때로는 왜곡해 서술하기도 했으며, 막상 그 개혁안을 현실에 적용했을 때 생겨날 부작용에 대한 고려가 부족하였고, 전체적으로 보아 폐단에 대한 분석의 날카로움에 비해 그 대안은 이를 따라가지 못한다는 점이 지적되었다. 이런 문제점은 종래의 연구에서는 지적되지 않았다. 앞으로 많은 연구 속에 다각도로 검토되리라 예상한다.

그러면서도 유수원 『우서』의 개혁론은 김태영이 "조선 후기의 실학이 대체로 이념적 측면을 강하게 지닌 사실에 비한다면, 『우서』는 매우 현실적이라는 특이성을 띠고 있다. 그래서 자못 실효성이 높은 개혁론들을 다수 제시하기에 이르렀다. 다만 객관적 사실 관련에서 다소의 착오를 일으키고 있어, 전체가 조화로운 개혁론으로서의 일관성을 갖추기에는 다소 미흡하다는 아쉬움이 남는다."고 말한 대로 조선 후기의 실학사에 큰 방점을 찍은 뛰어난 사상임은 분명하다는 데 동의한다.

이번의 공동연구를 통해 유수원 개혁사상의 전모가 다 해명되었다고는 생각하지 않는다. 다만 한동안 침체되었던 유수원과 『우서』에 대한 학계의 관심을 환기하고 그 연구를 활성화하는 불쏘시개가 될 수 있다면 그만한 다행이 없겠다.

2014년 7월

집필진을 대표하여 정만조

| 차 례 |

간행사 • 實學硏究叢書를 펴내며 5

이 책을 내면서 8

蘁庵의 생애와 정치개혁론

| 정만조 |

1. 머리말 21
2. 가계(家系)와 학적 배경 24
3. 정치활동과 『우서』의 저술 34
4. 정치개혁론 67
5. 대역부도죄(大逆不道罪)로 복주(伏誅) 143
6. 맺는 말 154

조선시대 사회구조의 변화와 蘁庵의 신분제 개혁론

| 김성우 |

1. 머리말 167
2. 조선시대 사회구조의 변화에 대한 유수원의 인식 170
3. 유수원의 신분제 개혁론 195
4. 개혁 모델 : 동 시기의 중국 210
5. 수용과 변용 216
6. 맺음말 : 국가 주도의 개혁을 통한 중국 따라잡기 220

『迂書』에 나타난 聾庵 경제사상의 기본 구조

| 이헌창 |

1. 머리말 ······ 231
2. 상업진흥론으로 집약되는 경제정책론 ······ 234
3. 경세론의 토대로서 학문관 ······ 241
4. 부의 긍정과 경제합리주의 ······ 255
5. 가난의 문제의식과 부국론(富國論) ······ 269
6. 경제발전의 원리 ······ 274
7. 영리 추구의 긍정과 농본주의의 극복 ······ 296
8. 시장, 자본주의적 생산관계 및 도시문화의 옹호 ······ 302
9. 국가와 시장 ······ 311
10. 농암이 구상한 경제체제와 그 시대적 적합성 ······ 321
11. 농암과 동시대 관료 지식인 사이의 경제사상 수준차 ······ 329
12. 맺음말 ······ 339

『迂書』에 드러난 聾庵의 農政論

| 김태영 |

1. 문제의 제기 ······ 349
2. 농업 개량론 ······ 357
3. 호적제(戶籍制)와 균부론(均賦論) ······ 386
4. 액전법론(額田法論) ······ 402
5. 영농론(營農論) ······ 419
6. 맺음말 ······ 445

聾庵의 과거제 및 학교제도 개혁론

| 정순우 |

1. 서론 ········· 457
2. 유수원 개혁론의 사상적 기반 ········· 459
3. 과거제 개혁안의 역사적 배경과 주요 원칙 ········· 494
4. 과거제와 학교제도 개혁론의 특성 ········· 514
5. 결어 : 유수원 과거제 및 학교제도 개혁안의 의미 ········· 531

이 책을 마치며 ········· 545

| 부록 |

유수원 연보 및 사료초(史料抄) ········· 553
농암 연구논저 목록 ········· 582
찾아보기 ········· 585

聾庵의 생애와 정치개혁론

정만조 | 국민대학교 명예교수

1. 머리말
2. 가계(家系)와 학적 배경
   1) 가계(家系)
   2) 학적(學的) 배경
3. 정치활동과 『우서(迂書)』의 저술
   1) 준론(峻論)성향의 언론활동
   2) 『우서』의 저술과 득명(得名)
   3) 개혁론에 대한 반향
4. 정치개혁론
   1) 개혁론의 구성
   2) 개혁론의 전개
      (1) 이론적 토대
      (2) 정폐(政弊)의 진단과 관제수명(官制修明)
         ① 사인(士人)작폐와 조사선보법(造士選補法)
         ② 관제문란과 6조정무체계(政務體系)
         ③ 문벌 · 부론(浮論)의 폐단과 서승고적법
   3) 개혁론의 특징 – 예치(禮治) 지향의 군주정
5. 대역부도죄(大逆不道罪)로 복주(伏誅)
6. 맺는 말

1. 머리말

농암(聾庵) 유수원(柳壽垣)은 1960년대 말에야 실학자로서 비로소 알려지게 된 인물이다.[1] 그때까지 저자미상으로만 소개되었던 『우서(迂書)』가 한영국 교수에 의해 유수원의 저술임이 밝혀졌기[2] 때문이다.

조선 후기 사회의 양반신분제가 갖는 모순을 신랄하게 비판하며 사민분별(四民分別)과 사민일치(四民一致)를 주장하는 그의 사회개혁론과, 상업이 말업(末業)으로 천시되던 당대 사회에서 상업의 진흥을 통해 국부민안(國富民安)을 가져올 수 있다는 주장 및 이를 실현하기 위해 제시한 이용후생술(利用厚生術)은 당시의 여느 실학자의 주장과 판이하게 달랐으며, 실학의 한 유파(流派)로서 이채를 띠는 북학파(北學派)의 선구로 크게 주목되었다.

그리하여 역모(逆謀)혐의로 처형됨으로써 역사에서 인멸되다시피 하였던 그의 이력이 소상히 밝혀지고 『우서』가 번역되는가 하면, 그의 개혁론을 다룬 다수의 논문과 유수원을 종합적으로 연구하여 정리한 한영우 교수의 저서[3]까지 나오게 되었다. 그렇다고 유수원의 인물과 그의

---

1 이에 앞서 1942년 爲堂 鄭寅普가 海鶴 李沂가 남긴 『海鶴遺書』의 서문을 쓰면서 "先是國家自更壬丙之難 其識祈嚮漸變 尙裨實古今 若柳磻溪馨遠, 金潛谷堉, 李疎齋頤命, 柳聾庵壽垣, 李星湖瀷, 鄭農圃尙驥, 丁茶山若鏞, 洪湛軒大容先後起 皆言政 雖其隱顯參差詳略異齊 而總之閎懷苦心之所盤鬱 往往知不可行 而猶幸於萬一."이라 하여, 임진·병자 양란 이후 피폐한 국가를 복구하기 위해 經世를 말한 학자로 유형원에서 홍대용까지 8명을 거론하는 중에 유수원의 이름도 들어가 있었다. 그러나 『우서』의 저자로서는 알려지지 않았다.

2 한영국(1968).

3 한영우(2007).

개혁론에 대한 연구가 종결되었다고는 생각되지 않는다.

첫째는 그의 학적 배경에 대한 이해가 별반 고려되지 않았던 점을 지적할 수 있다. 한 사람의 개혁론이 나오게 된 가문적(家門的)·학적(學的) 배경에 대한 이해가 전제되어야 그 개혁론의 한계와 성과의 의미가 더 잘 드러나리라고 본다.

둘째는 그의 생애는 소상히 밝혀졌으나, 그가 살던 시기의 정치상황과의 관련 위에서 조명되지 못한 아쉬움이 있다. 그가 살던 시기는 정치적인 격변이 거듭되던 기간이었다. 경종과 영조의 지지를 놓고 노론 소론이 서로 대립하다가, 급기야 신임옥사(辛壬獄事)란 당화(黨禍)와 무신란(戊申亂)이란 역변(逆變)까지 일어났고, 영조 이후 궁극적으로 노론전제(老論專制)를 지향하는 정국변화가 탕평정국이란 보호막 속에 진행되고 있었다. 숙종 말에 과거에 급제해 벼슬길에 들어선 유수원은 중간에 자폐(自閉)하여 칩거한 기간이 있기는 하나 영조 전반기까지 해서 30년 가까이 벼슬과 연을 맺었다. 따라서 그의 정치활동을 밝혀내기 위해서는 이러한 정국변동과 밀접히 연관시켜 그의 행적이 추적되어야 할 것이다. 이것은 또한 그의 이름을 세상에 드러내게 한 『우서(迂書)』가 하필이면 영조 13년에 조정에 알려져서 임금까지 읽게 되었고, 또 영조치세의 큰 업적으로 손꼽히는 이조전랑(吏曹銓郎) 통청권(通淸權)의 혁파와 한림회천법(翰林回薦法)의 이혁(釐革)에 그 저술이 어떻게 해서 영향을 미칠 수 있었을까 하는, 지금까지 분명하지 않았던 의문을 푸는 실마리를 찾는 길도 될 것이다.

셋째는 『우서』에서 제시된 유수원의 개혁론이 그의 상업진흥론이나 경제개혁론, 신분개혁 등의 부면에서는 정밀한 분석과 연구가 이루어졌지만, 정치관련 개혁론이나 교육 및 과거제 문제는 아직 본격적으로 다루어지지 않았다는 점이다. 총 77항목으로 구성된 『우서』에서 정치와 교육·과거개혁론 부분은 반 정도를 차지한다. 이것은 유수원이 정치개혁에 큰 관심을 가졌음을 잘 말해 준다. 뿐만 아니라 『우서』가 세상에 알려졌을 때 세인(世人)의 큰 주목을 받고 또 일부이기는 하나 그의 주장이 관제개혁에 반영되기도 했던 것은 정치와 관련된 사항이었다. 이로 보아 후자의 문제가 그의 개혁론에서 차지하는 비중이 적다고 할 수는 없을 것이다. 나아가 유수원이 구상하였던 국정개혁론의 전모와 구도를 파악하기 위해서도 사회경제적 측면뿐 아니라, 이제는 정치면에서의 개혁론이 상호연관성 위에서 종합적으로 파악되어야 할 단계에 왔다.

이와 관련해 넷째는 그의 정치개혁론에 대한 정치철학이나 사상에 대한 접근이 요청된다. 이에 관해서는 유수원 개혁안의 기저를 이루는 기본사상을 파악하려는 시도가 일찍부터 시도되기는 했으나 완성을 보지 못하고, 원시유가(原始儒家)의 자연법적 사회사상과 왕도적(王道的) 정치철학에 바탕을 두었다는 선언적인 화두를 남기는 데 그쳤고,[4] 그 개혁론의 배경과 이론적 근거에 대해서도 이수광(李睟光)을 포함한 17세기 전반의 근경학인(近京學人)을 거론하고 주자학(朱子學)은 가탁한 데 불과했다는 추론의 선에 머물고 있다. 따라서 그의 정치개혁론이 단순한 관료제도의 개혁이나 운영의 차원을 논하는 데서 벗어나 사림정치의 이념과 운영방식으로 진행되던 당시의 정치상황을 어떻게 파악하고 개혁하려 했는가, 그리고 나아가 그 개혁사상이 지향한 정치형태가 어떠하고 어떤 국가체제의 건설을 목표로 했는가 하는 정치사상이나 정치철학의 문제는 여전히 미결의 과제로 남아 있다.

농암 유수원에 대한 이번의 공동연구에서 필자가 담당한 부분은 생

---

4 한영국(1968, 1981).

애와 정치개혁론이다. 위에서 제시한 몇 가지 점에 유의하면서 그의 인물과 정치적 생애, 정치개혁론의 구조를 중심으로 살펴보고자 한다.

2. 가계(家系)와 학적 배경[5]

1) 가계(家系)

유수원(1694~1755, 숙종 20~영조 31)은 문화인(文化人)으로 세종 때 명신으로 이름났던 하정공(夏亭公) 유관(柳寬)의 11세손이다(〈부록 1〉 유수원가계도(柳壽垣家系圖) 참조). 유관 이래 금천(衿川, 시흥) 일대에 분묘가 소재하고 있는 것으로 보아 서울에 세거(世居)하면서 이 지역에 묘소를 겸한 전장(田莊)을 두고 있었다고 보인다. 그러다가 유수원에게 6대조 되는 유용공(柳用恭, 1492~1551)이 둘째 아들로서 나주(羅州) 형정면(兄井面)으로 거처를 옮겼으며 이후 3~4대 동안 나주의 모산촌(茅山村, 현재의 영암군)에 살았다. 다시 용공의 손자 되는 속(涑, 1568~1624, 유수원의 고조)이 아들이 없어 그 아우 준(浚)의 큰아들 성오(誠吾, 1608~1674, 유수원의 증조)로 계후(繼後)하였다.

이 유속은 나주 모산의 송추(松楸)에 거주했지만 부인은 박응인(朴應寅)의 딸이었다. 박응인은 음직으로 정(正)의 벼슬밖에 못 했지만 그 생부(生父)는 박소(朴紹)였고 형제로는 박응천(朴應川)·응순(應順, 潘城府院君)·응남(應男, 대사헌)·응복(應福, 대사헌) 같은 명사를 두었다. 특히

---

5 유수원의 가계와 생애에 대해서는 한영우 교수의 『꿈과 반역의 실학자 유수원』에서 자세히 정리되었다. 필자가 중복되는 혐의를 무릅쓴 것은 그 가계 및 학통에 관해 몇 가지 자료를 새로 찾은 것이 있고, 또 유수원 생존 시의 정치상황과 관련지어 그 정치행적과 활동의 궤적을 추적하는 작업을 하였기 때문이다.

박응순은 선조왕비 의인왕후(懿仁王后) 박씨(朴氏)의 아버지였다. 유속에게 입후한 유성오가 세거지이던 나주 모산을 떠나 음직으로 형조좌랑을 지내고 또 부인을 외조부의 형인 박응복의 아들 동량(東亮)의 딸로 맞을 수 있었던 것은 이러한 척련(戚聯) 때문이었다. 더구나 처부인 박동량은 참찬이란 고위직을 역임하기도 했지만 그 아들 박미(朴瀰)는 선조부마로 금양위(錦陽尉)가 된 인물이었다.

유수원 집안이 숙종 대에 중앙의 명가(名家)로서 일어나게 된 배경에는 왕실과 인척관계에 있는 반남박씨(潘南朴氏)와의 관계가 큰 힘이 되었음을 알 수 있다. 유수원은 『우서』의 「논문벌지폐(論門閥之弊)」에서 문벌의 폐단을 말하면서 친계(親系)는 물론 외가나 심지어는 처가의 문지(門地)에 따라 출세가 좌우되고 있는 현실을 고발하였는데, 이는 자기 집안의 경험에서 나왔는지 모르겠다.

외가와 처가의 힘을 입어서인지 유성오는 서울에 자리 잡았으며 인근 양천군(陽川郡)의 장군소면(將軍所面, 지금의 양천구 신정동·목동 일대)에 묻혔다. 양천이 선대의 무덤이 있던 금천에서 멀지 않으므로 혹 옛날부터 무슨 연고가 있지 않았나도 생각되지만, 어떻든 장군소면 일대는 이후 유성오 후손들의 세장지(世葬地)가 되었고,[6] 또 묘소가 있는 만큼 전장(田莊)을 가진 향제(鄕第)도 있어서 후일 유수원은 귓병을 앓아 벼슬을 버리고 자폐(自閉)하던 시기에 주로 여기에서 노모를 봉양하며 지냈다.[7] 『우서』도 바로 이곳에서 저술되었던 것이다. 이렇게 본다면 저술에 필요한 서적을 갖춘 서재도 있었을 법하고 유수원 자신의 무덤도 여기에 있었다고 전하나, 목동 일대가 아파트촌으로 개발되면서 흔

6 『文化柳氏世譜』 卷1, 370~376면(戊子譜 2008년).

7 『승정원일기』 제680책, 영조 5년 3월 11일 乙卯, 25일 己巳.

적도 찾아볼 수 없게 되었다(집안 분들에 의하면 그 후손이 개발 전까지 묘소를 찾았다고 한다).

유성오에 의해 사환(仕宦) 가문으로서의 기반을 닦은 유수원 집안은 그 아들인 상운(尙運, 1636~1707)·상재(尙載, 1644~1703, 유수원 조부) 형제가 문과를 거쳐 영의정과 대사간에 오르고, 다시 다음 세대인 봉휘(鳳輝, 1659~1727, 尙運子, 유수원의 당숙)가 좌의정을 지내는 등 숙종 후반 경종 연간에 가문의 절정을 만난다.[8] 그러나 숙종 20년의 갑술환국 후 왕세자 보호와 남인처리문제를 놓고 노·소론 간의 갈등과 대립이 본격화되면서 이 집안도 정치적 부침(浮沈)을 겪게 된다. 집안을 대표하는 유상운이 숙종 21년 우의정에 이어 좌의정에 오르면서, 노론의 희빈장씨(禧嬪張氏) 공격에 대해 동궁조호설(東宮調護說)로써 이를 막는 영의정 남구만(南九萬)의 주장을 적극 지지하자, 그러지 않아도 숙종 8년의

---

8 유수원 집안의 盛勢는 이 시기에 이루어진 혼인관계로도 확인된다. 먼저 큰집인 伯祖 尙運의 가족 혼인을 보면 다음과 같이 高官이거나 명문 출신들이었다.

柳尙運: 妻父 李行遠(右相)
子 鳳瑞: 처부 沈若濟(沈義謙의 4대 宗孫)
자 鳳輝: 처부 趙根(교리, 宋時烈 高弟)
자 鳳逸: 처부 李寅煥(吏參)
자 鳳協: 처부 尹敍績(正郎)
자 鳳采: 처부 尹夏敎(군수)
자 鳳德: 처부 羅良佐(掌令, 尹宣擧 高弟)
壻 李世最: 吏參, 僉正 舜岳의 子, 尹文擧 外孫
壻 申濟: 右相 申翼相의 子

다음 유수원의 祖父 尙載 가족의 혼인관계는 아래와 같은데, 대부분 西人 內의 名家와 혼인관계가 이루어지고 있음을 볼 수 있다.

尙載: 妻父 宋國蓋(都事, 은진송씨 일문)
子 鳳庭: 妻父 李哲英(縣令, 父 領相 李景奭)
妻父 金瀓(?, 경주김씨)
자 鳳齡: 처부 李東旭, (參判)
壻 韓重爀: 參判 韓構의 子
壻 李翼壽: 縣監 命相의 子, 諮議 李泰壽의 弟

노·소론 분기 이후 소론당색으로 분류되어 온 이 집안은 소론의 당론을 대표하는 핵심 가문이 되었다. 이것은 동시에 이제 이 집안이 노론의 정치적 공격 목표가 되었음을 의미한다. 당장 유상운은 노론 언관들의 공척(攻斥)에 시달리지 않을 수 없었다. 남구만이 물러난 후 두 차례 영의정을 역임했으나 언관들의 탄핵으로 향리인 광주(廣州) 율리(栗里)에 머무는 날이 더 많았고, 숙종 27년 왕비 민씨가 죽고 희빈장씨에게 사약이 내려질 때는 동궁을 앞세워 전은설(全恩說)을 펴다가 충청도 직산(稷山)으로 귀양 갔으며 뒤에 죄가 풀려 판중추부사(判中樞府事)로 서용되었으나 곧 병으로 죽었다.

유상운의 이러한 정치적 부침은 이 집안의 성쇠에도 바로 영향을 미쳤다. 대체로 갑술환국 후 명의(名義)를 앞세운 노론의 언론 공세 앞에 온정론을 펴는 소론은 약세를 면치 못하였다. 특히 민비 사후에 일어난 신사옥(辛巳獄, 희빈장씨의 獄)은 결정적으로 불리한 형세에 놓이게 하였다. 따라서 유수원 가문의 성세(盛勢)도 숙종 후반기에 들어가 한풀 꺾이게 되었다.

소론이 지지하던 왕세자가 경종(景宗)으로 즉위하자 소론은 한때 기세를 올리는 듯하였다. 노론이 추진한 연잉군(延礽君, 후일의 英祖)의 세제(世弟)책봉과 무리한 대리청정(代理聽政) 요구를 임금에 대한 불충으로 몰아 탄핵의 공세를 강화했으며, 결국 노론을 몰아내고 정권을 장악한 것이다. 그러나 경종이 재위 4년 만에 승하하고 왕세제가 즉위해 영조의 치세가 되자 형세는 다시 역전되었다. 이후 비록 영조가 탕평으로 노·소론을 병용(竝用)한다고 했으나 영조에 대한 명의죄(名義罪)를 앞세운 노론의 공세 앞에, 노론과 연결된 일부 세력을 제외하고 대부분의 소론은 정계에서 배제되고 몰락하지 않을 수 없었다.

노·소론 사이의 충역(忠逆)논란의 출발이 된 동궁조호설(東宮調護說)

을 남구만과 함께 유상운이 앞장서서 주장함으로써 소론의 당론을 창출한 핵심으로 인식된데다, 경종 초의 노론에 의한 세제 책봉 시 유상운의 뒤를 이어 집안을 대표하던 유봉휘(柳鳳輝)가, 세제책봉은 받아들이면서도 임금의 권한이 아랫사람〔世弟〕에게로 가지 않게 하시라〔無使威福下移〕는 말로 상소했다가 이에 반발한 세제가 사위(辭位)하려는 파동을 겪고, 이어 노론들로부터 국본(國本)을 침핍(侵逼)한다는 공척(攻斥)을 받아 일시 귀양의 죄를 받음으로써, 유수원 집안은 숙종 후반부터 영조 초반에 소론 내에서는 당론이 준엄한 세력 즉 준론(峻論)에 속하여 노론 측의 경계와 배척을 받는 대상이 될 수밖에 없었다.

유수원은 소론가 집안의 성세가 분기점을 이루는 갑술환국이 일어난 숙종 20년에 상재(尙載)의 아들인 봉정(鳳庭, 1662~1696)과 후처인 경주김씨(1672~1744) 사이에 충주의 신당동(新堂洞, 지금의 충주시 살미면 신당, 댐 건설로 수몰됨)에서 출생하였다.

유봉정은 유수원이 세 살 때 35세의 나이로 죽었으므로 주로 그 어머니 손에서 자랐다고 생각된다. 출생지인 충주 신당동은 아마도 외가가 있던 곳으로 보이나 외조(外祖)인 김징(金澂)의 인적사항을 찾지 못해 확실치는 않다.[9]

집안에서 편찬한 『문화유씨세보(文化柳氏世譜)』의 총목(總目)에 실린 선세문헌(先世文獻) 속의 농암공(聾庵公) 수원사적(壽垣事蹟)[10]에 보면 7

---

9 金澂이 경주김씨라고 하는 만큼 충주에 세거한 경주김씨를 찾는다면 중종 때의 명신인 十淸軒 金世弼의 후손이 있다. 그 5대손의 항렬이 水자 邊인데 滉의 손자 柁이 영조 말년 충주 신당동으로 移居했다는 기록이 있어 혹 이와 연결되지 않을까 생각되지만 金澂과 金滉의 관계가 드러나지 않아 더 이상 추적은 못하였다. 유수원이 영조 31년 역모로 처형된 후 그 출생지라 하여 충주가 維新縣으로 강등되었던 것으로 보아, 역적의 외조부라 하여 김징에 관한 기록이 인멸되었을 가능성도 있다.

10 『문화유씨세보』 총목, 890~892면, 聾庵公(壽垣)事蹟(撰者가 없음).

세(1700, 숙종 26) 때 백조(伯祖)인 유상운에게 가서 배우기 시작했다고 하므로 그 이전에 서울에 올라왔음을 알 수 있다. 그런데 그 아버지 봉정이 죽은 후 제사를 포함한 집안의 대소사를 숙부인 봉령(鳳齡, 1678~1743)이 주관하였다고 하므로 이 당시 유수원의 서울 거주지는 숙부 봉령이 살았던 서울의 이문동(里門洞, 현재 지명 미상)이 아니었을까 추측된다.[11]

다시 농암공 사적을 보면 7세 때 유상운에게 배운 이후 학문이 크게 진보하여 벌써 15세 때는 백가구류(百家九流)에 모두 통달하고, 고금의 치란(治亂)과 득실(得失)을 변석(辨析)하는 것이 물 흐르듯 하여 듣는 자가 심취해 피로함을 느끼지 못할 정도였다고 한다. 집안에 전해 오는 기록이어서 그대로 다 믿을 수는 없으나,[12] 30대 후반에 『우서』를 지으면서 경전(經傳)의 성훈(聖訓)과 주자서(朱子書)나 『문헌통고(文獻通考)』, 『오학편(吾學編)』 같은 정법류(政法類)의 내용을 자유자재로 인용하고 있는 것으로 보아 그 학문이 일찍부터 숙성하였을 것임은 분명하다.

그렇다면 유수원이 정통하였다는 제자백가(諸子百家)나 삼교구류(三教九流)를 위시한 중국 역대의 정법서(政法書)와 『잠곡집(潛谷集)』, 『지천집(遲川集)』 같은 문집들은 어디서 구해 보았을까. 이런 의문에 대한 답과 관련해서 그 스승이라 할 수 있는 종조 유상운의 거처가 주목된다. 유상운은 일찍부터 선대의 전장(田莊)이 있는 경기도 광주군 대왕면 율현(현 강남구 율현동, 수서 일대)에 청천당(聽泉堂)이라든가 석송정

---

11 『문화유씨세보』 총목, 先世文獻 857면, 原州牧使柳公(鳳齡)行狀(吏曹判書 李成中撰).

12 聾庵公 事蹟에는 유수원이 15세 때 백조부 유상운에게 "四夷八蠻 皆爲獨立 以吾禮義之邦 三千里之地 附庸於中國 不能揚臂於天下者 豈非由爲政者 不求治本 徒尙文末之痼弊耶."라고 질문하고 유상운이 "默然良久曰 汝能熟讀聖經 善養浩氣德性然後 出仕論政可也."라고 답했다는 기록이 나온다. 그러나 유수원 15세 때인 1708년은 유상운이 죽은(1707) 1년 뒤여서 위 기록의 신빙성이 없다.

사(石松精舍)[13]와 같은 명칭을 지닌 서재를 두고 벼슬에서 잠시 물러났을 때는 주로 여기에 머물렀다. 그리고 숙종 24년 왕세자를 위해 희빈 장씨 일족의 처형을 반대하다가 노론의 공격으로 사실상 정계를 은퇴한 이후는 아우인 상재와 함께 율현(栗峴)의 향제(鄕第)에서 여생을 보내었다.[14] 7세 때(숙종 26) 유수원이 백조부인 유상운에게 수학하기 시작했다는 기록은 시기상으로 보아 바로 이때였다고 할 것이다.

유상운이 큰 저술을 남긴 학자라고는 보기 어렵다. 그러나 그가 48세 때이던 숙종 9년(1683)에 사은부사(謝恩副使)로서 정사(正使)인 김석주(金錫胄)와 함께 북경을 다녀오면서 안경을 구해 왔다고 하는 만큼[15] 아마도 이때 북경에서 서적도 무래(貿來)해 오지 않았을까 한다. 그보다 몇 년 앞서 사신으로 북경을 갔던 성호(星湖)의 부친 이하진(李夏鎭)이 청황(淸皇)이 주는 은사금으로 다량의 서적을 사 가지고 왔고, 바로 그 서적들이 성호학(星湖學)을 탄생시킨 학적 기반이 되었다는 것은 잘 알려진 사실이다. 그때는 마침 삼번(三藩)의 난(亂)도 진압되고 하여 강희제(康熙帝)의 치세 아래 청 왕조의 서적에 대한 금제(禁制)가 풀리면서 다수의 서적이 간행되던 시점이었다.

이미 남산 밑에 재산루(在山樓)를 축조하고, 후일 재산루총서(在山樓叢書)로 불리는 다수의 서적을 수장하였던 권신(權臣) 김석주가 북경을 다녀오면서 빈손으로 돌아왔다고는 생각되지 않는다. 그렇다면 유상운 역시 일정량의 서적을 무래(貿來)했다고 보아 크게 무리한 추측은 아닐 것이다. 유상운의 후손에 의하면 6·25전쟁 전까지만 해도 율현동에

13 『約齋集』 권5 聽泉堂記, 권3 廣陵錄, 石松精舍.

14 『약재집』 6, 약재연보(柳起赫 撰).

15 『약재집』 2, 燕行錄.

서재가 있어 다수의 서적이 비치되었던 것을 기억한다고 한다.[16] 이런 여러 가지 사실과 추론을 종합해 볼 때 유수원이 어린 시절부터 청년기에 이르기까지 독서하며 학문을 익혔던 율현동의 약재(約齋, 유상운 호) 서재(聽泉堂 또는 石松精舍)는 후일 『우서』를 낳게 한 학문적 원천으로서의 의미를 지닌다고 정리할 수 있겠다.

명문가 출신인데다 타고난 재능과 학문적 온축이 바탕이 되어 유수원은 21세이던 숙종 40년 진사시에 합격하고, 4년 뒤인 25세(숙종 44) 때 문과에 급제하여 벼슬길에 발을 들여놓게 된다.

2) 학적(學的) 배경

다음으로 유수원의 학적 배경을 추적해 보기로 한다. 유수원이 그 종조인 유상운의 율현동 서재에서 글을 배웠다고 하므로 유상운의 학적 연원부터 찾아야겠다. 유상운의 연보에 의하면 10세 때 내형(內兄, 외사촌형) 박세채(朴世采)를 따라 배우기 시작했다 한다. 박세채는 후일 남계(南溪)선생으로 불리며 윤증(尹拯)과 함께 소론을 대표하는 학자였고 산림으로 징소(徵召)되어 좌의정에까지 올랐던 인물이다. 그러나 유상운 보다는 6세 위여서 영향을 받았을망정 학문을 배웠다고 볼 수는 없다. 11세 때 교관 민업(閔業)과 그 족질인 민여개(閔汝盖)에게서 사학(史學)을 수업하고 신일헌(申一軒, 성명미상)에게 『대학(大學)』을 배웠다고 한다. 그러나 이것을 가지고 사승(師承)관계를 말하기는 어려우며, 그리고 더 이상의 기록은 찾아지지 않는다. 다만 송시열로부터 그 아버

---

16 약재 유상운 十代冑孫 柳民城, 9대손 柳根福 선생의 傳言.

지(柳誠吾)의 묘도문자를 받았고,[17] 특히 동료인 남구만(南九萬)과는 진퇴(進退)를 같이할 정도로 의기투합하였다고 하는 만큼 그 교유관계를 통해 대충 짐작해 볼 수 있다.

다음으로 유수원의 조부인 유상재는 송준길(宋浚吉)로부터 명민함을 인정받은 문인이었고, 남구만에게 종유(從遊)하였다고 한다.[18] 유수원의 숙부인 유봉령(柳鳳齡) 역시 남구만과 최석정(崔錫鼎)의 문하에 출입하여 그들로부터 시무(時務)의 재주를 인정받았다.[19] 유수원의 『우서』에 보면 남구만이나 특히 최석정의 조부인 최명길(崔鳴吉)의 『지천집(遲川集)』에 실린 글이 인용되고 있다. 남구만이 이경석(李景奭)의 비문(碑文)을 지으면서 송시열을 헐뜯은 박세당(朴世堂)을 배척하는 노론에 맞서며, 평소 의리문자(義理文字)보다도 예치(禮治) 위주의 현실대응론을 주장하였던 점이라든가, 숙종 후반기의 폐정변통론(弊政變通論)[20]을 앞서 주장하던 최석정이 관유(館儒)를 대신해 윤증(尹拯)의 제문(祭文)을 지으면서 송시열의 의리명분을 빗대어 "공언불궁(空言不躬)하고 고론무성(高論無成)"이라고 했다가 큰 파문이 일어났던 사실 등은 소론계의 정치성향이 현실을 중시하는 실무적(實務的) 특징을 지녔음을 보여 준다.

노·소론으로 갈라지던 초기, 소론의 영수로 추대된 박세채가 우암(尤庵)의 태조(太祖)에 대한 가상존호(加上尊號)를 현실론적 자세에서 반대했고, 소론 산림(山林)인 윤증이 우암에 대해 겉으로는 의리명분을 주장하나 속으로는 왕패병용(王覇倂用) 의리쌍행(義利雙行)한다고 비판[21]

---

17 『문화유씨세보』 총목, 선세문헌 660면, 贈議政柳公(誠吾)墓碣銘(領中樞府事致仕奉朝賀 宋時烈 撰).

18 『문화유씨세보』 총목, 선세문헌 752면, 大司諫柳公(尙載)墓表(領議政 李宗城 撰).

19 註11과 같음.

20 이재철(2009).

하면서 '실심실학(實心實學)', '궁경실학(窮經實學)'의 복구를 주장했던 사실[22] 역시 현실과 변통을 추구하는 소론의 정치성향을 학문적으로 뒷받침해 준 것이었다.

특히 학문과 치인(治人)에서 실심(實心)·실무(實務)·실공(實功)·실학(實學)의 회복을 강조한 윤증의 학풍은 그가 소론의 산림으로서 학문은 물론 소론 측 정치론의 연원이 되었다는 점에서, 유수원의 정치론 형성에 적지 않은 영향을 미쳤다고 보인다. 뒤에서 다시 말하겠지만 유수원 역시 정심성의(正心誠意)만을 앞세우는 노론계의 주장을 비판하며, 주자의 진정한 정치론은 정심성의 후의 존주비민(尊主庇民) 즉 경세론(經世論)에 있다 하여 그 회복을 위한 실사(實事)·실정(實政)을 강조해 마지않았기 때문이다.

이로써 본다면 소론계 가문에서 태어났고 할아버지와 숙부가 소론계 영수인 남구만·최석정과 학적 인연이 깊었던 만큼, 유수원의 학적 배경에는 실심(實心)·실공(實功)·실무(實務)의 실학정신 회복을 촉구하는 윤증에 연원하고 현실을 중시하며 변통을 촉구하는 소론의 학문적 성향이 적지 않게 자리 잡고 있었다고 할 것이다. 유수원이 『우서』에서 김육의 『잠곡집(潛谷集)』에 나오는 수레 사용을 건의하는 갑신(인조22) 상소문(上疏文)을 길게 인용한 것도 물론 자신의 주장을 뒷받침하고자 했기 때문이겠지만, 김육의 실용(實用)을 중시하는 경세론(經世論)에 경도되었기 때문이었을 것이다.[23]

---

21 『明齋遺稿』 別集 권3, 擬與懷川書, 答懷川.

22 한우근(1960).

23 金堉의 아들인 金佐明·佑明 형제와 손자인 金錫冑는 현종 연간 송시열과 심한 갈등을 보였고, 그 결과 김우명과 김석주에 의해 숙종 초 남인정국이 들어서는 데 결정적 작용을 했다가, 남인에게 위협을 느낀 김석주에 의해 庚申換局 이후 송시열 세력과 연합함으

요컨대 그 백조(伯祖)인 유상운에 연원을 둔 유수원의 학적 배경은 윤증의 실학정신에 이론적 토대를 두고 현실의 실무와 변통을 추구하는 성향을 지닌 남구만·최석정 등의 소론적 학풍, 그리고 김석주를 통해 받아들인 김육의 경세론[24]에 바탕을 두었다고 본다.

3. 정치활동과 『우서』의 저술

1) 준론(峻論)성향의 언론활동

지금까지 연구에서는 유수원이 그 당숙으로 영조임금과 혐원(嫌怨)이 있던 유봉휘 때문에 정치적으로 불우하였고 조정에도 잘 알려져 있지 않았으며 그런 자신의 정치적 불우 때문에 『우서(迂書)』를 지었다고 말해져 왔다.

대체로 맞는 말이기는 하지만 벼슬을 하지 못했던 것은 아니며, 정치에서 차지했던 위상도 결코 미미하지는 않았다. 다만 그동안 그의 정치행적이 제대로 추적되지 않아 실상이 알려지지 않았을 뿐이다.

로써 노론의 핵심이 되었다. 그러나 김석주는 조부인 김육의 경세론을 이어받아 變通에 적극적이었으며, 유수원의 종조부인 유상운과는 連査관계(상운의 외가가 申翊聖 집안과 혼인을 하였고, 다시 신익성의 외손이 金錫胄임)에다가 正使·副使로 北京을 다녀오면서 200여 수의 시를 주고받을 만큼 가까웠다고 한다. 거기에다가 김석주는 죽은 다음에 일어난 己巳換局 당시 남인의 보복으로 그 아들이 자살할 만큼 집안이 몰락하다시피 하였고, 따라서 숙종 후반 이후에는 서인정권 아래서도 별로 家勢를 회복하지 못해 노론의 핵심으로부터 소외되다시피 하였다. 그러기에 유수원 집안과는 당색을 달리하면서도 관계를 유지할 수 있었을 것이다.

24 김육은 효종·현종 연간 金集·송시열로 대표되는 山黨에 대항하여 대동법 시행을 추진한 데서 보듯이 富國安民을 목표로 현실적인 변통과 개혁을 추구한 漢黨을 이끌었던 인물이었다(정만조, 1999).

따라서 여기서는 숙종 중반에서 영조 중반에 걸치는 그의 62년의 생애를 당시의 정치상황과 밀접히 연관시킨 위에서 검토해 그의 정치행적을 찾아보고자 한다. 그러는 과정에서 그의 저술인 『우서』가 영조 13년 조정의 큰 관심 속에 세상에 알려지게 된 배경도 구명할 것이다.

유수원은 숙종 44년 25세의 나이로 정시별과(庭試別科)에 병과로 급제하였다.[25] 이어 그는 바로 승정원 가주서(假注書)를 거쳐 경종 원년 승문원 권지부정자(權知副正字)·시강원설서(侍講院說書) 등을 역임하였다. 이들 관직은 참외관(參外官)의 근시청망직(近侍淸望職)에 속하며 정치적 출세가 보장되는 만큼 엘리트 그룹에 속하는 신진에게 주어지는 자리였다.[26] 숙종 말 경종 초의 노론이 우세한 정국 속에서도 소론 명문 출신인 그는 엘리트의 길을 밟고 있었던 것이다.

신임옥사(辛壬獄事)로 노론이 축출되고 소론이 정권을 장악하게 되자 유수원은 바로 출육(出六)하여 병조좌랑을 거쳐 사간원 정언(正言)에 오른다.[27] 이때는 노론에 대한 처벌 수위를 놓고 소론 내에서 강경론과 온건론으로 갈라져 갈등과 대립이 일어나던 시기였다. 그래서 준론(峻論)과 완론(緩論)의 명목이 생겨났다. 당연히 준론이 다수였고 왕세제(후일의 영조)의 측근들 중심으로 구성된 완론은 소수였다. 그런데 준론 가운데도 김일경(金一鏡)을 중심으로 한 일파는 남인을 끌어와 노론을 일망타진하고 나아가 세제까지 제거하려는 급진성을 보였고, 이에 대하여

25 이때의 庭試別科는 紅疹을 앓던 中殿의 平復과 東宮嘉禮의 慶事가 겹쳐 좌의정 李健命을 命官으로 하여 10월 19일에 시행, 갑과 1명·을과 2명·병과 10명 등 모두 13명을 급제시켰다. 유수원은 병과 7위였다(『國朝文科榜目』, 肅宗 丙戌 庭試榜).

26 조선시대 상신을 역임한 300여 명의 參外→參上～堂下→堂上→大拜를 거친 관직을 추적해 보면 종9품～정7품에 이르는 참외관의 경우 승정원주서, 승문원정자, 시강원설서, 예문관검열·봉교, 홍문관저작·박사 등으로 파악된다(정만조, 2010).

27 『승정원일기』 548책, 경종 2년 12월 24일 乙亥.

대신이던 조태구(趙泰耇)·최석항(崔錫恒)의 원로들과 이광좌(李光佐)·조태억(趙泰億)·유봉휘(柳鳳輝)·이진유(李眞儒) 등의 판서급에 있던 중진들은 남인을 끌어오는 데 반대하며 세제보호론을 펴 김일경 일파를 견제하고 있었다. 그리하여 당시 정가에서는 김일경 일파를 별도로 급소(急少)라 불러 준소와 구별하였다.

당연히 경종 2년 말 이후의 정국은 주장의 선명성을 앞세운 급소가 주도하였고, 이들로부터 공격을 받는 완소를 지원하며 의정부와 6조의 실권을 장악했던 준소가 정권을 이끄는 형세였다.[28]

이러한 정국 상황에서 경종 3년 2월 정언이 된 지 두 달 만에 유수원은 정국을 이끌던 영의정 조태구에 대해, 뜬소문에 흔들리며 국시(國是)를 바로잡는 데 준엄하지 못한데다가, 사사로운 이해에 따라 벼슬을 주는 비리를 저질러서 조정에 청의(淸議)가 펼쳐지지 못하고 정의로운 기상이 시들게 한다고 맹렬히 비난하였다.[29] 이에 조태구는 사직하고 출성(出城)하였다가 향리로 돌아갔으며 그 파동으로 한동안 조정이 시끄러웠다가, 우의정 최석항이 조정의 사정을 모르는 신진이 망발한 것이라 하여 유수원을 지방관으로 출보(黜補)하게 함으로써 일단 수습된다.

30세의 유수원이 언관으로서 한 첫 발언이 이렇게 큰 파문을 일으킨 것이다. 이 상소는 연소신진배(年少新進輩)로서 자신이 조정에 나와 견문한 정치적 현실의 문제점과 모순을, 자신이 그동안 공부해 온 정치이론의 관점에서 분석해 그 견해를 표출한 것이라고 일단 볼 수 있다. 재상(宰相)을 조정의 본원(本源)과 두뇌라 하면서 그런 만큼 임금이 해야

---

28 정만조(2012), 18면.

29 『승정원일기』 551책, 경종 3년 2월 19일 己巳, 正言 柳壽垣疏.

할 가장 큰 일 또한 올바른 재상을 얻는 데 있다고 한 것 등이 이를 뒷받침해 준다. 따라서 최석항 말대로 세상물정을 모르고 이상론만 앞세우는 신진의 망발로 치부될 수도 있었다. 그러나 상소를 올린 시점이 문제였다. 이때는 유수원에 앞서 지평 구명규(具命奎, 急少)가 임인삼수옥(壬寅三手獄)을 다스림에 있어 완만하다고 비난함으로써 안옥(按獄)을 맡은 좌의정 최석항과 이조판서 이광좌(峻少)가 벼슬을 내놓고 물러나려 하자 연령군(延齡君, 숙종 제3자)의 처부(妻父)로 세제를 지지하던 대사간 김동필(金東弼, 緩少)이 이광좌를 신구(伸救)하고, 공조판서 조태억은 거꾸로 김일경의 탐욕을 들어 배척하는 등 급소와 준소 간에 갈등이 표면화되고 있던 시기였다.[30]

바로 이런 시기에 유수원의 상소가 나온 것이다. 유수원이 아무리 당대 정치의 폐단을 들어 조태구를 탄핵했다 하여도 (壬寅 三手獄을 다스림에서) 국시(國是)를 바로잡는 데 준엄하지 못했다는 말에서 보듯이 김일경 일파에 대한 공격의 일환이라는 혐의를 벗기는 어려울 수밖에 없다. 더구나 그 당숙 유봉휘는 세제 책봉 당시, 상소로서 불만을 드러내어 세제와 불편한 관계에 있었다. 유봉휘가 김일경의 당여인가에 대해서는 본인도 부정하고 이광좌·조태억 등이 김일경의 당여가 아님을 보증하고 있어 급소에 속했다고는 볼 수 없다. 그러나 유수원의 상소가 나오던 당시 정계 일각에서는 유봉휘가 그 조카인 유수원을 사주했다고 의심하였다.[31] 거기에다가 유수원이 상소의 말미에서 배척하였던 정

---

30 『경종실록』 권10, 2년 11월 19일 庚子, 20일 辛丑, 26일 丁未.

31 緩少계열인 趙文命·李㙫 등의 주관하에 영조 8년에 편찬을 끝낸 『景宗實錄』에는 유수원의 이 상소에 대해, 유봉휘는 부정하고 있지만 그의 使嗾에 의했을 것이라는 해설기사를 실어 놓았다(『경종실록』 권11, 3년 2월 19일 己巳, 壽垣則柳鳳輝從姪也 或疑聽其指敎 而鳳輝向人自矢云 而其姪章奏 烏可謂無所知也).

수기(鄭壽期)와 이정제(李廷濟)가 소론 내의 완론이었으며, 특히 유수원의 재종숙(再從叔)이기도 한 이정제에 대해, 노론 4대신의 한 사람인 조태채(趙泰采)가 임인옥에 걸려 죽임을 당했을 때 부의(賻儀)를 후하게 보냈다 하여 비루한 행위로 사대부의 모습을 잃었다고 헐뜯은 점은, 노론에 대한 강경한 탄압을 앞세우는 급소의 면모를 보인 것으로 비추어질 수밖에 없었다.

어떻든 유수원의 이름을 조정에 처음으로 드러내게 한 이 상소로 인한 파문은 마침 귓병을 앓기 시작한[32] 그로 하여금 출세의 길을 막히게 하고 환로(宦路)의 뜻을 꺾게 하였다고 보이며, 영조 이후 소론 내에서 준론의 핵심인물로 인식되게 하는 하나의 요소가 되게 하였다.

하지만 이때의 정치적 경험과 좌절은 유수원으로 하여금 당시 정치의 제반 모순과 문제점에 대한 비판의식에 눈을 뜨게 하였으며, 그것이 몇 년 뒤 『우서』를 저술할 때의 정치 부분 개혁론의 입각점이 되었다고 할 것이다.

2) 『우서』의 저술과 득명(得名)

조정에 큰 파문을 일으킨 경종 3년의 조태구 배척 상소사건 이후 유수원은 예안현감·병조좌랑·낭천(狼川)현감 등으로 바꾸어 가며 임명되었으나 병을 이유로 사퇴하였고 영조 초의 노론 정국에서는 김일

---

32 이때 올린 상소의 모두에서 유수원은 "臣數年以來 猝得重聽之症 藥餌無效 漸至沈痼 凡於酬酌之際 或時以文字相通."(『승정원일기』 551책, 경종 3년 2월 19일 己巳)이라 하면서 벼슬하기가 어렵다고 하였다. 이때 그의 나이가 30세였던 점을 보면 대개 이십육칠세경, 그러니까 과거에 급제해 관직에 처음 나가던 시기부터 귓병을 앓게 된 것으로 보인다.

경이 역적으로 몰려 처형되는 등 급소가 몰락하는 속에 관직에서 배제되었다.[33] 유수원에게 다시 벼슬이 주어진 것은 영조 3년 7월, 정미환국으로 노론이 축출되고 이광좌(李光佐)·오명항(吳命恒) 등 준소가 정권을 장악하며 조문명(趙文命)·송인명(宋寅明) 등 완소가 왕의 측근에 포진하여 이들을 견제하는 정세의 변화가 일어난 후였다. 그는 바로 병조정랑에 기용되었으나 별다른 활동을 보이지 않은 채 거창·문의(文義) 현감 등 외직에 보임되었다. 그러나 노모의 숙환을 들어 정사(呈辭)했다가 파출되었으며 잠시 동안의 횡성(橫城)현감을 거쳐 무신란 후인 영조 4년 7월에 지평에 임명됨으로써 다시 언관으로 돌아왔다. 이때 그는 귓병이 심하고 독자로서 병모(病母)를 구완해야 한다고 물러날 뜻을 보이면서도 무신란(戊申亂) 당시 급소와 남인이 추대하려 하였던 왕족(昭顯세자의 현손) 밀풍군(密豊君) 탄(坦)에 대한 의율처단(擬律處斷)을 강경히 요구하는 데서 보듯 전날의 급소라는 혐의를 지우고자 한 흔적[34]도 보였다.

영조 5년 이후 탕평책이 본격화하면서 그에게는 병조정랑 부사직(副司直) 부사과(副司果) 등의 군직(軍職)과 경상도사(慶尙都事) 태천(泰川)현감 등의 지방관직이 제수되었는데 자신의 귓병(경종 3년 상소에서 귓병이 심하다고 하였음)과 노모의 병간호를 구실로 양천현(陽川縣)의 장군소

---

33 그러나 영조 즉위 후 노론이 壬寅 三手獄에서 당한 피해에 대한 보복으로 急少系 인물 40명을 削奪官爵·門外黜送했을 때 유수원은 명단에 들어 있지 않았고(『영조실록』 4권, 원년 3월 17 乙丑), 이후 金一鏡과 함께 用事하였다 하여 이른바 疏下6人이 문제되거나 그 堂叔 柳鳳輝가 노론의 공격으로 함경도 慶興으로 귀양 가서 죽었을 때에도 그에 대한 노론 언관의 공격은 『실록』이나 『승정원일기』 상에 나타나지 않는다. 이로써 본다면 경종 때 그의 상소 때문에 김일경과 관련되지 않았을까 하는 의심을 받기는 했으나, 노론으로부터도 급소라기보다는 준소계의 인물이라고 인식될 정도였다고 할 것이다.

34 『승정원일기』 666책, 영조 4년 7월 19일 戊辰, 持平 柳壽垣疏.

면(將軍所面, 현 양천구 新井洞)에 있는 선롱(先壟) 아래 전사(田舍)에 머물며 사소(辭疏)를 올리고 나아가지 않았다.[35] 그러나 영조 11년 노론계 언관인 교리 조명택(趙明澤)이 유수원 등과 같은 '허물이 몹시 중하여 공의로부터 저지당한 자〔釁累至重 見枳公議者〕'까지 소통(疏通)을 구실로 벼슬이 주어진다고 불평[36]을 할 정도로 그의 벼슬길이 끊긴 것은 아니었다.

그가 이처럼 벼슬을 사양한 이유는 어디에 있을까. 우선은 자신의 사소(辭疏)에서 밝힌 대로 귓병과 노모의 간병 때문이라고 할 수 있다. 특히 지방관직의 경우는 자신의 생활권을 벗어나 부임해야 했던 만큼 사소의 내용이 빈말만은 아니었을 것이다. 또한 소론을 약화시키면서 노론을 정계로 진출시키려는 조문명·송인명에 의한 탕평정국이 추진 중이어서 그에게 실직(實職)도 아니고 벽지의 수령직 정도가 주어지는 데 대한 불만도 있었다고 생각된다.

그러나 이제 30대 후반의 나이에 들어 관료로서의 포부를 펼 만한 시기였으므로 비록 주어진 벼슬에 실망하였다손 치더라도 은퇴하기는 아까운 나이였다. 여기서 생각할 수 있는 다른 하나의 요인은 자신의 정치적 경륜을 한번 정리할 기회를 갖고자 했기 때문이 아닐까 하는 가능성이다. 지금까지의 연구에서 『우서』의 저술 시기가 대개 영조 5년에서 13년 사이 즉 그의 나이 30대 후반에서 40대 전반의 시기였다는 주장[37]은 이런 면에서 하나의 해답을 준다.

다만 필자는 그의 『우서』 저술이 영조 13년까지 가지 않고 한 2년

35 『승정원일기』 680책, 영조 5년 3월 11일 乙卯, 都承旨 蔡彭胤啓; 681책 5년 3월 25일 己巳, 司書 柳壽垣疏.

36 『승정원일기』 810책, 영조 11년 10월 9일 甲戌, 校理 趙明澤疏.

37 한영국(1981), 7~8면; 한영우(2007), 33~35면.

앞서 영조 11년 초쯤에 일단 마무리되지 않았나 판단한다. 그것은 영조 11년 9월 24일 평안도 태천(泰川)현감으로 임명되자 지금까지 사퇴로 일관하던 자세를 벗어나 임지로 부임하였고, 현을 맡아 다스리기 불과 몇 달이 가지 않아 볼만한 실적을 올렸다고 관찰사가 평가할 정도로 자신의 열성과 재주를 다하였다는 기록이 있기 때문이다.[38] 몇 년 간에 걸친 『우서』의 저술이 일단 완료되었기에 지방관에 임명됨을 기회로 한번 적극적으로 『우서』에서 보인 경륜의 일단을 펼쳐 보려 했던 것으로 추정되는 것이다.

이런 추정을 더욱 뒷받침해 주는 것은 그의 태천현감 주의(注擬)를 놓고 노론계의 교리 조명택(趙明澤)이 유수원과 같이 '허물이 몹시 중하고 공의로부터 저지당한 자'까지 소통을 구실로 벼슬이 주어진다고 불평하였을 때, 이조(吏曹)에 있던 참판 송진명(宋眞明), 참의 조명교(曺命教), 판서 윤유(尹游) 등이 한결같이 유수원의 학식과 재주를 들어 극력 변호하고 천거하였던 점이다. 송진명은 "재주를 품고서 독서를 열심히 했음에도 오랫동안 벼슬이 침체한 것이 애석하다."고 하였고, 조명교는 "넓은 지식과 여러 면에 통달한 재주는 조정에서 그 짝을 찾기 힘든 정도이다."라 했으며, 윤유 역시 유수원의 학식과 재주를 극찬하였다.

모두 다 유수원이 해박한 지식과 경세의 재주를 가졌다고 말하고 있다. 유수원에 대한 그들의 이러한 평가는 『우서』를 보았기에 갖게 된 것이 아닐까. 다음에 나오겠지만 영조 13년 『우서』를 임금에게 소개하던 이종성(李宗城)·이광좌(李光佐) 등의 소론 제신들이 한결같이

---

38 『승정원일기』 861책, 영조 13년 10월 24일 戊申, 熙政堂 입시에서 行吏曹判書 趙顯命의 上言.

유수원이 『문헌통고(文獻通考)』나 『대명률(大明律)』 같은 정법서(政法書)에 밝아 박식하다든가, 우리나라의 전고(典故)에 통달해 시무의 능력이 탁월하다는 식으로 천거하고 있는 내용과 별반 다름이 없다. 그렇다면 비록 『우서』라는 서명을 거론치는 않았다 하더라도 송진명·조명교 등이 『우서』를 접하고서 유수원의 재주와 학식이 뛰어남을 알았다고 보아야 할 것이다.

그래서 필자는 『우서』가 대개 영조 11년경에는 성서(成書)가 되었다고 보며, 그러기에 그때까지 사퇴만 하던 데서 벗어나 영조 11년 9월 태천현감으로 부임했던 것이라고 생각한다.

뿐만 아니라 유수원은 영조 13년 1월 다시 지평으로 임명되자, 앞서 자신을 허물이 중하여 공의에 저지당한 자라고 한 조명택에 대해 아무런 근거도 제시하지 않은 채 공연히 배척한다면서 심골(心骨)이 오히려 아프다는 말로써 자신을 변호하고 있다. 그를 지평으로 다시 주의(注擬)할 때 이조판서가 윤순(尹淳, 尹游의 弟)이고 참의가 조명교, 그리고 이조전랑이 오언주(吳彦冑)인 대개 소론계 인사들로서 앞서 조명택의 배척소로부터 유수원을 변호하였던 인물이었음을 생각한다면, 태천현감으로부터 부사과(副司果)로 옮겨져 있던 유수원을 다시 언관직으로 재기용한 것임은 쉽게 이해된다. 그런데 유수원이 의외로 1년 반 전의 조명택 상소를 비판하면서 자신을 변호하고 있다.[39] 언관으로 재진출함에 있어 자신에게 걸린 혐의를 변석(辨釋)하고자 한 것이다.

벼슬길에 대한 적극적인 의사가 없었다면 굳이 그럴 필요가 없지 않았을까. 『우서』가 소론 관료 내에 알려지면서 그들에 의해 언관으로 재진출할 기회를 잡게 되자 좀 더 의욕적으로 나오게 된 것이라

---

39 『승정원일기』 840책, 영조 13년 정월 11일 庚子, 12일 辛丑.

고 보고 싶다.

그의 관직 사피(辭避) 및 부임 시기와 『우서』 저술 시기를 위와 같이 이해하고 보면 『우서』를 지은 그의 목적에 대해서도 새로운 추론이 가능하다. 지금까지는 그의 정치적 금고(禁錮, 그러나 그에게 공식적으로 금고가 내려진 기록은 없다)라는 정국 상황과 『우서』 첫머리의 「기논선본지(記論譔本旨)」에 의거해 정치적 불우에 대한 울분 속에서 발분해 『우서』를 지었다고 말해져 왔다.[40] 필자 역시 이에 동의하지만, 좀 더 적극적으로 해석하고 싶다. 언제 올지 분명치는 않지만 때가 주어졌을 때 자신의 경륜을 펼치기 위한 토대로서 자신의 경세론을 정리해야 하겠다는 (울분보다는) 희망을 갖고서 『우서』의 저술에 착수하여 6~7년 사이에 책을 이루었다고 보는 것이다. 또 이렇게 이해하는 것이 책이 이루어지자 비록 소론계 인사들 위주였기는 하지만 바로 유포되어 널리 읽히고, 불과 1~2년 후 임금에게까지 알려져 영조가 이를 어람(御覽)하게까지 된 것을 순리적으로 설명할 수 있으리라 본다.

『우서』를 통해 경세가로서 유수원의 면목이 조정에 널리 알려지게 되는 계기는 의외로 빨리 다가왔다. 그것은 노론의 정치공세로 영조 5년 이래 지속되어 온 탕평정국이 동요되자 임금이 봉조하(奉朝賀)로 은퇴해 있던 소론 영수 이광좌를 전격적으로 영의정에 재기용하는 정국 운영상의 변화가 일어났던 점과 연관된다. 이와 관련해 잠시 이 시기의 정국 상황을 이해할 필요가 있다.[41]

영조 즉위 이래 경종 때 일어난 신임옥사(辛壬獄事)를 놓고 노론은 소론이 왕세자와 노론을 제거하기 위해 조작한 무옥(誣獄)이라 주장해

40 한영국(1981), 7~8면; 한영우(2007), 33~35면.

41 이하의 서술은 정만조(1983) 논문에 의거하였다. 따라서 일일이 주를 붙이지는 않는다.

왔다. 이에 대해 소론은 경종에 대한 반역행위를 다스린 역옥(逆獄)이 분명하다고 맞서 왔다. 무옥이냐 역옥이냐를 판가름하는 상징적인 사안은 신임옥사에 역적으로 몰려 죽은 노론 제신, 특히 그중에서도 이이명(李頤命)·김창집(金昌集)·이건명(李健命)·조태채(趙泰采)로 알려진 4대신의 신원(伸寃)과 복관(復官) 문제였다. 영조 초 노론정권에서는 모두 죄가 풀려 충신으로 높여졌다. 그러나 영조 3년 정미환국으로 소론이 집권하면서 다시 죄안에 들게 된다.

왕권의 정통성을 크게 훼손시킨 무신란을 겪은 뒤 실추된 왕실의 권위와 정국안정을 위해 취해진 탕평책을 추진함에 있어서도 이 노론 4대신의 신원복관(伸寃復官) 문제는 노론·소론의 연정(聯政) 구성에 가장 큰 장애 요소였다. 여기서 조문명·송인명 등 완소 출신 탕평파의 주선에 의해 이건명·조태채는 신원복관하고 김창집·이이명은 그대로 죄안에 두는 이른바 기유처분(己酉處分)이 취하여졌다. 노·소론 사이의 대립점을 교묘히 타협한 것이다.

경종에게 신하의 의리를 다한다고 해 오다가 영조 이후 불리한 처지에 놓인 소론은 그런대로 수용할 수 있었으나, 자신들의 큰 희생 위에서 영조가 임금이 된 만큼 명분의리상의 우위를 차지했던 노론은 이를 받아들이려고 하지 않았다. 그들은 탕평정권의 참여를 거부하기도 하고, 언관 쪽으로 진출해 2대신의 신원과 소론 영수인 이광좌를 세제(世弟)의 대리청정(代理聽政)을 원수처럼 여기며〔讎代理〕 경종의 질병을 감춤으로써 그 죽음에 의혹을 불러오게 해서 결과적으로 무신란(戊申亂)을 촉발하게 한 원흉으로 몰아 격렬히 공격하기도 하였다. 이로 인해 노·소론 사이의 대립은 탕평정권의 존립을 위협할 정도였다. 영조는 그때마다 노론·소론을 불러 놓고 혹은 간곡하게 효유하고 혹은 임금의 권위로써 위기를 타개하여 왔다. 십구하교(十九下敎)·반야하교(半夜

下敎) 등의 조처가 이를 말한다.

영조 13년 좌의정 김재로(金在魯)에 의해서 재발된 2대신의 신원요구는 소론의 대규모 반발을 불러왔다. 봉조하 이광좌를 위시해 우참찬 윤혜교(尹惠敎), 호조판서 송진명(宋眞明) 등 수십 명의 소론계 관료가 상소해 이를 배척하는 등 여느 때와는 다른 강한 불만을 표출하였다. 임금은 감선(減膳)을 하명하고 대소공사(大小公事)의 처결을 거부하였다. 이에 노·소론의 원임대신 및 제신이 임금에게 이러한 과격한 거조(擧措)를 그만두도록 읍청(泣請)하자, 임금은 그들로부터 당습(黨習)을 하지 않겠다는 다짐을 받고(이를 混沌開闢이라 함) 과한 거조를 거두어들이며, 이광좌를 영의정으로 전격 재기용하였다. 이광좌의 재기용은 소론의 불만을 무마하면서 이광좌에게 난국타개의 책임을 지우고, 다른 한편으로는 은퇴한 봉조하(奉朝賀)의 자리에서 끌어내어 노론의 공격 대상으로 표출시킨다는 복합적인 의미를 지녔다.

이광좌의 기용은 탕평정국을 소론 손에 맡긴다는 뜻이었다. 이후 약 반년 가까이 이광좌를 주축으로 하는 윤순(尹淳)·송진명(宋眞明)·이종성(李宗城)·박문수(朴文秀) 같은 소론 인사들이, 완소 출신으로 탕평파의 핵심으로 부상한 조현명(趙顯命)과 함께 요직에 포진해 정국을 이끌었다. 그리고 바로 이들에 의해 유수원의 『우서』가 국정개혁의 경세서로서, 그리고 유수원이 전고(典故)에 밝은 경세가로서 세상에 널리 알려지게 되는 기회를 맞게 된다.

유수원의 『우서』가 임금에게까지 알려진 것은 영조 13년 10월 24일 희정당(熙政堂)에서 대신과 비변사당상을 인견하여 국사(國事)를 논의하는 자리에서였다.[42] 참석자는 영의정 이광좌를 위시해 윤순(尹淳, 행공조

42 『승정원일기』 821책, 영조 13년 10월 24일 戊申.

판서)・김시형(金始炯, 행부사직)・박문수(병조판서)・이종성(공조참판)・이일제(李日躋, 승지) 등 소론 핵심인물과 완소 출신으로서 탕평파를 대표하던 조현명(행이조판서)이었다.

우선 이광좌가 거듭되는 재이(災異)현상을 들어 임금의 수덕(修德)과 함께 인재의 천용(薦用)을 요청하였다. 이에 천용의 방법을 놓고 한동안 논의가 있다가 이광좌의 의견에 따라 '인재별천(人才別薦)'으로 명목을 정하고 대신과 육경(六卿) 및 비변사당상, 삼사(三司) 장관, 8도 감사 등이 각기 1~2인을 천거하도록 결정하였다. 이런 합의 직후 이종성이 단양군수직(丹陽郡守職)에 있던 유수원의 재주를 들어 바로 천거하였다. 그는 유수원이 비록 귓병을 앓고는 있으나 역대제도(歷代制度)와 그 이해(利害)득실, 그리고 국조(國朝)의 전장연혁(典章沿革) 등에 능통하며 한 책을 썼는데 시정(施政)의 득실에 대해 근본을 살펴 논하고 맥락을 관통하게 해 놓아 스스로의 경륜을 펼쳤다며, 그 주장이 다 맞는지는 알 수 없지만 그러나 세무(世務)를 아는 이런 인물이 장차 헛되이 늙는 것이 애석한 일이라 하였다.

임금이 책 이름을 묻자 이광좌가 『우서(迂書)』임을 밝히고 자신도 한 번 보았지만 진실로 주장이 특출하다고 했다. 윤순 또한 조현명이 그 책을 『동서(東書)』라고 이름했는데 모두 7권으로 국가의 적폐(積弊)를 근본에까지 밝혀내고 이를 변통하여 바로잡을 대책을 함께 논하였는데, 비록 시험해 보지는 못했다 하더라도 그 식견과 의견이 세상 사람보다 크게 뛰어나서 참으로 얻기 어려운 선비라고 극력 천거하였다.

임금이 누구의 아들이냐며 집안과 내력을 묻자, 조현명이 옛날 정승 유상운(柳尙運)의 종손임을 밝히면서 앞서 경종 때 상신(相臣) 조태구(趙泰耉)를 탄핵했다가 벼슬길이 막혀 마치 명의의 죄를 입은 양하다고 하였다. 이는 앞에서 언급했듯이 경종 3년 노론에 대한 토역(討逆)을 놓고 소론 내에서 강경론을 펴는 김일경(金一鏡, 急少)과 왕세제 보호를 앞세워 이를 견제하는 조태구(峻少) 사이에 대립이 벌어졌을 때, 마침 유수원이 조태구를 탄핵하는 상소를 올렸고 이로 인해 김일경의 당여로 그 사주에 의했다는 세간의 의심을 받은 사실을 말한다. 유수원의 등용을 위해서는 우선 이 문제가 해결되어야 하였다.

그러자 윤순이 유수원이 젊은 시절 사람들 말에 휩쓸려 상소를 올린 것으로 친구들 사이에는 이것 때문에 유수원을 좋지 않게 보기도 하나, 그러나 김일경에 물들어 그 당여가 되었던 것은 아니며 지금 와서는 그 잘못을 크게 깨우쳐 당론이 반드시 나라를 망하게 하고 말 것이라 하여 그때와는 전혀 다른 의견을 갖고 있다고 변호하고 나왔다. 윤순은 그 형 윤유(尹游)와 함께 노론에 대한 토역(討逆)에 반대해 완소(緩少)로 지목된 적도 있고, 그러면서도 영조의 탕평책에는 탕평파로 변신한 완소계와는 달리 소론 명분을 지키는 명사로 알려진 인물이었다. 거기에다가 그 형 윤유가 유수원으로부터 논척을 받은 적도 있었다. 그러한 윤순이 유수원이 김일경의 당여가 아님을 변호하고 나온 것인 만큼 누구의 말보다도 설득력이 있었다. 뒤이어 같이 입시한 박문수·이종성 역시 힘써 유수원을 위해 해명하였다.

이상에서 살핀 10월 24일의 희정당 논의를 보면 마치 유수원의 등용을 위해 추천론이 제기되지 않았나 하는 느낌을 갖게 된다. 이광좌에 의한 미재책(弭災策)으로 별천(別薦)이 건의되고 뒤이어 소론의 핵심인물들이 유수원을 극력 추천하며 그에 대한 세간의 의혹에 대해 적극적으로 변호하는 일련의 진행과정에서, 이광좌를 위시한 소론 제신들이 사전에 유수원 천용(薦用)에 대한 의견을 맞추고 논의를 이끌어 갔다는 추리를 하게 되는 것이다.

그러면 소론이 이때에 유수원을 적극적으로 추천한 이유는 무엇일까. 정황 설명밖에 없는 추측이기는 하나 이를 정리해 보면 다음과 같다. 이광좌의 정계 복귀로 형세를 만회한 소론은 정국주도를 위한 대책 마련을 모색하게 된다. 이런 경우 먼저 필요한 것은 격화된 정국을 안정시키는 일이었다. 당연히 노론의 협조가 일차적이었지만, 임금의 권위를 빌어 영부사(領府事) 이의현(李宜顯), 판부사(判府事) 김흥경(金興慶) 등 노론 원로를 잠시 조정에 나오게 해서 당습(黨習)을 하지 않겠다는 다짐을 받는 정도에 그쳤다. 기대를 걸 수 있는 것은 노·소론 내의 온건론자인 완론(緩論)으로 형성된 탕평세력이었다. 그래서 이광좌는 세혐(世嫌)을 들어 출사(出仕)를 거부하는 좌의정 김재로(金在魯)에 대해 지난날 자신이 김재로의 부친인 김구(金構)를 탄핵한 일이 지나쳤음을 인정하는 등 화해를 위한 성의를 보이기도 했다. 그리고 소론 출신의 탕평파인 우의정 송인명(宋寅明)은 물론, 특히 탕평론의 제창자로 영조 5년 이후 탕평정국을 주도하다가 죽은 조문명(趙文命)의 아우 조현명에게까지 손을 내밀어 그를 이조판서로 발탁하게 하였다.

정국안정을 위해 상대 세력에 대한 배려와 협조를 구한 다음으로 필요한 조처는 아마도 정권 담당자로서 국정운영에 관한 방향을 제시하는 일이 아니었을까 한다.

숙종 중기에 서인이 노론과 소론으로 갈라진 이래 노론은 명분과 의리를 국정의 제일의로 내세워 왔다. 이에 대해 소론이 상대적으로 현실과 민생문제를 우선해 왔던 것은 굳이 예를 들 필요 없이 잘 알려져 있다. 영조 13년 이광좌의 복귀로 주도권을 쥐게 된 소론이 그 집권을 합리화하는 명분으로 현실과 민생문제 해결을 다시 강조하고 나오리라는 것은 이런 전례에 비추어 능히 짐작되는 일이었다. 바로 그러한 현실과 민생문제 해결을 제기하는 계기를 유수원을 천거하는 데서 찾고자 한 것이 아닌가 한다. 그러기에 이광좌 이하 입시한 제신들이 여출

일구(如出一口)로 유수원에 대한 세간의 의혹을 변호하고, 앞서 인용한 윤순의 말처럼 국가의 쌓인 폐단을 변통해 바로잡을 내용을 담았다는 『우서』를 거론하였던 것이라고 본다.

유수원의 진용(進用)문제는 나흘 후인 10월 28일 대신과 비변사당상을 인견한 희정당 회의에서 가닥이 잡혔다. 그 사이에 임금은 승정원에서 구해 바친 『우서』를 다 읽었다고 한다.[43]

『우서』를 읽은 임금의 반응은 조정에 다 읽은 사람이 없다는 『문헌통고』와 같은 정법류에 정통한 그의 재주가 기이하다면서도, 그의 개혁론이 대부분 오활해서 행하기 어려울 것이라 하고는 책이름을 『우서』라고 한 것이 참으로 옳다고 하는 부정적이고 유보적인 평가였다. 그러면서도 우리나라 사람들의 주장하는 문자를 보면 대개 선유(先儒)의 이야기를 끌어 모은 데 불과한데, 유수원은 자기 속의 견해를 드러내고 있으며, 특히 비국(備局)의 폐단을 논한 글은 탁월한 견해이며 패초(牌招)의 폐단 역시 절실한 문제를 지적했다고 칭찬하였다.

뒤에서 상론되겠지만 『우서』의 「논비국(論備局)」 항목은 난정병국(亂政病國)을 가져온 요인으로서 비변사의 모순과 폐단을 지적하고는 이것은 국초(國初)의 입법자(立法者)들의 식견이 부족해 치체정규(治體政規)를 제대로 갖추지 못했기 때문에 초래된 현상이며, 이를 바로잡기 위해서는 임금이 대강대체(大綱大體)를 총람(總攬)하는 군주제(君主制) 아래에서 육조(六曹)가 백집사(百執事)를 분장(分掌)하는 관료체계 속에, 관리

---

43 그러나 이때 임금이 77편에 이르는 『우서』의 논술을 4일 동안에 다 보았다고는 생각되지 않는다. 아마도 관심이 주어지고 또 평소의 政事에서 익숙하였던 관제나 통치구조와 관련된 정치사회개혁에 관한 부분을 주로 보았을 것이고 利用厚生術을 담은 경제개혁의 부분까지 읽기는 어려웠을 것이다. 이것은 임금이 『우서』 내용 중에서 「論備局」이나 「論牌招」를 직접 언급하고 正君心에 관한 내용이 없다고 한 데서도 짐작할 수 있다.

(官吏) 한 사람이 한 가지 직무만 전담하여 전문실무관료(專門實務官僚)가 되게 하는 고적제(考績制)의 시행을 통해 정치체제를 일신해야 한다는, 유수원 정치개혁론의 원칙이 피력된 글이었다. 또 「논패초(論牌招)」에서는 어떤 고전의 고사에도 나오지 않는 패초 때문에 임금의 명령이 권위를 잃게 된다고 하여, 패초는 폐지하고 임금의 소명을 어긴 자는 유사로 하여금 처벌해야 한다고 함으로써 군주 권위의 확립을 강조하는 내용으로 되어 있다.

그런 만큼 영조임금이 여기에 큰 흥미를 보였음은 당연하다. 하지만 뒤이어 영조는 그의 글 속에 '정군심(正君心)'으로 대표되는 군덕(君德)의 수기(修己)를 포함한 통치형태의 구체적 내용이 없는 것을 괴이하게 여기고 아쉬움을 표시하였다. 그 자리에 입시한 이종성이 그가 감히 어찌 거기까지 말할 수 있겠느냐고 변호하였지만, 일단은 준소(峻少)라는 정치적 제약을 가진 그로서 임금의 역린(逆鱗)을 거슬릴지도 모를 군주제 자체를 거론할 수는 없었고,[44] 그보다는 자신의 정치개혁론이 군주를 포함한 권력집단 쪽보다는 민생을 담당하여 행정을 맡은 실무관료집단 쪽을 대상으로 전개되었기 때문이라고 할 것이다(후술 참조).

『우서』의 개혁론에 대한 임금의 평가가 실현이 어려운 오활한 견해란 쪽으로 흐르자 자연히 유수원을 등용하자는 주장도 힘을 잃을 수밖에 없었다. 여기에다가 임금이 유수원의 임용에 대해 마땅히 그 자리에 알맞게 써서 실효를 거두게 해야지 지나친 자리를 주는 것은 옳지 않다고 미리 쐐기를 쳤다. 이에 임금의 뜻을 헤아린 이광좌가 궐내 경적(經籍)을 관장하고 왕의 자문에 응하는 고문(顧問)의 자리가 어떠냐는 의견을 제시했다. 윤순 등은 고문의 자리 중에서도 장래의 주문자(主文

44 『승정원일기』 861책, 영조 13년 10월 28일 壬子.

者, 대제학)가 될 만한 인물에게 주어지는 예문응교직(藝文應教職)을 거론했으나 임금은 일단 비변사의 문헌을 정리하는 문낭청(文郎廳)에 차정하도록 지시하였다. 이후 사간원 정언이 제수되기도 했지만 당시에 재임하고 있던 단양군수직에서 체임만 되었을 뿐 실직에 임용되지는 못하였다.

유수원의 임용문제가 이처럼 지지부진한 채 결말 없이 흐르게 된 것은, 민생문제를 앞세운 현실개혁 쪽으로 국정운영을 이끌어 가려 한 소론의 시도가 임금의 적극적인 호응을 얻지 못하여 별다른 성과를 내지 못했음을 의미한다. 거기에다가 곧이어 좌의정 김재로가 이광좌를 배척하며 같이 벼슬하기를 거부하고 우의정 송인명마저 거리를 두는 등 대신간의 불화가 심화되어 이광좌가 사직소를 올리는 등 정국마저 다시 불안해졌다. 그에 따라 소론의 정국주도력이 약화되면서 유수원 등용을 통한 소론의 현실 위주의 개혁 방향은 후퇴할 수밖에 없었다.

영조 13년 이광좌의 정계 복귀를 계기로 국정을 주도하고자 한 소론의 시도는 이처럼 무산되고 말았다. 그러나 이런 과정을 통하여 『우서』가 임금까지 열람할 정도로 그 존재가 널리 알려지고, 소론을 대표하는 경세가로서 유수원의 명망이 크게 드러나게 되었을 것임은 쉽게 짐작된다. 대체로 불우한 정치생활을 보낸 유수원에게 영조 13년은 하나의 정치적 변환점이 될 수도 있는 시점이었다고 할 것이다.

이상에서 유수원의 생애를 당시의 정치정세와 관련지어 그 전반기인 영조 13년경까지 다루면서, 겸하여 『우서』의 존재가 하필이면 영조 13년에 세상에 알려지고 유수원의 이름이 세간에 크게 드러나게 된 사연도 함께 추적하여 보았다.

3) 개혁론에 대한 반향

유수원의 개혁론을 담은 『우서』는 이를 읽어 본 영조임금이 그 내용이 기이하기는 하나 오활하다는 반응을 보임으로써 당장 조정에서 논의되지는 못하였다. 그러나 조정의 관료 사이에서 경세서로서 주목되어 후일 조정의 관제개혁에 큰 영향을 미쳤고, 한편으로 적어도 소론 내에서 유수원의 신망과 정치적 입지를 굳게 하여 주었다.

순조(純祖) 때 노론계 인물이던 심로숭(沈魯崇)의 『효전산고(孝田散稿)』에는 이런 사실을 전하는 다음과 같은 일화(逸話)가 실려 있다. 이광좌(李光佐)가 내의원(內醫院) 도제조(都提調)로 있을 때인데 마침 유수원이 등창이 나서 몹시 위급한 상황에 빠지자 종기를 다스리는 의원 백광현(白光玹)을 보내 진료하게 하였다고 한다. 병의 상태를 본 의원은 치료약으로는 오직 우황(牛黃)밖에 없는데 치료에 드는 우황 서너 근의 값이 수천 냥에 이르니 이 집의 형편으로는 어쩔 수 없다고 하였다. 그러나 이튿날 의원이 다시 유수원을 찾았을 때 그 집에서는 하루 만에 이를 마련하여 먹고 몸에 바르고 있었으며, 며칠 사이에 병이 나았다고 한다. 백광현이 치료차 유수원 집을 찾으면 싸리문 밖에 관리가 타는 수레가 줄지어 서 있고, 집 안에 앉은 문병 온 손님들은 모두 한때의 명사(名士)들이었다고 한다.

다 쓰러져 가는 초가 몇 칸에서 사는 유수원의 집안 형편으로 수천 냥에 이르는 우황을 하루 만에 마련할 수 있었던 것은 말할 것도 없이 여초(輿軺)를 타고 온 일시의 명사들의 도움 때문이었을 것이다. 그리고 당시의 정치풍속으로 보아 그 일시 명사들이 다름 아닌 소론계 관료였을 것임은 의심의 여지가 없다. 소론 내에서 유수원의 정치적 신망과 위상이 어떠한가를 단적으로 보여 준다.

그런데 이 일화가 전하는 시기가 언제인가가 궁금하다. 『효전산고』에는 이 일화의 바로 앞에 "유수원은 처지가 본래 한미하고 문장도 잘 못했으나 기국(氣局)과 지혜만은 남보다 뛰어났다. 영조 갑진년(즉위년, 1724) 이후로 소론들은 일이 있을 때면 그를 찾아가 판가름하였다. 귀가 먹어서 말을 주고받지는 못했으나 누워서 허공에 글씨를 쓰면 알아듣지 못하는 것이 없었다."고 하여 유수원이 영조 즉위 이래 소론 내의 중요한 결정(주로 당론관계)을 해 왔다고 하였다. 다시 말해 영조 즉위 이후 유수원이 소론의 여론을 막후에서 주도하였고, 그러기에 병이 한 번 나자 소론 명사들이 다투어 부조를 해서 수천 냥의 약값을 주선했다는 풀이가 된다.

그러나 여기에는 문제가 있다. 그 나이 30대 초이던 경종 3년에 올린 상소로 소론 내에서 크게 물의를 일으켜 호되게 비판받은 지 2년도 안 된 시점인 영조 즉위 이후에 벌써 소론 내의 의론을 좌우할 정도로 비중이 컸다는 것은 이해하기 어렵다. 여기서 이 시기문제 해결의 단서를 제공하는 것이 이광좌가 내의원 도제조를 했다는 기록이다. 내의원 도제조는 영의정이 겸하는 직책이다. 이광좌의 영의정 재직은 영조 즉위 직후 잠시 동안과 영조 3년의 정미환국 후 몇 년, 그리고 앞에서 언급했던 영조 13년 9월 이후의 1년여가 된다. 경종 때의 파문이 가시지 않은 영조 초반기에 이광좌와 유수원의 관계가 긴밀했다고는 생각되지 않는다. 따라서 영조 13년일 가능성이 많다. 더구나 이때는 전술한 대로 유수원의 경세론을 높이 산 이광좌가 현실 민생 위주의 국정 운영책 표방을 위해 유수원을 발탁하려던 시기였다. 이런 점으로 미루어 위의 『효전산고』에 보이는 유수원 관계 기록[45]은 『우서』로 인해 세

---

45 沈魯崇, 『孝田散稿』 34책, 「自著實記」. 「자저실기」는 沈魯崇이 당시의 정치와 전래의

간에 득명(得名)한 영조 13년 이후의 그 행적과 소론 내의 정치적 위상을 전한다고 보아 크게 틀리지 않을 것이다.

요컨대 영조 13년 『우서』가 조정에 알려져 경세가로서 유수원의 이름이 드러나면서 그는 소론 내의 이론가로서 당론을 포함한 중요 현안의 결정에까지 큰 영향력을 행사하게 되었다고 할 것이다.[46]

비록 오활하다고 평하기는 했지만 영조는 『우서』의 개혁론으로부터 강한 인상을 받았던 것으로 보인다. 그래서 영조 17년 우의정 조현명이 다시 유수원의 재주와 학식을 들어 천거하자 바로 군직(軍職)에 붙여 입

野史에서 見聞한 바를 晩年인 1830년에 기록한 것이다. 이때는 유수원이 逆謀에 걸려 죽은 지 75년이 지난 시점이었다. 따라서 이 기록에는 유수원의 인물과 행적에 관해 약간의 착오가 있는 듯하다. 집안이 한미하다든가 문장이 뛰어나지 못했다는 따위의 기술과, 30대 초이던 경종 3년에 올린 상소로 소론 내에서 크게 물의를 야기해 비판받은 지 2년도 안 된 영조 즉위 이후 소론 내의 의론을 좌우할 정도로 비중이 컸다는 서술 등이 그러하다. 그러나 역적으로 몰린 이후 연대기 자료 이외에 심지어 그의 부탁으로 영조 30년경 그 祖父의 墓碣을 지어 주었던 영의정 李宗城의 글에서조차 그 이름을 지운 것에서 보듯이 같은 소론의 문집에서도 그 이름자를 찾아볼 수 없는 기록의 인멸 속에서, 노론 時派에 속하는 심로숭의 기록에 유수원에 관한 상세한 언급이 있다는 것은 이례적이라고 할 수 있다. 그리고 그 내용도 역신으로 비난하는 방향이 아니라 소론 내에서의 유수원의 位相을 사실 그대로 드러내고 있는 객관적인 기록이라는 점에서 주목된다. 심로숭이 남긴 글의 상당 부분이 정치에 관한 것이고 특히 일당독재의 폐단이 戚里 權貴의 등장을 낳았고 학자마저도 權貴에 附庸하는 타락상을 보인다고 비판했거나, 「述先志」의 先父君(沈樂洙)言行記에서 인조 이후 정치상황에 대해 사대부의 기풍이 무너져 世道國事가 쇠퇴해졌다고 한 것은(금지아, 「孝田散稿해제」, 『연대중앙도서관소장 고서해제』, 2004) 『우서』에서 보이는 정세분석과 아주 흡사하다. 이 『효전산고』 및 그 부친 심락수의 『銀坡散稿』에서 보이는 정치관계 기록과 유수원 개혁론의 상관성을 검토해 볼 여지를 남긴다.

『효전산고』에 보이는 유수원 관련 기록은 안대회 교수가 발굴해 「楚亭 사상의 성립 배경과 그 영향」(『초정 박제가 연구』, 실시학사 실학연구총서07, 성균관대학교 출판부, 2013)에서 처음 소개한 것이며, 필자는 여기서 얻은 정보를 통해 원자료를 찾았다.

46 또 이렇게 보아야만 영조 20년 이후 그가 沈錥·申致雲 등과 함께 탕평파인 緩論을 비판하면서 노론의 討逆論에 맞서 경종에 대한 노론의 不忠논리를 개발하며 소론 내의 峻論을 이끄는 핵심인물이 되었다가 결국 大逆不道한 죄로 몰려 죽임을 당하게 되는 사정이 합리적으로 이해되리라 본다.

시케 하라고 명하였다. 한 3년 지나는 동안 『우서』가 널리 읽혀지면서 그 개혁론에 대한 조정의 이해가 깊어지고 공감대가 확산된 결과라 하겠다.[47] 그러나 하필이면 조현명이 유수원을 천거하고 임금이 기다렸다는 듯이 입시를 하명한 데는 또 다른 설명이 필요하다. 그것은 곧 영조 16년 초에 단행된 경신처분(庚申處分)으로 인한 정국동요와 이를 수습하기 위해 또 한번 탕평책을 재추진하게 된 정치상황에 대한 이해가 있어야 한다는 뜻이다.

영조는 16년에 들어오자마자 그동안 역안(逆案)에 올라 있던 김창집(金昌集)·이이명(李頤命)의 노론 2대신의 죄를 신원하고 복관하게 하였다(이를 庚申處分이라 함). 이광좌의 분사(憤死)로 결말지어지는 소론의 반발은 고사하고 이때까지 탕평정권을 이끌어 온 송인명·조현명 등의 소론 출신 탕평파들마저 입지가 크게 흔들리며 정국은 혼돈에 빠져들었다. 영조는 자신을 지지하다 죽은 노론대신을 역안(逆案)에 남겨 두는 것이 자칫 자신의 정통성을 훼손할 터여서 모두 신원시키기는 했으나 정국의 악화를 방치할 수만은 없었다. 그리하여 송인명·조현명의 힘으로 소론을 설득하여 경신처분을 기정사실화하는 한편, 명분상의 우위를 앞세운 노론의 공세로부터 소론을 보호하는 이른바 신유대훈(辛酉大訓)을 반포하며 탕평의 재추진을 선언하였다. 이를 대탕평(大蕩平) 또는 노론탕평이라 한다.[48]

---

47 영조 17년 2월 유수원의 入侍를 기다리면서 소론계로 탕평파에 속했던 徐宗玉이 임금께 아뢴 말 가운데 노론의 중진인 申晩과 『迂書』를 놓고 논의하면서, 그 책의 주장이 비록 세상에 시행되지는 못하지만 거기에 힘 쏟은 것은 대단하다며 이 사람에게 時務를 맡게 하면 어찌 불만하지 않겠는가 하니, 신만도 깊이 동의하며 그 재주를 칭찬했다는 것으로 보아, 소론은 물론이고 노론계 인사들까지 『우서』를 읽고 있음을 확인할 수 있다(『승정원일기』 928책, 영조 17년 2월 8일 癸卯, 夕講).

48 이 부분의 서술은 정만조(1986a)의 논문에 의거하였다.

이때 임금은 그동안 탕평정권의 실력자로 있으면서도 요직을 회피해 왔던 조현명을 우의정으로 발탁해 재추진되는 탕평정국을 주도하게 하였다. 이 시기의 정치관행상 처음으로 우의정에 대배(大拜)하여 입상(入相)하게 되면 국가경영에 대한 자신의 포부와 구체적인 방안을 소진(疏陳)하게 마련이다. 조현명은 탕평과 양역(良役)문제를 포함한 국정 전반의 난맥상을 거론하였고, 입시해서는 유수원을 천거하였다. 두말할 것도 없이 『우서』의 개혁론에서 현실문제 해결의 실마리가 있다는 뜻을 보인 것이다.

자신이 직접 그 폐단의 피해자였기 때문에 당론을 없애려 고심하는 영조로서도 유수원의 개혁, 그중에서도 정치와 관련된 관제개혁론에 관심이 주어지지 않을 수 없었다. 거기에다가 제2기의 탕평책을 추진하고 있는 시점이어서 당론을 종식하여 탕평을 정착시킬 개혁적 조처를 가시화할 필요가 있었을 것이다. 이미 『우서』를 열독한 바 있던 임금으로서 한번 그의 의견을 직접 청취해 보고자 한 것은 당연하였다.

영조 17년 초 유수원의 갑작스런 입시(入侍)와 군신(君臣)간의 문답이 이루어진 데는 이러한 사정이 있었던 것이다.

부호군(副護軍)의 직함을 띠고서 입시(入侍)의 명을 받은 유수원은 벼슬에 나온 지 30년 만에 갖게 된 이 기회에 감격하면서도, 자신의 귓병으로 응대하지 못하는 실정을 들어 '이언대신(以言代身)'하는 예에 따라 『관제서승도설(官制序陞圖說)』을 지어 올렸다.[49] 그러나 임금은 그날의 석강(夕講)에 바로 입시하게 하여서 마침내 동지사 서종옥(徐宗玉), 참찬관 신택하(申宅夏), 시독관 윤득경(尹得敬), 검토관 민백행(閔百行)이 참여한 석강에 나오게 되었다.

---

49 『승정원일기』 927책, 영조 17년 1월 27일 癸巳; 928책, 영조 17년 2월 8일 癸卯.

영조는 유수원을 만나기 전에 그가 부호군직에 대한 사소(辭疏)와 함께 올렸던 『관제서승도설』을 읽고서 이미 주강(晝講)에서 승지 조명리(趙明履)와 함께 검토하고 있었다. 조명리는 젊었을 때부터 박학(博學)과 문장(文章)으로 이름을 얻은 노론의 중진이었다.

유수원이 올린 책자를 보았느냐는 말에 조명리는 지은 사람이 힘들여 쓴 것을 한번 훑어보고서 뭐라고 하기는 어렵다면서도, 이 책은 그 목적을 신하들의 당론하는 습속을 경계하는 데 두고서, 문과급제 후에 벼슬에 나아가는 길을 홍문관과 6조의 두 갈래로 나누고서 문한(文翰)으로 보필할 만한 자는 홍문관에, 그렇지 못한 자는 6조에 속해 임무를 익히게 하되 음관(蔭官)의 경우는 교서관(校書館)으로 나가는 길까지 하나 더 열어 둔 것이 그 주된 내용이라고 하였다. 이어서 홍문관·6조로 택출(擇出)할 때 혹시 사의(私意)가 끼어들지 않겠느냐는 임금의 물음에는, 여기서의 사사로운 행위까지는 어찌해 볼 수 없다면서 그러나 그 뜻은 청직(淸職)에 뽑는 길을 넓히려 함〔博通淸選〕에 두었다고 하였다.[50]

이로써 관제서승도의 개략적인 파악은 가능하지만, 유수원에 대한 갑작스런 입시명령과 『우서』의 개혁론 가운데서 관제개혁만을 간추린 『관제서승도설』이 나오게 된 배경에 대해서는 별도 설명이 필요하다. 이 점과 관련해서는 왕과 조명리 사이에 주고받은 다음의 대목이 주목된다.

> 임금께서 (관제서승도에) 한림천법(翰林薦法)에 관한 언급이 나오는가 하고 물으니 조명리가 답하기를 이것은 없습니다만, 이것만이 아니라 그

50 위의 책, 2월 8일의 晝講.

뜻이 명관(名官)의 직(職)들을 모두 없애려는 데 있어서 이조전랑까지도 또한 병조전랑과 같이하려 합니다고 하였다. 이에 임금께서 그렇게 하려는 뜻은 오로지 당인(黨人)을 심는 폐단을 억제〔抑樹黨之弊〕하려는 데 있을 것이라 하였다.[51]

문과 급제자의 입사로(入仕路)에 홍문·6조의 두 길을 두고 고적서승설(考績序陞說)을 전개하는 목적이 오로지 당론과 당습 방지에 있다는 지적이다. 뒤에서 검토되지만 『우서』의 개혁론에는 정치와 관련된 것 외에도 민사나 민생에 관한 내용도 많고, 관제개혁론이 정치개혁론의 전부는 아니었으며, 관제개혁론의 주된 목표는 외려 문벌(門閥)로 인한 폐단의 제거와 인치(人治)가 아닌 예치(禮治)의 구현에 있었다. 당습 방지는 그 과정의 일부분이었을 뿐이다. 그런데 『관제서승도설』은 관제개혁에 있어서 당론·당습 억제에 초점을 맞추고 있다.

이 점과 관련해서는 두 가지로 생각해 볼 수 있다. 하나는 이미 유수원을 부를 때 임금이 당론유발(黨論誘發)요소 억제정책의 추진에 목적을 두고서, 유수원의 개혁론에서 논리적 지원을 받고자 했을 것이라는 가정이다. 왕과 조명리 사이의 수작(酬酌)에서 한림(翰林)과 이랑(吏郎)의 천망통청(薦望通淸)에 관한 언급이 『관제서승도설』에 있느냐 여부와, 문관을 홍문관·6조에 택출할 때 행사(行私), 곧 당인의 이해가 작용하느냐 여부에 대한 의론이 나온 것이 이를 뒷받침한다. 또 불과 두 달 후에 이조전랑의 통청권이 혁파되고 한림회천(翰林回薦)의 법규가 혁파된 것을 보면 이런 추론이 크게 무리하지 않음을 알게 된다.[52]

---

51 『승정원일기』 928책, 영조 17년 2월 8일 癸卯.

52 『영조실록』 권53, 17년 4월 19일 癸丑, 22일 丙辰, 23일 丁巳. 같은 해 4월 8일 壬寅에

다른 하나도 이와 연관되지만 유수원 역시 임금의 이런 의도를 알고 있지 않았을까 하는 점이다. 그 스스로도 신분제나 상공업 관련 주장은 쉽게 말하기도 어렵거니와 조정의 관심을 끌기도 어려울 것이라는 사실을 잘 알았을 것이다. 그러던 차에 임금께서 당론억제정책의 추진에 강한 의욕을 갖고 『우서』에 관심을 보인다는 말을 들은 듯하다. 그 말을 전한 사람이라면 임금 주위에서 임금의 생각과 의도를 잘 파악하고 유수원과 일정한 교유가 있는 인물이어야 한다. 그렇다면 우의정으로 새로 입상(入相)한 조현명일 가능성이 크다. 『우서』의 제목을 『동서(東書)』라고 따로 붙일 정도로 이해가 깊은데다가 우의정에 발탁되어 경신처분 후의 흐트러진 정국을 추스려 두 번째의 탕평정국 수립을 책임지게 된 그로서, 임금과 사전에 당습 억제 및 당론유발요소 척결에 대한 일정한 교감이 있었다고 보이며, 그런 연후에 유수원을 천거해 입시에까지 이르게 했을 것이다. 그런 만큼 그 사이에 어떠한 형태로든 임금과 자신의 이런 뜻이 전해졌을 가능성이 높다. 그래서 유수원이 당쟁적 요소의 억제와 척결에 초점을 맞추어 『우서』의 관제개혁 부분을 정리 보완해 『관제서승도설』을 만들고, 입시(入侍) 직전에 임금에게 올리게 되었다고 보는 것이다.

『관제서승도설』이 먼저 올려진 경위를 이렇게 이해하고서 입시한 자리에서 왕과 유수원 사이에 나눈 관제개혁문제에 관한 대화를 검토하기로 한다.

유수원을 처음 대면한 임금은 그 당숙인 유봉휘(柳鳳輝)와 모습이 흡사하다면서 서승도(序陞圖) 외에도 민사·국사에 관해 평소에 쌓은 온

黨論을 유발하는 요인이라 하여 甲午(숙종 40) 이후 私建私享된 書院을 일체 훼철하라는 조처가 함께 내려진 것도 참고된다(정만조, 1986b).

축으로 말하고 싶은 바를 진달하게 하였다.[53] 그러나 유수원은 신의 구구한 정성은 오직 『관제서승도설』에 있으며 국사에 혹 도움이 될까 해서 어리석음을 무릅쓰고 올린 것이라고 하여 정치와 관련된 서승법이 자신의 개혁론의 핵심이라고 하였다.

이어 자신의 관제개혁론이 근본은 주(周)나라 제도에 두지만 현실적으로는 그 정신을 이어받은 명(明)나라 관제를 본받자는 데 토대하고 있음을 밝히면서, 명제(明制)는 중국 역대의 제도 가운데 최선의 것이기도 하거니와 무엇보다도 당론으로 인한 당폐(黨弊)가 없는 것이 장점이니 이는 비록 이적(夷狄)이 세운 국가이지만 명제를 그대로 쓰고 있는 청(淸)이 나라가 선 지 백 년이 지나도록 당폐가 없는 데서 분명한 사실이라 하였다.

그러면 명나라 관제의 어떤 요소가 당론발생을 방지하는가에 대해, 그것은 고적서승법(考績序陞法) 때문이라 하였다. 서승(序陞)은 하나의 관청에 속한 관리에 대해 3년마다 차례로 상위 관직으로 승진시키는 것이며, 고적(考績)은 각기 3년마다 근무성적을 평가하되 9년째 되는 해에는 그 평가기록에 의거해 출척(黜陟)을 하게 한다는 것이다. 제도와 규정의 활용으로 능히 당인의 사욕추구를 막을 수 있다는 주장이라 할 것이다. 임금은 여기에 바로 동의하며 크게 칭찬하였다.

앞에서 잠시 언급했지만 영조는 경신처분 후 탕평을 새로이 출범시킴에 있어 당론을 유발하는 요소의 척결을 목표로 그 방안을 조현명 등 탕평파들과 모색해 오고 있었다. 그래서 내심으로는 그동안 붕당 사이의 필득지지(必得之地)로 당쟁의 주전장(主戰場)이 되어 온 이조전랑(吏曹銓郎)과 한림(翰林)의 직제에 대한 개혁을 계획하여 왔다. 그러나 아무

53 『승정원일기』 928책, 영조 17년, 2월 8일 癸卯의 夕講.

런 대책 없이 이를 선불리 손대었다가는 청의(淸議)와 공론을 막는다는 일반관료층, 특히 덕치론(德治論)의 핵심인 의리명분을 앞세우는 노론계의 반발을 야기하기 십상이었다. 그들을 설득할 논리와 시간이 필요하였다. 유수원의 입시와 『관제서승도설』에 대한 공개적인 검토는 이를테면 임금의 그런 의도를 처음으로 조정에 공식화한 것이라고 할 수 있다.

임금은 유수원의 설명을 빌어 당시 정치의 난맥상과 폐단을 구하는 방안으로 청의와 공론에 의하는 덕치(德治)에 비해, 서승고적(序陞考績)이란 제도에 의하는 예치(禮治)의 장점을 조정에 공식적으로 드러내게 하였으며(이 부분은 예치와 관련해 뒤에서 상론된다), 그 주장에 대한 적극적인 찬동을 표명함으로써 후속되는 이조전랑과 한림직의 개혁에 대한 사전 정지작업을 하였던 것이다.[54]

유수원은 이때 한번 입시한 후 다시 임금을 면대하는 기회를 얻지는 못하였다. 귀가 먹어 필담(筆談)으로 의사를 소통하는 불편도 있었지만, 임금에게 필요한 것은 유수원의 『관제서승도설』을 통해 자신이 의도하는 관제 일부(이조전랑 · 한림) 개혁을 조정에 공론화하려는 데 있었기 때문이다. 그 대신 이제 수면에 드러나게 된 이조전랑과 한림직 개혁론의 정당성을 확보하기 위해 『관제서승도설』과 『우서』에 나오는 유수원

---

54 이러한 추론은 翰林釐革節目이 이루어진 데 대한 史評을 통해 사실로서 뒷받침된다. 사신이 말하기를 이때 권력을 쥐고 있던 자들(탕평파를 말함)이 사대부들(명분의리를 앞세우는 노론을 지칭함)이 자기들에게 붓 좇지 않음을 근심하여 淸要의 권한을 모두 거두어들이고, 죄를 지어 벼슬이 막힌 무리(대개 소론과 남인 피죄자를 지칭)를 끌어들여 탕평하는 길을 넓히려고 하였다(영조 17년부터 재추진되는 大蕩平을 말함). 그러나 이를 시도할 계기를 얻지 못하였는데 마침 유수원이 관제서승도를 올린 것을 기회로 삼아 宋寅明 · 趙顯命 등이 元景夏와 함께 의논해 마침내 힘써 찬동하고 임금께 결단하시기를 청하였다. 이에 임금께서 바로 吏曹銓郎의 通淸權을 혁파하고 翰林(史官)의 回薦法을 고치게 명하였다(『영조실록』 권53, 17년 4월 22일 丙辰).

의 주장을 원용(援用)하게 된다.

이조전랑과 한림직 개혁 논의가 본격화하기는 유수원의 입시가 있은 지 보름이 지난 2월 22일, 3월 26일의 대신과 비변사(備邊司) 당상(堂上)의 인견(引見), 그리고 4월 22일의 주강(晝講) 자리에서였다.[55]

먼저 2월 22일의 회의에서 한림천망(翰林薦望)과 이조전랑(吏曹銓郎)의 통청(通淸)문제를 둘러싼 작금의 폐단이 구체적인 인물을 거론하면서 논난되었는데, 한림과 이랑(吏郎)제도의 유래라든가 그 구폐책의 의견이 대개 유수원이 논한 바를 기준으로 하여 전개되었다. 예를 들면 임금이 "수원(壽垣)의 말에 따르면 옛날에는 이병조(吏兵曹)에 모두 낭청(郞廳)이 있었다고 한다."고 하자 영의정 김재로가 "옛날에는 낭청이 있으면 바로 옥당이 되었다고 합니다."라고 한 것은 전자, 즉 제도 유래에 관한 것이며, 한림회천의 폐단에 대한 구폐책(救弊策)으로 시제(試製)하는 문제와 관련해 임금이 "유수원의 뜻은 한림을 승문원(承文院)과 함께 혁파하자는 것이다."라고 하자 우의정 조현명이 "수원의 뜻은 분경(奔競)의 폐단이 오로지 청요직(淸要職)으로 말미암았으므로 이제는 이것을 옛날 일로 돌려버리고〔革罷〕, 문예로 임금을 보필할 만한 사람들을 가려 뽑아 한가지로 그 재주를 시험하되 그 성적의 고하에 따라 먼저 홍문정자(弘文正子)로 삼고 차례로 나누어 (승문원 · 성균관 등에) 붙인다면 이른바 한천(翰薦)이니 홍문록(弘文錄, 홍문관 관리후보자의 명단)이니 대통(臺通, 兩司의 관리후보자로 추천)이니 하는 (분란을 일으키는) 일이 애쓰지 않아도 해소되며, 이쪽저쪽을 막론하고 분쟁과 시기를 불러오는 실마리가 이미 없어진즉 편론(偏論, 黨論)이 저절로 소

55 『승정원일기』 930책, 영조 17년 2월 22일 丁巳, 巳時 上御熙政堂; 929책 3월 26일 辛卯; 930책 4월 22일 丙辰.

멸될 것이라고 말한 데 있습니다."고 응답한 것은 후자에 속하는 것이 되겠다.

4월 22일의 회의에서 이조전랑의 통청권과 한림천망(翰林薦望)의 법은 이혁(釐革)하기로 결정되었다. 그 직후 조현명이 "얼마 전 유수원의 관제서승설은 그가 홀로 깨우친 견해라고 알고 있었는데 지금 전하의 처분으로 보건대 아마도 수원의 주장에 영향을 받은 것 같습니다."고 하자 임금은 "내가 반드시 그의 말 때문에 마음이 움직였던 것은 아니나, 또한 그로 인해 움직이지 않았다고만은 할 수 없다. 법외(法外)의 경장(更張)은 내가 시행하기 어렵다고 여기지만 『경국대전(經國大典)』 내의 내용을 수정하는 것이야 어찌 잘못이라 하겠는가." 하여 전랑과 한림의 이혁(釐革) 결정이 유수원의 개혁론에 영향받은 바를 인정하였다.

그러면서도 조종(祖宗)의 구법(舊法)을 고쳤다는 비난을 우려해 『대전(大典)』을 손질한 데 불과하다는 점을 강조하였다. 이 점은 앞서 2월 22일 유수원의 관제개혁론을 삼공(三公)과 더불어 본격적으로 검토하려던 회의의 벽두에 임금이 "신법(新法)은 쓰려 하지 않음이 나의 뜻이다. (송나라) 신종(神宗)이 개보(介甫, 王安石)와 더불어 신법을 행하면서도 우활(迂闊)하다 했음은 …… 주자 역시 임금의 옳은 판단이라고 하였다 …… 오늘날은 마치 옷을 깁는 것 같아서 이쪽을 기우면 저쪽이 터지고 하니 관제(官制)의 문란(紊亂)과 엉클어짐이 극에 달했다고 할 만하다. 반드시 옛 제도를 신명(申明)하려 함이 내 뜻이다."라고 하고 좌의정 송인명이 이를 받아 "국초(國初)의 육전구제(六典舊制)를 말하십니까." 하자 그렇다고 한 데서 이미 예고되었던 것이다. 당시의 정치 분위기에서 왕안석의 신법은 부국강병을 꾀하는 패도(覇道)로 단정되어 정치하려는 자의 경계 대상이었다. 그래서 유수원 스스로도 자신의 개혁론이 조종(祖宗)의 구법을 뜯어고치려 한 신법과는 달라서, 국초에 입법할 때 허술했던 것을

보충하고 혼란하였던 것을 정돈하려 한 데 그친다고 그 구별을 분명히 하고 있다.[56]

임금과 유수원의 이런 해명에도 불구하고 노론계와 연소명관(年少名官)으로 불리는 일부 청요직(清要職)의 불만이 적지 않았다. 영의정 김재로는 임금의 이랑(吏郎)·한림직(翰林職) 개혁에 어쩔 수 없이 끌려가면서도 "정자(正字)·저작(著作)·박사(博士)·수찬(修撰)·교리(校理)·응교(應教)를 거치면 몇 년 되지 않아 지우(智愚)나 현불초(賢不肖)가 모두 당상(堂上)에 오르며, 당상이 되면 혹 감사(監司)로 나가고 당하관 때도 다른 곳으로 가지 않습니다. 관제를 모두 바꾼다면야 몰라도 그러지 않고서는 이것은 결코 이룰 수 없습니다."고 하여 유수원의 관제서승설을 비판하였다. 김재로는 탕평파에 속하면서도 본색인 노론 당론을 고수하여 명망이 높았던 인물이었다. 그런 그가 이런 발언을 한 것은 유수원의 관제개혁론을 원용(援用)한 이랑(吏郎)·한림(翰林) 개혁에 대한 노론의 여론이 어떠한가를 나타내어 주는 바로미터였다.

실제로 이것은 임금이 "이번의 (이랑·한림) 변통에 대해 아래 관직에 있는 자들은 반드시 불만이 많을 것이다. 명관직을 가진 연소한 무리〔名官少輩〕들이 더욱 불만에 차 있을 것이야."고 하자 김재로가 "불만 가진 자는 혹 있을 것 같습니다."고 말을 받음에, 다시 임금이 "어찌 혹 있다는 정도에 그치랴. 비록 지금 이렇게 아뢰는 대신으로 말하더라도 응당 불쾌하게 여길 걸. 얼마 전에 보았던 유수원의 책은 내쳐 두었네〔頃見柳壽垣之書 而置之矣〕. 이번 일을 아랫사람이 처음 말했다면 그

---

56 『우서』 권6, 「論戶口雜令」, "或曰 介甫之得罪於公議者 以其盡變祖宗舊法也 今子所論亦欲變通法道 吾恐人之以此議子也 答曰 宋朝法度 曲盡周密 …… 而介甫妄事紛更 此所以得罪公議者也 至於吾東事則不然 …… 當初立法 未備之致也 未備之害 遂爲萬事之弊根 故吾有區區論著 欲望其補緝罅漏 整頓紕亂 以做實政而已 豈可以此 强比熙寧之事乎."

무리들이 반드시 조정에서 몰아내고 말았을 것인데, 특히 내가 판단해 결정했기에 감히 말을 못 내고 있을 뿐이오."라고 한 군신간의 수작(酬酌)에서 확인된다. 명관소배(名官少輩)란 청요직에 있는 신진을 말하며, 경신처분(庚申處分)으로 명분상의 절대적 우위를 확보한 노론계 신진이 언관직을 중심으로 한 여기에 포진했을 것임은 말할 것도 없다. 영조가 이랑·한림의 개혁을 추진함에 있어 불거질 반대론의 움직임을 염두에 두고, 가장 신경 쓴 세력이 이들이었음이 여기서 분명히 드러난다.

영조로서는 탕평정책의 추진이란 현실적인 필요성에서 당쟁을 유발하는 요소의 제거 방안으로 이랑(吏郎)·한림(翰林)의 잘못된 운영을 고쳤을 뿐, 유수원이 주장하는 바와 같은 명제(明制) 수용이나 고시에 의한 분관(分館)과 홍문록(弘文錄)·대통(臺通)까지 손질하는 전반적인 관제개혁(이를 법외의 경장이라 했음)까지, 사림을 앞세운 관료세력 특히 노론 측에게서 예상되는 격심한 반발을 무릅쓰고 추진하려는 의사는 애초에 없었던 것이다.

『실록』이나 『승정원일기』에 유수원이나 『우서』에 관해 노론 측의 반응을 직접 전해 주는 기록은 잘 찾아지지 않는다(『관제서승도설』에 대해서는 위에서 보듯이 임금과 회의석상에서 언급하고 있음). 따라서 위의 임금과 김재로 사이의 주고받은 말을 통해 간접적이나마, 그에 대한 노론 측의 반응이 냉소적이고 부정적이었음을 알 수 있다.[57] 이 점은 뒤

57 노론에 의해 편찬된 『영조실록』에 실린 다음과 같은 해설이 노론 측의 이런 분위기를 전해 준다. "先是柳壽垣 進官制序陞圖 其法取文官之當入承文院者 皆考試分等 壯元則爲弘文館正字 其次爲藝文館檢閱 又其次爲承文院正字 如是則名官翰薦樹黨之弊 可以革祛 而官制皆用三年序陞之規 則吏郎通淸之權 不攻自破云 宋寅明趙顯命等 皆以主張蕩平之故 積被淸論之攻斥 而元景夏又方與李天輔角立 欲奪名流之權 遂樂聞其說 相與迭陳於前席 終至於壞破名宦 官方淆濫 而壽垣之說行矣."(『영조실록』 권53, 17년 3월 26일 辛卯).

에서 다시 상론될 것이다.

이상에서의 논의를 종합해 보건대 유수원의 관제개혁론, 그중에서도 『관제서승도설』에서 제시된 주장은 실제로 이조전랑의 통청권을 혁파하고 한림회천(翰林回薦)의 관행을 회권(會圈) 내지 소시법(召試法)으로 고치게 하는 데 상당히 기여했다고 할 것이다. 그런 면에서는 서안상(書案上)의 개혁론으로 끝난 다른 실학자들의 경우와는 구별된다고 할 수 있다. 그만큼 현실성과 실천적 성격이 강한 개혁론이기 때문이 아닌가 한다.

그러나 눈앞에 보이는 폐단의 시정에 급급하여 그의 개혁론을 부분적으로 끌어와 활용하려 했을 뿐, 그 개혁론의 근본정신을 이어받은 전면적인 관제개혁론의 실현은 집권층의 고식적인 사고 때문에 끝내 현실화되지 못하였다. 비교적 임금을 비롯한 집권층의 정치적 이해가 직접 걸린 관제개혁이 이럴진대, 유수원 개혁론의 또 다른 부분을 이루는 특권과 관련된 신분개혁이나 통치의 대상인 민생에 대한 주장이 검토의 대상에도 오르지 못할 것임은 당연하다고 할 수 있다. 정치적 안정 위에서 민생대책에 성과를 올렸다는 영조 탕평책의 한계를 여기에서 보게 된다.

마치 당대의 경세가로서 임금에게까지 그 경륜과 재주를 인정받고서도 유수원이 그 포부를 펼 수 있는 현직에 중용되지 못한 채 비변사 낭청이나 『속오례의(續五禮儀)』 편찬을 담당하는 낭청 등으로 전전하다가 벼슬이 끝나는 것과 마찬가지로,[58] 그가 지은 『우서』와 『관제서승도

58 우의정 조현명은 유수원의 관제론 중에 의심나는 곳과 잘못되었다고 보이는 부분을 자신들과 논난해 보기 위해 다시 부르기를 청하기도 하고(영조 17년 2월 22일 巳時의 大臣備局堂上引見), 한번 賜對하여 그 의견을 詢問한 이후 備郎으로 差下하는 데 그친 임금의 뜻을 헤아리기는 어려우나 인재를 獎勸하는 도리로 보아서는 어떨지 모르겠다고까지

설』에서 보이는 개혁론 또한 당국자의 일시적인 필요성에 따라 부분적으로 활용되는 데 그쳤을 뿐이다.

4. 정치개혁론

1) 개혁론의 구성

유수원의 개혁론은 앞서 밝힌 대로 그의 30대 후반에서 40대 초(영조 3년~영조 10년)에 저술된 『우서(迂書)』에 피력되어 있다. 후일 영조 17년 그의 『우서』를 읽은 바 있는 영조의 특명으로 입시(入侍)를 하명받자 이언대신(以言代身)한다는 뜻에서 올린 「관제서승도설(官制序陞圖說)」도 있지만 현재 전하지 않는다. 다만 『승정원일기』의 기사로 보아 대개 『우서』의 내용과 큰 차이가 없다고 보인다. 이 외에도 유수원의 저술이 더 있었다고 하지만 전하지 않는다.[59] 따라서 유수원 개혁론의 전모는 『우서』를 통해서만 드러난다.

『우서』는 하나의 주제를 문답체(問答體) 형식으로 기술한 77항목으로 편성되었다. 그러나 77항목이 논지의 전개에 따라 「서론(緖論)」, 「본론(本論)」, 「결론(結論)」의 구도 속에 질서 있게 배열되어 전체적으로 한

하였다. 이에 대해 임금은 "유수원이 총명하며 그 말을 들어보면 博覽한 것 같으니 備局에 두어 廟謨에 참여하게 하는 것이 도움이 되지 하필이면 중요한 자리에 앉혀 힘든 일을 맡게 해야 하는가."(『승정원일기』 929책, 17년 3월 26일 辛卯)라 하여 重用할 뜻이 없음을 분명히 하였다. 영조 17년 이후 유수원에게 弼善·軍資正·司成 등의 實職이 내려지기는 했으나 바로 遞免되고 취임하지 않았으며, 19년 이후 『續五禮儀』 편찬에 낭청으로 差任되었으나, 모친의 병구완으로 遞任되고, 20년 母喪을 당한 이후는 다시 벼슬을 받지 못하였다.

59 『승정원일기』 928책, 영조 17년 2월 8일, 癸卯, "上於熙政堂 晝講入侍, 同知事 徐宗玉曰 柳壽垣 多讀古人書 上曰 此人有著述耶 參贊官 申宅夏曰 著述文字 亦多有之矣."

편의 개혁론을 구성하고 있다. 이것을 이해하기 쉽도록 표로 묶어 제시하면 아래와 같다.

〈『우서』에 나타난 유수원 개혁론의 구성〉

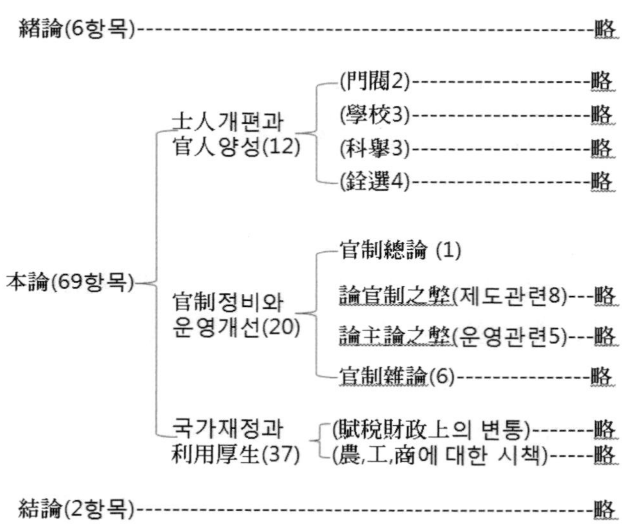

필자가 검토한 바에 의거하여 그 내용을 순서에 따라 대강 정리함으로써 유수원이 구상한 개혁론의 전모를 파악해 보고자 한다. 우선 6항목으로 구성된 서론 부분에서 맨 처음 나오는 「기논선본지(記論譔本旨)」는 『우서』를 저술한 동기를 밝힌 것인데, 정치적 불우에 대한 울분 이외에도 혹 다가올지 모를 정치적 기회에 대한 희망과 기대가 있었음은 앞의 생애 부분에서 이미 언급하였다. 나머지 「논동속(論東俗)」, 「논여제(論麗制)」, 「논본조정폐(論本朝政弊)」, 「논비국(論備局)」, 「총론사민(總論四民)」에서는 자신이 살던 조선 후기 국가가 당면하였던 문제점과 그 원인을 제시하였다. 이를 통해 그는 개혁의 당위성을 드러내고 지지를 얻고자 하였다.

「논본조정폐(論本朝政弊)」와 「논비국(論備局)」에서는 조선왕조 정치체제의 문제점을, 나라를 세워 입법하던 처음부터 새롭게 개혁하여 법제를 마련하지 못하고 구구하게 고려 말의 정사 중 폐단 몇 가지만 고쳐 그대로 인습한 데서 강목(綱目)이 소활(疎闊)하고 규제가 초략(草略)하게 됨으로써 온갖 정폐(政弊)가 발생했음을 밝혔다. 모두 25가지로 지적된 정폐 속에는 비변사로 대표되는 정치제도의 폐단은 물론 사민불분(四民不分)과 같은 사회문제 상세유용(商稅流用), 호적불명(戶籍不明) 같은 경제문제까지 포괄되어 있다.[60]

특히 이 법제와 관련해서 「논비국(論備局)」에서 국초의 당사자들이 대개 범속한 재상들이어서 큰 식견과 재주 및 지혜를 갖지 못하고 그저 한때의 재간과 속견(俗見)으로 법제를 만들어 놓은 데 불과하여, 그 치체(治體)와 정규(政規)가 옛것도 아니고 오늘 것도 아닌 한갓 사사로운 규모에 지나지 않는다고 한 것[61]을 보면 법제는 구체적으로 치체와 정규를 가리킨다고 보인다. 그중 치체(治體)란 위에서 말하는 강목 즉 정치이념이나 원리를, 정규(政規)란 규율과 제도로서 정치를 실현하는 도구를 의미한다. 다시 말해 유수원은 자신이 살던 조선 후기의 국가가 당면하였던 모든 폐단과 현안문제에 대해 치체 · 정규로 표현된 국가 통치체제의 기초가 미비하였던 데서 유래했다고 파악한 것이다. 그러므로 그는 조선 초 정치를 맡았던 정도전(鄭道傳) · 조준(趙浚) 등 입법자들의

---

60 『우서』 권1, 「論本朝政弊」, 「論備局」.

61 『우서』 권1, 「論備局」, "自國初 當事者 率皆流俗宰相 無甚大見識大才猷 不過以一時幹局俗見 草刱凡事而已 …… 立法之初 疵病四出 只有若干外面儀節文具 而考政體治規 則非古非今 非華非東 只成得一箇私意規模而已."

국가경영을 위한 식견과 재유(才猷)의 부족을 질타했던 것이다. 이로 보아 유수원 개혁론이 전반적으로 정치적 구도 속에서 치체·정규로 말해지는 법제를 중심으로 전개될 것임을 짐작할 수 있다.

뒤이은 「총론사민」에서는 지난 역사를 뒤돌아보더라도 우리나라처럼 백성의 생활이 이렇게 심히 메말랐던 나라는 없다고 하여 '국허민빈(國虛民貧)'이 당면한 민사의 가장 큰 급무라고 하였다. 그리고 이런 국허민빈이 오게 된 원인에 대해 "그 이유를 따져 보면 사민(四民)이 분별되지 못하여 각자가 자기 맡은 일에 힘을 다 쓰지 못하기 때문"이라 하여 사민불분을 지적하고는, 한걸음 더 나아가 이처럼 사민이 분별되지 못한 원초적 배경은 국초의 입법 당시 사민을 분별하지 못한 데 있으며, 다시 그것은 입법을 맡았던 재상들이 고려의 잘못된 제도를 그대로 물려받았기 때문이라 하였다.[62] 잘못된 고려의 제도란 문사를 우대해 세습적 지위를 갖게 한 신분제도 또는 정치제도를 말한다.[63] 정리하자면 고려의 신분제를 조선초의 입법자들이 그대로 받아들여 법제화함으로써 조선의 치체(治體)·정규(政規)에 사민분별(四民分別)이 반영되지 않았으며 이것이 300여 년 지속되면서 결국은 국허민빈(國虛民貧)의 현상을 초래했다고 분석해 내고 있는 것이다.

사민분별의 문제는 정치·사회신분·경제의 모든 부면에 걸치는 유수원 개혁론의 핵심적 주제였다. 그런 사민분별이 이루어지지 못한 이유를 그는 입법자의 정치적 식견 부족 문제에서 구하고 있는 것이다. 여기서도 유수원의 사회경제적 개혁론까지 치체·정규라는 정치문제

---

62 『우서』 권1, 「總論四民」.

63 고려의 士族 중심 신분제 편성과 문제점에 관해서 유수원은 『우서』 권1, 「論麗制」의 門閥과 奴婢條에서 상세히 논하였다.

와 깊이 연결되어 있음을 알 수 있다.

한 마디로 유수원의 개혁론은 넓은 의미의 국정개혁 또는 정치개혁론의 범주로 설정할 수 있다는 의미이며, 여기서 유수원의 정치철학을 가늠해 볼 수 있다고 하겠다.

모두 69항목으로 구성된 「본론」은 「서론」에서 제기하였던 사민불분과 치체·정규의 미비에서 야기된 모순과 폐단에 대한 유수원 나름의 진단과 그 해결책을 담고 있는 부분으로 『우서』의 핵심을 이룬다. 여기서 제시된 개혁론을 필자는 1) 사인(士人)개편과 관인(官人)양성, 2) 관제(官制)정비와 운영개선, 3) 국가재정과 이용후생(利用厚生)의 3부면으로 정리할 수 있다고 보았다.

유수원은 국허민빈(國虛民貧)이 오게 된 원인을 사민불분(四民不分)에서 찾았다. 따라서 조선 후기가 당면한 현안 해결은 사민불분을 해소하여 사(士)·농(農)·공(工)·상(商)이 각자 자신의 직분과 생업에 충실하도록 하는 사민분별에 있었다. 그런데 이 사민분별을 가로막는 큰 장애가 있다. 바로 사민(四民) 중에 으뜸가는 자리를 갖는 사인(士人)의 존재였다.

그는 사인(士人)이 관직을 세습하는 특권 신분층(그는 이를 門閥로 표현했다)이 됨으로써 나라를 병들게 하는 모든 폐단을 야기했다고 진단하였다. 그래서 유수원은 먼저 사인(士人)의 문벌화(門閥化)로 야기된 폐단을 분석하고 이를 구할 대책을 교육과 과거제도, 관리임용제의 개혁에서 찾았다. 이를 담고 있는 내용이 모두 12개의 항목으로 된 문벌(門閥)·학교(學校)·과거(科擧)·전선(銓選)의 4단계로 이루어진 1) 사인(士人)개편과 관인(官人)양성이다. 사인개편이란 무원칙과 무질서의 극에 달한 사인(士人)을 엄격한 시험에 의한 선발을 거쳐 학교를 통해 철저하게 교육시키는 조사법(造士法)으로서, 사인의 범주는 학교 정원에 포함된 학생으로만 국한시키고 나머지는 몇 차례의 도태과정을 거쳐 농·공·상에 종사하게 한다는 것이다. 그리고 관인양성이란 과거를 포함한 관료선발방식의 개혁과 선발된 관인후보자에 대해 과거성적·석차와 같이 평가된 능력에 기준해 임용하는 선보법(選補法, 官吏選拔)을 내용으로 한다. 그 목표는 전문화된 사인(士人)과 전문적 실무능력을 갖춘 관리의 확보였다.

다음은 이러한 실무관료를 활용해 국실민부(國實民富)를 성취하게 하는 정치체제의 구축이다. 앞서 「서론」에서 유수원은 조선 초의 입법단계에서 치체정규(治體政規)가 불비(不備)하여 관제에 모순이 많고 그 운영마저 부실해 정폐(政弊)가 일어났다고 하였다. 따라서 개혁을 하려면 치체정규부터 시작해야 할 것이다. 치체와 정규의 내용에 대해서는 앞에서 언급한 바가 있다. 이 중에서 근본적으로 국가경영의 틀을 새로 짜야 하는 치체(治體)문제와 관련해서 유수원은, 이상적인 제왕으로서 요순삼대(堯舜三代)의 천리인정설(天理人情說)을 끌어오고 중간에 공맹(孔孟)의 '인의(仁義)'에 관한 구절을 인용하며, 뒷부분에 가서 주자(朱子)의 경세론적 정신 회복과 명 태조(明太祖)의 치법(治法)을 말하는 선에서 그칠 뿐 적극적인 정론(政論)이나 정치철학을 개진하지는 않았다.[64]

그래서 그의 『우서』를 읽고 그 예리한 현실비판에 크게 감탄하고 동의하면서도 영조임금이 정군심(正君心)으로 대변되는 정체(政體)에 대한 언급이 없는 것을 괴이하다고 했던 것이다.[65] 유수원에게 있어서 자기

64 유수원의 정치·경제사상을 추적한 한영국 교수도 제도 질서에 대한 유수원 나름의 철학적 추구가 보이지 않는다고 하면서, 그에게 있어서는 삼대제왕의 聖學·聖制만이 영구불변의 법도로 확신되었고 따라서 이에 대한 지향·추구만이 國虛民貧을 극복하는 유일한 길로 인식되었다고 하였다(한영국, 1981, 60·62면).

65 『승정원일기』 861책, 영조 13년 10월 28일 壬子.

정치사상의 독자성을 드러낼 치체(治體)에 대한 언급은 조심스러울 수밖에 없었던 것 같다.

그 대신 그는 나라를 다스리고 운영하는 도구로서 정규(政規), 특히 제도에 해당하는 관제(官制)에 관해서는 당대의 모순과 폐단을 신랄하게 논하고 그에 대한 구폐책과 방안을 적극적으로 제시하였다. 일찍이 「논비국(論備局)」에서 "관제가 소략하고 어그러진데다가 고과(考課)제도에도 일정한 법도가 없어서 아침에 벼슬 주고는 저녁에 옮기게 하는 형편이니 실로 나라를 병들게 하는 근본이다." 할 정도로 관제의 중요성을 인식하고 있었기에 정치문제에 관한 그 개혁론의 핵심은 바로 이 관제에 초점이 맞추어져 있었다.

관제개혁과 관련해 그가 논한 것은 모두 20개 항목에 이른다. 그것은 내용에 따라 관제 전체의 문제점과 개혁방안을 제시한 「관제총론(官制總論)」, 관제정비와 관련된 「논관제지폐(論官制之弊)」, 운영개선과 관련된 「논주론지폐(論主論之弊)」,[66] 그리고 앞서의 주장을 보완한 「관제잡론(官制雜論)」의 4부분으로 크게 묶어 볼 수 있다.

그는 먼저 「관제총론」에서 "우리 조정의 관제가 거의 고려의 옛것을 물려받았기에 참으로 논할 것이 많으며 관리를 선발하는 규정〔銓選之格〕에는 더욱 잘못된 것이 많고 고과(考課)하는 방법도 특히 소략하다."고 하면서 눈앞의 온갖 폐단이 오로지 여기서 나온다고 하였다.[67] 그러므로 성심껏 나라를 다스리기를 원하는 임금이라면 오늘날의 치체정규

---

66 관제운영의 개선을 「論主論之弊」로 대표한 것은 관제운영의 마비를 가져온 주요인으로서 '主論'을 거론한데다가 「논주론지폐」의 끝부분에 "雖然此(主論의 개혁)猶大綱也 若其謬例謬規 名之曰臺體者 並皆剗除矯正然後 方可以拔去病根 今試略論如左."라 하여 「論三司責任事宜」, 「論兩司謬例」, 「論臺啓直勘律名之弊」, 「論兩司合行職務事宜」를 두고 있는 데 근거하였다.

67 『우서』 권3, 「官制總論」.

를 조종(祖宗)의 구전고장(舊典故章)이라고 해서 묵수(墨守)해서는 안 될 것이라고 개혁의 필요성을 역설하였다. 그리고 우리나라의 치규(治規)가 본래부터 실사(實事)가 없다 보니 모든 일이 구차스럽게 되고 말았다면서 반드시 '실(實)'이란 한 글자로써 세상을 다스리는 근본〔先取一箇實字 立得出治根本〕을 세워야 한다고 하였다.[68]

요컨대 그는 관제개혁론에서 헛된 명분이 아닌 실사(實事)의 이념에 입각하여 치체(治體)를 세우고 잘못된 정규(政規)를, 특히 전선(銓選)과 고적(考績)의 측면을 중심으로 추진해야 한다는 구상을 피력했던 것이다. 이를 구체화한 것이 「논관제지폐(論官制之弊)」에서 시작하는 8개 항목이다.

그런데 관제는 제도 자체도 그렇지만 그것의 운영상의 문제점도 있다. 이와 관련해 특히 조선 후기 관제운영의 마비를 가져오다시피 한 주요인으로서 유수원은 '주론(主論)'의 폐단을 극론하였다.[69] 그에 의하면 자고로 정권은 인주(人主)에게 있지 않으면 재상(宰相)에게 있게 마련인데 우리나라는 그렇지 않고 흩어져서 한때 논의를 주도하던 자의 손아귀에 있다고 하였다. 이런 현상은 관제가 밝지 못한 데 근원한 것으로서 그 폐단이 온갖 일을 부실하게 하는 데 이를 터이므로 이를 고치지 않는다면 다스림은 바랄 수 없을 것이라고 단언하였다.[70] 이어 주론과 관련된 언관직에 대한 개선안을 4개 항목에 걸쳐 제시하였다.

---

68 위와 같음.

69 『우서』 권3, 「論主論之弊」.

70 『우서』 권3, 「官制總論」, "我國政權 則不然 人主未嘗攬而自私也 宰相亦未嘗專擅自恣也 然則其權果在何處乎 不歸君不歸相 而散在一時主論者之門 其源實出於官制之不明也 我國文武蔭三途用人 而官制淆雜不明 官制不明 則責任亦隨而不明 其弊至於百事不實 若不釐改 誠無以爲治矣."

끝의 「관제잡론(官制雜論)」은 앞에 있는 관제개혁안에 관한 자신의 주장을 보완하는 차원의 내용들로 되어 있다.

유수원이 구상한 정치개혁론의 핵심인 관제정비와 운영개선론을 위와 같이 파악해 보았다.

이처럼 국허민빈(國虛民貧)을 해소하기 위한 선결과제로서 사인(士人) 개편을 통한 사민분별(四民分別)과 관제를 정비・개선한 다음의 과정은 말할 것도 없이 민생안정과 민부(民富)를 위한 제반 대책의 마련이다. 그것이 수취체제의 이정(釐正)을 통한 국가재정의 확보와 농・공・상에 종사하는 민인(民人)의 부(富)를 증가시키기 위한 이용후생술(利用厚生術)을 담은 37항목이다. 이 부분은 가장 특색 있는 중상적(重商的) 실학자로서 유수원의 면모를 보여 준다는 면에서 종전부터 연구자들의 큰 관심을 끌어 왔다.

이상과 같이 자신의 개혁론을 구성한 위에서 유수원은 「결론」으로서 자신이 펼친 개혁방안의 이해득실을 따지고, 현실에서의 실행 여부를 검토하였다.[71] 여기서 그는 먼저 자신의 개혁안이 선왕(先王)의 왕정론(王政論)에 근거하고 주자의 경세론(經世論)을 이은 실사(實事)에 토대하였음을 밝혔다. 이어 실사의 현실적 구현인 정사(政事)에서 자신의 주장대로 첫째 학제(學制)가 이루어지면 유생들이 장차 필요한 유용한 인재가 될 것이며, 둘째 관제(官制)가 수명(修明)되면 사람마다 자기 직무에 충실하게 되고, 셋째 관리(官吏)에 대한 고과와 승천(陞遷)이 엄격하게 시행되면 현불초(賢不肖)가 모두 제 분수에 만족하게 되리라고 하였다. 따라서 정치의 대체(大體)와 운용이 주밀해지고 제도가 고루 갖추어져서 오직 실사(實事)에 힘쓰며 헛된 논의에 휩쓸리지 않게 될 터이므로

71 『우서』 권10, 「論變通規制利害」.

"국체(國體)가 존엄해지고 세도가 청명하리라〔國體尊嚴 世道淸明〕."고 확신하였다.

또 한편으로는 자신의 구상대로 사민(四民)을 분별해 백성들의 재산을 알맞게 해주고 정역(征役)을 고르게 하여 농사지을 때를 빼앗지 않으며 물품의 생산과 재물을 거두는 데 일정한 방도가 마련된다면 "백성의 힘이 펴지고 생계가 튼튼해질 것〔寬民之力 厚民之生〕"이라고 예상하였다.

참고 삼아 이상에서 파악한 바에 따라 유수원 개혁론의 기본구조를 필자 나름으로 요약 정리해 본 것이 〈부록 2〉이다.

이런 유수원의 개혁론 중에서 필자가 담당한 부분은 정치적 측면이다. 유수원의 개혁론이 전반적으로 국정운영과 밀접한 관련을 갖는 구도 속에서 전개되었음을 본다면 개혁론 전체가 정치부분에 해당된다고 볼 수 있다. 그러나 정치와 직접적인 관련을 갖는 쪽으로 좁혀 본다면 「본론」의 2) 관제정비와 운영개선 부분이라고 할 수 있다. 다만 관료제 운영의 주체가 관인(官人)일 수밖에 없는 관계로 1) 사인(士人)개편과 관인양성의 부분도 개략적이나마 검토하지 않을 수 없다.

그리고 본문에서 부분적으로 언급되고 결론에서 원칙으로 제시되었던 선왕의 왕정론(王政論)과 주자의 경세론에 바탕해야 한다는 주장을 통해 가능하다면 유수원의 정치사상이나 정치철학까지 유추해 보려고 한다.

2) 개혁론의 전개

대다수 사대부들의 정치론이 그러하겠지만, 유수원의 경우도 정치를 이념적인 면과 그것을 실현하는 치술(治術) 및 제도라는 두 가지 측면으로 나누어 보았다. 이 점은 앞서 『우서』의 구성을 정리하는 과정에서 그가 정사부분을 치체(治體)와 정규로 나누었던 데서 이미 확인하였다. 그의 정치개혁론의 내용 역시 마찬가지일 것이다. 이에 따라 아래에서 유수원의 정치개혁론을, 치체 즉 정치이념 내지 원리의 근거와 관련해서는 (1) 이론적 토대로, 그리고 정규 즉 치술 및 제도의 면은 (2) 정폐(政弊)의 진단과 관제수명(官制修明)이란 주제 아래 정리해 보고자 한다.

(1) 이론적 토대

유수원의 정치론은 어디에 토대하고 있었을까? 이에 관해 항목을 두어 그 스스로 밝힌 것은 없다. 그러나 개혁론을 전개하는 중에, 예컨대 「논비국(論備局)」에서 정치이념으로서의 치체(治體)를 언급했던 데서 보듯이, 자신의 정치적 견해나 사상의 편린을 드러낸 경우는 적지 않게 찾아진다.

그는 중국 삼대(三代)의 정치를 가장 이상적으로 보았다. 고려의 제도를 논하는 글에서 중국 제왕의 정치에 대하여

> 요순(堯舜)이 몸으로 가르치고 마음으로 전하였다. 그것은 천리(天理)에서 구하여 어긋남이 없고 인정(人情)에 바탕하여 어지럽지 않아서, 임금은 임금답고 신하는 신하다우며 아비는 아비답고 자식은 자식다워서 모두 하늘이 편 질서에 딱 알맞게 되어 있으니 이름하여 '예의(禮義)'라 하며, 호령(號令)과 기강(紀綱), 정사(政事)와 전칙(典則)이 한결같이 천리의 바름에서 그대로 나와서 인욕의 사사로움에 섞이지 않았으므로 그 찬연히 빛나는 모습이 전하고 기록될 만했으니 이것이 '문물(文物)'인 것이다. …… 그렇기 때문에 중국은 성현(聖賢)의 은택(恩澤)이 오래도록 그치지 않고

쌓여 온 정치가 없어지지 않아 비록 패술(霸術)과 공리(功利)가 뒤섞이고 도교와 불교에 의해 어지럽혀졌으며 오랑캐가 번갈아 침입해 난폭한 정치로 풍속을 더럽게 하기는 했어도, 그 대강령(大綱領)·대근본(大根本)·대제도(大制度)·대습속(大習俗)이 끝내 혼란되거나 마멸되지는 않았던 것이다.[72]

라고 찬양한 것이 그것이다. 그는 요순의 정치가 천리인정에 알맞은 '예의'의 정신에 바탕한 '문물', 즉 호령·기강·정사·전칙과 같은 통치제도 위에서 구축되었기에 중간에 이질적인 사상의 도전 등 곡절을 겪기는 했으나 아직도 그 원형을 유지해 온다고 보았다. 이것은 요순삼대를 이상적인 시대로 보는 법선왕(法先王)을 추구하는 모든 유학자들에게 공통되는 견해이다. 그런 면에서 유수원도 전형적인 유자(儒者)의 입장에 서 있다고 할 것이다. 다만 그 정치의 내용을 '예의'와 '문물'로 나누어 보는 것에는 다소간의 설명이 필요하다.

삼대를 이상적인 정치가 베풀어진 시대로 본 것은 공자(孔子)에서 시작된다. 공자는 자기가 살던 춘추시대의 혼란은 예(禮)가 무너진 데 있다고 보고 앞선 시기인 주(周)의 정치제도 회복을 자신의 정치 목표로 삼았다. 공자는 이를 '종주(從周)'라고 표현하였다. 주의 정치제도나 문물은 『주례(周禮)』에 기록되어 있다. 따라서 종주는 주례를 현실에 적용한다는 의미가 된다. 그런데 공자는 단순한 주례의 적용만으로는 지치(至治)를 가져오는 데 부족하다고 보았다. 주의 문물이 완비되기는 했으나 결국 뒤에 가서 군미정쇠(君微政衰) 현상이 왔기 때문이다. 여기서 공자는 주례의 제도 외에 이를 운용하는 사람에 대한 '상인(尙仁)'이 반

---

72 『우서』 권1, 「論麗制」.

드시 필요하다는 주장을 펴게 된다. 공자만의 독특한 주장이며 유가 사상의 핵심이 나오게 된 것이다.

'인(仁)'은 수양의 측면에서는 개인의 도덕이며 실천의 측면에서는 정치원리나 사회윤리로 표출된다. 공자의 이러한 '상인(尙仁)'과 '종주(從周, 周禮)' 사상은 뒤를 이은 맹자(孟子)·순자(荀子)에 의해 각기 인의설(仁義說)과 예치론(禮治論)으로 발전해 간다.[73] 그리고 역대 왕조를 거치면서 정치체제 구축에서 상인(尙仁)과 종주(從周)는 상호 보완적인 관계를 유지한다.

공자의 정치사상을 이렇게 이해하고 보면 위의 삼대정치에 대한 유수원의 견해가 공자에 그대로 토대하고 있음을 알게 된다. 천리인정(天理人情)에서 나왔다는 예의는 '인덕(仁德)'에 해당하고 문물은 '주례(周禮)'라고 할 수 있는 것이다. 그러나 상인(尙仁)과 종주(從周) 가운데 어느 쪽에 더 중점을 두느냐 하는 면에서 유수원의 견해는 공자나 전통적인 유가와는 달랐다. 공자가 비록 양자의 상보적(相補的) 관계를 강조했다 하더라도, 이후의 유가들은 인의와 제도(주례) 관계를 체용(體用)의 형식으로 설명하였다. 특히 송대(宋代)에 들어와 심성론(心性論)의 심화와 함께 '존천리(存天理) 멸인욕(滅人欲)'이 정치이념으로 확립되면서, 삼례(三禮) 중 『주례』에 대한 관심이 줄어들었다고 한다. 반면 변법(變法)을 주장하던 왕안석(王安石) 같은 사공론자(事功論者)에게 『주례』는 개혁의 전범으로 중시되었다.[74]

영조 17년 임금의 명으로 입시한 자리에서 유수원은 "신이 반드시 「관제서승도설(官制序陞圖說)」을 진달하려 함은 신의 뜻이 종주(從周)에

---

73 이상은 蕭公權(1982)의 제2장 孔子, 제2절 從周와 正名을 참고하였다.
74 蕭公權(1982), 제14장 兩宋功利主義, 王安石.

있기 때문입니다. 대개 삼대 이후 명나라 제도가 가장 잘 되어 있는데 그중에서도 관제는 더욱 주관(周官)의 정미한 뜻을 얻었으니 오늘날 행한다면 반드시 효험이 있을 것입니다."[75]고 자신의 정치론이 종주, 즉 위에서 살핀 대로 보면 호령・기강・정사・전칙 등을 담은 『주례』의 현실적 적용에 있음을 분명히 밝혔다. 그의 가장 큰 관심은 제도의 미비에다가 운영상의 혼란이 더하고 당쟁으로 얼룩진 당시의 정치를 구하는 길을 찾는 데 있었고, 그것은 공허한 심성론이 아니라 현실에서 절실히 필요한 제도의 변통과 운영의 개혁이었던 것이다. 그가 『주례』의 구절을 자주 끌어오고 「논한민(論閑民)」에서는 아예 주례 태재(太宰)의 구직(九職)조(條)를 그대로 인용했던 것이 이를 뒷받침해 준다. 그가 조선의 정치현실과 관련해 치체정규(治體政規)를 논하면서도 20항목에 이르는 개혁론 전부가 정규(政規)에 관한 논의일 뿐, 치체(治體)와 관련해서는 제도 설명 중에 부분적으로 언급하는 정도에 그치며 별도로 항목을 세운 것은 보이지 않는 것 또한 이러한 사정에서 이해될 수 있다.

그렇다고 해서 유수원이 정치이념으로서 예의(禮義) 또는 인의(仁義)의 유가적 기본정신을 소홀하게 보았던 것은 아니다. 이것은 그가 우리나라 정치의 가장 큰 폐단이 무실(無實)에 있다고 하면서 그 원인으로 중국 문물을 숭상한다고는 하지만

> 나라를 경영하고 좋은 정치를 가져올 수 있는 중요한 도구〔經邦致治之具〕에 있어서는 명목이나 껍데기만을 본뜰 뿐 그 정신골자가 있는 곳〔精神骨子之所在〕은 터득하지 못하였다. 그러므로 그 폐단이 마침내 나라를 헛되고 실속 없는 데로 빠뜨렸다. 무실(無實) 두 글자야말로 무한한 병폐

---

75 『승정원일기』 928책, 영조 17년 2월 8일 癸卯.

를 불러와서 바로잡을 수 없는 지경에 이르게 하고야 만 것이다. 오직 실사(實事)와 실정(實政)을 가지고 이름만 숭상하며 실속은 버리는 습속에 시행해야만 세상을 다스리는 도리〔世道〕를 구할 수 있을 것이다.[76]

고 한 데서 잘 드러난다. 경방치치(經邦致治)를 가져올 수 있는 도구(즉 제도와 문물)에서, 겉으로 드러난 명목이나 껍데기(즉 내용을 담은 조문 등)보다도 도구를 만들어 내게 했고 제도 속에 내재되어 있기도 한 정신골자(精神骨子, 즉 이념과 원리)를 배워야 한다는 점을 강조하고 있다.

위에서 정리한 공자 정치사상의 입장에서 말한다면 주(周)의 찬란한 문물제도를 담은 『주례』도 중요하지만 그런 『주례』의 내용을 만들어 내게 한 삼대(三代) 성왕(聖王)의 정치이념, 바로 천리인정(天理人情)에 알맞고 공자에 의해 인의와 도덕으로 개념화된 이념에 대한 소홀과 몰이해가 '무실(無實)'의 폐단을 가져왔다는 것이 되겠다. 다시 말해 조선 후기의 정사(政事)와 민사(民事) 등 모든 면에 걸친 폐단을 구하여 실사(實事)·실정(實政)을 이루려면 우선 삼대지치를 이룩한 성인의 마음과 가르침부터 바르게 배우고 터득해야 한다는 뜻이다. 그것은 성인의 성교(聖敎)를 정리한 유학을 통해 배우는 길밖에 없다.

그렇기 때문에 유수원은 우리나라의 유학에 대하여 그 나름대로의 평가와 정리를 하였다. 그는 공자의 선진유학(先秦儒學)은 높이면서도 한당(漢唐)유학은 별로 인정하지 않고, 송대 성리학 특히 주자학(朱子學)을 유학의 정통으로 생각하였다. 따라서 주자학이 들어오기 이전의 우리나라 유학은 그저 시문(詩文)을 다루는 보잘것없는 것으로 보았다. 여말선초에 주자학이 전래되고 나서도 제대로 이해하게 된 것은 이황(李

---

76 『우서』 권10, 「論變通規制利害」.

滉)에 이르러서였다. 그러나 퇴계(退溪)의 학문은 정사(政事)에 쓰일 기회를 얻지 못했고, 정암(靜庵) 조광조(趙光祖)는 때는 만났으나 그를 따르는 무리들이 시의(時義)를 알지 못해 일을 이루지 못하였다[77]고 하였다. 주자학을 이해한 유학자의 의견이 반영되지 못한 정치가 제대로 이루어질 수는 없다. 유수원이 조선의 정치나 통치체제를 인정하지 않으며 무실하다고 비판하는 것은 이러한 데 이유가 있다. 조선 후기 유학의 학풍에 대해서도 유수원의 비판은 계속된다.

효종 이후 산림(山林)이 득세하면서 겉으로 볼 때 주자 성리학이 성행한 듯하지만 실은 껍데기만 주워 모은 데 불과하여 이름은 높으나 실질은 없다고 하였다. 특히 산림으로 대표되는 조선 후기의 주자학자에 대해서는 주자학을 잘못 배워 오히려 유학자들을 욕 먹이게 한다고 신랄히 비판하였다.[78]

유수원은 주자의 학문에 대해 "주자의 학문은 통달하지 않은 곳이 없고 세상을 다스리는 식견도 더욱 정밀하고 깊었다. 그가 평소에 논한 것을 보면 고상한 명분에만 집착하지도 않고 비근(卑近)한 이익에 빠지지도 않아서 자세하고 주도면밀하며 명백하고 간절하니 참으로 정치를 아는 훌륭한 재목이요 세상을 구할 큰 유학자라 할 만하다."고 높이 평가하였다.

그런데 유수원은 우리나라 학자들이 입으로는 주자를 본받는다고

---

77 『우서』 권1, 「論備局」, "至於學問 固出治之本也 但我東學者 實無眞得 類多虛名 如退溪學問 若施於政事 豈無其效 而時無可爲 終身退藏 謂之淑世善俗 以惠後學則可矣 其於國家實政 未嘗得力 靜庵固可有爲 而一時諸賢 多不識時義 決無做事之理 然則我朝實無儒者之效矣."

78 『우서』 권10, 「論變通規制利害」, "自孝廟以來 山林得路 世習又變 家置朱書 戶談性理 士大夫稍解操筆 輒辯論學說 自外面觀之 非不彬彬 而大抵非從身心上體貼出來者 掇拾瀾翻 文飾自喜 名聲雖大 實際何有."

하면서도 주자의 본령(本領)을 제대로 이해하지 못하고 있다고 보았다.

> 주자가 임금에게 말씀드릴 때마다 정심성의(正心誠意)를 말한 것은 임금의 마음이 혹 바르지 못할까 해서였다. 임금의 마음이 한번 바르게 되면 평소에 배우고 쌓았던 것〔平日所學所蘊〕을 가지고 정치를 펼쳐 나가는 도구〔政事施措之具〕로 삼는 데 걱정할 것이 없어 임금을 높이고 백성을 사랑하는〔尊主庇民〕 효험이 쉽게 드러난다. 그런데 우리나라 사람들은 주자의 이러한 식견이나 방법을 모른 채 단지 정심성의(正心誠意) 네 글자만 주워 모아 임금에게 아뢰는 데 힘쓰면서도 스스로 주자를 배웠다고 말한다. 이런 사람들에게 나라 일을 맡기면 어떤 일을 해야 할지를 몰라서 재상으로서 정무(政務)에 숙달한 사람보다 못하고, 조금 무엇을 하려 한다면 그때마다 삼대 때의 일을 끌어오니 시의(時宜)에 맞지도 않는다. 오직 소학계(小學契)·현량과(賢良科)·향약(鄕約) 등을 급선무라 할 뿐이어서, 위로는 선왕(先王)의 나라를 경영하고 다스린〔經邦制治〕 뜻을 터득하지 못했고 아래로는 간사배(奸邪輩)의 거짓된 작태를 누르지도 못해서 속된 무리들로부터 유학자가 실용을 모른다〔儒者之無實用〕는 비방을 항상 받게 한다. 슬프다, 이들이 과연 주자를 잘 배운 사람들이라 할 수가 있겠는가.[79]

유수원은 주자가 "임금이 어떤 마음자세를 갖느냐는 것이 정치가 바로 되고 못 되고 하는 것의 근원이 된다〔人主一心 萬化之源〕."라는 견지에서 정심성의(正心誠意)를 강조했는데, 우리나라 학자들은 마치 이것이 주자정치론의 전체인 것으로 오해하고 있다고 보았다. 유수원은 존주비

---

79 『우서』 권10, 「論變通規制利害」.

민(尊主庇民)[80]이 주자 정치의 근본적 목표이며 비민(庇民)은 민생에 도움이 되는 실용적 정치로서 국허민빈(國虛民貧)의 현실을 구할 방도로 자신이 강조하는 실정(實政)·실사(實事)라 하였다.

같은 주자학에 근거하면서도 노론계가 정심성의(正心誠意)를 앞세워 의리명분을 내세웠다면, 유수원은 정심성의와 같은 심성리학의 탐구를 통해 쌓은 온축이 현실정치의 정사(政事)·시조(施措)로 나타난 주자의 경세학인 존주비민(尊主庇民)을 우선하여 전자를 허명(虛名), 부화(浮華)한 것으로 보고 실용(實用)·실사(實事)에 의한 실정(實政)을 주자 정치론의 핵심으로 이해하였다.[81] 유수원은 자기 개혁론의 이론적 근거를 주자의 실사·실정 중심의 경세론에 있다고 밝힌 것이다.[82]

---

80 尊主庇民은 『朱子全書』 治道一에 "此古之君子 所以成尊主庇民之功于一時 而其遺風餘韻 猶有稱思於後世者也."라고 함에서 나온다. 君主를 높이고 백성을 돌본다는 뜻이겠다.

81 이 점과 관련해 한영우 교수는 조선 후기의 朱子學者들이 두 개의 방향으로 분화된다고 보았다. 즉 宋時烈로 대표되는 노론 중심의 名分論的 朱子學과 近畿南人 및 소론 측에서 보이는 實利的·實學的 朱子學이 그것이다(한영우, 2007, 273면). 조선 후기 사상계의 변화와 특히 실학의 성격 규정에 중요한 시사를 주는 견해라 생각된다. 다만 남인계 서울 실학자들과의 연계성을 강조한 나머지 유수원에게서 보이는 실리적 주자학의 강조를, 자신의 정체성을 분장하기 위한 방안이었을 가능성이 있다고 한 점에 대해서는 동의하기 어렵다. 朱子가 陳亮의 王覇竝用, 義利雙行을 배척한 것은 사실이지만, 그것은 전통적인 仁義를 버리고 오로지 富國强兵을 추구하는 데 대한 것이었지 事功자체를 부정한 것은 아니었으며, 백성의 빈부의 차이를 고르게 해 안정을 꾀한다는 면에서는 같은 입장을 취하였다. 그래서 蕭公權 등 중국정치사상 관련 연구자들은 주자가 분명 성리학의 집대성자이기는 하지만, 變通과 更張을 주장하고 심지어는 諸葛亮이 蜀을 다스린 예를 들어 기강을 위해서는 法家的 法治까지 시행해야 한다는 治術과 관련한 經世論을 폈다는 면에서도 宋儒를 대표한다고 하였다(蕭公權, 1982, 제15장 元祐黨人及理學家之政論, 539면). 理學을 위주로 하면서도 주자의 경세론을 함께 평가한 이런 견해는 유수원의 주자 표방이 단순히 자신의 불리한 처지를 분장하려 한 것이 아니라 실제로 거기에 자기 개혁론의 이론적 근거를 두었음을 말해 주는 사실이라고 본다.

82 한영국 교수도 實事·實政의 추구를 유수원 개혁론의 基底라고 하면서 다만 그 실사·실정은 聖學(禮義)·聖訓(文物)을 현실에서 구현하고자 하는 것이라 하여 三代에서 기원한다고 하였다(한영국, 1976, 60면). 그러나 주자 역시 삼대의 정치구현을 목표로 하고 있다. 이렇게 본다면 유수원 개혁론의 이론적 근거는 原始儒家의 왕정론과 이에 바탕한

주자학에 대한 유수원의 이러한 이해는 우리가 주자학에 대해서 알고 있는 지식과는 거리가 있어 당혹감을 느끼게 한다. 주자를 포함한 송대(宋代)의 이학가(理學家)들은 모두가 인도(仁道)를 정치의 근본으로 삼고 치술(治術)에 앞서 정심성의를 강조하였다.[83] 위에 인용한 유수원의 글에서 보이는 정심성의와 정사시조(政事施措 즉 尊主庇民)의 관계를 송대 이학가들은 내성외왕(內聖外王)의 관계로 설명한다. 학자에 따라 조금씩 차이가 있기는 하나 정치의 목표를 존천리(存天理) 멸인욕(滅人欲)에 두고 있는 주자의 경우, 내성(內聖)의 출발점으로서 격물(格物)·치지(致知) 다음에 정심(正心)·성의(誠意)를 두어 수신(修身)의 범주에 넣고 제가(齊家)·치국(治國)·평천하(平天下)를 치인(治人) 즉 외왕(外王)으로 구분하면서 수신이 근본이고 천하·국가는 말절〔修身是本 天下國家是末〕이라는 견지에서 내성(內聖) 연후에 외왕(外王)이 가능하다고 하여 본말선후(本末先後)의 차이를 분명히 하였다.[84] 나아가 성인(聖人)의 도(道)에 체용(體用)의 구분이 있다면서 인의도덕(仁義道德)은 체(體)이며 예악형정(禮樂刑政)은 용(用)으로 보았다. 위에서 보았듯이 '예의'와 '문물'로 구분한 공자의 정치론을 계승 발전시킨 것이다. 대개 전자는 시대를 관통하여 초역사적으로 존재하여 변하지 않는 것이며, 후자는 반드시 시대의 변화에 따라 상황에 알맞게 시조(施措)를 취해야 한다(이를 因時制宜라 함)고 하였다.[85]

주자의 정치론에 대한 오늘날 학자들의 이러한 설명은 조선 후기 산림의 주자학 이해와 별반 차이가 없다. 따라서 산림들이 주자를 제대로

주자의 경세론에 있다고 할 것이다.

83 蕭公權(1982), 제15장 元祐黨人及理學家之政論.

84 余英時(2004), 422면.

85 위의 책, 411면.

배우지 못했다는 유수원의 비판은 오늘날의 관점에서 볼 때 정확했다고는 하기 어렵다. 그렇다면 유수원이 이를테면 외왕(外王)에 해당한다고 할 존주비민(尊主庇民)을 위한 정사시조(政事施措)와 같은 경세론을 주자 정치론의 본령이라고 한 이유는 어디에 있을까. 40대 초반인 유수원의 학문적 연륜이 일천하기 때문일까. 아니면 자신의 학통에 속하는 소론계의 주자학에서 일정한 영향을 받은 것이라고 할 수도 있다. 그러나 필자에게 좀 더 합리적인 추론을 해 보라면 유수원이 주자 정치론의 본의를 몰랐다든가 잘못 이해했기 때문이라고 하기보다는, 자기 개혁론에 대한 정당성 부여와 공감대의 확산이라는 현실적 필요에 따라 주자 정치론을 해석한 것이 아닌가 한다.

주자에 대한 유수원의 이해가 전혀 잘못되었다고는 생각되지 않는다. 정심성의〔內聖〕와 정사시조(政事施措, 外王) 사이에는 선후본말(先後本末)의 구분도 있지만, 주자 등의 이학가들은 체(體)와 용(用)의 관계로도 이해하였다. 이것은 마치 공자가 '종주(從周)'를 표방하면서도 '상인(尙仁)'을 체(體)로 본 것과 흡사하다. 체용의 관계는 양자가 서로 분리된다든가 경중(輕重)을 따진다기보다는, 서로 밀접히 연관되어 있음을 뜻한다. 그러기에 주자도 내성 뒤에 외왕을 말했고 외왕의 방법으로 인시제의(因時制宜)를 강조했던 것이다. 유수원이 정심성의보다 인시제의에 토대한 변법론(變法論)을 편 주자의 경세론을 높인 것은 당시 현실의 정치에서 그것이 더 시급하다고 보았기 때문이라 이해하고 싶다.

그렇다고 해서 산림계 일부의 주장처럼 주자가 송대(宋代)에 시행하려고 했던 개혁방안이 이 시기의 조선사회에 그대로 적용될 수 있다고 본 것은 물론 아니다. 그것은 주자가 말한 인시제의(因時制宜)에 따라 시대에 알맞은 변통방안과 방식을 강구해야 하였다. 이를 위해 유수원이 활용한 것은 중국과 우리나라의 역대 제도와 문물을 수록한 역사서와 정법류(政法類) 및 문집 등이었다.

『우서(迂書)』에 보면 그가 역사 특히 『문헌통고(文獻通考)』나 『대명률(大明律)』과 같은 유서류(類書類)와 정서류(政書類)를 자주 인용하고 있으며, 또 그를 천거한 인물들도 그가 『대명률』을 줄곧 암송하며 『문헌통고』의 호한(浩澣)한 내용들을 조리 있게 분류해 파악하고 있다고 하였다. 뿐만 아니라 임금을 인대(引對)한 자리에서도 한(漢)·당(唐)·송(宋)·명(明)의 고사(故事), 특히 명나라의 정치사에 대해서 해박하게 말하고 있다.

뒤에서 언급할 그의 조사법(造士法)과 관련된 학제(學制)나 과거제의 개혁론은 그 명칭이나 제도의 내용에서 명(明)·청대(淸代)의 그것을 규모만 축소하여 그대로 옮겨 놓은 것이었다. 그리고 예문관·춘추관·승문원·교서관 등의 문한직(文翰職)을 모두 혁파하고 오직 홍문관만 존치시키며 관제에 대해서도 6조－백사(百司)와 홍문관, 어사대(御史臺), 오위제(五衛制), 관찰사사(觀察使司) 등을 근간으로 한 개혁을 주장한 것은 명나라의 정치제도인 내각(內閣)·6부(部)·한림(翰林)·도찰원(都察院)의 권력구조에 토대하고 있다.[86]

유수원의 명대정치(明代政治)와 사회경제(社會經濟)에 대한 해박한 지식과 깊은 이해는 어디서 유래하였을까? 이와 관련해서 주목될 수 있는 것은 1681년(康熙20, 숙종 7)의 삼번란(三藩亂) 진압과 2년 후 대만 정성공(鄭成功) 후손의 투항으로 청의 중국지배가 확실해지자 30여 년 계속되어 온 무력에 의한 강권(强權)지배가 막을 내리고 회유정책이 본격화하면서 그동안 문자의 옥(獄)에 걸렸던 금서(禁書)가 풀렸다는 점일 것이다. 그래서 고염무(顧炎武)·황종희(黃宗羲) 등의 저술이 다시 개판(開

86 關文發(1996).

板)되는가 하면 명말청초(明末清初)에 한인(漢人)에 의해 저술된 서적들의 간행도 성행하게 되었다. 이때 간행된 서적들이 조선에 어느 정도 수입되었는지는 아직 확실하게 밝혀져 있지 않다.[87] 그러나 숙종 4년에 청에 사신으로 갔던 이하진(李夏鎭)이 수천 권의 고서(古書)를 구매하여 왔다거나, 숙종 9년(1683) 김석주(金錫胄)와 함께 북경을 다녀온 유상운(柳尙運, 유수원의 伯祖) 역시 서물(書物)을 구매하여 광주(廣州) 율리(栗里)의 구장(舊莊)에 소장하였다는 사실로 보아 상당수가 사행(使行)이나 역관(譯官)의 손을 거쳐 유입되었을 것이다.

이를 증명해 주는 사례로는 숙종 20년(1694)에 편찬되어 숙종 29년에 운각활자(芸閣活字)로 간행된 이현석(李玄錫)의 『명사강목(明史綱目)』이, 명말청초의 인물이던 곡응태(谷應泰)가 지은 『명사기사본말(明史紀事本末)』에 근거했다는 사실에서 찾을 수 있다. 『명사기사본말』은 청초(清初) 순치제(順治帝)의 강권지배 이래 금서로 묶였던 서적이다.[88]

---

87 최근 부유섭에 의하여 조선 후기 세도가였던 안동김씨 집안의 서적 유통이 밝혀졌다(부유섭, 2013).

88 이것은 숙종 20년에 판서를 지냈던 李玄錫(李睟光 증손, 堂揆子)에 의해 『明史綱目』이 편찬되어 숙종 29년(1703)에 芸閣活字로 간행되었던 사실에서 확인된다. 이때까지 중국에서 정사로서의 『明史』는 편찬 중이었으며 1714년에야 '明史稿'가 완성되고 이를 토대로 張廷玉 등이 수정 보완하여 1739년(건륭 4, 조선 영조 15)에 『明史』로서 간행된다. 따라서 이현석이 뒤에 나온 『明史』를 보았던 것은 아니다. 그러면 『명사강목』의 底本은 어떤 것이었을까. 숙종 41년 『명사강목』을 읽으려는 임금에게 우의정이던 李頤命이 미비한 곳의 보완을 요구하면서 이현석이 野史와 文集 등에 의거해 『명사강목』을 편찬했다고 하였다. 여기서 말하는 야사는 1658년(順治 15, 조선 효종 9) 谷應泰가 80권으로 편찬한 『明史紀事本末』을 말한다. 이 책은 명대의 정치사에 대한 상세한 서술로 유명하다. 『명사강목』은 기사본말체를 강목체 형태로 재편집하면서 명말청초 文人들의 文集을 가지고 보완했다. 여기서 유의할 것은 谷應泰의 『明史紀事本末』과 명말청초 文人들의 문집이다. 이들은 清初 順治帝 이래 30~40년 간 지속된 강권지배 때 禁書로 묶였던 서적이었다. 1695년에 再刊된 『日知錄』(遂初堂本)이나 비슷한 시기에 刊行된 『明夷待訪錄』(二老閣初刻本)이 이때 들어왔는지는 확인되지 않으나 明末清初의 文集들이 숙종 전반기에 국내에 들어와 있었고 李玄錫이 이를 활용해 『明史綱目』을 지었던 것은 사실이

이렇게 본다면 『대명회전(大明會典)』이나 『명사기사본말』 같은 명대의 역사와 문물제도를 전하는 서적과 문인들의 문집 등이 청에서 금서에 대한 해금이 시행되던 1690년대 이후 국내에 유입되었음은 분명하다고 할 수 있다. 유수원의 명대와 청 초의 정치와 제도, 사회경제 상황에 대한 이해는 이러한 서적을 통해 이루어졌던 것이다. 이로 보아 그 정치론을 포함한 개혁론의 밑바탕에는 중국의 문물과 역사, 특히 명과 명말청초의 정치와 사회·경제에 대한 깊은 이해가 자리하고 있었다고 할 것이다.[89]

다. 뿐만 아니라 현종 10년 유생의 冠服과 관련된 문제에 참고하기 위해 『大明會典』을 열람하고 있는 『승정원일기』의 기사(『승정원일기』 213책, 현종 10년(1669) 2월 25일 戊子)를 보면 『大明會典』 역시 수입되어 널리 활용되고 있었음을 알 수 있다. 『대명회전』은 明初의 正德本과 明末의 萬曆本 두 가지가 있는데 여기서 말하는 『대명회전』은 물론 만력본이다.

89 『迂書』에서 보이는 유수원 개혁론의 핵심은 兩班門閥의 타파에 있다. 그의 四民분업론의 출발도 양반을 세습적인 신분에서 성취적인 신분으로 변화시키자는 데 있었다. 이러한 아이디어 역시 明 中期 이후 하나의 사회계층으로 자리 잡아 明末淸初 부패하고 무능한 明王朝 대신 이민족의 淸왕조에 협력해 향촌사회의 주도세력이 되었던 紳士의 존재에서 얻었다고 생각된다. 紳士는 관직 경력자인 縉紳과 擧人(鄕試합격자) 또는 生員(秀才)이라는 士의 자격을 가진 자를 말한다. 그런데 明·淸代는 신분이 고착되어 있지 않고 계층간의 이동에 큰 제한이 없어 비교적 신분이동이 활발했다. 특히 明末淸初 이후 江南지역을 중심으로 상업이 발달하면서 商人들 내에서 경제력을 배경으로 한 과거학습을 통해 紳士층으로 되는 者들이 많이 나왔다(余英時, 2003, 8절 中國近世宗教倫理與商人精神－士魂商才, 10절 士商互動與儒學轉向). 이들을 士商이라고 이름한다. 明末淸初 중국의 이러한 과거제 및 紳士·士商의 존재는 17세기 말 18세기 초에 청을 다녀온 사신들의 轉聞과 특히 이 시기부터 수입되었을 明史 및 淸의 문물관계 法典을 통해 朝野에 알려졌고, 유수원 역시 이를 통해 여기에 관한 정보를 취득하였다고 보인다. 그는 四民分業論을 폈지만 士農工商을 대등한 관계로 보지는 않았다. 士의 우월한 지위는 분명히 인정하였다. 다만 그는 士가 양반의 세습적 신분이란 점에는 반대하였다. 農工 및 특히 商人 자제 중에서도 능력에 따라 士의 신분을 취득할 수 있다고 보았다. 뿐만 아니라 우수한 知的 능력을 가춘 士가 상업활동에 뛰어들 것을 주장하였다. 명말청초에 보이는 士商의 존재를 조선에서 형성해 보려는 시도였다고 이해한다. 바로 이 아이디어를 淸代의 紳士 내지 士商의 존재에서 찾았던 것이다. 商業振興을 國治民安의 출발점으로 삼은 유수원이 문벌의 폐를 극론하고 그 타파를 주장하는 것도, 물론 다른 요인도 있겠지만, 숙종 20년의 甲戌換局에서 드러난 閥閱(金春澤 등)과 富商大賈와의 환국자금

『고려사』나 『경국대전』과 같은 우리나라의 서적과 『지천집(遲川集)』, 『잠곡유고(潛谷遺稿)』와 같이 적지 않은 문집들도 함께 인용되고 있는 것으로 보아 유수원은 국조전고(國朝典故)에도 상당한 지식을 갖추고 있었을 것이다. 여기에는 특히 그 집안과 관련 깊은 최석정(崔錫鼎)이 숙종 32년(1706, 유수원 13세 때임) 『경국대전』을 수정 증보한 『전록통고(典錄通考)』를 편찬하였던 것도 상당히 영향을 주었다고 보인다. 이런 학문적 바탕이 있었기 때문에 유수원은 영조 19년에 시작된 『속대전(續大典)』 편찬에 문랑(文郎)으로 차출되어 이를 주로 담당하였던 것이다.

결국 유수원의 정치개혁론의 이론적 토대는 공자를 위시한 선진유가(先秦儒家)의 정치이념과 특히 『주례(周禮)』의 문물제도에 의한 치술(治術)을 전범으로 삼는 왕정론(王政論)에 바탕을 두면서, 현실문제 해결에 초점을 둔 주자의 경세론에서 끄집어낸 인시제의(因時制宜)의 원리를 활용하여 자신이 정립한, 정치현실에서의 능률적인 제도와 실용을 추구하는 실사(實事)·실정(實政)에 있었다고 할 것이다. 명말청초의 역사서 및 『문헌통고(文獻通考)』, 『대명률(大明律)』과 같은 정법류(政法類)에서 학습한 전고(典故)에 대한 해박한 지식은 그런 실사 실정을 실현하는 재료였다.

을 둘러싼 유착관계 이후(정석종, 1983) 노론 벌열가가 대리인을 앞세워 상권을 장악해 가는 데 대한 상인의 상업권 확보라는 측면에서도 한번 고려해 보아야 할 것 같다. 余英時의 위의 책에서 明末 士商들의 상업활동과 商權을 크게 위협한 것이 황제를 배경으로 한 閹宦들의 皇店 설치였고 그래서 閹黨과 東林黨의 대립이 나왔다고 한 것을 참고해 보면 될 것 같다. 정치문제를 비롯한 유수원 개혁론의 이론적 배경에 이러한 명말청초의 과거제, 紳士層, 士商의 존재가 모델로 되었으리라는 추론은 여기에 근거한다. 그리고 이러한 이론을 얻게 된 이면에는 清에 사행하였던 인물로부터의 轉聞이나 『文獻通考』 같은 政法書 외에도 1690년대를 전후해 禁書에서 풀린 明史에 관한 저술이나 文集이 다수 流入됨으로써 이를 통해 명·청대의 정치와 사회경제에 대한 많은 정보를 얻을 수 있었다는 점이 특기되어야 하리라 본다.

(2) 정폐(政弊)의 진단과 관제수명(官制修明)

유수원의 관제개혁론은 『우서』에 20개 항목에 걸쳐 전개되었다. 『우서』와 별도로 영조 17년에 올린 『관제서승도설』이 있으나 현재 전하지 않는다. 그러나 임금과 문답한 내용이나 다른 신하들의 언급으로 보아 『우서』에 나오는 내용을 핵심만 요약한 것이 분명하다.

『우서』에 실린 관제개혁론은 이미 선행연구에서 권력구조라든가 관청의 통폐합과 정리, 고적(考績)제도의 개혁 등 여러 부면에 걸쳐 자세히 검토되었다.[90] 따라서 관료기구 개혁론의 내용을 일일이 거론하는 것은 새삼스런 일이다. 여기서는 유수원이 파악한 당시 정치의 모순과 폐단에 대한 진단과 그에 대한 처방을, 제도 자체의 개혁과 제도 운영의 두 측면으로 나누어 보고자 한다. 그런데 관제는 그 운영의 주체인 관인의 확보와 밀접한 관련을 가지므로 이 부분을 ① 조사선보법(造士選補法)으로, 그리고 제도 관련은 ② 육조 정무체계(政務體系)로, 운영면은 ③ 서승고적법(序陞考績法)으로 나누어 검토하겠다.

① 사인(士人)의 작폐(作弊)와 조사선보법(造士選補法)

조선 후기 학교의 문제점을 논한 「논학교(論學校)」의 앞머리 부분에서 유수원은 학교의 필요성에 대해 다음과 같이 말하였다.

> 대개 과거는 무엇을 위해 두었는가. 인재(人才)를 얻으려는 것이다. 인재는 어찌하면 얻을 수 있는가. 가르치고 양성하는 데 있을 뿐이다. 그렇

---

90 한영우 교수는 앞의 책 제5장 관제개혁안에서 1. 행정전문성의 부족, 2. 권력구조의 개혁, 3. 冗官의 혁파, 4. 任期와 考績의 개혁, 5. 黨論의 폐단, 6. 사헌부와 사간원의 개혁, 7. 通淸과 推陞의 폐단, 8. 군사제도 개혁으로 나누어 고찰하였다.

다면 가르치고 기르는 것은 어떻게 해야 좋은가. 학교를 세워 성현을 제사지내며 천하의 영재(英才)를 모아 학교에서 성인의 글을 읽게 한 뒤에라야 비로소 그 배움을 이루었다고 하고, 국가가 학교에서 선비를 취할 수 있게 되어야만 비로소 정치를 맡길 수 있는 사람을 얻었다고 할 수 있는 것이다.[91]

나라를 다스리기 위해서는 유능하고 현명한 인재를 얻는〔得人〕 일이 반드시 필요한데 이를 위해 선발제도로서의 과거와 그 이전에 사(士)를 가르치고 육성하는 일을 학교에서 수행해야 한다는 것이다. 새삼스런 견해는 아니지만 국가가 선비를 취하려면 학교 가운데서 해야 한다〔國家取士於學校之中〕고 한 점에서 당시의 사인(士人) 내지 그 집단인 사림(士林)을 보는 유수원의 시각을 드러내고 있다.

그는 사민(四民)이 각기 그 직분을 갖는다면서 사(士)는 "독서를 통해 이치를 궁구하고 사우(師友)를 따르면서 치기(治己)와 치인(治人)의 도리를 배운 다음 벼슬자리에 나가 임금을 섬기는 존재"[92]라고 하였다. 따라서 사는 관리후보자로 간주되었으며 그런 만큼 사민 중의 으뜸으로서 국가로부터 혜택을 받았다. 그런데 선비가 독서 궁리하며 사우를 따라 치기치인(治己治人)하는 도리를 배우는 곳은 바로 학교이다. 그러한데도 유수원 당대의 조선 사자(士子)들은 학교와 무관하게 사를 자처한다고 하였다. 학교를 다니지 않으니 예의를 모르고 무식할 것은 당연한 이치다. 유수원은 실속 없는 이름만의 사인을 기술 없는 의무(醫巫)에

91 『우서』 권2, 「論學校」.

92 『우서』 권2, 「論門閥之弊」, "士之所以爲士者 讀書窮理 從事師友 以講其治己治人之法 然後方可以出身事君矣."

비유하였다. 의무라면서 기술이 없다면 세상 사람이 비웃지마는 선비라면서 눈으로 글자 한 자 알아볼 줄 모르고〔目不識丁〕 행실이 어떠한가를 따져 보지도 않고 유건(儒巾)만 쓰면 모두 사라고 부르니 선비란 학교에 달려 있지 않고 유건을 썼느냐 여부에 달려 있는 셈이라, 자기로서는 세상 사람들이 선비 대접하기를 무당이나 의사보다 훨씬 못하게 한다고 냉소적으로 비판하였다.[93] 이는 오직 국가에서 학교를 통해 경전을 가르치고 덕성을 함양하게 하지 못하기 때문〔不敎之不養〕으로서 우리나라가 문교를 숭상하여 학교를 세운 지 이미 천여 년이 지났건만 끝내 선비를 이루게 하는 법〔造士之法〕을 몰라서 온갖 폐단이 이로 인해 생겨난다고 통탄해하였다.[94]

그러면 유수원이 보는 당시 사인 또는 사림의 작폐현상은 어떠하였을까? 우선 사림의 기본 단위인 '사(士)'가 되는 데 별다른 기준이 없어서 사이비 선비가 많다고 하였다. 문벌자제나 사족자제는 무식해도 사라고 하며 학교를 다니지 않아도 유건 쓰고 청금록(靑衿錄)에 함부로 이름을 올려도 사라고 한다는 것이다.[95] 학문 덕행과는 상관없이 공부하지 않고 무위도식(無爲徒食)하는 이런 무리들의 집단이 사림이라면 더 이상 그들을 용납할 수는 없다고 하였다.[96]

그러기에 지방 사림들이 시사(時事)와 관련해 올리는 유소(儒疏)에 대해서도 이를 금지시켜야 한다고 하였다. 명나라 태조(太祖)가 누구에게

93 『우서』 권2, 「論學校」.

94 『우서』 권2, 「論救門閥之弊」, "噫 吾東之崇文敎 設學校 今已千餘年矣 終不曉造士之法 百弊由此而生 寧不慨惋."

95 『우서』 권2, 「論學校選補之制」, "士者 四民之首 選擇充補 當有定額 此乃國家莫重之務也 何可使年少士子 任意入錄 無復限節乎 一入靑衿錄 則便成兩班 雖十代無科名 目中無一丁之流 終身逸遊 作一逋民 傳之子孫 不出一錢 古今天下 果有如此無實虛浪之學制乎."

96 『우서』 권2, 「論門閥之弊」, 「論學校」.

나 나라 일을 논하게 하면서도 학교에 와비(臥碑)를 세워 공부하는 학생들은 일체 관여하지 못하게 한 것은 족히 본받을 만하다고 하였다.[97] 잠깐 유수원의 말을 빌리면

> 어려서 배우고 장성해서 실행하는 것이 곧 선비의 할 일이지 시사(時事)에 참섭(參涉)하는 것은 선비의 직분이 아니다. 오늘날처럼 각박한 말세를 당하여 선비들이 삼대 때처럼 하지는 못하고 학궁(學宮)에 모여 언론의 권한을 잡아 마음대로 당론을 조성하기만 하니 그 피해가 얼마나 큰가 …… 현재 학궁에서 혈전이 끊이지 않아 공자의 사당이 하나의 싸움터로 변해 버리고 말았다. 이를 막지 못하면 나라가 나라답지 못하고 선비가 선비답지 못할 것이니 발본색원(拔本塞源)할 방도를 마련하지 않을 수가 없다.[98]

라고 하였다. 사림의 작폐를 고발하는 데서 더 나아가 그 존재 자체를 부정하기까지 하려는 그의 견해를 잘 드러내고 있다.

사림에 대한 부정적인 시각은 그들이 당론을 조성하고 격화시키는 존재라는 데까지 나아간다. 그는 "우리나라의 당론은 사림으로부터 나와서 사림에 의해 극성하게 되어 끝내 구할 수 없는 지경에 이르렀는데도 오히려 선비를 대우해야 된다는 등의 헛된 말들 때문에 이를 고치지 못하니, 나라 일을 어찌할 수가 있으랴."[99]라고 해 당론의 책임을 사림에게 돌리며 탄식하고 있다.

---

97 『우서』 권2, 「論學校選補之制」.

98 위와 같음.

99 위와 같음.

그는 당론발생과 관련해 연소한 무리들이 젊은 기상을 내세워 다투기를 좋아하며 청론(淸論)을 빙자하여 논의를 주도하다 보니까 점점 권력에 애착을 가지며 세력을 즐기게 되어 마침내 음모를 꾸미며 술수를 쓰는 습속에 빠져들어서 당론이 일어나게 되었다고 하였다. 나아가 아침저녁으로 하는 일이 아무런 쓸데없고 남과 다투는 생각만 한다고 하였다.[100] 결국 당론이 연소한 사류의 청론 다툼에서부터 나왔고 격화되었다는 것이다. 당론에 대한 이러한 이해는 군자소인변(君子小人辨)으로 긍정하는 노론 측의 견해나, 제한된 관직을 놓고 벌어지는 이해관계의 충돌이 그 원인이라고 보는 성호(星湖) 이익(李瀷)의 견해와는 다르다고 할 수 있다.

그 대안으로서 그는 백성의 자제 중에서 자격시험을 거쳐 선발하는 조사선보법(造士選補法)을 제시하였다. 조사(造士)에서 '조'란 이룬다〔成〕는 뜻으로 조사란 비로소 선비가 되었다는 말이다. 유수원의 설명에 따르면 삼대에는 모든 백성의 아들이 8세에 소학에 입학하고 15세에 대학에 들어가며 그중 뛰어난 자가 상서(庠序)를 거쳐 국학(國學)에 오르고 제후가 추천해 태학(太學)에 들어가게 되면 조사라고 일컫게 되었다는 것이다. 조사가 된 뒤에 비로소 벼슬을 받게 된다고 한다. 조사에 이르기까지는 성현의 가르침을 배우는 끊임없는 학습과 수련의 과정으로 도중에 능력이 못 되는 자의 탈락과 도태를 거치며 최후로 조사가 된다는 것이다.[101] 그러므로 조사가 되기 위해서는 반드시 학교를 거쳐야 하였다.

조사법에 대한 이런 원칙을 받아들여 유수원은 당시의 문제가 되고

---

100 『우서』 권4, 「論主論之弊」.

101 『우서』 권8, 「論商販事理額稅規制」; 권2, 「論救門閥之弊」.

있는 사(士)도 몇 단계의 학교를 거쳐야 한다고 하였다. 우선 살고 있는 현읍(縣邑)의 향학(鄕學)에 시험을 보아 들어가고, 이후 재학 중에 향시(鄕試)·회시(會試)를 통과하면 바로 전시(殿試)에 응하고, 전시에 붙으면 급제(及第)가 되어 관료로 선발된다. 사는 시험을 통과해 향학에 들어가는 학생만을 지칭하며(때로는 유생이라고 함), 시험에 떨어져 학교에 적을 두지 못한 무리는 한갓 백성일 뿐이지 학생이라고는 할 수 없다고 하였다.

그는 사(士)를 크게 두 부류로 나누었다. 학교의 정원에 든 학생을 생원(生員)이라 하고 정원 외를 부학생(附學生)이라 하였다. 생원은 다시 늠선(廩膳)생원과 증광(增廣)생원으로 구분한다. 늠선생원은 일종의 관비장학생이며 증광생원은 자비(自費)로 학교에 다닌다. 부학생은 인원수나 신분에 큰 제한 없이 누구나 학교에 적을 올릴 수가 있다. 그러나 생원에 비해 큰 차별을 받는다. 증광생원에 결원이 생기면 뽑혀서 올라갈 수는 있으나 그 길은 아주 좁다. 이는 전국에 범람하고 있는 유학(幼學) 이름을 붙인 잡다한 무리들을 부학생으로 정비하려는 의도이다.

향시에 합격하면 거인(擧人)이 되어 회시에 응하게 된다. 그러나 향시에 합격하지 못한 생원은 공사(貢士)로서 계속 공부하여 정시(庭試)에 응시할 수 있지만 수학 도중에 3번 낙제하면 고퇴생원(考退生員)이 되어 백성으로 떨어질 수밖에 없다. 다시 거인으로서 회시를 거쳐 전시에 붙으면 급제가 되어 벼슬을 받지만, 회시에만 붙고 전시에 떨어지면 견락거인(見落擧人)이라 하여 성균관에 들어가 계속 학업에 종사하면서 다음의 전시를 도모하거나, 전시보다는 격이 낮은 정시(庭試)에 응시해 지방의 교직(敎職)을 거쳐 일반 벼슬로 나아간다. 이 정시에는 향시에 떨어졌으나 조행(操行)이 뛰어나 공사(貢士)로 추천된 사나 대관(大官)의 자제로 성균관에 들어가 은생(恩生)이 되었던 사자(士子)도

응시하였다.[102]

생원에서 출발하여 향시·회시·전시의 시험을 거치는 단계를 과거, 정시(庭試)에 응하는 단계를 공거(貢擧), 문음(門蔭)을 받는 것을 음사(蔭仕)라 하여 벼슬에 들어가는 3갈래 길로 삼는다. 이 중에서 과거가 가장 유리하여 급제자는 그 성적순에 따라 홍문관·6조·지방관으로 보임되고 차례로 승진해 재상까지 올라간다. 공거는 교직을 거쳐 수령이 된 후 경중각사(京中各司)의 당상관까지 오른다. 음사는 그 혜택의 범위가 크게 축소되어 은생으로 정시에 합격하면 재랑(齋郎, 參奉)이 되었다가 수령으로 나아가고 각사의 당상관까지 오르나 공거 출신자보다는 대우가 못하다.[103]

이상을 도식화해 보면 아래와 같다.

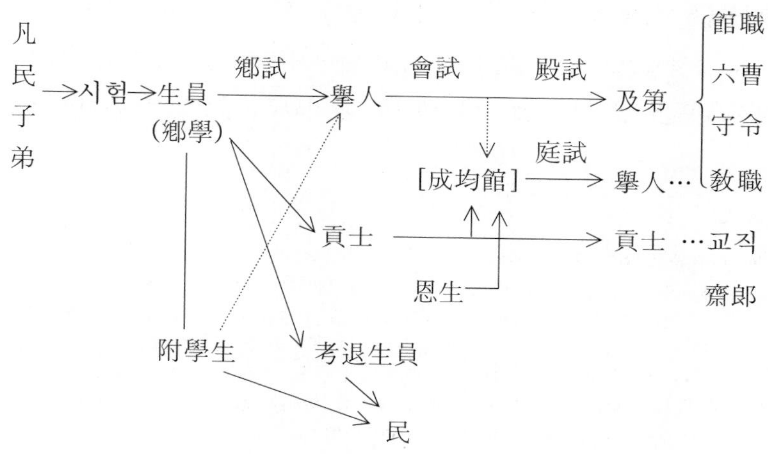

102 이상은 『우서』 권2의 「論學校選補之制」에 의거하였다.

103 이상은 『우서』 권2의 「論科貢蔭三途格例」, 「論恩蔭銓敍事宜」, 「總論選擧貢蔭事理」, 「論擧人格例」, 「論科擧條例」의 조항을 종합한 것이다.

여기서 보듯이 학교와 시험(과거·공거)제도가 밀접히 연관되어 있다. 조사선보법(造士選補法)이란 이를 두고 하는 말이다. 유수원의 조사선보법은 명나라, 특히 당시의 청나라에서 실시하고 있던 학교제도를 그대로 따른 것으로 명칭과 내용이 동일하다.[104] 유수원은 이렇게 하면 조선 후기에 당면한 큰 폐단이었던 사의 문제는 해결될 것으로 보았다.

위의 유수원의 조사법(造士法)에서 특히 주목되는 것은 부학생(附學生)의 존재이다. 이들은 정원 외의 학생으로서 20명으로 제한된 늠선생원(廩膳生員)이나 증광(增廣)생원과 달리 인원에 제한을 두지 않는다. 학교에 적을 두고자 희망하는 사람이나 낙제생원(落第生員)들이 들어올 수 있다. 당시에 광범위하게 존재하였던 유학(幼學)을 대상으로 하고 있음을 알 수 있다. 유수원은 양반 행세를 하며 유수유족(遊手遊足)하던 이들 유학을 정원 외이기는 하나 학생의 범주로 포괄시키려 한 것이다. 부학생은 학교에서 학습은 하지만, 향시 희망자가 1,000명이라면 995명을 늠선생원과 증광생원에서 뽑고 나머지 5명 정도를 부학생에게 배정한다[105]고 한 데서 보듯이 사실상 과거와는 상관없는 존재였다.

---

104 趙子富(2008); 陳寶良(2005).
學制와 과거제가 결부된 명·청대의 제도를 간단히 말하면 다음과 같다. 먼저 童生에서 生員(秀才)이 되려면 縣·府·院試의 3단계 시험을 거쳐야 한다. 이 시험에 응시할 때는 본인의 인적사항은 물론 결격사유가 없다는 여러 사람의 서명과 보증을 거쳐야 하였다. 세 번 시험 볼 때마다 이를 일일이 확인하는 절차를 거친다. 이를 거쳐 합격하면 生員이 되어 학교에 들어가는데 학생에 廩膳생원·增廣생원·附學생원을 둔다. 이들 생원들이 三場으로 된 鄕試에 합격하면 擧人이 된다. 거인의 숫자는 文風의 高下, 人口多寡, 賦役을 기준으로 지역마다 다르다. 거인이 되면 다음해 3월에 예부에서 주재하는 전국시험인 會試에 응시한다. 회시 응시 전에 신분확인과 문장능력을 확인한다. 회시합격자를 貢士라고 하는데 능력에 대한 검토를 받고 殿試에 참가할 자격을 얻는다. 對策 위주로 된 전시에 선발되어야만 비로소 進士가 되는데 여기에는 及第·出身·同進士의 3그룹이 있다. 이 진사들의 전시 성적에 따라 비로소 관직에 임명된다.

105 『우서』 권2, 「論學校選補之制」.

그렇다면 과거에도 응시할 자격을 얻지 못하는 부학생 제도를 왜 두는가. 그것은 국가의 힘을 쓸데없는 데 낭비하는 것이 아닌가. 유수원 학제개혁론의 한 특징이 바로 여기에 있다고 본다. 우선 앞에서 지적했듯이 군역을 피하여 유수유족하며 범람하는 유학(幼學)을 학교제도 안으로 수용 정비하는 의미를 지닌다. 정원 외이기는 하나 부학생에 들지 않는다면 더 이상 선비로 대우하지 않는다는 뜻이다. 부학생에도 들지 않는 자는 군역을 지지 않을 수 없다. 학교와 관련 없는데도 유학이란 이름으로 사(士)로 대우받아 피역하는 무리를 제거하는 목적을 갖는 것이다.

부학생제도의 설치는 단순히 당시 사회적 병폐였던 유학의 존재를 정비하는 데에만 목적을 두었다고는 생각되지 않는다. 유수원의 부학생제 설치는 좀 더 적극적으로 해석할 필요가 있다. 그는 상업의 진흥을 위해서는 지적 능력을 갖춘 우수한 상업인구의 확보가 필요하다는 사실을 인식하고 있었다. 그는 유학을 군역 면제를 조건으로 부학생으로 끌어들이고 그들에게 일정한 교육을 받게 하여(물론 과거보다는 유교적 교양과 독서력 양성) 지식을 갖춘 상인(商人)으로 양성하려 했다고 본다.

이미 16세기 중반 이후 중국에는 사(士)로서 과거를 포기하고 상인으로 나가든가 아니면 상인의 자제로 유학(儒學)에 종사하는 사상(士商)의 존재가 강남지역을 중심으로 성장하고 있었다.[106] 중국에서 유입된 서적을 통하여 이들 존재를 알고 있는 유수원으로서 실제적인 유학공부에 주력하든, 가짜로 이름만 빌렸든, 아니면 문벌가의 자제이든, 먹고살 만한 양민의 자제로서 유학을 배우고자 열망하던 자이든 간에 잡다한 인적 요소로 구성된 유학을 부학생으로 끌어들여 교육을 통해 사

---

106 余英時(2003).

상(士商)적 존재로 육성하려 했을 것임은 큰 무리 없는 추론이라고 본다. 그리고 이것은 바로 그가 주장하는 세습적 벌열타파에 의한 성취신분적인 사농공상(士農工商)의 분업과도 일치하는 것이었다.

이럴 경우 부학생의 대상은 물론 양반가의 자제로 불문불학(不文不學)한 자도 있겠지만 그보다는 양인(良人) 자제로 책을 끼고 지식을 습득해 사(士)의 지위를 갖고자 열망하는 자들이 더 바람직했을 것이다. 명・청의 조사법(造士法)을 그대로 수용하여 단지 학생의 숫자만 조정하였던 유수원의 학제개혁론에서 부학생(附學生) 설치가 갖는 의미는 바로 이러한 데 있었다.

생각해 보면 16세기 초에 조광조 등의 기묘사류(己卯士類)가 청의(淸議)를 앞세워 훈척을 비판하다가 화를 입은 이래 사림은 그 도덕성으로 인해 조야에서 높은 명예를 누려 왔고, 퇴계(退溪)・율곡(栗谷)이 밝힌 성리학의 실천자로서 마치 송대(宋代) 사대부가 천하의 일을 자기의 임무로 자임하였듯이 세도를 부지(扶持)하는 존재로 인정되어 왔다. 그래서 율곡은 동서당인(東西黨人)의 발생을 사림의 분열로 보고 국가의 원기(元氣)인 사림이 분열하면 나라가 위태로워지고 사림을 의심해 없애버리면 나라가 망한다고까지 하여 국가의 흥망성쇠가 사림에 달려 있다고까지 하였다.

사림 대두 초기의 이런 역할론은 17세기에 들어 율곡의 문인들이 주축이 된 서인계가 정계와 학계를 주도하게 되고, 특히 병자호란 이후 좌절된 민심의 수습을 위해 북벌론(北伐論)을 앞세운 의리명분론이 각광을 받으면서, 사림의 지도자인 산림(山林)이 의리명분론을 내세워 국정의 방향을 좌우하고 사림의 청의가 조정 인물의 진퇴를 결정하는 이른바 사림의 시대를 열었다.

더구나 당인간의 시비논쟁이 율곡과 성혼(成渾)의 종사(從祀)문제나 예송(禮訟)에서 보듯이 학파의 정통성 및 학문적 배경 위에서 전개되는 상황이 되자, 각 파를 지지하는 사림은 당론의 전위로서 조정의 시비득실에 깊이 관여하게 되었다. 본래 사림의 양성소이며 그 활동의 근거지였던 서원이 이 시기에 급격히 늘어났던 것도 붕당적 정국 구도에서 나온 사림세의 확장에 따른 결과였다.

이런 사림에 대해서는 종종 그 활동을 의심하고 국가에서 적절히 통제해야 한다는 의견이 표출되기도 했다. 그러나 의리명분론이 국정의 방향을 이끌어 가던 당시의 정치상황에서는 국가의 원기를 위축시키는 주장이라 하여 설 자리를 찾을 수 없었다. 다만 숙종 때 척신(戚臣)세력과 당대 산림을 대표하던 송시열이 결합함을 계기로 노·소론으로 분기하는 과정에서 비로소 청의(淸議)에 가탁한 사론(士論)에 대한 비판이 힘을 얻게 된다. 특히 노론이 자기 계열 사림을 정론(正論)으로, 소론과 남인계에 속하는 사림을 사론(邪論)으로 몰아 공격하는 과정에서 이때까지 굳건하던 사림의 존재가 크게 흔들리게 된다.

소론 집안 출신으로, 사림을 소론 공격에 활용하는 데 능하였던 노론계에 대해 가졌던 유수원의 불만이 당시 사림의 부패상에 대한 철저한 고발과 학교제를 통한 조사법(造士法)의 제시로 나타났던 것이라고 하겠다.

유수원의 사림에 대한 부정적인 시각은 국가의 향촌지배책에 대한 변화를 구상하였던 데서도 나타난다. 그것이 조선 초 이래 향촌사족이 구축해 온 향촌자치제의 표상인 좌수별감(座首別監)의 향임직(鄕任職)과 향소(鄕所) 폐지 주장이었다. 향임은 본토(本土)의 사족자(士族者)로서 토속(土俗)을 알기 때문에 정치에 도움이 되는데 노리(老吏 즉 典史)로 하는 것은 부정을 조장하지 않겠느냐는 의견에 대해, 향임은 향족(鄕族)이라 하면서 그 족당을 비호하고 토호로서 횡포를 일삼으며 향임의 족속

끼리 그 자리를 넘겨받기를 마치 대대로 전하는 듯하여, 그 폐단이 자격 없는 사림을 남발할 뿐인 청금록(靑衿錄)과 다름없다고 하였다. 그래서 만약 이 향임과 향소를 없애지 못한다면 향권(鄕權)을 끝내 깨뜨리지 못하고 토호가 무단하는 폐습을 없애지 못할 것이라 하였다.

이처럼 향임과 향소를 폐지하는 대신 유수원은 6방(房)의 향리제(鄕吏制)를 관제처럼 정비하여 잡직(雜織)체계에 포함시킴으로써 관제(官制)에 대비되는 전제(典制)를 확립하고 향리에 대한 고적법(考績法)을 행하여 경력이 가장 많은 향리를 전사(典史)로 임명해 현령의 좌이관(佐貳官)으로 삼게 할 것을 제안하였다.[107]

물론 이 시기 향임층은 안동 일대를 제외하고는 대개 사족보다 신분이 낮은 향족이 한 것으로 말해지며 사족은 서원을 기반으로 삼았다고 이해되지만(유수원은 造士法에 의한 학제가 갖추어지면 서원은 저절로 소멸할 것으로 보았다), 유수원은 16세기 이래 누려 왔던 사족의 자율권이나 자치권 자체를 불신하고 철폐해 관권(官權)의 통제 아래 서리의 활용으로 대체하고자 하였던 것이다.

유수원은 「논학교선보지제(論學校選補之制)」의 끝부분에서 자신의 조사선보법이 궁극적으로 문벌용인(門閥用人)의 폐단을 없애는 첫 단계임을 밝히면서 다음 단계인 관제수명(官制修明)이 재행용인(才行用人)의 내용으로 전개될 것임을 예고하였다.

> 혹자(或者)가 묻기를 이 조사선보법(造士選補法)을 행한다면 문벌용인의 폐단을 모두 없앨 수 있겠는가 하였다. 나는 답변하기를 이는 바로잡는〔矯捄〕 대강일 뿐이다. 그 구체적인 내용은 또한 관제를 개혁한 뒤에야

107 『우서』 권7, 「論吏員役滿陞撥之制」.

비로소 이룰 수 있다. 그렇지만 교구의 효과를 한번 들어보겠는가. 반드시 호령이나 위력으로 문벌의 폐단을 구하려 한다면 하나도 이루어질 리가 없다. 이제 만약 생원이 된 자에게만 시험에 응하게 하면 못 된 자는 출세할 길이 없게 된다. 여기에다가 음사(蔭仕)로 나가는 길마저 억제하게 되면 세가자제(世家子弟)의 기세가 꺾이고 의욕이 무너져서 자기 공부가 부족함을 한탄할 뿐, 달리 원망하지는 않을 것이다. 그것은 제도가 공정해서 사사로움이 없기 때문이다. 과거에 급제한 다음에 새로 개정된 관제가 재능과 행실로서만 벼슬을 주고 잘못된 제도들을 바로잡도록 되어 있다면, 세상의 습속이 이렇게 된 것을 당연하게 여기게 되어 도중에 막히거나 시행하는 데 어려움이 없을 것이다. 이것이 바로 잘못된 것을 바로잡는 실정(實政)이 아니겠는가고 하였다.[108]

위의 설명에 의한다면 문벌용인의 폐단을 없애 공정한 인사를 하려면 왕명(王命)과 같은 법의 위력(즉 法治)으로 할 것이 아니라, 과거제(科擧制)와 관제(官制)의 수명(修明), 재주와 행실이 돈독한 인재를 선발하는 제도의 개혁(즉 禮治)과 운영을 합리화하는 쪽으로 해야 하며, 그것이 자기 정치론의 목표인 실정(實政)임을 힘써 강조하고 있다.

이상이 조선 후기 정치상의 큰 폐단이었던 사인(士人) 또는 사림의 작폐를 학교를 통한 조사(造士)와 선보법(選補法)으로 해결하려 한 유수원의 개혁론이었다.

② 관제 문란과 6조정무체계(政務體系)

앞에서도 잠시 언급하였지만 유수원은 조선 후기가 당면한 모든 정

---

108 『우서』 권2, 「論學校選補之制」.

폐(政弊)의 원인을 나라를 세워 입법(立法)하던 초기에 정도전(鄭道傳)·조준(趙浚) 같은 담당자들의 식견 부족으로 구구하게 고려의 구습을 이어받고 당나라의 관제를 모방하여 치체(治體)와 정규(政規)를 마련한 데서 오게 된 강목(綱目)의 소활(疎闊)과 규제의 초략(草略)에 있다고 하였다.[109] 사민(四民)분업이나 부역(賦役)·생산·재화·병사 등 여러 부면에서 나타나는 정폐 가운데 나라를 병들게 한 근본은 관제(官制)문제였다. 그는 비변사를 논하는 글(「論備局」)에서

> 관제(官制)가 소활(疎闊)하고 어그러진데다가 고과(考課)에도 법도가 없어서 아침에 벼슬을 주었다가 저녁에 옮기니 마치 어린아이들의 놀이와 같다. 일찍이 연한(年限)으로서 그 실적을 살펴 승진시키거나 내쫓는 일이 없었기 때문에 이른바 명관(名官)이란 사람들도 하는 일 없이 말로써 꾸미는 것을 능사로 삼고, 속히 벼슬이 뛰어오르는 것만을 묘한 계책으로 삼으니 실로 나라를 병들게 하는 근본〔病國之根本〕이 되고 있다. 그러므로 각사(各司)의 일반 관리들이 더욱 이를 본받게 되어 한 나라 가운데 자기 직무에 마음 쓰는 사람이 거의 없다시피 되고 말았다.

고 하여 관제소략(官制疎略)과 고과무법(考課無法)이 관리의 복무기율을 무너뜨려 나라를 병들게 한다고 지적하였다.

고과는 관제운영과 관련되므로 다음에서 다루겠지만, 관제의 부실로 인한 정폐(政弊)에 관해서는 권력행사의 문제점으로부터 밝히고 있다. 그는 권력은 임금 아니면 재상이 행사하게 마련인데, 우리나라의 정치적 권력은 한때의 논의를 주도하는 주론자(主論者)의 손에서 나오

109 『우서』 권1, 「論本朝政弊」, 「論備局」.

는 기현상을 보인다면서, 그 근원을 따지면 관제가 밝지 못한 데〔官制不明〕 원인한 것이라고 하였다. 또 조선이 문과・무과・문음의 세 길로 관리를 뽑아 쓰고 있는데 관제가 불명함으로 인해 관직에 봉사하는 책임의식마저 뚜렷하지 못하여, 그 폐단이 온갖 일이 부실하게 되는 데 이른다면서 이를 개혁하지 못하면 참으로 좋은 정치는 이룰 수 없다고 하였다.[110]

이처럼 국초에 관제를 제정할 때부터 잘못된 방향이 권력이 엉뚱한 곳에서 나오게 하고 관리로서의 책임까지 소홀하게 하였다면서, 이로 인한 관제문란의 양상을 그 대표적 존재라고 할 비변사를 통해 다음과 같이 고발하였다.

비변사는 명종 때 일시적으로 변방의 일을 의논하기 위해 세웠는데 점점 그 기능이 확대되어 온 나라의 정사를 맡게 되었다. 따라서 의정부와 6조는 쓸모없는 기구가 되고 말았다. 또 3공(公)과 6판서 및 중신들로 구성된다 하여도 막상 회의 때는 병을 핑계하여 참석하지 않는 경우가 다반사이고, 참석한 한두 명의 당상들도 안건의 결정을 서로 미루기만 하여 한 해가 끝나도록 하나도 제대로 된 실정(實政)과 실사(實事)를 이루지를 못한다. 거기에다가 지방의 이민(吏民)들이 수령과 해당관청을 제쳐 놓고 비변사에 직접 호소하는 월소(越訴)의 폐단을 일으켜 나라의 체통이 무너지게 되었다. 이와 같은 비변사의 폐단으로 인해 "안으로는 6조가 그 본래의 해야 할 일을 잃게 되고 밖으로는 지방관들이 그 책임을 회피하게 되어 …… 나무꾼이라도 비변사에 자리잡을 수 있다는 말이 나올 정도가 되었다."면서 이러고서도 나라에 정치가 있다고 하겠느냐고 신랄히 비판하였다.[111] 한 마디로 비변사로 인

110 『우서』 권3, 「官制總論」.

해 의정부–6조로 구성되는 국가의 통치체제가 와해되어 체통이 무너지고 행정이 마비되어 국정이 혼란에 빠졌다는 것이다.

비변사의 폐단에 대한 이러한 지적은 『우서』를 읽어 본 영조로 하여금 빼어나게 뛰어난 견해라고 찬탄받을 정도[112]로 조야(朝野)의 공감을 얻었다.

이 외에도 관제문란의 양상과 관련해 유수원은 비슷한 직무를 지닌 기관이 중첩해서 난립해 있고, 따라서 쓸데없는 용관(冗官)으로 인해 국록(國祿)의 소모가 많다는 점을 거론했다. 기관 중첩으로 인한 용관의 예를 그는 문예직(文藝職)에서 제시한다. 문예를 관장하는 홍문관을 두고서도 실록편찬 명목으로 춘추관을 두고 또 유품(流品)을 구별하는 분관(分館)을 위해 예문관・승문원・교서관을 두어 용관을 만들어 내었다는 것이다. 또 성균관 같은 곳은 대사성 한 사람만 사유(師儒)로 두어도 충분한데, 지사(知事)・동지사・사성(司成) 이하 학유(學諭)의 무리에 이르기까지 수십 명에 달해 인원수가 너무 많으며, 돈녕부(敦寧府)・의빈부(儀賓府)・장례원(掌隷院)・군자시(軍資寺)・군기시(軍器寺) 등은 맡은 직사가 별로 없고 6조에서 충분히 수행할 수 있는데도 관청을 설치해 관원을 둠으로써 국록(國祿)을 축낸다고 하였다.[113]

그런가 하면 예컨대 왕실의 물품을 관장하는 사옹원(司饔院) 같은 곳은 맡은 일이 중요하므로 정관(正官)을 두어야 하는데도 제조(提調)를 두어 겸임하게 하는 데서 보듯이 정작 필요한 직책과 인원은 없는 곳도 있다고 하였다.

---

111 『우서』 권1, 「論備局」.

112 『승정원일기』 861책, 영조 13년 10월 28일 壬子, 上於熙政堂 大臣備局堂上引見時.

113 『우서』 권7, 「論各司派支公費」.

특히 유수원은 관제불명으로 인한 관제의 혼란상에 대해서, 문무관의 직책 구별이 분명치 않아 아침에는 판서로 있다가 저녁에는 사직(司直)이 되고 아침에 임금을 모시는 유신(儒臣)이었다가 오후에는 장군·교위가 되며, 삼사의 언관직으로 말하면 아침에 3품직을 받았다가 저녁에 6품직으로 떨어지는 웃지 못할 일이 벌어져도 사람들이 예사롭게 여기는 관제무상(官制無常)의 상황이 벌어진다고 하였다. 그리고 관직은 국가가 신민(臣民)을 거느리는 도구인데도 상(賞)으로 벼슬을 내리고 본인의 자급(資級)이 찼다 하여 아들·사위·동생·조카에게 넘기는 대가(代加)의 제도가 남발되다 보니 나라 안이 온통 문관6품의 낭계(郎階)와 무관의 품계로 가득 차게 되어 진흙처럼 천하게 여기게 되었다고 통론(痛論)하였다.[114]

관제의 문란으로 인한 폐단으로서 유수원이 가장 통렬하게 비판한 것은 삼사(三司)와 이조(吏曹)가 연결되어 일으킨 청의(淸議)·주론(主論)·물의(物議)·공론(公論), 그리고 통청(通淸)·사천(史薦) 등으로 말해지는 부론(浮論)과 인물 평판이 정치를 좌우하는 현상이었다. 이들 기관들은 서로 한통속이 되어 언론을 통해 이른바 공론을 조성하고 물의(物議)에 빙자하여 인사권을 휘두르며 관료의 진퇴를 마음대로 하였다. 그 배후에는 문벌과 붕당의 이해가 도사리고 있다. 이런 정치풍토 아래 나라의 통치나 민생의 고초를 도모하는 실사·실정이 이루어질 수 없다는 것이 유수원의 판단이었다.[115] 이런 폐단은 국초부터 있었던 것이

114 『우서』 권3, 「官制總論」.

115 유수원은 『우서』 권4의 「論主論之弊」에서 이런 浮論과 評判에 의한 정국운영으로 병든 국가를 人身에 비유하여 설명하였다. 즉 朝廷은 腹心이며 정신이고, 四方은 몸뚱이이며 혈맥과 같은데 복심이 병들고 정신이 어지러우면 肢節과 혈액을 움직이지 못하고 유통시키지 못하는 것과 마찬가지로, 조정이 온통 浮論으로 들떠 있는데 吏治·民隱·考課·兵農·刑獄·簿書·金穀 같은 나라에 필요한 실무가 제대로 수행될 리 없다고

아니라 300여 년 간 나라를 운영해 오면서 편의상 생겨난 관행(慣行)이 쌓이면서 나타난 결과였다. 특히 당장의 성과와 행정상의 원활을 도모한다는 명목으로 택인(擇人) 방식에 의한 사람 위주의 국정운영이 이러한 부론(浮論)과 평판의 성행을 가져왔다고 유수원은 진단하였다. 따라서 그것은 제도로써 개혁되어야 하였다.

그가 주론의 폐단을 바로잡는 방법으로서 자신이 주장한 바의 관제이정(釐正)이 이루어진다면 "주론(主論)의 권한이 빼앗지 않아도 스스로 없어질 것이며 주론의 명목도 없애려 하지 않아도 스스로 혁파될 것이다."[116]라고 한 것이 단적으로 이를 증명해 주고 있다. 여기서 그가 말하는 관제이정이란 물론 아래에서 보는 바와 같은 삼사의 분리와 고유 임무에 충실하도록 하는 제도의 이정이란 면도 있지만 다음 절에서 논하게 될 관제의 운영과 관련된 서승(序陞)·고적(考績)의 방식을 의미한다. 이 점은 뒤에서 다시 살피겠다.

관제문란의 양상을 이렇게 통절히 고발한 위에서 유수원은 자신의 관제개혁에 관한 의견을 제시한다. 그것은 당연히 문란을 가져온 문제점에 대한 제거에서 출발하였다. 그 첫 번째가 정폐를 불러온 가장 큰 요인인 비변사의 폐지였다. 이를 통해 조선 전기와 같은 의정부–6조로 국정운영방식을 복구한다는 것인데 이 문제는 조금 뒤에 다시 논하기로 한다.

다음은 중첩된 기능을 가졌거나 용관(冗官)을 포용하고 있는 불요불급한 관청을 혁파하거나 통합하는 안이다. 그는 홍문관을 남겨 두고 나머지 예문관·춘추관·승문원·교서관 같은 문한직(文翰職)을 일체 혁파하

극론하였다.

116 『우서』 권4, 「論主論之弊」.

고, 충훈부 · 돈녕부 · 의빈부 · 장예원 · 전의감 · 혜민서 · 의금부 같은 기구도 각조에서 실무자가 처리할 수 있다 하여 그 대상에 포함시켰다. 여기에는 선혜청도 포함된다. 선혜청은 대동미 관리를 위해 설치되었는데 1년 재정만으로 50~60만 석에 달하여 15만 석 정도인 호조를 압도하였다. 또 왕실과 관청이 필요한 물품에 공가(貢價)를 관리하여서 관청의 위상도 높았다. 그런 만큼 선혜청의 실무를 맡은 선혜청 낭관은 명예를 얻기 쉬운 요직이어서 세력가의 청탁이 끊이지 않았다. 유수원은 호조의 사무가 번다하여 감당하기 어려울 것이라는 우려에도 불구하고 중국은 호부가 천하의 전곡(錢穀) 사무를 다 감당한다는 예를 들어 선혜청을 폐지하고 그 사무를 호조에 귀속시켜야 한다고 하였다.[117]

관청의 통폐합과 함께 그는 관원의 축소도 구상하였다. 그 첫 번째가 제조직(提調職)의 혁파였다. 대신이 국사를 총괄한다는 인식에서 『경국대전』 이래 당상관 이상의 정관(正官)이 없는 중앙관직에 대신이 제조를 겸하게 했는데, 전문성을 높이기 위해 역시 폐지해야 하며 한성부처럼 수십 명의 관원을 가진 관청도 필요한 인원 외의 정원을 감축해야 한다고 했다. 조선이 영토는 넓지 않은데 군현이 너무 많고, 또 호구 · 전결에 기준하지 않고 주(州) · 목(牧) · 군(郡) · 현(縣)을 편성한 모순을 시정하기 위해 군현을 새로 통폐합해야 한다는 주장은 종전부터 있어 왔고 유형원(柳馨遠)이 『반계수록(磻溪隨錄)』에서 이를 체계적으로 논하였지만 유수원 역시 마찬가지의 주장을 폈던 것이다.

이 외에도 유수원은 특히 홍문관과 사헌부 · 사간원 등 3사(司)에 대하여 개혁을 역설하였다. 홍문관의 언관활동을 없애고 시종직(侍從職)으로서 임금의 문한(文翰)을 보도하는 일에만 집중하게 하고 사헌부 역

---

117 『우서』 권3, 「論官制之弊」.

시 언책(言責)이 그 주된 임무이기는 하나 감찰기능을 더 강화하여 관리의 기강을 바로잡게 해야 한다고 하였다.[118] 유수원은 모든 행정업무에 반드시 근거 서류를 작성하도록 하였다. 관리에 대한 고적(考績)에 대비해 문서로 결과를 남기는 것이다. 이를 중앙은 행사역부(行事曆簿), 지방은 장력(長曆)[119]이라고 한다. 중앙의 이(吏)·병조(兵曹)와 지방의 감영에 보관하는 역부의 사실 여부를 감사하고 평가하는 것이 사헌부 관리가 할 임무라고 하였다. 왕에 대한 간쟁을 맡은 사간원의 경우 그 임무의 수행을 위해 원래 6부의 문서를 모두 감찰하도록 되어 있었다. 명나라의 6과급사중(六科給事中) 같은 관직이 그 예인데 사간원이 언책(言責)뿐 아니라 6조의 공문서에 대한 감찰의 기능을 강화해야 한다고 하였다.[120]

지방관제에 대해서도 유수원은 개혁할 필요가 있다고 보았다. 관찰사의 권한을 강화하기 위해 공식적인 관청으로서 관찰사사(觀察使司)를 두고 그 밑에 정3품의 정관 2명을 두어 각기 전량(錢粮)과 형명(刑名)을 주관하게 한다는 것이다. 군사권을 쥐고 있는 병사의 경우는 거꾸로 그 권한을 줄여서 용병(用兵)의 기능만 갖게 한다고 하였다. 관찰사사의 설치는 『경국대전』에 없는 새로운 관청이다. 새로운 관청의 설치에는 상당히 조심스럽던 유수원은 명나라의 지방제도로서 행정을 책임진 방백이 있는 포정사사(布政使司), 안찰(按察)과 감찰을 맡은 안찰사사(按察使

---

118 『우서』 권4, 「論兩司謬例」.

119 『우서』 권4, 「論考績事宜」.

120 『우서』 권5, 「論兩司合行職務事宜」. 그런데 『우서』 권3의 「論久任職官事例」에서는 "今以六曹言之 只有郎官 無巡視臺官 …… 今依中國六科之例 各設臺官幾員 着實查覈本曹公事如延拖不完等弊 一一督令勘斷 仍卽參劾."이라 하여 사헌부에서 6조로 보내는 것으로 말하고 있다.

司), 절도사가 군무(軍務)를 맡는 도지휘사(都指揮使)의 삼사분치(三司分治)체제[121]에 영향을 받았던 것으로 보인다.

이제 앞에서 미루어 놓았던 비변사의 폐지와 의정부—6조제로의 복귀문제를 검토해 보기로 한다. 의정부—6조제로 복귀한다 해도 유수원은 의정부 대신의 서사법(敍事法)에는 찬성하지 않았다. 서사법이란 임금의 위임을 받아 삼공이 6경의 보고를 받아 국정을 논의하고 이를 계문(啓聞)하는 방식으로서 의정부 대신들이 사실상 국정을 주도한다. 따라서 그 행정체계는 왕—의정부—6조—6조속아문(六曹屬衙門)[122]으로 파악된다.

유수원은 대신의 직임은 도의(道義)로서 임금을 보좌하는 데 불과할 뿐이며 만약 서사하게 되면 삼공이 자신의 격을 낮추어 일반관리들이 해야 할 임무를 몸소 다루는 것으로 체모를 잃는다고 하였다.[123] 삼공은 왕을 보필하는 자일 뿐 정사를 담당하는 행정을 맡아서는 안 된다고 단언하고 있는 것이다. 그 대신 일반정무는 6조가 총괄해야 한다는 6조정무체계(政務體系)를 주장한다.

> 한 나라의 일이 아무리 천 가지 만 가지라 하여도 그 강령(綱領)을 총괄하는 것으로 말하면 대개 6경(卿)의 할 일에서 벗어나지 않는다. 이로써 본다면 6경에 올바른 사람을 얻으면 나라에 잘 되지 않는 정사(政事)가 없는 것이요, 그렇지 못하면 서정(庶政)이 퇴폐해지고 정치가 문란해져서 좋은 다스림을 가져올 리가 만무하다. 그런데도 오늘날 6경을 보기를 어

---

121 張顯淸(2003), 제4장 제3절.

122 한충희(2005), 185면.

123 『우서』 권3, 「論官制之弊」.

떻게 하는가…… 이름하여 6경이라면서도 그 지위와 명예가 이처럼 가벼우니 어찌 소위 실정(實政)을 가져올 수 있겠는가. 관제를 설치하고 직무를 나누는 뜻으로 보자면 경중이 뒤바뀌고 급하고 천천히 할 것이 그 마땅함을 잃은 것으로…… 한갓 문예와 부화(浮華)한 자리만 높이고, 이치(吏治)·병제(兵制)·형옥(刑獄)·이권(利權) 등 국가에 필요한 실사(實事)를 중하게 여기지 않은 탓이다.[124]

누차 말하지만 유수원 제도개혁론의 근거와 모델은 『주례(周禮)』의 육관(六官)이었다. 그런 만큼 한대(漢代) 이후에 제도화된 삼공육경제(三公六卿制)보다는 왕—6관(官)—서정(庶政)으로 된 정무처리체계를 취하려 함은 당연하다. 그러나 현실은 6경을 가볍게 봄으로 국가경영과 민생안정에 필요한 실사는 뒷전에 밀려 있다. 그 이유를 유수원은 문예와 부화한 관직만 숭상하는 당시의 정치풍토 탓으로 돌렸다. 문예와 부화한 관직이란 앞에서 본 예로 말한다면 홍문관을 비롯한 문한직과 양사(兩司)의 언관직을 가리킨다.

그들은 공론에 가탁하여 청의(淸議)를 내세우며 국론을 좌우하고 인사권을 농단하는 존재라고 유수원은 파악하고 있었다. 따라서 6조 중심의 정무체계를 수립하자는 유수원의 주장은, 다른 한편으로는 실정에 도움이 되지 않는 문한(文翰)과 부론(浮論)을 정치에서 배제한다는 의미를 지니기도 한다. 6조 중심의 정무체계 수립을 위해 유수원은 경관직(京官職) 안에 있는 관상감이나 사복시, 혜민서 같은 소각사(小各司)를 모두 혁파하고 그 임무를 6조에 귀속시키되 6조의 낭관수(郎官數)를 늘려 처리하게 할 것을 제안하였다.[125]

---

124 『우서』 권3, 「論官制之弊」.

그런데 6조에서 정무를 처결한다 해도 하나의 장애가 있었다. 경연(經筵)에 참여하는 관료들은 연석(筵席)에서 모두 그 품은 생각을 아뢸 수가 있다. 따라서 오늘 한 관리를 쫓아내면 다음날 그를 변호하는 말이 나오는 데서 보듯이 결정된 일〔事目〕들이 아침에 바뀌고 저녁에 변하는 일이 허다하였다. 6조가 아무리 사무를 처리했다고는 해도 연신(筵臣)의 한 마디로 뒤집어져 버린다면 6조의 정무장악이란 공염불에 불과하다. 이런 문제점에 대해 유수원은 경연에 참여하는 관료들이, 예컨대 이(吏)·병조(兵曹)는 고만(考滿)이나 고찰(考察) 등의 일을, 언관은 탄핵할 일을 몇 조항으로 작성하는 것처럼 사전에 임금께 아뢸 내용을 응계격령(應啓格令)에 따라 작성해서 아뢰게 해야 한다고 하였다. 자신의 소관사무 이외의 사항에 대해 말하려면 먼저 그 내용을 차자(箚子) 형식으로 승정원에 등록하고 난 뒤에 임금께 아뢰게 하여 쓸데없이 참견하는 폐단을 격식(格式)에 의해 방지하도록 한 것이다.[126] 이것은 특히 경연에 시강관(侍講官)·시독관(侍讀官)·참찬관(參贊官) 등의 명목으로 참여한 연소한 유신(儒臣)들이 공론에 가탁해 정사에 간섭하고 언관을 움직여 시비논란을 부르는 작태를 억제하려는 의도였다고 생각된다.

다시 말하지만 유수원 관제개혁안의 초점은 국정운영을, 부화(浮華)한 명분이나 당론적 이해와 결탁한 삼사·문한직(文翰職)에 포진한 연소 사류의 청의(淸議)·사론(士論)에 의해 표류하는 것으로부터, 행정과 실무 중심으로 방향을 전환시키는 것이었으며 이를 6조정무체계의 수립을 통해 달성할 수 있다고 보는 것이었다.

이처럼 6조 중심의 정무체계를 확립하려면 무엇보다도 6조의 직제

---

125 위와 같음.

126 『우서』 권5, 「官制雜論」.

에 대한 이정(釐正)이 있어야 하였다. 그러나 이에 대해 그는 역대 왕조의 6부관제에서 각각 소관사항을 적절히 뽑아내고 각조의 삼당상(三堂上)과 요속(僚屬)들이 담당해야 할 직무를 일일이 바로잡아 제도를 갖추는 일이 필요하다고는[127] 하면서도, 막상 그 구체적인 방안은 말을 아끼고 제시하지 않았다. 따라서 6조정무체계(政務體系)라고 했을 때 얼른 떠오르는 6조직계제(直啓制)와 어떻게 다른가 하는 점은 당장 비교하기가 어려웠다. 6조직계제라면 국왕 중심의 통치체제로서 강한 전제성(專制性)을 지닌다고 말해진다. 과연 유수원은 여기에 대해 어떤 생각을 갖고 있었을까. 정치체제나 형태와 관련되는 이 문제는 그가 지향한 치술(治術)의 방식 즉 인치(人治)·예치(禮治)·법치(法治)의 문제와 관련하여 뒤에서 다시 음미해 볼 것이다.

이상에서 유수원이 구상한 관제개혁안의 대강을 검토하였다. 그것은 비변사의 혁파를 통한 의정부–6조체제로의 환원에서부터 아래로 관찰사사(觀察使司)의 설치에 이르는 넓은 범위에 걸쳐 개혁의 손길이 미친 것이었다. 그러나 그의 관제개혁론은 기존(旣存) 관제의 모순과 폐단을 밝혀내고 지적함에 있어서는 정곡을 찌르고 적절하였으나, 그 대안으로 제시한 관제개혁의 실상은 그만큼 분명하지 못하였다. 홍문관을 제외한 문한직의 혁파와 충훈부에서 비롯되는 예우직(禮遇職)의 철폐로 관료기구를 간소화한다는 의도는 드러났으나, 6조 기능을 강화한다면서도 막상 6조에 예속되는 백사(百司, 즉 屬衙門制)의 모습은 별로 언급되지 않았다.[128] 『주례(周禮)』를 이상으로 보고 명의 관제를 본받아

---

127 위와 같음.

128 이 점은 유형원의 관제개혁안과는 차이가 있다. 반계 역시 문한직의 혁파 등 관료제의 간소화를 주장하면서, 6조와 그 屬衙門의 관계에 대해 상세히 언급하였다(천관우, 1979, 308~309면).

야 할 대상이라 하면서 국초 이래 성립해 온 『경국대전』 체제를 비판하면서도, 통치조직을 근본적으로 재편성하는 관제개혁의 구상은 보이지 않아, 결국 『경국대전』 체제에 대한 수정과 보완이라는 선 안에서 모색된 개혁안이라는 생각을 놓칠 수 없다. 그러나 제도개혁에서 느끼는 이런 아쉬움은 제도운영에 관한 그의 비판적 안목과 서승고적법(序陞考績法)이라는 탁견을 검토하게 되면 가라앉게 된다. 그의 주된 관심은 새로운 국가를 꿈꾸는 문물제도의 설계가 아니라 조선왕조의 테두리 내에서 300여 년을 운영해 오는 데서 생긴 잘못된 관행과 규례를 바로잡으려는 제도의 운영에 집중되어 있었다. 그 관행과 유례(謬例)의 대표적인 요소가 문벌용인(門閥用人)과 부론(浮論)의 유습(謬習)이었다. 뒤를 이어 이를 검토하고자 한다.

③ 문벌·부론(浮論)의 폐단과 서승고적법

국가가 관료제를 운영하는 데 필요한 기본적인 요소는 제도의 편성과 함께 그 제도를 운용하는 인적 구성에 있다고 할 수 있다. 그중 인적 구성의 원칙으로는 관인(官人)을 어떻게 적재적소에 배치하여 그 능력을 발휘하게 하느냐 하는 용인(用人)문제가 거론된다. 유수원 역시 그의 관제개혁안 속에서 이 용인문제를 큰 비중으로 다루었다.[129]

용인의 원리와 관련해 유수원은 중국 송대의 학자 소식(蘇軾)의 말을 빌려 두 가지 방식을 제시한다. 하나는 사람의 현불초(賢不肖)와 능력을 분별하는 방식이며, 다른 하나는 규식(規式)에 의하는 것이다. 그런데

129 『우서』에서 用人을 논한 글은 20개 항목 전반에 걸치지만 그중에서도 직접 관련된 항목만으로는 권3의 「論責任陞降條例」, 「論選注職官事例」, 「論久任職官事例」, 권4의 「論考績事宜」, 「論主論之弊」, 「論官制年格得失」, 「論物議」 등을 들 수 있다.

현불초를 구별하는 것은 사람을 알아보는 명찰(明察, 知人之明)이 있어야 한다. 도학(道學)은 배우면 알 수 있고 덕성(德性)도 노력하면 갖출 수 있으나 오직 사람을 알아보는 눈은 하늘이 내린 자품(資稟)을 타고나야 가능하다. 그래서 제갈량(諸葛亮) 같은 현인도 사람을 알아보지 못해 실패한 적이 있다. 이처럼 사람을 알아보는 명찰을 갖추기 어렵다면 기왕에 정하여진 규식(規式)을 따라 준수하면서 허물이 적기를 바라는 수밖에 없다.[130]

유수원은 조선 후기 국가의 용인(用人)방식이 위의 어느 한 쪽도 분명하게 취하지는 못했다고 보았다. 그러나 올바른 재상을 얻게 되면 좋은 이조판서를 불러올 것이고 그 판서에 의해 좋은 감사와 수령이 뽑혀 정치가 잘될 것이라는 득인론(得人論)이 말해지고 있는 것을 보면 전자의 방식에 따르고 있는 것 같기는 하다면서도 이를 가로막는 가장 큰 장애가 문벌과 청의(淸議)·주론(主論) 등으로 말해지는 부론(浮論)에 있다고 하였다.

그는 자신의 '기한이 차면 벼슬을 올려 주고 평가결과에 따라 출척(黜陟)'하는 서승고적(序陞考績) 방식을 변호한 「논관제연격득실(論官制年格得失)」에서 "우리나라에서 숭상하는 것은 문벌이다. 어떻게 하다 벌열가(閥閱家)에서 태어나 요행으로 과거에 붙으면 그 사람 됨됨이는 따지지도 않고 한림(翰林)이나 주서(注書)에 천거되고, 그러다가 6품에 오르면 삼사나 전랑이 된다. 이처럼 사람 그 자체는 하나도 나은 점이 없어도 앞길이 훤히 트이게 된다."[131]고 하여 벼슬을 주는 것이 문벌에 의해 좌우되는 현실을 고발하였다. 문벌은 달리 형세(形勢)로 표현되기

130 『우서』 권5, 「論官制年格得失」.

131 위와 같음.

도 한다. 형세란 고위직에 있는 부형(父兄)의 배경을 말한다. 유수원은 대신(大臣)이나 권재(權宰)의 아들이 생원·진사 칭호에 나이도 벼슬할 만해지면 형세를 보아 이조(吏曹)에서 거두어 쓸 수밖에 없어 청요직(淸要職)은 물론이고 감사나 부읍(富邑)의 수령까지 차지하게 되며, 공론(公論)으로서도 형세를 막을 적수가 되지 못해 형세 두 글자가 문득 지켜야 할 하나의 의리(義理)가 되다시피 하여 세상에서는 형세만한 것이 없다고 말할 정도라고 그 폐단[132]을 상세히 논하였다.

국가의 정당한 용인(用人)을 가로막는 장애로는 문벌 말고도 여론에 가탁한 부론(浮論)이 있다고 하였다. 문벌에 대한 언급에 이어서 그는

> 이처럼 모든 관직이나 일이 하나도 실제적인 것은 없어 그저 헛된 이름만 세워 두었을 뿐이다. 그래서 관직을 올리거나 내리며 주고 뺏는 인사관계가 정사(政事)를 제대로 수행했느냐로 말미암지 않고, 단지 세상 사람들의 혀끝〔時人之舌尖〕에 따라 하늘까지 뛰어오르기도 하고 땅속으로 꺼지기도 한다. 이처럼 사람을 쓰는 원칙에 일정한 기준이 없으니 저 당론이 횡행하고 엽관(獵官)운동이 끝이 없는 것도 조금도 이상할 것이 없다.

고 신랄하게 비판하였다. 혀끝에 따라 벼슬이 오르고 내린다는 것은 이른바 공의(公議)·청론(淸論)을 표방한 부론(浮論)을 말한다.

위의 말에 이어서 유수원은, 여러 사람의 눈을 거쳐 나온 공의(公議)에 따라 현불초(賢不肖)를 따져 용사(用舍)하면 좋지 않으냐는 의견도 나올 수 있으나, 이른바 공의라는 것을 반드시 공정하다고 할 수 있느냐고 의문을 표하면서 "천하에 국가를 위한다면서 관리로서의 실적을 따

---

132 『우서』 권5, 「論物議」.

지지도 않고 오로지 아무런 증거 없는 부론에만 의지해서 인사문제를 처리하는 일이 있을 수 있겠는가." 한 것에서 혀끝이 부론임을 확인할 수 있다.[133]

이상에서 보듯이 유수원은 조선 후기 관제의 정상적인 운용을 가로막는 용인(用人)의 폐단으로서 문벌과 부론을 손꼽고 있는 것이다.

유수원은 『우서』에서 문벌의 의미를 두 가지 경우로 나누어 사용한다. 하나는 고려시대의 사족(士族)신분이란 의미이고 다른 하나는 조선 중기 인조 이후 정계에 대두하여 조선 후기의 정국을 주도하던 거가세족(巨家世族)을 말한다. 첫 번째와 관련해 유수원은 고려에서 중국과 같은 문물을 속히 이루고자 사인(士人)을 우대하고 잡기(雜技)라든가 공상(工商)을 금고(禁錮)하다 보니 문예와 예의를 아는 자를 사족으로 삼을 수밖에 없게 되어 사민(四民)의 본뜻을 잃어버려서 자연히 문벌이 형성되었다고 했다.[134]

조선에 들어와서도 국초 입법자들의 식견이 부족해 사민을 분별하지 못하고 여제(麗制)를 그대로 인습해 문벌을 숭상함으로써 사(士)와 농·공·상이 신분적으로 완전히 갈라서게 되었다고 하였다. 그래서 양반은 굶어 죽더라도 생업에 종사하려 하지 않으며 상민(常民)은 자신의 본업에 뜻이 없이 틈만 나면 신분상승을 꾀한다는 것이다. 여기서 말하는 문벌은 우리가 일반적으로 사용하는 의미와는 조금 다르게 사족신분을 말하고 있다.[135]

일반적으로 문벌이라 하면 지배신분 내에서도 권력과 특권을 지니

133 『우서』 권5, 「論官制年格得失」.

134 『우서』 권1, 「論麗制」.

135 그래서 한영우 교수는 門閥을 곧 兩班으로 등치시켜 이해하였다.

고 있는 특수한 세력을 의미한다고 이해된다. 이런 뜻으로 유수원이 문벌로 지칭한 세력은 17세기 초의 인조반정 이후 대두한 세가대족(世家大族)이었다.[136] 인조반정 후 변란이 잇달아 발생하면서 반정(反正)공신을 중심으로 한 권력집단은 자신들을 왕실과 국가를 지키는 마치 봉건제(封建制)하의 번병(藩屛)과 같은 존재로 자임하였다. 그런 만큼 관직을 세습하여 부귀를 누리는 특권을 가진다는 것이다. 여기서 그들은 자신들의 세가대족으로서의 지위를 정당화하기 위해 재야의 사림을 끌어들여 언론권을 맡기고 이를 다시 자신들의 보호막으로 활용하였으며, 이러는 과정에서 권력자와 결탁해 조정의 언론을 좌우하는 주론의 폐습과 인사권을 독점하는 용인(用人)의 폐단이 오게 되어 국왕 중심의 삼공육경(三公六卿)에 의한 관료제 운영이 뒷전으로 밀리며 국체치규(國體治規)가 추락해 버리는 현상이 만연했다는 것이다.[137]

문벌용인(門閥用人)에 대한 유수원의 비판은 자못 통렬하다. 그는 재상이라는 이름만 얻게 되면 그 자식이 흙덩이처럼 고루해도 좋은 벼슬을 하며 한 할아비의 손자라도 아비의 벼슬에 따라 청환(淸宦)의 길이 열리기도 하고 막히기도 하며, 같은 형제라도 전실(前室)·후실(後室)의 친정집안 문지(門地)에 따라 출세가 달라지기도 한다. 심지어는 처가(妻家)의 문벌에 따라 같은 동기간에도 행세(行勢)에 현격한 차이가 나는 고금천하에 일찍이 없던 일이 벌어지고 있다고 탄식하였다.

문벌용인의 실제적인 예로서 유수원은 당시 민생을 위한 가장 좋은

136 『우서』 권2, 「論門閥之弊」.

137 『우서』 권2, 「論門閥之弊」, 「論救門閥之弊」; 권4, 「論主論之弊」, "然國家大體 不當如此 凡百國政 人主當與老成卿宰爲之 非有新進後生所可得以攙越干預者 而主論之勢旣成 一時年少竝皆趍風 淸路陞黜 出於其手 宰相則多是老衰無力之人 …… 反爲所使 銓官望輕 亦不免低首廳令 國體治規 於是乎墜落壞敗 無復餘地."

대책이라 말해지던 택수령(擇守令)과 관련해 다음과 같이 말한다.

택수령을 하자는 말은 가소로울 뿐이다. 재상과 명가의 족속으로 벼슬 못한 사람이 어디 있겠는가. 처음 벼슬자리가 나면 청탁하기를 아무개 대감 자제가 한 자리 벼슬을 감당 못하겠는가 한다. 이에 이조판서가 좋다는 정목(政目)을 내면 다른 사람들도 훌륭한 인재라고 하며, 6품에 이르면 또 부탁하기를 고을 하나쯤 맡기면 어떤가 했을 때 판서가 어찌 거절할 수 있으랴 …… 이런 수령일수록 탐학방종(貪虐放縱)하기 이를 데 없는데도 감사(監司)는 귀를 막고 근무성적이 우수하다고 올리고 어사(御史)는 못 본 체하면서 칭찬하는 계사를 올리게 된다. 아! 전관(銓官)이 모두 사정(私情)을 따르는 사람이 아니련만 정규(政規)가 이 같으니 어쩔 수 없는 일이다.[138]

관직의 임용과 승천이 고과(考課)와 고적(考績)의 정규(定規)대로 되지 못하고 오로지 문벌에 의해 이루어지는 현상을 적절히 드러내고 있다.

조선 후기에 문벌용인의 폐단은 성호 이익과 같은 실학자는 물론 정권에 참여해 있는 노·소론의 당국자 입에서도 나왔다. 심지어 숙종과 영조는 하늘이 인재를 낼 때 어찌 기환지가(綺紈之家)에만 국한시켰겠는가 하여 이(吏)·병조(兵曹)의 정주(政注) 때마다 문벌에 관계없는 능력 위주의 등용을 촉구하기도 했다. 따라서 문벌용인의 폐단은 당시의 시무(時務)에 뜻을 둔 인사라면 누구나 거론했던 일반론이었다. 그러므로 유수원의 문벌폐(門閥弊)에 대한 비판을 그만의 창견(創見)이라고는 할 수 없다. 그러나 문벌용인의 폐단을 아래에서 언급할 물론(物論)이나 청

138 『우서』 권4, 「論門閥之弊」.

의 같은 공론에 가탁한 부론(浮論)과 관련지어 망국(亡國)의 요인으로 통척(痛斥)하며 그 구폐책(救弊策)으로서 사민분업(四民分業)과 효율적인 관료제 운영을 위해 관제서승법(官制序陞法)·고과법(考課法)을 체계적으로 제시한 견해는 유수원 이외에는 찾아보기 힘들다.[139] 그만큼 독보적인 견해였고 조정의 관심을 불러일으켰으며, 영조는 그 방식을 받아들여 영조 17년의 '이조전랑통청권(吏曹銓郎通淸權)'의 철폐와 '한림회천법(翰林回薦法)'의 개혁을 단행하였던 것이다.

유수원은 조선의 현실에서 바람직한 정치형태는 국왕의 군림하에 6조 중심의 능률적인 관료제라고 생각하였다. 여기에 비추어 본다면 문벌양반이 독점한 청요직(淸要職)에 의한 소위 공론정치 또는 사림정치는 청산되어야 할 사적(私的) 영역으로서의 정치형태였다.

그가 사민(四民)의 직업별 구분을 강조하고 양반사족의 신분제에 대한 통렬한 비판을 가했던 것이 이러한 정치적 개혁론에서도 일관되게 드러난다고 하겠다.

다음으로 부론(浮論)의 문제이다. 부론이란 앞에서도 잠시 언급되었지만 벼슬하고 있는 특정 관인에 대한 근거 없는 소문과 뒷공론이란 뜻이다. 당시의 인사 관행은 이조(吏曹)에서 벼슬을 천거하기 이전에 해당 관인에 대한 동료나 세상의 평판을 먼저 참고하였다. 주로 언관을 통해 표출되는 이런 평판은 주론(主論)·물의(物議)·물론(物論)·사론(士論)·청의(淸議)·공론(公論)·여정(輿情) 등 다양하게 표현되었고 인물의 현(賢)·불초(不肖)와 사(邪)·정(正)을 변별하는 기준이 되어서 사실상 인

139 필자는 처음 考績에 관한 주장이 유수원에게만 보이는 독특한 견해라고 생각했으나, 안병직 교수의 教示로부터 다산 정약용에게서도 '考績議', '玉堂進考課條例箚子'와 『經世遺表』의 考績之法, 『牧民心書』의 「吏典」 考功 등 고적법에 관한 상세한 개혁안이 있음을 알게 되었다.

사행정을 좌우하였다. 그러나 유수원은 인물에 대한 이러한 평판이 객관적이고 공정성을 지니기보다는 대부분 사적인 이해와 당론의 영향을 받은 근거 없는 뒷공론이라 하여 부론이라고 단정하였다.

그중에서 주론(主論)은 주론자(主論者)가 조성하는 여론을 말하는데, 주론자는 젊은 선비 가운데 이른바 맑은 의론을 주장해 사림의 영수가 된 인물을 가리킨다. 이 주론은 본래 권신의 발호를 막기 위해 중종 때 조광조(趙光祖) 등이 청의(淸議)를 내세운 데서 비롯되었으며 그 뜻은 좋았으나, 이미 정국의 주도권을 대각(臺閣)으로 돌리는 잘못을 범한데다 점차 하나의 관습으로 굳어져 후일 당론을 불러일으키고 마침내 나라의 정치규모와 제도를 추락시키는 데까지 이르게 했다고 하였다.[140] 그런데 삼사의 언관들은 주론자의 뜻을 받아 여론을 조성하고 이를 바탕으로 정치를 좌우한다. 주론은 당론과 연결되어서 인사권을 쥐고 있는 이조와 병조의 낭관들까지도 그들의 지시를 받게 되어 관료인사를 좌지우지하고 있다는 것이다. 그래서 겉으로는 공의(公議)와 공론(公論)을 표방하지만 내막으로는 특정 당파나 문벌의 이해를 대변하고 있으며 국가의 실제적인 정사요 실사인 인사·경제·군사·형벌 그리고 백성의 고통〔民隱〕 등은 돌볼 겨를이 없다는 것이다.

당시의 일반관료들 사이에는 전조(銓曹)의 전횡을 막고 현사(賢邪)가 뒤섞여 벼슬에 나오는 폐단을 예방해 청명한 기상을 불어넣기 위해서는 후진이 영수가 되어 언의(言議)를 주장하고 시비를 분별하는 주론의 존재를 인정해야 한다는 생각도 없지는 않았겠지만, 유수원은

그중에 좀 낫다고 하는 자들은 공연히 앞장 서 말하기를, 이것이 청의

140 『우서』 권4, 「論主論之弊」.

(淸議)요 이것이 사론(士論)이다, 청의가 펼쳐지면 현사(賢邪)를 변별할 수가 있고 사론이 행해지면 세도가 청명해질 것이라 하면서 한 조각의 의리로 내세워 스스로의 몸을 편안히 할 보금자리로 삼으니 이 또한 가소로운 일이다. 이른바 청의니 사론이니 하는 제목이 유행한 지 이미 백여 년이 지났건만 그 사이에 과연 어떤 실사와 실정이 있었으며, 현사를 변별했다는 효험과 세도가 청명해졌다는 어떤 증거도 이처럼 깜깜하게 보이지 않는단 말인가. 이 같은 길을 밟으며 이런 잘못된 규례를 가지고서 실정을 이루려고 하는 것은 마치 동쪽에 있는 월(越)나라로 가려 하면서 수레는 북쪽으로 모는 것과 다름없는 일일 것이다.[141]

라고 하여 백 년 넘게 아무런 효험이 없었던 역사적 사례를 들어 단호히 거부하였다. 그의 이런 자세는 조광조 이후 시도되기는 했지만, 인조반정 후에 산림(山林)의 진출과 함께 본격화되었던, 명분에 토대한 청의나 공론 위주의 사림정치에 대한 불신과, 더 나아가 사림이 추구하는 정치적 이념과 가치에 대한 부정의 의미까지 내포하는 것이었다.

삼사의 언론을 주도하는 것을 주론이라 한다면 모든 관인들에 대한 품평과 논의를 물의(物議)[142]라고 한다. 유수원은 정치적 인물에 대한 평가와 진퇴가 이 물의에 의해서 좌우된다고 보면서 그 문제점을 비판했다. 물론 물의는 경우에 따라 공정한 것도 있다. 하지만 내막을 살펴보면 대부분 당론이나 이해관계 및 사사로운 원한과 관련 있다는 것이 그의 진단이었다.

---

141 『우서』 권4, 「論主論之弊」.

142 『우서』 권5, 「論物議」, "所謂物議者 卽輿人之誦也 輿訟固亦有公正者 亦或有誤謬者 然大抵私議論也 安有爲國而聽命於私議論之理."

유수원은 이런 물의가 인물의 진퇴를 결정하는 인사행정에 미치는 부정적인 영향에 대해 다음과 같이 신랄하게 비판하였다.

> 대체로 신하의 거취와 등용하고 안 하고는 일체 임금에게 달려 있다. 그러므로 불초한 자가 있으면 반드시 탄핵하고 죄상을 조사해서 임금의 처분을 기다리는 것이 옳다. 그런데 이른바 물의란 그렇지 않다. 연석(筵席)에서도 나타나지 않고 상소에서도 진술되지 않은 채 사사로이 사람을 논하여 출척하는 근거로 삼으니 분수를 벗어나서 의리를 어그러뜨림이 이보다 더한 것이 없다. 그럼에도 나라의 습속이 마치 이를 의리처럼 여기니 어찌 통탄스럽지 않은가⋯⋯ 이 물의란 것은 어느 곳에서 일어나고 누구에게서 나온 것인지도 모르는 가운데 조정에 떠돌아다니면서, 벼슬 주고 안 주고 하는 권한을 오로지하고 있는데 잡아낼 수도 없고 황홀하여 헤아리기조차 어렵다. 이는 매양 약간의 주론자(主論者) 입에서 나온 것에 불과한데도 붓 쫓기 좋아하는 무리들이 덩달아 떠들어대는 것이다. 자기가 좋아하는 자를 진출시키려면 물의가 허락한다 하고 미워하는 자를 쫓아내려면 물의가 배척한다고 한다. 은밀히 진퇴(進退)의 권한을 갖고서도 겉으로는 마음대로 하는 자취를 감춘다. 상신(相臣) 이하 누구라도 그들과 다툴 수 없으니 국정에 큰 해독이 됨을 어찌 말로 다할 수 있겠는가.[143]

유수원이 보기에 주론자의 은밀한 사견(私見)에 불과한 인물평이 물의가 되어 조정의 인물 진퇴를 좌우하는 현상은 단순한 인사행정의 문란을 넘어서 군주의 용사출척권(用捨黜陟權)을 위협하는 능상(凌上)의

---

143 『우서』 권2, 「論久任職官事例」.

풍조까지 지니는 것으로 인식되었던 것이다.

다음으로 부론(浮論)과 관련한 통청(通淸)이 있다. 대개 통청은 이조전랑(吏曹銓郞)이 행사하는 권한으로 청직이라는 삼사 언관직에 신진의 관료들을 천망(薦望)하는 것을 말한다. 중종·명종 연간부터 나타나기 시작하여 선조 초에 관행으로 정착되었고, 중간에 통청권을 폐지하자는 논의가 있기는 했으나 이때까지 존속하여 왔다. 이조전랑은 통청권을 통해 삼사의 언관들을 움직일 수가 있어서 사실상 언론권을 장악하는 존재였다. 정권을 대표하는 삼공육경(三公六卿)을 언론으로써 견제할 수 있는 이 이조전랑의 존재는 권신(權臣)의 출현이나 발호를 예방하는 기능을 하여서 유수원과 같은 시기에 살던 이중환(李重煥)은 이를 놓고 대소상유(大小相維)하고 상하상제(上下相制)하여 삼백 년에 이르도록 권간이 나올 수 없었고 신하의 힘이 강해져서 제어하기 어려운 일도 없게 하였다고 긍정적으로 평가하기도 하였다.[144] 그러나 유수원은 이 통청에 대해

> 오늘날 말하는 통청이라고 하는 것은 (그 직책에 얼만큼 성실하였느냐 하는 것은) 묻지 않고 단지 주론자의 입에서 나온 말을 가지고 통청의 계제를 삼으므로, 한번 입을 열고 붓을 드는 사이에 어질고 어리석음이 판가름되고 벼슬을 올리고 내리는 것이 구분된다. 실제의 일〔實事〕은 묻지 않고 오직 부론(浮論)만을 중하게 여김으로써 나라일이 실속이 없어지고 세도가 무너짐이 전적으로 여기서 나왔다. 이것이 모두 통청이라는 두 글자의 해독이라 아니할 수 없다. 반드시 이런 폐습을 쓸어낸 다음에야 바야흐로 실정을 이룰 수 있을 것이다. …… 관직이란 것은 전관(銓官)의 사

144 이중환, 『택리지』, 人心 條.

사로운 물건이 아니다. 전관이 어찌 마음대로 주고 빼앗을 수 있겠는가. 전관이 할 일은 출척에 있으니 출척이 바르면 벼슬길이 스스로 맑아질 것이다. 그런데 지금은 그렇지 않다. 전조(銓曹)가 애초에 출척함이 없이 단지 부론에 의지해서 어진 인물을 벼슬에 나오게 하고 불초한 자를 물리칠 수 있다고 생각하는가.

라고 하여 부론에 의지하는 통청은 나랏일을 실속 없는 데 빠지게 하고 세도를 망가뜨린다고 통절히 배척하였다.

유수원의 이러한 견해는 이중환(1690~1752)과는 상반된다. 같은 시기에 비슷한 연배(이중환이 4년 연상)로 살면서, 근기남인과 소론이라는 당색을 달리하면서도 현실에 대한 개혁을 주장한 실학자로 알려진 두 사람이 통청에 대해 이와 같이 상반된 입장을 취한 것은 흥미로운 사실이다. 조선 후기의 정치를 보는 두 사람의 정치관의 차이에서 유래했겠지만 여기서는 상세히 검토할 준비가 되어 있지 않고 또 그런 자리도 아니라고 본다. 다만 이중환이 영조의 탕평을 비판하면서 그 이전의 공론과 청의에 토대한 사림정치와 붕당정국을 긍정적으로 평가했다면, 유수원은 반대로 사림정치적 요소를 배척하며 서승고적법(序陞考績法)에 의거한 자신의 정치개혁으로 망국적 붕당 현상이 해소될 수 있을 것이라고 자신했다는 점만을 지적하겠다.

앞서 효종 초 김집(金集)을 영수로 한 산림이 나와서 격탁양청(激濁揚淸)을 표방해 김자점(金自點) 등의 공신세력을 탄핵하며 여론몰이를 한 적이 있었다. 조정은 청의(淸議)를 앞세운 삼사의 여론몰이 때문에 그러지 않아도 군주교체에 따르는 난국수습책을 효과적으로 수행할 수 없는 지경이었다. 이에 당시 경세론을 자부하며 우의정으로 새로 발탁된 김육(金堉)은 산당(山黨)이 주론자가 되어 벌인 이런 여론몰이를 크게 경계하면서, 국정의 운영은 언론이 아닌 시무를 맡은 대신(大臣)과 경재(卿宰)에 의하여야지 사공이 많아 배가 산에 오르는 잘못을 범해서는 안 된다고 강하게 주장하였다. 그 결과 김육과 김집이 정면충돌하여 함께 물러나는 이른바 국정운영을 둘러싼 산당(山黨)과 한당(漢黨)의 대결이 표면화하지만,[145] 유수원의 이러한 주론과 물의 및 통청에 대한 비판은 김육의 이런 견해를 내용적으로 계승한 것이었다고 할 수 있겠다.

이처럼 유수원은 공론·주론·물의·통청 같은 인조 이후 사림정치 운영에 기초가 되었던 관행들을 "국외자(局外者)의 사사로운 이야기를 주워 모아 근거 없이 만든 부론(浮論)"으로 단정하고 이를 방치한다면 위로는 임금의 위세가 떨어지고 아래로 당파를 이루게 될 것이라고 단언하면서 "용인(用人)하는 길은 반드시 규칙과 제도를 정하는 데 있으며 그런 뒤에라야 실정(實政)을 이룰 수 있고 부론(浮論)이 횡행하지 못한다."[146]고 하여 거기에 대한 대책으로서 자신의 서승고적제(序陞考績制)를 제시하였던 것이다.

서승법이란 과거에 급제한 사람에 대해 그 성적순에 따라 중앙관직과 지방관으로 보임하고 일정한 근무기간을 채운 뒤에 차례로 다음 관직으로 승진시키는 방식이다. 이것은 중국의 정년격(停年格)·순자격(循資格)[147]의 제도에서 유래하였다. 원래 조선왕조도 국초부터 관리의 복무연한을 정해 놓고 있었다. 경관(京官)의 경우 900일(6품 이상), 450일(7품 이하), 그리고 외관(外官)은 360일(감사), 1800일(수령)을 임기(仕滿 또

---

145 註24와 같음.

146 『우서』 권3, 「論官制推陞」.

147 停年格이란 北魏의 崔亮이 시행한 것으로 오로지 出仕한 일수를 헤아려 승진시키는 제도이고, 循資格이란 당나라 裵光庭이 資考를 살펴 관직에 임명하면서 만든 제도였다(한영국, 1981).

는 考滿이라 함)로 삼아 승천(陞遷)은 이 임기를 마쳐야 가능하였다. 그러나 중간에 정치기강이 해이해진데다가 위에서 보았듯이 문벌과 부론(浮論)이 작용하여 있으나 마나한 규정이 되고 말았다. 그래서 아침에 임명되었다가 저녁에 벼슬이 떨어지고 언관직에서는 3품에 있던 자가 6품직을 제수받으며 문벌자제는 음관으로 나온 지 몇 달 만에 부읍(富邑)의 수령으로 나가는 등 문란상을 보였던 것이다.

유수원은 이런 폐단을 막기 위해서는 반드시 3년의 정해진 임기를 채워야만 승진하도록 하는 고만서승법(考滿序陞法)을 구상하였다.[148] 만약 중간에 사고나 여러 가지 이유로 빠진 날짜는 복직 후 그만큼 더 근무하여 채워야 하였다.

그런데 유수원은 고만서승뿐 아니라 한 관청에 속하는 어떤 관직에 임명되면 오랫동안 그 관직에 근무하게 하는 구임법(久任法)의 실행도 주장하였다. 예컨대 과거에 갑과(甲科)로 급제한 3인은 모두 홍문관에 들어가 정자(正字)로 3년 간 복무하고 다시 수찬(修撰)으로 3년, 이어 교리(校理)·응교(應教) 순으로 차례로 승진해서 15년 만에 당상관인 부제학에 오를 수 있는 것과 같다.[149] 그 이후는 판서를 거쳐 대신으로까지 승진할 수가 있게 된다. 이러기 위해서는 적어도 15년은 홍문관 안에서 벼슬해야 한다. 이렇게 해야 하는 이유에 대하여 그는 "임금을 보좌하는 유신(儒臣)의 임무는 중요한데다 또한 전문적이어야 하기 때문"이라고 밝혔다. 유신으로서 해야 할 임무는 주서(注書) 및 실록편찬에 관여하는 사관(史官), 국가의 모든 문자를 짓는 일, 과거시험장의 시험관, 유생을 교육하는 직책, 큰 정사나 전례(典禮)의 회의에 참석하는 등 임금

---

148 『우서』 권3, 「論責任陞降條例」.

149 『승정원일기』 928책, 영조 17년 2월 8일 癸卯; 930책, 4월 22일 丙辰.

주변에서 문한(文翰)에 관한 모든 일이 다 포함된다고 보았다.[150] 이런 일은 오래 근무하면서 실무를 익혀야만 비로소 업무에 정통하게 되고 국정에 도움을 줄 수 있는 것이다.

유수원은 이런 용인법을 쓰게 되면 과거 성적순이란 객관적 기준에 의해 홍문관에 뽑혀 들어가므로 통청이나 물의 및 문벌의 형세가 개입할 여지가 없고, 또 들어가지 못한 자들도 자기 실력의 모자람을 탓할 뿐 불만이 없을 것이며, 큰 잘못이 없다면 3년마다 승진되므로 엽등(獵等)을 바라는 청촉(請囑)이나 부정도 사라질 것이라고 하였다. 따라서 한 관청에 오랫동안 재직〔久任〕하면서 상위관직으로 옮겨가는 마치 "물고기를 꿰 놓은 듯 구슬을 엮어 놓은 듯, 또는 기러기가 줄을 지어 나는 듯〔貫魚編珠雁行〕"[151]한 서승법은 문벌·부론이 개입할 여지를 원천적으로 봉쇄하는 제도라고 보았다. 거기에다가 위에서 언급했듯이 홍문관에 구임하는 과정에서 여러 가지 일들을 맡다 보니까 홍문관 직무에 관한 전문가가 될 수 있다고 하였다.

유수원 개혁론의 가장 큰 특징이라면 사민분별(四民分別)에서 보듯이 한 직종이나 직업의 전문가를 양성하는 것이었다. 이런 원칙이 관제운영에 적용되어 나타난 것이다. 그것은 전문(專門) 실무관료(實務官僚)의 확보에 목적을 둔 것이라고 본다.

다만 이런 서승은 당상관에 오르기까지이고 그 이후는 군주의 인사권에 속하기 때문에 미치지 않는다고 하였다.

다음 고적법은 한 관직의 복무연한을 3년으로 한 만큼 그 임기가 끝날 때 3년 간의 근무한 실적을 고찰하여 성적을 매기는 제도이다.

---

150 『우서』 권3, 「論責任陞降條例」.

151 『우서』 권3, 「論選注職官事例」.

원래 『경국대전』에 보면 관리에 대한 업무실적을 평가하는 포폄제(褒貶制)가 있었다. 중앙은 각사(各司)의 당상관이, 지방은 관찰사가 6월과 12월의 두 차례에 걸쳐 행하여 연말의 도목정사(都目政事)에 출척하는 자료로 삼게끔 하기 위해서였다. 그러나 포폄에 등급이 없는데다 벼슬에 나오지 않은 날도 그저 중고(中考)로 메기고 행례(行禮)에 참여하면 상고(上考)를 줄 정도로 유명무실해서 인사행정에 참고자료가 되지 못했다. 그 결과 문벌의 형세나 부론으로서 물의 같은 것이 인사행정에 횡행할 수밖에 없었던 것이다.[152]

유수원은 6개월이나 1년 가지고서는 실적을 평가하는 데 기간이 너무 짧다고 하여 이를 3년으로 할 것을 주장했다. 그리고 고과하는 방식도 경중각사(京中各司)의 경우는 각 관청마다 일종의 기관일기로서 '행사역부(行事曆簿)'를 비치해 두고 소속 관인의 근만(勤慢)과 업무수행 능력, 과오를 범했거나 죄벌을 받은 여부를 기록해 놓고 고적을 한 보고서인 고어(考語)를 해당 관청의 당상관이 작성해 '행사역부'와 함께 이·병조로 보낸다. 그러면 이·병조에서는 이를 '기록문책(記錄文冊)'에 옮겨 놓았다가 3년 만에 오는 고적 때 이·병조의 판서와 대사헌이 참석한 자리에서 함께 심사하고 다시 고어를 별도로 작성하며 보신(輔臣)이 이를 확정하여 계문(啓聞)하도록 하였다.

이런 고적법 역시 한 번으로 끝내는 것이 아니라 모든 관인이 구임하는 원칙에 따라 9년 동안 3번 고적한 것을 총평가하여 출척의 근거자료로 삼는다는 것이다. 이러한 과정에는 문벌의 형세나 청탁 등의 부정과 관인에 대한 뒷공론을 주워 모은 부론이 끼어들 소지가 전혀 없다. 고적법이라는 제도의 규칙으로 사람에 의한 부당한 간섭과 부정을

152 『우서』 권4, 「論考績事宜」.

방지하여 공정한 인사정책을 펼 수 있다는 것이다. 나아가 이런 고적법을 쓰게 되면 사람들마다 요행을 바라는 마음이 없어지고, 놀고먹으면서 벼슬 오르기를 꾀하지 않을 것이며 모두가 마음과 힘을 다해서 자기 직무에 충실하게 되면 용렬하고 무능한 자들 또한 부지런히 근무해 좋은 성적을 받고자 할 것이며, 따라서 간교한 무리들은 머리를 숙이고 기가 꺾이어 벼슬 뛰어오르기를 바라지 못할 것이라고 보았다.[153]

그리하여 위로는 공경에서부터 아래로 모든 관직에 근무하는 관리들에 이르기까지 비록 비상히 뛰어난 인재는 얻지 못한다 하더라도 맡은 임무를 소홀히 하는 자들도 없을 것이라고 하였다. 한 마디로 관직에 재직하는 관리의 능력을 최대한 발휘할 수 있게 한다는 것이다.

비변사의 폐단을 논하는 자리에서 유수원은 당시 관제운영의 난맥상을 "자루는 하나인데 잡으려는 자는 많고, 바가지는 하나인데 가지려는 사람은 여럿이다."는 비유를 들면서 이러고서야 아무리 현명하대도 그 재주를 다할 수 없고 못난 사람도 그 용렬함을 감추기 쉬워 어물어물 지낼 뿐 도무지 실사(實事)를 이루어 내지 못한다고 하였다. 그리고 무릇 모든 일이란 군사(軍事)를 맡은 사람은 군사 다스리는 데만, 재물 주관하는 자는 재물 주관하는 데만 힘써야 하듯이 한 사람이 한 가지 일만을 전적으로 맡아야지〔一人專管一事〕 그 능력에 따른 업적이 드러난다고 하면서 나라를 경영하는 길은 그 일에 딱 알맞은 인물을 기용해서 책임지어 힘쓰게 하는 것〔當得其人 而得責效而已〕에 있다고 하였다.[154] 이런 구상을 실천한 구체적인 방법이 바로 서승고적법이었던 것이다.

---

153 『우서』 권5, 「論官制年格得失」.

154 『우서』 권1, 「論備局」.

이상에서 검토한 유수원의 서승고적법을 통해 그가 단순히 문벌과 부론으로 인해 문란하여진 인사행정을 바로잡음으로써 관료제 운영을 정상적으로 할 수 있게 할 뿐만 아니라, 관직에 대한 구임과 결부지어 각 분야에 대한 전문실무자를 양성 확보하며, 관료의 복무능력을 최대한 발휘하도록 유도하는 목적도 함께 도모하고 있었음을 알 수 있다.

필자로서는 사민분별(四民分別)을 통해 사민을 전문직업인으로 양성하려 하였듯이, 유수원은 관료사회에도 서승고적법에 의해 국정의 한 분야에 능한 전문적인 실무관료를 확보하려 했다는 점을 힘주어 강조하고 싶다. 이처럼 서승고적법에 자신이 있었기 때문에 영조 17년의 입시(入侍)에 앞서 임금에게 『우서』에 있는 자기 개혁론의 핵심을 정리하여 올릴 때, 바로 이 부분을 요약해서 「관제서승도설(官制序陞圖說)」로 이름하였던 것이다.

3) 개혁론의 특징-예치(禮治) 지향의 군주정

유수원은 「관제추승(官制推陞)을 논한 글」의 끝부분에서 자신의 정치개혁론을 "학교에 더욱 힘써 준수한 선비를 찾아내어 바른 방향으로 길러내며 공정한 방법으로 뽑은 다음, 알맞은 관제를 설치하여 마땅한 임무를 맡게 하는 것"이라고 정리하였다. 조사선보법(造士選補法)에서부터 6조정무체계 수립을 중심으로 관제를 정비하고, 서승고적법으로 무너진 운영체계를 바로 세운다는, 지금까지 앞에서 그의 개혁안을 추적한 방향이 과히 크게 벗어나지 않았음을 확인시켜 주고 있다.

그러면 이런 개혁을 통해 유수원이 추구하려 한 정치체제는 어떤 것이며, 취하려 한 통치방식이 어떠하였는지에 대한 의문이 남는다. 정치체제라면 대체로 크게 나누어 군주정(君主政)과 공화정(共和政)이 될 것이며, 전통적 방식으로는 치술(治術)로 표현되는 통치방식에 인치(人治)·법치(法治)·예치(禮治)가 있다. 다시 공화정 안에 그리스식 민주정과 로마식의 공화정이 갈라지듯, 군주정 안에도 군주전제(君主專制)나 군신공치제(君臣共治制)·입헌군주제·봉건제의 여러 형태가 있다. 유수원이 꿈꾼 형태는 어떤 것이고 방식은 무엇일까. 이런 의문과 관련해 유수원이 직접적인 언급을 한 곳은 잘 찾아지지 않는다. 77개에 달하는 항목 어디에도 이를 주제로 한 것은 없다. 따라서 정치개혁론의 내용 속에서, 또 그 내용들에 대한 정리를 통해 관련 요소를 찾아내어 유추하는 수밖에 없다.

우선 정치체제와 관련하여 지금까지 그의 주장을 검토해 온 결과로 볼 때 공화정과 무관할 것임은 말할 것도 없다. 그렇다면 군주제에 속하는 어떤 하나가 될 것이다. 먼저 입헌군주제가 될 수 없음은 대의제(代議制)라든가 민권(民權)에 대한 언급이 없고 이를 의식하고 있었다는 시사가 보이지 않아 제외해도 될 것 같다.

다음으로 군주제하의 군신공치제이다. 천명(天命)을 받은 군주의 존재는 인정하면서도 천하유도(天下有道)의 원칙 아래 군신일체론(君臣一體論)을 앞세워 도(道)를 임금과 함께 현실에서 구현하는 존재로서 신권(臣權)을 인정하는 것[155]이 동치천하(同治天下) 또는 군신공치제(君臣共治制)이다. 선진(先秦)시대에 뿌리를 둔 이 견해는 중국 송대에 사대부(士大夫)세력이 등장하여 이른바 천하의 일을 자기들의 임무로 삼는다는 의식이 확산되면서 확립된 것으로 송대 정치 문화의 큰 특징으로 말해진다.[156] 군자소인변(君子小人辨)이나 주희(朱熹)의 인군위당설(引君爲黨

155 張分田(2004), 第5章 '道高于君': 哲理學的罪君思想與範式化的政治批判.
156 余英時(2004), 第3章 同治天下－政治主體意識的顯現, 第8章 理學家與政治趣向.

說) 및 청의(淸議)·의리명분(義理名分)·내성외왕론(內聖外王論) 등 정치 석상에서 많이 회자되는 용어들이 이 공치제에 근거해 나왔고, 조선 후기의 사림정치도 바로 여기에 의거하였다. 그러나 유수원이, 심지어는 주자정치론의 본령이 내적(內的) 수양(修養)으로서의 정심성의(正心誠意)보다는 현실을 대상으로 한 정사시조(政事施措)와 같은 존주비민(尊主庇民)에 있었다고 하며, 무엇보다도 청의를 부론(浮論)으로 몰아 배척하는 데서 나타나듯이 사림정치 전반을 비판한 것을 보면, 군신공치 형태의 군주정을 지지했다고는 생각되지 않는다.

그렇다면 전제군주제의 형태는 어떠할까. 유수원은 영조 17년 임금을 면대한 자리에서 명 태조 주원장(朱元璋)에 대해 다음과 같이 높이 평가하였다.

> 대개 삼대 이후 명나라 제도가 가장 좋은데 그중에서도 관제(官制)는 더욱 주관(周官)의 깊은 뜻을 얻은 것이라 오늘날 행한다면 반드시 그 효험이 있을 것입니다. …… 대체로 예부터 나라를 세우기가 참으로 어렵습니다. 성인(聖人)이 아니라면 반드시 나라를 세우던 처음에 마련해야 하는데 한 고조(漢高祖)나 당 태종(唐太宗)은 제왕의 학문이 없었습니다. 오직 명나라의 고황제(高皇帝)만이 비록 약간의 병통(病痛)이 없지는 않습니다만 즉위한 지 30년 동안 항상 학문에 뜻을 두고 경사(經史)에 근거하여 법을 세우고 제도를 만들었는데 모두 의리에 맞아서 실로 한·당의 제도가 미칠 바 아닙니다.[157]

157 『승정원일기』 928책, 영조 17년 2월 8일 癸卯, "上御熙政堂夕講入侍 …… 副議軍柳壽垣以次進伏."

한 고조 유방(劉邦)과 당 태종 이세민(李世民)은 중국 역사상 가장 영명한 군주들로서 특히 문물제도를 정비하여 통치체제의 전범(典範)을 마련한 것으로 말해진다. 그런데 유수원은 명 태조가 이들이 갖지 못한 제왕의 학문을 갖추었고, 따라서 그가 입법창제(立法創制)한 명나라 제도가 한(漢)·당(唐)의 그것보다 우수하다 하여 만약 이를 받아들여 행한다면 반드시 효과를 볼 것이라고 명제(明制)의 도입까지 청하고 있다. 여기서 명 태조가 입법창제한 것은 구체적으로 말하면 대명률(大明律)과 후일 대명회전(大明會典)으로 정비된 전칙(典則)들이다. 유수원은 이런 대명률을 입으로 줄줄 암송할 정도로 정통했다고 한다.

중국 역사상 명 태조는 가장 강력한 전제권을 행사한 임금으로 알려져 있다. 자신이 농민 반란군의 한 무리에서 발신(發身)하여 나라를 세웠기 때문에 농민의 움직임을 크게 경계하여 조금만 수상하여도 가혹하게 탄압하였으며 1380년 좌승상(左丞相) 호유용(胡惟庸)의 모반을 구실로 관리 만 오천여 명을 사형에 처했다고 한다. 거기에다가 "법을 중시하여 세상을 다스린다〔重典治世〕."는 원칙을 대명률의 법조문에 반영하도록 하는 등 형률(刑律)에 의한 법치로서 전제권 행사를 뒷받침하였다. 그리고 한대 이후 승상제(丞相制)가 있어 정치를 총괄하여 왔는데 명 태조는 호유용의 모반 이후 승상제를 폐지하고 육부직주제(六部直奏制)에 의해 군주가 그야말로 만기(萬機)를 직접 장악하는 명실상부한 군주전제정을 수립했다. 이로 인해 명초(明初)의 정치가 청명(淸明)하고 국가 질서가 바로잡히는 효과도 있었지만 거기에 따르는 부작용 또한 공포정치 이상으로 컸다고 한다.[158]

그렇다면 명 태조를 영명한 군주로 찬양하고 그가 제정한 관제(官

---

158 張顯淸(2003), 第2章 第1節 明代專制.

制) 등의 제도를 도입할 것을 주장한 유수원은, 명 태조가 취한 군주전제정을 이상적인 정치체제로 보고 자신의 정치개혁의 궁극적인 목표도 여기에 두었다고 할 수 있을까? 위의 명 태조에 대한 언급으로 보아 그럴 가능성도 충분하다. 더구나 유수원이 관제개혁론에서 주장한 6조정무체계란 조선 초의 6조직계제(六曹直啓制)와 외면상 흡사하고 그것이 명의 육부직주제(六部直奏制)에서 유래한 것임을 상기하면 명 태조와 같은 강력한 법치에 의한 전제군주정을 그가 꿈꾸었다고 할 수 있을 것이다.

그러나 『우서』에 법치와 관련된 언급이나 요소는 보이지 않는다. 그리고 조선 초의 의정부 서사제(署事制)와 대비시켜 왕권강화의 일환으로 말해지는 6조직계제[159]와 유수원의 6조정무체계는 왕권의 행사라는 측면에서 상당히 다르다. 6조직계제는 군주가 6조를 통해 서정(庶政)을 장악하는 것이지만, 6조정무체계는 군주권과 행정권을 일단 분리하여 서정은 6조가 백사(百司)를 통해 총괄한다. 「논구임직관사례(論久任職官事例)」에서 군주의 임무는

> 무릇 임금은 통치의 큰 권한을 맡은 자리이므로 만기(萬機)가 극히 번거로운데다 또 그 사이에 경연을 열어 치도(治道)를 논하기까지 해야 한다. 그러므로 군국(軍國)의 중대한 일이나 백성들의 생활안정, 나라 정치의 시비 등과 같이 급하고 중한 일 이외의 자잘한 일들은 일을 맡은 관청이 해야 할 것이다. …… 그런데 우리나라는 임금이 늘상 그런 일들을 처리하느라 바쁘다. 그래서 비록 경적(經籍)에 마음을 쏟고 치도를 깊이 생각해 보려 해도 이런 따위의 긴요치 않은 일이 사방에서 모여드니 어찌하

159 한충희(2005)의 제3부 官衙와 규정운영.

겠는가.[160]

라고 함에서 보듯이 군국중사(軍國重事)・생민휴척(生民休戚)・조정시비(朝政是非) 등에 국한되고 틈을 타서 경전에 침잠하여 치도를 강구하는 일이었다. 유수원의 군주권과 행정권의 이러한 분리는 『관자(管子)』에 나오는 "법을 만드는 이는 군주이고 법을 지키는 자는 신하(臣下)"[161]라는 군신의 직분에 관한 견해를 연상하게 한다. 관자는 만일 임금이 아래로 관리들이 해야 할 일까지 간섭하면 관리들은 책임을 지려고 하지 않을 것이라 하여 행정권을 군주에게서 분리시켰다. 관자는 흔히 '이법치국(以法治國)'을 강조했다 하여 법가(法家)의 선구로 말해진다. 그러나 법이란 단순한 형벌만이 아니고 일체의 정치제도를 총칭하며 그런 면에서 예(禮)와 혼용된다고 한다. 그리고 관자의 '이법치국'을 논한 「명법(明法)」의 내용이 대개 정치제도에 관한 것이다.[162] 따라서 관자는 법가에 가까운 예치론자(禮治論者)라 부를 수 있다. 이렇게 본다면 유수원의 군주권과 행정권을 분리하려는 6조정무체계는 황제권이 강력해진 전제정치의 법치가 아니라 군신간의 직무를 제도적으로 분리시켜 각각의 직분에 충실하게 하려는 예치(禮治)의 방식에서 나온 것이며, 그것이 곧 전제군주정을 희구하는 것은 아니었음을 알 수 있다.

다음으로 봉건군주제(封建君主制)는 어떠한가. 유수원이 주(周)를 이상적인 국가로 보고 『주례(周禮)』를 모델로 삼기는 했으나 주의 봉건제의 근간인 분봉제(分封制)나 정전제(井田制)의 복구를 말한 부분은 잘 찾

160 『우서』 권3, 「論久任職官事例」.
161 蕭公權(1982), 225면.
162 위의 책, 211~214면.

아지지 않는다. 또 인조 이후 정권을 장악하고 특권을 누려 오면서 자신들을 주나라의 세경(世卿)에 비유해 오던 벌열(閥閱)세력을 가차 없이 비난하고 있는 사실과, 무엇보다 벌열의 존재 자체를 인정하지 않고 사민의 평등을 주장하는 것으로 미루어 주나라의 봉건제에 기초한 군주정은 유수원의 관심 밖이었을 것이다.

처음 위에서 거론한 정치체제와 형태가 이렇게 맞지 않는다면 유수원은 어떤 것을 염두에 두고 있었을까. 필자의 짧은 정치학 지식으로는 분명한 정체를 그려낼 수 없다. 다만 다음과 같은 점은 말할 수 있지 않을까 한다. 우선 군주정이란 점은 말할 것도 없다. 두 번째로 유수원은 권강(權綱)을 총람(總攬)하는 자로서 군주의 지위는 움직일 수 없는 존재로 본다. 그러나 군주가 만기(萬機)를 친정(親政)할 필요는 없으며 중요한 국사 이외의 일은 유사(有司) 즉 백사(百司)에서 처리하여 각조(各曹)에서 총괄할 것을 말한다. 필자는 이를 6조정무체계라 불렀으며, 이것은 군권과 행정권을 분리한 것이라고 하여 좀 더 적극적으로 해석하였다. 그래서 군주는 평소에는 경적을 읽고 덕성을 쌓으며 치도(治道)를 강구하다가 군국의 대사나 민생의 안정, 조정 정사의 시비와 같은 나라의 큰일에만 대신의 도움을 받아 심의 결정한다는 것으로 이해하였다.

세 번째로 신하는 그저 피동적인 수법자(守法者)이기보다는 일반 서정에 관한 결정권(각조의 판서)을 가질 수 있으며 특히 서승고적제에 의하여 국정의 한 분야에 전문적인 실무능력을 갖춘 관리로 양성됨으로써 실무형 관료에 의한 국정운영을 도모하려 했던 것이 아닌가 한다. 이 실무형 관료가 오늘날 말해지는 테크노크라트(Technocrat)에 얼만큼 근접하는지는 잘 판단이 되지 않는다. 그러나 필자가 생각하는 것과 큰 차이가 없다면, 천명(天命)을 받아 군림하는 군주제 아래서 전문가적 실무형 관료들이 상당한 자율권을 갖고 국정운영을 해 나가는 형태를 머릿속에 그렸다고 감히 논단한다.

유수원이 구상한 정체(政體)를 이렇게 정리하게 되면 순자(荀子)의 예치론(禮治論)을 떠올리게 된다. 순자는 성악설(性惡說)로 인해 정통성에서 맹자에게 밀려났지만, 공자의 정명(正名)사상을 계승하여 예론(禮論)을 집대성한 유가의 대표적 인물 중 하나였다. 순자는 맹자의 경군설(輕君說)과 달리 존군론(尊君論)을 폈다. 질서유지를 위해서는 절대 기준으로서 군주가 필요했기 때문이다. 거기에다가 현실을 중시하며 재물의 유통을 장려하고, 군신 사이의 직분과 책무가 다름을 명확히 하는데다, 용인(用人)에 있어서도 문벌〔世卿〕이 아니라 나타난 공적을 고찰하여 평가할 것을 강조하였다. 특히 군신부자(君臣父子) 사이의 떳떳한 윤리와 분수를 바로 하는 정명(正名)을 위해 예치(禮治)를 주장했는데 여기서 말하는 예는 단순한 형벌이나 법술만이 아니라 정치적인 제도규범을 포함하는 개념으로서, 후자 즉 정치제도를 위주로 하고 전자 즉 형벌을 보조로 삼는 치술이라고 한다.

이런 순자의 사상을 곰곰이 검토하게 되면 유수원의 주장에서 보이는 요소가 적지 않게 찾아진다. 『우서』 속에 순자의 이름이 발견되지 않으며, 그리고 외면적인 사례의 유사성만으로 단정하는 것이 주저되기는 하지만, 유수원의 개혁론 속에는 순자의 사상적 요소가 상당히 녹아 들어가 있다고 생각한다. 더구나 유수원이 인의(仁義)보다도 주례(周禮)와 같은 현실의 제도를 강조하였던 점으로 볼 때, 공맹의 정치사상보다는 오히려 순자에서 더 영향을 받지 않았을까 하는 생각도 든다.

순자는 「군도(君道)」에서 올바른 사람을 얻어야 정치가 이루어진다고 하여서 기본적으로 인치론자(人治論者)에 포함된다고 한다. 그런 면에서 그는 유가의 울타리를 벗어나지 않았다. 인치의 대척점에는 법을 통치의 기준으로 삼는 법치(法治)가 있다. 법에 형률 이외에 넓은 의미로 제도까지 포함하며 인시제의(因時制宜)에 의한 변법(變法)이나 제도개혁까지 법치의 영역에 포함시키는 경우[163]도 있으나, 법치의 개념 자체가 법가의 엄형(嚴刑)에 의한 치술에서 나온 만큼 변법과 제도개혁을 법치의 범주에 포함시키는 것은 옳지 않다고 본다.[164] 그것은 예치의 한 요소로 보아야 한다.

그런데 사람에 의한 통치를 위주로 하는 인치(人治)에는 공맹(孔孟)처럼 인의도덕을 근본으로 삼는 것과 순자처럼 예의 제도에 의존하는 두 가지 형태가 있다. 전자는 덕치(德治)라 하며 후자는 예치(禮治)로 이름한다. 그렇다면 나라와 백성을 다스리는 치술에 덕치・예치・법치의 셋이 있는 셈이 된다.

영조 17년 임금의 부름을 받고 처음 입시한 유수원이 서승고적법(序陞考績法)으로 능히 당폐(黨弊)를 없앨 수 있다고 하였다가 임금으로부터 아무리 양법미제(良法美制)라도 기강과 공도(公道)를 세우지 못하면 행할 수 없지 않느냐는 질문을 받았다. 이에 유수원은

> 전하께서 매양 기강 세우는 것을 첫 번째 일이라 하시는데 신의 생각으로는 기강은 위벌(威罰)로는 세워지지 않는다고 봅니다. 기강을 세우고 공도를 회복하는 요체는 실로 서승법(序陞法) 가운데 있습니다. 우리나라의 옥당(玉堂)관리로 말하면 오늘 파직했다가 다음날 다시 옥당에 임용하고, 오늘 패초(牌招)를 어겼다 하여 파직하고는 내일 다시 불러들입니다. 시종직(侍從職, 옥당)은 바로 일반관직의 표준이라 할 수 있는데 이처럼

---

163 張分田(2004), 제4장 제6절, 君與法－法治論的生法者君, 法乃天下之法結構.

164 蕭公權(1982), 114면.

전혀 공무에 삼가고 힘쓰지 않으니 이렇게 하고서야 기강이 어찌 세워지겠습니까. 서승법으로 말하자면 홍문관에 들어가 정자(正字, 9품)가 된 지 3년 만에 수찬(修撰, 6품)에 오르고, 수찬 3년 만에 교리(校理, 5품)가 되며, 교리 3년 만에 응교(應教, 4품)에 오릅니다. 이와 같이 해서 15년 만에 응교에서 부제학(副提學, 정3품 당상)에 오르는 것이 (마치 오늘날의 蔭官이) 참봉(參奉, 9품)에서 봉사(奉事, 8품)로, 다시 직장(直長, 7품)으로 승진하는 것과 같으니 어찌 패초해서 벼슬에 나오지 않는 자가 있겠습니까. 비록 요순시절이라 하더라도 반드시 시험을 거친 뒤에라야 썼으니 바로 이것이 9년 동안 3번 평가하여 출척하는 제도입니다.[165]

라고 하여 자신의 서승고적법의 내용을 설명하고 임금이 우려하는 사리당략(私利黨略)을 원천적으로 봉쇄함으로써 기강과 공도가 저절로 서고 회복된다고 하였다.

그런데 관제서승법을 놓고 왕과 유수원 사이에 주고받은 문답을 보면 관제개혁에 임하는 양자 사이의 입장에 근본적인 차이가 있음이 찾아진다. 임금은 관제운영에서 발생하는 붕당 사이의 이해갈등을 막기 위해서는 제도보다도 기강과 공도확립이 우선이라고 본다. 유수원이 기강은 위벌로 세워지지 않는다고 말한 것으로 보아 기강은 법치의 한 방식이라 할 수 있다. 반면 공도란 도덕을 갖춘 사람들의 동의하에 이루어진 공공의 도리・의견을 뜻하므로 덕치적 범주에 속한다.

중국의 한대(漢代) 이후 역대 제왕들은 덕치를 기본으로 하면서도 형

165 『승정원일기』 928책, 영조 17년 2월 8일 癸卯, "申時 上御熙政堂 夕講入侍 特進官金聖應 知事徐宗玉 參贊官申宅夏 侍讀官尹得敬 檢討官閔百行 副護軍柳壽垣 …… 諸臣以次進伏."

벌로써 덕치를 돕게 한다〔以刑輔德〕는 원리로 법치를 활용하였고 주자도 이를 인정하였다고 한다.[166] 영조가 기강과 공도를 우선한 것은 자신이 그동안 친숙하였던 군주적 치세술(治世術), 즉 덕치와 법치를 겸용하는 사고에서 나온 반응이었다.

이에 비해 유수원은 관제운영에 따르는 용사(用私)나 붕당적 이해와 관련된 불공정은 제도의 개혁을 통해 바로잡을 수 있다는 예치적 자세를 취한다. 복무연한인 3년이 차야 승진하는 서승법과 복무기간 중의 실적을 9년에 걸쳐 3번 평가해 출척하는 고적법으로 한다면, 굳이 기강이나 공도를 세우려 애쓰지 않아도 용사나 당론적 이해가 개입할 여지는 원칙적으로 봉쇄된다는 주장이었다.

유수원의 설명을 들은 영조는 이 말이 참으로 옳다면서 동의를 표하고 칭찬해 마지않았다. 적어도 관제운영에서 제도와 규정을 기본방식으로 하는 유수원 득의(得意)의 서승고적법이 임금에 의해 인정을 받게 된 것이다. 뒤이은 이조전랑 통청권의 혁파와 한림회천의 이정은 이런 논의가 정책으로 나타난 결과였다.

위에서 보이는 서승고적법을 설명하는 유수원의 견해는 바로 예문(禮文)과 정치제도 및 규범을 치술의 근본으로 삼는 순자의 예치론과 다름없다. 그가 비록 순자나 순학(荀學)을 직접 거론하지는 않았다 하더라도 정치를 포함한 그 개혁론의 사상적 조류에, 주례에 토대하고 공자의 정명(正名)사상을 발전시킨 순자사상의 요소가, 맹자의 왕정론과 함께 자리하고 있었음은 부정할 수 없는 사실이라고 본다.

유수원의 개혁론에 순학적(荀學的) 요소가 자주 찾아지며 친화성이 보이는 점을 들어 필자는 그의 정치론이 예치를 지향하였다고 마무리한

---

166 朱漢民(2001), 245면.

다. 그의 정치개혁론을 검토한 소견으로 정리해 보자면 유수원이 꿈꾼 정치체제는 "실무자 집단으로 구성된 관료에 의해 국정이 능률적으로 운영되는 예치 지향의 군주정체(君主政體)"였다고 할 것이다.

지금까지 살펴본 유수원의 정치개혁론, 곧 기초교육을 받은 양인(良人)을 대상으로 한 시험과 교육에 의해 조사(造士)를 양성하고, 이들을 과거를 통한 선보법(選補法)에 의해 관리로 선발해서 6조정무체계(六曹政務體系)에 따라 새로이 정비된 관제 조직 속에 임용하고는 구임(久任)과 서승고적법(序陞考績法)에 의해 전문적 실무관료로 확보한다는 논의는, 예치(禮治) 지향의 군주정체(君主政體) 속에서 추진되는 사회경제개혁의 출발점으로서 사전정지작업이란 의미를 갖는다고 요약할 수 있겠다.

5. 대역부도죄(大逆不道罪)로 복주(伏誅)

『우서』와 「관제서승도설」을 통해 사림정치의 틀을 흔든 이조전랑과 한림직의 개혁에 불을 당기고 그 정당성을 이론적으로 뒷받침하는 등 예치론적 정치론으로 정가에 큰 파문을 일으킨 유수원은, 그러나 그를 추천한 조현명이나 이종성 등의 바람대로 예문관 응교 같은 임금의 고문역인 청요직에 등용되지는 못하였다. 그 경세의 재주에는 감탄하면서도 임금이 그 능력에 알맞는 전문직을 맡겨 조용히 임무에 종사하게 해야 한다는 구실로 막았기 때문이다. 그러지 않아도 탕평책의 추진으로 인해 사림정치론자(주로 노론세력)들로부터 불만을 받고 있던 영조임금으로서는, 소론 내의 준론으로 지목되는 혐의도 있거니와 노론이 경계하는 제도를 위주로 하는 예치론자로서의 면모를 확연히 드러낸 인물을 발탁해 현직(顯職)에 앉히는 무리를 하기 어려웠을 것이다.

임금을 면대했던 영조 17년 이후 그에게는 필선(弼善) 군자정(軍資正) 사성(司成)의 실직(實職)이 주어지기도 했으나, 바로 개체(改遞)되어 매양 부사과(副司果) 등의 군직(軍職) 직함에 머물 뿐이었다.

영조 19년에 들어가 임금이 조선 전기에 편찬된 『오례의(五禮儀)』와 『경국대전(經國大典)』의 현실에 맞지 않은 조항을 수정 보완하는 작업을 하명함에 미처(22년경 『續五禮儀』와 『續大典』으로 완성됨) 당시 전고(典故)에 밝다고 이름난 전 대제학 이덕수(李德壽)를 편찬당상으로 할 때 유수원 또한 그에 못지않은 재주가 있다 하여 편찬낭청으로 임명되었다. 이런 인사를 한 후 임금은 오랜만에 좋은 사람을 얻었다[得人]고 기뻐하였다.[167]

그러나 벼슬에 나온 지 30년 만에 처음으로 임금 앞에서 자신의 경륜을 펼칠 수 있었던 유수원으로서는 아마도 실망스러운 조처였을 것이다. 그래서인지 노모의 병환을 구실로 벼슬에 나오려 하지 않았다. 영조 20년, 죽은 이덕수를 대신해 『오례의』 찬수(纂修)의 책임을 맡은 예조판서 이종성이 유수원의 친병(親病)을 이유로 윤광소(尹光紹)로 낭청을 대신하게 한 것은 이런 이유 때문이었다. 이때 이종성은 유수원이 평소에 『대명률(大明律)』을 능히 암송하고 호번(浩繁)해서 두서(頭緖)를 잡기 어려운 『문헌통고(文獻通考)』에 대해서도 대체(大體)를 깨달아 이해가 깊으므로 혼자서도 능히 『오례의』를 편찬할 수 있을 것이라고 하면서 모병(母病)으로 일을 맡기지 못함을 아쉬워하였다. 임금 역시 "사람이라면 누가 늙어 가면서 총명하기를 바라지 않으랴. 나는 늘 이덕수나 유수원같이 되었으면 한다."고 하여 그들의 총명함에 대한 부러움을

167 『승정원일기』 965책, 영조 19년 11월 14일 癸巳.

드러내었다.[168]

영조 20년 11월에 유수원은 모친상을 당하였다.[169] 그리고 상기(喪期)를 마친 이후에도 6~7년 간 그에게는 벼슬이 주어지지 않았다. 영조 23년 이후부터 노론의 소론에 대한 토역론(討逆論)이 크게 일어나면서, 앞서 경종 연간 왕세제 책봉 시 유봉휘(柳鳳輝)가 위복(威福)의 권한이 아래로 내려가지 말게 하시라고 한 상소가 왕세제였던 영조에게 역심을 드러낸 것이었고, 그것이 무신란을 일으키게 한 장본이 되었다 하여 역률(逆律)을 추가로 시행할 것을 요구하게 되면서 정치 여건이 유수원에게 불리하게 돌아가고 있었기 때문이다.[170] 그러나 임금은 유수원을 잊지 않고 있었다. 27년 부사과(副司果)의 직책을 다시 제수하고, 30년 윤4월에 가주서(假注書) 유동빈(柳東賓, 유수원의 11촌 姪行, 圓嶠 李匡師의 妻男)에게 조정에 벼슬한 가까운 친족이 누구냐 물었다가 필선(弼善) 유수원(柳壽垣)이라고 하니까 임금은 "그런가. 바로 문장에 능한 유수원인가. 그 귀먹은 병이 이덕수보다 더욱 심하였었지."라고 회상하였다.[171] 이 시기는 을해옥사(乙亥獄事)에 걸려 유수원이 역적으로 몰리기 꼭 1년 전이다. 이때까지만 해도 영조는 그 재주를 아껴 그에게 호감을 가지고 있었다고 할 것이다.

이 기간 유수원이 어떻게 보내었는가를 알려 주는 직접적인 기록은 아직 찾아지지 않는다. 다만 후일 모역한 것으로 몰려 국문(鞫問)을 당

---

168 『승정원일기』 975책, 영조 20년 7월 5일 庚辰.

169 영조 20년 續大典 撰修 관련 논의에서 유수원에 관한 말이 나오자 副司直 具宅奎는 "臣欲親往相質 而壽垣方有喪 故未能耳."(『승정원일기』 979책, 영조 20년 11월 9일 壬午)라고 하여 喪中임을 말하였다.

170 이하의 討逆論 관련 서술은 필자(2012)의 「영조대 정국추이와 탕평책」에 의거하였다. 따라서 典據를 제시하는 것은 생략한다.

171 『승정원일기』 1108책, 영조 30년 6월 27일 乙亥.

할 때의 초사(招辭)를 종합해 보면 능력을 발휘할 기회를 갖지 못하는 정치적 현실에 좌절하여 탕평정권은 물론 임금에 대해서도 불만을 키워 나간 것으로 보인다. 그러는 과정에서 의기가 투합한 준론의 영수인 심악(沈鑰)과 깊이 사귀며, 신치운(申致雲)·박사집(朴思緝)과 같은 전날 급소(急少)의 남은 세력과 왕래를 하였다가, 이로 인해 후일 역모로 몰리게 된다.

유수원은 영조 31년 나주괘서(羅州掛書)사건에서 발단된 옥사와 연이은 심정연(沈鼎衍)의 흉언(凶言)으로 확대된 이른바 을해옥사에 연루되어 영조의 친국(親鞫)을 받고 5월 24일 대역부도죄인으로 죽임을 당했다. 이러한 과정을 그 개혁론과 관련지어 보고자 한다.

을해옥사는 배후에서 시종일관 이 옥사를 기획하고 그 처리를 지휘하다시피 하였던 우의정 조재호(趙載浩)가 옥사를 종료한 후 "이번의 역적은 처음부터 군사를 끌어 모아 궁궐을 범한 역모가 아니고, 의리가 잘못된 데서 나온 역옥(逆獄)이니 임금께서 이 마음을 단단히 지키셔서 이미 잘못되어 죽임을 당한 자 외에 다시 의리문제로 잘못되는 일이 없게 하소서."라고 한 데서 보듯이 영조에 대해 역적질을 한 형적을 다스린 것이 아니라 보이지 않는 마음, 즉 소론의 영조에 대한 불만의 마음을 꼬투리 삼아 일으킨 옥사였다. 그런 만큼 그것은 경종 연간에 삼수옥(三手獄)으로 인해 소론으로부터 피해를 입은 노론과 (경종을 謀害하는 데 왕세제로서 가담했다는 소문으로) 모욕을 당한 영조의 소론에 대한 보복이라는 인상을 지울 수가 없었다.

소론을 역적으로 모는 노론의 토역론은 영조 23년부터 본격화했다. 하지만 막상 을해옥사(乙亥獄事) 당시에 소론을 영조에 대한 의리를 어긴 무리로 몰아 처단하자고 한 것은 같은 소론인 조재호 일파였다. 영조 대에 들어와 급소(急少)가 몰락한 상태에서의 소론은 이광좌(李光佐)

중심의 소론 명분(노론을 경종에 대해 不臣之心을 가진 존재로 단정하고, 소론은 경종을 위해 충성을 다하였다고 하는 주장)을 지키는 세력〔峻論〕과, 임금의 탕평책에 적극 호응하여 노론의 명분을 수용하며 노론과의 공존을 주장하는 탕론(蕩論)으로 갈라졌는데 탕론의 핵심인 조재호(趙載浩)가 준론(峻論)을 몰아붙인 것이다.[172] 물론 소론이 소멸된 상태에서의 탕론은 존립할 수 없다. 그래서 조재호로서는 소론의 의리를 지키는 핵심세력을 제거하고 나머지 소론들로부터 그 의리가 잘못되었음을 자인(自認)받는 선에서 노론의 토역론을 무마하려고 한 것으로 보인다. 을해옥사가 발생하자 이종성(李宗城)·박문수(朴文秀)·이철보(李喆輔) 같은 소론의 영수급 인사들이 다투어 소론의리가 잘못되었다며 이광좌와 유봉휘(柳鳳輝)·조태구(趙泰耈)·최석항(崔錫恒) 등 전날의 소론 영수에 대한 토죄(討罪)를 요청하는 자열소(自列疏)를 올린 것이 이를 말해 준다.

을해옥사에서 역적으로 몰려 죽임을 당한 유수원·심악·신치운(申致雲)·박사집(朴思緝) 등은 평소 소론의리를 지키고 조재호 등의 탕론을 비판해 온 인물들이었다. 그들은 대개가 문벌가문 출신[173]이었다. 앞

---

172 乙亥옥사 당시 沈鑵의 당으로 몰려 유수원 등과 함께 死地에 빠졌다가 영조의 특별한 배려로 죽임을 면하고 귀양 갔던 尹光紹(尹舜擧의 현손이며 소론산림 尹拯의 從曾孫, 知敦寧府事 지냄)가 을해옥사 당시의 사정을 기록한 「閑中漫錄」(『素谷遺稿』 권16)에 다음과 같이 趙載浩 일파의 蕩論이 일을 꾸미고 옥사를 일으킨 사정을 전해 주고 있다. 先王深惡黨論, "丁未之局 辛壬黨人 已盡斥去 入朝者 祇是士類一邊 而趙宋輩强驅之於峻論 …… 壬申(영조 28)鄭(羽良)居憂 梧川(李宗城)入相 蕩勢漸孤 …… 載浩入筵 大言少論不識逆順 嚴罪以植大防 已兆乙亥之禍 而載浩先又入相 及乙亥鄭雖死 趙與小鄭(翬良)主張時論 因湖南掛書 先發搢紳疏 其黨又引貌同心異四字 盡陷少論於逆邊 云云."

173 沈鑵은 그 아버지가 바로 영조 초에 영의정을 지낸 沈壽賢이며, 그 형은 鄭齊斗 문인으로 산림이었던 沈錥이었고, 본인은 참판까지 벼슬하였다. 신치운은 象村 申欽의 5대손이며 宣祖駙馬 申翊聖의 玄孫으로, 문장으로 이름났고 승지를 지냈다. 박사집은 宣祖國舅 朴應順의 6대손이었다.

서 경종 때 임금이 게장을 먹고 누런 물을 토한 일이 있었다. 후일 경종이 갑자기 승하하자 심유현(沈維賢, 경종 前妃 沈氏의 아우, 심악의 숙부로 경종 國舅인 沈浩에게 出系하였음) · 박필몽(朴弼夢, 박사집의 7촌 숙부) 등이 이 사건에 가탁해 노론 측의 독살설(毒殺說)을 유포했다. 게장을 올린 곳과 관련해 동궁(東宮, 곧 후일의 영조) 혹은 동조(東朝, 왕대비 仁元王后 金氏)까지 의심받았으며, 무신란 당시 난군이 이를 이용해 민심을 선동했다고 한다. 게장의 일에 대한 진상은 알 수 없지만(을해옥사 후 임금은 문제의 게장이 御廚에서 올린 것이라고 하였다), 영조 초에 임금에 대한 극적(劇賊)이라 하여 죽임을 당한 김일경(金一鏡)의 충절을 찬양하는 소론내의 일부는 이를 사실로 믿고 의리로 삼아 전파해 왔다. 이들이 영조 이후 소론 내 준론(峻論)의 핵심세력인데, 노론으로부터는 물론이고 탕론으로부터도 임금에 대해 불만과 흉언(凶言)을 일삼는 무리라고 하여 위험시되어 왔다.

그런데 을해옥사가 벌어지자 먼저 잡혀 온 신치운(申致雲)이 국문(鞫問)을 받으면서 자신은 갑진년(경종이 승하하고 영조가 즉위한 해) 이후 게장을 먹지 않았다는 폭탄발언을 함으로써 그동안 의심받아 온 준론 의리의 본색이 드러나게 되었다. 모욕을 당한 임금은 눈물을 흘릴 정도로 통분해하였으며 옥사 확대의 결정적 계기가 되었음은 물론이다. 유수원은 조재호가 '종기(腫氣)의 핵(核)'에 비유하며 역괴(逆魁)로 단정한 심악과 더불어 바로 이 신치운의 혈당(血黨)으로 몰린다.

유수원은 심정연(沈鼎衍)의 시권(試券)에서의 흉언으로 옥사가 확대된 영조 31년 5월 22일, 이와 관련해 잡혀 온 박사집의 공초(供招)에서, 이미 게장 발언으로 영조를 모욕해 죽임을 당한 신치운의 혈당으로 자신과 이거원(李巨源) · 심악 · 유수원이 있다고 함으로써, 이틀 후인 5월 24일 잡혀 와 내사복(內司僕)에서 국문을 받게 되었다.[174]

문초는 그가 유봉휘의 흉소(凶疏, 경종 초 世弟 책봉을 비판했다가 세제가 辭位하려는 파문을 불러왔고 노론으로부터 역심을 가졌다고 배척받았던 상소)를 베껴 썼다는 혐의에서부터 시작했다. 이에 그는 유봉휘가 자신의 당숙이기는 하나 이미 그 조부〔柳尙載〕가 봉휘를 배척한 이래 사이가 벌어져 친밀치 않은 만큼 흉소를 자신이 썼다는 것은 근거없는 낭설이라고 하면서, 자신은 준론이 아니고 신치운이나 박사집의 무고(誣告)에 빠졌을 뿐이라고 하여 절절히 변명하였다.[175] 이어 잡혀 온 심악도 신치운·박사집과의 관련설을 부인하면서 단 유수원과는 서로 친하여 세상에서 자신들을 준론으로 모는 것을 놓고 불만스런 말을 했을 뿐이라고 하였다.[176]

그러나 형신(刑訊)이 더하여지고 다시 추국(推鞫)을 받게 되자 우선 심악이 역괴(逆魁)로 지목되기 시작했고, 30대의 곤장을 맞고는 유수원도 신치운·박사집과 더불어 김일경의 흉언이나 무신난 일으킨 자들이 했던 흉언을 주고받았으며, 심악을 만난 자리에서는 조제(調劑) 대신(大臣, 趙載浩)을 비난했다고 토설(吐舌)하고 심악과는 마음을 같이한다고 승복하였다.[177] 흉언(凶言)이란 바로 나라(임금)를 원망하는 말로서, 그

---

174 『推案及鞫案』 193책, 乙亥(영조 31년, 1755) 逆賊沈鼎衍等推案 二, 5월 22일(『推案及鞫案』 21, 영조 8, 아세아문화사, 701~705면), 5월 24일, "同日 罪人柳壽垣 年六十二白等 矣身亦一臣子也 有何心腸 受逆輝之指揮 放恣寫疏是唯 …… 矣身與逆輝 雖爲五寸親 非但國家之大逆 實爲矣身之世讎矣 …… 致雲則未知有何含憾之事 而師緝則 初不相親 豈有含憾乎 峻論二字 則極寃矣 前後無一番參涉論議之事矣."

175 위의 책, 5월 24일, "假都事吳道濆罪人柳壽垣拿來囚, 同日巳時親鞫殿坐."; 『승정원일기』 1119책, 영조 31년 5월 24일 丁酉, "巳時 上於內司僕 親鞫入侍時."

176 위의 책, 5월 25일, "罪人柳壽垣更招 …… 沈鑵亦與矣身相親 而特以其有名字 故得峻論之稱 嘗笑謂矣身曰 吾輩何嘗爲峻論云 而想必生恸以峻論自服矣."

177 위의 책, 逆賊沈鼎衍等推案 三, 5월 25일, "同日罪人柳壽垣更推 …… 昨年 鑵自京還鄉時 見矣身 以右相筵奏謂之 豈有如此政丞 如此人爲政丞 豈有益於國家云 故矣身亦果以此酬酌矣 同一心臟者 豈多有乎 沈鑵則同一心腸矣 …… 其凶言如戊申逆之言矣 怨國爲

내용은 탕평의 무리만 불러들여 쓰고 그들보다 인물이나 능력이 더 나은 자기네들은 굶주려 죽게 내버려 두는 데 대한 불만이라고 하였다.[178] 유수원의 초사(招辭)를 그대로 받아들인다면 『우서』를 통해 임금으로부터 그 경세의 재주를 인정받았던 그로서, 현직(顯職)에 등용해 자신의 포부를 펼칠 기회를 주지 않는 당시의 정치현실에 대한 불만을 가졌고, 그것이 결국 임금에 대한 원망으로까지 나가게 되었다는 것으로 이해된다. 이렇게 이해하고 보면 유수원이 자신의 정치적 불우(不遇)에 발분(發憤)하여 『우서』를 짓게 되었다는 『우서』 서문〔記論譔本旨〕의 겸사(謙辭)를 그대로 따르기보다는, 30대 후반의 나이에서 언제인가는 자신의 경륜을 세상에 펼칠 기회가 올 것이라는 희망을 갖고서 저술했다는 필자의 해석이 힘을 받지 않을까 한다.

유수원의 승복(承服)에 따라 바로 결안(結案)이 이루어졌는데, 죄목은 위로 임금을 헐뜯고 아래로 조제의 신하를 욕하는〔上訕于上 下辱調劑諸臣〕 흉언패설(凶言悖說)을 했다는 것이다.[179] 결안을 받은 날인 5월 25일 대역부도 죄인으로서 서소문 밖의 앞길에서 부대시(不待時) 능지처참(凌遲處斬)에 처해졌다. 역모로 잡혀 와 국문을 받은 지 만 하루밖에 되지

主 則爲戊申逆之言 一爲勘亂錄爲相考處置教事 刑問一次 訊杖三十度承服."

178 위의 책, 5월 25일, "罪人柳壽垣更招 …… 思緝則 辛未年見之 果爲凶言悖說故 矣身與之酬酌矣 …… 所謂凶言卽怨國之言矣 何爲如渠可用者 皆不用之 此爲至寃云矣 朝廷宰相之爲蕩平調劑者 皆爲之小人 以只用蕩平諸人 爲悖惡之說 辭氣甚悖 故矣身所答亦如此 而以爲今日所用之人 豈勝於吾輩 而吾輩則饑餓將死 彼輩則登庸 以此怨望朝廷 豈非悖惡說乎 大逆不道旣不可免 則何可不爲直招乎."

179 위의 책, 5월 25일, "罪人柳壽垣結案 …… 矣身 如致雲師緝等 交結親密 其所沈滯如致雲無異者 此事由於調劑之致 故上訕于上 下辱調劑諸臣 陰蓄怨國之心 每於相對時 多發凶言悖說 如鏡夢之爲 時或有過於鏡夢 而矣身輒與之爛熳酬酌 蓋矣身等於諸賊 非徒不以凶賊知之 實尙於以黨峻之心 至於怨國 怨國之心 至於常道 叵測之悖說是白置 大逆不道的實 遲晩."

않았을 뿐이다.

다음날 다시 국문을 받은 심악은 유수원이 문장에 능할 뿐만 아니라 나라에 충성을 다하려 하였으니 수원이 역절(逆節)을 했다는 것을 믿지 못하겠으나, 수원의 결안을 보니 만약 그렇다면 수원이 죽어도 아까울 것이 없다고 하였다.[180] 여기서 보면 심악이 수원의 결안대로라면 그가 역절을 지녔을 것이라고 한 점에 유의해야 한다. 결안은 죄인이 심문을 받아 혼몽한 상태에서 추국제신(推鞫諸臣)이 불러 주는 대로 인정하는 것이 항례(恒例)여서 유수원의 결안을 그대로 믿을 수만은 없다.

하물며 유수원이 잡혀 온 지 하루 만에 승복(承服)하고 결안되어 능지처참이 되었다는 것은 일을 서둘러 종결짓고 덮으려 했다는 의심을 사기에 족하다.[181] 뿐만 아니라 결안의 죄목이 '위로 임금을 헐뜯고 아래로 조제의 신하를 욕했다'는 흉언패설인데, 물론 명목을 붙이려면야 못할 것도 없겠지만, 대역률(大逆律)을 적용한 것은 너무 과중했다는 느낌이 든다. 그리고 역괴(逆魁)로 몰려 당고개에서 부대시(不待時) 처참(處斬)된 심악이 죽음에 임해 "수원의 역절이라는 것은 나라를 위한 충정(衷情)이라고 봅니다. 수원과 함께 죽으니 또한 즐겁습니다."고 한 것도 유수원의 죄목이 능지처참시킬 만큼 심한 것이 아니라 생살부(生殺簿)까

---

180 위의 책, 5월 26일, "同日罪人沈鏳更招 …… 壽垣則能文有經綸 且有忠誠於國矣 壽垣之逆節 未知其何如 而矣身則以相親壽垣 請死矣 …… 今聞壽垣之結案 可謂萬死無惜矣 …… 矣身以壽垣之逆節 卽敢謂之向國而有精誠 而壽垣之凶言 謂之非大逆 此爲護逆矣 相考處置敎事."

181 유수원은 『우서』 권4, 「論臺啓直勘律名之弊」에서 당시 死律 적용의 無法相을 지적하여, 만약 無狀不道의 혐의를 받았다면 당연히 鞫問을 통해 피의자의 伸白하는 말을 듣고 實吐를 얻어내어서 逆律에 처해야 하는데, 심문도 제대로 하지 않고는 臺諫의 붓끝에 먼저 죄명을 나열해 사형에 처하므로, 이런 것이 거듭되는 사이에 黨論이 조성되고 상호간의 살육과 보복이 되풀이된다고 하였다. 후일 자신의 처지를 미리 예견이나 한 듯하다.

지 만들었던[182] 탕당(蕩黨)과 노론에 의한 일련의 계획 속에 걸려들어 죽임을 당했을 것이라는 심증을 굳혀 준다.[183] 을해옥사에 역괴로 몰린 인물은 심악이었다. 영의정의 손자이고 산림의 동생이며 옥사 직전에 참판까지 지낸 배경과 소론 내에서의 위치 때문이었다. 유수원은 이런 심악에 비할 만한 지위나 정치적 성망(聲望)을 갖지 않았다. 그럼에도 호역률(護逆律)을 적용받은 심악[184]보다도 더한 능지처참에 노륙(孥戮)[185]까지 당하는 대역률을 받았다.

왜 그랬을까? 유수원이 했다는 흉언패설만으로도 역절(逆節)로 몰 수야 있겠지만, 그렇다고 해서 그것이 재산이 적몰되고 처자가 종으로 떨어지는 노륙의 형벌까지 받아 집안이 풍비박산이 될 정도였을까? 더구나 행동으로 나타난 역모가 아니라, 단지 역심을 가졌다는 결안(結案)의 자백만으로 가혹한 역률을 적용한 데는 혹시 다른 요인이 개재되어 있지 않을까?

---

182 尹光紹의 『素谷遺稿』에는 乙亥獄이 일어나자 鄭翬良・趙載浩의 무리가 生殺簿를 만들어 평일에 사이가 좋지 않은 사람들을 모두 구덩이에 몰아넣으려 했다고 하였다(『素谷遺稿』 권16, 「閑中漫錄」, 吾家受禍本末, "逮乙亥獄起 少論之崑火也 時大鄭〔羽良〕雖死 翬〔良〕與〔趙載〕浩大得志 執生殺簿 平日相忤者 盡驅逐之坑坎 鮮有免者.").

183 『영조실록』 권85, 31년 5월 26일 己亥, "上御內司僕 親鞫 沈鏵伏誅 …… 更問 …… 身爲宰列 懷此凶心 今此賊魁 非汝而誰 刑推後 更推加刑 沈鏵供 壽垣正刑 臣知其由於凶言 而不知以大逆正法矣 臣以壽垣逆節 謂之向國有誠 以壽垣之凶言 謂非大逆 護逆遲晩結案 鏵又曰 與壽垣同歸 死亦可樂矣 卽正刑如法."

184 沈鏵에게 護逆律이 적용된 데는 그 조부와 형의 名望이 작용했던 측면도 있다(『승정원일기』 1119책, 영조 31년 5월 26일 己未, "同副承旨尹東暹曰 護逆遲晩罪人鏵 …… 其陰慘叵測 有浮於壽垣 而畢竟勘律 止於護逆 王章太屈 輿情未伸 請護逆罪人鏵 亟令王府 依大逆擧行 …… 上曰 所陳是矣 予之參酌 亦有意矣.").

185 유수원의 부인 羅州朴氏(참판 熙晋의 女)는 남편 따라 自刎했다 하며(『文化柳氏世譜』 권1) 緣坐律에 따라 아들 東暉는 5월 27일 잡혀와 絞刑에 처해지고, 손자 宗喆과 손녀 甲任은 거제, 好喆과 孝任은 남해현의 종으로 되었다(『승정원일기』 1119책, 영조 31년 5월 27일 庚申, 義禁府啓).

이런 의문에 대해 필자는 유수원이 『우서』에서 피력한 개혁론과 관련지어 한번 고려해 보았다. 앞에서 검토한 대로 유수원은 문벌과 사림의 청의(淸議)를 거부함으로써 노론이 추구하고 있던 유가적(儒家的) 인치(人治, 德治)론에 근거했던 사림정치의 구도에 큰 타격을 가하고, 제도에 의한 국가사회의 운영을 주장하는 예치론자(禮治論者)였다. 그것은 군신공치(君臣共治)에 의한 사림정치 대신 군주에게 귀속된 권력 축과 분리되어, 도덕과 평판보다는 능력과 업적에 의해 제도화된 관제운영과 행정을 맡은 6조 중심의 실무관료를 다른 축으로 하여 국사와 민생 위주의 국정이 운영되는 정치체제를 지향하는 것이었다. 또한 그것은 정심성의(正心誠意)에서 출발한 의리명분보다는 주자 경세론에 근거한 실사(實事)·실정(實政)의 추구를 최고의 가치로 삼는 정치관을 가졌다. 이러한 점들은 수십 년 정치와 사회를 주도하여 온 노론 중심의 기득권 세력에게는 위협적인 사고를 가진 존재로 비칠 수밖에 없었다. 1년 전까지만 하여도 그에게 호감을 가지고 있던 임금이 그를 국문하는 과정에서 눈 흘겨보는 것(유수원은 仰視한 것이라 변명하였다)이 흉악하다는 식의 증오심을 보인 것[186]은 그에 대한 배신감에서 나온 표현이겠지만, 노륙(孥戮)이라는 극형의 처분을 내린 데에는 다분히 노론 측을 의식한 측면이 있었다고 생각한다.

심악이 영조와 탕론세력에 대한 현실적인 위협이었기에 역괴로 몰렸다면, 유수원은 노론정권의 통치원리와 국정운영체제를 위협하는 최대의 정치이론가였기에 혹심한 처벌을 받았던 것이 아닌가 한다.

유수원의 죽음으로 그 행적은 물론 그가 구상했고 한때는 임금의 큰 관심을 끌었던 개혁론은 『우서』라는 필자미상의 책이름만 전한 채 그

186 『승정원일기』 1119책, 영조 31년 5월 24일 丁酉.

진면목이 묻혀 버리게 된다. 유수원은 조선조가 망하기 직전인 순종 2년(1908) 대사령에 의해 신원(伸寃) 복관(復官)되었다.

6. 맺는 말

유수원은 비교적 늦게 실학자로 발굴된 인물인데다가 역적으로 몰려 죽임을 당했기 때문에 그 생애에 관한 기록은 『실록』과 『승정원일기』에 나오는 간헐적인 기사를 제외하고는 잘 찾아지지 않는다. 그래서 이 글에서는 기왕에 알려진 자료들과 그 집안 족보류의 기록이나 방손(傍孫)들에 의해 전해오는 전문(傳聞) 및 답사를 통해 얻은 정보 등을 더하여 그 생애를 재구성해 보려 하였다.

이런 과정에서 그 집안의 외가(外家)가 선조의 왕비인 의인(懿仁)왕후(潘南朴氏)의 근친(近親)인 관계로 나주에서 상경종사하게 되었음과, 양천현(陽川縣)의 장군소면(將軍所面, 현 서울 양천구 신정동) 및 광주군(廣州郡) 대왕면(大旺面, 현 강남구 수서동) 일대에 묘산(墓山)과 더불어 전장(田莊)이 있었음을 알게 되었다. 특히 대왕면의 전장에는 많은 서적을 보유한 서재가 있었고, 여기서 백조부인 유상운(柳尙運)으로부터 유수원이 학문을 배웠고 독서를 통해 제자백가에 달통하게 되었다고 한다.

소론의 색목(色目)을 지닌 집안에서 태어난 관계로 특히 남구만(南九萬)과 최석정(崔錫鼎) 등의 실무관료와 산림 윤증(尹拯)의 실학풍에 영향을 받았고, 백조부와 김석주(金錫胄)의 교류를 통해 효종 때 영의정으로서 부국안민과 실사실무(實事實務)를 국정운영의 원리로 주장하던 김육(金堉)의 경세론에 접하게 되었다고 생각된다.

25세에 급제한 이후 벼슬길에 들어섰으나 소론 내의 강경파[峻少]에 속한데다가 당숙부 유봉휘(柳鳳輝)가 영조의 기휘인물이 되었던 관계로 불우함을 면할 수 없었다. 거기에다가 귓병이 겹침으로써 선대의 묘소가 있는 장군소면에 칩거하게 된다. 그러나 언젠가 주어질 정치적 기회에 대한 기대를 갖고서 30대 후반에서 40대 초에 걸치는 기간에 그 필생의 저술인 『우서(迂書)』를 지었다고 한다.

『우서』가 조정에까지 알려지고 이를 통해 유수원의 경세가로서의 이름이 드러나게 된 계기는 영조 13년 이광좌(李光佐)를 수반으로 하는 소론정권의 등장과 무관하지 않다. 이광좌는 노론의 의리명분론에 맞서서 민생안정을 앞세운 현실문제의 해결을 집권명분으로 내세웠으며, 그 방향을 제시하는 첫 조처로 유수원의 『우서』를 거론하였던 것이다. 그러나 소론정권이 곧 약체화됨으로써 그런 기도는 수포로 돌아갔다.

『우서』가 다시 주목되고 유수원이 임금 앞에 입시(入侍)하여 자신의 정론(政論)을 주달하게 된 것은 영조 17년부터 재추진된 탕평책 때문이었다. 이 시기 탕평을 주도하던 조현명(趙顯命)은 탕평의 가시적 성과를 위해 유수원의 개혁안을 정책에 반영하고자 하였던 것이다. 이조전랑 통청권(通淸權)의 혁파와 한림회천법(翰林回薦法)의 이정(釐正)은 이렇게 해서 이루어졌다. 그러나 유수원은 그 정치적 성향을 경계한 노론의 견제로 『오례의(五禮儀)』와 『속대전(續大典)』을 편찬하는 낭청을 전전하는데 그쳤고, 영조 23년의 소론에 대한 노론의 토역론(討逆論)이 나오면서 그가 정계로 나올 수 있는 기회는 막히게 된다. 노론을 등에 업은 탕평당의 감시 속에 요주의 인물로 지목된 그는 결국 31년에 벌어진 을해옥사에 원흉으로 몰려 죽임을 당하게 된다.

유수원은 자기가 살던 시대의 국가가 당면한 가장 큰 문제점은 국허민빈(國虛民貧)에 있다고 파악하였다. 그리고 그 원인은 사민(四民)을 분별하여 각자의 맡은 일에 전념하게 하지 못한 데 있고, 다시 그것은 사민 중의 한 부분을 이루는 사인(士人)을 특권신분으로 두었기 때문이라 하였다. 이런 사민불분과 사인특권 문제의 원인을 거슬러 올라가면 치체정규(治體政規)로 말해지는 정치의 잘못에 이른다는 것이 유수원의 진단이었다.

따라서 이러한 문제를 해결하기 위해서는 당연히 정치부터 바로잡아야 한다는 처방이 나왔다. 그것이 바로 정치개혁론이다. 유수원은 사민불분(四民不分)으로 인한 폐단이 조선 후기의 정치면에 나타난 가장 큰 현상은, 특권을 누리는 문벌(門閥)의 발호와 청의(淸議)를 표방한 부론(浮論)의 횡행에 있다고 보았다. 이로 인하여 관제가 문란해짐은 물론, 특히 인사행정을 중심으로 한 운영상의 부정과 혼란이 초래되었다고 하였다.

이런 폐단을 구하기 위한 개혁방안으로서 그는 먼저 정치이념과 방식에 대한 논의부터 시작하였다. 그것은 당연히 공맹(孔孟)의 정치론에 바탕을 두어야 하였다. 그러나 유수원은 당시의 일반 유자(儒者)들과는 달리 인의(仁義)에 바탕한 인정설(仁政說)보다는 현실을 중시하는 왕정론(王政論)을 우선하였다. 그러므로 그에게는 공자가 '종주(從周)'의 근거로 높였던 선왕(先王)의 제도를 당시의 현실에 반영했던 '주례(周禮)'가 개혁의 이상적인 모델이었다. 그가 조선 후기 조선의 주자학자들이 정심성의(正心誠意)만 금과옥조처럼 여긴다면서, 주자(朱子)의 목표는 존주비민(尊主庇民)에 있고 이를 실천하는 인시제의(因時制宜)의 개혁정신을 본받아야 한다고 강조한 것은 이런 이유에서였다.

다음은 문벌과 부론(浮論)으로 인해 야기된 폐단을 제거하는 구체적인 방안이었다. 그런 폐단 제거의 일차적 대상은 전국에 걸쳐 범람하는 사인(士人)과 그 집단인 사림이었다. 이들을 정리하는 개혁안이 조사선보법(造士選補法)이었다. 엄격한 시험을 거쳐 정원이 확정된 학교로 사인을 흡수하고 여기서 탈락된 자들은 일반 민(民)으로 삼으며, 학교를 통해 양성된 인재를 과거에 의해 관인후보자로 뽑은 다음, 그 성적순에 따라 관직(館職)·육조·수령에 보임하는 방식이었다.

이렇게 관리가 선발되면 다음으로는 이들을 수용하여 나랏일을 처리해 나갈 제도로서 관직에 대한 정비가 필요하였다. 문한직(文翰職)의 통폐합과 비변사의 폐지 등을 통해 유수원은 권력을 행사하는 군주권과 일단 분리된 6조 중심의 정무체계(政務體系)를 구상하였던 것 같다. 각조의 판서를 정무의 최고책임자로 하여 그 밑에 서정을 맡은 백사(百司)를 분속시키고, 여기에 위의 조사선보법(造士選補法)에 의해 벼슬에 나온 관인을 실무자로 배속시킨다는 것이다. 그러나 이러한 제도도 운용이 잘못되면 효과가 없다. 그래서 관제운용을 위한 유수원 득의의 개혁안이 나오게 된다.

유수원은 관제운용을 위협하는 가장 큰 요소를 문벌과 부론으로 보았다. 두 가지 모두 사적(私的)인 이해(利害)로써 국가의 공적 영역인 관제의 공정한 운용을 가로막는 장애적 요소라 하였다. 그중에서 가장 심각한 부면이 용인(用人), 즉 인사관계에서였다. 이들의 인사관계 관여와 작용을 원천적으로 봉쇄하는 방안으로 제시한 것이 서승고적법(序陞考績法)이었다. 구임법(久任法)에 의해 배정된 관청에 오래 복무하도록 하되, 정해진 임기를 채워야만 윗자리로 승진하도록 하는 것이 서승법이고, 3년인 임기 중의 업무 실적을 일일이 기록한 문서〔行事曆簿〕에 의한 평가를 세 번에 걸쳐 하고 여기에 근거해 이(吏)·병조(兵曹)에서 9년에 한 번 출척(黜陟)하도록 하는 것이 고적법이다. 벼슬한 날짜와 9년간 근무한 실적을 철저히 3번에 걸쳐 평가한 자료를 토대로 한 인사운용이니만큼, 권력의 청촉이나 문벌의 비리가 개입할 여지가 없고 청의

(淸議)니 물의(物議)니 하는 공론을 빙자한 부론이 영향을 미칠 수 없다는 것이다.

더 나아가 유수원은 이 서승고적법을 통해 한 관청에서 오랫동안 근무하면서 승진하는 관계로 나랏일과 관련된 그 분야의 실무전문가를 양성할 수 있고, 또 외부의 부당한 입김을 배제하고 오직 실적평가에 따른 승천(陞遷)·출척(黜陟)이 이루어짐으로 인해 누구나 자기가 맡은 직무에 최선을 다할 것이니만큼 행정의 능률을 극대화할 수 있을 것이라고 하였다.

이처럼 서승고적법에 대한 자신을 가졌기에 그는 영조임금의 명에 의한 입시 직전에 그 내용을 요약하여 「관제서승도설(官制序陞圖說)」로 올렸으며, 임금 또한 이를 받아들여 백여 년 이상 관행으로 내려온 이조전랑 통청권(通淸權)의 혁파와 한림회천(翰林回薦)을 개혁하였던 것이다.

마지막으로 유수원이 꿈꾼 정치체제가 어떤 것인가를 생각해 보았다. 그러나 끝까지 분명한 그림을 찾지는 못하였다. 다만 정심성의(正心誠意)보다 정사시조(政事施措)가 주자의 본령이라 하고, 사림의 청의를 공론에 가탁한 사의(私議)로 단정하여 당론(黨論)의 원천으로 극론하는 등의 사례로 보아, 의리명분과 군자진용론(君子進用論)을 앞세워 덕치(德治)를 추구하는 사림정치 쪽은 아니었다.

그렇다고 그가 명나라 제도가 『주례(周禮)』의 정신을 가장 잘 계승하였다며, 이는 명 태조가 제왕의 학문을 가졌기 때문이라 하면서 명제(明制)의 도입을 주장했다고 하여, 명 태조가 구축한 강력한 전제정치를 이상적으로 보았다고도 할 수 없다. 명 태조는 법가(法家)의 가혹한 형률(刑律)을 『대명률(大明律)』에 조문화하여 신권(臣權)을 탄압하며 제권(帝權)을 확립했다. 그러나 77조에 이르는 『우서』 항목에 형명(刑名)의 조목이 없는 것은 물론이고, 그 내용 어디에도 한비자(韓非子)·상앙(商

鞅)의 법가적 요소는 잘 보이지 않는다.

그렇다면 유수원은 어떤 정치체제를 꿈꾸었을까. 지금까지 그의 정치개혁론을 검토한 소견으로 말한다면 '전문적인 실무자 집단으로 구성된 관료에 의해 국정이 능률적으로 운영되는 예치(禮治) 지향의 군주정체(君主政體)'였다고 마무리하고 싶다.

요컨대 그의 정치개혁론은 양인(良人)을 대상으로 한 시험과 교육에 의해 조사(造士)를 양성하고, 다시 이들을 과거를 통한 선보법(選補法)으로 관리로 선발하여 6조정무체계(六曹政務體系)에 따라 새로이 정비된 관제조직 속에 임용하여서, 구임(久任)과 서승고적법(序陞考績法)에 의해 전문적 실무관료로 확보한다는 구조였다고 할 수 있겠다.

이런 '전문적 실무관료 집단(Technocrat)'을 그는 자기가 꿈꾸는 '예치 지향의 군주정체' 속에서 추진할 사회경제 개혁의 주체세력으로 삼으려 하지 않았을까?

參考文獻

沈魯崇, 『孝田散稿』(연세대학교 도서관 소장).

柳尙運, 『藥齋集』, 『韓國文集叢刊續』 42, 한국고전번역원.

柳壽垣, 『迂書』(奎章閣本), 서울대학교 古典刊行會.

______, 『국역 우서』, 『고전국역총서』 224, 민족문화추진회.

尹光紹, 『素谷遺稿』, 『韓國文集叢刊』 223, 한국고전번역원.

尹拯, 『明齋遺稿』, 『韓國文集叢刊』 135, 한국고전번역원.

李重煥, 『擇里志』, 朝鮮光文會.

丁若鏞, 『與猶堂全書』, 『韓國文集叢刊』 281~2863, 한국고전번역원.

『國安及推案』.

『國朝文科榜目』.

『肅宗實錄』.

『承政院日記』(肅宗, 景宗, 英祖).

『英祖實錄』.

『朱子全書』.

『文化柳氏世譜』(戊子譜), 文化柳氏大宗會.

부유섭(2013), 「壯洞金門의 書籍유통과 지식재생산」, 『民族文化』 41, 한국고전번역원.

안대회(2013), 「楚亭 사상의 성립 배경과 그 영향」, 『楚亭 朴齊家 연구』(실시학사 실학연구총서 07), 사람의 무늬.

이승환(1998), 『유가사상의 사회철학적 재조명』, 고려대학교 출판부.

이재철(2009), 『조선후기 사림의 현실인식과 政局運營論』, 집문당.

임헌규(2011), 「공자의 正名論에 대한 일고찰」, 『철학연구』 118, 대한철학회.

정석종(1983), 『朝鮮後期社會變動硏究』, 일조각.

정만조(1983), 「영조대 초반의 탕평책과 탕평파의 활동」, 『진단학보』 56, 진단학회.

______(1986a), 「영조대 중반의 정국과 탕평책의 재정립」, 『역사학보』 111, 역사학회.

______(1986b), 「영조17년의 祠院毁撤」, 『한국학논총』 9, 국민대학교 한국학연구소.

______(1999), 「17세기 중반 漢黨의 정치활동과 국정운영론」, 『한국문화』 23, 서울대학교 한국문화연구소.

______(2010), 「조선시대 政丞의 歷任 官職에 대한 분석」, 『한국역사상 관료제 운영시스템에 관한 연구』, 국민대학교 출판부.

______(2012), 「영조대 정국추이와 탕평책」, 『영조의 국가정책과 정치이념』, 한국학중앙연구원 출판부.

천관우(1979), 「磻溪 柳馨遠의 연구」, 『역사학보』 2·3, 『近世朝鮮史硏究』, 일조각.

한영국(1968), 「유수원 저 『우서』, 『창작과 비평』 11, 창작과비평사.

______(1973), 「유수원의 『우서』」, 『실학연구입문』, 일조각.

______(1976), 「농암 유수원의 政治·經濟사상(上)」, 『대구사학』 10, 대구사학회.

______(1981), 「국역 『우서』 해제」, 민족문화추진회.

한영우(2007), 『꿈과 반역의 실학자 유수원』, 지식산업사.

한우근(1960), 「實學의 개념 再論－尹拯의 '實學'觀」, 『東國史學』 6.

한충희(2005), 『조선초기 官衙연구』, 계명대학교 출판부.

미조구찌 유조, 동국대 동양사연구실 옮김(2001), 『중국의 禮治시스템』, 청계출판사.

關文發(1996), 『明代政治制度研究』, 中國社會科學出版部.
關文發(1996), 『明代政治制度研究』, 中國社會科學出版社.
費孝通(2012), 『皇權與紳權』, 岳麓書舍.
蕭公權(1982), 『中國政治思想史』, 燕京出版事業公社.
余英時(2002), 『士與中國文化』 上, 上海人民出版社.
余英時(2004), 『朱熹的歷史世界』, 新華書店.
張分田(2004), 『中國帝王觀念－社會普遍意識中的"尊君－罪君"文化範式』, 中國人民大學出版社.
張顯淸(2003), 『明代政治史(上)』, 廣西師範大學出版社.
趙子富(2000), 『明代學校與科擧制度研究』, 北京燕山出版社.
朱漢民(2001), 『曠世大儒朱熹』, 河北人民出版社.
陳寶良(2005), 『明代儒學生員與地方社會』, 中國社會科學出版社.

〈부록 1〉 柳壽垣家系圖

*( ) 안은 묘 소재 지명

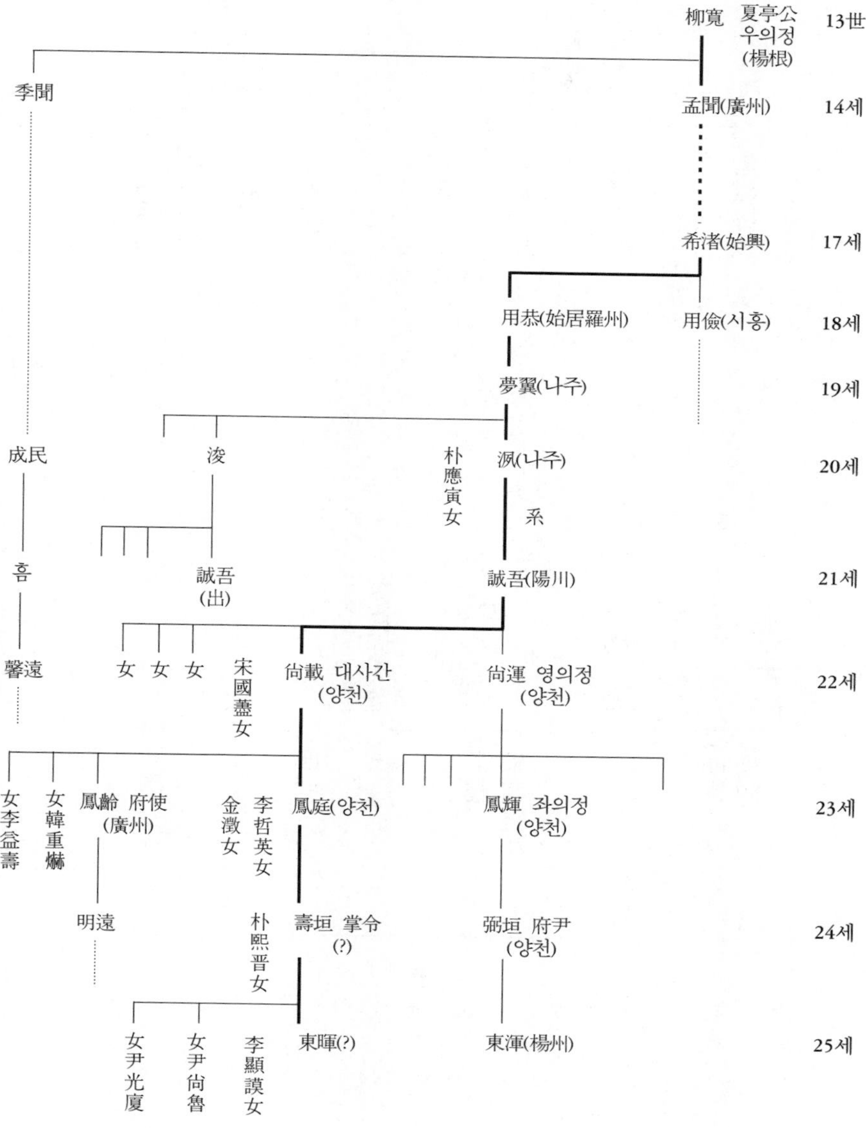

〈부록 2〉 개혁론의 기본구조

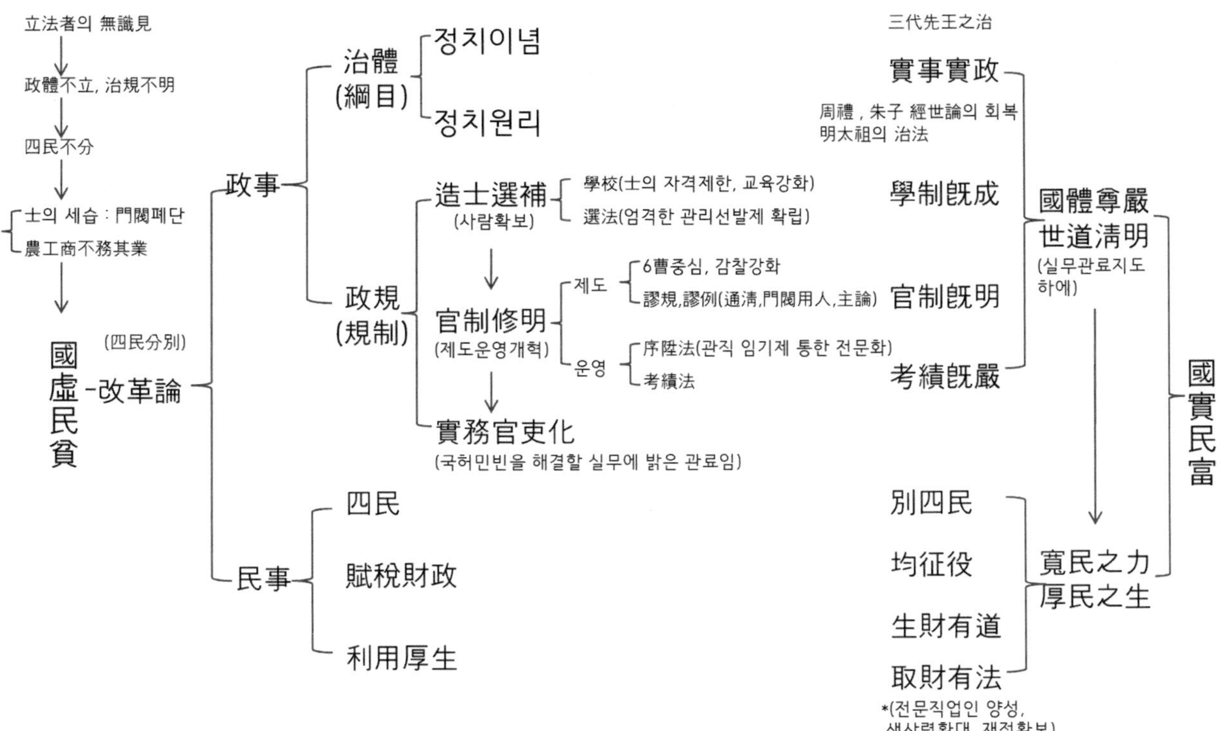

조선시대 사회구조의 변화와 聾庵의 신분제 개혁론

김성우 | 대구한의대학교 관광레저학과 교수

1. 머리말

2. 조선시대 사회구조의 변화에 대한 유수원의 인식
   1) 양천제(良賤制)
   2) 반상제(班常制)
   3) 문벌사회(門閥社會)

3. 유수원의 신분제 개혁론
   1) 사민(士民) 분업
   2) 사상층(士商層)의 창출

4. 개혁 모델 : 동 시기의 중국

5. 수용과 변용

6. 맺음말 : 국가 주도의 개혁을 통한 중국 따라잡기

1. 머리말

유수원(柳壽垣, 1694~1755)은 신임사화(辛壬士禍) 시기(1721~1722) 요동치는 정계의 한복판에 있었던 소론계(少論系) 명문인 문화유씨(文化柳氏) 가문의 신진 관료였다. '경종(景宗)의 충신'을 자처하여 가장 과격했던 급소(急少) 계열의 관료였던 그는, 1724년 영조(英祖, 재위기간 1724~1776) 즉위 이후 요주의 인물로 낙인 찍혀 노론(老論) 측의 끈질긴 감찰 대상이 되었다. 반면 그의 탁월한 재능을 안타까워한 소론계 중도파인 탕론계(蕩論系) 관료들, 곧 조현명(趙顯命)·박문수(朴文秀)·이종성(李宗城)과 같은 고위 관료들은 그를 여러 차례 국왕에게 추천했다. 그 결과 그는 1741년(영조 17) 영조를 직접 알현, 그의 정치사상을 역설할 수 있는 흔치 않은 기회를 갖기도 했다. 그렇지만 소론계 근본주의자였던 그를 집권 노론 측은 결코 좌시하지 않았다. 그로 인해 그는 정언(正言)·지평(持平)·장령(掌令)과 같은 사헌부(司憲府)·사간원(司諫院)의 하위 관직을 전전했고, 그것도 아주 짧은 기간에 지나지 않았다.[1]

그의 정치 역정은 사실상 1718년(숙종 44) 관료로 출사한 초창기에 이미 결정되었다고 해도 과언이 아니었다. 이때 채워진 족쇄로 인해 그는 소론계가 일망타진된 1755년(영조 31) 을해옥사(乙亥獄事)에서 형장의 이슬로 생을 마감했다. 그의 인생 역정이 이처럼 참담했음에도 그는 후세 역사가들로부터 18세기의 가장 위대한 개혁가라는 찬사를 한 몸

---

1 유수원의 가계 및 그의 정치 역정에 대해서는 韓榮國(1967), 3~6면; 한영우(2007), 23~47면에 자세하다.

에 받는 영예를 안았다. 그에 대한 이러한 상찬(賞讚)은 순전히 그가 저술한 저서인 『우서(迂書)』에서 기인했다. 이 책은 분량이 적은 소책자에 불과했지만, 담고 있는 내용만큼은 조선사회 전체를 뒤흔들 만큼 방대했고, 그 무엇보다도 독창적이라는 점에서 후세 사가들의 눈길을 사로잡기에 충분했다.

유수원의 독창성은 그가 살고 있던 시기, 곧 18세기 전반 조선사회의 문제점을 정확하게 짚어 내고 개혁 방안을 명쾌하게 제시했다는 점에 있었다. 그는 조선사회의 근본 문제들이 지배신분인 사족층(士族層)의 '자폐적 엘리트'로의 전락, 문벌사회(門閥社會)의 형성에 따른 '형세(形勢)'와 '배경' 위주의 인재 선발과 경직된 정국 운영에서 비롯되었다고 보았다. 명색이 지배층이지만 공부 이외에는 아무것도 할 수 없게 되어 버린 사족들은 지배층이라는 허울 속에 두 손 두 발이 모두 묶여 버린 '자폐적 존재'에 불과했다. 더구나 소수의 집권세력이 문벌집단을 강고하게 형성한 상황에서 그들은 그토록 갈구했던 관직을 얻기 힘들었고, 그렇다고 다른 직업을 감히 가질 수도 없는 참으로 딱한 처지로 내몰리고 있었다.

유수원이 사족의 생계 마련을 위해 제시한 방안은 사민분업(四民分業)이었다. 그는 사족을 사(士)·농(農)·공(工)·상(商)이라는 사민의 범주에 집어넣은 다음, 사민간의 평등과 계층 이동을 용인하게 되면, 그들의 생계문제를 해결할 수 있으리라 믿었다. 그의 독창성은 사족의 생계 해결책으로 상업을 주목했다는 점에서 특히 두드러진다. 사족이 상업에 투신하게 될 경우 그동안 상업을 천업(賤業)이라 하여 무시해 온 분위기가 일신되고, 경제 전반이 활성화될 계기가 마련될 것이었다. 그렇게 되면 사민들이 경제적 안정을 얻게 되고, 국가도 자연스럽게 부강해질 수 있을 것이었다. 그런 점에서 그의 개혁론의 핵심은 사민분업의 실현과 사족의 상업 전업(轉業)의 허용이었다고 할 수 있다.

그동안 유수원의 개혁론에 대해서는 많은 연구들이 축적되어 왔다. 특히 그가 강조해 온 신분구조를 위시한 사회구조의 개혁, 상공업의 촉진, 사족층의 상업 투신 등의 주제에 초점을 맞춰 많은 연구들이 진행되어 왔다.[2] 그런데 기존의 연구들은 『우서』에 제시된 내용들이 당시 조선의 현실을 반영한다는 점을 전제하여 기술하는 경향이 강했다. 그런 이유에서 18세기 전반 서울을 중심으로 한 상업계가 '상인적 매뉴팩처' 단계에 접어들었다든가, 그의 개혁론이 '근대지향적인 상업진흥론'이라든가 하는 호평 일색이었다.[3]

필자는 유수원의 현실 인식이 매우 냉정하고 투철하여 현실사회의 병폐들을 매우 정확하게 직시했다는 점에서, 그가 동 시기 어떤 개혁가보다도 선진적이었다는 점에 대해서는 견해를 달리하지 않는다. 그렇지만 그의 개혁론이 조선사회의 현실을 그대로 투영하여 정치하게 정리했다는 기존의 관점에 대해서는 동의하지 않는다. 이러한 문제의식 아래 본 연구는 그가 당시 조선사회의 가장 고질적 병폐로 인식했던 두 가지 문제, 곧 '자폐적 엘리트'로 전락해 버린 사족층, 그리고 문벌사회의 형성에 따른 소수 권력집단에 의한 권력 집중 문제를 천착해 보고자 한다.

이와 관련하여 다음의 네 가지 측면에 각별히 주목해 볼 것이다. 첫 번째는 17~18세기 조선의 사회구조가 어떠했고 어떻게 변해 왔는지를 살펴보고자 한다. 두 번째는 그의 신분제 개혁론을 사민분업의 실현과

2 신분제 개혁론과 관련해서는 韓永愚(1972), 김인규(2009)가, 상업진흥론과 관련해서는 姜萬吉(1971), 李憲昶(2002), 백승철(2007) 등의 연구가 있다.

3 강만길(1971), 65면; 이헌창(2002), 73면.

사상층(士商層)의 창출이라는 관점에서 살펴보고자 한다. 세 번째로는 그의 개혁론의 원천이 어디에 있었는지를, 그리고 마지막으로는 그의 개혁론의 현실적 타당성, 곧 실현 가능성 여부를 타진해 보고자 한다.

2. 조선시대 사회구조의 변화에 대한 유수원의 인식

1) 양천제(良賤制)

(1) 중국과 조선의 양천제 운영 방식

유수원은 중국 고유의 인민 편제 방식을 양천제(良賤制)라고 이해했다. 그렇다면 양천제는 어떻게 운영되는 인민 편제 방식이었던가? 이하에서는 양천제의 운영 양상을 기존의 연구를 중심으로 살펴보도록 하자. 양천제 아래에서 양인(良人)은 국가의 지배를 받는 공민(公民)으로서 사·농·공·상 등 4개의 직업을 가진다는 점에서 사민이라 불렸다. 양인은 국가에 조(租)·용(庸)·조(調) 등 3세(稅)의 납세 의무가 있었지만, 반대급부로 교육 수혜권, 군역(軍役) 수행권, 관직 담당권과 같은 이른바 사환권(仕宦權)을 권리로 부여받았다. 국가는 양인을 근간으로 하여 국가를 운영해 나갔다. 반면 천인(賤人)은 지배층이나 국가기관에 예속된 사민(私民)이었다. 국가가 이들을 사민으로 편제한 까닭은 이들이 경제적으로 허약해서 3세를 부담할 수 없는 계층이었기 때문이다. 이들은 국가기관이나 지배층에 예속되지 않으면 살아가기 힘든 계층이었다. 이런 이유에서 국가는 양인이 이들을 보호해 주는 것을 허락하고, 그 대가로 이들을 사역(使役)시키거나 신공(身貢)을 받는 것을 허용해 주었다.[4]

『우서』에서 유수원이 이해한 중국의 양천제 운영 양상을 확인해 보도록 하자. 양천제적 인민 편제 아래에서 '공경(公卿) 이하의 자손과 평민(平民)'은 모두 양인이었다. 그런 이유에서 "이들 모두는 동등하게 대우받았다." "사족(士族)과 양인 사이에는 아무런 (신분적 · 사회적) 고하나 우열이 없었기 때문에" "사족이 관직을 가지고 자랑하거나 양인이 초개(草芥)라 하여 부끄러워할" 이유가 없었다.[5] 그렇지만 천인의 지위는 양인에 비해 현격하게 낮았다. "천인은 형편상 양인과 같을 수 없었기 때문에" "평민에 비해 조금 더 무거운 공역을 내는 것이 당연했다."[6] 형률을 적용할 때에도 이들은 양인보다 한 등급 더 높은 처벌을 받았고, "과거 응시가 불허되었으며," "양인과 천인이 서로 결혼할 경우〔良賤爲婚者〕에는 이들에게 벌을 내리고 강제로 이혼시켰다." 이처럼 "양인과 천인의 구분은 매우 엄격했다."[7]

유수원은 이와 같이 운영되는 양천제가 중국의 이상사회라고, 널리 알려진 삼대(三代) 이래 전래되어 온 중국 고유의 인민 편제 방식이라고 이해했다. 양천제는 적어도 한대(漢代, BC 206~AD 220)까지는 골격이 유지되었다. 그렇지만 이민족의 침공이 본격화된 위진남북조(魏晉南北朝, 221~589) 시기에 이르러 중국의 사회구조는 크게 훼손되었다. 문벌

---

4 김성우(2006), 185~187면.

5 유수원, 『迂書』, 「附宋沈括夢溪筆談所論」, "答曰. 所謂良人. 卽指公卿以下子孫及平民而言也. 士族未嘗以官職自高. 良人未嘗以草芥自歉. 時來則做官職. 不然則安其分. 小無高下優劣凌駕之弊. 比之吾東士族互相凌賤. 仍成薄俗者. 果何如哉."

6 유수원, 『迂書』, 「論奴婢貢役」, "答曰. 奴婢身役. 不但我國爲重. 雖中國. 比之凡民. 則亦不免差重. 旣是賤人. 則其勢自不得與良人同科故也."

7 유수원, 『迂書』, 「論士庶名分」, "答曰. 凡奴隷官吏之賤. 中國本不許應擧. 良賤爲婚者. 決罪離異. 賤人不得役使奴婢. 良賤之分. 可謂至嚴. 且律曰. 凡奴婢毆良人者. 加凡人一等. 至篤疾者絞. 死者斬. 其良人毆傷他人奴婢者. 減凡人一等. 若死及故殺者. 償命雖均. 而絞斬則異. 且賤人毆良人. 至篤疾則絞. 而良人. 則不過施以凡鬪傷之律. 非但不絞. 又從而減等. 所以待之者逈然不同. 如此矣."

을 숭상하는 이민족의 풍습이 중국에 스며들면서 중국도 점차 문벌을 중시하는 분위기가 조성되기에 이르렀다. 문벌 숭상 풍속은 수·당 대(581~907)에 절정에 이르렀고, 당 말기부터 점차 약해졌으며, 송대(宋代, 960~1279)에는 다시 양천제를 회복하게 되었다.

유수원은 이처럼 양천제가 삼대 이래 중국 '고유'의 인민 편제 방식이라 확신했다. 그렇지만 중국 신분제에 대한 이러한 이해 방식은 명백한 오류였다. 전근대 시기 중국과 한국의 유교적 지식인들 사이에서 삼대에 사·농·공·상 등 사민이 평등하게 존재했다는 인식이 널리 퍼져 있었던 것은 사실이다. 그렇지만 사민에 대한 명확한 규정은 관중(管仲, ?~BC 645)의 작품으로 알려진『관자(管子)』, 좌구명(左丘明)의 작품인『국어(國語)』등 춘추시대(BC 770~BC 403) 후기의 저작들에 이르러서야 확인될 뿐이다. 그런 이유에서 사민분업(四民分業)에 대한 인식은 아무리 빨라도 춘추시대 후기가 되어서야, 그것도 유가적 지식인들에 의해 정형화되었다고 볼 수 있다.[8] 서주(西周) 시대(BC 1046~BC 771) 이래 사민을 지칭하는 용어는 평민(平民) 혹은 서인(庶人)이었다. 중국에서 사민을 양인으로 부르게 된 시기는 양천제가 확립된 북위(北魏) 효문제(孝文帝, 471~499) 시기 이후였다.[9] 그런 점에서 사민이 양인으로 등치될 수 있었던 시기는 아무리 빨라도 5세기 후반 이후였다.

다음으로 양천제의 회복에 대한 유수원의 인식의 타당성 여부를 살펴보자. 그는 삼대 및 송대 이후 시기를 양천제 시대로, 반면 수·당 시대를 문벌사회로 보았다. 그렇지만 양천제는 사실상 남북조시대(420~589)

---

8 Ho, Ping-ti(何炳棣, 1962); 曺永祿 外 譯(1987), 3면, 19~22면. 번역본이 있을 경우 인용 페이지는 번역본을 따른다. 이하 동일.

9 任仲爀(2010), 4면, 28~35면.

를 거쳐 수·당 시대에 이르러 제도로 완성되었다. 중국 학계에 따르면, 수·당 시대에 확립된 양천제는 8세기 중·후반, 당 중기 이래 소멸 국면에 접어들었고, 송대 이후에는 완전히 사라졌다고 한다.[10] 그런 점에서 양천제가 역사시대 이래 중국 고유의 인민 편제 방식이라는 그의 견해는 명백한 오류였다. 다만 당대까지 지속되었던 문벌귀족이 송대 이후 소멸되었다는 그의 주장은 경청할 만하다. 그렇지만 18세기 전반이라는 시대적 제약 속에서 이 정도의 중국사 이해 수준은 매우 놀라운 것이었다. 중국 신분제 변천에 대한 그의 인식 오류에 대해서는 뒤에서 좀 더 자세히 서술할 예정이다.

한편, 조선왕조의 양천제는 중국 수·당 시대에 완성된 양천제를 근간으로 하여 성립되었다.[11] 그런 이유에서 조선의 그것도 중국과 본질적인 차이가 없었다. "양인은 비록 관직이 없어도 본래 구애되고 매인 데가 없었고, 흠도 허물도 없는 평범한 사람이자", 하늘이 품성을 부여한 '천민(天民)'이었다. 이들은 "재능이 있으면 크게는 경상(卿相)까지, 작게는 백집사(百執事)를 모두 맡을 수 있는" 존재였다.[12] 이들에게는 학교에서 공부할 수 있는 교육 수혜권이 주어졌고, 과거에 응시하여 관직에 나갈 수 있는 권한, 이른바 사환권(仕宦權)도 있었다.[13] 사환권의 향유를 위해서는 조·용·조 등 3세의 납세 의무를 져야 했고, 군역 의무도 수행해야만 했다. 양인으로서의 모든 의무를 수행하는 경우라면,

---

10 金裕哲(1989), 190～195면.

11 조선 초기 양천제의 운영에 대해서는 韓永愚(1983), 劉承源(1987)이 참조된다.

12 유수원, 『迂書』, 「論士庶名分」, "良人自是天民也. 苟有才德. 則大而卿相. 小而百執事. 皆其職也. 有何不可以敵自處於士族之理哉. 良人雖無官職. 自是無拘無係無痕無咎之平人. 有何可賤之理乎."

13 유수원, 『迂書』, 「論學校選補之制」, "或曰. 士大夫. 豈肯與百姓子. 出入學校乎. 必不肯從矣. 答曰. 良人子. 國家本許就科矣."

누구나 할 것 없이 사환권을 권리로 누릴 수 있었다.

반면 천인은 양인의 의무 수행이 애초에 불가능했던 예속 노동력이었던 탓에 양인의 보편적 권리를 향유할 수 없었다. 그런 이유에서 천인에게는 군역으로 대표되는 신역(身役)이 부과되지 않았다. 천인의 대다수를 차지하는 계층은 노비였다. 노비는 주인에게 철저하게 예속되어 주인의 요구에 응해야만 하는 존재들이었다.[14] "천인은 형편상 양인과 같지 않았기 때문에" 중국에서도 "평민에 비해 약간 더 무거운 공역을 부담해야만 했다."[15]

양인이지만 천역(賤役)을 담당하는 계층, 곧 신량역천층(身良役賤層)도 있었다. 이들은 누구에게도 예속되지 않은 자유민이라는 점에서 법적으로는 양인이었지만, 일반 양인들이 꺼려하는 천역에 종사한다는 점에서 '신량역천층'이라 불렸다.[16] 조선시대의 가장 대표적인 천직(賤職)은 공업과 상업이었다. 이들 직업이 천역이었던 까닭은 중국 역대 왕조의 경제정책과 깊이 관련되어 있다. 중농주의(重農主義) 정책을 강하게 밀어붙였던 중국 역대 왕조는 농업을 본업(本業)으로 간주하여 높이 숭상한 반면, 상업과 공업은 말업(末業)이라 하여 억압하는 정책을 펼쳐 나갔다. 이러한 정책적 기조 아래 숭본억말(崇本抑末) 정책, 곧 '농업은 숭상하고 상업은 억압하는' 정책이 시행되었다.[17]

중농주의 정책은 양천제가 확립된 수·당 시대에도 그대로 유지되었다. 그리하여 사인(士人)과 농민에게는 공전(公田)이 지급된 반면, 상

---

14 유수원, 『迂書』, 「論麗制」, '奴婢', "奴婢雖有主. 其實則皆國家之氓. 而國家視之. 如化外之民. 曾不得定一役徵一錢. 任其上典之所爲. 莫敢下手. 今日良役之弊. 實由於此."

15 유수원, 『迂書』, 「論奴婢貢役」.

16 유승원(1987).

17 Ho, Ping-ti(1962), 45~46면.

인과 공장에게는 토지 지급이 불허되었다. 공·상업 종사자는 수전체제(授田體制)의 바깥으로 밀려나 있었기 때문에 3세의 납세 의무가 없었고, 양인의 보편적 권리인 교육 수혜권, 군역 수행권, 관직 담당권도 주어지지 않았다. 편제상으로는 양인이지만 그들의 보편적 의무와 권리를 향유하지 못한다는 점에서, 이들은 '신량역천층'으로 분류되고, 각종 차별을 감수해야만 했다. 공장과 상인은 일정 기간 국가기관에 예속되어 사역하는 관장(官匠) 혹은 관상(官商)으로 복무했다. 국가는 이들을 양인과 구별하여 잡류(雜流)라 불렀다. 국가는 이들이 일정 기간 국역(國役)을 수행하면 관직 진출을 허용해 주었지만, 그것은 어디까지나 양인의 진출로인 정직(正職)과 구분되는 잡직(雜職)이었을 뿐이다.[18]

이밖에 양인의 첩(妾) 소생(所生)인 서얼(庶孼)도 있었다. 서얼은 노비신분인 경우가 대부분이었다. 조선 초기에는 종모법(從母法)이, 15세기 중반 이후에는 '일천즉천법(一賤則賤法)'이 적용되어 어느 경우든 노비혈통의 소유자는 노비가 될 수밖에 없었기 때문이다. 그렇지만 국가는 이들을 합법적으로 종량(從良)시키기 위한 장치로서 보충대(補充隊) 규정을 두었다. 이곳에서 일정 기간 복무한 서얼들은 양인으로 대우해 주었고, 이들이 양인으로서의 의무와 권리를 향유하는 것 또한 허용해 주었다.[19]

(2) 한국 역사상 양천제 유래에 대한 유수원의 인식

유수원은 한국 역사에 양천제가 사회구조로 정착한 시점을 고려왕

18 유수원, 『迂書』, 「論麗制」, '銓注', "此外又有限職之制. 凡工商內外子孫. 勿許清要理民之職. 只許做校尉等流外雜職八九品而止. 雖其祖先. 係是三韓功臣. 若自高祖以下內外祖先. 或有工商. 則竝錮子孫. 此實自古所未有之法也. 工商有何罪. 至於禁錮內外子孫耶."

19 김성우(2001), 130~144면.

조의 개창 이후라고 보았다. 9세기 전반 후삼국시대부터 고려 초기, 당말부터 오대십국(五代十國) 시대(907~979)의 혼란을 틈타 중국의 관료나 급제자(及第者)들이 고려로 대거 망명하는 사태가 벌어졌다. 이 무렵 이들이 중국의 법제인 양천제를 고려에 소개하게 되었다는 것이다. 그렇지만 "중국 연해 지방에 살던 곤궁한 수재(秀才)였던" 이들은 "대단한 식견이 없었다." 수준 낮은 인사들이 초기의 법제 정비에 간여했기 때문에, 고려는 "(중국 고대) 성현(聖賢)들이 개창하고 이어나간 정치가 있을 리 없었고", "그것을 제대로 배우지도 못했다."[20] 이들이 "사·농·공·상의 네 글자를 취했음에도 분란(紛亂)만을 일으켰던" 까닭이 여기에 있었다.

이 때문에 "사람들이 모두 직업을 잃게 되었는가 하면, 실속을 차리지도 못했다." 가장 문제가 되었던 것은 "사인(士人)을 숭용(崇用)한 반면 잡기(雜技)를 싫어하고 천대한 것이었다." 이로 인해 "공상(工商)을 금고(禁錮)하는 지경에 이르렀고, 음란한 여성〔恣女〕의 자손들도 금고시키게 되었다." 그 결과 고려 초기는 "문벌이 자연스럽게 형성된" 사회가 되었다.[21]

정도전(鄭道傳)·조준(趙浚) 등 조선왕조 개창 초기의 개혁가들도 고려의 실패를 반복하는 우를 범했다. 조선은 "당나라의 제도에서 과거나 관제(官制)·의문(儀文)·전례(典禮) 등을 본받았지만", "고려의 비루한 습속을 답습하여 간략하게 꾸몄을 뿐이었다." 이로 인해 "강목이 어설프고 규제가 몹시 소략했으며, 그릇되고 어긋나는 것들이 무수히 뒤쳐나와 제 모양을 갖추지 못했다."[22]

---

20 유수원, 『迂書』, 「論麗制」, '銓注'.

21 유수원, 『迂書』, 「論麗制」, '銓注'.

유수원은 조선왕조가 당과 고려의 제도를 어설프게 짜깁기한 결과, 여러 가지 문제들이 야기되었다고 보았다. 가장 문제가 되었던 것은 29가지 법제들이었다. 이 가운데 양천제와 관련한 법조항은 오위제(五衛制) 중심의 군사 편제와 군인의 보조 인력인 보인(保人) 지급(첫 번째, 네 번째 조항), 서얼금고법(庶孼禁錮法)의 실시(9번째 조항), 삼의사(三醫司) 및 잡직(雜職)의 난잡 문제(10번째 조항), 사민(四民) 직업의 비전문 및 비분업 문제(13번째 조항), 군사의 상번제(上番制) 폐지 이후 미포(米布)의 대납(代納) 문제(22번째 조항) 등 무려 6개 조항이나 되었다.[23]

왕조의 번영이 시작된 세종(世宗) 대(1418~1450)에도 황희(黃喜)·허조(許稠)와 같은 재상들이 이런 문제들을 그대로 답습하는 실수를 저질렀다. 이들이 범한 결정적 오류는 모두 여섯 가지였다. 이 가운데 양천제와 관련된 법제는 서얼금고법의 실시(첫 번째 조항), 사민의 미분(2번째 조항), 오위제 편제와 양인 급보(給保, 5번째 조항) 등 3개나 되었다.[24] 조선 초기 법제화 과정에서의 이러한 실수는 순전히 재상들의 책임이었다. '동방의 요순(堯舜)'인 세종은 "오늘날까지도 조선이 유지될 수 있도록 공헌했음에도" 그를 보필했던 재상들은 "학문과 식견이 그에 미치지 못했기" 때문이다.[25]

유수원이 판단하기로는 불완전했던 조선왕조의 법제는 당 말기의 혼란스러웠던 법제의 수용, 총체적으로 불완전했던 고려 법제의 계승, 그리고 왕조 개창 초기 재상들의 실수가 연이어지면서 복합적으로 작용한 결과였다. 그 결과 조선왕조에서 문제가 된 법조항 가운데 양천제

22 유수원, 『迂書』, 「論本朝政弊」.

23 유수원, 『迂書』, 「論本朝政弊」.

24 나머지 3개 조항은 부세·국가재정·관제 등이었다(유수원, 『迂書』, 「論備局」).

25 유수원, 『迂書』, 「論備局」.

관련 규정이 각각 21%(6/29), 50%(3/6)나 될 정도로 비중이 엄청나게 높았다. 그는 조선왕조의 불완전한 법제 가운데 가장 심각했던 것으로 양천제 운영의 문제점을 꼽았던 것이다. "기자조선(箕子朝鮮) 이래 우리 왕조의 제도가 (역사적으로) 가장 훌륭하다."는 일반적인 평가에도 불구하고, 조선왕조가 완벽한 형태의 법제를 구축하는 데 실패한 왕조가 되고 말았다는 그의 인식 또한 여기에서 비롯되었다.

한국 역사에서 양천제의 수용에 관한 그의 인식은 18세기 전반이라는 시대 상황을 감안하면 놀라운 혜안과 통찰력을 보여 준다. 그렇지만 그의 인식에는 군데군데 오류가 발견된다. 몇 가지 오류들을 지적해 보도록 하자. 우선 양천제가 9세기 전반 중국 망명 지식인들이 고려에 전파한 제도라는 그의 인식이다. 한국 역사학계의 성과에 따르면, 양천제의 도입 시기는 신라의 삼국 통일 이후 당의 법제를 대대적으로 수용했던 7세기 후반부터 8세기 초반이었다.[26] 이 무렵 중국의 주변 국가들은 균전제(均田制)·부병제(府兵制)·양천제(良賤制)와 같은 당의 법률들을 다투어 수용하고 있었다. 7세기 후반의 신라, 거의 같은 시기 일본이 그러했다. 그런 점에서 한국 역사상 양천제의 수용 시기는 7세기 중반부터 8세기 초반으로 수정되어야 한다. 후삼국시대(901~936)의 혼란을 극복하고 새로운 통일왕조를 수립했던 고려왕조 또한 통일신라시대에 도입된 중국의 법제들을 적극 수용하여, 전시과(田柴科)·부병제·양천제를 국가 운영의 중심축에 두고 국가를 운영해 나갔다.

두 번째는 조선왕조 개창 초기의 양천제가 당 말 중국 망명 지식인들의 저급한 이해 수준, 고려왕조의 불완전한 법제의 수용, 조선 초기 재상들의 실수가 이어지면서 많은 문제를 내포한 불완전한 법제였다

---

26 김성우(2006), 186~187면.

는 유수원의 인식이다. 조선왕조의 양천제가 고려의 그것을 계승했다는 그의 인식은 올바르다. 그렇지만 고려의 제도를 수용했기 때문에 조선 초기의 양천제가 불완전하다는 인식은 사실과 크게 다르다. 현재 한국 역사학계에 따르면, 15세기 전반에 확립된 조선 초기의 양천제는 한국 역사상 가장 완벽한 형태로 구현된 인민 편제 방식으로 평가한다. 이후 100여 년 이상 조선왕조를 지탱해 간 사회구조로 기능했던 이유는 바로 제도로서 양천제의 순기능 때문이었다고 해도 과언이 아니다.[27]

15세기 조선의 양천제는 동아시아 역사상 가장 오랫동안 국가의 인민 편제 방식으로 기능했다는 또 다른 특수성도 있었다. 중국의 양천제는 8세기 중・후반 이후, 곧 당 중기 이래 해체 수순을 밟기 시작하여 송대 이후에는 역사에서 자취를 감췄다. 일본의 그것도 9세기 중반 이래 소멸되어 더 이상 인민 편제 방식으로 기능하지 못했다. 반면 한국에서는 양천제가 고려왕조의 지배적 인민 편제 방식으로 재설정된 이래, 무려 900여 년 동안이나 유지되었다. 이처럼 오랫동안 지속되었던 탓에 조선왕조의 양천제는 이전의 문제들을 보완해 가면서 가장 완벽한 형태의 제도를 구축하는 데 성공을 거두었다.[28] 사실상 세종부터 성종 대에 이르는 15세기 조선왕조의 성세(盛世)는 양천제에 기반한 개방형 사회구조에 힘입은 바 컸다고 해도 과언이 아니다.

세 번째는 서얼금고법이 조선 초기부터 시행되었다는 유수원의 인식이다. 서얼에 대한 차별 법제가 조선 초기에 만들어진 것은 사실이다. 그렇지만 조선왕조는 이들의 신분적 제약을 해소하기 위한 장치로

---

27 위의 글, 188~189면.
28 위와 같음.

서 보충대(補充隊)를 운영하고 있었다. 천첩(賤妾) 소생일지라도 이곳에 입속하여 일정 기간 국역을 담당하면 그들을 종량(從良)시켜 양인으로 만들어 주는 제도가 그것이었다. 일단 양인이 되면 이들도 일반 양인과 마찬가지로 양인의 보편적 의무와 권리를 동시에 향유했다. 보충대 입속 자격은 16세기 초반 이래 양첩(良妾) 소생으로, 그리고 사족 소생으로 점점 축소되었지만, 16세기 말까지도 이 제도를 활용한 종량은 계속되었다.

보충대 규정이 소멸한 시기는 사족층에 대한 특혜 규정이 대폭 늘어난 임진왜란 이후, 곧 17세기 초반이었다. 제도로서의 보충대 운영의 중지 이후 서얼의 합법적인 종량로는 폐쇄되었다. 이후 서얼은 양인이 아니기 때문에 군역의 의무를 질 필요도 없고, 권리로서의 관직도 향유할 수 없는 참으로 어정쩡한 존재가 되고 말았다. 이제 이들은 중앙이나 지방 관청의 서리(胥吏)들과 더불어 하나의 계층, 곧 중서층(中庶層)을 형성하기 시작했다. 그런 점에서 서얼금고법이 제도로 정착한 시점은 17세기 초반이었고, 그 계기는 보충대 규정의 소멸이었다고 할 수 있다.[29]

유수원의 조선 초기 신분제 인식은 이상의 세 가지 측면에서 중대한 오류를 범했다. 그런데 이런 오류들이 치밀한 계획 아래 의도된 측면이 없지 않다는 점이 주목된다. 그가 조선 초기 양천제의 문제점을 장황하게 지적했던 까닭은 그가 살고 있던 당대, 곧 18세기 전반 조선 사회구조의 병폐를 찾아내고 그것을 개혁하기 위한 이론적 근거를 확보하기 위한 사전 정비작업이라는 성격이 강했다. 후술하겠지만 '자폐적 엘리트'인 사족층의 존재, 문벌사회의 형성에 따른 공정한 경쟁의 부재라는

29 김성우(2002), 407~413면.

당시의 숨 막히는 현실을 몸소 체험했던 그로서는 이러한 병폐들이 조선 초기의 어느 시점에서부터 이미 연유했다고 믿고 싶은 유혹을 강하게 받았을 것이다. 이를테면 첫 단추부터 잘못 끼워진 양천제 탓에 17세기 전반 '인조반정' 이후, 특히 18세기 전반 이후 문벌사회가 도래하게 되었다는 주장을 하고 싶었을 것이다. 그가 중국 수·당 시대의 법제까지 논의를 확장하고, 고려왕조로까지 소급한 까닭이 여기에 있었다고 생각된다.

그렇지만 그의 의도와는 상관없이 좀 더 냉정하게 역사의 변화를 관찰해 보면, 제도로서 비교적 완벽했던 15세기의 양천제는 16세기 초반 이래 해체 국면에 접어들었고, 임진왜란을 겪고 난 17세기 초반 무렵 거의 와해되었다. 다음 절에서 확인하겠지만 뼈대만 남은 양천제의 틈새를 비집고 들어간 새로운 신분구조는 반상제(班常制)였다.

2) 반상제(班常制)

중국 수·당 시대 양천제를 모델로 하여 법제화한 조선 초기의 양천제는 동아시아 역사상 가장 오랫동안 유지된 제도이자, 가장 완벽한 형태로 정비된 제도라는 점에서 역사적 의의가 적지 않았다. 그렇지만 중국의 양천제가 8세기 중·후반 당 중기 이래 해체 수순을 밟은 것처럼 조선의 그것도 16세기를 경과하면서 해체되기 시작했다. 변화의 가장 큰 원인은 크게 네 가지였다.

첫째, 16세기 전반 '양인 상층'에 해당하는 군역 담당자 층이 사족(士族)으로 공인받아 지배신분층으로 전환해 갔다. 둘째, 17세기 전반 이후 사족의 천첩 소생인 서얼이 이직(吏職) 종사자들과 더불어 중서층이라는 하나의 신분계층을 형성했다. 셋째, 17세기 전반 사족층이 군역 면제 특권을 확보함에 따라 '양인 하층', 곧 양민들이 양역을 도맡았다. 넷째, 노비의 신분적 지위가 계속 낮아져 15세기 중반 이후에는 '일천즉천법(一賤則賤法)'에 의거하여 어느 한 쪽이라도 노비이면 그 자식은 노비가 되었다. 이런 상황에서 전체 인구 구성에서 노비 비중이 양인을 능가하는 비정상적인 인구 구성을 갖게 되었다.[30] 이러한 변화들로 인해 양천제는 점차 그 기능이 약해지고, 전체 인민을 지배신분층인 사족(士族)과 피지배신분층인 상민(常民)으로 구분하는 신분구조인 반상제(班常制)가 모습을 드러내기 시작했다.

사족층은 16세기 전반 무렵 출현한 이래 100여 년이라는 긴 기간을 경과하는 동안 한층 또렷한 모습을 갖춰 갔다. 이들은 체형(體刑) 및 전가사변형(全家徙邊刑) 면제권(1520년대), 문(文)·무반(武班) 정직(正職) 진출권(1530년대), 지역 자치권(1560년대), 군역 면제권(1620년대)과 같은 다양한 특권들을 차례차례 획득해 갔다. 점차 지배신분층으로 성립하기 시작한 이들은 피지배신분층을 사회적으로나 경제적으로 차별하면서 반상제적 신분구조를 한층 더 강화해 나갔다. 이 무렵 사족들은 '백성'의 자식들이 학교에 출입하고 과장(科場)에 출입하는 것을 싫어하고, 용납하지 않으려 했다.[31]

반상제적 신분구조는 『우서』에 고스란히 투영되어 있다. 16세기 전반 이래 지배신분층의 법률적 호칭은 사족이었다. 1525년(중종 20) 확정된 사족의 규정은 "4조(祖) 내 현관(顯官)을 가진 자 및 당대(當代)의 생원(生員)·진사(進士)"였다. '현관'은 '동(東)·서반(西班) 정직(正職) 6품'

---

30 김성우(2001), 95~300면.

31 유수원, 『迂書』, 「論學校選補之制」, "或曰. 士大夫. 豈肯與百姓子. 出入學校乎. 必不肯從矣. 答曰. 良人子. 國家本許就科矣. 私奴使令書吏之屬. 無不着巾入去. 充滿場中. 士夫未嘗恥之. 何獨於百姓子弟. 不欲比肩出入乎."

이상의 관직자를 의미하는 용어였다.[32] 유수원도 16세기 초반에 제정된 사족의 법률 규정을 정확하게 알고 있었다. 그가 "4조 내에 현관이 없을 경우 군역에 충정(充定)된다는 설"을 언급한 것에서 그러한 사실을 확인할 수 있다.[33] 이 서술은 사족이 '4조 내 현관의 후손'으로서 군역 면제 특권을 누린다는 점을 전제로 한 서술이라고 이해된다.

4조의 종적 범위는 친가 3대(증조·조·부), 외가 2대(외조)까지로, 그리고 횡적 범위는 친가 6촌, 외가 4촌까지 최대한 확장된다. 유수원은 "오늘날 이른바 사족은 5, 6촌 친척의 관직을 빙자해서 사대부로 행세한다."고 지적하고 있다.[34] 이것은 그가 '4조 내 현관 유무'라는 국가 규정에 따라 사족을 판별하고 있음을 확인시켜 주는 대목이다. 사족은 양반이라 불리기도 했다.

> "질문자 : <u>양반이 농(農)·상(商)·공(工)에 종사하는 것</u>에 대해 국가가 어찌 금제(禁制)할 수 있겠는가? 그 스스로 하지 않을 뿐이다.
>
> 유수원 : 양반이 천업(賤業)에 종사하면 국가가 그를 영원히 금고(禁錮)시킨다. 이것이 금제가 아니고 무엇이겠는가? <u>지금 사족에게 농·공·상을 시키면</u>, 교유·혼인·관직 등에서 어찌 방해받지 않겠는가?"[35]

---

32 김성우(2001), 176~189면. '현관'의 엄밀한 범위는 "東·西班 正職 5품 이상 및 監察, 6曹 郎官, 部將, 宣傳官, 縣監"이었다.

33 유수원, 『迂書』, 「論門閥之弊」, "噫自夫四祖無顯官. 充定軍役之說出 而人人皆以官職. 爲決不可無之物."

34 유수원, 『迂書』, 「論士庶名分」, "今之所謂士族. 或藉五六寸之官職. 以士夫行世. 宗族之官. 何關於自己之高下耶."

35 유수원, 『迂書』, 「總論四民」, "或曰. 兩班之農工商. 國家何嘗禁制之乎. 渠自不爲之耳. 答曰. 兩班爲賤業. 則國家永錮之. 此非禁制者乎. 今使士族. 果爲農工商. 則交游婚宦. 其無妨碍之理乎."

사족은 양반과 동의어였다. 차이가 있다면, 사족이 국가가 규정한 법률적 용어였다면, 양반은 사회통념상의 호칭이었을 뿐이었다.[36] 양인으로부터 나온 사족이 스스로 하나의 특권 신분을 형성해 가는 상황에서, 하층 양인과 천인의 신분적 지위가 점차 하나로 수렴되어 갔다.[37] 하층 양인, 곧 양민과 천인이 하나의 신분층으로 모아지면서, 이들은 흔히 상민(常民)으로 통칭되었다. 유수원도 양반(혹은 사족)에 대응하는 피지배신분층이 상민(혹은 常人, 상놈)이란 사실을 정확하게 이해하고 있었다.

> "오늘날 사족의 경제 형편이 더욱 궁핍해져서 역농(力農)을 하려 하나, 몸과 발을 물에 담그게 되면 편맹(編氓)보다 낮아지니, 양반의 체면을 지킬 수 없게 되었다. 양반이 공·상에 종사하면 목전에서 바로 상놈[常漢]이 되고 마니, 죽는 한이 있어도 공·상의 직업을 차마 가질 수 없다."[38]

위의 인용문처럼 상민은 편맹이나 백성·양민·평민 등으로도 불렸다. 그렇지만 이 용어들은 어감에서 조금씩 차이가 있었다. 가장 범위가 넓은 것이 편맹이었다. 편맹은 호적에 편제되어 국가 공권력의 지배를 받는 전 계층을 의미하는 용어였다. 그런 점에서 편맹은 원래 지배신분층인 사족이나 예속적 존재들인 노비까지도 포함되었다.[39] 그렇지

---

36 김성우(2001), 176~187면.

37 유수원, 『迂書』, 「論士庶名分」, "或曰. 公私賤之於良人. 則等分果可謂至嚴矣. 但今之所謂良人. 比之公私賤. 元無異同. 此流苟於士大夫. 以敵自處. 則豈不可惡乎."

38 유수원, 『迂書』, 「論麗制」, '奴婢', "至于今日. 士族生理. 愈益窘迫. 欲爲力農. 則霑體塗足. 夷於編氓. 不可保其兩班之體面矣. 欲爲工商. 則目前便爲常漢. 雖死而不忍爲也."

39 유수원, 『迂書』, 「論麗制」, '奴婢', "奴婢雖有主. 其實則皆國家之氓. 而國家視之. 如化外之民."

만 사족이 지배신분으로 전환하게 되면서, 편맹은 점차 사족을 제외한 피지배계층 전체를 호칭하는 용어로 굳어져 갔다. 그러한 사실을 1597년 성혼(成渾, 1535~1598)이 작성한 유서에서 확인할 수 있다. 그는 "제사(祭祀)를 공경하게 받들고 선조의 유훈(遺訓)을 삼가 지키는 것이야말로 사족의 지위를 영원히 유지하여 편맹으로 떨어지지 않는 일이다."고 주장했다.[40] 그는 사족과 편맹을 서로 대립적인 신분으로 인식하고 있었다. 16세기 중·후반 이후 사족은 비록 그들이 호적에 등재되었다 하더라도 일반 편맹과는 구별되는 특권적 존재라는 인식이 점차 성립되고 있었던 것이다.

백성은 편맹과 거의 같은 의미로 사용되었다. 유수원이 국왕이 관심을 가져야 할 가장 중요한 사항으로 "백성의 휴척(休戚), 조정의 시비(是非) 등"을 거론했을 때,[41] 이 용어에는 국왕의 공권력이 행사되는 왕조의 전 계층이 다 포함되었다. 그렇지만 사족이 지배신분으로 전환하게 되면서, 백성의 범주 또한 사족을 제외한 나머지 계층만이 포함되었다. 아래의 기사는 사대부와 백성(혹은 양인 자식)을 서로 구별하여 인식하는 방식이다.

> "질문자 : <u>사대부가 어찌 백성의 자식들과 더불어 학교에 출입하겠는가?</u> 반드시 좋아하지 않을 것이다.
>
> 유수원 : 양인의 자식은 원래 과거에 응시하는 것을 국가가 허락해 주었다. 사대부들은 사노(私奴)와 사령(使令), 서리들이 유건(儒巾)을 쓰지 않

---

40 成渾, 『牛溪集』, 「奉祀田宅·奴婢世傳宗家遺書」, 丁酉(1597) 5월. "竊念我之爲此. 欲令奉祀之孫. 得此田民. 恭承我先父母遺澤. 庶幾扶持門戶. 敬奉烝嘗. 恪守先訓. 永保士族. 而不淪於編氓也."

41 유수원, 『迂書』, 「論久任職官事例」.

은 채 시험장에 출입하여 과장(科場)을 가득 채우는 것에 대해서는 부끄러워하지 않고 있다. 그런 실정이니 어찌 백성의 자식들도 이들과 견주어 과장에 출입하지 않으려 하겠는가?"[42]

위 인용문에서 당시 사족(혹은 사대부)들은 양인 혹은 백성의 자식을 그들과 다른 존재로 인식하여, 이들이 학교에 등록하거나 과장에 출입하는 것을 아주 부정적으로 바라보았음을 확인할 수 있다. 이처럼 사족층이 지배신분층으로 빠져 나가게 됨에 따라 백성이라 하면 으레 피지배신분층 전체를 의미하는 용어로 변질되었다. 그런 점에서 백성은 편맹과 동의어로 사용되었다.

다음으로 범위가 넓은 것은 상민이었다. 상민은 지배신분층인 사족을 제외한 피지배신분층 전체를 의미하는 용어였다. 여기에는 대표적 피지배신분인 노비까지도 포함되어 있었다.[43] "공(公)·사천(私賤)과 양인 사이의 등급은 원래 지엄했지만 지금은 양인들이 공·사천과 다를 바 없게 되었다."는 유수원의 주장이 이런 상황을 잘 반영해 준다. 양인들, 특히 하층 양인들이 상인 신분으로 정리되어 가면서, "이들이 사대부와 더불어 자처하는 것은 있을 수 없는 일이 되고 말았다."[44] 이 무렵 사족들은 상민들을 경멸하여 상놈〔常漢〕이라 악칭(惡稱)하는 일이 다반사였다.[45]

---

42 유수원, 『迂書』, 「論學校選補之制」, "或曰. 士大夫. 豈肯與百姓子. 出入學校乎. 必不肯從矣. 答曰. 良人子. 國家本許就科矣. 私奴使令書吏之屬. 無不着巾入去. 充滿場中. 士夫未嘗恥之. 何獨於百姓子弟. 不欲比肩出入乎."

43 상민의 범주에 노비가 포함된다는 점은 김성우(2001), 257~265면 참조.

44 유수원, 『迂書』, 「論士庶名分」, "或曰. 公私賤之於良人. 則等分果可謂至嚴矣. 但今之所謂良人. 比之公私賤. 元無異同. 此流苟於士大夫. 以敵自處. 則豈不可惡乎."

45 유수원, 『迂書』, 「論麗制」, '奴婢', "士族生理. 愈益窘迫. 欲爲力農. 則霑體塗足. 夷於編

범위가 가장 좁은 것은 평민·양민이었다. 평민은 원래 국가의 공민을 일컫는 용어로서, 양인과 거의 같은 의미로 사용되었다.

> "중국에서는 공경(公卿)의 자손과 대를 이어 평민(平民)이 된 자를 모두 양인(良人)으로 대우하고 있다. 우리나라에서 사족을 대우하는 것이 (평민과 더불어) 간격과 등급을 두고 있는 것과는 차이가 난다."[46]

평민이 양인을 의미하는 용어라면, 이 용어에는 사족까지 포함하는 것이 원칙이었다. 그렇지만 사족이 지배신분으로 빠져 나가면서, 평민이라 하면 으레 하층 양인만을 의미하게 되었다. 하층 양인들은 양민(良民)이라 불리기도 했다. 그런 점에서 17세기 전반 이후 평민과 양민은 동의어로 사용되었다. 평민 혹은 양민은 아래로는 노비층, 위로는 중인층을 제외한 피지배 양인들, 곧 '하층 양인'을 일컫는 용어였다. 평민이 중서층이나 노비를 제외한 '하층 양인'을 일컬었던 까닭은 이들만이 양민의 신역, 곧 양역을 부담했기 때문이다.[47] 양역은 양민의 신분을 가장 잘 드러내 주는 일종의 신분세로 기능했던 셈이다.

사족(혹은 양반)을 한 축으로, 그리고 상민을 다른 축으로 하여 성립된 신분제가 반상제였다. 반상제는 사족이 국가로부터 공인된 16세기 전반 이후 그 모습을 드러낸 이래, 17세기 전반 군역 면제권을 획득함

氓. 不可保其兩班之體面矣. 欲爲工商. 則目前便爲常漢. 雖死而不忍爲也."

46 유수원, 『迂書』, 「附宋沈括夢溪筆談所論」, "或曰. 中國不問公卿子孫·世代平民. 皆以良人待之. 此皆無異於我國之待士族. 而特於其間 . 不設間隔等級而耳."

47 유수원, 『迂書』, 「總論四民」, "既不得徵出身庸於兩班. 則中庶其肯獨納乎. 國中無屬處. 最疲殘而易侵責者. 只有良民. 而軍國經費. 着手無地. 故不得不以良民爲財物. 瓜分豆割. 屬之各司. 充於軍保." 물론 중서층도 합법적인 군역 면제자들이었다. 반면 노비층은 어떤 형태로든 身役을 부담한다는 점에서 有役者라고 할 수 있었다.

으로써 대단원의 막을 내렸다.[48] 17세기 후반에 태어난 유수원은 반상제의 운영 방식을 정확하게 알고 있었다. 이런 이유에서 양천제에 대한 그의 인식에서 억측과 오류가 많이 발견되었던 것과는 달리, 반상제 인식에서는 거의 오류가 발견되지 않았다.

사실상 그의 관심은 양천제 자체가 아니라 반상제의 모순과 그것에 대한 개혁에 있었다. 그가 15세기 조선의 양천제를 불완전한 법제라 하여 맹비난했던 것도 따지고 보면 16세기 초반 이래 반상제로 전환하는 과정에서 원형이 변질된 양천제였다. 그런 점에서 양천제에 대한 그의 인식의 오류를 낮춰볼 이유는 전혀 없다. 그는 반상제의 모순을 개혁하기 위한 실마리를 찾는 작업의 일환으로 조선 초기 법제상의 문제점을 들춰 내는 방식을 택했다. 그런 점에서 그의 수많은 양천제 인식상의 오류는 주장의 선명성과 실천성을 강조하기 위해 연출된 '의도된 오류'였다고 생각된다.

3) 문벌사회(門閥社會)

사회가 한번 폐쇄적인 경향을 띠기 시작하면 그 경향은 시간이 지날수록 점점 더 강해지게 마련이다. 조선사회의 신분구조도 그러했다. 사족층이 지배신분으로 공인된 16세기 전반 이래, 특히 반상제를 확립시킨 17세기 전반 이래 이들은 점점 더 폐쇄적으로 변모해 갔다. 이 무렵 이들의 폐쇄성을 가장 잘 보여 주는 것이 생업 활동에 대한 이들의 부정적 인식이었다. 이들은 공부나 관직 이외에는 어떠한 생계 활동도 하지 않으려 했다. 생업에 종사하게 되면, 국가가 그들에게 신용(身庸), 곧

48 김성우(2001), 442~470면.

군역을 징수할지 모른다는 불안감 때문이었다.[49] 사족층은 군역 면제권과 생계 포기권을 서로 맞바꿨다. 결국 군역 면제권은 이들을 경제적으로 옭아맨 또 다른 신분적 구속이 되고 말았다.

16세기까지만 해도 양인의 생계 활동은 크게 제약을 받지 않았다. 상·공업에 대한 차별 의식은 여전했지만, 농업만큼은 아무런 거리낌이 없었다. 이 무렵 농업에 종사했던 '양인 상층' 곧 사족이 학업에서 재능을 발휘하고, 문·무과 합격을 계기로 관료로 출세하는 경우가 없지 않았다.[50] 그렇지만 17세기 전반 이래 사족은 농업조차도 천역(賤役)으로 간주, 발을 디뎌 놓지 않으려 했다. 이제 사족은 공·상업은 말할 것도 없고, 농업에 종사하더라도 평민 혹은 상놈으로 강등당할 판이었다. 그렇게 하게 되면, 동료들이 그와 절교하거나 통혼을 거부할 정도였다.[51] "명분은 양반을 우대한다는 것이었지만", 실제로는 양반의 두 손 두 발을 다 묶고 만 형국이 되었다.

이제 사족의 생계는 조상 대대로 내려오는 토지와 노복을 기반으로 하여 지대(地代)를 받거나 신공(身貢)을 징수하는 것밖에는 없었다. 그렇

---

49 유수원, 『迂書』, 「總論四民」, "我國家貢稅之外. 不得以丁口. 賦民身庸. 此何故哉. 非但優待兩班. 故不得徵其力役也. 兩班不農不商. 元無手業. 雖欲徵出身庸. 其可得乎. 口賦之制. 歷代同然. 而獨以優待之虛名. 坐致國計之窮窘. 其失一也."

50 1513년(중종 8) 경상도 고성 출신으로 문과에 합격했던 安中孫이 그런 경우였다. 그는 집이 몹시 가난하여 3형제가 한 집에 동거했고, 집에는 어린 奴 1명과 늙은 婢 1명이 있을 뿐이었다. 그는 아침이면 밭에 나가 몸소 농사를 짓고 밤이 되면 공부를 이어갔다. 그는 40줄에 접어들어서야 과거에 가까스로 합격하여 관료가 되었다. 그의 사례는 당시 관료사회에서 널리 회자될 정도로 아주 특이한 경우였다(『中宗實錄』, 중종 12년 9월 13일).

51 유수원, 『迂書』, 「論麗制」, '奴婢', "至于今日. 士族生理. 愈益窘迫. 欲爲力農. 則霑體塗足. 夷於編氓. 不可保其兩班之體面矣. 欲爲工商. 則目前便爲常漢. 雖死而不忍爲也."; 「總論四民」, "今使士族. 果爲農工商. 則交游婚宦. 其無妨碍之理乎. 人必首稱曰. 彼漢已夷於平民矣. 鄙而絶之. 唯恐不嚴. 其爲禁錮. 孰甚於此."

지만 이러한 농장주(農庄主)의 목가적인 삶은 토지나 노복을 운 좋게 상속할 경우에나 가능했다. 유수원은 이들의 생계 활동이 아래의 범주에서 크게 벗어나지 않는다고 보았다.

첫째, 글을 몰라도 세력이 있으면 남의 글을 빌어서 과거에 오르기도 하고 그렇지 않으면 음사(蔭仕)로 나간다.

둘째, 공물(貢物) 방납(防納)을 청탁하여 구걸을 일삼는다.

셋째, 빚을 놓아 이자놀이를 한다.

넷째, 노비를 추쇄(推刷)하는 송사(訟事)를 즐기며 살아간다.

다섯째, 주현(州縣)의 수령(守令)이 되어 백성의 재물을 착취하고, 전택(田宅)을 요구하며, 노비를 널리 차지하여 가업(家業)을 이루는 계책을 삼는다.[52]

위의 다섯 가지 범주는 대체로 사족이라는 신분적 지위와 권력 우위를 매개로 할 때에나 가능한 일이었다. 그렇지만 관료가 되거나 공권력을 이용할 수 있을 정도의 행운을 가진 이들은 극소수였다. 대부분의 사족들은 관직 진출이 거의 불가능했고, 공권력과의 연결도 쉽지 않았다. 많은 사족들은 점점 더 가난해져 이제 굶어 죽는 길 이외에는 다른 방법이 없는 참으로 딱한 처지에 놓이게 되었다. 이것이 17세기 전반 이후 새롭게 전개된 사족의 자화상이었다.

그렇지만 모든 사족들이 이와 같이 침몰했던 것은 아니다. 정치권력을 독점하고 그것을 배경으로 경제력을 장악해 가던 소수의 권력집단들이 엄연히 존재했다. 대다수의 사족들이 지역적으로는 지방을, 정치

52 유수원, 『迂書』, 「論麗制」, '奴婢'.

적으로는 소론·남인·소북(小北)과 같은 정파를 공통분모로 했다면, 정치경제 권력을 독점한 권력집단은 서울과 노론 정파를 공통분모로 하고 있었다. 당시 사회에서는 서울을 중심으로 정치경제 권력을 독점해 간 권력집단을 경화사족(京華士族)이라 불렀다.[53] 이들은 정치적으로나 경제적으로 몰락해 가던 지방의 사족, 이른바 향족(鄕族, 혹은 鄕班)과 구별하기 위해 '사대부'로 불리기를 선호했다.

> "그대는 문벌(門閥)이 있는 자를 사대부라고 하는데 어찌 그렇게도 고루한가? '사대부' 세 글자는 그 관계됨이 아주 중요하다. 그런데 우리나라 사람들은 그 뜻을 이해하지 못하니 참으로 탄식할 일이다. …… 우리나라 사람들은 문벌가(門閥家)의 자제들을 항상 사대부라 부른다. 그렇지만 이들 가운데 마음이 장사꾼 같고 행동이 거간꾼 같은 사람들이 많이 있다. 모르긴 해도 이런 사람을 어찌 사대부라 부를 수 있겠는가?"[54]

위의 인용문에서 확인되는 바와 같이, 문벌 혹은 문벌 가문의 자제들은 사대부라 불렸다. 이제 사족층은 지방에 거주하는 향반(鄕班)들과 서울을 기반으로 하는 문벌사족, 곧 경화사대부(京華士大夫)로 각각 분화하고 있었다.[55] 경화사대부야말로 17세기 중·후반 이후 조선사회를

---

53 유수원, 『迂書』, 「論門閥之弊」, "或曰. 我國兩班. 京鄕絶異. …… 且鄕曲之人. 世居田野. 非不知民間疾苦. 官吏奸弊. 及當一邑. 多不能擧職. 京華大家子. 則纔脫儒巾. 置之字牧. 亦能曉解物情. 善於治民. 雖進而與聞國事. 亦且識事體察緩急. 劑量事情. 曲盡善處. 任重擔巨. 恢恢做去. 國家所以顯尙門閥. 豈非事勢固然者歟."

54 유수원, 『迂書』, 「論門閥之弊」, "答曰. 子以門閥. 認爲士大夫. 何其陋也. 士大夫三字. 關係至重. 我東人. 不能通解其意. 誠可歎息. 夫所謂士大夫者. 乃是士君子之一名也. 高則聖賢. 下則淸脩吉士. 然後方不辱士君子之名矣. 我東人. 每指門閥子弟. 爲士大夫. 門閥子弟. 心如市井. 行若駔儈者多矣. 未知此輩. 其可喚做士大夫乎."

55 한영우는 양반이 곧 문벌이라는 인식 아래, '양반문벌'이라 연칭하기도 했다. 그는 문벌

이끌어 가던 가장 강력한 파워 엘리트 집단이었다.

이들의 출현 계기는 1623년 '인조반정(仁祖反正)'이었다. 인조반정은 잘 알려져 있는 것처럼 기호지방을 지역적 배경으로 하는 서인들이 범영남계 대북(大北) 정권을 몰아낸 정치 정변이었다. 그렇지만 이들이 한층 구체적 모습을 드러낸 시점은 18세기 전반, 곧 영조(英祖) 집권 전반기(재위 기간 1725~1776)였다. 이 시기는 현종(顯宗, 1659~1674) 대부터 경종(景宗, 1720~1724) 대까지 70여 년 간 각 정파들 사이에서 치열하게 전개되었던 당쟁이 점차 잦아들면서, 노론이 최종 승자로 굳혀 가던 시점이었다. 더욱이 이 시기는 왕실과 혼인을 맺을 수 있는 가문이 15개 내외로 좁혀지고 있던 시기였다.[56] 이들 극소수의 가문들이 조선사회의 최정점에 위치한 문벌 가문들이었다. 그리하여 유수원이 관료로서 본

이 '특권을 누리는 세습적인 양반계층'이라고 판단했다. 곧 지배신분으로서의 특권적 지위를 누리는 양반 전체를 문벌집단으로 이해한 것이다. 심지어 그는 '양반과 양민의 중간층'인 中人도 "양반에 버금가는 특권층으로 간주하기" 때문에 "문벌에 들어가는 계층"이라 주장하기까지 했다(한영우, 2007, 67·76·87면). 그는 신분적 특권을 누리는 계층이라면 양반이나 중인을 막론하고 모두 문벌로 인식했기 때문에 양반 전체를 士大夫로 환치시키는 데 거리낌이 없었다. 그렇지만 유수원은 문벌 혹은 문벌 가문의 자제들을 사대부로 호칭해야 한다는 점을 분명히 하고 있다.
한영우의 유수원 연구에서는 사족이 거의 등장하지 않는 점도 흥미롭다. 그는 사족을 사용해야 할 지점에서 양반으로 대체하여 서술하고 있다. 이것은 양반을 법제적 용어로, 사족을 사회통념적 용어로 인식한 데서 비롯된 오류였다. 사족과 양반에 대한 한영우의 인식 오류에 대해서는 김성우(2009), 317~322면이 참고된다.

56 정만조 교수에 따르면, 영조 대 서울의 문벌 가문, 곧 경화벌열 가문은 15~16개 정도였다고 한다. 노론 가문으로는 肅宗의 繼妃 仁顯王后 가문인 驪興 閔氏, 英祖의 계비 貞純王后 가문인 慶州 金氏, 惠慶宮 洪氏(思悼世子의 빈) 가문인 豊山 洪氏, 綏嬪 朴氏(純祖 생모) 가문인 潘南 朴氏, 순조의 왕비 純元王后 가문인 安東 金氏, 孝明世子 嬪 가문인 楊州 趙氏, 憲宗 계비 明憲王后 가문인 南陽 洪氏 등 11개 가문이었다. 소론 가문으로는 孝章世子 嬪 가문인 豊壤 趙氏, 영조의 前妣 貞聖王后 가문인 大丘 徐氏 등 5개 가문이었다. 이들 가문들은 다른 벌열 가문들과 더불어 重婚 관계를 유지하면서 18~19세기 중앙의 요직들을 독차지했다. 특히 소론 가문들은 노론 벌열 가문들과 혼인을 맺은 집안들만이 19세기 후반까지도 벌열의 지위를 유지할 수 있었다. 소중한 정보를 제공해 준 정만조 교수께 감사의 뜻을 전한다.

격적으로 활동했던 시기, 곧 18세기 전반 무렵은 "문벌의 폐단이 극에 이르러 이른바 양반(兩班)의 문지(門地)에도 여러 등급이 있어서, 서로 업신여기고 서로 찍어 누르려 하는" 상황이 연출되었다.[57] 이제 문벌은 조선사회를 작동시키는 결정적 원리, 곧 '의리(義理)'로까지 격상되고 있었다.[58]

문벌사회가 구축되면서 극소수의 문벌 가문의 자제들이 관직을 독점하는 경향이 한층 강해졌다. 유수원은 음직(蔭職)으로 관직에 진출하는 자들의 90%가 이들이고, 이들 다수가 지방관으로 나간다고 주장했다. 이들에 대한 감사(監司)나 어사(御史)의 근무 평가는 항상 최우수〔上考〕였다. 근무 평가가 이렇게 부실하게 운영되면서, 음직 수령들에게 임지 근무를 잘할 것을 기대하는 것은 사실상 불가능했다. "잘 다스린다는 수령의 절반 이상이 불법리(不法吏)였다."는 유수원의 비판에서 그러한 사정을 확인할 수 있다.[59]

사족들의 생계 운영 방식 다섯 가지 가운데 마지막은 지방 수령으로 부임하여 가렴주구를 일삼으면서 잇속을 챙기는 것이었다. 이들이 긁어모은 재원들은 "일부는 먹고 마시는 부비(浮費)로 사용하고, 일부는 개인 호주머니에 들어가고, 일부는 권문세가(權門勢家)에게 올라가고, 일부는 걸태(乞駄)의 수응(酬應)으로 들어갔다." 지방 행정은 "백성의 기름과 피를 긁어모아 낭비하는 것인 동시에 그것을 가지고 부박하고 사치하는 것"을 의미했다. 이런 상황에서 지방관의 사치와 낭비의 규모가

57 유수원, 『迂書』, 「論士庶名分」, "目今門閥之弊已極. 所謂兩班門地. 亦不啻幾等幾級. 相凌相駕."

58 유수원, 『迂書』, 「附宋沈括夢溪筆談所論」, "吾東人溺於門閥之論者. 認作義理. 以爲自古及今. 中國外藩所通行之規者. 固極可笑不足言."

59 유수원, 『迂書』, 「論門閥之弊」.

커질수록 그에 반비례하여 "백성들의 생리는 날로 궁핍해져 갔다."[60]

이러한 호사를 누리는 문벌들은 15개 내외의 가문, 곧 전체 사족 가운데 극소수에 불과했다. 대부분의 사족들은 사실상 가난에서 헤어나기 어려웠다. 이들이 할 수 있는 일이라고는 공부에 매진하거나 관직에 나가는 길뿐이었다. 그렇지만 문벌 자제들이 관직을 독차지하는 상황에서 공부가 출세를 보장하는 수단이 되지 못했다. 심지어 문과 합격자도 출세를 보장받지 못했다.[61] 문과 합격자들이 문벌이 없다는 단 하나의 이유만으로 미관말직에 머물거나, 심할 경우 초임(初任)조차 받지 못한 채 세월을 허송해야만 했다.

지배층이되 생업에 종사할 수 없는 신분적 굴레를 가진 계층, 그리하여 경제적으로 몰락하는 길만이 앞에 펼쳐진 '자폐적 엘리트'들이 18세기 초반 사족들의 자화상이었다. 대부분의 사족들이 이런 처지에 있었다면 생업을 전담하는 상민층의 경우 더 말할 나위가 없었다. 사회위계의 최하층에 위치한 이들은 사족이나 관료들로부터 착취당하고 업신여김을 당하는 존재들이었다. 심지어 이들은 부당한 대우를 받고서도 항거할 수단조차 갖지 못했다. 이런 상황에서 상민들도 극심한 가난에서 헤어날 수 없었다. 이들의 세금으로 재정을 꾸려 가는 국가도 마찬가지였다. '국허민빈(國虛民貧)', 곧 "나라가 부실하고 백성들 또한 가난한" 상황은 이런 구조 아래 확대 재생산되고 있었다.[62]

문벌 가문의 자제들이 지방관이 되고 또 임지에서 재산을 긁어모아 서울로 상납하는 것이 일상적인 구조가 되면서, 전국의 부가 서울로 모

---

60 유수원, 『迂書』, 「論派支營門公費」.

61 유수원, 『迂書』, 「論官制年格得失」.

62 유수원, 『迂書』, 「總論四民」.

여들었다. 서울은 소수의 문벌 가문이 밀집한 정치 중심지이자 다양한 불법 자금들이 집중되는 경제 중심지였다. 서울은 점점 강해지고 부유해진 반면, 지방은 점점 더 약해지고 가난해졌다.[63] 조선의 정치경제를 독점한 계층은 경화사대부, 곧 문벌 가문들이었다. 문벌 집단의 형성에 대한 유수원의 인식은 매우 날카로웠다. 그는 18세기 초반 조선사회를 중대한 위기로 몰고 간 사회양극화의 주범이 바로 이들이라고 단정할 정도였다. 그가 조선사회의 모든 해악의 근원이 '문벌 폐해'이고, 이것을 개혁하기 위해 『우서』를 집필했다고 역설한 까닭이 여기에 있었다.[64]

3. 유수원의 신분제 개혁론

1) 사민(四民) 분업

양인은 납세 의무와 갖가지 권리를 보유하면서 국가의 지배와 보호를 동시에 받는 공민(公民)이었다.[65] 공민의 직업은 사・농・공・상 등 네 범주로 크게 나뉜다. 이 네 가지 직업 가운데 어느 하나에 종사한다

63 조선 개국 이래 17세기 전반까지 250여 년 간 중심지는 경상도였다. 경상도는 14세기 이래 17세기 전반에 이르는 근 300년 간 농업선진지대라는 이점을 활용하여 문화적・사상적・정치적 중심지로서의 역할을 수행해 왔다. 그렇지만 17세기 중・후반 충청도와 경기도의 눈부신 농업경제의 발달에 힘입어 중심축이 기호지방, 특히 근기 지역으로 신속하게 옮아갔다. 서울을 중심으로 한 근기 지방은 17세기 후반부터 18세기 전반에 정치권력까지 독점하면서 명실상부한 정치・경제의 중심지로서의 위상을 확고하게 다져 나갔다(김성우, 2012, 360~380면).

64 유수원, 『迂書』, 「論救門閥之弊」, "或曰. 子之所論. 雖極痛切門閥之弊. 何以救得乎. 國俗如此. 厥惟久矣. …… 答曰. 雖以三代聖王所以治天下者言之. 不過曰四民務其業. 六官逑其職而已. 四民務業. 六官逑職之本. 又不過曰以大公至正之心. 行一視同仁之政而已. 然則不祛門閥之弊. 更無着手做事之地. 此吾所以極論者也."

65 유수원은 公民을 凡民이라 표시하고 있다(유수원, 『迂書』, 「論求門閥之弊」).

는 점에서 공민은 사민(四民)이라 불렸다. 하늘이 품성을 부여한 천민(天民)인 공민, 곧 양인은 누구나 할 것 없이 동등한 지위를 누렸다. 사・농・공・상 가운데 더 높거나 낮은 직업은 없었다. 직업의 평등성이 보장되었기 때문에 공민은 재능에 따라 네 가지 직업을 자유롭게 선택할 수 있었다. 물론 선호하는 직업은 있었다. 사(士) 혹은 사인(士人)이 그것이었다. 사(士) 계층이 가장 각광받은 이유는 이들 가운데서 관료(官僚)가 배출되었기 때문이다. 그런 이유에서 유수원은 사(士) 계층이 '사민의 으뜸'이라는 점을 인정했다.[66]

사인이 되기에 재능이 부족한 사람들은 각자의 재능에 따라 농・공・상과 같은 생업에 종사했다. 유수원은 중국의 이상사회인 삼대 시절 공민의 직업 선택 방식이 대체로 이러했다고 인식했다. 그런 점에서 삼대는 사민분업이 철저히 보장되던 시기였다.[67] 그는 이 무렵의 사민분업이 다음과 같은 방식으로 이뤄진다고 보았다.

> "범민(凡民)의 아이들은 여덟 살이 되면 소학(小學)에 들어가 글쓰기・셈하기를 배우고, 열다섯 살이 되면 대학에 들어가 예악(禮樂)을 배운다. 여기에서 뛰어난 사람은 상서(庠序)로 옮겨 가고, 또 이곳에서도 뛰어난 사람은 국학(國學)으로 옮겨 간다. 제후(諸侯)는 국학에서 뛰어난 사람을

66 유수원, 『迂書』, 「論學校選補之制」, "士者. 四民之首. 選擇充補. 當有定額. 此乃國家莫重之務也."

67 중국 역사에서 공민의 직업으로 알려진 사・농・공・상이 서로 동등하다고 인식되었던 적은 없었다. 고대 이래 중국사회에서는 관인층이 가장 높은 지위를 차지했다. 士人은 관료가 될 수 있는 자질을 연마한다는 점에서 다음의 우월한 지위를 부여받았다. 그 다음 순위는 농민, 그리고 공인・상인 순이었다. 공인과 상인을 농민 아래 둔 까닭은 이들 직종이 중농주의의 기조를 위협할 가능성이 컸기 때문이다(Ho Ping-ti, 1962, 19~22면). 그런 점에서 유수원의 사민분업론은 삼대 사회를 지나치게 미화한 데서 비롯된 오류였다.

천자(天子)에게 추천하여 태학(太學)에서 공부하게 하고, 그를 조사(造士)라 일컫는다. 이후에야 그에게 관직을 준다. 재능이 없는 이들은 소학·대학·상서·국학에서 각각 학업을 마치고 고향으로 돌아간다. 이들은 재능과 근력에 따라 농민이나 공장(工匠), 혹은 상고(商賈)가 되어 부모처자를 양육한다."[68]

유수원은 사민분업을 "삼대의 성왕(聖王)들이 천하를 다스린 방법이었다."고 이해했다. 사민분업의 대전제는 사민 상호간의 평등과 직업 선택의 자유였다. 곧 사민분업은 사민평등과 직업 선택의 자유를 의미했다.[69] 사민분업을 완벽하게 실현하기 위해서는 "가장 공평하고 바른 마음으로 일시동인(一視同仁)하는 정치를 행할" 필요가 있었다. 이렇게 된다면, "세상에서 말하는 고질적인 병폐와 뿌리 깊은 장애로 변동하기 어려운 폐해들이 얼음이 녹고 안개가 흩어지듯 저절로 풀리고 구제하기 어려울 염려가 조금도 없게 될 것이었다."[70]

유수원은 그가 살았던 동 시기의 중국, 곧 '지금'의 중국에서도 이러한 전통이 계승되고 있다고 보았다. '지금'의 중국인들은 모두 어려서부터 학교에 들어가 공부를 배웠다. 이들 가운데 재질이 부족하고 배워도 성취가 없다고 판단되면, 학교를 떠나 농·공·상과 같은 직업에 종

68 유수원, 『迂書』, 「論商販事理額稅規制」.

69 한영우는 이상적 사민제도가 '사민의 직업적 전문화'와 '사민의 신분적 평등화'를 의미한다고 이해했다. 한편 '사민분업'과 '사민일치'라는 용어를 사용하기도 하고, '사민평등'이라는 용어를 구사하기도 한다(한영우, 2007, 70~71면). 유수원은 '四民一致'라는 용어를 구사한 적이 있다(유수원, 『迂書』, 「論麗制, '門閥'). 그렇지만 사민분업이 완벽하게 실현되기 위해서는 사민의 계층적 평등성과 직업 선택의 자유가 보장되어야 한다는 것이 필자의 생각이다. 이런 관점에서 본 연구는 사민분업의 구체적 내용이 사민평등과 직업 선택의 자유라는 전제 아래 논의를 진행해 나가고자 한다.

70 유수원, 『迂書』, 「論求門閥之弊」.

사했다. 이러한 분위기 아래 "농부나 공장의 아들들도 총명하고 뛰어난 사람이면 누구나 진학(進學)하여 사(士)가 되어 부모를 빛낼 수 있었다." "떳떳한 직업〔常業〕을 가지고 한 곳에 정착하면서, 명예를 좇지 않고 실사(實事)에 힘쓰는 것"은 "삼대 때 성왕들이 백성을 이끌던 바로 그 풍속이었다."[71]

그렇지만 조선은 중국과 많이 달랐다. 조선은 15~16세기 양천제 사회로부터 16~17세기 반상제 사회로, 그리고 17세기 중·후반에서 18세기 전반 문벌사회로 각각 변화하면서, 초기의 개방적인 분위기로부터 점차 소수가 정치경제를 독단하는 폐쇄적 분위기로 이행해 갔기 때문이다. 18세기 전반 무렵 조선의 '사(士)'는 "조(祖)·부(父)가 서로 전하고 족당(族黨)이 서로 이어받아, 모두 유생(儒生)이라 자칭하고 다녔다." 그렇지만 이들은 글자조차 제대로 알지 못한 채 "유학(幼學)을 가칭(假稱)할" 뿐이었다. 이런 상황에서 세상에는 "부모가 굶어 죽더라도 감히 다른 일을 영위하여 구하려 하지 않는 '자칭(自稱) 사족'들로 넘쳐났다."[72]

사회가 점차 폐쇄적으로 변해 간 상황에서 사민평등과 직업 선택의 자유를 보장하라는 이른바 사민분업의 주장이 통할 리 없었다. 사족과 농·공·상 종사자 사이에는 양반과 상민이라는 신분적 갭이 가로놓여 있었기 때문이다. 뿐만 아니라 사족들은 농·공·상과 같은 천업에 종사할 생각을 아예 갖지 못했다. 이들이 할 수 있는 일이라고는 글공부와 관직뿐이었다. 그렇지만 극소수의 문벌가문이 정치경제를 독점하면서 사회구조가 극도로 경직화된 상황에서, 글재주나 문과 합격이 이들의 출세를 보장해 주지 못했다. 가난한 사족들이 양산되고, 사족사회

71 유수원, 『迂書』, 「論求門閥之弊」.

72 유수원, 『迂書』, 「論商販事理額稅規制」.

전체가 몰락하는 상황이 전개되고 있었던 것이다.

문벌사회가 출현한 18세기 전반 무렵 조선의 현실은 아주 비참했다. 이 무렵 조선은 "민산(民産)이 물로 씻은 듯 바닥을 드러내고 있었다." "지난날의 역사를 두루 살펴보아도 민산이 이처럼 아주 메말랐던 적은 다시 없었다." 심지어 경제적으로 부유하다고 알려진 하삼도(下三道)조차도 "햅쌀과 묵은 쌀이 계속 이어지는 집들이 거의 없을 정도였다." 이런 상황에서 국가도 예외가 아니었다. 그리하여 "나라가 허약하고 백성들이 가난한", 이른바 '국허민빈(國虛民貧)'의 상태에 빠져들고 말았다.[73]

상황은 계속 나빠졌다. 상공업이 발달하지 않으면서 매매가 성행하지 않았고, 그에 따라 물가가 폭등했다. 물가 폭등은 농민의 납세 부담을 크게 증가시켰다. 공물 가격의 폭등이 그런 것이었다. 공물 가격은 상상을 초월했다. 생선 1마리, 과일 1개 값이 쌀 1석이나 되었다. 이런 상황에서 "간활한 시정배를 살찌우는" 공가(貢價)는 "나라를 좀먹게 하고 백성의 기름을 긁어내는" 결정적 원인이 되었다.[74]

유례를 찾기 어려울 정도로 '국허민빈'했던 조선사회의 본질적 문제는 무엇이었을까? 유수원의 진단은 의외로 간단하고 명확했다. 그것은 사족의 '자폐적 엘리트'로의 전환과 그 결과로서의 사민 미분업이었다. 그는 이 두 가지가 서로 물고 물리면서 조선의 사회경제를 악화시킨다고 보았다. 그렇지만 사민평등과 직업 선택의 자유 보장이라는 그의 주장이 수용될 여지는 거의 없었다. 그의 주장은 17세기 전반 반상제의 확립, 17세기 후반~18세기 전반 문벌사회의 출현이라는 시대적 추이

73 유수원, 『迂書』, 「總論四民」.

74 유수원, 『迂書』, 「論宣惠大同」.

를 정면에서 반박하는 가히 혁명적인 것이었기 때문이다.

당시 조선사회에서 사족들의 축재는 아주 어려운 일이었지만, 설령 그렇게 되었다 하더라도 전혀 건전하지 않았다. 그것은 기껏해야 관과 결탁, 공물방납이나 노비 추쇄를 하거나, 이자놀이를 하는가 하면, 지방 수령으로 나가 한몫 장만하는 것이었기 때문이다. 이런 상황에서 축재는 어떤 형태이든지 수치스러운 행위였다. 이런 분위기에 편승하여 부세체계에 기생하는 “모리배들까지도 상고(商賈)의 일을 부끄럽게 여겨 숨어서 이익을 도모할 뿐이었다.” 축재에 성공한 모리배들이 동경해 마지 않았던 것은 사족의 생활양식이었다.[75] 그리하여 이들은 사족이 되려는 욕망을 충족하기 위해 전 재산을 털어 넣었다.[76] 이런 이유에서 ‘3대 부자’가 아주 드물었다. 유수원은 부자들의 사족 지향 의식과 그 결과로서의 부의 탕진 메커니즘을 다음과 같이 서술하고 있다.

> “농부〔田舍翁〕가 100석의 곡물을 얻게 되면 그 아들은 농토를 지키려 하지 않는다. 공·상의 아들들도 역시 그러하여 반드시 다른 길로 발신(發身)할 것을 꾀한다. 그 아버지는 각고의 노력 끝에 가업(家業)을 이뤘지만, 자손은 이를 수치스러운 일로 여겨 아버지의 소업(所業)을 그만두고 꺼려 숨긴다. 이 때문에 3대 부자가 드물다.”[77]

---

75 유수원, 『迂書』, 「論錢弊」, “我國之人. 好名無實. 徒知士人之可貴. 賤汚工商. 故雖牟利之輩. 外恥商賈之事. 不得不貯蓄錢貨. 暗中財利. 或月利或防納. 而不敢爛用興販於衆目所視之地. 若不巧値價賤之物. 則終不肯販買翻轉. 深藏伺便. 以爲求田買僕之計. 此雖外似厭避商賈之名. 而其所以暗地營利. 自壞其心術. 則反不如行商坐賈之光明痛快也.”

76 유수원, 『迂書』, 「論商販事理額稅規制」, “鄕人勿論士庶. 衣食稍有餘. 則必來居京城. 蕩盡家産. 此不過欲爲兩班之計也.”

77 유수원, 『迂書』, 「論商販事理額稅規制」, “田舍翁. 苟得百斛穀. 其子不肯守農畝. 工商之子亦然. 必思他歧發身. 其父刻苦成家業. 而子孫則以爲羞恥事. 廢其父之所業而隱諱之. 以此罕有數三世富者.”

이런 상황이라면 사족은 말할 것도 없고, 상인이나 모리배들도 자본 축적이 어려웠다. 그 때문에 "자본을 투자하여 이자를 받아 생활하려는 사람들이 적었고", "자본의 융통이 어려웠으며, 도회지에 물종(物種)이 모여들지도 않았다." 그 결과 "부상(富商)들마저도 마음대로 돈을 유통시켜 이익을 볼 수 없었다."[78]

그렇다면 사회적으로 경직되고 경제적으로 침체된 조선사회를 생산성이 높고 물류 유통이 활발하며 투자가 활성화되는 사회로 전환시킬 수 있는 방법은 없었을까? 유수원은 사족들의 개방적인 엘리트로의 전환과 사민분업의 실현을 처방으로 내놓았다. 그렇게 되면 "누천 금을 내어 동업자〔同夥〕를 모집하고 가게〔廛肆〕를 설치할 것이며, 상업에 종사할 사람들이 백 배나 늘어날 것이었다." 그렇게 되면, "궁항벽읍에서도 돈을 물처럼 쓰게 될 것이었다."[79] 또한 "사대부가 되는 것만을 영광으로 여겨 밤낮 미치광이처럼 날뛰며 이익 추구를 위해서는 못하는 짓이 없는" 폐습 또한 사라질 것이었다.[80]

2) 사상층(士商層)의 창출

17세기 전반 이래 조선사회를 이끌어 가는 지배신분층은 사족이었다. 이들은 유학(儒學) 공부를 하는 유학(幼學)이라는 매우 제한적인 직업과 관료가 되겠다는 매우 제한된 지향만을 갖고 있었다. 이 외에는 다른 어떤 직업이나 지향도 갖지 않았다. 이런 상황에서 생계유지와 집

---

78 유수원, 『迂書』, 「論錢弊」.

79 유수원, 『迂書』, 「論錢弊」.

80 유수원, 『迂書』, 「論門閥之弊」. "唯以得做士大夫爲榮. 日夜營營. 如狂如癡. 蠅營狗苟. 無所不爲. 寧殺身湛宗. 而有所不憚. 人情固然. 亦何足異哉."

안 보존을 위한 최선의 방법은 조상으로부터 물려받은 세전(世傳) 전답과 노비를 이용한 농장주의 삶을 사는 것이었다. 그렇지만 이렇게 운이 좋은 이들은 흔치 않았다. 관청이나 관료와 연결이 닿는 이들은 공물 방납을 청탁하고자 구걸을 일삼거나, 빚을 놓아 이자놀이를 하거나, 노비를 추쇄하여 송사(訟事)를 벌이는 등의 추잡한 방법으로 축재를 모색했다. 그렇지만 이러한 행운에 접근한 이들도 소수에 지나지 않았다. 대다수는 극도의 궁핍 속에 굶어 죽는 일 이외에는 달리 할 것이 없는 무기력한 존재였다.[81]

지배 엘리트인 사족이 '자폐적 세계'에 계속 머물러 있는 한 경제는 발달하기 어려웠다. 그리고 이들이 농업과 공업, 상업에 종사하는 상민들을 천시하고 억압하는 한, 그들도 경멸당하고 착취받는 상황에서 좀처럼 벗어나기 어려웠다. 이런 이유에서 모든 계층의 유일한 희망은 사족이 되거나, 사족의 삶을 구가하는 것이었다. 돈을 조금이라도 축적한 사람들이 전답과 노비를 사서 사족의 생활양식을 흉내 내거나, 돈을 싸들고 상경하여 어떻게든 사족이 되려 했던 것은 모두 이와 관련된 현상이었다. 이 과정에서 기왕에 어렵사리 축적한 자본마저도 한순간에 날아가 버리는 사태가 비일비재했다.[82]

결국 18세기 전반 조선사회의 본질적인 문제는 '폐쇄적 사회의 함정'에 빠져 버린 사족들이었다. 유수원은 '자폐적 엘리트'인 이들을 개방형 엘리트로 전환하는 것이 무엇보다 시급한 과제라고 인식했다. 사족을 동경하는 분위기로 가득 찬 사회에서 전 계층이 제 직분에 따라

81 유수원, 『迂書』, 「論麗制」, '奴婢'; 「論商販事理額稅規制」.

82 부자 출현에 대한 경계와 과시적 소비를 통한 부의 재분배 메커니즘은 사회가 '폐쇄적 농촌사회의 함정'에 빠졌을 때 나타나는 전형적인 현상이었다. '폐쇄적 농촌사회의 함정'의 원인과 결과에 대해서는 김성우(2012), 300~319면 참조.

경제활동에 전념할 수 있도록 유도하는 유일한 길은 이들을 생업의 현장으로 몰아넣는 길밖에 없었다. 그가 사족의 대안 직업으로 주목했던 것은 상업이었다. 농업이나 공업은 직접 노동을 통해 농산물이나 재화를 생산하는, 이른바 노력(勞力) 노동(勞動)이었던 반면, 상업은 생산된 재화를 유통시키고 판매하여 수익을 창출하는, 이른바 노심(勞心) 노동이었기 때문이다.[83] 어릴 때부터 공부에 매진해 왔던 대표적 노심자(勞心者) 계층인 사족이 전업하기 가장 좋은 직업이 상업이었다. 사족의 상업 투신에 앞서 필요했던 정지작업은 상업행위에 대한 부정적 인식의 말소였다.

"공업과 상업이 비록 말업이지만 원래 비루한 것은 아니었다. …… 사람들이 그가 재능과 역량이 없다는 것을 스스로 알아서 조정에서 봉록을 받거나 치자(治者, 食於人)가 되지 못하면, 몸소 노력을 해야 한다. 그리하여 있고 없는 것을 유통시키고 교역을 해서, 남에게 의뢰하지 않고 스스로의 노력으로 먹을 것을 마련해야만 한다. …… 공·상의 직업이 천하고 더럽다는 것은 더욱 어불성설이다. 이른바 공·상의 자손들이 각별히 뱃속에서부터 모리를 일삼는 창자를 갖고 태어났다는 말인가?"[84]

83 勞心者·勞力者의 상호 관계에 대해서는『孟子』,「滕文公」上에 가장 잘 나타난다. 맹자는 노심자는 治人이자 君子로서 노력자의 도움을 받는 것이 당연하고, 被治者이자 小人인 노력자는 노심자를 섬겨야 한다고 주장했다. 심지어 그는 이러한 양자의 구별이 '천하의 通義'라고 인식했다(『孟子』,「滕文公」上, "有大人之事. 有小人之事. 且一人之身. 而百工之所爲備. 如必自爲而後用之. 是率天下而路也. 故曰. 或勞心或勞力. 勞心者治人. 勞力者治於人. 治於人者食人. 治人者食於人. 天下之通義也.").

84 유수원,『迂書』,「論麗制」, '奴婢'. "工商固可謂末業. 而元非不正鄙陋之事也. 人自知其無才無德. 不可以祿於朝. 而食於人. 故躬服其勞. 通有無而濟懋遷. 無求於人而自食其力. …… 且謂其子孫濡染云者. 尤不成說. 所謂工商子孫. 則別具牟利腸子於胎裡而來耶."

유수원은 통상 공·상을 동시에 언급하고 있지만, 그의 초점은 어디까지나 상업에 있었다. 그럼에도 항상 공·상이라 표현한 것은 사민분업에 대한 그의 확고한 믿음 때문이었다. 그는 중국의 이상사회인 삼대 시절에는 사민분업이 완벽하게 구현되었다고 믿었다. 이 전통이야말로 요순(堯舜)과 같은 성군들이 창조하고 물려준 중국 '고유'의 특성이라고까지 주장했다. 그런데 그가 살고 있던 동 시기의 중국, 곧 '지금의 중국'에서도 사민 상호간의 수평적 관계가 유지되고 있다는 점이 매우 흥미로웠다.

"'지금(至今)'의 중국 사람들은 비록 농·공·상의 무리라 할지라도 모두 어려서부터 학교에 들어가 배운다. 재능이 부족하고 배워도 성취가 없다고 판단되면, 학교를 떠나 다른 직업에 종사한다. 이로 인해 농·공·상에 종사하는 자라 하더라도 어리석고 무식하여 문자를 전혀 모르는 자가 없다. …… 떳떳한 직업〔常業〕을 가지고 한 곳에 정착하면서 명예 따위를 사모하지 않고 실사(實事)에 힘쓰는 것은 삼대 시절 백성을 이끌던 방법이었다. 중국에서는 '지금'까지도 이 풍습이 사라지지 않았다."[85]

'지금의 중국'에서는 사민분업이 실현되고 있었기 때문에 어떤 사람이 농·공·상에 종사한다고 해서 영원히 이러한 직종에 얽매일 필요가 없었다. "농부, 공장의 아들들도 총명하고 뛰어나면 진학(進學)하여 사(士)가 되어 부모를 빛낼 수 있었다." 심지어 공부에 재능이 없어

85 유수원, 『迂書』, 「論商販事理額稅規制」, "至今中國之人. 則雖農工商賈之屬. 亦皆自小入學. 材不足而學無成. 然後去而爲他業. 未嘗有蠢蠢無識. 全昧文字之人也. …… 農夫工商之子. 亦莫不然. 有常業安其土. 無外慕務實事. 三代馭民之法. 至今猶不亡矣."

서 농・공・상에 종사했던 지난날 사(士) 계층의 아들이 다시 재능을 인정받아 사(士)가 되고 관료가 되면, 이것도 조업(祖業)을 계승하는 것이었다.[86]

이런 상황에서 '지금의 중국'에서는 사 계층이면서도 상업에 종사하는 이들이 많았다. 사인(士人)이면서도 상인이고, 상인이면서도 사인인 계층들은 지역사회의 엘리트로 맹활약하고 있었다. 이들은 지역사회의 발전을 위해 상업활동으로 획득한 재원들을 아낌없이 투자했다. 이들은 성지(城池)를 축조하여 재산과 가족을 보호하고 치안을 유지했다. 유통의 활성화를 위해 교량(橋梁)을 건설하고 도로를 정비했다. 의학(義學)을 건립하고 의장(義莊)을 설치하여 자제들을 공부시키는가 하면, 종족(宗族)의 혼상(婚喪)에 경제적 도움을 주고 약자들을 보살폈다. '지금의 중국'에서 부상대고(富商大賈)들이 이러한 사업들을 도맡아 수행한 까닭은 "상법(商法)이 이뤄져 상리(商利)가 많아졌고", 이로 인해 "사람들이 부유해져서, 이름을 내고 덕을 베풀기를 즐겨하는 마음이 생겨났기 때문이었다."[87]

상인들은 상업을 통해 부를 축적한 다음 자손들의 출세를 위해 교육에 자금을 투자했다. 이들은 이런 방식으로 가문의 사회적 지위를 유지하려는 전략을 구사했다. 중국학계에서는 사인이면서도 상업에 종사하거나, 상인이면서도 사인의 삶을 지향했던 지역의 엘리트들을 사상(士商)이라 부르고 있다.[88] 사상층(士商層)은 16세기 후반부터 17세기 전반,

---

86 유수원, 『迂書』, 「論商販事理額稅規制」, "士之子學無成去爲商. 而其子有才能爲士. 則是能繼其祖業也. 苟不然. 則雖十代爲商. 是亦能繼其祖業也. 此何害於義理乎."

87 유수원, 『迂書』, 「論商販事理額稅規制」.

88 미국의 중국학계에서는 송대 이후, 특히 명・청 시대 이후 紳士이자 상인인 계층이 지역 엘리트로 활약하는 양상에 대해 일찍이 주목한 바 있다(Ho, Ping-ti, 1962, 78・88,

곧 명 말부터 청 초에 이르는 시기에 출현한 새로운 계층이었다. 이들의 출현 계기는 강남 염상(鹽商)들에 대한 중국 왕조의 상적(商籍) 부여였다. 이 조처 이후 강남의 염상들은 교육 수혜권과 과거 응시자격을 획득하게 되었고, 과거 합격자를 배출하기 시작했다. 이런 상황에서 향신(鄕紳)이나 사인(士人)들 가운데 상업에 투신하는 이들이 늘어나고 있었다. 사인이자 상인인 계층, 곧 사상층은 이런 구조 아래 모습을 드러내고 있었다. 사실상 성지(城池)의 수축이나 도로 및 교량 건설, 의학(義學) 및 의장(義莊)의 건립과 운영, 종족들의 구제활동 등 지역의 주요 사업 담당자들은 대부분 이들이었다.[89]

중국의 사상층은 상적(商籍)에 등록하여 그들의 상업활동을 국가로부터 인정받고 교육 및 과거 응시자격을 부여받는 대신, 일정 규모의 상업세를 국가에 납부할 의무가 있었다.[90] 이들은 특정 물품을 취급하는 전문 상점을 주로 운영했으며, 동업자들의 소규모 자본을 흡수하여 유통구조의 전 과정을 장악해 들어갔다.[91] 과거 합격자를 압도적으로 많이 배출했던 이들은 서울과 지방의 신사(紳士)들과도 거미줄처럼 연

92~97면; Susan Naquin & Evelyn Rawski(1987), 정철웅 譯(1998), 183~185면; Lloyd E. Eastman (1988), 이승휘 역(1999), 132 · 204, 259~271면).

89 吳伯婭(우보야)는 명 중엽 이후 중국 상인 엘리트의 주요 사회활동으로 고향의 도로 수리 및 교량 건설, 재해 입은 백성들의 구제, 書院 건립과 운영을 위한 자금 지원, 軍政 운영을 위한 자금 기부 등 네 가지를 꼽았다. 이들이 공익활동을 활발히 한 이유는 "선을 행하고 덕을 쌓으면 은혜가 후세에 미친다."는 유가적 도덕관념과 정서 때문이었다고 한다(吳伯婭, 2012, 194면). 이러한 견해는 중국 부상대고들이 공익사업에 매진하는 이유에 대한 유수원의 분석과 거의 일치한다는 점에서 매우 흥미롭다.

90 상인에 대한 중국 정부의 商籍 지급은 1585년 강남 兩淮 지방의 鹽商들을 대상으로 처음 시작되었다. 그것의 주요 내용은 학교에 등록할 수 있는 인원, 곧 學額과 科擧 응시 가능한 자의 정원, 곧 科額을 규정한 것이었다(欒成顯, 2006, 153~154면).

91 중국 명대 대도시에 定住하는 상인들은 직업과 취급 상품에 따라 각각 다른 籍에 등록되었는데, 이것을 鋪行 혹은 鋪戶라 불렀다(欒成顯, 2006, 137면).

결되어 있었다. 호핑티(何柄棣)는 양회(兩淮) 지방의 염상(鹽商)으로 진사시(進士試)에 합격한 이들이 명대(1371~1643) 106명, 청대(1646~1804) 139명이나 되었다고 한다.[92] 지식과 관직 접근의 유리한 고지를 점했던 사상층은 이제 거대 자본을 바탕으로 거상(巨商)으로 성장해 갔다. 이들은 명 말에서 청 초 이래 중국의 경제를 지배하고 고급문화를 향유해 간 명실상부한 지배 엘리트층이었다.[93]

중국 휘주(徽州) 오씨(吳氏) 가문의 사례는 사상층의 성장 과정을 잘 보여 준다. 이 가문은 명 초기에 염상에서 출발하여 16세기 중·후반 거상으로 성장했다. 이러한 부를 배경으로 이 가문은 서원(書院)을 건립하고 유교 경전을 인쇄하여 가난한 학생들에게 무료로 배부했으며, 오랫동안 사인들을 후원하는 등 지역 엘리트로서의 위치를 확고하게 다졌다. 17세기 초반에는 은 30만 냥을 연납(捐納)으로 바쳐, 6명의 종족 구성원들이 중앙의 7품직 관직에 올랐다.[94] 이와 같이 사상층이 맹활약하는 중국의 경제는 눈부셨고 사회는 활기로 넘쳐났다. 유수원이 목도했던 중국의 현실은 이런 것이었다.

"대상(大商)들은 자본을 내어 점포를 크게 차렸다. …… 그러할 때 교역의 길이 비로소 번성할 수 있었다. …… 대상들이 거대 점포를 세우면 소매상들이 그 점포의 종업원[庸保]이 되었다. 대상들, 곧 점주(店主)들은 달마다 계절마다 이익을 계산하여 종업원에게 임금을 지급했다. 이로 인

92 Ho, Ping-ti(1962), 80·95면.

93 오금성은 송대 이후 중국 지배층의 변천 과정을 다음과 같이 정리하고 있다. 송대에는 士大夫, 명·청 대에는 紳士(鄉紳 + 士人), 19세기 후반 紳商이 그들이었다(오금성, 2007, 369~371면).

94 Ho, Ping-ti(1962), 49~50면.

해 점주와 종업원이 서로 편안하고 이익을 보았다. …… 점포가 많아지고 매매가 날로 성행하게 되면 종업원·서기·회계 등의 직업이 새로 생겨나고, 수레 운반, 건축업 종사자, 땔감 운반자들도 생겨나게 되었다. 중국에서는 수십 칸의 기와집 건축 시 소요되는 기간이 1~2개월에 불과했다. 전문가들을 고용했기 때문이다."[95]

유수원은 사인 계층이 전업할 수 있는 직업으로 상업에 주목했지만, 그의 시야에 들어온 상인은 난전(亂廛)에서 잡화를 팔거나 행상을 하는 소매상〔小販商〕이 결코 아니었다. 그는 도회지를 중심으로 거대 자본을 가지고 특정 물품을 취급하는 전문 상인이 활동하는 세계에 매료되었다. 그런 점에서 그는 명·청 시대 중국의 엘리트로 활약했던 사상층을 염두에 두었다고 여겨진다. 그가 『우서』에서 많은 분량을 할애하여 대상(大商) 중심의 상업활동과 이점을 논하고, 사족의 대상으로의 전환을 역설한 까닭이 여기에 있었다. 그는 조선에서 사상층이 창출되어 사족들이 상업에 투신하게 되었을 때의 상황을 다음과 같이 상상하고 있다.

"지금 이 법을 (조선에) 시행하면, 고을마다 관허(官許) 점포〔額店〕와 관허 가게〔額肆〕가 설립될 것이다. 상인이 있으면 저절로 공장(工匠)이 생산한 재화나 수륙의 물화·의약·문적들이 있게 된다. 학제와 관제도 정비되어 가문이 기울어질까 염려할 필요도 없다. 그리하여 사방의 궁향벽읍(窮鄕僻邑)에 거주하는 사람들도 모두 제 고장에 안주하게 될 것이고, …… 몇 해 가지 않아 곳곳이 낙토(樂土)가 되고 사람마다 서적을 갖추게 될 것

95 유수원, 『迂書』, 「總論四民」.

이다. 여기에서 이용후생(利用厚生)의 도(道)가 완전히 달성될 수 있다.”[96]

사상층이 형성되면 매매가 활성화되고 물가가 낮아지고, 공권력에 기대어 불법적으로 폭리를 취하는 공인과 같은 모리배들도 사라질 것이었다.[97] 게을러서 새로운 변화를 싫어하고, 질박하고 검루(儉陋)한 것을 숭상하여 기와집조차 제대로 짓지 못하는 조선의 전통적인 인습들, 곧 '폐쇄적 농촌사회의 함정'에서 비롯된 수구적 사고와 낡은 관습들이 사라지고, 생산적이면서도 활발한 새로운 풍속이 생겨나게 될 것이었다.[98] 그 결과 나라가 부강해지고 백성들은 부유해질 것이었다. '국허민빈' 사회에서 '국실민부(國實民富)'의 세계, 곧 조선이 중국처럼 부강한 나라로 변신할 수 있는 유일한 길은 바로 사상층의 창출이었다. 유수원이 할 일이 없어서 생계에 곤란을 겪고 있는 사족들이 가장 먼저 상업에 투신할 것을 강하게 주문했던 까닭이 여기에 있었다.[99]

사상층이 창출되고 부국강병이 실현되면, 그동안 소수의 권력집단이 대다수의 사족층을 자폐아로 묶어 둔 채 정치경제를 독점했던 문벌의 폐단도 시나브로 사라질 것이었다. 그러할 때 사족층의 자폐성도 극복될 수 있을 것이었다. 그런 점에서 그의 개혁론의 핵심은 사족의 상업 투신과 사상층의 창출이었다. “사(士)를 우선 정돈하고 이치에 맞게

---

96 유수원, 『迂書』, 「論商販事理額稅規制」. “今行此法則邑邑皆有額店額肆. 而有商則自有工匠. 水陸物貨. 醫藥文籍. 學制既成. 官制既定. 則又無門戶淩替之憂. 勿論東西南北窮鄕僻邑. 人皆安其土. …… 不過幾年之間. 必將到處皆成樂土. 皆有文獻. 利用厚生之道畢矣.”

97 유수원, 『迂書』, 「論宣惠大同」.

98 유수원, 『迂書』, 「總論四民」; 「論商販事理額稅規制」.

99 유수원, 『迂書』, 「附宋沈括夢溪筆談所論」. “答曰. …… 士族之爲此與否. 豈國家所可與知者耶. 但學制科制蔭法既成. 則比如水到船行. 士族之無所事者. 自去爲此矣. 習俗體面之說. 亦是不思之言也. …… 漸次成俗. 不啻反掌. 有何喧謗之慮哉.”

하면, 나머지 농·공·상은 권장하지 않아도 자연히 각자의 직업에 힘쓰게 될 것이었기 때문이다." 이렇게만 되면, "세상에서 말하는 고질적인 병폐와 뿌리 깊은 장애로 변동할 수 없는 폐해들이 얼음이 녹고 안개가 흩어지듯 저절로 풀리고 구제하기 어려울 염려가 조금도 없게 될 것이었다."[100] 결국 유수원에게 있어서 사상층의 창출은 당시 조선사회의 고질적 병폐로 고착되어 가던 문벌의 폐해를 극복할 수 있는 유일한 대안이었던 셈이다.

4. 개혁 모델: 동 시기의 중국

유수원이 가장 높게 평가했던 역사적 모델은 요순(堯舜)과 같은 성군들이 다스렸던 중국의 삼대 시절이었다. 이 시기는 "천리(天理)에서 예의를 구하여 어긋남이 없고 인정(仁情)에 바탕을 두고 있어서 어지럽지 않았으며, 군신과 부자가 모두 하늘이 편 질서에 합동(合同)했던" 때였다. 이 때문에 "호령·기강·정사(政事)·전칙(典則)과 같은 문물들이 한결같이 천리에 합당했고, 인위적인 사정(私情)이 섞이지 않았다." 그리하여 "편방(偏邦)의 비천한 습속이나 쇠퇴했던 후대의 평범한 임금들이 도저히 모방할 수 없었다."[101]

이처럼 중국은 성군들이 법제와 문물을 만들어 온 '지고지순한' 역사

100 유수원, 『迂書』, 「論求門閥之弊」, "今就四民中. 只取一箇士字. 先加整頓理會. 則其餘農工商. 自然不待勸勉. 各務其業必矣. 四民既務本業. 然後六官可修其職. 苟能行此. 則世所謂痼弊巨瘼. 深根固蔕. 決難動搖之類. 自當迎刃縷解. 氷消霧釋. 少無難捄之慮矣. 元氣實則疢疾祛. 實政勝則文具革. 此乃必然之理也."

101 유수원, 『迂書』, 「論麗制」, '銓注'.

적 전통이 있었기 때문에 이민족의 '고유' 풍습인 문벌 숭상이라는 폐습이 없었다. 비록 후대로 내려올수록 사인(士人)들이 씨족(氏族)의 등급을 서로 자랑하는 경향이 있었지만 그다지 심한 편이 아니었다.[102] 위(魏)나라(220~265)가 그러했지만, 이때에도 인재 등용이 문지(門地)에만 얽매였던 것은 결코 아니었다. 문벌 존숭이라는 오랑캐의 악습이 중국에 스며든 시기는 변방의 다섯 오랑캐〔五胡〕들이 중국을 유린했던 5호16국(304~589)시대였다.[103] 문벌 숭상 풍속은 이민족 사회에서는 아주 흔했다. 중국을 침범했던 오호(五胡)들, 곧 흉노족〔匈奴・羯族〕, 티벳족〔氐族・羌族〕, 선비족뿐 아니라 남서방의 대국 인도(印度)도 그러했다. 이민족들이 지배했던 5호16국시대의 중국에서 이러한 폐습이 성행했던 까닭이 여기에 있었다.

중국을 재통일한 수・당 대(581~907)에도 이러한 폐습이 기승을 부렸다. 특히 당대(唐代)에는 사족(士族)을 다섯 등급으로 나누어 철저하게 등급에 따라 관료를 임명하기까지 했다. 당시 정족(鼎族)이라 불린 1등급 사족인 강두노씨(崗頭盧氏), 택저이씨(澤底李氏), 토문최씨(土門崔氏), 정공양씨(靖恭楊氏) 등 4가문은 최고의 신분적 지위를 자랑했다. 이들은 심지어 3등급 사족에 불과했던 황족인 농서이씨(隴西李氏)조차 무시할

102 이상사회로서의 삼대를 가장 칭송했던 유파인 儒家에서도 본질적으로 治者 계층과 被治者 계층 사이에는 엄연한 계선이 있었다. 맹자의 노심자 대 노력자에 대한 고전적 구분이 그것이었다. 그런 점에서 사민평등이라는 이상은 그야말로 이상이었을 뿐 결코 현실에서 실현될 수 없는 구호에 지나지 않았다. 유수원은 사민분업, 곧 사민평등과 직업 선택의 자유가 중국의 '고유성'이라 오해했고, 이 잣대로 중국의 전 역사를 재단했다. 그런 점에서 그의 중국 역사 인식은 첫 단추부터 잘못 끼워진 옷처럼 오류가 적지 않았다.

103 유수원, 『迂書』, 「附宋沈括夢溪筆談所論」. 사실상 중국에서 귀족이 출현한 시기는 위나라 때(220~265)로, 九品官人法의 실시가 그 계기가 되었다. 이후 이들이 혈연과 교양, 그리고 독특한 생활양식을 통해 세습적 지위를 유지해 나가면서 문벌귀족으로 전환해 갔다(오금성, 2007, 343~346면).

정도였다. 이런 상황에서 "당 황실의 권위〔國勢〕로도 이러한 풍습을 없애지 못했다."[104]

그렇지만 중국은 결코 호락호락한 나라가 아니었다. 성군들이 만들어 놓은 중국 고유의 "대강령(大綱領)·대근본(大根本)·대제도(大制度)·대습속(大習俗) 등은 끝내 혼란될 수도, 마멸될 수도 없는 것이었기 때문이다."[105] 그리하여 당 말에 이르러 문벌 극존 풍습은 점차 약해지기 시작했고, 송대 이후에는 거의 소멸되었다.[106] 송대에는 "양인과 노예의 구분만 있었을 뿐 문벌 상호간의 쟁투가 사라졌다." 그런 점에서 송대는 이적(夷狄)의 풍속이 사라지고 중국 고유의 전통을 회복한 시기였다고 할 수 있다. 유수원은 이 전통이 명·청 시대까지 면면이 이어진다고 보았다.[107]

송대의 사회 계층은 양인과 천인(노비)만이 존재했다. 그런 이유로 "사족과 양인 사이의 신분적·계층적 고하나 우열이 없었다."[108] 송대에 회복한 중국의 고유 전통은 명·청 시기까지 거의 천 년 가까이 내려왔다.[109] 동 시기의 중국, 곧 '지금의 중국'도 여기에서 크게 벗어나

---

104 유수원, 『迂書』, 「附宋沈括夢溪筆談所論」.

105 유수원, 『迂書』, 「論麗制」, '銓注'.

106 유수원, 『迂書』, 「論門閥之弊」.

107 유수원, 『迂書』, 「論士庶名分」.

108 유수원, 『迂書』, 「附宋沈括夢溪筆談所論」.

109 현재 중국학계에서는 양천제가 수·당 시기에 제도로서 완성되었고, 송대 이후 소멸되었다는 점에 의견이 일치하고 있다. 그런 점에서 유수원의 송대 이후 '1천 년 양천제 사회설'은 명백한 오류이다. 중국학계에서는 송대 이후 중국 사회는 부와 교육이라는 두 가지 축을 중심으로 계층 이동이 매우 활발한 사회로 변모했다고 이해한다(Ho, Ping-ti, 1962, 21~22, 102~104면). 반면 유수원은 송대 이후를 중국의 '고유성'이 재건된 시기라고 보았다. 그가 이해한 중국의 '고유' 구조는 양천제였다. 그런 점에서 『우서』에 나타나는 중국의 사회구조, 신분제 변천에 관한 그의 인식은 역사적 타당성 여부와는 별개로 매우 주관적이면서도 독창적인 양면성을 동시에 갖고 있었다.

지 않았다. '지금의 중국'에서는 농·공·상의 자제들이 모두 어려서부터 학교에 들어가 공부를 배웠다. 재능이 부족하고 배워도 성취가 없다고 판단되면 그들은 학교를 떠나 다른 직업을 가졌다. 이 때문에 농·공·상에 종사하는 이들도 어리석거나 무식하여 문자를 전혀 모르는 일이 없었다. 농부나 공장, 상고의 아들들이 총명하고 뛰어날 경우 다시 사(士)가 되어 부모를 빛낼 수도 있었다. '지금의 중국'은 "떳떳한 직업〔常業〕을 가지고 한 곳에 안주하면서 명예 따위를 그리워하지 않고 실사(實事)에 힘쓰는" 사회적 기풍이 조성되어 있었다. 이런 풍속은 "삼대 때 제왕들이 백성을 이끌던 바로 그 방식이었다." 그런 점에서 유수원은 삼대의 풍습이 "지금껏 중국에서 작동하고 있다."는 점에 크게 탄복했다.[110]

그가 삼대를 이상사회로 간주한 것은 조선의 다른 유학자들과 다를 바 없었다. 그렇지만 이후 중국 역사에 대한 그의 평가는 다른 학자들과 크게 달랐다. 그에게 있어서 춘추전국시대부터 한·위·진대는 삼대의 고유 풍속을 그럭저럭 지켜 가던 '소강의 시대'였다. 이후 5호16국시대부터 수·당 시대는 중국 주변의 오랑캐〔夷狄〕들이 중국을 지배한 시기이자 문벌 극존이라는 '이적의 풍습'이 성행한 시기였다. 그런 점에서 그는 이 시기를 '혼돈의 시대'로 이해했다. 삼대 이래의 '고유성'은 송대부터 '지금의 중국'에 이르러 다시 회복되었다. 그런 점에서 송대부터 '지금의 중국'은 이상사회에 가까운 사회였다.

'지금의 중국'은 과연 어느 왕조를 일컫는 것인가? 그것은 그가 살았던 동 시기, 17세기 후반부터 18세기 전반의 중국, 곧 청나라였다. 여기에서 유수원의 중국 인식은 조선의 다른 지식인들과 크게 구별되었다.

---

110 유수원, 『迂書』, 「論商販事理額稅規制」.

사실상 조선 초기 이래 수많은 학자나 개혁가들은 수·당 왕조를 삼대의 이상이 실현된 시기라고 간주하는 경향이 강했다. 중국 고대의 왕토사상(王土思想)은 균전법(均田法)으로, 왕민사상(王民思想)은 양천제(良賤制)로 역사에 구현되었다는 것이 대체적인 평가였다. 그렇지만 유수원은 수·당 시기를 '이적의 풍습'인 문벌 극존의 폐습이 절정에 달한 시기라는 점에서 악평했고, 문벌의 폐해가 소멸되고 중국의 고유성이 회복된 송대 이후를 호평했다.

이런 전통이 명대를 거쳐 청대까지도 면면이 이어진다는 점에서, 명·청 시대 또한 호평했다. '지금의 중국'에서 "이용후생의 도가 완전히 달성되었다."[111]는 그의 선언에서, 명·청 시대에 대한 그의 인식을 확인할 수 있다. 그의 중국 인식은 그동안 정통적 견해로 고착되어 왔던 '수·당 이상론'에서 '명·청 이상론'으로 전환한 것이었다. 그가 '명·청 이상론'을 견지했다는 사실은 1741년(영조 17) 2월 영조가 그를 초치했을 때 국왕에게 올린 답변에서 확인할 수 있다.

> "신의 뜻은 주(周)나라를 따르는 것입니다. 대체로 삼대 이후에는 명나라 제도가 가장 좋습니다. 특히 명의 관제(官制)는 주나라의 정밀한 뜻을 가장 잘 터득했으니, 오늘날 시행하면 반드시 효과가 있을 것입니다. …… 한(漢)나라의 고조(高祖)나 당(唐)나라의 태종(太宗)은 모두 제왕(帝王)의 학문이 없었습니다. 오직 명나라의 고황제(高皇帝, 朱元璋)만은 비록 성격에 병통이 없지는 않았지만, 즉위 30년 간 시종 학문에 전거하고 경사(經史)에 의지하여 입법창제(立法創制)했습니다. 그리하여 모두 의리(義理)에 맞았으니, 실로 한나라와 당나라의 제도가 따르지 못할 바였습니다. 청나라 사람들로

---

111 유수원, 『迂書』, 「論商販事理額稅規制」.

말하자면, 비록 이적이기는 하지만 그들도 역시 '순전히 이적의 정치〔純夷爲政〕'만을 하지는 않았습니다. 그리하여 나라를 세운 지 100년 동안 당폐(黨弊)가 없었으니, 모두 명나라 제도를 본받았기 때문입니다."[112]

위의 답변 내용을 살펴보면, 삼대의 이상사회가 중국 역사에서 가장 잘 구현된 시기로 그가 명·청 시대를 꼽았음을 알 수 있다. 그는 그동안 가장 국력이 왕성하고 번영했던 시기로 널리 칭송되어 온 한·당대는 명·청대만 못하다고 평가했다. 위의 대화에서 그는 명·청 왕조의 관제의 우수성을 주로 거론했지만, 『우서』 전편에 흐르는 일관된 흐름은 사회제도·교육제도·경제제도 등 제도 전반에서 이 시기를 높이 평가했음을 확인할 수 있다.

성리학이 국시(國是)가 된 조선 중기 이래 성리학이 시발하고 정주학(程朱學)의 성현들이 대거 출현한 송대를 긍정하는 조선의 유학자들은 적지 않았다. 그렇지만 동 시기의 중국, 특히 청대까지도 긍정하는 유학자는 사실상 전무했다. 임진왜란 당시 재조지은(再造之恩)의 공로가 있던 '부모의 나라' 명을 멸망시킨 만주의 청 왕조에 대한 적개심으로 불타올랐던 것이 당시 정치계 및 사상계의 일반적인 정서였다. 북벌사상(北伐思想)은 숙종(肅宗, 1674~1720) 대 이래 국시로 격상되어, 18세기 이후 조선왕조를 지탱하는 최대 명분으로 기능할 정도였다. 그런 점에

---

112 『承政院日記』, 英祖 17년 2월 8일, "柳壽垣曰 …… 臣意在從周. 蓋三代以後. 明制最善. 其中官制. 尤得周官精義. 今日行之. 必有其效. 世或以明朝. 亦有黨論. 以至於亡爲言. 而臣則以爲明本無黨. 此由東儒. 不曾細考明事而然矣. …… 而漢祖·唐宗. 皆無帝王之學. 惟大明高皇帝. 雖聖質或不無病痛. 而卽位三十年. 終始典學. 根據經史. 立法創制. 皆有義理. 實非漢·唐制度所可及也. 以淸人言之. 雖是夷狄. 渠亦不以純夷爲政. 而立國百年. 無黨弊者. 全用明制而然. 此亦皇明無黨論之證. 臣則終不爲萬曆間一時事. 謂之黨論矣."

서 그의 '명·청 이상론'은 중국 인식에 관한 한 '코페르니쿠스적 대전환'이라 할 만큼 혁명적이었다.

그가 이와 같은 혁명적 변태를 경험한 까닭은 무엇이었을까? 그것은 그의 독특한 중국 평가 방식과 관련되어 있었다. 그는 사민평등과 직업 선택의 자유, 곧 사민분업이라는 잣대만으로 중국의 전 역사를 평가했다. 이 잣대만으로 역사를 재단할 경우, 삼대와 송대부터 청대는 중국의 고유성이 살아 숨쉬는 이상사회로, 반면 위진남북조시대부터 수·당 시기는 이적의 난폭한 문화가 중국의 전통을 심각하게 훼손시킨 역사의 암흑기로 재해석될 여지가 있었다. 그런 점에서 그의 중국 이해는 놀라운 혜안과 동시에 수많은 오류들로 점철되어 있었다고 해도 과언이 아니다. 그렇지만 자신의 입장에서 중국 역사 전체를 일관되게 정리했다는 점만큼은 높이 평가받아 마땅하다. 그의 관심은 당시 조선의 최대 모순이었던 문벌 폐해의 극복에 있었다. 그런 이유에서 그에게 중국 역사에 대한 견강부회는 크게 문제되지 않았다. 『우서』를 꼼꼼한 중국 역사 연구의 결과로 나온 분석서라기보다는 실천성이 앞섰던 매우 현실적인 개혁서로 볼 수 있는 이유가 여기에 있었다.

5. 수용과 변용

중국사 인식의 '코페르니쿠스적 대전환'을 경험했던 유수원의 혁명적 사회구조 개혁론은 사실상 명·청 시대, 특히 그가 살고 있던 동시기인 청대 사회를 모델로 한 것이었다.[113] 그가 말끝마다 '지금의 중국'

113 한영우도 유수원의 개혁 모델이 중국, 특히 명·청 시대라는 점을 인정하고 있다(한영

을 내세우자, 줄곧 경청해 온 질문자는 날카롭게 반박하고 나섰다.

"천하의 국가들은 그들 고유의 풍속이 있다. 우리나라가 문교(文教)를 숭상하여 소중화(小中華)라 불리는 것이 엄연한 사실이다. 그렇지만 본래부터 우리의 국속(國俗)과 향풍(鄕風)은 중국과는 아주 달랐다. 그런데 지금 그대의 주장을 들어보면 대체로 중국의 제도만을 채택하여 사용하려 할 뿐, 양국의 사세(事勢)와 습속이 서로 다르다는 점을 고려하지 않는다. 나는 이 점을 매우 의심스러워한다."[114]

질문자가 정곡을 찌르자, 그는 "우리나라의 토속을 얕잡아 보고 모두 중국 것만을 우러러 답습하고 억지로 실행하려는 것은 아니다."며 한 발짝 물러섰다. 그는 "언어나 풍속 · 요속(謠俗) · 의복 · 음식 등은 모두 토속(土俗)이며 향풍(鄕風)이어서 굳이 중국 것을 따를 필요가 없다."는 점을 인정했다. 그는 대표적 풍속인 음식 · 의복 · 언어 · 혼례 · 상례 등 다섯 가지 가운데 혼례와 상례만큼은 조선이 중국보다 앞선다고 보았다.[115] 더 좋은 것은 굳이 중국을 따를 하등의 이유가 없었다.

그렇지만 그는 문물 · 제도만큼은 중국의 것을 따라야 한다고 보았다. 중국은 송대부터 명 · 청대에 이르러 삼대의 이상적 사회구조를 재

우, 2007, 59면). 17세기 후반부터 18세기 전반의 조선은 경제 성장, 인구 증가로 인해 사회경제적으로 번영을 누리던 시기였다. 번영의 정점에 서울의 변화가 있었다. 경제 집중과 인구 성장이라는 상황이 맞물리면서 서울은 사치가 만연하고 중국 물품에 대한 수요가 늘어났다. 이런 상황에서 청나라의 사회경제를 긍정하고 따르려는 분위기가 서울의 지식인들을 중심으로 생겨나고 있었다(이경구, 2004, 133~135면).

114 유수원, 『迂書』, 「論變通規制利害」, "或曰. 天下之國. 各有其俗. 我東雖崇尙文教. 號稱小華. 然亦自有國俗鄕風之截然不同於中原者多矣. 今子所論. 則擧欲取用中國之制. 不顧事勢習俗之扞格而不相入. 此愚之所大惑也."

115 유수원, 『迂書』, 「論變通規制利害」.

건한 반면, 조선은 여전히 '이적(夷狄) 시대'의 유풍인 문벌 숭상 폐습이 맹위를 떨치고 있다는 판단 때문이었다. 그는 이런 폐습이 잔존하게 된 결정적 이유를 개국 초기 조선왕조가 당나라와 고려의 법제를 수용했던 데서 찾았다. 이런 이유에서 조선의 "정체(政體)와 치규(治規)는 옛것도 아니고 오늘의 것도 아니며, 중국의 것도 아니고 우리나라 것도 아닌 한낱 사사로운 뜻과 규모에 지나지 않게 되었다."[116]

이로 인해 "나라를 경영하고 정치를 도모하는 중요한 도구들은 명목만 답습하거나 껍데기만 모방했을 뿐이다." "나라가 부허(浮虛)하고 무실(無實)해진" 까닭도 여기에 있었다. 역사상 최악의 국허민빈의 난국에 빠진 조선이 한시바삐 헤어나기 위해서는 중국 삼대의 이상적인 법제와 문물을 수용해야만 했다. 그것이 어렵다면 송대부터 청대에 이르는 중국의 법제와 문물이라도 받아들여야 했다. 그중에서도 가장 시급하게 요구되었던 것은 중국식 사민제도〔士農工商〕, 예악(禮樂)과 형정(刑政), 관리 임용제도〔選擧·官制〕, 부세제도〔稅斂와 貢賦〕 등이었다. 그 이유는 이러한 법제와 문물들이 "모두 성인(聖人)에게서 근원한 것이자, 오직 중국에서만 시행되는 것이었기" 때문이다."[117]

조선 사람들은 고려 이래 거의 천여 년 동안 중국의 '지엽적인 말절(末節)'이나 '허망한 문구(文具)'만을 익혀 왔다. 이런 상황에서 당금의 과제는 중국의 본질적인 문제, 곧 '근본(根本)'을 받아들여 조선을 개혁하는 것이었다. 근본이란 '실질적인 사업〔實事〕'이나 '실질적인 정치〔實政〕'를 의미했다. 그렇다면 중국으로부터 수용해야 할 실사 혹은 실정의 구체적 내용은 무엇이었던가? 그는 여덟 가지를 들고 있다.

---

116 유수원, 『迂書』, 「論備局」.

117 유수원, 『迂書』, 「論變通規制利害」.

첫째, 중국의 학제(學制)였다. 학제가 바로 서게 되면 유생들이 훗날 활용 가치가 있는 인재가 될 것이었다. 둘째, 관제(官制)였다. 관제가 밝아지면 관료들이 모두 그가 맡은 직책에서 열심히 봉사하게 될 것이었다. 셋째, 근무 고과〔考績〕였다. 근무 고과를 엄격하게 시행하면 훌륭한 사람이나 모자란 사람이 모두 제 분수에 만족하게 될 것이었다. 넷째, 관료 임용 규칙〔庶政〕의 정비였다. 임용 규칙이 정비되면 국가의 체모가 존엄해지고 세상의 도의가 밝아져서 족당(族黨)에 치우쳐 서로 반목하는 문벌의 폐단이 소멸될 것이었다.

다섯째, 사민분업이었다. 사민분업이 이뤄지면 백성들이 생산적인 활동에 종사하여 경제 기반을 마련할 수 있게 될 것이었다. 여섯째, 부세의 균평 과세였다. 균평 과세가 실현되면 현물세를 마련하기 위해 농사철에도 뛰어다니느라 고달팠던 백성들의 고초가 사라질 것이었다. 일곱째, 재화 생산 및 재물 확보를 위한 법도를 새롭게 세우는 것이었다. 이렇게 되면 백성의 부담이 크게 줄어들어 경제가 건실해질 것이었다. 마지막으로는 경작(耕作)이나 방직(紡織)의 법도를 세워 백성들의 경제를 튼튼하게 하기 위한 근본대책을 마련하는 것이었다. 이렇게만 된다면 "제(齊)나라가 변하여 노(魯)나라가 되고, 노나라가 변하여 도(道)에 이르는 형세"를 기대해 볼 만했다.[118] 그렇게 되면 조선도 '지금의 중국', 곧 명 · 청 시대의 중국처럼 사민평등과 직업 선택의 자유가 보장되는 나라, 곧 부국강병한 나라가 될 터였다.

---

118 유수원, 『迂書』, 「論變通規制利害」.

6. 맺음말 : 국가 주도의 개혁을 통한 중국 따라잡기

유수원은 그가 살았던 당대 조선의 가장 큰 병폐로 지배신분인 사족의 '자폐적 엘리트'로의 전환과 문벌사회의 형성 등 두 가지를 꼽았다. 『우서』 편찬 목적이 여기에 있다고 단언할 정도로 그의 입장은 확고했다. 그렇다면 문벌사회는 어떻게 타파할 수 있다는 말인가? 그가 해법으로 제시한 것은 양천제적 사회구조의 회복이었다. 양인은 사・농・공・상과 같은 사민의 직업에 종사하는 한편, 국가로부터 의무와 권리를 동시에 부여받는 공민이었다. 공민이기 때문에 사민의 직업은 평등했고 직업의 이동 또한 자유로웠다. 이렇게 되면 굶주림 속에 죽어가는 상황에서도 생업을 거부하는 '자폐적 엘리트'인 사족이 양산되지 않게 될 터였다.

그는 사족이 전업할 직업으로 상업에 각별한 주의를 기울였다. 특히 그는 사족이면서도 상업으로 생계를 꾸려 가는 계층, 곧 사상층의 출현에 큰 기대를 걸었다. 사상층이 본격적으로 활동을 개시하면 그동안 침체되었던 경제가 활성화되고 백성들이 부유해지며 국가도 아울러 부강하게 될 것이었다. 사민분업의 실현으로 사민평등과 직업 선택의 자유가 허용되면 능력이 합당한 사람만이 관료가 될 것이었다. 여기에 공정한 고과제도를 수립하여 시행하면 능력 있는 관료들은 그들의 능력에 따라 국정의 최고책임자로 올라갈 수 있을 것이었다. 이렇게 되면 그동안 관직 임용과 승진의 절대 기준으로 작용해 온 문벌적 요소가 약해질 것이고, 그에 따른 폐단들도 자연히 소멸될 것이었다.

이와 같은 개혁 구상은 중국 역사에 관한 그의 꼼꼼한 분석의 결과였다. 그는 중국 성군들이 나라를 다스리고 제도와 문물을 제정했던 삼대를 이상사회로 여겼다. 삼대가 이상사회였던 소이는 사민평등과 직업 선택의 자유, 곧 사민분업이 실현된 사회였기 때문이다. 그는 '중국의 고유성'은 사민분업이 완벽하게 실현되는 개방적 사회구조에 있다고 보았다. 심지어 수많은 부침을 겪었음에도 이러한 고유성이 중국 역사를 관통하여 면면이 계승된다고 믿었다. 송대 이후 중국사회가 '양천제적 사회구조'를 다시 복원한 것이 그러한 믿음을 증명해 주는 것이었다. 그는 이러한 전통이 명·청 대까지 줄곧 이어진다고 믿었다.

그에게 있어서 명·청 시대는 송대와 더불어 중국의 고유성이 발현된 시기, 곧 삼대의 이상이 실현되던 시기였다. 심지어 그는 동 시기의 중국, 곧 청나라에 대해서도 긍정했다. 조선사회의 개혁에 대한 그의 열망은 청대 사회의 연구를 통해 한층 더 뜨거워졌다. 청대 중국 사회가 이룩한 사회경제적 성취를 가능한 빠른 시일에 따라잡고 싶어했던 그는, 국가나 국왕이 개혁에 앞장서야 한다고 역설했다. 조선을 새로운 사회구조로 개조할 수 있는 힘은 오직 국왕과 국가로부터 나온다는 현실적 판단 때문이었다. 그런 이유에서 그가 구상한 개혁론의 주체는 언제나 국왕이었다. 『우서』의 여러 가지 개혁안을 통해 그의 국가 혹은 국왕 중심적 사고를 확인해 보도록 하자.

그가 구상했던 사회구조는 양천제였다. 양천제의 입법화는 온전히 국가의 몫이었다. 전체 인민을 공권력의 지배를 받는 공민(公民, 곧 양인)과 그렇지 않은 사민(私民, 곧 천인)으로 분별할 수 있는 유일한 권력기관이 국가였기 때문이다. 뿐만 아니라 반상제의 모순과 문벌사회의 모순을 제거하고 양천제를 성공적으로 안착시키기 위해서도, 국가의 끈질긴 노력이 경주되어야만 했다.

그가 구상했던 교육제도는 국가가 운영하는 관립학교였다. 그는 모든 양인의 자제들이 여덟 살이 되면 관립 소학(小學)에 입학하여 공부하고 열다섯 무렵에 졸업하는 것을 제도화하고자 했다. 재능이 있는 학생들은 대학·태학과 같은 고등교육기관에서 계속 수학하고, 또 관료가 될 수 있었다. 관립학교를 중심으로 교육이 운영되어야 한다는 강한 믿음을 갖고 있었던 탓에 그는 서원(書院)과 같은 사교육기관의 철폐를 강하게 주장했다.

그는 재능이 없는 사족 자제들이 전업하여 가계를 이끌 수 있는 대안으로 상업에 주목했다. 그가 설정한 상인은 부상대고(富商大賈)로 표현되는 대상(大商)이었다. 그는 이들이 도회지를 중심으로 거대 자본을 투자하여 상점을 개설하고, 전문적인 물품을 취급하여 유통 이익을 극대화하는 방식에 찬동했다. 그의 상업개혁론의 주체는 어디까지나 국가가 공인한 대상, 곧 관상(官商)이었다. 이들의 상업활동을 보호하기 위해서는 이들의 경제행위를 저해하고 이익 창출을 방해하는 잠재적 위협요소들을 제거해야만 했다. 소상인들의 상업행위를 불법으로 간주하여 국가가 억압할 것을 주장했던 그의 구상은 이런 현실 인식에서 비롯된 것이었다.

정치제도의 개혁 구상안에서는 의정부(議政府)－육조(六曹)의 기능 회복을 강하게 주문했다. 정부의 공식적인 제도가 회복되면, 국정은 국왕이 노성한 대신이나 재상들과 더불어 운영해 나갈 수 있었다. 이러할 때 당금의 정치 현실에서 가장 큰 문제가 되었던 비변사 중심의 의사결정구조, 그리고 연소한 삼사 관원들이 주도하는 당론의 형성 및 확산과 같은 폐단들을 막을 수 있었다. 이처럼 유수원은 사회제도·교육제도·상업제도·정치제도 등 다방면에서 국가 중심의 개혁을 구상했다.

그의 개혁론이 당시 사회의 현실에 비춰볼 때 매우 혁신적인 것은 사실이었지만, 한계 또한 아주 명확했다. 그것은 그가 정통 성리학의 교의를 충실히 따르는 유학자라는 점, 그리고 국왕에 대한 애매모호한 입장 등 두 가지 문제에서 비롯되었다. 그는 중국의 이상사회라고 여겨지던 삼대 사회를 거의 맹목적이라고 할 만큼 긍정했다. 유교에서 칭송하는 성인 군주들이 통치하고 문물을 제정한 사회라는 그의 강한 믿음 때문이었다. 이러한 맹목적 믿음은 그가 주자주의(朱子主義)에 심취한 유학자라는 사실을 입증해 주는 것이었다.[119]

그가 정통 유학자라는 점은 성선설(性善說)에 입각하여 현실세계를 지나치게 낙관한 것에서도 확인할 수 있다. 그는 당시 심각한 사회문제로 떠오른 화전(火田) 성행의 문제점을 여러 차례 『우서』에서 거론한 적이 있다. 그런데 그의 해결책은 다소 엉뚱했다. "천지가 만물을 낼 때 사람을 땅에 살게 했으니 …… 사람이 번성하다고 해서 토지가 부족하여 식량을 대기 어려울 이치가 있겠는가?" 라는 반문이 그것이었다.[120] 차라리 인구압에 직면한 조선사회가 생존을 위해 어쩔 수 없이 선택한 대안이 화전이라는 질문자의 견해가 훨씬 설득력이 있었다. 이와 같은 소박한 성리학적 낙관론에 기대어 세상을 관찰할 경우, 세계의 미세한 변화까지 읽어 내면서 실천적 대안으로 승화시켜 가는 지적 탐구는 사실상 불가능했다.

다른 한계는 그가 개혁 주체로 설정한 국가 혹은 국왕에 대한 모호성이었다. 그의 개혁 구상이 최단기간 안에 최대의 성과를 거두기 위해서는 국왕의 부단하고도 적극적인 노력이 경주되어야만 했다. 국왕이야말로 당시 모든 정치사회적 해악의 근원인 훈귀세력(勳貴勢力)이나

---

119 그는 송대 성리학을 집대성한 朱子의 학문적 성취를 극찬하고 그의 세계관을 따르고자 많은 노력을 기울였다. 그는 주자가 "학문이 통달하지 않은 것이 없고 經世의 지식도 정밀하고 깊었으며, 논의한 것들은 …… 자상 주밀하고 명백 간절했으니, 참으로 정치를 아는 훌륭한 인재이며 세상을 구제할 큰 계책이 있는" 성인이라 극찬해마지 않았다 (유수원, 『迂書』, 「論變通規制利害」).

120 유수원, 『迂書』, 「論火田」.

문벌집단을 억누르고 국가를 개혁으로 인도할 수 있는 거의 유일한 힘의 원천이었기 때문이다. 그렇지만 그의 개혁론에는 국왕의 역할과 기능에 대한 언급이 거의 없었다. 단지 국왕이 "요·순과 같은 성군이 되어야 한다."는 지극히 원론적인 수준의 주장을 되풀이할 뿐이었다.

그는 왕실의 사적 재정인 내탕(內帑)을 긍정하는가 하면, 지방 관료들이 왕실에 상납하는 진헌물(進獻物)의 기능을 인정했다. 국왕은 마음만 먹으면 내탕고의 한도를 뛰어넘어 국가재정 전체를 위협할 수도 있고, 공물 방납과 같은 폐단들이 재현될 여지를 만들 수도 있는 강력한 존재였다. 그렇지만 그는 국왕이나 국가 문제만큼은 시종 소극적이었다. 굳이 그를 이해하자면, 그의 주된 관심은 문벌 척결에 있었기 때문에 국왕의 자의성의 발현에 대해서까지 관심을 확장시킬 여력이 없었다는 점을 지적할 수 있다.

그는 신임사화(辛壬士禍, 1721~1722) 당시 가장 과격했던 소론계 신진세력, 곧 급소(急少)의 선봉으로 활약했던 인물이다. 이러한 정치 행로로 인해 그는 죽을 때까지 노론 집권세력으로부터 요주의 인물로 낙인찍혀 사상적·정치적 견해의 표출을 극도로 제약받았다. 국왕에 대한 모호성은 실세한 소론 명문가의 명사(名士)였다는 그의 정치 행로와도 깊이 연동되어 있었다.

이러한 한계가 있음에도 그의 개혁론이 갖는 파괴력을 결코 과소평가할 필요는 없다. 그가 『우서』 집필을 시작했을 때 이 사실을 감지한 노론 집권세력은 두려워하면서 뒤에서 수군거렸다.[121] 집권세력이 그를 철저히 감시하고 끝내 죽음으로 몰아간 까닭이 여기에 있었다. 그는 1755년(영조 31) 역심(逆心)을 품었다는 단 하나의 혐의만으로 '을해옥

121 유수원, 『迂書』, 「記論譔本旨」.

사'에 연루, 한 많은 인생을 마감했다. 소론의 몰락과 그의 죽음으로 인해 그가 꿈꿨던 세계는 이제 조선사회에서 더 이상 추진될 수 있는 동력을 상실하고 말았다. 그리하여 동 시기의 중국, 곧 청대 사회를 모델로 하여 국가 중심의 개혁으로 조선사회를 중국과 대등한 부국으로 만들고자 했던 그의 꿈은 영원한 미완으로 남을 수밖에 없었다.

參考文獻

孟子, 『孟子』.

成渾(1535~1598), 『牛溪集』.

『承政院日記』.

柳壽垣(1694~1755), 『迂書』.

『朝鮮王朝實錄』.

姜萬吉(1971), 「朝鮮後期 商業의 問題點-『迂書』의 商業政策 分析」, 『한국사연구』 6, 1971.

김성우(2001), 『조선중기 국가와 사족』, 역사비평사, 2001.

_____(2002), 「홍길동전 다시 읽기-조선사회의 경직화와 마이너러티의 저항」, 『역사비평』 61.

_____(2006), 「조선시대의 신분구조, 변화, 그리고 전망」, 『동아시아 근세사회의 비교』, 혜안.

_____(2009), 「良賤制說의 대두와 조선 초기 사회구조에 대한 새로운 이해-韓永愚의 『朝鮮初期 社會經濟研究』」, 『한국사연구』 146.

_____(2012), 『조선시대 경상도의 권력 중심 이동-영남농법과 한국형 지역개발』, 태학사.

金裕哲(1989), 「均田制와 均田體制」, 『講座 中國史 II』, 서울대 東洋史學研究室, 知識産業社.

김인규(2009), 「柳壽垣의 職分主義 신분제 개혁론-'四民分業'과 '四民一致'를 중심으로」, 『온지논총』 16.

백승철(2007), 「聾菴 柳壽垣의 商業觀과 商業振興論」, 『동방학지』 140.

오금성(2007), 「신사」, 『명청시대 사회경제사』, 이산.

유승원(1987), 『朝鮮初期 身分制硏究』, 乙酉文化社.

이경구(2004), 「法典을 통해 본 17~18세기 서울의 변환」, 『서울학연구』 25.

李憲昶(2002), 「柳壽垣과 朴齊家의 商業振興論」, 『한국실학연구』 4.

任仲爀(2010), 『中國 古代 庶人 개념의 변화-賜民爵과 관련하여』, 『東洋史學硏究』 113.

韓榮國(1967), 「해제」, 『(국역) 우서』, 민족문화추진회.

韓永愚(1972), 「柳壽垣의 身分改革思想」, 『한국사연구』 8.

______(1983), 『朝鮮前期 社會經濟硏究』, 乙酉文化社.

______(2007), 『유수원-꿈과 반역의 실학자』, 지식산업사.

吳伯婭(우보아, 2012), 「韓江雅集: 淸 中葉의 士·商의 상호작용의 사례 연구」, 『大東文化硏究』 80.

欒成顯(롼청시엔, 2006), 「賦役黃冊과 明代의 신분 등급」, 『동아시아 근세사회의 비교』, 혜안.

Ho, Ping-ti(何炳棣, 1962), *The Ladder of Success in Imperial China, Aspects of Social Mobility, 1368-1911*, New York: Columbia University Press; 曺永祿 外 譯(1987), 『中國科擧制度의 社會史的 硏究』, 東國大 出版部.

Lloyd E. Eastman(1988), *Family, Fields, and Ancestors: Constancy and Change in China's Social and Economic History, 1550-1949*, Oxford University Press; 이승휘 역(1999), 『중국사회의 지속과 변화』, 돌베개.

Susan Naquin & Evelyn Rawski(1987), *Chinese Society in the Eighteenth Century*, New Heaven: Yale University Press; 정철웅 譯(1998), 『18世紀 中國社會』, 新書苑.

『迂書』에 나타난 聾庵 경제사상의 기본 구조

이헌창 | 고려대학교 경제학과 교수

1. 머리말

2. 상업진흥론으로 집약되는 경제정책론

3. 경세론의 토대로서 학문관

4. 부의 긍정과 경제합리주의

5. 가난의 문제의식과 부국론(富國論)

6. 경제발전의 원리

7. 영리 추구의 긍정과 농본주의의 극복

8. 시장, 자본주의적 생산관계 및 도시문화의 옹호

9. 국가와 시장

10. 농암이 구상한 경제체제와 그 시대적 적합성

11. 농암과 동시대 관료 지식인 사이의 경제사상 수준차

12. 맺음말

1. 머리말

『우서(迂書)』의 경제사상에 관한 연구는 종래 상업론에 집중되었는데, 이 글에서는 그 기본 구조를 종합적으로 고찰한다. 그래도 『우서』의 경제론은 상업진흥론에 초점이 모여 있을 뿐만 아니라, 그 정치·신분제·교육 등의 논의도 상업육성론에 연결되어 있는데, 제2절에서는 이 점을 보여 줄 것이다. 『우서』에서 대자본의 중시, 회사와 같은 상업조직의 제안, 사회적 분업론 등과 같은 탁견이 있음은 이미 밝혀졌는데, 제7·8절에서는 『우서』의 상업론이 종래 지적된 것보다 풍부한 내용을 담고 있었음을 지적한다. 제9·10절에서는 『우서』의 상업론을 그 국가체제론 속에서 조명한다. 제5절에서는 『우서』를 관통하는 전반적 경제사상을 부국론(富國論)으로 집약하고 제6절에서는 『우서』에서 제시된 경제발전의 원리를 고찰하였는데, 이것은 『우서』의 상업론을 넓은 시야에서 보기 위한 전제 작업이 된다. 『우서』의 상업론이 개항 이전에는 『북학의(北學議)』와 더불어 최고 수준이라는 평가가 있는데,[1] 이 글에서도 『우서』가 당대로서는 매우 진전된 경제관과 혁신적인 경제정책론을 담고 있음을 보여 줄 것이다. 탁월한 상업론자로서 초정(楚亭) 박제가보다 이해하기 힘든 인물이 농암(聾庵) 유수원(柳壽垣)이다. 초정은 농암보다 시장의 사람들과 접촉할 기회가 많았고, 농암과 달리 중국을 여행할 기회를 가졌으며, 이용후생론을 공동으로 탐구하는 그룹에 포

1 姜萬吉(1973); 金龍德(1976); 李憲昶(2002).

함되어 있었기 때문이다.[2] 제3~6절에서는 농암의 경제사상의 토대와 전반적 성격을 고찰함으로써, 그의 탁월한 상업론의 성립 배경을 해명하고자 한다. 제11장에서는 농암과 동시대 관료 지식인 사이의 경제사상 수준차가 현격하지 않음을 지적함으로써, 선진적인 실학사상도 당대의 전반적 학문 역량을 반영하고 그 학문적 자양분을 흡수하였다고 주장한다.[3]

『우서』는 모두 10권, 77개 항인데, 그중 경제론은 어떠한 위상을 가지는가? 한영우는 제1권에 해당하는 앞의 6개 항은 서론적 성격의 글이고 마지막 제76·77항은 결론에 해당한다고 하였다.[4] 서론적 성격의 글 중에 제1항은 책머리글에 해당하는 글이며, 제77항은 책을 마치며 쓰는 글과 같다. 『우서』의 총론에 해당하는 부분은 제2~6항과 제76항인데, 제3항 「논여제(論麗制)」에 나온 8세목 중 전제(田制), 조세 및 부역(賦役)은 경제를 다루었다. 책 전체의 핵심이며 내용이 풍부한 제6항 「총론사민(總論四民)」, 그리고 총론 중 결론격인 제76항 「논변통규제이해(論變通規制利害)」도 경제가 중심적 내용을 이룬다.

제2~5권에는 경제 관련 제목의 항이 없다. 제6권에는 호정(戶政)에 관련되는 항이 4개, 부세에 관련된 항이 2개, 전제를 다룬 항이 하나 있다. 권7의 12개 항은 마지막인 「논이원역만승발지제(論吏員役滿陞撥之制)」를 제외하고 모두 재정에 관련된 내용이다. 권8의 4개 항은 모두 경제 내용이다. 권9의 9개 항 중에서 「논외관영송지비(論外官迎送之費)」만이 경제와 관련된다. 권10에서 총론에 해당하는 항을 제외한 다섯 개

---

2 이헌창(2011).

3 이헌창(2011; 2013a)은 초정 박제가의 선진적 사상도 당대의 학문적 자양분을 잘 흡수한 점을 지적한 바 있다.

4 한영우(2007), 57면.

항 중에 경제적 내용의 항은 2개이다. 모두 77개 항 중에 경제적 내용의 제목은 21개이며, 경제 관련 제목은 7개라 할 수 있다. 이 비중이 작지 않았을 뿐만 아니라, 제6·76항과 더불어 가장 내용이 풍부하고 중요한 의의를 가지는 권8의 「논상판사리액세규제(論商販事理額稅規制)」는 경제 내용이므로, 『우서』에서 경제는 중요한 비중을 차지하고 핵심적인 의의를 가진다.

『고려사』에 식화지(食貨志)가 있고 『동국문헌비고』에서 전부고(田賦考)·재용고(財用考)·호구고(戶口考)·시적고(市糴考)가 이어져 있는 것을 보면, 조선시대 사람은 경제를 분리하여 사고했음을 알 수 있다.[5] 『우서』에서는 경제적 내용의 항은 몰려 있으나 엄밀하게 분리되어 있지는 않다. 이것은 조선시대에 경제를 분리하여 사고하는 자세가 불철저한 점에 연유하기도 하지만, 농암이 경제와 다른 영역이 얽혀 있는 점을 의식했기 때문으로 보인다. 『우서』는 정치·경제·사회 등 다방면에 걸친 저서이고, 이들 영역은 서로 유기적 관련을 맺으면서 논의되고 있다. 예컨대 제6항에 나오는 사민(四民)제도 개혁론은 신분·직업·교육과 관련한 문제이다. 사민제도는 정치 담당층인 사(士)에도 관련되므로 조선시대 정치의 폐단을 논한 제4항 「논본조정폐(論本朝政弊)」에서도 거론되었다.

5 기원전 91년 완성된 司馬遷의 『史記』에는 경제정책을 다룬 「平準書」, 그리고 민간 경제를 설명하고 이재 능력을 발휘한 인물을 수록한 「貨殖列傳」이 있다. 『漢書』에서는 「食貨志」가 경제제도와 경제정책을 종합적으로 서술하였는데, 이후 중국의 역사서도 '식화지'라는 대분류 항목 아래 해당 왕조의 경제를 다루었다. 이로써 보건대 중국인은 고대부터 오늘날 경제에 해당하는 범주(category)를 가지고 있었고, 조선인도 그런 개념을 받아들였다. 이 범주를 표현하는 대표적인 한자어는 '食貨'였다.

2. 상업진흥론으로 집약되는 경제정책론

『우서』에는 경제정책론을 종합적으로 보여 주는 3개 항이 있다. 총론에 해당하는 권1에서도 핵심 부분인 제6항의 「총론사민(總論四民)」, 권8의 「논상판사리액세규제(論商販事理額稅規制)」, 그리고 총론 중에서도 그 대미를 장식하는 제76항 「논변통규제이해(論變通規制利害)」이다. 여기서는 이들 항에 제시된 구성 논리에 따라 농암의 경제사상·정책론을 설명해 본다.

「총론사민」에서 그 첫머리에 나오는, "사민의 직업이 아직 분화되지 않으니, 나라가 허약하고 인민이 가난한 것은 오직 여기에 기인한다."라는 문장은 『우서』 전반을 관통하는 문제의식을 집약한 것으로 주목받아 왔다. 농암은 '민빈(民貧)'을 더욱 구체적으로 '민산(民産)'이 고갈되었다고 표현했다. 농암은 역사적으로 조선만큼 민산이 심하게 고갈된 나라가 없으며 사민의 분업이 이루어지지 않기 때문이라고 보았다.[6] 요컨대 인민이 가난하고 국가재정이 빈약한 현실은 『우서』를 관통하는 근본 문제의식이고, 그 극복 방안의 제시가 이 책의 기본 과제이다.

농암은 이어서 조선이 가난한 중요 원인을 교역의 원리〔交易之理〕를 모른다는 데에서 찾았다. 그래서 그는 효율적인 상업의 제도와 기술을 제시하면서 '상법'·'상도'·'시법(市法)' 등의 용어로 표현했다. 그의 사민론은 시장제도·문화론으로 연결되는 것이다. 그는 대상인과 상설 점포가 효율적임을 역설했다. "무릇 장사의 도리라는 것은 반드시 좌상(坐商)의 점포가 있은 뒤에야 행상이 이익을 얻을 수 있는데, 우리나라

---

6 『迂書』 권1, 「總論四民」, "四民之業尙未分別, 國虛民貧專出於此. …… 歷攷往史, 未有如我國民産之枵然特甚者也. 此其故何哉? 其源實出於四民不分, 故不能務其業而然也."

지방에는 점포가 전혀 없으니 교역이 제대로 이루어질 수 없다."고 했다. 우리나라에서는 "행상이나 좌상을 물론하고 그들이 많은 이익을 얻었다는 것을 본 적은 없다."고 지적한 데에 대하여, 마판자(馬販子)들의 수송량이 적은데다가 지방에서 그들 물품을 사들일 좌상이 없어서 이익이 박하다고 했다. 중국에는 수레가 이용되고 수륙 교통의 요지에 반드시 참차(站車)와 참려(站驢)가 있어서, 바닷가나 강가로 다른 지방의 상인들이 물화를 실어오면 차주가 운임을 받고서 이를 도회지로 운반하고, 도회지에는 또한 이들 물화를 사들이는 큰 상인들이 있어서 교역이 성행한다는 것이다.[7]

대규모 상거래를 옹호하는 그는 수레의 사용을 주장했다. 황해도와 함경도에서 모두 수레를 사용하니, 길이 험하다는 이야기는 구실이 되지 못한다. "그 누가 강가에 차참(車站)을 세우고자 할 것이며, 또 그 누가 객상(客商)의 많은 물화를 사들이고자 하겠는가."라고 반문한 데에 대해, "만약 우리나라의 풍속이 공상(工商)을 부끄러이 여기지 않게만 된다면" 상업 이익이 농업 이익보다 많으니 부자들이 상업에 종사할 것이라고 했다. "무릇 점포라고 하는 것은 반드시 대상인이 있어서 자본을 많이 내어 점포를 크게 차려야만 물화가 다투어 몰려들어 비로소 번성할 수 있으나" 오늘날 조선에서는 그러한 점포가 몇 곳 되지 않는다는 것이다.[8]

---

7 『迂書』 권1, 「總論四民」, "我國商賈, 名雖曰交易, 實不知交易之理. 大凡商販之道, 必有坐商店鋪, 然後行商方可有利, 而我國外方, 全無店肆, 交易懋遷, 安能成樣乎? 或曰, …… 然而勿論行商坐商. 吾未見其有甚利益也. 答曰, 此乃不通之論也. 今之所謂馬販子者, 以一馬載物貨, 所載幾何, 出往外方, 又無接容收買之坐商. 故奔馳於遠場近市, 遍歷乎深山窮谷, 艱辛售賣, 嬴利幾何."

8 『迂書』 권1, 「總論四民」, "或曰, 誰肯設立車站於水邊, 誰肯收買客商之重貨乎? 答曰, 此皆迷劣之言也. 若使風俗不恥工商, 則站車受直, 收買重貨之利, 獨不及於廣置田庄, 收其

서울의 시전이 지방 도회지의 상점들보다 반드시 낫지는 않다는 지적에 대해 중국의 교역 방법보다 못하기 때문이라고 응수했다. "대개 중국에서는 대상인이 많은 자본을 내어 점포를 세우고, 소매상은 거기서 상품을 파는 고용인 노릇을 하는 까닭에 술을 팔고 고기를 파는 사람들이 그 자신은 가난하나 가지고 있는 자본이 풍성하지 않을 수 없으며, 자본이 풍성한 까닭에 이익 역시 많게 된다. 그리하여 점주(店主)가 되는 사람은 달마다 또는 계절마다 그 이익을 거두어서 용보들에게 그 임금을 나누어 주니, 여기서 점주·고용인이 모두 편하고, 가난한 사람인 용보와 부자인 점주가 함께 얻는 이익이 있게 되는 것이다. 그런데 우리나라 장사에는 원래 이러한 풍속이 없어, 술을 빚어 파는 자본이 일금(一金)에도 차지 못하는 경우가 매우 많다. 거기에다 의식(衣食)을 이에 의존하면서 이익 남길 것을 꾀하고 있지만, 자본이 이미 적은데 이익이 어디서 많이 날 수 있겠는가."라고 했다.[9] 행상이 아니라 점포상업을 옹호하고 그것도 대자본의 대상인이 경쟁력을 가진다고 보고 소매상은 이러한 대자본에 고용되는 방안을 제시하였는데, 이것은 자본주의적 기업을 옹호한 것이다.

그러자 상대방은 이 대답이 사물의 이치를 모르는 말〔不知物理之言〕라고 규정하고 우리나라는 가난하고 대상인에게 많은 이익을 제공할

賭地, 多出錢穀, 徵其長利之利乎. 此等富戶皆可爲之, 何謂無人可以辦此? 夫所謂店鋪云者, 必有大商, 出其重本, 廣設店面, 然後物貨之輳集者, 方可殷盛也."

9 『迂書』 권1, 「總論四民」, "大抵中國, 則大商出重本, 設店肆, 小販子受直爲庸保. 故賣酒賣肉之流, 其身雖貧, 所持資本, 未嘗不厚, 本厚故利亦厚. 爲店主者, 按月按季, 受其利剩, 分其工銀於庸保之流. 此所以主客俱便, 貧富得所者也. 我國買賣, 元無此風, 賣酒資本, 或不滿一金者甚多, 衣食其中, 以圖贏餘, 本旣零星, 利從何生. …… 中國之人專爲一事, 故業專而利廣. 我國之人不過以餘事閑隙, 爲此等畜牧, 故所業不專, 所畜不盛, 烏可歸咎於物產不豐, 風土不同之致哉?"

만한 시장이 성립하지 않는다고 지적하였다. 여기에 대해 농암이 응수하기를 "이제 온 나라의 남녀로 하여금 모두 그 맡은 일을 다하게 한다면 모든 물품의 값이 반드시 싸질 것이니, 어찌 교역이 통하지 못할 이치가 있겠는가. 그리고 술을 마시고 고기를 먹는 것은 누구나가 바라는 욕망인 것이다. 참으로 사먹을 수 있는 형세가 이루어지면 무슨 까닭으로 사먹지 않겠는가. 오늘날 사람들이 산업을 다스릴 방도는 생각지 않고 교역이 성행되기 어렵다고만 말하니, 이것이 과연 그 근본을 살핀 논의이겠는가. 대저, 물화가 비싸고 귀하기가 우리나라와 같은 곳은 세상에 없다."고 했다. 또 "중국 사람들은 오로지 한 가지 일만을 하는 까닭에 일이 전문화되어 이익도 많은 것이다. 그러나 우리나라 사람들은 하나의 여사(餘事)로 틈틈이 가축을 키우고 있기 때문에 일이 전문적이 되지 못하고 따라서 번성하게 키울 수가 없는 것이다. 어찌 물산이 풍부치 못하고 풍토가 같지 않다는 것에 그 허물을 돌릴 수 있겠는가."라고 했다.[10] 직업 전문화는 생산자에게는 이윤 증대를 낳고 소비자에게는 물가 하락을 가져다준다는 것이다.

이상에서 제시된 농암의 주장을 현대적 표현도 활용하여 정리해 보자. 사민이 전업화・분업화되면, 재화의 공급이 늘어나고 가격이 하락한다. 그러면 거래량이 증가하여 상업 이익이 증가한다. 그러면 사민제도가 변화하여 상업을 천시하는 관념이 없어지므로, 부자들이 거금을 투자하여 점포를 세우면 이들 도매상점에 연계된 소매상인도 번창해진

---

10 『迂書』 권1, 「總論四民」, "或曰, 此不知物理之言也. 我國人生理貧薄無比, 朝夕不繼飢寒切身者, 十常八九, 設使市中酒肉如山, 其誰有買食者乎? 答曰, …… 果令擧國男婦, 皆盡其職, 則百物之直, 必皆賤歇, 寧有交易不通之理耶? 飮酒食肉, 恒人之所願欲也. 苟有買食之勢, 則何故不買食耶? 今不思其制産之道, 徒以交易難外爲言, 此果知本之論耶? 大抵物貨之絶貴, 未有如我國者."

다. 이렇게 상거래가 활성화되면 수레를 사용하여 대량 운반을 할 수 있고, 그러면 상업 이익이 더욱 증가한다. 그러면 점포상업이 더욱 활성화되어 상업 이익이 더욱 증가한다. 논리적이고 설득력이 있는 견해라고 하지 않을 수 없다.

이런 농암의 주장에도 한계점은 있다. 박제가는 『북학의』에서 수레의 사용으로 시장이 통합되면 물가가 평준화될 것이라고 하였는데,[11] 농암은 수레의 통용을 주장하면서 그런 효과를 명시하지 않았다. 농암의 방식대로 직업 전문화와 수레의 사용과 점포상업의 육성으로 농공업 생산을 증진하고 상업을 진흥할 수 있지만, 국내 시장 규모가 크지 않고 기술력이 낮은 한계를 근본적으로 돌파하기는 어렵다. 11절에서 언급되겠지만, 이런 수요 문제는 '혹왈(或曰)'에서 지적된 바 있다. 그런 점에서 국제무역을 하고 중국의 생산 기술을 적극 도입하자는 박제가의 주장이 가미되었더라면, 더욱 유효한 대책이 될 수 있었을 것이다. 아무튼 '교역지리(交易之理)', '물리(物理)' 등을 따지면서 이루어진 논의의 수준은 높다.

농암은 상공업이 번창하면 일자리가 없는 사람이 고용될 수 있는 이점도 제시한다. "점포가 점점 많아지고 매매가 날로 번성하여지면, 고용인이 되어 생활하기도 하고 땔감을 져다 팔아서 생활하기도 하며, 서기(書記)나 계사(計士)로 일하여 생활하기도 할 것이다. 그리고 혹은 수레를 몰던가 짐을 져다 주고 운임을 받기도 할 것이고, 목점(木店)을 차려 남의 집 짓는 데 참여하기도 할 것이니, 생활 방도가 넓지 못할까 걱정할 필요는 없다." 그리고 수십여 칸의 기와집을 짓는 예를 들어, 사민의 분업화가 진전되면 중국에서처럼 시장을 통해 필요한 물자와 인

11 이헌창(2011), 129~130면.

력을 조달하여 한두 달 만에 완성할 수가 있고 비용을 절감할 수도 있다.[12] 시장을 통한 분업의 이점을 지적한 것이다.

농암은 사민의 분업화와 전업화를 저해하는 근본 요인을 다음과 같이 양반제에서 찾았다. 양반이 농·상·공에 종사하면 교유(交遊)와 혼인과 벼슬살이에 장애가 있으므로 놀고먹게 되었다. 국가가 명목으로는 양반을 우대한다고 하나 실제로는 그 손을 묶고 발을 매어 공공연히 배를 주리게 할 뿐이니, 우대책이 오히려 곤궁하게 만드는 결과를 초래했다. 양반이 생업에 종사하지 못하니 산업이 위축되고 국가 재정이 궁핍을 겪게 되며, 그래서 양민은 고통스러운 공적 부담을 지게 된다. 문벌에 따라 사람을 기용하니 모두 양반이 되어 역을 피하고자 한다. "이 밖에도 허다한 고질적인 폐단이 모두 양반을 우대한다는 헛된 명분에서 나오고 있으니, 그 근본을 따져 보면 국초에 법제를 마련할 때 사민을 제대로 분별하지 못한 데 있다. 요컨대 오늘날 백성은 일정한 직업이 없고 시전에도 정액(定額)이 없어 생활의 곤궁함이 이미 극도에 달하고 있으니, 이제 만약 이를 구제할 길을 마련하지 못한다면 이 백성은 모두 살아가지 못한다."[13] 결국 농암은 '신분제와 사민제의 개혁→직업의 전문화와 사족의 상업 종사→상업 진흥→부민(富民): 소득 증대→부국: 재정 충실화'를 도모하고자 했다.

권1의 「총론사민」에서 제시된 상업육성론은 권8의 「논상판사리액세규제」에서 한층 구체화된다. 이 항목의 제목이 상업의 논리를 다룸을

---

12 『迂書』 권1, 「總論四民」, "店肆漸廣, 販賣日盛, 則或庸保而食之, 或負薪而賣之, 或書字算計, 受直而食, 或驅車擔貨, 遞受脚價, 或開設木店, 贊人造屋, 此等食力之道, 不患其不廣矣."

13 『迂書』 권1, 「總論四民」, "此外許多痼弊, 專出於此, 而究其根, 則國初立法之際, 不能分別四民而然也. 摠之, 民無經業, 市無定額, 生理困竭已極. 若無矯救之道, 民必澌盡後已矣."

명시하고 있다. 농암은 서울에 대한 상업정책의 출발점으로 "모든 물화에 대해서 각기 원액 몇 방(房), 몇 점(店), 몇 포(鋪)를 설정하여 그 액세(額稅)를 납부한 다음에 비로소 개설하기"를 제안한다. 농암은 사민뿐 아니라 상인층 내부도 전문화되어야 한다고 주장했다. 그러면서 "가항간(街巷間)의 온갖 가게〔假家〕와 소매매(小賣買) 및 난전(亂廛)의 무리들, 그리고 한 필의 말에다 상품을 싣고서 돌아다니며 장사하거나 잡화를 짊어지고 다니며 장사하는 무리들은 상업 중에서도 그 해가 며루〔螟蟲〕나 누리〔蝗蟲〕보다도 심한 존재이니, 한결같이 통금(痛禁)한 뒤에야 상도(商道)가 비로소 제 모양을 이룰 것이다."고 했다. 농암은 영세 상업의 폐단으로 대점(大店)을 위축시켜 상업 발달을 저해하고 상업 효율성이 낮아 곡식을 낭비하고 상업세를 포탈하는 점을 들었다. 영세 상인인 소민(小民)을 보호하는 것이 유교의 정치이념에 부합하겠으나, 그것이 효율적이지 않다는 경제합리주의의 관점에서 그것을 금지하고자 했다. 그러면서 대상인이 영세 상인을 고용하는 방안을 제시함으로써 영세 상업을 금지하는 문제점을 극복할 수 있다고 보았다.[14]

"어떤 물건을 시상(市上)에 팔고자 할 때는" "각기 그 물건을 사들이는 원점(元店)에 가서 팔도록" 했다. 이것은 난전금지권과 비슷한데, 다른 점이 있다. 그 중요한 점은 "각종의 물화에는 모두 원액이 있어 몇 개의 점포가 개설되어 있으니, 동쪽의 점포에서 팔려다가 팔리지 않으면 서쪽의 점포로 가면 된다."라고 하여 액점간에 경쟁의 원리를 도입하고자 했다. 액점간 경쟁으로 영업 마진이 줄어들면 무슨 이윤〔利殖〕

14 『迂書』 권8, 「論商販事理額稅規制」, "凡百物貨, 各設原額幾房幾店幾鋪納其額稅, 然後方許開設可矣. …… 至於街巷間凡百假家, 小買賣及亂廛之類, 與夫單馬行商, 背擔雜貨以賣之輩, 尤是商業中螟螣蟊蠹之甚, 一倂痛禁, 然後商道方可成樣."

이 있겠느냐고 회의적인 반응을 보인 데에 대해, 농암은 허가받은 액점만 매매하면 대량 거래가 가능하므로 이윤이 적지 않다고 했다.[15] 요컨대 농암은 대자본의 전업화된 액점의 박리다매를 통해 상거래의 효율을 높이고 대상인층을 육성하고자 했다. 조선국가가 시전에 난전금지권을 부여한 것은 조정이 위치한 수도에 재화를 공급하는 상인이자 수도를 굳건하게 할 사회적 보루라 할 수 있는 중산층을 보호하려는 것이다. 그에 비해 농암이 액점을 두어 영업을 독점하게 한 것은 적정 이윤을 보장하여 상인층을 육성하고 나아가 대상인을 장려하여 경제적 번영을 이루기 위한 것이다. 이어서 중국의 병사(餠肆)를 예를 들어 자본주의 경영의 효율성을 설명하고 있다.

이처럼 『우서』의 내용은 논리가 정연하다. 그 내용이 얼마나 시대에 절실한가 하는 점뿐 아니라 자신의 논지를 전개하는 논리적 사유에서 얼마나 진전이 있었던가도 평가할 필요가 있다. 앞으로는 이 절에서 종합적으로 제시된 내용을 분석적으로 고찰한다.

3. 경세론의 토대로서 학문관

1) 유학의 기본 원칙

농암은 조선시대 거의 모든 지식인들처럼 유학을 학문의 기본으로

15 『迂書』 권8, 「論商販事理額稅規制」, "或曰, 人有欲賣某物於市上者, 則何以爲之? 答曰, 各往本物元店而賣之可也. …… 或曰, 店主操縱, 不給實價, 則奈何? 答曰, 各種物貨, 皆有額, 設幾店, 賣之於東店而不售, 則又赴西店可也. …… 或曰, 如此則市人不得賤買而貴賣之, 有何利殖乎? 答曰, …… 各房只各買賣本貨, 而不得兼他事, 則各房買賣之輳集, 必然如雲."

삼았고, 그의 경세론을 규정하는 기본 요소도 유학이었다. 농암의 경세론이 입각한 유학의 기본 원칙은 『우서』의 총론에 해당하는 권1에 제시되어 있다.

> 중국 제왕(帝王)의 정치는 요(堯)·순(舜)이 몸소 가르치고 마음으로 전한 것이다. 천리(天理)에서 구하여 어긋남이 없고 인정(人情)에 바탕하여 어지럽지 않았다. 임금과 신하와 아비와 자식이 각기 제 역할을 하고 하늘이 펴고 정돈하여 사리에 맞고 잘 꾸며졌으니, 이것이 예의(禮義)인 것이다. 호령(號令)·기강(紀綱)·정사(政事)·전칙(典則)이 한결같이 천리(天理)에 마땅하게 마련되고 인위적인 사정(私情)이 섞이지 않아, 그 찬연히 빛나는 모습이 기록 전승될 만하였으니, 이것이 문물(文物)인 것이다. 이 어찌 편방(偏邦)의 비천한 습속으로써 쇠퇴한 시대의 평범한 임금들이 아는 척하고 모방할 수 있는 것이며, 또 모방한다고 한들 일조일석에 이룰 수 있는 것이랴. 이러한 까닭에 중국은 성현(聖賢)의 은택(恩澤)이 오래도록 그치지 않고 발전한 정치가 멀어도 없어지지 않아서, 비록 일찍이 패술(霸術)과 공리(功利)가 섞이고 황로(黃老)와 불씨(佛氏)가 어지럽히며 융족(戎族)·갈족(羯族)·호족(胡族)·이족(夷族)들이 번갈아 침입하여 주인을 바꾸고 난폭한 정치로 더러운 풍속을 물들여 놓기는 했어도, 그 정치의 큰 강령〔大綱領〕·큰 근본〔大根本〕·큰 제도〔大制度〕·큰 습속〔大習俗〕이 끝내 문란하지도 않고 마멸되지도 않았던 것이다.[16]

---

16 『迂書』 권1, 「論麗制」, "惟中國帝王之治, 堯舜之所身教而心傳者也. 求之於天理而無違, 質之於人情而不悖. 君君臣臣父父子子, 天敍天秩而節文焉者, 是謂禮義. 號令紀綱政事典則 粹然一出乎天理之正, 而無雜乎人爲之私, 煥焉可述, 燦然可書者, 是謂文物. 此豈可以偏邦陋俗季世凡主, 竊竊然模擬, 可成於一朝一夕之間者乎! 是以中國則聖賢之澤久而未斬, 積累之治遠而未艾, 雖嘗雜之以霸術功利, 亂之以黃老佛氏, 戎羯胡夷迭入而更主, 暴政汚俗沈染而糅雜, 然其爲治之大綱領大根本大制度大習俗, 終有所汨亂不得磨滅不盡者."

천리와 인정에 바탕하여 예의를 만들어 찬연한 문물을 이루자는 것은 예의와 문물로 이루어지는 국가제도 설계의 원리를 보여 준다. 여기에 나타난 농암의 주장은 일반 유학자와 별로 다를 바 없어 보인다. 그런데 자세히 살펴보면 일반 유학자와 다른 면이 분명히 있다. 첫째, 예의와 문물의 정의를 내리는 논리적 사유이다. 둘째, 인정을 천리에 못지않게 중시한다. 셋째, '강령(綱領)·제도(制度)·습속(習俗)·전칙(典則)'이라는, 오늘날 용어로 집약해 제도를 중시하였다. 넷째, 조선 유학자의 표준적인 역사관을 제시한 주자는 「대학장구서(大學章句序)」에서 주(周)나라가 쇠퇴한 후에 "학교제도가 무너지고 교화가 침체되고 풍속이 퇴폐하였다(學校之政不修 教化陵夷 風俗頹敗)"고 보았는데, 농암은 그럼에도 '대강령·대근본·대제도·대습속'이 끝내 혼란되지도 않고 마멸되지도 않았음을 지적하였다. 도덕에만 입각하여 역사를 단절적으로 보는 주자성리학자와 역사를 보는 시각이 달랐던 것이다. 여섯째, 농암은 '패술과 공리가 섞인' 것을 비판적으로 인식하고 있지만, 그 때문에 찬란한 문명이 망해 버렸다고 보는 주자성리학자와는 달리 그런 등의 문제점에도 불구하고 기본 제도가 굳건히 존속하였다고 보았다. 이런 유연한 자세 덕분에, 앞으로 언급하겠지만, 농암은 패술과 공리의 원류라고 할 수 있는 『관자(管子)』와 『한비자(韓非子)』로부터도 자신의 경세론의 기본 이념을 끌어 올 수 있었다. 농암은 이처럼 유학의 원칙을 지키면서도 더욱 유연한 사상적 태세를 갖추었다. 주자성리학자의 정형화된 자세라기보다는 『논어』에서 볼 수 있는 유연한 자세가 아닌가 생각된다. 이것이 혁신적인 경제사상으로 나아가는 출발점을 이루었다.

"정치의 요긴한 방도는 반드시 훌륭한 학문과 식견으로 다스려야 하되, 경술(經術)을 기본으로 하고 사전(史傳)을 보조로 하여, 토론하고 참작하며 줄이거나 더하고 그대로 두거나 개혁하여, 그렇게 오랫동안 다듬고 정밀히 하여, 한 시대의 전칙(典則)과 제도(制度)를 이룩하여야만 비로소 보필의 책임을 다하게 된다."[17]

위의 글에서 농암은 정치의 방도를 정립하는 데에 학문과 더불어 식견이 필요하다고 했다. 식견은 통찰력과 통하고 학문 공부로부터 곧바로 나올 수 있는 성질은 아니다. 여기서도 제도가 중시되어, 국가제도를 설계하는 학문과 식견을 구하는 데에는 경술을 기본으로 하고 역사를 보조로 해야 한다고 했다. 경술이란 기본적으로 유학을 말한다. 이것은 유학자의 기본 자세이다. 그런데 농암이 경술을 기본으로 한다는 것이 상투적인 말이 아님은 그가 당시 경학 소양으로 유명하였다는 평가에서 알 수 있다.[18] 『우서』의 문답글에서 농암이 대답한 글 중에 유학 경전의 구절을 인용하여 자기 주장의 논거로 삼는 대목이 많지 않다. 오히려 농암의 주장에 반박하는 가운데 유학 경전의 구절에 맞지 않다고 하는 구절이 눈에 띈다. 농암은 경전의 넓고 깊은 공부 위에 그것을 자기의 지식으로 소화하고 그 기본 정신에 입각한 경세론을 제시한 것이다. 이것은 다음 절에서 구체적으로 설명하겠다.

권1의 제2항인 「논동속(論東俗)」과 제3항인 「논여제(論麗制)」는 고려시대 이전의 제도를 통해 역사적 교훈을 찾으려는 부분으로 고려시대의 역사를 먼저 서술하여 조선시대 정치 문제의 연원을 탐구하고자 했다. 현실 문제의 자국사적 연원을 탐구하는 자세도 평가할 만하다. 이것은

---

17 『迂書』 권1, 「論備局」, "至於治道喫緊處, 則必也濟之以大學問大見識, 本源經術, 羽翼史傳, 討論參酌, 損益因革, 磨以歲月, 曲盡周密, 以成一代之典則制度, 然後方無負輔弼之."

18 『承政院日記』, 영조 20년 1월 28일.

경세론을 제시하는 데에 '역사의 도움을 받는〔羽翼史傳〕' 자세이다.

『우서』의 또 다른 총론에 해당하는 제76항 「논변통규제이해(論變通規制利害)」에서는 경세론의 원칙이 되는 학문을 논의하고 있다. 주자와 퇴계를 존숭하고, 정도전 등 조선 전기의 학자를 낮게 평가하고, 경제 합리적인 유연한 사유를 가진 화담까지도 미흡하다고 평가하였다. 이런 평가는 주자성리학자와 조금도 다를 바가 없다. 실제 농암은 정통 유학에 입각하여 경세론을 제시하려고 했다고 보아야 할 것이다. 그리고 주자성리학의 명분론이 지배하던 당시에 이런 정통론에 입각하여 자신의 혁신적인 주장을 펴야 그것에 대한 반감과 비판을 줄일 수 있다는 전략적인 면을 고려하였을 수 있다. 그래야 주자성리학의 명분론으로 정계와 학계를 지배하는 노론 세력의 공격에 방어할 수 있는 것이다. 아무튼 『우서』는 유학의 기본 원리에 바탕을 두면서도 오늘날에 수용될 수 있는 수준 높은 경제론을 수립할 수 있다는 것을 보여 주었다.

2) 실사구시(實事求是)의 중시

『우서』에는 '실(實)'이란 글자가 478번 나온다. 부사적으로 '실로'라는 의미의 용례뿐 아니라 학문과 정치의 실사라는 의미를 가지는 용례도 많은 것이다. 실사(實事)는 38번, 실학(實學)은 3번, 실정(實政)은 33번, 실용(實用)은 4번, 실효(實效) 4번, 실적(實績) 9번, 실혜(實惠) 3번, 실적(實迹) 7번, 유명무실 12번, 명실(名實) 3번, 허실(虛實) 15번이었다. 무실(無實)은 66번이 나오는데, 위의 용례와 중복되는 경우도 있었다.

이러한 용례에서 드러나듯이, 농암은 실사를 중시하였다. 그가 말하는 실사는 무엇인가? 명실과 허실이란 용어에서 드러나듯이, 명분에 대비되는 개념, 또는 헛된 것에 대비되는 개념으로 사용된다. 권4, 「논추고(論推考)」에서 한 예를 들면, 우리나라 문비(問備)의 법은 중국 제도의 명목만 답습하여 원래 '실'이 없어서 실사에 무익하다는 것이다. 권4, 「논주론지폐(論主論之弊)」에서는 "소위 청의(淸議)니 사론(士論)이니 하는 제목(題目)이" 실사(實事)·실정(實政)와 무관했다고 보았다. 이런 차원에서의 실사란 실효(實效)·실적(實績)·실혜(實惠) 또는 실적(實迹)을 거두는 것을 말한다. "우리나라에서는 사람을 등용하는 데 실사는 전혀 묻지 않고 세력으로써 모든 일을 처리하고 있다."고 했는데, 여기서 '실'은 '허'에 대비되는 의미면서 정당성을 내포한다.[19]

농암이 말하는 실사는 역사구체성을 가졌다. 그는 "효종대 이후로는 산림(山林)이 요로(要路)에 오르자 세상 풍습도 또한 변하여 집집마다 주자의 책을 장만해 놓고 성리(性理)를 이야기하며, 사대부들이 조금만 글을 쓸 줄 알면 바로 도학(道學)을 논하는 말을 구사하여 외면적으로 보면 훌륭하지 않은 것은 아니었다. 그러나 대체로 몸과 마음속에서 체험하여 나온 것이 아니라 껍데기만 주워 모아 형식만 꾸며 놓고서 스스로 기뻐한 것이니, 명성이 아무리 높을지언정 실제에는 무슨 소용이 있겠는가."라며 효종 대 산당(山黨)이 진출하여 성리와 도학의 담론이 성행한 것이 외면으로 좋아 보이고 명성이 높아 보이지만 껍데기뿐이고 실사에 소용없다며 신랄하게 비판하였다. 그래서 "몸을 닦고 경전(經傳)을 연구하여 자신을 다스리고 남도 다스리는 대법(大法)을 강구하는 사람을 아직껏 보지 못하였다."고 했다. 농암은 산당이 정계에 진출한 후에 주자성리학이 학풍을 지배한 것을 바람직하지 않게 보았다. 그 영향으로 "역사에서는 한갓 기(紀)와 전(傳)만을 숭상하고 지(志)나 표(表)는 일체 폐기하여 사학도 망한 지가 오래되었으며, …… 이른바 예

---

19 『迂書』 권2, 「論科貢蔭三塗格例」, "我國用人之道, 全不問實事. 故凡事可以勢力爲之."

학(禮學)이라는 것도 당초에 삼례(三禮 : 『의례(儀禮)』·『주례(周禮)』·『예기(禮記)』)가 일관(一貫)되게 선왕(先王)이 세상을 다스린 큰 법전인 줄을 모르고서, 다만 폭척(幅尺)·도수(度數)의 사이에만 자잘하게 신경을 써 예학을 다룬다는 이름만 넓혔다."고 비판하였다. 이어서 농암은 산당이 절대시한 주자가 "학문은 통달하지 않은 곳이 없고 세상을 다스리는 지식도 더욱 정밀하고 심수하였다."는 점을 평가하고, 조선의 학자가 그 근본을 제대로 배우지 못해 실용이 없다는 것이다. 무엇이 실사인가를 물으니, 농암은 "정사(政事)가 바로 실사"라고 했다.[20] 효종 때 명분에 치중한 산당과 대립하면서 대동법 등 경세를 중시한 한당(漢黨)의 영수인 잠곡(潛谷) 김육(金堉)도 이처럼 생각하였는데,[21] 농암은 김육을 높게 평가하여 『우서』에서 세 번 거론하였다.[22] 요컨대 당대의 명분론

20 『迂書』 권10, 「論變通規制利害」, "自孝廟以來, 山林得路, 世習又變, 家置朱書, 戶談性理, 士大夫稍解操筆, 輒辦論學說話. 自外面觀之, 非不彬彬, 而大抵非從身心上體貼出來者, 掇拾瀾翻, 文飾自喜, 名聲雖大, 實際何有. …… 未見有修身窮經, 以講治己治人之大法者也. 至於史, 則又復徒尙紀傳, 專廢志表, 史學之亡久矣. …… 所謂禮學, 初不識三禮一貫, 爲先王經世之大典, 而徒區區於幅尺度數之間, 以博治禮之名. …… 朱子之學無所不通, 經世之識尤極精邃. …… 政事是謂實事."

21 이헌창(2007), 169~170면. 잠곡이 1654년 「湖西大同節目序」에서 당시 그와 대립한 산당을 비판한 다음 구절은 농암의 산당 비판과 흡사하여, 잠곡의 사상이 농암에 영향을 미쳤음을 시사한다. "誠意와 바른 마음을 말하는 세상의 학자들은 모두 책에 실린 것을 주워 모아서 뜻이 정성스럽고 마음이 바르면 천하와 국가를 잘 다스릴 수 있다고 생각한다. 이들은 단지 말로만 하고 사무를 급히 하는 자를 功利를 추구한다고 비웃으며, 심지어 張儀나 왕안석 같은 인물로 헐뜯기까지 하니, 이 어찌 마음을 합쳐 국가를 위하는 도리이겠는가. 못난 내가 소견이 얕아서 비록 학문이 어떠한지 모르지만, 마음을 바르게 간직하여 실질적인 사업을 하며 절약하고 인민을 사랑하며 인민의 부담을 가볍게 하기를 원하여, 헛된 이상을 추구하여 내실 없는 글을 숭상하지는 않고자 한다〔世之言誠意正心之學者, 皆掇拾方冊之所載, 以爲意誠心正, 則天下國家可幾而理. 只談之於口, 乃笑急務者之爲功利, 甚者, 至以商於半山詆之. 此豈協心爲國之道哉! 不佞懵然膚淺, 雖未知學問之如何, 而乃所願則存心以正, 做事以實, 節用而愛民, 寬徭而薄賦, 不欲馳虛騖遠而尙浮文也〕."

22 효종 때 한당과 산당의 정책 이념의 차이, 그리고 양자의 대립은 鄭萬祚(1999)를 참조

적 주자성리학자를 비판하면서 정사에 실제적인 도움을 주는 공자, 맹자 및 주자의 저술에 나타난 유학의 근본으로 돌아가자고 했다. 그 근본이란 수기치인 또는 경세제민의 실사에 이바지하는 것이다.[23] 조선 후기 실학이란 결코 임시방편의 실용을 추구하는 학문이 아니었고 원칙 위에서 실용을 추구하며 그 원칙은 유교의 기본 도덕률을 배제하지 않았던 것이다.

그런데 농암은 정사라고 해서 무조건 실사라고 보지는 않았다. 그는 "천하의 만사가 실(實) 자 한 글자를 벗어나지 않는 법인데", "우리나라의 정치 규정은 원래부터 실사가 없어 그 흐름의 폐단으로 만사가 번쇄해지기에 이르렀다."고 보았다. "만일 우선 '실' 한 자를 취하여 정치하는 근본을 세워서 조정(朝政)을 새롭게 하지 못한다면 아무리 밤낮으로 근심하며 애쓴다 할지라도 실상 치도(治道)에는 아무런 보탬이 없을 것이다." 그는 "관직이란 하늘을 대신하여 만물을 다스리

하라.

23 소론 사상의 원류를 이루는 西溪 朴世堂은 "당시 정주학적 학풍으로 통일된 학계·사상계에서 그 테두리를 벗어나 실증적인 또 자유로운 태도로 고전에 즉하여 孔子의 本旨를 찾아보려고 노력한 학자"였고 "오로지 經傳에 卽하여 實다운 연구를 계속하던 實事求是的인 實學者이었다."고 평가되는데(李丙燾 1987/1989, 339, 349면), 이러한 평가를 농암에게 내려도 어색하지 않다. 여기서 드러나듯이, 농암은 소론의 사상을 잘 발전시킨 것이다. 박세당의 卒記에는 "젊었을 때 일찍이 國舅 金佑明의 집 잔치에 참석하여 일어나 춤을 추기까지 하였으므로 士論이 이를 더럽게 여겨 銓郞 추천에 저지되었다〔少時嘗參國舅金佑明家宴席, 至於起舞, 士論鄙夷之, 枳擬銓郞〕."라는 비방이 있는데(『肅宗實錄』, 29년 4월 癸卯), 박세당도 농암처럼 김우명의 부친인 잠곡을 존경하였음이 분명하다. 박세당은 김육과 송시열이라는 두 유형의 국가 원로 중에서 송시열의 사상 및 처신과는 취향을 달리하였고 김육의 사상과 처신을 계승하는 방향으로 선택하였다고 볼 수 있다. 현종 4년 金萬均이 병자호란에서 祖母가 殉節한 점을 들어 청나라 사신을 사직하는 상소를 올린 데에 대하여, 김육을 도와 대동법을 추진한 적이 있던 徐必遠은 부모를 제외하고 辭免을 허용하지 않은 것이 조정의 前例라며 비판하자, 산림의 대표적 존재이던 송시열이 김만균을 옹호하여 私義·公義 논쟁이 벌어졌는데, 박세당은 서필원의 공의론을 지지하였다(鄭萬祚, 1991).

기 위해 설치된 것이고, 만물을 다스리려면 반드시 실사가 있어야 한다."고 했다.[24]

여기서 실사란 하늘을 대신하여 세상을 잘 다스린다는〔代天理物〕 정당한 정치 행위를 의미한다. 농암에게도 실사가 윤리적 정당성에 결부되어 있다면, 그 가치판단의 기준은 무엇인가? 다시 유교적 가치관으로 되돌아가는 것인가? 농암은 정사가 실사라고 하였다면, 경제도 실사라고 보았을 것이다. 농암이 실사의 학문과 경세론을 구현한 『우서』는 경제에 관한 내용을 많이 담았던 것이다. 『우서』의 핵심 내용은 인민이 가난하고 국가재정이 빈약한 원인을 구명(究明)하고 이용후생의 대책을 세우는 것으로 볼 수 있는데, 이러한 경제론이 실효, 실적 또는 실혜를 가진 실학인 것이다.

경제 용어에 '실' 자가 붙은 흥미로운 사례를 소개한다. 농암이 서울에서 모든 물화에 대해 거래하는 상점을 지정하는 방안을 제시하자, "점주(店主)가 조종하여 실가(實價)를 주지 않으면 어떻게 하는가?"라는 질문이 나왔다. "각종의 물화에는 모두 원액이 있어 몇 개의 점포가 개설되어 있으니, 동쪽의 점포에서 팔려다가 팔리지 않으면, 서쪽의 점포로 가면 될 것이다."라고 답하니, 여러 점포가 모두 담합하면 어떻게 하느냐는 질문이 다시 나왔다. 이에 대해 "여러 점포에서 매긴 값이 약속하지 않았는데도 같다고 한다면 그것이 실가임이 명백한 것이다. 상인은 매우 작은 이익을 다투면서 다른 점포에서 선수를 당할까 두려워하기 때문에 값이 상당하면 반드시 사들일 것이다."라고 응수하

---

24 『迂書』 권3, 「官制摠論」, "我國治規元無實事. 其流之弊以至於萬事叢脞. 若不能先取一箇實字, 立得出治根本, 以新朝政, 則雖早夜憂勞, 實無益於治道."; 권3, 「論久任職官事例」, "天下萬事不出於實之一字. 而我國百事無實, 子知其弊之根本乎? 大凡官職所以代天理物而設也. 旣欲理物, 則必有實事, 然後事事物物方可以各得其職矣."

였다.[25] 여기서 실가란 실제의 값으로 번역될 수 있겠는데, 경제학 용어로는 시장에서 수요와 공급에 의해 형성되는 가격, 곧 시장가격을 의미한다. 실가는 도덕적 판단이 아니라 수요와 공급의 법칙에 의해 결정되는 가격이라는 의미로 보인다. 농암이 사용한 '실'의 다양한 용례를 고찰하여 그가 추구한 실사가 무엇인가를 해명하는 연구가 필요하다.

실사를 중시한 농암은 오늘날 학계에서 실학자로 분류되는데, 흥미롭게도 '실학'을 부정적인 의미로 사용하기도 했다. 고려의 과거 과목을 논하면서 변려문(騈儷文)이 "문체와 격조가 가장 비루하였다"고 비판한 다음, "명경(明經)도 당나라의 첩송(帖誦)제도를 답습한 것으로, 오늘날 실학의 폐단을 이루게 되었다."고 하였다.[26] 성균관과 사학(四學)이 "실학으로 모두 강독하려는데, 주자(冑子)를 교육하는" 내실이 없다며[27] 교육제도를 비판적으로 보았다. 농암은 "회시에서 인재를 뽑기가 초시 때보다 갑절 더 어려우니, 새로 합격한 거인(擧人)과 전에 합격한 거인들을 모두 모아 시험을 보인 뒤에야 비로소 실학의 참된 인재를 얻을 수 있다."고 했다.[28] 세 용례 모두에서 '실학'은 과거 공부에 관련된다.

---

25 『迂書』 권10, 「論商販事理額稅規制」, "答曰, 各往本物元店而賣之可也. 賣弊衣者赴衣肆, 賣銅器者赴銅店, 雖一匙一箍, 必赴匙店絲店而賣之可也. …… 或曰, 店主操縱, 不給實價, 則奈何? 答曰, 各種物貨皆有額, 設幾店. 賣之於東店而不售, 則又赴西店可也. 設使欲賣弊衣, 賣之於城內衣店幾處而不售, 則賣於城外衣店可矣. 要不可賣之於市店帛店等他店而已. 或曰, 諸店皆操縱則奈何? 答曰, 豈有此理? 諸店論價, 不約而同, 則其爲實價明矣. 商人爭錐末之利, 唯恐爲他店所先, 故相當則必買之矣."

26 『迂書』 권1, 「論麗制」, "唐賦有官韻, 其體如騈儷. 宋初亦以此取士, 體格最陋. …… 明經亦襲唐制帖誦之法, 流爲卽今實學之弊."

27 『迂書』 권2, 「論學校選補之制」, "成均四學所教者何事? 欲以實學通讀, 謂之教冑乎?"

28 『迂書』 권2, 「論擧人格例」, "會試掄才, 固宜倍艱於初試. 新舊科擧人一併就試, 然後方可得眞才實學矣."

3) 학문 탐구의 열린 자세

농암이 학문의 기본 목표로 삼은 것은 실사구시·경세제민·안민부국 및 이용후생이다. 유학이 표방하는 이러한 목표는 오늘날에도 수용될 수 있다. 농암은 이러한 기본 목적에 부합하면 유학 이외의 사상도 개방적으로 흡수하였다. 흥미롭게도 농암은 패술(覇術)과 공리(功利)의 원류라고 할 수 있는 『관자(管子)』와 『한비자(韓非子)』로부터도 자신의 경세론의 기본 이념을 끌어 오고 있다.[29] 『우서』에는 "전(傳)에서 '의식이 넉넉해야 예절을 안다〔衣食足而知禮節〕.'고 하였는데, 이는 헛된 말이 아니다."라는 구절이 나온다.[30] '전'으로 인용한 구절은 『관자』 제1편 「목민(牧民)」의 첫 단락에 나오는 "미곡 창고가 차야 예절을 알고 의식이 넉넉해야 영욕을 안다〔倉廩實則知禮節, 衣食足則知榮辱〕."라는 구절을 축약한 것이다. 공자, 맹자 및 주자는 경제생활을 안정시킨 다음에 가르치라고 했는데, 이것은 '의식족이지예절(衣食足而知禮節)'이라는 발상에 통한다. 18세기 이전까지 조선에서 그 구절을 사용한 것이 확인된 다른 인물은 고상안(高尙顔, 1553~1623), 신경(申暻, 1696~미상), 박제가, 박지원, 성종인(成種仁) 및 정조다. 이 중 농암보다 먼저 태어난 인물은 고상안뿐이다. 이 구절은 박제가가 이용후생사상을 정립하는 기본 이념을 이루었으니 『우서』는 이용후생사상의 선구로서 의의를 가진다.[31] 『관자』에 나오는 표현은 중국에서도 유명하며, 명 말에는 '의식족

---

29 「聾庵公事蹟」에서는 농암이 종조 忠簡公 柳尙運의 가르침을 받으면서 "15세에 百家九流를 널리 이해하였다"고 하였는데, 젊은 시절의 폭넓은 소양이 그의 학문과 경세관에 깊은 영향을 미친 것으로 보인다.

30 『迂書』 권8, 「論商販事理額稅規制」, "傳曰, 衣食足而知禮節. 此非虛言也."

31 이헌창(2013a).

이지예절'이라는 변형된 표현이 사용되기도 했다.[32]

농암은 권8 「논상판사리액세규제(論商販事理額稅規制)」에서 "나라에 상법(常法)이 있으면 재난을 당하더라도 멸망하지 않고, 가정에 상업(常業)이 있으면 흉년을 만나더라도 굶어 죽지 않는다(古語曰, 國有常法, 雖厄不亡, 家有常業, 雖飢不餓)."라는 '고어(古語)'를 들면서 "대대로 전하면서 생계를 도모하게 하는 직업인(世傳營生之業)" 상업을 중시하였는데, 『한비자』 19편, 「식사(飾邪)」에는 사실상 같은 표현인 "語曰 '家有常業, 雖饑不餓. 國有常法, 雖危不亡.'"라는 구절이 나온다. 『한비자』에서는 '상법'이 있어야 한다고 주장하기 위한 인용인 반면, 『우서』에서는 문장의 배열 순서를 바꾸어 '상업'을 가져야 한다고 주장하기 위한 인용이어서 강조점이 변하였다. 이 『한비자』의 인용도 위의 『관자』의 인용과 마찬가지로 농암의 중요한 주장을 담고 있다. 『관자』는 패도이지만 유학에 통하는 면을 가져 그것을 인용하는 학자는 간혹 있으나, 유학과 대립하는 법가의 『한비자』에 나오는 글을 이렇게 비중을 두어 인용하는 것은 찾기 어렵다. 여기서 농암의 사상적 개방성을 엿볼 수 있다. 농암이 『한비자』를 인용한 것은 법을 중시하는 관념을 보여 준다.

농암의 개방성은 유학 이외의 학파에 대해서뿐만 아니라 유학 경전의 구절 해석에서도 나타난다. 농암은 유학 경전의 세세한 구절에 얽매이지 않고, 오히려 유학의 기본 정신의 맥락에서 그것을 재해석했다. 예를 들어보자. 국가가 소금을 구워 팔자는 농암의 주장에 대해, 『맹

---

32 "衣食足而知禮節"이라는 변형된 표현이 나오는, 필자가 확인한 가장 오래된 중국 기록은 方應選 撰, 『方衆甫集』(明 萬曆刻本) 卷14, 「風俗」에 나오는 "語曰衣食足而知禮節", 그리고 張鳳翼 撰, 『處實堂集』(明 萬曆刻本) 後集 卷5, 「郭義士還金傳」에 나오는 "語云衣食足而知禮節, 信斯言也. 如衣食之不足, 禮義之無愆尤難此.."이다.

자』에 나오는 "인민과 이익을 다투지 않아야 한다〔與民不爭利〕."라는 구절로 비판이 제기될 것은 당연히 예상될 수 있다. 이런 명분론적 비판에 대한 농암의 반론은 다음과 같이 국가가 소금 산업을 관리하는 일은 재정의 충실화뿐 아니라 과세 공평화를 달성하고 그것을 포기하면 오히려 권세가가 이익을 독차지한다는 경제합리주의적 계산에 입각하였다.

> 그것은 천지의 큰 이익이다. 국가가 그 이익을 주관하지 않으면, 간인(奸人)들이 이익을 마음대로 탐할 것이니 주읍(州邑)에서 사사로이 독점하는 무리에 대해 수세하지 않는 헛된 명분이 될 뿐, 이익은 모두 호세(豪勢)한 무리에게로 돌아가고 말 것이다. 그리고 국가에서 소금을 구워 파는 데에도 논설이 있으니, 염분(鹽盆)에만 세금을 징수한다면, 이는 곧 부상대고(富商大賈)에게는 그 세금을 면제하나 가난하고 어려운 염호(鹽戶)에게만 억울하게도 세금을 부담시키는 것이 된다. 모름지기 명분만을 내세우는 사람의 비난을 상관하지 말고, 반드시 염분을 모두 거두어 국가가 소금을 구워 팔아야 그 일이 지극히 공정하고 그 이익이 매우 많게 되어, 군수(軍需)를 보충하고 농민을 여유 있게 할 수 있을 것이다.

농암의 반론에 대해 상대방은 "정리(征利)에 급급하다."고 비판하였다. 『맹자』의 첫머리에 "윗사람과 아랫사람이 서로 이익을 취한다면 나라가 위태롭다(上下交征利 而國危矣)."라는 이유로 이익이 아니라 인의를 추구하라는 유명한 구절이 있는데, 이 경전의 구절에 의거하여 농암을 비판한 것이다. 이에 대해 농암은 자신의 제안에 따라야 인민이 부유해지고 국가재정이 넉넉해진다〔富民足國〕고 하며, 지금 "인민이 가난하여 국가재정이 바닥이 난〔民貧故國虛〕" 현실을 지적하였다. 『우서』에서 부민(富民)이라는 표현은 여기서만 나오는데, '부민족국(富民足國)'이라는 유학의 기본 가치를 가지고 '정리'라는 비판론에 대응하였던 것이다. 상업세를 징수하자는 주장을 맹자의 '기이부정(譏而不征)'설로 비판하는 데에 대하여, 농암은 맹자가 당시 정치적 분열로 교역이 지장을 받아 그렇게 말한 것이지, 농민에게만 과세하고 큰 이익을 거두는 상인에게 과세하지 말라고 하였을 리가 없다는 것이다. 그래서 농암은 "속된 무리들이 성현의 가르침과 경서(經書)의 뜻을 깊이 생각하고 탐구하여 보지도 않고서 명목만을 얼핏 끌어다가 남의 말을 막는 수단으로 삼는다."라며 오히려 상대방을 비판하였다.[33] 유학 경전의 자구에 얽매이지 말고 합리적으로 그 비용편익을 분석하면서 그 기본 정신과 시대적 맥락을 보자는 주장이다.

농암이 유학 경전, 『한비자』, 역사서 등의 기록을 대개 새롭게 재해석하고 있는 점이 흥미로운데, 이런 사례는 앞으로도 언급될 것이다. 때에 따라서는 견강부회의 해석도 있지만, 위의 사례처럼 고전의 본지에 대한 의미 있는 재해석이 대부분이다. 성호 이익은 경전 공부의 '자

---

33 『迂書』 권8, 「論魚鹽征稅」, "或曰, 利則厚矣. 而國家豈可煮鹽賣之乎? 答曰, 此乃天地之大利. 國家不主其利, 則奸人從而竊擅之. 州邑私榷之徒, 有不征榷之虛名, 而利盡歸於豪勢之徒矣. 公家之煮而賣之, 亦有其說. 只征鹽盆之稅, 則是乃富商大賈免其稅, 而貧弊鹽戶獨當稅斂之冤矣. 必須不計好名者之譏謗, 盡取鹽盆, 國家煮賣, 然後其事至公, 其利甚薄, 方可以濟軍需而寬農民矣. 或曰, 爲國之道要務甚衆, 子必汲汲以征利爲, 何也? 答曰, 如此然後, 方可富民足國故也. 或曰, 足國則猶或然矣. 征利而謂之富民, 則人孰信之? 譏而不征, 願出其道, 聖人有訓, 安可飾乎? 答曰, 士農工商各有其法. 今無其法, 故民失其職. 失職故民貧. 民貧故國虛. 立法定制, 乃所以敺四民於本業也, 此豈征利之意乎? 且譏而不征, 大不襯於今日之事. 漢儒以爲孟子之時, 天下分裂, 關津盤詰, 在在皆然. 厲禁暴征, 殆阻懋遷之歧. 故孟子慨然乃有譏不征之訓矣. 設使齊國之商, 煮海鑄山, 私擅其利, 不出一錢以佐國, 則孟子亦可曰不可征耶? 天下之本蓋莫如農, 而未嘗不征不稅, 則何獨於大利之商, 全無所征乎? 周禮之於商市征斂, 其法至密, 錙銖之物, 無不入稅夫. 豈不義而周公爲之哉? 俗流之於聖訓經義, 不曾沈潛講求, 勦襲名目, 以爲禦人之具, 其亦可笑也已."

득(自得)'을 중시하였는데, 농암은 스스로 깨닫는 것을 넘어서 독창적인 재해석에까지 나아가고 있다.

4. 부의 긍정과 경제합리주의

1) 부의 긍정과 물질적 인센티브에 반응하는 인간관

공자와 맹자는 인민을 부유하게 하자고 주장하는 동시에 사리(私利) 추구를 경계하였다. 국가의 이익 추구가 인민에 대한 수탈을 낳을 수 있고 민간의 이익 추구가 분란을 조장하고 도덕심을 손상할 수 있다고 보았기 때문이다. 공자보다는 맹자가, 맹자보다는 주자와 조선의 주자성리학자가 이익 추구에 대한 경계 관념이 더욱 강하였다. 이익 추구와 도덕성의 갈등관계를 강조한 주자성리학자와는 달리, 농암은 "의식이 넉넉해야 예절을 안다."는 구절을 인용한 데에서도 드러나듯이, 경제적 부(富)가 도덕성의 기반이 되는 점을 적극 평가하였다.

도덕사회의 실현을 궁극 목표로 삼은 유학자에게 어떻게 인간이 도덕적일 수 있을까를 구명하는 것은 중요한 과제였다. 주자 등은 우물에 빠지려는 아이를 본능적으로 구하려는 인간성을 다룬 『맹자』의 구절 등으로부터 인간의 본성이 선하니 자기 수양으로 선한 본성을 발휘하게 하자는 견해를 발전시켰다. 조선의 주자성리학자는 그런 관점을 이어받아 이기(理氣)논쟁과 인·물성(人·物性)논쟁을 치열하게 전개하였다.

인민의 경제생활을 안정시킨 다음 도덕적 교화를 하라는 공자·맹자·주자의 주장으로부터도 도덕성과 경제의 관련성을 논의할 수 있는데, 주자성리학자들은 이러한 관점을 발전시키지 못하였다. 그런 점에서 『우서』의 다음 구절은 주목받을 가치가 있다.

경전에서 '의식이 넉넉해야 예절을 안다.'고 하였는데, 이는 헛된 말이 아니다. 만약 이 법도가 일단 이루어진다면 상인과 부자가 으레 그 현(縣)의 모든 일을 담당하게 될 것이다. 모든 일이란 성지(城池)·교량(橋梁)·의학(義學)·의장(義莊)·도로 같은 것들을 말한다.

우리나라는 지방에 성지가 없는데, 이는 국력이 미치지 못하기 때문이다. 하지만 중국에서도 부자의 도움으로 성지를 만들고 있으니 대개 부자는 재산을 소중하게 여겨서 여러 사람의 힘을 모으고 재물을 거두어 그 읍의 성을 쌓아야 할 형세가 되면 어쩔 수 없이 자식과 같이 와서 축성(築城)을 도와 그들의 처자(妻子)를 보호하는 것이다. 중국의 야성(野城)은 대개 3리(里)나 7리의 성곽들인데, 그 어느 것이든 부자가 쌓지 않은 것은 없다. 촌에 사는 부자는 또한 적의 침입을 막기 위해 벽을 쌓고 작은 성인 보(堡)를 설치하여 자신을 지키는 계책으로 하고 있다. 이러한 일이 일단 이루어지면 나라의 방비는 공고해질 것이다. 이것이 한 이익이다.

교량(橋梁)의 정사(政事)는 정전제(井田制)가 아니면 나라에서 주도할 수도 없고 서민이 주창할 수도 없다. 반드시 각 읍에 부유한 상인이 있어서 물화를 유통하고 왕래한 다음에야 건너다니는 데에 불편을 느껴서 재력을 모을 것을 선창하여 견고하게 축조하는 것이다. 이것이 또한 공과 사에 이익이 되는 한 가지이다.

의학(義學)의 제도는 송나라 때부터 시행되었다. 대개 당숙(黨塾)의 뜻을 이은 것인데, 학교제도를 지원하는 것이다. 부자와 대상(大商)은 의식(衣食)이 넉넉해지면, 또한 그 자손의 입신양명(立身揚名)을 희망하여 촌 가운데 숙(塾)을 세우고 현명한 스승을 맞이해서 몽매한 사람들을 교육시키게 되니, 이것은 필연적인 사리라고 하겠다. 도처에 이러한 일이 있게 되면, 문풍(文風)이 크게 떨치게 되어 국가에서 등용할 인재들이 많아질 것이니 이 또한 하나의 이익이다.

우리나라 지세(地勢)는 산이 험한 곳이 많아도 늘 다니는 대로(大路)와 읍내와 마을의 길은 모두 손질하면 평탄하게 만들 수가 있다. 그런데 아무도 이를 주장하여 담당하는 사람도 없어서 주먹만한 작은 돌조차 뽑아내지 않고 있다. 그 때문에 도로가 매우 나빠져서 해마다 백성을 징발하여 손질하는 일을 면하지 못하고 있다. 이제 만약 상법(商法)이 한번 이루어진다면 곳곳의 상점이 반드시 그 읍내의 도로를 닦을 것이고, 다음으로 읍에서 마을로 가는 도로를 닦는 등 차례로 닦아갈 것이 틀림없다. ……

부자가 즐겨 덕(德)을 베푸는 것도 사람의 떳떳한 도리를 지키려는 것이다. 참으로 범중엄(范仲淹)처럼 의장(義莊)을 선창하는 사람이 있다면, 스스로 베풀기를 좋아하는 부자와 대상(大商)이 모두 이를 본받아 전장(田莊)을 설치하고 곡식을 저축해서 그 종족(宗族)의 혼인·장례와 기아자를 보살펴 도와줄 것이다. 지금 중국에는 이러한 기풍이 성행하여 가난한 사람에게 매우 유익하다. 이는 다름이 아니라 상법이 이루어져 상리(商利)가 많은 까닭에 사람들이 부유해져서 덕을 베푼다는 명성을 즐겨하는 마음이 생겼기 때문이다. 국가가 이에 따라 법을 만들어 권장하되, 의문(義門)·의민(義民)으로써 정표(旌表)한다면, 우리나라에도 이런 일을 할 사람이 어찌 없겠는가. 이것이 또 하나의 이익이다.[34]

---

34 『迂書』 권8, 「論商販事理額稅規制」, "傳曰, '衣食足而知禮節', 此非虛言也. 設使此法一成, 則商賈富民, 例皆擔當本縣百事矣. 所謂百事城池橋梁義學義莊道路之類是也. 我國, 外方無城池, 國力不逮故也. 雖中國, 亦賴富民而築城. 蓋富人重其財產, 苟有合衆斂財, 以城本邑之勢, 則渠不得不子來助築, 以衛家孥. 中國野城, 大抵三里七里之郭, 而無非富民之所爲也. 至於村居富人, 亦有築塢設堡, 以爲自守之計. 此事一成, 則國有金湯之固, 此一利也. 橋梁之政, 非井田, 則公家不能主之, 庶民不能倡之. 必有各邑富商大賈, 流通往來, 然後病其渡涉之艱, 而先倡合財, 完固砌造矣. 此又公私之一利也. 義學之制, 自宋

부자는 자신이 지킬 재산이 소중해서 국가가 방어용 성지(城池)를 만드는 데에 도움을 주고, 교역을 통해 이익을 볼 수 있으므로 도로 투자에 참여하고, 자녀의 교육 투자에 적극적일 수가 있으며, 가난을 벗어나니 명예를 중시할 수 있으며, 범중엄(范仲淹)처럼 의장(義莊)을 선창(先倡)하는 사람이 있다면 그 의로운 모범을 따라할 경제력을 가진 존재이다. 이러한 인간관을 가졌기 때문에 농암은 부를 긍정할 수 있었다.[35] 오늘날 인간이 인센티브에 따라 움직인다는 것은 유력한 이론이며, "경제학은 근본적으로 인센티브를 활용하는 학문이다."는 정의도 있다. 인센티브에는 경제적인 것뿐 아니라 사회적·도덕적인 것도 있다.[36] 일반 유학자는 경세론의 원리로서 도덕적 인센티브를 중시한 반면, 농암은 물질적 인센티브를 중시한 것이다. 농암은 인간의 본성에 대한 이해를 진전시켜, 그것에 부합하는 경세론을 제시한 것이다.

맹자는 항산(恒産)이 없으면 항심(恒心)이 없다고 하면서 항산을 부여하기 위해 정전제라는 토지 재분배 정책을 제안한 반면, 앞으로 언급하겠지만, 농암은 시장 발전과 직업의 분업·전문화 가운데 일정한 직업이라는 상업(常業)을 마련하자는 경제합리적 방안을 제안했다. 이러한

始行, 蓋黨塾遺意, 而羽翼學校者也. 富民大商, 衣食既裕, 則又望其子孫之立身顯揚, 立塾村中, 延明師而教羣蒙, 自是必然之理也. 到處皆有此事, 則文風丕振, 蔚爲國家之用矣, 此又一利也. 我國地勢, 雖多山險, 然經行大路及邑底鄉村之路, 皆有修治平坦之理. 無人主張, 無人擔當, 如拳小石, 亦不鑿去. 故道路甚惡, 每不免發民修治. 果若商法一成, 則到處商店, 必治其邑內之路, 次治其自邑向村之路, 次第修治必矣. …… 富好行德, 亦人之秉彝也. 苟有如范文正之先倡義莊者, 則富民大商之稍自好者, 亦皆從而效之, 置田儲穀, 以恤其宗族婚喪與飢餓者. 見今中國, 此風大行, 甚爲窮民之益. 此無他, 商法成而商利厚, 故人既富而有好名行德之意也. 國家從而立法勸奬, 旌以義門義民, 則吾東亦豈無爲此者乎? 此又一利也."

35 중국 강소성과 절강성의 경계에 있는 徽州상인 등은 가문의 문화사업과 교육에 투자하는 만큼 지역의 공익사업과 자선사업에 적극 참여하기도 했다(이화승, 2013, 241~243면).

36 레빗, 스티븐 · 스티븐 더브너(2007/2010), 36~38면.

상업론은 항산론을 진전시킨 것이다.

농암은 부를 긍정하였지만 부자에게만 혜택을 주자고 주장한 것은 아니다. 조선시대에는 부를 윤리적으로 승인하고 부자의 순기능을 파악하는 관념이 부족하였을 뿐만 아니라 현실적으로 조세부담률이 낮고 국가재정이 빈약한 가운데 부자에게 적절하게 과세하지 못하여 사실상 혜택을 주는 한계가 있었다. 농암은 호(戶)를 대상으로 부과하는 호요(戶徭)제도를 통해 빈부간 조세부담의 균등화를 도모하면서 재정 수입을 늘리고자 하였다. 그런 제안에 대해 토지를 대상으로 균등하게 과세되는 전세와 대동이 있지 않느냐고 반문하자, 토지가 아닌 자원에 대해서도 균등하게 과세해야 한다고 주장하였다. 그러자 "사물이 한결같지 않은 것은 본래 그러하다."라는 맹자의 말을 들면서 "부자는 스스로가 부유해진 것이고 가난한 사람은 스스로가 가난해진 것인데, 어찌 부자만을 미워하며 균요미와 전미를 만들어 징수하겠는가."라는 반론이 다시 나왔다. 이에 대해 농암은 "인민에게 역(役)을 부과하는 도리는 그 빈부(貧富)에 따라서" 국가가 빈부차를 줄이는 방향으로 유도해야 한다고 주장하였다.[37] 농암은 염분(鹽盆)에만 세금을 징수하는 방안이 부상대고(富商大賈)에게는 유리하고 궁핍한 염호(鹽戶)에게만 불리하다는 점에서 반대하였다.[38]

---

37 『迂書』 권6, 「論戶口格式」, "答曰, 戶徭也. 或曰, 旣納大同田稅, 則又何徵米. 答曰, 大同田稅乃田役也, 非戶徭也. 旣已編戶, 安可無徭? …… 或曰, 物之不齊物之情也. 富者自富, 貧者自貧, 豈可以富而偏憎, 刱徵均徭之米錢乎? 答曰, 三代之民無甚富甚貧者, 以其有井田之制也. 後世則貧富在於百姓, 國家無如之何矣. 雖然, 役民之道當隨其貧富而爲之, 何可漫無分別耶? 且此法均齊平一, 至公無私. 有外居百丁者, 納錢五貫. 一丁者納五文. 有田十結者, 納米五十斗. 一負者納五合. 富者何嘗加出, 貧者何嘗減出, 而謂之編憎富者乎?"

38 주 33).

요컨대 농암이 부를 긍정한 것은 국가경제에 유리하고 빈민에게도 실질적인 혜택을 줄 수 있기 때문이었다. 그는 국가가 성지·교량·도로 등 사회간접자본을 건설해야 하는데, 국력이 미치지 못하므로 중국처럼 부자의 지원을 받으라고 제안하였다. 그리고 앞으로 언급하겠지만, 그는 대자본이 육성되어야 빈민이 그들에 의뢰하여 살아갈 수 있다고 보았다.

2) 당대의 검소관에 대한 비판

농암이 부를 긍정하는 관념은 검소를 옹호하는 당대의 통념에 대한 비판에 통한다. 다음의 인용을 보면, 기와집이 초가집보다 경제성이 있다는 점, 그런데도 초가집이 일색인 원인을 조리 있게 설명하였다.

우리나라 시골에서는 기와집에 사는 사람이 백에 한둘밖에 없는데, 사람의 마음이 어찌 기와집을 싫어하고 초가집을 좋아할 리 있겠는가. 첫째는 풍속이 박야(樸野)하기 때문이고, 둘째는 재목과 기와를 얻기가 쉽지 않기 때문이며, 셋째는 재력이 미치지 못하기 때문에 그러한 것이다. 어째서 박야하다고 말하는가 하면, 민속이 초가집에서 생활하는 데 익숙하여 기와집을 지을 만한 형세가 된다 해도 예대로 구차하게 봉모(蓬茅) 중에 살면서 개조하기를 좋아하지 않기 때문이다.

문: 백성의 습속이 질박(質樸)하고 검루(儉陋)한 것은 본래 좋은 풍속인데, 어째서 꼭 초가집에 사는 것을 허물하면서 기와집으로 사치하도록 이끄는가.

답: 그것은 순박하다는 뜻의 박(樸)이 아니고 미열(迷劣)하고 완루(頑陋)하다는 뜻의 박(樸)이 되니, 산골에서는 재목(材木)이 얼마든지 있고 기와

를 굽기도 매우 쉬워서 한번 기와집을 지으면 길이 전할 수가 있다. 그리고 가을과 겨울에 짚을 덮고 새끼로 엮는 노력이 없어서, 아래로는 사적인 일에 힘을 기울일 수 있고, 위로는 조세를 속히 납부할 수가 있다. 또 기와집을 이미 갖게 되면 몰래 이사하기가 매우 어려워서 민호(民戶)가 날로 많아질 것이니, 이는 곧 공(公)·사(私)에 이롭다. 그런데 어찌하여 사치로 이끈다고 말하는가.[39]

초정 박제가는 『북학의』, 「시정(市井)」에서 조선의 지나친 검소함의 숭상이 시장을 위축시키고 기술발전을 저해한다고 보아, 사치를 무조건 배격하고 검소함만을 고집하는 당시 보편화된 가치관을 비판하고, 소비시장의 확대를 통해 생산의 자극과 기술의 발전을 도모하자고 주장하였는데, 농암의 주장과 상통한다. 초정은 "물건이 있는데도 쓰지 않는 것을 검소함이라고 하지, 자기에게 없는 물건을 스스로 끊어 버리는 것을 일컫지는 않는다〔夫有其物而不費之謂儉, 非無諸己而自絶之謂也〕." 고 했는데, 농암도 조선의 풍속이 순박한 것이 아니라 "미열(迷劣)하고 완루(頑陋)하다"고 했다.

농암은 검소관을 비판한 위의 구절에 이어서 '상법(商法)'이 이루어져서 시장이 발달하면 부유한 사람이 많아져 기와집을 지을 것이라고 했다. '상법'은 상업의 제도와 기술을 포괄하는 내용이다. '상법'의 실

39 『迂書』 권8, 「論商販事理額稅規制」, "試以家宅言之. 我東鄕曲, 居瓦屋者, 百無一二, 人性豈有厭瓦喜茅之理乎? 一則曰風俗樸野也. 二則曰財瓦不易也. 三則曰財力不逮也. 何謂樸野, 曰民俗習居茅茨, 雖有搆成瓦屋之勢, 因循苟處於蓬茅之中, 不肯改造者是也. 或曰, 民習之樸質儉陋, 自是好風. 何必咎其茅居, 必導以瓦屋之侈乎? 答曰, 此非淳樸之樸, 乃是迷劣頑陋之樸也. 峽中材木旣賤, 燔瓦甚易, 一成瓦屋, 可傳永久, 且無秋冬覆茅編茨之勞, 下可以勤私事, 上可以速輸租也. 旣有瓦屋, 則逃移甚難, 民戶殷富, 此乃公私之利也. 何謂導侈乎?"

현보다 근본적인 과제로서 사민(四民)의 분업화・전업화가 이루어지면, "곳곳의 읍내에는 전사(廛肆)와 저택이 고기비늘같이 조밀하여질 것이고, 시골에는 반드시 향관(鄕官)의 집이나 부자의 저택, 읍내 상인의 전장(田莊)・별업(別業) 같은 것들이 차례로 만들어질 것이다. 이런 것들이 약간 두서가 잡히면 시골 벽지가 반드시 환하게 모습을 바꾸게 될 것이며, 초라하고 쓸쓸한 모습이 전혀 없어지고 은성하고 번영하는 효험만이 있게 될 것이니, 국가에 이익됨이 이보다도 큰 것이 없다."고 했다.[40] 앞으로 설명되겠지만, 『우서』의 핵심 주장은 사민의 분업화・전업화→상법의 구현→이용후생의 달성='국허민빈'의 극복으로 집약될 수 있다.

3) 이재(理財)의 경제합리주의(經濟合理主義)

농암은 이재의 경제합리주의를 중시하였다. 그래서 국가도 이익을 적극 추구해야 된다고 주장하였다. "국가를 다스리는 데에 긴요한 일들이 매우 많은데 그대는 이익을 찾는 일에만 급급하다."는 비판에 대하여 농암은 "이같이 한 다음에야 비로소 인민을 부유하게 하고 국가를 넉넉하게 할 수 있기 때문이다."고 응수하였다. 어염(魚鹽)과 같은 자연자원으로부터 국가가 이익을 취하여 세금 부담을 균등히 하고 농민의 부담을 경감하자는 주장에 대하여 "도리어 명분을 좋아하는 습속에 얽매여 이익만 따른다고 지목하여 협박하니 매우 어질지 못하다."

---

40 『迂書』 권8, 「論商販事理額稅規制」, "四民一分, 百事容易, 水到渠成, 沛然無難. 到處邑底店肆邸第, 必然鱗次稠密矣. 村野亦必有鄕官人家富民第宅及邑底商賈田莊別業之屬, 次第造成矣. 及其稍成頭緖之後, 則窮僻鄕邑必將噲然改觀, 頓無冷落蕭條之態, 必有殷盛繁庶之效. 其爲國家之利, 無大於此矣."

고 반박하였다.[41] 호적법을 엄격히 시행하여 세원을 철저히 파악하자는 농암의 주장에 대해 구법을 모두 변경하는 왕안석의 신법과 같다는 비판이 제기되었다. 이에 대해 농암은 왕안석이 망령되이 분쟁을 일삼고 서리(胥吏)에게 일을 주관하게 하는 점 등의 문제점을 지적하면서도 신법의 기본 방향을 옹호하였다. "어찌 그렇게도 이재에 급급한가."라는 비판에 대해 농암은 "『좌전(左傳)』에 이르기를 '무엇으로 국가를 지키는가 하니 재물이다.'"라는 구절로 대응하였다. 그러면서 허다한 국가 이익의 원천이 사적 세력에 흩어져 있는데 수취할 줄을 몰라 인민이 가난하고 국가재정이 빈약하니〔民貧國虛〕, 이재의 방도를 상세히 논하고 사민의 분업과 전업을 이루어〔四民分職〕 생산 증대의 기본 방도로 삼고, 그런 다음에 공적 부담을 균평하게 하고 사적으로 이익을 농단하는 것을 막자고 했다. 그래서 제도로 민산을 보장하고 국가 재용을 넉넉히 하자는〔制民産而裕國用〕 것이다. 세원을 철저히 파악하여 과세하는 것은 과세 균등화〔均役〕의 중요한 요소이지 수탈〔掊克〕은 아니라고 했다.[42]

국가의 이재 행위, 그리고 민간의 영리 추구를 긍정하는 것은 경제합리주의에 연결된다. 경제합리주의란 편익과 비용을 고려하여 가장 유리한 선택을 하는 것을 말한다. 『우서』의 총론이라 할 수 있는 제76

---

41 『迂書』 권8, 「論魚鹽征稅」, "或曰, 爲國之道, 要務甚衆, 子必汲汲以征利爲言, 何也? 答曰, 此然後, 方可富民足國故也. …… 乃反係戀於好名之習, 恫喝以言利之目, 何其不仁之甚哉!"

42 『迂書』 권6, 「論戶口雜令」, "或曰, 熙寧新法之最不善者, 求財甚急也. 今子所論, 亦何其理財之太汲汲歟? 答曰, …… 吾東則不然. 許多利源散入於私門而不知. 收四民無法, 商賈無其利, 民貧國虛, 一至此極. 此非國家等棄財利而然也, 亦非愛民不稅而然也. 大抵制度踈闊初不制置而然也. 傳曰何以守國, 曰財. 豈有損棄財用坐致窮竭, 而曾不能一擧手收拾之理也. 此吾所以參酌歷代之制, 詳論理財之法, 欲使四民分職, 以爲生財之源, 徭役均平, 以祛偏苦之患, 杜私孔而奉公上, 制民産而裕國用也,"

항 「논변통규제이해(論變通規制利害)」의 제목은 제도 변화의 비용편익 분석을 하겠다는 의미와 상통한다. 제도란 인간 행동을 규율하는 것이니, 규제는 제도로 이해될 수 있다. 여기서 제도 변화의 원칙으로서 경제합리주의를 제시하였다. "중국에서는 정전(井田)이 폐지되기는 했어도 백성들의 풍속이 서로 돕고 구원하여 이익을 일으키고 손해를 제거하는 일들을 함께 꾸려가고 있으니, 지금까지도 정전에서 함께 생활하던 때와 다름이 없는 셈이다〔中原則井田雖廢, 民風之相助相恤, 共辦興利除害之事, 則至今無異於同居井田之日矣〕."고 하였다. 그리고 "수고를 줄이고 이익을 넓히는 방법을 들었으면, 사와 민을 가르치고 인도하여 각기 본업에 힘쓰도록 하는 것이 왕정(王政)의 중요한 일이다〔苟聞功省利廣之法, 則教導士民, 俾各務本, 豈非王政之切要者乎〕."고 했다.

농암은 중국의 병사(餠肆)가 임노동자를 고용하여 "10섬의 떡이 순식간에 만들어지자 곧 팔려서 시일이 더디지 않으니, 비용이 절약되고 이익이 후해서〔費省利厚〕 주객이 모두 편하다."라며 그 자본주의 경영의 효율성을 높게 평가하였다.[43] 거름을 내는 데에 "중국 사람은 조그마한 수레나 외바퀴 수레 같은 것으로 운반해 내므로 우리나라 사람의 열흘 일을 하루나 이틀이면 끝마친다."고 했으며, 타작할 때와 볏짚을 엮는 등의 농사일에서도 "비용이 적게 들고 일이 빠른 것〔費省功速〕이 우리나라에 비할 바가 아니다."라고 했다.[44]

여기서 인정(仁政)이 법치 또는 경제합리주의와 충돌할 때에 어떻게

---

43 『迂書』 권8, 「論商販事理額稅規制」, "十石之餠咄嗟而辦, 旣成而賣, 不淹時日, 費省利厚, 主客俱便."

44 『迂書』 권9, 「論閑民」, "以農務言之, 出糞最是巨役, 東人必以牛馬輸出, 故旣多遺失, 且甚曠日. 中國人以小車或獨輪輓輅之類運出, 東人十日之役, 彼則一兩日而畢矣. 秋收運入, 亦以此車, 粒穀不落於道路. 及其打穀也, 又以石輪駕騾而碾之, 旣速且精, 不失子粒. 至於秸草, 亦極精完. 此皆坊局人所謂也. 費省功速, 夫豈吾東之比哉."

처리할 것인가 하는 문제가 제기된다. 유학은 인정이 비용편익분석으로 따질 수 없는 절대적인 도덕적 가치라고 보는 경향이 있다. 그런데 농암은 비용편익분석에 입각하여 인정을 평가하였다.

권6에 「논전정(論田政)」이 있는데, 일반적인 유가라면 인민에 항산(恒産)을 제공하여 민생 안정을 도모한다는 유교도덕론의 차원에서 전정을 다룰 것이다. 그런데 흥미롭게도 농암은 이 전정을 논의하는 항목에서 인정에 수반하는 법치 문제를 거론하며, 비용편익을 고찰하였다. 첫째, 가난하여 종자가 없어 경작하지 못한 농가가 불쌍하기는 하지만, 자질구레하게 면세(免稅)의 관용을 베풀어 조세제도를 어지럽혀서는 안 된다고 주장하였다. 법치를 지키면서 국가재정을 배려하자는 주장인 셈이다. 둘째, 인정의 명분으로 급재(給災)에 치중하고 진전(陳田)으로 돌리는 것만을 혜택으로 삼는 방침을 지양하자고 했다. 이런 방침을 택하면 진전이 더욱 많아져 토지제도에 미치는 폐해가 이루 말할 수 없게 되는 것이다. "논보(論報)하여 재결을 많이 얻는 사람은 모두가 세력 있는 수령들인데," 수령이 "인민의 역을 고르게 하는 도리를 알지 못하고, 도리어 인민의 역을 대신 담당하는 정사(政事)를 즐겨서 수령은 옳지 못한 칭송을 영구(營求)하고, 인민은 분외(分外)의 혜택을 희망하고 있다. 그리하여 상하가 이익을 거래하여 풍습이 날로 나빠지고 있으니, 이는 곧 이도(吏道)의 근본을 좀먹는 도둑인 것이다."고 했다. 셋째, 농암이 "포락(浦落)과 복사(覆沙)의 경우에도 큰 구멍을 흙으로 메우기만 하면 경작할 수 있는 땅으로 복구될 것이 많은데, 어찌 한번 포락으로 올랐다고 하여 길이 진전의 액으로만 둘 수 있겠는가."라고 주장하자, "포락이나 성천(成川) 같은 것은 재앙으로 인한 손해가 명백한 것인데, 급재(給災)하지도 않고 진전의 항목으로 돌리지도 않는다면 어찌 인정이라 하겠는가."라는 반론이 나온 데에 대하여, 농암은 "참으로 수치(修

治)에 주력하지 않고, 급재만 하고 진전으로 돌리는 것만을 혜택으로 삼는다면, 장차 묵은 토지가 더욱 묵어 갈 것이고 새로운 진전이 더욱 많아져서 토지제도에 미치는 폐해가 이루 말할 수 없게 될 것이다."라고 응수하였다. 넷째, "우리나라는 화전(火田)이 없는 곳이 없기 때문에 수재가 없는 곳이 없다. 따라서 화전을 엄금하면 그것이 곧 재난의 근원을 막는 정사가 된다."고 하였다.[45] 산림의 황폐화가 19세기 토지생산성을 하락시켰다는 연구가 있는 것으로 보아,[46] 이 견해는 경청할 가치를 가진다. 농암이 화전의 금지를 주장한 것은 수리에 관련될 뿐만 아니라 목재 생산과 짐승의 가죽·털의 확보에 타격을 가하기 때문이기도 했다.[47]

이렇게 보면, 농암은 유가적 온정주의보다는 냉정한 경제논리와 엄격한 법치주의를 선호하였다. 마셜(A, Marshall)은 케임브리지대학이 배출하는 경제학도에게 냉철한 이성과 따뜻한 감성(cool heads but warm hearts)을 주문하였는데, 농암은 일반 유학자에 비해 냉철한 이성을 가졌지만 따뜻한 감성이 부족하지 않은가? 필자는 그렇게 단정할 수 없다고 생각한다. 19세기 조선의 상황을 보면, 재정과 수리의 악화가 서민의 생활에 타격을 가하였는데, 농암의 주장은 유교의 인정론에 배치될지는 몰라도 그 근본적인 대책을 제시한 셈이었다. 이미 언급되고 앞으

---

45 『迂書』 권6, 「論田政」, "答曰 …… 我國無處無火田, 故無處無水災. 痛禁火田, 則是乃拔本塞源之政也. …… 浦落覆沙, 亦多有空開塡淤復舊耕食之地. 何可一懸浦落, 永置陳額耶? …… 或曰, 浦落成川之流, 明知其災損, 而不給灾不歸陳, 則此豈仁政乎? 答曰 …… 苟不以修治爲主, 徒以給灾歸陳爲惠, 則將見陳者愈陳, 而新陳愈多, 經界之害有不可勝言矣. …… 答曰, 論報多得灾結, 皆是有形勢之守令也. …… 今不知均役之道, 反喜代防之政. 守令營求非道之譽, 百姓希望分外之惠. 上下交市, 風習日惡, 此乃吏道中蟊賊也."

46 이우연(2010).

47 『迂書』 권7, 「論火田」; 권8, 「論商販事理額稅規制」.

로도 언급되겠는데, 농암은 양반제 · 노비제 · 서얼차별이라는 신분차별을 비판하고 노비와 걸인을 임금노동자로 만들고자 하여, 하층민에 도움이 되는 제도개혁론을 제안하였다.

기근 대책은 조선시대의 중심적 복지정책으로서 인정(仁政)의 핵심과제였다. 농암은 권7의 「논견휼진구(論蠲恤賑救)」에서 이재의 방법을 활용하고 법규를 준수하여 곡식을 비축함을 기근 대책의 우선적인 과제로 제시하였다.[48] 그리고 “흉년의 구제책으로는 시장가격〔市價〕을 고르게 하는〔平準〕 것만큼 좋은 것이 없다.”고 했다. 사실 이런 방책은 중국 고대로부터 알려진 것이다. 기원전 91년 완성된 사마천(司馬遷)의 『사기(史記)』 권30, 「평준서(平準書)」에 의하면, 기원전 110년에 상홍양(桑弘羊)은 평준관을 두어 물가가 비쌀 때에 조세나 구매 물자를 각지에 공급하여 물가를 고르게 하고, 또한 값쌀 때 사들여 비쌀 때에 팔기를 제안하여 무제의 허락을 얻었다. 기원전 55년 전후에 경수창(耿壽昌)의 제안으로 쌀을 쌀 때에 사서 비쌀 때에 파는 상평창(常平倉)이 설치되었음은 기원후 90년경에 반고(班固)가 편찬된 『한서(漢書)』의 「식화지食貨志」에 나온다. 그래서 당시의 위정자들이 이런 관념을 알고 있었다. 그런데 농암은 이런 관념이 한층 투철하였고 물가를 안정시키기 위한 효과적인 방안을 제시하였다. 흉년에 지차읍(之次邑)에 대해서는 대동 · 전세를 풍년의 쌀값으로 동전을 대신 받고 우심읍(尤甚邑)에 대해서는 그보다 낮게 징수하면 “쌀값이 자연 싸지게 될 것이고 민간에도 쌀이 남아 있게 되어 …… 굶주림을 구제하는 혜택이 이보다도 좋은 것이 없다.”고 보았다. 그리고 “진휼하는 일 한 가지는 결코 국력(國力)

---

48 농암은 곡물을 대여하여 耗穀을 탈취하여 대여곡을 증식하는 환곡제도를 폐지하자고 주장하였다(『迂書』 권7, 「論常賑二廳」).

만을 가지고는 힘들고, 기민(飢民)을 모두 살리기도 어려운 것이다."라고 하였다. 그래서 "장사하는 법도가 한번 이루어져서 수레와 배가 모두 통행되고 곡물 무역 상인들이 흉년에 1천 섬·1백 섬의 미곡을 운반하게 되면, 비록 한 되〔升〕에 1푼〔文〕의 이익을 얻는다 하더라도 상인에게는 큰 이익이 될 것이고, 백성에게도 큰 혜택이 될 것인데, …… 곡물 상인이 은성(殷盛)하게 되면 각 고을에서 쌀을 팔지 않고 쌓아 놓기만 하는 부자가 없게 될 것이고, 따라서 시가가 뛰어오르지 않을 것은 절로 알 수 있는 일이다."고 했다.[49]

도시상업에서는 소민의 영세 상업을 보호하는 것이 인정에 부합하겠으나, 농암은 대자본의 대상인을 옹호하고 영세 상업의 금지를 주장하였다. 8절 (3)에서 언급하겠지만, 그렇게 하는 것이 시장질서를 바로잡아 상업이 번창하게 된다고 보았다. 영세 상인은 대상인에 고용되면 된다는 것이다.

인을 베풀더라도 허례허식으로 낭비를 하지 말고 실질적인 혜택을 주자고 제안하였는데, 이것도 경제합리주의라 하겠다. 농암은 "시사(市肆)에 법도가 없기 때문에 매매가 제 모양을 이루지 못하고, 그래서 집에서 음식을 만들어 대는데 그것이 언제나 지나쳐서 곡물을 낭비하는 첫째 일이 되고 있다."고 했다. 이에 대해 "음식을 차리고도 이웃과 친척들에게 보내지 않는다면 인심의 후한 도리가 어디에 있겠는가."라고 반문하자, 농암은 "초청할 사람은 초청하고, 그렇지 않으면 때때로 돈

---

49 『迂書』 권7 「論蠲恤賑救」, "大凡凶年救民之策, 莫如平市直. 市直不踊, 賑救中第一事也. …… 如豐年, 米一石市直三貫, 則之次邑一石折徵三貫, 尤甚邑一石折徵二貫半, 則米直自然減歇, 民間猶有米粒 …… 其爲賑飢之惠, 莫過於此矣. …… 賑恤一事, 決難以國力盡活飢民. 商法一成, 車船並行, 貿穀大商, 凶年運米千百石米穀, 則雖一升取利一文, 於渠爲大利, 於民爲大惠, 我國外方其有貿穀之商乎. 此所以商法之不可不整, 車輛之不可不用也. 穀商既盛, 則本邑必無閉糶富人. 市宜不踊, 自可知矣."

이나 쌀로써 궁핍한 처지를 도와주는 것이 곧 실질적으로 혜택을 베푸는 후한 도리이겠다."라고 응수하였다.[50]

5. 가난의 문제의식과 부국론(富國論)

한영국은 제1권이 "『우서』의 요추(要樞)인 동시에, 농암의 정치철학과 사회철학의 전반을 한눈에 살필 수 있는 핵심적 부분"이라고 하였는데,[51] 그중에서도 핵심 부분은 제6항인 「총론사민(總論四民)」이다. 권1의 제2·3항에서 고려시대 이전의 제도를 통해 역사적 교훈을 찾고 제4·5항에서 조선시대 정치의 "대강을 개관한〔略論大綱〕" 다음 제6항인 「총론사민」에서 정치문제의 원인을 심층적으로 분석하고 그 대책의 기본을 제시하였다. 「총론사민」에서도 그 첫머리에 나오는 "사민의 직업이 아직 분화되지 않으니, 나라가 허약하고 인민이 가난한 것은 오직 여기에 기인한다〔四民之業尙未分別, 國虛民貧專出於此〕."라는 구절이 핵심을 이룬다. 이것은 『우서』 전반을 관통하는 문제의식을 가장 잘 집약한 문장으로, 한영국에 의해 일찍이 주목을 받았다. 그에 의하면, 농암은 '국허민빈(國虛民貧)'의 극복을 위해 사민분업의 개혁론을 주창하고 농·상·공업을 진흥하는 이용후생(利用厚生)의 개혁을 완수하여 부국안민(富國安民)을 달성하고자 했다.[52] '국허(國虛)'는 국가재정이 빈약하다는

---

50 『迂書』 권8, 「論商販事理額稅規制」, "市肆無法, 故買賣不成摸. 不成摸, 故人家之造辦飮食, 每多過度, 此爲糜穀之第一事耳. …… 或曰, 設食而不給隣里親戚, 則厚道安在? 答曰, 可請者請之, 不然則時以錢米救助窮乏, 方是實惠厚道."

51 한영국(1989), 10면.

52 韓榮國(1976), 54면.

의미이고 '민빈(民貧)'은 인민이 가난하다는 의미이다. 사민분업의 개혁론은 단지 신분제의 개혁론일 뿐만 아니라 사회적 분업을 심화하는 경제적 개혁론이기도 했다.[53] 농암은 유학의 이상 정치가 "사민이 직업에 힘쓰고 육관(六官)이 각기 직책을 다하게 하는 것"이라고 하여 사민분업의 효과를 경제적·행정적인 면에서 찾았다.[54]

농암은 '민빈'을 '민산'의 고갈로 구체화했는데, '민산'이라는 표현은 『맹자』, 「양혜왕장구상(梁惠王章句上)」의 '제민지산(制民之産)'에서 유래한다. 주자는 그 표현 앞에 나오는 '항산(恒産)'의 '산'을 '생업(生業)'으로 풀이하였다. '산'은 명사로는 산물이나 재산이라는 뜻이 있으니 생업을 도모하는 재산인 생산수단으로 풀이할 수도 있다. '제(制)'는 치수에 맞추어 재단한다, 법 같은 것을 정한다, 제한한다 등의 동사 뜻뿐 아니라 법제·명령 등의 명사 뜻도 있다. 맹자의 이전 시대부터 오늘날 의미의 '제도'라는 한자어가 사용되었다. 그래서 '제민지산'이란 인민의 생활 기반을 제도로써 마련해 준다는 의미로 풀이하고자 한다. 맹자에게는 정전제(井田制)를 통해 항산을 마련해 주는 것이 '제산'의 중심적인 이상을 이룬다. 『맹자』의 이 구절은 농암의 경세론을 관통하는 '경술(經術)'의 하나이다. 『우서』에서는 '민산'이 14번 나오는데, 「총론사민」에서 5번 나온다. 그중 '제민산'은 5번, '제산'은 1번 나온다. 농암은 '민산'이 고갈되었으니 '제민산'을 하자고 했던 것이다.

또 다른 총론에 해당하는 제76항 「논변통규제이해(論變通規制利害)」를 살펴보자. 여기서는 먼저 중국 문명의 수용방식에 대한 총론적 견해

---

53 韓榮國(1976), 61면.

54 『迂書』 권2, 「論救門閥之弊」, "雖以三代聖王所以治天下者言之, 不過曰四民務其業 六官述其職而已."

가 제시되어 있다. 그 바람직한 방향은 실사(實事)와 실정(實政)을 구하는 것이다. 이어서 경세론의 원칙이 되는 학문에 대한 논의인데, 앞서 언급한 바 있다. 여기서 중국 문명으로부터 실사인 정사(政事)를 잘 배우지 못했다고 비판한 다음, "사민(四民)을 분별하는 것은 곧 인민의 생활 기반을 제도로써 마련해 주는 것이고, 정역(征役)을 고르게 하는 것은 곧 농사철을 빼앗지 아니하는 것이며, 재화의 생산 방도와 수세의 법도를 마련하는 것은 곧 인민의 힘을 펴 주고 인민의 후생(welfare)을 증대하는 것이다."는 경세론의 대원칙을 제시했다.[55]

『우서』의 핵심 주장을 담고 있는 또 다른 항목인 권8의 「논상판사리액세규제(論商販事理額稅規制)」의 후반부에서는 서울뿐 아니라 지방의 상업을 발전시키면 물질적 풍요와 문화적 윤택함이 제공되는 "이용후생의 도가 완수된다〔利用厚生之道畢矣〕."라고 전망하였다. 『우서』에는 이용후생뿐 아니라 부국안민(富國安民)이라는 용어도 각각 1건 발견되는데, 『우서』는 기본적으로 '국허민빈'을 극복하는 부국안민 내지 이용후생의 방도를 역설한 경제정책 서적이라 하겠다.[56]

사실 안민부국은 유학 경제정책의 이념이고, 고려시대부터 이런 정책 이념이 도입되었다. 안민부국이란 민생의 안정을 도모하고 국가재정을 충실하게 하자는 의미이다. 여기서 민생 안정이란 농업에 힘써 기근을 당하지 않는 정도의 소극적인 의미이다. 그런데 농암은 상업을 발전시켜 윤택한 경제생활을 이루어 후생을 증진하는 적극적인 의미로 사용

---

55 『迂書』 권10, 「論變通規制利害」, "別四民, 乃所以制民產也. 均征役, 乃所以不奪農時也. 生財有道, 取財有法, 乃所以寬民之力厚民之生也."

56 『迂書』 권7, 「論宣惠大同」, "答曰, 船脚之耗爲其販鹽之費, 運米之勞也. 所給雖多, 所獲之利百倍, 可以富國安民故也. 今之貢價剝取民脂, 以肥游猾市井. 所出常多, 所入恒少, 此乃耗國剝民之弊也."

했다. 그런 점에서 농암의 경제정책론은 부민부국론이라 하겠다. 그것은 아담 스미스가 『국부론(Wealth of Nations)』에서 밝힌 "경제학은 …… 인민과 국가 모두를 부유하게 하려는 것이다(Political economy …… proposes to enrich both the people and the sovereign)."라는 사상에 통하는 내용이다. 물론 『우서』가 『국부론』 정도의 이론 체계를 갖춘 것은 아니다.

「농암공사적(聾庵公事蹟)」에 의하면, 농암은 '백가구류(百家九流)'의 지식에 통달한 15세 때에 슬퍼하면서 종조(從祖)인 충간공(忠簡公) 유상운(柳尙運)에게 조선이 "중국 사방의 오랑캐는 모두 독립하였는데, 우리 예의의 나라로서 삼천리의 영토인데 중국에 종속되어 천하에 활개를 치지 못하는 것은 위정자가 정치의 근본을 궁구(窮究)하지 않고 한낱 문(文)의 말기만 숭상한 고질적 폐단에 연유한 것이 아니겠습니까?" 라고 물었다. 이 질문을 충간공은 묵묵히 듣고 있다가 "너는 성현의 경전을 숙독하고 호연한 기운을 잘 길러 덕을 이룬 다음에 관직에 나가 정사를 의논해야 된다."라고 가르쳤다 한다. 『우서』는 어릴 적 문제의식에 답한 것이다.[57] 그래서 농암은 경전을 탐구하여 그 지식으로 당대에 이름을 떨쳤고, 그것을 정책 이념에 구현한 역작을 남겼다. 그리고 단지 유학 경전에만 의거하지 않고 어릴 적 배운 폭넓은 지식도 용해하여 일반 유학자가 도달할 수 있는 차원의 사상 수준을 넘어선 것이다. 이렇게 보면 농암 경세론의 원초적인 문제의식은 부국강병의 추구, 곧 '민빈(民貧)'이라기보다는 '국허(國虛)'였다. 「총론사민」의 첫머

57 "十五歲, 百家九流無不淹貫, 其於古今治亂得失辨析如流, 聽者心醉, 不覺體懯. 公一日跪問曰, "四夷八蠻皆爲獨立, 以吾禮義之邦三千里之間, 附庸於中國, 不能揚臂於天下者, 豈非由爲政者不究治本, 徒尙文末之痼弊耶? 忠簡公默然良久曰, "汝能熟讀聖經, 善養浩氣德成, 然後出仕論政可也." 국가 독립이라는 용어가 사용된 데에서 알 수 있듯이, 농암이 伸冤된 조선 말의 기록이다. 그런데 그 기록이 생생하고 『迂書』의 정신을 잘 반영하는 점으로 보더라도 진실이라고 판단된다.

리에 나오는 『우서』의 핵심을 이루는 구절은 "사민의 직업이 아직 분화되지 않으니, 나라가 허약하고 인민이 가난한 것은 오직 여기에 기인한다〔四民之業尙未分別, 國虛民貧專出於此〕."라고 하여 '국허'를 먼저 내세웠다. '민빈국허'라는 표현도 나오나, 그 문장의 위상이 위에는 못 미친다.

농암은 경전 등의 공부와 현실에서 얻은 식견을 통하여 인민의 경제력이 국가 부강의 토대가 됨을 인식하였다. 그래서 "사·농·공·상은 각기 그 법이 있다. 지금 그 법이 없어져서 인민이 모두 그 직을 잃고 있다. 그러니 인민이 가난해져 국가재정이 허약해진다. 법을 세우고 제도를 정비하여 사민을 그 본업에 종사하게 해야 한다."라고 하였다.[58] 『우서』에는 모두 '국허'가 3번, '민빈'이 6번 나와 후자가 오히려 더 많다. '국허'는 모두 '민빈'과 붙어 나온다. 농암은 '국허'의 문제의식에서 출발하였는데, 그 근본 원인으로서 '민빈'을 중시하게 된 것이다. 9절에서 언급하듯이, 농암은 국가가 시장을 철저히 관리해야 한다고 주장하면서도 시장을 민간 경제의 핵심 요소로 중시했다.

조선 후기에 가난의 문제의식을 훌륭하게 제시한 실학자로 성호, 농암 및 초정을 들 수 있다. 성호는 자신이 체험하고 주위에서 관찰한 가난의 실상을 생생하게 기록하면서 그 극복 방안을 제시하였다. 초정은 중국에 비해 조선이 가난한 실상을 알려주면서 그 극복 방안을 제시하였다. 그래서 성호와 초정에게는 인민을 부유하게 만드는 것이 경제적으로 최우선 과제였다. 그 반면 『우서』에는 성호의 저술 및 『북학의』에서 보이는 인민의 가난에 대한 생생한 묘사로부터 그 가난을 극복하려

---

58 『迂書』 권8, 「論魚鹽征稅」, "士農工商各有其法. 今無其法, 故民失其職. 失職故民貧. 民貧故國虛. 立法定制, 乃所以毆四民於本業也."

는 절실한 표현이 잘 보이지는 않는다. 그러면서 냉정한 경제논리와 법질서를 통해 장기적으로 인민의 전반적 경제력이 향상될 수 있는 방안을 제시한 것이다. 세 실학자 모두가 부국강병을 바랐다.

일반 유학자도 민생 안정을 위해 경제 문제를 중시하나, 도덕절대주의를 취하면 이재의 경제합리주의를 경계하고 부국의 문제의식이 약하여 적극적인 경제대책을 제시하기 어렵게 된다. 농암은 부국에 대한 적극적인 문제의식과 물질적 인센티브에 반응하는 인간관을 가지고 이재의 경제합리주의에 입각한 적극적인 경제정책론을 제시하여, 유학의 약점을 보완했다. 일반 유학자도 이용후생과 안민부국을 중시하지만, 그들은 기근 대책이나 분배 정책을 중심으로 보았던 반면, 농암과 초정은 경제발전을 도모할 수 있는 적극적인 정책을 제시했다. 이 점을 앞으로 고찰한다.

6. 경제발전의 원리

농암이 경제성장 내지 경제발전을 도모할 수 있는 원리로 생각한 것은, 오늘날 학술 용어로 표현한다면 기술 발전, 자본 축적, 제도 개혁 및 이재(理財)의 경제합리주의이다. 이러한 요인들을 농암이 사유한 맥락에서 종합하면 상업진흥론과 기술발전론으로 집약된다. 농암은 사회적 분업, 보편·직업교육, 이에 관련된 제도 개혁으로 상업을 육성하고자 했다. 『우서』의 경제정책론은 상업진흥론을 중심으로 하지만, 그것에 환원되지 않는 기술발전론도 있다. 분업의 심화와 새로운 자본재의 도입은 기술발전에 직결되어 있고, 인적 자본의 축적을 낳을 교육도 기술발전을 지원한다. 『우서』에 제시된 정책론의 핵심을 이루는 사민론은 신분·직업·교육제도의 개혁론이고 분업과 전문화를 통한 기술발전론이고 보편·직업교육을 통한 인적 자본의 축적론이며 시장발전론이었다. 이재의 경제합리주의는 상업진흥론에 직결될 뿐만 아니라 경제정책론을 설계하는 기본 원리이다. 농암은 경제합리주의에 입각하여 상업 진흥과 기술 발전을 통해 부유한 나라를 만들고자 했던 것이다. 농암에게서 실사가 경제의 중시에 그치지 않고 기술, 인적·물적 자본, 제도 및 이재의 경제합리주의를 포괄하는 데로 나아간 것은 평가받아야 한다.

1) 직업제도의 확립과 사회적 분업의 심화

농암의 정책론에서 핵심적인 의의를 가지는 사민론은 사농공상제에서 신분제적 요소를 제거하여 직업제도로서 확립하는 것, 나아가 사회적 분업을 심화하는 것, 이 두 가지로 구성되어 있다. 전자부터 먼저 설명한다. 사(士)가 관료·정치인이라는 직업의 길을 걷는 사람이라고 본다면 사농공상제는 직업 구분이라고 할 수 있지만, 사는 치자인 반면 농공상인 민은 피치자로서 사층으로의 진입이 제한되어 있다면, 그것은 신분제이기도 했다. 원래 사농공상제는 두 측면을 가지지만, 조선시대에 양반특권층이 형성됨에 따라 사민제의 신분제적 요소가 강화되었다. 원래 사란 독서하는 지식인을 말하며 학문적·도덕적 능력으로 치자가 될 수 있는 사람이다. 그런데 조선시대에 사족은 세습적으로 관직을 독점하고 군역(軍役)을 면제받는 특권층이 되었고, 노비를 사역하면서 농·공·상의 노동에 종사하지 않는 기생층이 되었다. 나아가 사족 가운데 문벌의 고하가 나타났다. 농암은 이러한 특권기생층이 정치·경제·사회의 암적 존재라고 규정하고 그 개혁을 주장했다. 그래서 『우서』에 나온 사민론은 양반·문벌제도에 국한되는 것이 아니라 전반적 국가제도, 곧 국가체제의 개혁론이었다.[59]

농암의 사민론의 핵심은 지적 능력이라는 기준에만 의거하여 관직을 부여함으로써 사족층의 특권을 제거하고, 관직에 오르지 못한 사족층을 상업 등 생업에 종사하게 함으로써 그 기생성을 제거하는 것이다. 농암이 보건대, 사는 문인(文人)도 무인(武人)도 아닌 채 청탁·갈취 등을 통하여 놀고먹거나, 굶어 죽을 지경이 되어도 공·상업을 익히지 않는 존재였다.[60] 농암은 모두가 소학에 들어가 지식을 갖춘 가운데 지적 능력이 가장 뛰어난 사람이 관직을 가진 사가 되어야 한다고 생각했다. 사가 되려면 독서로 이치를 탐구하여 남을 잘 다스리는 법을 강구해야 하고 고매한 인품을 갖추어야 하나, 농암은 조선의 사대부는 그런 도덕적 실천력을 가지고 있지 않다고 보았다.[61] 앞으로 언급하겠지만, 농암은 사층이 상인층보다 도덕적으로 우월하다고 생각하지도 않았다. 그래서 도덕을 주도하는 사를 양성하자거나 그들을 특별히 대우하자는 주장을 하지 않았다. 농암은 누구나 노력과 능력에 따라 사가 될 수 있고, 사가 되지 못하면 적성에 따라 농·공·상 중의 한 직업을 선택하

---

59 율곡 이이, 重峯 趙憲, 반계 유형원 및 성호 이익은 노비제의 개혁 방안을 제시하였는데, 성호, 농암, 담헌 홍대용, 연암 박지원, 초정 박제가 및 다산 정약용은 특권적·기생적 양반제를 개혁하는 방안을 제시하였다(金龍德, 1977). 농암도 의미 있는 노비제 개혁 방안을 제시하였다. 이러한 추이는 18세기 노비제의 축소로 인해 신분제의 주된 모순이 성호의 시대를 경계로 하여 노비제로부터 양반제로 바뀌는 것을 반영하여 흥미롭다. 노비제가 약화되면 양반제가 약화되는 면도 있었다.

60 『迂書』 권1, 「論麗制」.

61 『迂書』 권2 「論門閥之弊」, "士之所以爲士者, 讀書窮理, 從事師友, 以講其治己治人之法, 然後方可以出身事君矣. …… 夫所謂士大夫者, 乃是士君子之一名也. 高則聖賢, 下則清脩吉士, 然後方不辱士君子之名矣. 我東人每指門閥子弟, 爲士大夫, 門閥子弟, 心如市井, 行若駔驓者多矣."

도록 하자고 했다. 모두 어려서부터 학교에서 배우다가 학문적 재질이 부족한 자를 농・상・공업에 종사하도록 하면, 사민이 분화되어 누구도 직업에 게을리하지 않게 되고 농・상・공도 문자를 알게 되고 대대로 떳떳하게 조업(祖業)을 계승하는 상공인이 나올 것이라고 전망하였다.[62] 그리고 농・공・상의 자제가 관직 진출에 조금도 차별을 받지 않는다면, 농・공・상업을 천시할 이치가 없다는 것이다.[63] 이러한 점에서 볼 때 농암에게 사란 신분 개념이 아니라 직업 개념이고, 사민제는 신분적 속성을 탈피한 직업제도였다.[64]

농암은 「총론사민」의 마지막에서 허다한 병폐의 근원이 오로지 문벌(門閥)에 따라 사람을 기용하는 데에 있으며, 그것은 조선 초에 사민을 분별하지 못한 데에 기인하였다고 보았다. 그래서 인민이 '일정한 직업〔經業〕'이 없어져, "생활이 이미 극도로 곤궁해졌다."는 것이다.[65]

---

62 『迂書』 권8, 「論商販事理額稅規制」.

63 『迂書』 권2, 「論學校選補之制」.

64 金龍德(1977)은 농암의 주장을 '兩班商人論'이자 '實力主義 四民平等論'으로 규정하였다. 18세기 조선의 양반이 특권기생층이 되고 그로 인해 문벌세력이 되는 점을 가장 통렬하게 비판한 인물이 농암과 성호였는데, 성호는 농암과 달리 도덕적 실천의 주도자로서 사층의 복원을 희망하여, 관직에 오르지 못한 사족이 농업에 종사하고 군역의 특혜를 유지하기를 바랐다. 과거 응시와 관직 진출에 대한 차별을 제거하자는 것은 두 사람 모두에게 공통적이었다. 그래서 성호에게 사민제는 농암과는 달리 직업제도로 완전히 전환하지는 못하였다. 조선시대에 사가 도덕적 실천의 주도자라는 견해가 명분론이 되고 사족의 정치적 권력과 사회적 세력이 그것을 뒷받침하여 사족은 관직 독점과 군역 면제라는 특권을 부여받게 되었는데, 농암은 이러한 사회적 관성과 철저히 결별하고자 의도한 반면, 성호의 개혁론은 그러하지 못하였다. 농암이 서울에서 활동하여 도시문화를 긍정한 반면, 성호는 농촌에서 학문을 연마하여 도시 사람이 이익 추구로 타락한다고 보았는데, 두 사람이 자란 환경의 차이가 사민관의 차이를 낳은 중요한 요인이었다(이헌창, 2013c, 188~198면).

65 『迂書』 권1, 「總論四民」, "此外許多痼弊專出於此, 而究其根, 則國初立法之際, 不能分別四民而然也. 摠之, 民無經業, 市無定額, 生理困竭已極." 농암은 門閥을 숭상하기 때문에 사민이 나누어지지 못하였다는 역의 인과관계도 언급하였다(『迂書』 권7, 「論宣惠大同」).

"사민 가운데 사(士)를 우선 정돈하고 이치에 맞게 하면 나머지 농·공·상은 권장하지 않아도 자연히 각자의 직업에 힘쓰게 될 것이고," 나아가 문벌의 폐단도 구제할 수 있다고 판단했다.[66] 이상으로 보면, 농암의 사민론은 경제발전의 대책일 뿐만 아니라 사회신분제, 관료제, 나아가 정치의 발전을 도모하는 대책이기도 했다.

수직적이고 폐쇄적인 사농공상제와 문벌 중시 풍토 아래 "상인은 장사하는 것을 부끄럽게 여기고 장인(匠人)은 공업 활동을 부끄럽게 여기며 농민은 농사짓는 것을 부끄럽게 여기고 선비는 선비인 것을 부끄럽게 여겨서, 온 나라에 분수를 지키는 사람은 없고 온 세상에 부지런히 일하는 사람이 없다."고 하였으니,[67] 농암은 사농공상제의 개혁으로 직업윤리를 확립하고자 했다. 양반이나 중서층(中庶層)은 물론 약간 기력 있는 상인(常人)마저 농사일을 크게 부끄러워하는 실정이었다. 상공업을 천시하지 않아야 대자본이 투자하는데, 그렇지 못해 상업이 부진해지고 물가가 오른다는 것이다.[68]

농암은 "사·농·공·상이 각기 자기 직업에 부지런히 종사하면, 서책이라 할지라도 그것을 인쇄하여 파는 책장수가 반드시 성행할 것이다."고 전망하였다.[69] 사가 관직을 가지지 못하면 상업뿐 아니라 인쇄·출판업에 종사할 수 있다고 보았다.[70] 그런 점에서 그의 사민론은

---

66 『迂書』 권2, 「論救門閥之弊」, "今就四民中, 只取一箇士字, 先加整頓理會, 則其餘農工商, 自然不待勸勉, 各務其業必矣. 四民既務本業, 然後六官可修其職. 苟能行此, 則世所謂痼弊巨瘼深根固蔕, 決難動搖之類, 自當迎刃縷解, 氷消霧釋, 少無難捄之慮矣."

67 『迂書』 권2 「論門閥之弊」, "商恥商而工恥工. 農恥農而士恥士. 擧一國無守分之人. 擧一世無勤業之人."

68 『迂書』 권1, 「總論四民」; 권7, 「論宣惠大同」; 권8, 「論錢弊」.

69 『迂書』 권2 「論學校選補之制」, "且士農工商各務其業, 則雖以書冊言之, 書賈以活字印書以賣者必然盛行矣."

70 『迂書』 권7, 「論免稅保率之類」.

인적 자본의 축적에 이바지할 수 있었다.

양반층이 노비에 힘입어 육체노동으로부터 벗어날 수 있었으니, 노비제의 개혁이 없이 양반제의 효과적인 개혁은 곤란하였다. 『우서』가 집필되는 때까지도 노비 인구는 상당한 비중을 차지하였는데, 농암의 사민론은 사실상 노비제의 해체를 의도했다. 농암이 고려의 제도를 논한 곳에는 노비의 항목이 있다. 그 첫머리에 "우리나라가 노비를 둔 것은 풍속을 교화하는 데 큰 도움이 되었으니 예의(禮義)를 행함이 여기서 말미암지 않은 것이 없다."라는 정인지(鄭麟趾)의 말에 대해, 농암은 "잔인하고 터무니없는 정사(政事)"라고 비판하였다. 농암은 서얼 금고의 폐습도 이 노비 정책에서 비롯되었고 상공인의 자손을 금고하는 폐습도 그것과 관련이 있다고 보았다. 그리고 농암은 "국가는 모든 백성을 동일하게 대하고 고르게 사랑해야 한다."는 원칙을 제시하였다. 이어서 사족의 하는 짓이 비루하지 상공업이 비루하지 않음을 역설하고, 보편교육 위에서 능력과 적성에 따라 사・농・공・상이 분화되는 중국의 학제를 소개했다.[71] 이것은 앞으로 자세히 언급될 것이다. 정인지를 비롯한 대부분의 양반 엘리트는 노비 때문에 양반이 예의를 갖출 수 있다고 보는 반면, 농암은 노비제로 양반이 특권기생층이 되고 제도와 문화가 왜곡된다고 보았던 것이다. 그래도 노비 대신 사역할 사람이 필요한데, 7절 (2)에서 언급되겠지만, 노비보다 임노동이 더욱 유리하다고 보았다. 요컨대 농암의 사민론은 양반제와 노비제를 개혁하면서 직업전문성이 존중되는 체제를 만들려는 것이다.

---

71 『迂書』 권1, 「論麗制」, "或曰: 鄭麟趾修麗史, 而有曰 '東國之有奴婢, 大有補於風教. 禮義之行, 靡不由此云.' 其言何如? 答曰: …… 此實殘酷無據之政. …… 國家之於萬民, 一視而均愛之."

농암은 직업제도의 확립뿐 아니라 나아가 직업분화와 사회적 분업의 진전도 의도하였다.[72] 그것은 업종별 직업전문화와 업종 내 분업으로 나눌 수 있다. 전자부터 살펴보자. 사민의 '미분별(未分別)'은 전문화와 분업이 이루어지지 않은 것을 의미한다.[73] 구체적으로 말하면, 『주례(周禮)』의 9직(九職)처럼 모든 백성이 각기 자기 직업에 전념하도록 하는 것이다. 예컨대 농(農)은 곡식 재배에, 포(圃)는 채과(菜果)에 전념해야 한다. 직업의 분화가 진전된 중국에서는 오직 본업(本業)에만 전념하고 잡무(雜務)는 하지 않는다. 나아가 농암은 『주례』의 구직론보다 높은 차원의 사회적 분업을 도입하기를 바랐다.

아담 스미스는 『국부론』에서 핀 공장의 분업을 설명하였다. 여기서 원재료의 가공에서 최종소비재의 생산에 이르기까지 공정이 길어지는데, 그것은 우회생산(roundabout production)이라고 한다. 우회생산의 공정은 공장 내부에서 모두 이루어질 수가 있고 생산공정별로 독립적 경영체가 담당할 수도 있다. 후자의 경우 중간재 시장이 확대된다. 영(A. A. Young)은 우회생산이 수확체증을 낳는다고 했다.[74] 우회생산은 자본주의적 생산의 특징으로 거론되기도 한다.

조선에서는 우회생산의 중간재 시장이 미발달하였는데, 농암은 중국의 다음 사례를 들어 우회생산과 그 성과를 훌륭하게 설명하여 주목된다. 중국에서는 "목화를 심어 다래를 수확한 사람이 이를 면화 가게에 보내면, 가게 주인은 그 씨를 빼 솜 가게로 보내고, 솜 가게는 그 솜을 타서 솜덩이로 뭉쳐 실 뽑는 집으로 보내고, 실 뽑는 집은 실을

72 이헌창(2002)은 농암의 분업론을 다룬 바 있는데, 우회생산의 개념을 설명하지 못하였다.
73 『迂書』 권1, 「總論四民」; 「論本朝政弊」.
74 사이토 오사무(2013), 54~56면.

뽑아 삶고 씻어서 베 짜는 집으로 보낸다. 그러면 베 짜는 집은 무명을 짜서 무명 파는 가게로 보낸다." 이렇게 분업이 진전된 중국은 조선보다 생산성이 훨씬 높았다. 농암은 "사람이 일하는 바탕은 정신과 사고와 힘과 역량에 지나지 않는다. 이제 명목을 잔뜩 벌여 놓고 많은 것을 탐하여 욕심을 부리면, 정신이 살피지 못하고 생각이나 힘이 두루 미치지 못하며 역량이 한계를 넘지 못한다."고 하여, 분업이 생산성에 미치는 효과를 설명했다.[75] 중국에서는 이처럼 우회생산이 이루어져 수십여 칸의 기와집을 한두 달 만에 완성할 수가 있다고 했다. "집주인이 그 설계도를 마련하여 이를 문앞에 게시하며 공고하기를, 어느 날에 집을 짓고자 하니 여러 아행(牙行)들은 이에 참여하기를 바란다고 하면, 창인(廠人)은 봉둔(蓬芚)으로 창(廠)을 세우러 가고, 목점(木店)은 몇 가지 재목(材木)을 다듬어 가지고 가고, 요호(窯戶)는 기와・벽돌과 참배(塹坯)를 가지고 가고, 석공(石工)은 주춧돌과 섬돌을 가지고 가고, 철점(鐵店)은 못과 교철(鉸鐵)을 가지고 가고, 한한(閑漢)・방수(幇手)는 터를 닦고 일을 도우러 가며, 목수와 미장이는 손질할 도구를 가지고 간다. 그리하여 각자가 그 물건을 다루고 그 일거리를 담당해서 맡은 일을 끝내고 그 값을 받아 돌아가는데, 집주인이 되는 사람은 차(茶)를 대접하고 은(銀)을 지불한 데 불과하나 며칠이 안 되어 이미 눈앞에 우뚝 선 집을 보게 된다." 생산성이 높을 뿐만 아니라 일이 빨리 진척되어 비용도 절감한다는 것이다.[76] 떡의 대량생산을 예로 들더라도, 자본가인 점주(店

---

75 『迂書』 권9 「論閑民」, "種綿收花者, 歸之綿花鋪, 則鋪人去其核, 而歸之絮鋪. 絮鋪攤其絮, 而捻成挺子, 歸之絲戶. 絲戶繰其絲而熟刷之, 歸之機戶. 機戶織其布, 而歸之布鋪. …… 周禮之區分九職, 蓋使之各專所業而已. …… 人之所以做事者, 不過曰精神也, 思慮也, 筋力也, 分量也. 今乃廣張名目, 貪多務得, 精神不能照管, 思慮不能周悉, 筋力不能遍及, 分量不能過限. …… 是以中國之人惟專本業, 不治雜務."

76 『迂書』 권1, 「總論四民」, "主人備其工本, 粘示於門曰, 某日本戶造屋, 仰諸色牙行並顧云

主)와 노동자인 용보(傭保)의 분화, 노동자간의 분업 및 전문점으로부터 자재의 외주(外注)를 통하여 시간과 "비용이 절감되고 이익이 증가한다〔費省利厚〕"는 것이다.[77]

분업의 심화는 중간재와 최종소비재의 재화시장, 그리고 노동시장을 성장시키고, 나아가 생산을 활성화시킨다. 떡을 직접 만들어 판매하는 것보다 임노동자를 고용하여 생산하고 전문점으로부터 소재를 외주하면 재화·노동시장이 성장하게 마련이다. 중국에서는 해어진 옷을 전당포에 팔면, 전당포는 봉의장(縫衣匠)에게 수선시킨 다음 재판매한다. 집을 지을 때에는 각종 상인이 자재를 공급하고 각종 공장(工匠)이 고용된다.[78]

분업이 진전되면 상업이 진흥되고 어느 곳이나 대상인이 있게 된다. 대상인은 점포를 가지고 공장(工匠)을 두어 상인과 공장이 서로 의뢰하고 필요로 하게 된다.[79] 물화마다 별도의 원액(元額)을 두고 해당 물종을 원점(元店)에서만 판매하도록 하는 것은 상업의 전문화를 도모하는 것이다. 그래야 전문점마다 매매가 활성화되고 이익도 많아진다.[80] 그리고 농촌은 농림업에, 읍내는 상업에 힘써 도·농간 분업이 활성화되면 이용후생이 이루어질 것이다.[81]

중국 사람은 오직 한 가지 일에 전념하는 까닭에 일이 전문화되고

爾, 則廠人, 以蓬芚設廠, 往焉, 木店, 以幾等鍊材, 往焉, 窯戶, 以瓦磚塹坯, 往焉, 石工, 以杜礎砌石, 往焉, 鐵店, 以裝釘鉸鐵, 往焉, 閑漢幫手, 以開基執設往焉, 工師圬者, 以手藝什器, 往焉. 各執其物, 各辦其役, 各畢其事, 各受其直而退, 爲主人者, 不過饋茶俵銀, 而曾未幾日, 已見眼前之突兀矣."

77 『迂書』 권8 「論商販事理額稅規制」.

78 『迂書』 권1, 「總論四民」.

79 『迂書』 권10, 「論工匠」.

80 『迂書』 권8, 「論商販事理額稅規制」.

81 『迂書』 권1, 「總論四民」.

이익이 많다.[82] 그에 반해 조선에서는 본업에 전념하지 않기 때문에 모든 일이 거칠고 엉성하다. 양잠을 보더라도 전문지식이 없어 중국보다 생산성이 현격히 낮다. 중국에서는 목화 재배, 솜타기, 방적, 직포 및 그 유통이 분화되어 있기 때문에 재화의 유통과 공정(工程)이 원활하여 무명값이 조선의 절반에 불과하고 품질은 더욱 균일하다.[83] 분업이 진전되면, 각자가 세분화된 직업에 전문지식과 자부심을 가지고 열심히 종사할 것이다. 그러면 각종 기예(技藝)가 발전하고 생산이 증대하고 물가도 반드시 하락할 것이다.[84] 농암은 사가 담당하는 행정도 전문화되어야 발전할 수 있다고 보았다.[85] 농암은 분업과 전문화의 이점을 훌륭하게 파악하였던 것이다.

2) 중국 기술의 도입론

「논변통규제이해」에서 농암은 중국 문명의 학습을 위한 의미 있는 원칙을 제시했다. 그는 "외국의 조그마한 나라로서 중국의 풍속만을 순전히 숭상한 나라는 온 천하에서 우리나라뿐인데, 이른바 숭상한다는 것이 다만 외면적인 형식일 뿐, 나라를 경영하고 정치를 도모하는 중요한 도구에 있어서는 어떤 것은 그 명목만을 답습하기도 하고 어떤 것은 그 껍데기만을 모방할 뿐이어서, 한 가지도 그 정신이나 골자(骨子)가 있는 곳을 터득하지 못했다. 그래서 그 폐단은 마침내 나라를 부허(浮虛)하고 무실(無實)하게 만들었다."고 비판했다. 그는 "조금이라도 시행

---

82 위와 같음.
83 『迂書』 권9, 「論閑民」.
84 『迂書』 권10, 「論變通規制利害」; 권1, 「總論四民」.
85 『迂書』 권1, 「論備局」.

할 일이 있으면 그때마다 꼭 삼대(三代) 때의 일을 인용하여 시의(時宜)에 맞지 않으며, 오직 소학계(小學稧)·현량과(賢良科)·향약(鄕約) 등의 일만을 급선무로 삼으니, 위로는 선왕(先王)들이 나라를 다스리는 법도를 제정하였던 유의(遺意)를 충분히 터득하지 못하고" 있어서 "유자(儒者)가 실용이 없다는 비방을 늘 받고 있다."고 했다. 농암은 이처럼 중국 문명의 도입 방법론에서 실사를 추구할 뿐 아니라 그 도입 영역에서도 실사를 추구하고자 했다. 그는 "언어·요속(謠俗)·의복·음식 따위는 바로 토속(土俗)이며 향풍(鄕風)인데, 이런 것들까지 어찌 꼭 모두 중국의 풍속을 답습하겠는가."라고 반문하였다. 앞서 농암이 중시한 실사의 기본 내용이 경제 문제였음을 언급하였는데, 농암은 중국 기술의 도입을 특히 중시하였다. 그는 "인민의 후생에는 경작과 방직(紡織)의 법을 두는 것보다 나은 것이 없다."고 하면서 농업과 가내수공업의 기술 도입부터 구체적으로 다루고 있다. '법'이란 제도와 기술을 포괄하는 개념으로 보인다. 여기서 농법·수리·농기구·양잠·방적기구 등에 관한 기술 도입론이 나온다.[86] 「총론사민」에서는 중국의 상업기술과 수레 제작술을 배우자고 한 바 있다. 농암에게서 기술은 실사의 핵심 내용에 속한다.

「총론사민」에서는 "우리나라는 중국과 교류한 지 매우 오랜데 정말 그와 같은 훌륭한 제도가 있다면 어찌 배워 오지 않았겠는가?"라는 반론이 있고 여기에 대해 농암은 조선인의 학습 능력이 낮았다고 대답하

86 『迂書』 권10, 「論變通規制利害」, "以外國偏邦純尙華風者, 擧天下惟有我國而已. 然其所謂慕尙者, 只是外面儀文而已. 莫其經邦致治之具, 則或只襲其名目, 或只模其皮膜而已. 未嘗得其精神骨子之所在. 故其弊也遂爲浮虛無實之歸. …… 言語謠俗衣服飮食等事, 卽所謂土俗鄕風也. 此何必盡襲中國之俗乎? …… 小有猷爲, 則又必動引三代, 不切時宜. 惟以小學稧賢良科鄕約等事爲先務, 上不足以得先王經邦制治之遺意, 下不足以服老奸巨猾功僞之情態, 徒使流俗之輩, 每詆儒者之無實用. …… 厚民之生莫過於耕織之有法."

였다.[87] 「논변통규제이해」의 후반부에서는 중국 선진기술의 도입을 회의하는 '혹왈(或曰)'이 여덟 번 집중적으로 제시되어 있다. 서울에 사는 경제 문제에 비교적 관심이 많은 엘리트조차 중국 선진기술의 도입에 회의적인 시선이 만연하였음이 드러난다. 조선이 중국의 정교한 기술을 잘 배울 수 있을까라는 물음에 대해 유능한 기술자〔巧思匠手〕를 얻어 글에 제시된 대로 만들면 된다는 초보적인 대책을 제시하는 데에 그쳤다. "제작을 아무리 잘한다 해도 토양의 성질이 서로 같지 않아서 우리나라 땅에 사용하면 우리의 농기구보다 꼭 낫지도 않을 것이다."라는 회의론에 대하여, 농암은 "흙의 성질이 서로 같지 않다고 하더라도 흙을 다루는 법은 오직 농기구가 정교한 데에 있을 뿐이다."라고 하여 기술의 일반성을 강조했다.[88]

선진국의 기술 도입론에 대해 "정사(政事)와 전장(典章) 등은 그런 대로 중국의 제도를 모방해도 되겠지만, 이런 따위의 일에는 본시 토속(土俗)이 있으니 새삼 새로운 제도를 익히려면 결국 일만 많아질 것이다."라고 반박한 데에 대해 농암은 "이 역시 비루한 풍속에 얽매인 의론이다."라고 규정하고 기술효율을 높여 "각각 본업에 힘쓰게 하는 것은 왕정의 긴요한 일"이라고 반론했다. 농암은 "조선인이 중국을 학습하지 않은 것은 아니지만, 지엽적인 것을 학습하였다."라며 "실사로써 인도하자."고 주장했다.[89] 선진기술의 도입은 농암에게 실사였던 것이다.

---

87 『迂書』 권1, 「總論四民」, "或曰 吾東之通中國, 亦已久矣. 果有妙制, 豈不傳得而來耶? 答曰 自三國至于麗朝, 只衣麻布. 及至文益漸得來棉種後, 始免凍膚之患. 如此切緊易傳之法, 猶不知傳習, 況於車制, 誰肯傳習而來耶?"

88 『迂書』 권10, 「論變通規制利害」, "或曰, 制作雖善, 土性不同, 用之東土, 未必勝於東器之流傳者矣. 答曰, 土性雖或不同, 制土之法惟在於田器之精工而已."

89 『迂書』 권10, 「論變通規制利害」, "或曰, 政事典章猶可模倣華制. 至於此等事, 自有土俗. 更習新制, 終涉多事矣. 答曰, 此亦膠滯陋俗之論也. 我國生理非如海洋諸邦之販利爲生者,

위의 반박에서 드러나듯이, 당시 일반적인 엘리트는 중국 문물제도의 도입에는 적극적이나 그 산업기술의 도입에는 소극적이었다. 반면 농암은 기술의 일반성에 입각하여 그 적극적인 도입을 주장했다. 또한 문물제도는 각 지역의 특수성을 신중히 고려하여 그 기본 원리를 수용하되 자국의 토양에 맞게 도입하여 실질적 효능을 거두자고 했다. 농암은 기술면에서도 실사구시를 하여 선진 문명의 진전된 학습 방안을 제시했다. 농암은 '국허민빈'을 극복하는 이용후생의 방안을 제시하고자 했고, 그 한 방안으로서 외국 선진기술의 도입을 거론한 점에서도 이용후생학파의 선구를 이루었다. 외국 선진기술의 도입론은 초정과 다산에 이르러 더욱 진전된다.

3) 물적 자본의 축적론

기술적 후진성은 선진 기술의 자본재를 이용하지 못한 데에 연유하는 바가 있다. 농암은 조선이 중국보다 가난한 원인 중의 하나로 물적 자본의 부족을 들었다. 그 내용을 「총론사민」에서 살펴보자. "우리나라의 벼농사를 짓는 사람은 반드시 도랑을 파서 물을 대지만 수차(水車)가 관개에 편함을 알지 못한다. 그 때문에 논 아래 도랑의 물이 한 길만 내려가도 이를 굽어보기만 할 뿐 감히 끌어올리지를 못한다. 그래서 황무한 논이 80~90%를 헤아리는 것이다." 이전에 정부가 수차를 권장한

耕織乃是本業. 苟聞功省利廣之法, 則教導士民, 俾各務本, 豈非王政之切要者乎? 噫, 子之設難於此事者, 其意可知? 東人全不留心於實事. 故凡於中原物貨中, 粧奩玩好之物, 寶賄珍貝之屬, 必欲營求效習, 以稱意慾. 至於此等事, 係關民生, 無甚切緊於一身. 故不以爲迂闊, 則必以爲多事. 此莫非東俗之流來痼疾也. …… 答曰, 東人非不效習, 而所效者枝葉也. 苟以實事開導, 則豈有扞格之慮哉."

적이 있으나, "남달리 우리의 습속이 게을러 농사에 힘쓰지 않기 때문에" 실패하였다고 보았다.[90]

중국보다 상업이 발달하지 못한 것은 노새와 배를 사용할 줄 모르고, 자본을 모아 상업행위를 할 줄 모르기 때문이라고 했다. "오늘날 우리나라의 상업을 보면, 말은 있으나 노새가 없고 배는 있으나 수레가 없으니, 선상(船商)보다는 마상(馬商)이 많고 마상보다는 부상(負商)이 많다. 이것은 우차(牛車)를 사용할 줄은 알아도 마차(馬車)나 나차(騾車)를 다룰 줄 모르고, 소와 말을 키울 줄은 알아도 노새를 번식시킬 줄은 모르며, 홀로 장사할 줄은 알아도 자본을 모아 힘을 합하는 것이 장사하는 데 가장 이익이 많다는 것을 알지 못하기 때문이다."[91] 여기에 대해 시장 수요가 적기 때문이라는 주장이 나왔는데, 그것을 반박하면서 상업의 이치를 모른다는 공급의 측면을 강조하였다.

농암은 상업의 발달을 도모함에 있어서 상업자본의 축적을 중시했다. 중국처럼 교통의 요지에 상설점포가 발달하여야 "교역의 길이 비로소 성행할 수 있는데" 조선에서는 그렇지 못한 현실을 개탄했다. 그러면서 "무릇 점포라는 것은 반드시 대상인이 있어서 자본을 많이 내어 점포를 크게 차려야만 물화가 다투어 몰려들어 비로소 번성할 수 있다. …… 대개 중국에서는 대상인이 많은 자본을 내어 점포를 세우고, 소매상은 값을 받고 고용된다. 그래서 술과 고기를 파는 부류는 가

---

90 『迂書』 권1, 「總論四民」, "我東則水利不修, 課農無法, 農事之無實甚矣. 吾東人治水田者, 必引溝澮, 不解水車之易注. 故田下有渠, 曾不足尋丈之深, 下瞰而不敢激. 是以汚萊之田十常八九. 昔我文廟旣頒其制, 孝廟親覽遼瀋間水車之利, 亦嘗申飭, 而民不能奉行者, 非其制之不可用也, 特以習俗慵惰, 不能力農而然也."

91 『迂書』 권1, 「總論四民」, "今以我國商販言之, 有馬而無騾, 有船而無車. 船商小而馬商多, 馬商小而負商多. 知用牛車, 而不知駕馬騾. 知養牛馬, 而不知蕃殖騾子. 獨自行販者多, 而不知出厚本合衆力之最饒於行商矣. 商賈何由盛行, 百物何由繁衍乎?"

난하나 가지고 있는 자본이 풍성하지 않을 수 없으며, 자본이 풍성한 까닭에 이익 역시 많게 된다."[92]라고 하였다. 농암이 중국의 산서(山西) 상인 등에 의해 널리 시행되던 상관행으로서 상인들의 자본을 결합한 대규모이고 조직적인 합과(合夥)상업을 도입하자고 주장한 것은 강만길에 의해 주목을 받았는데,[93] 이것도 자본 축적을 중시하는 견해라고 하겠다.

농암은 농업·공업에 필요한 자본재의 도입을 다음과 같이 주장했다.

"수책(水柵)·가조(架槽)·길고(桔槔)·녹로(轆轤)·수배(水排)·번거(翻車)·통차(筒車)·우예수차(牛曳水車)·나전통차(騾轉筒車)·수전고거(水轉高車)·괄수윤거(刮水輪車)가 있는데, 모두 원근간의 물길을 끌어대는 것이다. 지형이 평탄하거나 험한 것을 막론하고 온갖 방법으로 물을 끌어들여 기계(機械)의 교묘함을 다하였다. 물살을 바꾸거나 유도하기도 하고 인력이나 축력을 이용한다. 기축(機軸)에 올라 밟아서 전답에 물을 끌어다 대고야 만다. 가뭄에 대비하는 절실함과 전답을 다스리는 근면이 이와 같은 연후에야 비로소 사람이 할 수 있는 일을 다하였다고 말할 수 있다. …… 농기구로 말하면, 극젱이〔耒耜〕나 쟁기〔犁鏵〕의 제조법도 우리나라와는 아주 달라서 제작의 정교함이 섬세하게 의의가 있으니 깊이 갈아 흙을 부수는 효력이 극히 좋다. 그밖에도 앙마(秧馬 : 말처럼 타고서 모를 심는 도구)·독거〔砘車 : 씨앗을 뿌리는 수레〕·가래〔錢〕·호미〔鎛〕·쇠스

92 『迂書』 권1, 「總論四民」, "中國則水陸衝要人物湊集之地, 必有站車站驢於海濱河邊等處. 容商卸其船載之貨, 則車主受直運, 致於都會之地. 都會之地又有大商收買容貨者, 轉輪灌注如此. 然後交易之道方可盛行矣. …… 夫所謂店鋪云者, 必有大商, 出其重本, 廣設店面, 然後物貨之輳集者方可殷盛也. …… 大抵中國, 則大商出重本, 設店肆, 小販子受直爲庸保. 故賣酒賣肉之流, 其身雖貧, 所持資本未嘗不厚. 本厚故利亦厚."

93 姜萬吉(1973), 32~38면.

랑〔鈀〕·보습〔鑱〕·운조(耘爪 : 김맬 때 손가락에 끼는 깍지)·비구(臂篝 : 팔뚝에 끼는 대오리로 만든 토시)·하택거(下澤車 : 전답에서 짐을 실어나르는 수레)·타거(拖車 : 농기구 및 꼴·씨앗 등을 싣는 수레)·곡식 운반 기구, 디딜방아를 찧는 방도, 연자방아를 찧는 방법 등이 가지가지로 정묘하고 주밀하여 힘들이는 것은 적어도 거두는 이득은 지극히 많다. 이런 것들은 본받고 제조해서 농업 발전에 이바지하게 해야 한다. 잠직(蠶織)하는 종류로 말한다면, 대방거(大紡車 : 실을 자아내는 큰 물레)·소방거·승경거(繩經車)·인경거(紉經車)·남소거(南繅車 : 고치에서 명주실을 켜는 물레)·북소거(北繅車)·목면경상(木綿經床)·목면선가(木綿線架)·방거·낙거(絡車 : 실을 감는 얼레) 등이 있는데, 실을 자아내서 잘 솔질하여 신속하게 베를 짜내는 것이 우리나라의 방직술(紡織術)에 비교하면 신속할 뿐만이 아니다. 이제 이런 제도들을 배워 익힌다면, 아낙네들 방직술의 정교하고 민첩함이 어찌 오늘날에 비하겠는가. …… 방적기술의 경우 중국인은 날과 씨의 두 실을 먼저 다루고 목면선가(木綿線架)·목면경상(木綿經床)·직기(織機 : 베틀) 등을 사용하여, 실을 뽑아 회전시켜 감은 다음에 풀을 묻혀 잘 솔질한다. 그리고 다시 위거(緯車)에 올려 가는 대통에다 실을 감고 이를 북〔梭〕에 넣어서 베를 짜내는데, 그 제조법이 극히 신속하고 교묘하며 실 또한 선명하고 가늘면서도 질기다. 그런데 조선인은 이런 방법을 몰라서 손으로 실을 감아 흙덩이처럼 뭉쳐 가지고 베를 짜내니, 노력이 매우 많이 들면서도 일이 더디고, 사용하는 풀이 묽고 미끄러운 탓으로 실이 허다히 끊겨서 베의 품질도 거칠고 얇게 되니 어찌 애석하지 않는가."[94]

---

94 『迂書』 권10, 「論變通規制利害」, "有曰水柵, 曰架槽, 曰桔槔, 曰轆轤, 曰水排, 曰翻車, 曰筒車, 曰牛曳水車, 曰騾轉筒車, 曰水轉高車, 曰刮水輪車, 皆引遠近水道. 勿論地勢夷險, 百方引水, 費盡機械巧思. 或激或導, 或人或畜, 登踏機軸, 引入田圃而後已. 備旱之切, 治田之勤, 如此然後, 方可謂盡人事矣. 人事旣盡, 雖有旱灾, 豈至於束手廢農乎? 以農器

초정도 조선이 중국보다 가난한 원인 중의 하나로 자본재의 부족을 들면서, 중국의 효율적인 자본재를 도입하여 그것에 체현된 기술을 학습하자고 했다.[95] 자본재 확충의 주장은 이용후생학파의 특징인 것이다. 합자(合資)제도의 도입을 주장한 것은 농암에 특징적인 정책론이다.

농암의 경제정책론에서 상업진흥론이 중심을 이루고, 상업진흥론에서는 상인자본 육성론이 중요한 한 축을 이루었는데, 이것도 자본축적을 중시하는 관념의 일환이다. 그것은 앞으로 언급하겠지만, 자본주의 경영을 옹호하는 관념과 통한다.

4) 인적 자본의 축적론

농암은 농사일과 양잠에서 전문지식이 없어 중국보다 생산성이 낮다고 지적하고, "온갖 일이 알차지 못함은 농사와 양잠에서 더욱 심하다."고 했다.[96] 그는 직업전문화를 통해 전문지식을 갖춘 직업인을 양성하고자 했다. 농암이 지식경영을 특히 강조한 영역은 상업이다.[97] 농

之類言之, 耒耟犁鏵之制, 亦與東器絶異, 制作之妙, 曲有意義, 深耕碾土之效, 尤極巧妙. 其外秧馬砘車錢鎛鈀钁耘爪臂篝, 下澤拖車運穀之器, 舂碓之方, 碾磨之法, 種種精妙, 色色詳密, 用力雖寡, 收功至廣 此尤不可不倣效製造, 以爲明農之助矣. 以蠶織之類言之, 有大小紡車繩紉經車南北繅車木綿經床線架紡絡等車, 抽絲熟刷, 織成之敏疾, 比之東織, 不啻神速. 今若學習此制, 則婦功之精巧敏捷, 又豈今日之比乎! …… 試以治絲之法言之, 中原之人, 先治經緯兩絲, 用架用床用機, 抽撥掉轉, 用糊熟刷, 更上緯車, 用細筒承絲, 納之織梭, 以充織緯, 其制極其敏妙, 絲亦精明堅細. 而東人不解此法, 以手絡絲, 結塊充緯, 費力殊甚, 自然淹遲, 用糊稀滑, 絲多斷絶, 織品脆薄, 豈不可惜!"

95 이헌창(2013a).

96 『迂書』 권9 「論閑民」, "其外百事之無實, 尤甚於農桑."

97 姜萬吉(1973, 20~21면)은 "識者層을 商業界로 유도하여" "문자를 이해하는 상업인구를 확보하여 상업계 전반의 수준을 향상시키고 이들을 통해 새로운 상인층의 형성을 전망한" 점을 지적하였다.

암은 조선 상인이 자본을 모아 힘을 합하는 방법을 몰라 상업이 위축되었다고 했다.[98] 조선 상인이 "조그만 이익을 가려내고 다투어 찾는 일을 못하지는 않으나 장사하는 법도의 대체를 모른다."고 하면서 그것을 설명했다.[99] 우리는 농암이 당시 천시된 상업의 체계적인 원리인 상학(商學)과 같은 것을 제시하려고 한 데에 주목할 필요가 있다. 권8의 「논상판사리액세규제(論商販事理額稅規制)」라는 항목의 제목이 상업의 원리를 논함을 보여 준다. 그 첫 번째 '답왈(答曰)'에서 "조선 상인이 상법(商法)을 모르고서 어찌 이익을 얻을 수 있겠는가?"라고 하였는데, '상법'에 가장 가까운 근대 용어를 찾는다면 상학(商學)이 아닌가 생각된다.[100] 농암은 『우서』에서 단지 정책 제안에 그친 것이 아니라 상학을 정립하여 상업계의 수준을 높이려는 의도를 담았다고 하겠다.

상업의 발달을 도모하기 위해서는 상업의 원리를 잘 파악하여야 하고, 그러기 위해서는 상인도 교육 등으로 인적 자본을 축적해야 한다. 농암은 "모든 백성의 아들은 8세가 되면 소학(小學)에 들어가 글씨쓰기와 셈하기를 배우고, 15세가 되면 대학(大學)에 들어가 예(禮)와 악(樂)을 배우는데 이 중 뛰어난 사람은 상서(庠序)로 옮겨지고, 상서에서 뛰어난 사람은 국학(國學)으로 옮겨지며, 국학에서 뛰어난 사람은 제후가 천자에게 추천하여 태학(太學)에서 배우게 하면서 조사(造士)라고 일컬었던" 삼대(三代)의 교육제도를 이상적으로 보았다. 유학은 교육을 중시하여, 공자와 맹자는 경제생활을 안정시킨 다음 교육을 시키고 그런 다음 군대에 동원하라고 했다. 기원후 90년경에 반고(班固)가 편찬한 『한

98 주 91).

99 『迂書』 권8, 「論商販事理額稅規制」, "吾所謂不識商法者, 非謂析利爭錐之不善也, 特謂其不識商法之大體也."

100 『迂書』 권8, 「論商販事理額稅規制」, "我東商人不識商法, 安得有利乎?"

서(漢書)』의 「식화지(食貨志)」는 8세에 소학에 입학하고 그 우수한 졸업자가 대학에 입학하는 삼대의 제도를 소개하여, 소학의 보편교육 이념을 국가적으로 정착시켰다. 주자는 유교문화권의 고전이 되는 『소학』을 편찬하여 보편교육의 이념을 뒷받침하였다. 농암의 탁견은 이런 이상적 교육제도에 사민의 직업론을 연결시킨 점이다.

"지금 중국 사람은 농·공·상의 무리일지라도 모두 어려서부터 학교에 들어가 배우다가 재질이 부족하고 배워도 성취하는 바가 없다고 판단된 다음에야 학교를 떠나 다른 일을 영위하므로 어리석고 무식하며 문자를 전혀 모르는 사람은 없다."[101]고 하는데, 이 제도를 본받자는 것이다. "이 법을 준수한다면 사·농·공·상의 아들들이 각각 그 천부의 재질에 따라 당연히 할 바를 하여 천하에 한 사람도 직업을 게을리하는 사람이 없게 될 것이다."는 것이다. 이러하면 농·공·상에 종사하는 사람도 소학에서 공부하고 전업화된 직업에 평생 종사하고 대대로 종사하기도 하여 인적 자본을 축적한 전문 직업인이 되는 것이다. 그러면 산업생산성이 증대될 수 있다. 타고난 신분에 따라 사를 세습하는 것이 아니라 기회 균등 가운데 능력에 따라 사·농·공·상의 직업이 정해지는 것이며, 사의 아들이 상인이 될 수 있고 상인의 아들이 사가 될 수 있다는 것이다. 그런 점에서 농암의 인적 자본 투자론은 유학의 이상에다 중국의 개방적인 사농공상제의 현실을 접목한 것이다. 그래서 농암은 유학의 보편교육 이상(理想)을 수용하고 세습신분제를 부정하여 인적 자본을 축적한 전문 지식인을 양성하는 제도를 제안할 수 있었다.[102] 종래 유학에서 소학의 보편교육을 주장할 때에는 도덕적 인

---

101 『迂書』 권1, 「論麗制」에서 제시된 중국의 교육과 직업 선택은 이러한 이상적 제도에 접근하는 것으로 서술되어 있다.

격을 갖춘 인간을 만들기 위한 목적이었으나, 농암은 전문성을 가진 직업인을 양성하기 위한 보편교육을 제시한 것이다.

농암은 중국의 교육·직업제도를 참조하였음을 명시하였지만, 명·청대에서도 누구나 소학에 들어가는 보편교육이 이루어지지 않았다. 근대에 들어와 초등 의무교육이 실시되면서 세계사에서 처음으로 보편 의무교육이 실현되는 것이다. 그런 점에서 농암의 제안은 명·청대의 교육제도와 달랐다. 그리고 보편적 교육제도를 직업교육론으로 연결시킨 것은 유학의 이상과 중국의 현실을 참조하여 만든 농암의 독창적인 견해인지도 모르겠다.

5) 제도개혁론

농암은 무엇보다도 제도개혁을 중시했다. 그의 핵심적인 주장인 사민론도 신분·경제제도의 개혁론에 결부되어 있었다. 앞서 인용한 바이지만, "치도(治道)의 요긴한 것은 반드시 훌륭한 학문과 식견으로 다

---

102 『迂書』 권8, 「論商販事理額稅規制」, "自古興作之法, 莫非於三代. 其法, 不過曰凡民之子, 八歲入小學, 學書計, 十五入大學, 學禮樂. 其有秀異者, 移于庠序, 庠序之異者, 移于國學, 國學之異者, 諸侯貢于天子, 學於太學, 命之曰造士. 造者成也, 言始成其爲士也, 然後爵命焉. 苟其不秀不異, 學而無成者, 或入小學而止焉, 或入大學而止焉, 或陞庠序而止焉, 或陞國學而止焉. 及其止也, 果何所歸宿乎? 因其才質筋力之相近者, 而或爲農, 或爲士, 或爲商賈, 以養其父母妻子, 未嘗强使之終身爲士也. 是以, 至今中國之人, 則雖農工商賈之屬, 亦皆自小入學, 材不足而學無成, 然後去而爲他業, 未嘗有蠢蠢無識, 全昧文字之人也. 我國之所謂士者, 父祖相傳, 族黨相襲, 皆自稱曰儒生, 而識字者極難得. 大抵假稱幼學者, 遍滿一世, 雖立視其父母之飢餓, 而不敢爲他業以救之, 古今天下, 安有如許無理之事耶. 噫, 若守此法, 則士農工商之子, 各隨其天賦之材, 各爲其所當爲, 而天下無一曠職之人矣. 吾何嘗咎士之不爲商, 而待商厚於士哉. 士之子學無成去爲商, 而其子有才能爲士, 則是能繼其祖業也. 苟不然, 則雖十代爲商, 是亦能繼其祖業也. 此何害於義理乎."

스려야 하되, …… 한 시대의 전칙(典則)과 제도를 이루어야만 비로소 보필의 책임을 다하게 된다."고 했다.[103] 농암은 앞서 언급한 기술론을 전개하기 전에 사민의 분업화·전업화를 통한 민산의 제도화 등 경세론의 대원칙을 제시하였다. 그리고 "조선의 농민이 가난하고 못나서 중국인처럼 농기구와 자재를 갖추어 관개를 할 수 있겠는가?"라고 반문한 데에 대해 농암은 "사민이 분업화·전문화되면 비용을 아끼지 않고 개간과 관개에 힘쓰는 사람이 있을 것이다. 사람들이 이미 농업에 힘쓰면 한 치의 땅도 황금처럼 여겨서 반드시 지력을 모두 이용할 것이다."고 보았다.[104] 사민제도의 개혁을 통해 선진 기술의 학습역량을 배양할 수 있다고 보는 것이 농암 기술론의 특징이다. 그리고 인적 자본의 축적 방안도 교육제도와 사민제도의 연계 속에서 마련했다.

농암은 "옛 성왕(聖王)이 나라를 다스리는 방도는 먼저 법으로써 백성을 통솔함을 요체로 삼는다."고 하여 법치(法治)를 중시했다. 여기서 법이란 주로 형률인데, 농암은 인민을 통제하는 수단으로서 법을 바라보는 동아시아 전제군주제의 관념을 탈피하지는 못했다.[105] 농암은 물론 형률도 포함한 넓은 의미의 제도를 중시하였다. 사민제도는 그러한 넓은 의미의 제도이다.

『우서』에는 '상법(商法)'이 14번 나오고, 권8의 「논상판사리액세규제(論商販事理額稅規制)」에서 11번 나온다. 여기서 '법'은 법뿐 아니라 관

---

103 주 17).

104 『迂書』 권10, 「論變通規制利害」, "或曰 "水利雖爲田農之本, 然以吾東農民之貧劣, 何能具此機械材力, 引水灌漑, 如中原之人乎?" 答曰 "中原農民則無非富人乎? 四民一分, 人重本業, 則自有不惜工費, 開荒引漑之人矣. 人旣務農, 則寸土如金, 必盡地力而後已."

105 『迂書』 권7, 「論吏員役滿陞撥之制」, "大抵古之聖王所以爲國者, 首以柄法馭民爲要. 若以權柄委之鄕族, 則民不可馭, 而政不得行矣."

행 등도 포함한 제도에 가까운 용어이다. 「논상판사리액세규제」의 첫 번째 '답왈'에는 "조선 상인이 상법을 모르니, 어찌 이득을 거두겠는가〔我東商人不識商法, 安得有利乎〕?"라는 구절이 나오는데, 여기서 '상법'은 제도에 포함되지 않은 기술적인 면인 상술도 내포한다.

『우서』에는 '상도(商道)'가 5번 나오는데, 모두 「논상판사리액세규제」에서 나온다. 그것은 상도의(商道義)인 윤리 또는 그것을 포함한 상거래 질서인 제도를 의미할 수 있다. 예(禮)와 도(道)는 제도의 원칙이나 규범을 표시하는 유교 용어인데, 시장제도이므로 예가 아니라 도라는 용어를 사용하였다. 농암은 제한된 수의 점포에서만 매매하는 것이 상인에게도 유리하다고 하면서 상인이 "상도가 분산되면 상업 이익도 분산되는 것을 어찌 알겠는가〔渠安知商道分而商利散〕?"라고 하였는데, 여기서 '상도'는 문자 그대로 '상로(商路)'로 해석되어야 할 것이다. 그 다음에 소매·난전(亂廛) 및 행상의 무리를 엄금해야 "상도가 갖추어진다〔商道方可成樣〕."라고 했는데, 여기서 '상도'는 상거래 질서를 의미한다. 나머지 세 용례도 모두 상거래 질서를 의미했다.

'시법(市法)'은 네 번 나오는데, 「논상판사리액세규제」에 세 번 나온다. '상법'과 같은 의미로 이해된다. '시도(市道)'는 나오지 않는다. 농암이 '시'보다 '상'이란 용어를 즐겨 사용하였는데, 당시에 시장경제 체제가 성립하지 않아서 사·농·공·상에 포함되는 중요한 직업 유형인 상업 또는 상인이라는 용어가 시장이라는 용어보다 널리 사용되었다. 이런 용례의 분포를 보더라도 상업제도에 관한 체계적인 담론은 권8 「논상판사리액세규제」에서 집중적으로 제시되어 있음을 알 수 있다.

7. 영리 추구의 긍정과 농본주의의 극복

농암이 상업진흥론을 내세우게 된 것은 이재의 경제합리주의관으로 영리 추구를 긍정하고 나아가 농본주의를 극복하여 중농억상과는 다른 직업관을 가졌기 때문이다.

1) 영리 추구의 긍정

다음 인용에서 알 수 있듯이, 이재의 경제합리주의로 무장한 농암은 영리 추구의 상공업에 윤리적 정당성을 부여했다. 그래서 앞서 언급하였듯이 부(富)를 긍정한 것이다. 그는 정당한 노력과 사회적 기여를 하는 사리(私利) 추구에는 정당성을 부여하고, 부당한 방법으로 이권 추구를 하는 사리 행위에는 정당성을 부여하지 않았다. 상공업은 전자에 해당하고 양반들의 생계 추구 방식에는 후자의 비루한 일이 많다고 했다. 막스 베버(Max Weber)가 개신교(Protestantism)의 영리 활동에 윤리적 정당성을 부여하는 정도의 적극성에는 미치지 못하나,[106] 농암은 경제관의 중대한 진전을 이루었다.

> 문: …… 이제 만약 사로 하여금 마음대로 공상(工商)에 종사하게 한다면, 털끝만한 이익을 따지느라 마음가짐이 흐려지고 풍속이 더러워져서 그 자손이 이익 추구에 귀가 젖고 눈이 물들어 모두 장사치와 같이 되어서 사부(士夫)의 기풍은 전혀 없어지고 말 것이다. 그리하여 설사 글을 배

---

106 막스 베버 著, 朴性洙 譯(1988).

워서 과거를 거쳐 벼슬을 한다 해도 이익을 도모하는 습관이 이미 고황(膏肓)에 배어 반드시 사대부다운 기풍이 없을 것이니, 이로 말미암은 세도(世道)의 우려를 어찌 말로 다할 수 있겠는가.

답: 오늘날의 양반들이 명분상 공상(工商)을 익히는 것을 부끄러이 여긴다고 말하지만, 그들의 비루한 행동은 장사치나 공장(工匠)들보다도 더한 것이 많다. 학문을 못해도 세력이 있으면 남의 글을 빌려서 과거에 오르기도 하고 그렇지 않으면 음사(蔭仕)를 바라고 방납(防納)을 청탁하여 구걸을 일삼기도 한다. 또 이러하지도 않으면 빚을 놓아 이식을 키우고, 노비를 추쇄(推刷)하는 송사를 즐겨서 살아가기도 하고, 주현(州縣)의 수령이 되어서 백성의 재물을 착취하고 가옥과 경지를 요구하며 노비를 널리 차지함으로써 가업(家業)을 이루는 계책을 삼기도 한다. 이 모두가 도리에 어긋나는 무례한 일이 아닌 것이 없다. 하지만 양반의 생계를 도모하는 방법이 이 밖에 달리 없으니 오늘날의 세도(世道)가 어찌 유지될 수 있을 것이며, 또 그것이 과연 마음가짐에 해로움이 없고 풍속에 도움이 되겠는가.

공상(工商)은 참으로 말업(末業)이라 하겠으나 원래 부정하고 비루한 일은 아니다. 자신이 재주와 덕행이 없어 조정에서 녹(祿)을 받지도 못하고 남에게서 받아먹지도 못할 것을 안 까닭에 몸소 수고하여 있고 없는 것을 유통하고 교역함으로써 남에게 의뢰하지 않고 스스로의 힘으로 생활하는 일인 것이다. 예부터 오늘에 이르도록 이 백성이 한가지로 이리하여 온 것인데, 무엇이 천하고 무엇이 더러워서 여기에 종사해서는 안 된다는 것인가.[107]

107 『迂書』 권1, 「論麗制」, "或曰, …… 今若任其爲工商, 則析利秋毫, 爭美錐刀, 心術汚下, 風俗鄙陋, 生子生孫, 耳濡目染, 皆成市井之類, 絶無士夫之風矣. 設使學習文字, 登科入

2) 경상적(經常的)인 직업을 평가하는 새로운 직업관

권8 「논상판사리액세규제」에서 농암이 상업 진흥 방안을 제시하자 "그대가 논의한 바와 같아지면 축말자(逐末者)인 상인은 많아지고 안토자(安土者)인 농민은 적어질 것이다."고 우려하였다. 이에 대해 농암은 "우리나라 사람들 가운데 대대로 이어 오는 직업을 계속 이어 가면서 이를 그만두지 않는 사람이 과연 있는가."라는 문제를 거론하며, "대대로 전하면서 생계를 도모하게 하는 직업인" 상업(常業)을 가지는 것이 중요하다고 하였다. "상인이 비록 말업이라고는 하지만, 배우지 않고도 능히 하는 사람은 없는 법인데, 오늘날 사리에 어두운 농부들이 한번 흉년을 만나면 곧 소를 팔고 말을 사서 행판(行販)한다고 하면서 나갔다가 자본을 모두 잃고 길거리에서 굶어 죽으니, 민심이 안정되지 못하고 민업(民業)이 일정하지 못한 것이 극도에 이르렀다. 시골 사람들은 사(士)나 평민을 물론하고 생활에 조금 여유가 있기만 하면 반드시 서울에 올라와 살면서 가산을 모두 써 버리고 마는데, 이는 오로지 양반이 되고자 하는 생각에 지나지 않는다." 사・농・공・상에 따라 차별을 두는 직업관을 명분론이라고 한다면, 상시적(常時的)인 직업인가 아닌가를 중시하는 것은 실질을 중시하는 경제합리주의에 바탕을 둔다. 그 앞부분에서 농암은 중국에서는 "각각 경업(經業)이 있고 정해진 규례가

仕, 牟利之習, 已入膏肓, 必無士大夫氣味. 其爲世道之憂, 何可勝言. 答曰, 今之兩班, 名雖曰恥習工商, 鄙陋之行甚於工商者多矣. 不文而有勢力, 則借筆登科. 不然則希望蔭仕, 不然則或防納請囑, 求乞是事. 又不然則放債殖利, 推奴嗜訟, 然後方得保存. 又不然則得做州縣, 剝割貪饕, 問舍求田, 廣占奴婢, 以爲成家業之計. 此無非非理無狀之事. 而兩班所謂謀生之策, 此外無他. 今日世道果何可恃, 而其果無害於心術, 有補於風俗歟? 工商固可謂末業, 而元非不正鄙陋之事也. 人自知其無才無德, 不可以祿於朝, 而食於人. 故躬服其勞, 通有無而濟懋遷, 無求於人而自食其力. 從古及今, 斯民之所共由, 則此果何賤何汚而不可爲也."

있으니 …… 오늘날 우리나라의 가가(假家)와 소매상이 아침에 생겼다가 저녁에 없어지듯이 제 모양을 이루지 못하고 있는 것에 비하여" 훨씬 바람직하다고 했다. 농암은 조선의 상공업 경영이 영세하여 지속성이 없는 약점을 지적한 것이다.[108] '상업(常業)'이나 '경업(經業)'은 상시적인 직업을 의미하는데, 모두 상업(商業)을 대상으로 함에 유의할 필요가 있다. 농암은 「총론사민」에서 인민이 '경업'이 없어, "생활이 이미 극도로 곤궁해졌다."고 하였다.[109] 『맹자』에 나오는 '항산(恒産)'의 '산'이 '생업(生業)'으로 풀이되었다면, 항산은 상업(常業) 내지 경업과 같은 의미이다. 맹자는 항산을 제공하는 중심 수단을 농업의 정전제로 삼았는데, 농암은 상업(商業)을 상업(常業)이라는 상시 직종으로 삼을 수 있는 점에 주목했다.[110]

---

108 『迂書』 권8, 「論商販事理額稅規制」, "各有經業, 各有定例, 一市而有百肆, 則仰一肆而爲生者, 不知其數, 豈比今日假家小買賣之朝設夕敗, 不成貌樣者乎? …… 或曰: 如子所論, 則逐末者衆, 而安土者寡矣. 答曰: 以吾觀之, 卽今民俗, 方可謂逐末而不安土矣. 古語曰, "國有常法, 雖厄不亡, 家有常業, 雖飢不餓." 所謂常業者, 世傳營生之業也. 我國人果有世傳常業而不輟者乎? 田舍翁, 苟得百斛穀, 其子不肯守農畝. 工商之子亦然, 必思他歧發身. 其父刻苦成家業, 而子孫則以爲羞恥事, 廢其父之所業而隱諱之, 以此罕有數三世富者. 其習實如無逸所謂小人侮厥父母曰, 昔之人無聞知, 風俗之薄惡不祥, 日滋月甚, 可勝痛哉! 商賈, 雖曰末業, 然未有不習而能之者. 今則迷劣農夫, 一遇歉年, 則輒多賣牛買馬, 稱以行販出去, 盡喪資本, 殍死道路, 民心之無定, 民業之無經, 可謂極矣. 鄕人勿論士庶, 衣食稍有餘, 則必來居京城, 蕩盡家産, 此不過欲爲兩班之計也."

109 『迂書』 권1, 「總論四民」, "摠之, 民無經業, 市無定額, 生理困竭已極."

110 상업이 발달한 중국 송대에 상인이 주목을 받게 되어 사대부의 자제가 상업에 종사하고 부유해진 상인의 자제가 사대부가 되기도 했다. 남송 때에 상인의 관직 진출에 대한 제한이 대폭 완화되어 상인 집안의 관직자가 늘었다. 이런 사회현상을 '士商合流'라 했다. 16세기 중엽 이후 상업 발달과 더불어 '사상합류' 현상이 더욱 활발해졌다. 그 결과 여러 宗族의 족보에서는 "9세부터 15세까지 공부를 시켜 보고 가능성이 있으면 전폭 지원하되, 그렇지 못하면 다른 일을 시켜라. 상업은 항구적인 직업[恒業]이므로 생활에는 문제가 없다."고 기록하였다(이화승, 2013, 143~148, 188~189면). 농암의 상업 중시관, 직업교육론, 사족의 상업 종사론 및 常業論은 중국의 역사와 현실로부터 얻어진 것이었다.

3) 사족의 상업종사론

사족(士族)을 상업에 종사하게 하자는 농암의 탁견은 주목을 받아왔다.[111] 농암이 이러한 주장을 하게 된 데에는, 지금까지 살펴본 여러 가지의 요소가 작용했다. 첫째, 상업 활동에 대해 윤리적 정당성을 부여하고 농본주의를 극복했기 때문이다. 둘째, 일정한 일이 없이 빈둥거리고 지내는 사족의 행태를 문제시하고 늘 생산적인 일에 종사하는 상업(常業)을 가지는 것이 사족에게도 중요하다는 직업관이 작용했다. "오늘날 사족이 부조(父祖)의 유술(儒術)을 이어받아 반드시 유자로 처신하고자 하는 것은 자기를 낳아 준 부모를 더럽히지 않으려는 것이라 하겠는데, 그대는 도리어 그들이 공(工)・상(商)을 익히지 않는다고 허물하니, 어찌 공・상을 대우하는 데는 후하면서 사를 대우하는 데는 박한가."라고 논박하는 데에 대해, 농암은 "사의 아들이 배워도 성취하는 바가 없으면 학교를 떠나 상인이 되고, 그 아들이 재능이 있어 사가 된다면 이것이 능히 그 조업(祖業)을 계승하는 것이 된다. 그리고 참으로 재능이 없다면 10대 동안 장사를 하더라도 그 조업을 계승하는 것이 되니, 이것이 어찌 의리에 해롭겠는가."라고 응수했다.[112] 사족이 상업을 가업으로 삼아 여러 대에 걸쳐 계승하는 것을 평가한 것은 영리 추구에 윤리적 정당성을 부여하였기에 가능했다. 셋째, 상업이 경제 번영에 크게 기여한다고 인식했기 때문이다. 넷째, 상업에는 지식경영이 중요한데, 인적 자본을 가진 사족이 상업에 종사하면 상업의 발달을 도모할 수 있

---

111 姜萬吉(1973, 16면)은 "상인계층에 대한 禁錮法의 실질적인 폐지"론으로 평가하였다.

112 『迂書』 권8, 「論商販事理額稅規制」, "或曰, 今之士族, 世傳父祖之儒術, 必欲以儒處身, 此可謂不忝所生, 而子反咎其不習工商, 是何待工商則厚, 而待士則薄歟? …… 士之子學無成去爲商, 而其子有才能爲士, 則是能繼其祖業也. 苟不然, 則雖十代爲商, 是亦能繼其祖業也. 此何害於義理乎?"

기 때문이다.

양반의 상업 종사는 경제문화의 변화일 뿐만 아니라 신분·교육제도의 변혁에 결부되어 있다. 사농공상제는 수직적 위계성을 가졌는데, 농암은 그것을 수평적이고 개방적인 구조로 변화시키고자 했다. 교육제도도 새로운 사민제에 부응하도록 개편하고자 했다.

4) 관념론적 농본주의의 극복

농암은 「총론사민」에서 "농업이 천하의 대본이고〔農者天下之大本〕," "농업보다 앞서는 국가의 큰 정사는 없다〔國之大政, 無過於農〕."고 했다. 이것은 당시 통념인 농본주의를 천명한 것이다. 농암은 조선이 "해양국가처럼 상업으로 생활하는 것이 아니라 농경과 직포가 본업이다."고 하였듯이,[113] 중심적인 산업이 농업이어야 한다는 점에 대해 다르게 생각하지는 않았다. 그런데 농암은 농업이 식량을 생산하고 미풍양속을 함양하므로 중심적이고 기본적인 산업이 되어야 한다는 유학적 관념에서가 아니라, 지리적 환경과 자원부존조건(資源賦存條件)이란 경제논리에 입각하여 농업을 중심 산업으로 인식했다는 점에 주목해야 한다.[114]

일찍이 김용덕은 농암의 "기본 주장은 상업이 발달하면 따라서 만사가 잘 된다는 상업제일주의이다."라고 보았다.[115] 필자도 농암이 농본주의를 표방하였지만 상업에 중심적인 의의를 부여하였다고 본다. 「총론사민」에서 화전과 수리의 대책을 통해 농업의 육성방안을 제시하였

113 『迂書』 권10, 「論變通規制利害」, "我國生理非如海洋諸邦之販利爲生者, 耕織乃是本業."

114 농암은 초정 박제가처럼 조선이 반도국가여서 해로무역을 진흥해야 한다는 地經學的 관점(이헌창, 2011, 167~168면)을 제시하지는 못하였다.

115 金龍德(1976), 143면.

지만, 그보다 훨씬 비중을 크게 다룬 부분이 상업정책이었다. 그 이유는 다음 두 가지로 생각할 수 있다. 첫째, 상업이 특히 낙후되어 있고 사가 상업에 종사하지 못하는 폐단이 심각한 당시 조선의 현실에서는 상업의 개혁이 더욱 절실한 의의를 가지고 성과를 많이 거둘 수 있다고 보았다. 둘째, 다음 절에서 언급하겠지만, 시장을 이해한 농암은 상업이 경제발전에 기축적인 역할을 한다고 인식하였다. 셋째, 농암은 영리추구와 부를 긍정하여 상업이 미풍양속을 해친다는 유교적 관념으로부터 벗어나 있었다. 그래서 경상적인 직업을 주로 상업에서 구하기를 바랐다.

농암은 고려시대의 토지제도〔田制〕를 논하면서 겸병(兼倂)의 폐단을 강조하였는데, 그 폐단의 근원을 사가 상공업에 종사하지 못하는 데에서 찾았다.[116] 지배엘리트인 사가 상공업에 종사하지 못하니 토지겸병에 주력한다는 것이다. 농암은 농업과 상업이 본말로 위계화된 관계라고 보기보다는 두 산업을 유기적으로 연계지어 파악하였던 것이다.

8. 시장, 자본주의적 생산관계 및 도시문화의 옹호

1) 시장의 옹호

농암이 상업진흥론을 제시할 수 있었던 것은 시장을 잘 이해하였기 때문이라고 볼 수도 있다. 『우서』에 의하면, "사민(四民)이 일단 나누어지면 어느 곳이나 큰 상인이 있으며, 그러면 점포가 있으며, 점포에는 자연히 공장들이 있게 마련이다. 이는 다 서로를 필요로 하고 의뢰하

116 『迂書』 권1, 「論麗制」.

여 하나라도 없으면 생활해 나갈 수 없기 때문이다."[117] 이것은 시장을 설명하는 셈이어서, 농암의 사회적 분업론은 시장론에 통한다. 영리 추구의 상업을 옹호하는 것은 영리 추구의 터전인 시장을 옹호하는 셈이다.[118]

농암은 시장이 경제발전에 기축적인 역할을 한다고 보았다. 그것을 다음의 구절에서 확인할 수 있다. "사민이 각기 그 업에 힘써서 상업이 번성해지면 모든 읍내에는 반드시 점포가 들어서게 되어" 각종 공장(工匠)이 활동하고 행상이 활발히 왕래하고 농민의 촌판(村販)이 활성화됨으로써 매매가 번창하고 물가가 하락하여 백성이 살아가고 조세를 부담할 걱정이 사라진다는 것이다.[119]

농암은 시장이 자급경제보다 효율적이라고 보았다. "시사(市肆)에 법도가 없기 때문에 매매가 제 모양을 이루지 못하고, 매매가 제 모양을 이루지 못하기 때문에 집에서 음식을 만들어 대는데, 그것이 언제나 지나쳐서 곡물을 낭비하는 첫째가는 일이 되고 있다."고 하였다. 이어서 자급하는 조선인이 잔치에서 낭비하는 일을 중국인이 시장에 의존하여 규모에 맞게 잔치를 치르는 일에 대비했다. 그리고 "잔치는 물론이고

---

117 『迂書』 권10, 「論工匠」, "四民一分, 則無處無大商. 有大, 則有廛肆. 廛肆自有工匠. 此皆相須相資, 缺一不可爲生者也."

118 元裕漢(1972)은 「論錢弊」를 고찰하면서 영조가 폐전론을 포기하고 錢荒이 심각한 시점에서 유수원의 화폐관이 나왔음을 지적하였으며, 그것이 "화폐유통을 긍정하고 …… 제도운용을 합리적이고 철저히 하는 …… 현실적인 것"으로 높이 평가하였다. 농암의 합리적 화폐관은 시장육성론에 통한다.

119 『迂書』 권7, 「論外方派支公費」, "四民各務其業, 商販大盛, 則凡邑內必有廛肆之屬, 雉鷄猪肉蔬菜卵醢油醋泡藿果實日用飮膳所需, 官可貿用也. 凡百工伎器皿布帛之類, 官可貿用也. 一邑之民買似稍難物者, 必赴邑內買去也. 遠近商賈必往來交易也. 村里小民必持蔬菜柴炭等百物來賣, 此乃所謂村販也. 夫如是, 則買賣繁盛, 物種殷夥, 價直自然輕歇矣."

집안의 제사를 모실 때에도 시장에서 만든 것을 사다가 써도 되겠는가.” “정결하지 못하지 않겠는가.”라며 시장을 불신하는 견해를 농암은 비판하였다. 그러면서 『시경(詩經)』에 “술이 없어서 나에게 사주지 않았다.”고 한 것과 『논어』에 “사온 술은 먹지 않는다.”고 한 것은 서로 어긋나는 말이 아니다. 주(周)나라가 멸망할 무렵에 백성들이 만들어 파는 술이 싱겁고 나빴기 때문에 의심하여 먹지 말라고 한 것이지, 그것이 곧 시장의 물건을 꺼린 것은 아니다.”라며 시장에 불신을 줄 소지가 있는 경전의 내용을 재해석하였다.[120]

농암은 “중국 사람은 아주 가난하더라도 옷이 어느 정도 해지면 거의가 이를 질고(質庫)에 판다. 이른바 질고는 곧 전당포인데, 전당포에서는 그 옷을 감가(減價)하여 사서 이를 봉의장(縫衣匠)에게 주어 빨고 고치게 한 다음, 이를 다시 옷이 해진 사람에게 판다. 그러므로 누더기를 입은 사람이 거의 없다.”라고 했다.[121] 시장의 분업이 제공하는 효율로 후생이 증가한다는 것이다.

2) 임노동제도의 옹호와 노비제의 개혁

농암은 놀고 있는 유수(游手)와 일정한 직업이 없는 한민(閑民)을 임

---

120 『迂書』 권8, 「論商販事理額稅規制」, “市肆無法, 故買賣不成㨾. 不成㨾, 故人家之造辦飮食. 每多過度, 此爲糜穀之第一事耳. …… 或曰, 勿論宴集, 雖人家享祀, 亦可取用市上所辦否? 答曰, 此亦何害. 或曰, 無乃不淨乎? 答曰, 卽今士大夫家祭祀, 雖用特牲之家, 醋醢油醬綠泡豆腐散蒸二餠絲麪淸燒過夏等酒, 亦多買用市物, 此外熟食何獨不淨. 詩曰, 無酒沽我, 論語沽酒不食, 非相及也. 周衰, 民沽薄惡不誠, 故疑而勿食, 非嫌其市也.”

121 『迂書』 권1, 「總論四民」, “中原人雖甚貧窶, 衣至半垢, 例皆賣之質庫. 所謂質庫, 卽典當鋪也. 典當鋪, 以減價買其衣, 以授縫衣匠, 則漿洗縫補, 又賣於弊衣之人. 所以懸鶉者, 絶罕也.”

금노동자로 만들자고 주장하였는데, 이것도 시장을 옹호하는 셈이다. 이런 대책이 농업을 위축시키고 풍속을 해친다는 반론에 대해 농암은 『주례(周禮)』의 9직 중에 한민이라는 직업이 있다는 것을 자신의 주장을 정당화하는 논거로 삼으면서 임노동제도를 옹호하는 논리를 정연히 제시했다. 걸인이 자신의 노동력으로 먹고살게 하는 직업을 제공하는 일은 왕정에 부합한다고 하였다.

농암은 노비를 임노동자로 전환하자고 주장했다. 조선은 "오직 노비와 고공에 힘입어 모든 일을 처리하고 있지만," 이러한 부자유노동은 일의 처리에 "구차스러운 걱정이 있을 뿐만 아니라 입히고 먹이면서 거느리는 데에 비용이 매우 많이 드는" 단점이 있다. 노비는 임노동자와 달리 부양비용과 감독비용이 드는 점을 지적한 것이다. 중국에서는 걸인을 통솔하는 화자(化者)와 단두(團頭)가 있어서 조선의 향도계(香徒禊)처럼 임노동에 종사하는데, 작업 효율이 높고 비용이 절감된다고 지적했다.[122] 농암은 경제합리주의에 입각하여 노비제의 임노동제로의 전환을 주장했던 것이다. 6절 (1)에서 언급하였듯이, 농암은 노비제가 윤리적 문제를 가지며 서얼 금고, 상공인 후손의 금고, 양반층의 기생성과 특권성이라는 폐습과 연관을 가진다고 보았다.[123]

---

122 『迂書』 권9, 「論閑民」, "我國人惟賴奴婢雇工, 幹當百務, 然猶有不逮苟簡之患矣. 非但苟簡, 又有浮費之患. 衣食率畜, 其費甚巨故也."

123 『迂書』는 磻溪 유형원을 언급하지 않지만, 제도개혁을 중시하고 제도개혁론에서 이익추구의 인센티브를 고려하고 시장을 육성하고 노비제를 개혁하자는 점에서 반계와 농암은 의견을 같이한다. 반계는 사람을 재물로 삼는 노비제도가 인륜에 배치한다고 보고, 노비를 대대로 부려먹는 제도를, 중국에서 시행되는 고공의 계약에 의해 임금을 지급하고 부리는 제도로 전환하는 것이 경제적으로 유리하다고 주장했다. 반계의 이런 주장에 대해서는 李憲昶(1999)을 참조하라.

3) 대자본과 자본주의적 생산관계의 옹호

이재의 경제합리주의를 중시하고 유가의 온정주의보다 냉정한 경제 논리를 강조한 농암은 자본주의적 생산관계를 긍정했다. 이것은 권1의 「총론사민」과 권8의 「논상판사리액세규제」에서 집중적으로 제시되고 있다. "만약 우리나라의 풍속이 상·공업을 부끄러이 여기지 않게만 된다면," 상업 이익이 농업 이익보다 많으니 부자들이 상업에 종사할 것이라고 했다. "반드시 대상인이 있어서 자본을 많이 내어 점포를 크게 차려야만 물화가 다투어 몰려들어 비로소 번성할 수 있으나" 오늘날 조선에서는 그러한 점포가 몇 곳 되지 않는다는 것이다. 농암은 행상이 아니라 점포상업을 옹호하고 대자본의 대상인이 경쟁력을 가진다고 보아 소매상은 이러한 대자본에 고용되는 방안을 제시하였는데, 이것은 자본주의적 기업을 옹호한 것이다.[124]

농암이 "시가지에 온갖 가게〔假家〕와 소매상 및 난전(亂廛)의 무리들과 한 필의 말로 행상하거나 잡화를 짊어지고 다니며 장사하는 무리들은 상업 중에서도 그 해가 심한 존재이니 한결같이 엄금한 뒤에야 상거래 질서가 비로소 제 모양을 이룰 것이다."라고 주장하자, "그렇게 하면 부유한 상인에게는 참으로 다행이겠지만, 세약한 소민(小民)으로서 몇 되의 쌀을 가지고 떡이나 술을 만들어 조석의 끼니를 이어가는 사람

---

124 『迂書』 권1, 「總論四民」, "或曰, 誰肯設立車站於水邊, 誰肯收買客商之重貨乎? 答曰, 此皆迷劣之言也. 若使風俗不恥工商, 則站車受直, 收買重貨之利, 獨不及於廣置田庄, 收其賭地, 多出錢穀, 徵其長利之利乎! 此等富戶皆可爲之, 何謂無人可以辦此. 夫所謂店鋪云者, 必有大商, 出其重本, 廣設店面, 然後物貨之輳集者, 方可殷盛也. …… 大抵中國, 則大商出重本, 設店肆, 小販子受直爲庸保. 故賣酒賣肉之流, 其身雖貧, 所持資本, 未嘗不厚. 本厚故利亦厚. 爲店主者, 按月按季, 受其利剩, 分其工銀於庸保之流, 此所以主客俱便, 貧富得所者也. 我國買賣, 元無此風. 賣酒資本或不滿一金者甚多. 衣食其中, 以圖贏餘, 本旣零星, 利從何生?"

은 모두 그 생업을 폐하고 굶어 죽게 될 것이다."라는 반론이 제기되었다. 사실 1791년 신해통공으로 난전금지권을 폐지한 중요한 이유는 소민의 보호였다. 이런 반론에 대해 농암은 부유한 상인이 소민을 고용하는 방안을 제시하면서 "가난한 사람이 부자에게 사역(使役)되는 것은 불변의 사리인데, 우리나라의 상업은 제 모양을 이루지 못하여 부자가 가난한 사람을 사역할 줄을 모르고 있다."고 했다.[125] 이처럼 농암이 자본·임노동 관계를 불변의 사리로 보는 것은 경제논리를 중시하였기 때문이다. 맹자는 육체노동을 하는 사람이 정신노동을 하는 사(士)에 사역되어야 한다는 주장을 하였고 그것이 유학의 통설이었지만, "가난한 사람이 부자에게 사역되는 것이 불변의 사리"라고 천명한 것은 농암의 독특한 주장이 아닌가 한다.[126] 그러면 농암이 불평등주의자라고 생각될 수도 있겠지만, 그가 반상제를 부정하고 교육의 기회 균등과 능력에 따른 직업 선택을 지지하였던 점으로 보아 그렇게 볼 수는 없다. 자본주의적 생산관계를 옹호하는 이러한 논리는 경제성장을 통한 이용후생을 도모하기 위한 목표로부터 도출된 결론이다.

이어서 농암은 중국의 병사(餅肆)를 예를 들어 자본주의 경영의 효율성을 설명했다. 여기서 점주(店主)라는 자본가가 있어서 자본을 투하하고 임노동자를 고용하여 생산·판매·회계 등의 일을 맡긴다. 시장에서

---

125 『迂書』 권8, 「論商販事理額稅規制」, "至於街巷間凡百假家, 小買賣及亂廛之類, 與夫單馬行商, 背擔雜貨以賣之輩, 尤是商業中螟螣蟊蠹之甚, 一倂痛禁, 然後商道方可成樣. …… 或曰: 然則富商固甚幸矣. 細弱小民持數升之米, 造餠釀酒, 以謀朝夕餬口者, 皆將輟業餓死矣. …… 貧而役於富, 事理之常, 而吾東商販不成樣, 故富者不知役貧."

126 중국 문헌을 검색하면, 『資治通鑑』 권214, 「唐紀」 30, 玄宗(中之中), 開元 22年 3月 庚辰의 條에 나오는 劉秩의 말 "若許其私鑄, 貧者必不能爲之. 臣恐貧者益貧而役於富, 富者益富而逞其欲." 가운데 '貧而役於富'라는 표현이 있으나, 그것을 바람직하지 못하게 본 점에서 맥락이 다르다.

원료를 사들여 임노동자의 분업과 협업에 의해 떡을 만들므로, "10섬의 떡이 순식간에 만들어지자 곧 팔려서 시일이 더디지 않으니 비용이 절약되고 이익이 후해서 주객이 모두 편하다."라고 했다.[127] 곧 생산 효율이 높고 수익성이 높다는 것이다. 중국에서는 재목행(材木行)·와요행(瓦窯行)·기명행(器皿行) 등도 이와 같다고 하여 자본주의적 기업경영이 광범한 분야에 확산되기를 희망했다.

농암은 "행(行)은 시명(市名)이다〔行則市名〕는 주를 달았다. 행은 일반적으로는 행업(行業), 곧 상인·수공업자의 영업 종목을 가리키고, 동업자가 늘어선 구역·거리, 또는 동업의 상공점포를 가리키기도 하며, 행회(行會)는 명·청 시대에 상인조합을 총칭한다.[128] 강만길은 농암이 거론한 중국 병점(餠店)이 'Merchant Manufacture적 경영형태'라고 보고, "18세기 이후 서울의 시전(市廛)상업계에서 발달하는 일부 시전의 상품제조장 자영화(自營化) 현상에서 이와 같은 예를 볼 수 있"다고 했다. 조선시대에 시장과 상인자본이 성장하는 추세였는데, 강만길은 『우서』에서의 선진적인 상업론이 "현실적 사정을 배경으로 하여 이루어진 것"이라 생각했다.[129]

이러한 자본주의 경영은 고대부터 존재한 것이며, 그것이 존재하였다고 해서 자본주의로의 이행을 보장하지는 않는다. 자본주의로의 이행, 또는 근대 경제성장의 개시는 제도·인적 자본·기술 등 여러 요인

127 『迂書』 권8, 「論商販事理額稅規制」, "中國餠肆傭保, 處於市中長窩, 列鼎安竈, 終日打餠. 而米則糴於米肆, 已擣而爲粉者也. 菓則買於菓店. 棗已剝而栗而剝, 柿已爲屑者也. 油擔子賣水兒坌集而來, 小販唯煮餠而已. 十石之餠咄嗟而辦, 旣成而賣, 不淹時日, 費省利厚, 主客俱便."

128 斯波義信(2012), 198, 397면.

129 강만길(1973), 38면.

의 종합적인 산물인 것이다. 그렇다 해도 농암이 정책 목표로 삼은 시장의 발전, 그러한 가운데 분업의 진전과 수공업 공장의 출현은 근대 전환을 준비하는 중요한 지표였다.[130] 그런 점에서 농암의 경제사상은 근대 지향적이라고 평가할 수 있다.

반계와 다산은 고대 중국을 이상으로 삼았고 그 실현을 위한 기본 방도로 토지재분배를 들었다. 그에 반해 농암과 초정 박제가는 당대 중국의 수준으로 발전함을 목표를 삼았고, 그 중요한 수단은 시장 육성이었다. 반계와 다산은 도덕 사회의 실현을 궁극 목표로 삼은 반면, 농암과 초정은 경제적으로 윤택하여 이용후생이 실현되는 것을 기본 목표로 삼았기 때문일 것이다.

4) 도시문화의 옹호

상업과 시장을 긍정하는 자세는 도시문화를 높게 평가하는 것과 통한다. 조선조에 들어오면서 사대부가 벼슬이 없어 서울에 살지 못하면 농촌에 거주하려는 문화가 있었는데, 이러한 문화는 18세기에 조금씩 변하고 있었다. 농암은 그렇게 변하는 문화를 옹호하는 논리를 제시했다. 농암은 도시에서 물질적 혜택뿐 아니라 문화적 혜택을 향유할 수 있어서 이용후생이 실현될 수 있는 반면, 시골에서는 견문이 없어 우둔해진다고 했다. 그래서 다음과 같이 지방도 상업발전을 통해 도시로 만들자고 주장하였다.

"우리나라는 서울과 시골의 풍속이 아주 달라서 한강을 건너자 교양

---

130 이헌창(2008); 이헌창(2012b).

이 없어져 사대부가 시골에 살기를 싫어하니, 무엇 때문인가. 공장(工匠)이 없고 상인이 없고 시사(市肆)가 없고 물화가 없고 의약(醫藥)이 없고 문헌이 없으며, 부모를 살아 있을 때는 잘 모시고 돌아간 뒤에는 정중히 장례하는 데에 유감이 있고, 자손이 견문이 없어 점점 우둔한 시골사람으로 되며, 벼슬을 얻지 못하여 가문이 점점 기울지 않을까 걱정되기 때문이다. 이제 내가 논의한 이 법을 시행하면, 고을마다 모두 상설점포가 있게 될 것이고, 상인이 있으면 저절로 공장과 수륙(水陸) 물화와 의약과 문헌이 있게 될 것이다. …… 불과 몇 해 사이에 곳곳이 낙토(樂土)를 이루고 사람마다 문헌을 지니게 되니 이용후생의 도(道)가 완수된다."[131]

농암은 "우리나라의 양반이 경·향간에 아주 다른데" 지방 양반은 "통치의 요체를 통달하지 못해" "한 고을을 맡기면 대개가 그 직무를 수행하지 못하고 만다."라고 보고 "서울과 지방이 귀천의 차이를 갖는 것은 형세가 그렇게 만든 것이다."라고 하였다. 그러면서 "우리나라에서 문헌의 고을이라면 안동(安東)·상주(尙州) 등을 따를 곳이 없는데, 내가 일찍이 안동 가까운 곳을 왕래하며 들어보니, 실로 그곳 사대부 집에 서책·문헌들이 거의 없다고 한다. 안동이 이와 같으니 다른 곳은 말할 나위가 없다."며 개탄하였다.[132]

---

131 『迂書』 권8, 「論商販事理額稅規制」, "噫! 莫非王土, 莫非王民. 而我國京鄕風俗絶異, 纔渡漢江, 便已貿貿, 士大夫之厭居鄕者何也? 無工匠也, 無商賈也, 無市肆也, 無物貨也, 無醫藥也, 無文籍也 養生送死有憾也. 子孫無聞見, 漸成蚩蚩鄕人也, 不得科宦, 則門戶漸凌替也. 今行此法, 則邑邑皆有額店額肆, 而有商則自有工匠·水陸物貨·醫藥文籍. …… 不過幾年之間, 必將到處皆成樂土, 皆有文獻, 利用厚生之道畢矣."

132 『迂書』 권2, 「論門閥之弊」, "我國兩班, 京鄕絶異. 今使鄕曲之人主張一代之言議, 則能辨否乎? …… 使之爲守令, 則不能通識治要, 生疎鄕暗, 不成模樣. …… 及當一邑, 多不能擧職. …… 大抵京鄕貴賤之有間者, 形勢使之然也. …… 今以我東所謂文獻之邦言之, 莫如安東尙州等地. 吾嘗往來安東近地, 熟聞其地士大夫家, 實無書冊文獻矣. 安東如此, 其

9. 국가와 시장

1) 국가의 철저한 경제 파악과 세원(稅源) 관리

농암은 「논본조정폐(論本朝政弊)」에서 조선 정치의 기본 폐단으로서 '사민불분(四民不分)' 등과 더불어 국가의 경제 파악력의 약화를 들었다. 호적이 불분명하여 호구 증감을 파악하지 못하고, 산천의 이권이 각 궁방(宮房)에 분속(分屬)되어 그 폐해가 봉건(封建)보다 심하고, 각사(各司)가 어염업(魚鹽業)과 각 공장(工匠)을 획급(劃給)받아 스스로 장사하여 용도에 충당하고 각사와 영문(營門)이 상업세를 사사로이 거두어 국가에 보탬이 되지 못한다는 것이다.[133]

농암은 국가가 경제를 철저히 파악하기를 바랐고 그것은 세원 확보와 관련이 있다. 국부와 세원을 철저히 파악하여 충실히 징세하면, '국허'를 극복할 수 있다는 것이다. 중국 송나라가 정(丁)·전(田)·사(事)·산(産)으로 빈부를 철저히 파악하여 역법(役法)을 고르게 하였는데, 그 제도를 도입하여 호구 수를 철저히 파악하는 데에 그치지 않고 호적에다 전지와 토지세, 직업과 공상세(工商稅), 각종 자원과 집기(什器), 거래 시세 등을 파악하기를 제안했다. "정이라는 것은 노복(奴僕)·고공(雇工) 등을 거느리고 있는 정구(丁口)를 말하고, 전이라는 것은 백성이 소유하고 있는 전답(田畓)을 말하며, 사(事)라는 것은 상업을 행하는 표인(票引)이나 공장(工匠)이 수업(手業)하는 험첩(驗帖)을 말한다. 그리고 산(産)이라는 것은 점포(店鋪)·저사(邸肆)·제택(第宅)의 액호(額號)와 매매

他可知."

133 『迂書』 권1, 「論本朝政弊」.

의 등급을 말한다. 따라서 가업(家業)이 좀 유족한 자는 끝내 이들 네 가지 중에서 빠져 나갈 수 없을 것이며, 이들 네 가지의 세(稅)에는 모두 정해진 액수와 등급이 있다."[134] 이처럼 철저한 세원 파악과 철저한 징세는 과세 균평화를 위한 전제이기도 했다. 호적에 기재하지 않으면, 토지의 소유권을 행사할 수도 없고 상업에 종사할 수도 없고 소송에 이길 수도 없도록 법제화하여 국부와 세원의 철저한 파악을 도모하자 했다.[135]

농암이 국가에 의한 경제통제·관리론을 제기한 것은 "허다한 이익의 원천이 사문(私門)에 널리 흩어져 있는데도 수취할 줄 모르니 …… 사공(私孔)을 막아 공공재정에 이바지하고 민산(民産)을 마련하여 국용을 부유하게 하려는 까닭이었다."[136] 예컨대 "어염(魚鹽)을 전매하여 징세함은 중국에서의 큰 이권(利權)인데" 관련 법을 정비하여 "호세(豪勢)의 사문(私門)과 간상(奸商)·탐관(貪官)이 털끝 하나라도 침해하지 못하면 그 이익이 비로소 나라에 들어올 것이다." 국가가 자본을 내어 소금을 제조하여 대상인에게만 판매하고, 대상인이 수레나 배로 도회로 옮겨 놓으면 소상인이 이를 받아 촌락에 판매하도록 제안하였다.[137]

전국의 재원을 호조에 귀속시켜 용도를 헤아려 나누어 주면, 각 관

---

134 『迂書』 권6 「論戶口雜令」, "丁者奴僕雇工等丁口也. 田者民之自己田也. 事者行商之票引工匠手業等驗帖也. 産者店鋪邸肆第宅額號買賣等第也. 所謂家業稍裕者, 終不能脫出於四者之中, 而四者之稅, 皆有定額等第."

135 『迂書』 권6 「論戶口格式」, "大抵戶籍中不錄, 則或坐而失之, 或買賣不通, 或不成爲商旅, 或爭訟理屈, 勢不得不從實開錄."

136 『迂書』 권6 「論戶口雜令」, "許多利源散入於私門而不知, …… 杜私孔而奉公上, 制民産而裕國用也."

137 『迂書』 권8, 「論魚鹽征稅」, "魚鹽榷稅中國之大利權也. …… 鹽必有法, 有法然後, 乃可徵稅也. 鹽有鹽司, 有鹽引鹽票鹽課鹽額, 竈地有等, 草場有禁, 鹽丁有恤, 鹽商有征. 編定則例, 訂成條項, 然後私門豪勢奸商貪官, 不敢一毫侵蠹, 而鹽利始歸於國矣."

청이 장사하고 재원을 사점(私占)하는 폐단을 막을 수 있다고 보았다. 그런 점에서 호조와는 별도로 재무관서인 선혜청을 설치한 일은 매우 잘못되었다. 그리고 팔도 영(營)·진(鎭)·주현의 출납을 철저히 감시하여 그 사용(私用)을 엄금하기를 요구했다. 사헌부·사간원 제도를 개혁하고 중국의 제도를 본받아 육원대찰(六院臺察)을 설치하여 철저하고 전문화된 감찰(監察)이 이루어지기를 그는 바랐다.[138]

권8의 「논상판사리액세규제(論商販事理額稅規制)」는, 그 제목에 나타난 바와 같이 상업 관리의 원리와 상업 발달의 방도뿐 아니라 상업세 제도를 상세히 논하고 있다. 농암은 "모든 물산을 생산 지방마다 시절과 물품의 귀천에 따라 세금의 액수를 정하되, 아주 작은 물건이라도 빼놓지 말고 모두 원가에 비례하여 세금을 균등하게 부과하는 규칙〔原價稅錢等則〕을 정하여 시행한다."는 방침을 가졌다. 이러한 방식에 대해 "그대는 모든 물화에 다 인(引)·표(票)를 발급하여야 하고 세과사(稅課司)가 이 표대로 징세해야 된다고 말하는데, 물종(物種)의 품질과 크기가 전혀 같지 않으니 어떻게 물건마다 세액을 절정(折定)할 수 있는가. 매우 번거롭고 자질구레하여 제대로 시행되지 못할 것이다."라고 반문하자, 농암은 "상인이 있으면 그에 대한 세금이 있는 것은 당연한데, 어찌 세금을 정하지 못할 이치가 있는가. 비록 지극히 천하고 미세한 물건이나 하찮을 것 없는 채소·과일 같은 물건이라 해도 그 무게를 가지고 물종마다 가격을 정한 다음에 균평하게 세금을 거두어야 나라의 세과(稅課)가 자연 많아지게 될 것이고, 이(吏)·민(民)이 이러한 습속에 익숙하여지면 매우 요령 있고 간편하여 번거로울 염려가 없을 것이다."라는

---

138 『迂書』 권1, 「論備局」; 권3, 「論官制之弊」; 권7, 「論派支營門公費」; 권5, 「論兩司合行職務事宜」.

원칙론으로 응수하였다. 영세한 가게〔假家〕 상업과 난전(亂廛)은 상인의 이익을 도둑질하고 시전의 법을 문란하게 하고 탈세함으로써 상업발전을 저해하므로 금지한다. 시골 벽지에도 액점(額店)을 개설하며, 가게와 난전을 금지하고 장시(場市)를 폐지한다. 액점제를 시행하는 주된 동기는 세원의 철저한 장악, 대상인자본의 육성 및 거래 질서의 확립이다. 동과(同夥)상인제도를 옹호하는 이유 중에 상인의 관리와 상업세의 철저한 징수도 포함된다.[139] 매매하려는 사람은 호조에 소속된 세과사의 허락을 받아 납세한 다음 험첩(驗帖)을 교부받아 영업에 종사한다. 세율은 3%로 한다. 아직은 사민의 분업이 전전되지 않고 있으니 평양 같은 대도시부터 점진적으로 시행하자고 제안했다. 상인은 호조에, 공장은 공조에 모두 이름을 등록하여 험첩을 교부받고 납세를 하고, 험첩이 없이는 영업을 못하게 한다.[140]

조선 후기에 상업세가 증가하는 추세였으나 국가재정으로 흡수되는 것이 소규모여서 재정상태를 어렵게 만들었다.[141] 그런데 전근대적 기술·행정 수준에서 농암이 바라는 정도로 국가가 상업 등 국부를 철저히 파악하는 것이 가능할 것인가 하는 의문이 들며, 설사 가능하더라로 그 비용이 만만치 않을 것인데 농암은 이 점을 고려하지 않고 있다. 국가에게서 허락받은 상업만 허용하는 정책도 당시의 실정에서 실현

---

139 권8, 「論商販事理額稅規制」, "或曰, 子以爲凡百物貨皆可印票撥下, 稅司依票徵稅云. 凡物種之貴賤巨細, 有萬不等, 安能物物色色盡爲之折定稅額乎? 繁瑣已甚, 事必不行矣. 答曰, 物種雖曰千萬, 果係人民日用之需. 市廛行使之物, 則商人豈不轉販乎. 有其商則有其稅, 有何不得定稅之理乎. 雖至賤至微之物, 一蔬一菓之類, 以其斤重逐種定估, 然後征稅均平, 國課自登, 吏民習熟, 至要且簡, 自無煩撓之患矣. …… 凡百物産估定出産地方時節物品貴賤, 錙銖勿遺, 皆定原估稅錢等則以行."

140 『迂書』 권6, 「論編審舊管新增事例」; 권10 「論工匠」.

141 이헌창(2010a), 451~452면.

하기 쉽지 않을 것이다. 농암은 국가의 관리 능력을 과대평가하고 있는 것으로 보인다. 그는 상업세의 징수 비용이 만만치 않다는 사실을 경시하였고, 상대방이 그 점을 지적하고 있다. 유럽 중세에서는 재정 궁핍이 일상적이고 토지세가 부족하여 상업세 징수에 관심이 높았는데, 일반 상업세는 징수가 쉽지 않아 관세만이 효율적으로 다액 징수될 수 있었다.[142]

2) 국가재분배와 시장

농암은 시장 활성화가 '민빈'뿐 아니라 '국허'의 극복책으로도 유용하다고 인식하였다. "상업이 점점 흥성해지면 인민의 청원에 따라 상설 점포인 액점(額店)을 증설해서 조세를 거두면 공(公)·사(私) 모두에 더욱 이로울 것이"기 때문이다.[143]

조선 국가는 처음에 영리 추구의 터전이고 통제하기 어려운 시장을 가급적 억제하는 대신에 국가재분배를 강화하여 경제를 통제하고자 했다. 현물 재정과 환곡·진휼을 통한 기근책이 대표적인 국가재분배라 하겠다. 그러한 가운데 조선 중기 시장이 성장하자, 국가적 재분배를 부분적으로 시장에 의존하거나 그것으로 대체하려는 정책론이 대두하여 대동법 등으로 실현되었다.[144] 농암은 시장이 국가재분배보다 효율적이므로 국가재분배를 시장으로 대체하자고 주장하였다. 그는 국력을 기울여도 흉년에 굶주린 인민을 모두 구제할 수 없으며, 흉년의 최상

142 John Hicks(1969), pp. 81~82.
143 권8 「論商販事理額稅規制」, "商販漸盛, 則隨其所訴 增設而征之, 尤爲公私之利矣."
144 이헌창(2010a).

구제책은 시장가격의 평준화이며, 교통의 발달로 상인에 의한 곡물 유통이 활발해지면 백성에게도 큰 혜택이 될 것이라고 인식하였다.[145] 농암은 "옛사람들이 반드시 통상혜공(通商惠工)을 급선무로 삼은 까닭은 사민 중에 하나가 빠져도 반드시 폐단이 있기 때문이다."라고 말한 다음, 관의 수요 물자를 시장에서 조달하는 것이 효율적이고 민폐를 없앰을 자세히 설명하였다. 이렇게 해서 "매매가 번성하게 되고 물종이 많아져서 물가가 저절로 싸질 것이니," 관과 민이 모두 경제적으로 혜택을 보게 된다는 것이다.[146] 농암은 교서관(校書館)과 같은 관청수공업이 국가에 필요한 물건만 만들고 사송(賜送)하는 물건을 만들지 말자고 했다. 사송하는 물건이 시장 생산으로 전환할 뿐 아니라 사민제도의 정비로 유학(幼學)을 가칭하는 자들이 서방(書房)을 개설하게 되면 서적 시장이 성장할 것이다. 그러면 공조(工曹)에 소속된 각수(刻手)와 책공(冊工)은 인쇄할 때에만 공가(工價)를 받더라도 먹고살 수 있다.[147]

오늘날 학계의 평가와 마찬가지로 혹자가 "선혜청과 대동법이 방납(防納)·조등(刁蹬)의 폐해를 모두 없애 버렸으니 어찌 매우 좋은 제도

---

145 『迂書』 권7 「論鐲恤賑救」.

146 『迂書』 권7, 「論外方派支公費」, "古人必以通商惠工, 爲急務者何也? 四民之中, 闕一則必有其弊. 今之州縣用度煩夥者, 以其邑內無工商也. 百姓供億難支者, 亦以此也. 細民無以料販糊口者, 亦以此也. 吏奴貧困難支者, 亦以此也. 四民各務其業, 商販大盛, 則凡邑內必有廛肆之屬, 雉鷄猪肉蔬菜卵醢油醋泡藿果實日用飮膳所需, 官可貿用也. 凡百工技器皿布帛之類, 官可貿用也. 一邑之民, 買似稍難物者, 必赴邑內買去也. 遠近商賈, 必往來交易也. 村里小民, 必持蔬菜柴炭等百物來賣, 此乃所謂村販也. 夫如是, 則買賣繁盛, 物種殷夥, 價直自然輕歇矣. 優給俸廩, 則自可買用矣. 州縣用度無自而繁也. 百姓供億無自以生也. 細民糊口不患無其路矣. 官吏貿納不患破其產也. 唯其邑內蕭條, 買賣不通, 故各邑貿易極難, 官吏民俱弊, 豈不可歎! 夫然後, 遠地官貿易可嚴禁也. 進奉歲饌節扇可罷也. 乞駄可絶也. 噫, 官廳新物積儲之弊不勝支當, 若禁進奉歲饌, 只以廩俸, 朝夕買食, 則乞駄自絶, 民弊可除, 守令官況, 亦反勝於前日矣."

147 『迂書』 권7, 「論免稅保率之類」.

가 아니겠는가?"라고 물으니, 농암은 "비록 이익이 있기는 해도 그 폐해 또한 많으니 어찌 완전한 양법(良法)이라 하겠는가. 공법(貢法)은 본래 시행되지 못할 이치가 없다."라며 국가적 재분배의 시장 의존을 크게 확대한 대동법(大同法)의 시행을 비판적으로 평가하고 그 대안을 제시하였다.[148] 농암의 주장은 공납제에서 대동법으로 진행한 추세를 역행하자는 것처럼 보이기도 하지만, 그 요체는 공물 주인의 중간 이윤을 배제하면 생산자에게 더욱 후한 가격을 지불하면서 국가 경비를 절약할 수 있다는 데에서 찾을 수 있다. 농암은 방납과 조등의 폐단을 인정하면서도 대동법의 폐단으로 남가(濫價)를 들었다. 공가(貢價)제도가 정비된 1750년경부터 물가가 안정된 19세기 중반까지는 원공가(元貢價)가 별무가(別貿價)의 1.7배 내외, 별무가가 시장가격의 1.7배 내외, 원공가는 시가의 3배 내외로 공가와 시장가격의 괴리가 컸다.[149] 대동법은 이전의 공납(貢納)제도보다는 시장 지향적이었지만, 공가가 고정된 점에서 순수한 시장 조달은 아니었던 것이다. 농암은 그 원인으로 "사민(四民)의 생업이 나누어지지 아니하고 상업이 번성하지 못하여 물가의 높고 낮음이 오직 상인에게 달려 있고 이익을 얻는 길이 몇 군데가 되는지를 알지 못하니 나라가 가난하고 재정이 고갈할 것은 당연한 이치인데, 비록 국가의 매매라 하더라도 처음부터 정제(定制)와 정한(定限)을 마련하지 못하고 한없이 남가(濫價)를 넉넉히 지급한다."고 보았다. 그래서 그 대책으로서 "구매의 경우 물가를 고르게 하는 권한은 국가에 있어야 하며, 상품의 가격 결정이 의당 평시서(平市署)의 유사

---

148 『迂書』 권7, 「論宣惠大同」, "或曰, 宣惠大同盡祛防納刀蹬之弊, 豈不甚善? 答曰, 此不過一時麤法也. 自古有賦有貢, 大同變貢爲市易, 雖有利益, 其安亦多, 安得爲十全之良法? 貢法本無不可行之理."

149 이헌창 · 조영준(2010).

(有司)에게서 나와야 한다."고 했다. 여기서 농암의 주장을 잘 검토하면, 사회적 분업을 진전시켜 물가를 하락시킨 다음에 국가가 시장가격에 준해서 구매하자는 것이다. 서애 유성룡이 수미법(收米法)을 시행하다 실패한 요인 중의 하나로 시장가격에 준해 가격을 지불하는 방침이 상인 수탈을 낳은 것이 지적된 바 있는데, 그 대책으로 후에 공물 주인에게 시장가격을 넉넉히 지급하는 방침이 정해졌다. 수요와 공급에 따라 시장가격이 변동하게 마련이므로 시장가격 구매를 원칙으로 삼되 "시장 구입 물품은 몇 등급으로 시가를 분정(分定)하여 두는" 방안을 제시한 것이 농암의 기여라 하였다. 그리고 토산 직물류 같은 것은 국가가 각 도마다 정해진 공가(貢價)를 지급하여 조달하고, 가축・채소・과일・땔감은 서울 근교에 국영 목장이나 시장(柴場)을 설치하여 조달하자고 제안하였다.[150] 요컨대 농암은 일반적으로는 시장이 국가 재분배보다 효율적이라고 보아 국가 수요 물자를 시장에서 조달하여 효율을 추구하는 추세를 인정하면서도, 그런 원칙을 신축적으로 적용하여 공인 조달제도보다 더욱 효율적인 국가 직영 조달방안을 모색했던 것이다.

대동법은 시행 초기에는 인민에게 혜택을 주면서도 국가 재정을 충실하게 만들었다. 그런데 지출이 증가하면서 재정상태가 어려워졌다.

---

150 『迂書』 권7, 「論宣惠大同」, "試以布苧綿紬等, 各種土産言之, 各就出産處, 定給元額貢價, 每匹定估幾兩, 一道各爲幾運幾綱, 直納戶曺, 戶曺監收儲置, 逐節進入. 則刀蹬之弊, 何自而生? …… 且以牛羊猪羔鷄鴨菜蔬果實雉兎之屬言之, 此豈出給濫價貿用之物耶? 近京膏腴官地, 如牧場等處及山峽柴場, 募民劃給, 官給畜種, 使之孳養 …… 則民有畜種厚利, 國家不費一錢, 而進排不缺. 何有剝取窮民辛苦耕穫之米, 濫定累倍之價, 貿取於貢物主人之理乎? …… 且以貿易言, 平準之權當在國家, 市物定估, 宜出有司. 而我國則四民之業不分, 商販之岐不盛, 物直貴賤, 唯在商賈, 利孔之出, 不知其幾, 國貧財竭, 理勢固然. 雖以公家買賣, 初不得爲定制定限, 優給無限濫價. …… 凡干市物宜以幾等分定市估以置."

그러한 가운데 농암이 높게 책정된 공가를 문제로 삼았던 것이다.[151] 농암이 제안한 대로 물종에 따라 직영을 통한 조달, 도라는 행정기구를 통한 조달, 그리고 시장가격을 통한 조달을 잘 조합하여 효과적으로 구사한다면 조달 비용을 크게 줄일 수 있다. 그런데 관료 기강의 강화와 세심한 제도적 설계가 없다면 농암의 제안은 공납제 이전처럼 관리에 의한 생산자 수탈을 초래할 수 있다. 『우서』는 국가 기강을 강화해야 한다는 주장을 도처에 담고 있으나, 국가의 경제와 세원에 대한 철저한 파악, 국가가 직접 물자를 조달하여 경비를 절약하는 방식은 농암이 전근대 국가의 행정력을 과신한 것이 아닌가 하는 느낌을 준다. 그런 점에서 필자는 농암의 대동법 평가가 인색하다고 생각한다.

"대동법을 비록 실시하였어도 임금에게 진상하는 물종들을 오히려 백성에게서 많이 징수하고 있으니 이 일은 어찌된 것인가."라고 물은 데에 대해, 농암은 "임금에게 진상하는 물품은 사체(事體)가 지극히 중하니" 진상제도를 폐지할 수는 없되, 긴요하지 않은 진상물은 감축하고, 각 읍이 육성한 점포에게 공가를 넉넉히 정해 지급하고 진상물을 바치게 하도록 제안하였다.[152] 농암은 진상제도의 개혁안으로 대동법의 공인제도와 같은 것을 제안하였는데, 그것은 지방의 상점 육성안에 결부되어 있다.

---

151 대동법 시행 이후 재정 동향에 대해 이헌창(2007), 223~224, 232~235면에 간단히 언급되어 있다.

152 『迂書』 권10 「論進獻物種」, "或曰 …… 大同雖設, 而享上物種猶多徵責於民間者, 此事何如? 答曰, 享上之物事體至重, 任土之貢亦不可闕, 則雖行大同之法, 豈可無進上之規乎? …… 我國外方苦無廛肆之屬. 故物膳貿易尤爲民弊. 今宜逐種定估, 優給價値, 有若貢物價. 然後着落本邑殷實廛肆, 永令受價辦納, 一如京都貢人之爲, 則進獻無缺, 公私俱便."

3) 국가의 시장 관리

농암은 시장이 활성화되면 물자 공급이 풍부해져 물가가 안정되고 상업세가 많이 징수되고 국가 물자 조달이 효율적으로 된다고 보았다. 그는 "시사(市肆)는 법도가 없기 때문에 매매가 제 모양을 이루지 못한다."고 하여 제도가 시장 발달에 중요함을 인식했다.[153]

농암은 법제도 이행 여부의 시장 규율도 중시했다. 중국에서는 "의복이 겉은 정밀해도 안이 조잡하든가 음식이 겉으로는 정결해도 속이 조악(粗惡)한 폐단이 있을 때, 그 정도가 가벼우면 시장(市長)에게 말하여 벌을 주고, 무거우면 관부(官府)에 소송하여 죄를 주기도 하며, 심하면 개점을 허가하지 않는다. 그 때문에 시규(市規)가 한번 만들어지면 감히 거짓된 짓을 하지 못한다. 그리하여 인민의 일용품 수요가 오로지 시장에 의존해도 우려되는 일이 일찍이 없었다." 그런데 "우리나라 시장에서는 법도 기강도 없이 적은 수의 사람이 많은 사람을 속이는 것을 능사로만 삼는다."[154] 농암은 조선도 중국처럼 시장 규율을 강화하기를 바랐던 것이다.

조선 후기 상업활동을 효과적으로 관리하고 상업잉여를 정규세로 흡수하려는 국가의 시책이 진전하지 않는 가운데, 사적 권력에 의한 이권추구와 상업잉여 수탈이 격화되어 상업의 발달을 저해한 면이 있었다.[155] 그런 점에서 상거래질서를 확립하여 상업을 활성화하는 동시에 상업세

---

153 『迂書』 권8, 「論商販事理額稅規制」, "市肆無法, 故買賣不成樣."

154 『迂書』 권8 「論商販事理額稅規制」, "衣有外精裡粗, 食有外潔內粗之弊, 則小而言于市長而罰之, 大而訟于官府而罪之. 甚而不許開店. 故市規一成, 莫敢用巧. 生民日用所需, 專靠于市, 而曾不致疑. 此其源頭固出於周禮廛人之法矣. 豈若吾東市肆之無法無紀, 專以小數騙人爲能事者之比哉?"

155 이헌창(2012a), 139~140, 222면.

를 철저히 흡수하여 국가재정을 충실히 하자는 농암의 개혁안은 절실한 시대적 과제였다.

10. 농암이 구상한 경제체제와 그 시대적 적합성

1) 농암이 구상한 경제체제

농암은 국가재정이 빈약하고 인민이 가난한 '국허민빈'을 극복하려는 문제의식을 가졌다. 그래서 부국강병을 도모하는 경제체제를 모색하는 것은 『우서』의 기본과제였다. 『우서』의 정책론은 인민을 부유하게 한 위에서 국가재정의 충실화를 도모하는 부국론이다. 조선의 빈약한 국가재정이 개항기 근대화 정책의 심각한 제약 요인이었던 점에서[156] 농암의 문제의식은 의의를 가진다. 조선이 청나라와 도쿠가와 일본에 비해 가난하다는 사실을 지적한 당시 조선인 엘리트는 적지 않았는데, 중국과 일본의 여행을 통해 얻은 이 견해의 타당성을 의심할 필요는 없다.[157] 농암은 자신에게 주어진 정보로 파악할 수 있는 최고의 선진국인 중국 수준으로 부강한 나라를 만들기 위한 방안을 제시하였다. 농암은 조선이 중국보다 시장 발달에서 후진적인 점을 중시하였는데, 이것은 정확한 비교사적 인식이다.[158]

중국 정도로 부강한 나라로 만들기 위한 농암의 핵심 전략은 상업

---

156 이헌창(2010b), 266~268면.

157 이헌창(2011), 124~125면.

158 농암이 살았던 18세기 조선은 중국 및 일본과 비슷한 문명 수준에 도달하였으나, 시장 발달에서는 상당히 뒤떨어졌다(이헌창, 2013b). 그런데 조선의 정기시인 場市의 밀도에서 드러나듯이, 조선 시장의 낙후상을 과장해서는 곤란하다.

진흥이었는데, 시장이 경제발전의 동력이 될 수 있는 점에서 『우서』의 정책론은 오늘날 경제이론에 비추어 설득력을 가진다. 조선시대 유교로 무장한 엘리트는 중국의 문화 수준에 접근하려는 문제의식이 강한 반면 중국만큼 부강한 나라로 만들겠다는 문제의식이 약하였는데, 농암과 초정 박제가는 중국만큼 부유한 나라로 만들겠다는 의식이 강렬하였을 뿐만 아니라 그 유효한 대책을 제시하였다.

농암은 특권적이고 기생적인 양반제와 그것을 지탱해 준 노비제를 해체하기를 기획하고, 보편적인 소학 교육을 통하여 노력과 능력과 적성에 따라 사·농·공·상이 정해지고 사대부의 후손도 상공업에 종사할 수 있는 체제를 구상했다. 요컨대 사농공상제가 신분제적 요소를 제거하여 완전한 직업제도로 나아가도록 하는 것이다. 농암은 직업전문성이 존중되는 사회를 지향했는데, 전문성을 가진 관료제에 통치되는 농암의 국가개혁론은 그의 사민론의 구성요소이다.[159] 농암은 노비제가 임노동제로 전환하면 경제적 효율성이 높아질 것으로 전망했다. 직업전문성이 존중되는 가운데 양반의 후예도 상업에 종사하고 노비제가 임노동제로 전환되면 상업이 발전할 것이다. 이러한 국가제도 개혁이 인민과 국가를 부유하게 하는 기본 과제라는 농암의 주장은 설득력이 있다.

농암은 상업 발달이 부국의 핵심 요소라고 판단하여 시장이 활성화된 경제체제를 지향하면서, 국가가 상업도 포함한 국부를 철저히 파악하고 관리하여 그로부터 세원을 넉넉히 확보하는 체제를 구상했다. 여기서 박제가의 해로무역육성론이 가미되면 유럽의 중상주의체제와 같아질 것이다. 이 체제에서는 인민이 상업(常業)이라는 항산(恒産)을 가져

159 농암의 정치·행정개혁론에 관해서는 이 책에 실린 정만조의 논문을 참조하라.

안정된 경제생활을 영위하고 임노동자의 존재가치도 인정되며, 상업 이익의 추구에까지도 윤리적 정당성이 부여되어 부가 긍정되고 자본주의적 기업의 성과가 평가된다. 농암은 대자본을 옹호하고 대대로 이어가는 직업인 상업을 중시했는데, 우리나라에서 10대 이상 이어진 양반 가문은 적지 않지만, 상·공업의 기업 경영을 조선시대부터 5대 이상 이어온 가문은 드물다. 대자본의 부족은 개항 이후 경제적 대응에 약점으로 작용했다. 이상으로 보건대 농암이 지향한 경제체제는 근대 자본주의체제에 접근하고 있다. 18세기 조선의 중대한 과제가 근대화의 준비라는 점을 승인한다면, 농암의 개혁론은 시대적 의의를 가진다.

농암은 국가권력으로부터 자립한 인민의 기본권, 그것에 상응하여 국가 통제로부터 자립한 시장관을 제시하지는 못했다.[160] 그런 점에서 농암이 구상한 경제체제는 시민혁명 이전 유럽 중상주의자의 구상에 가깝다. 이런 농암의 지향과 관련되는 바이지만, 국가의 시장통제력 등 권능을 과대평가하고, 오늘날 경제학자들이 말하는 정부실패라는 문제점에 대한 경각심이 부족했다. 농암의 개혁안은 시장제도의 정비가 시장 발달을 낳아 상품생산을 자극하는 효과를 고려하였다고 하더라도, 다음 절에서 언급되겠지만 구매력의 부족 등으로 인한 시장 수요의 문제가 시장 발달에 제약을 가할 점에 대한 성찰은 부족했다. 그리고 이 책의 김태영 논문에서 드러나듯이, 당시 중심 산업인 농업의 발전 방안이 불충분했다.

농암은 조선이, 사대부의 상업활동도 문제시되지 않고 상업이 번창

---

160 백승철(2007, 218면)은 농암의 "상업진흥론은 國家와 富商·富民이 동반자적 주체가 되어 상업을 발전시키고 그에 기반한 새로운 국가경제체제를 건설하고자 하는 방안이라" 평가하였는데, 국가와 시장의 긴장관계도 동시에 파악할 필요가 있다.

하고 대상인이 성장한 중국 경제만큼 발전하기를 목표로 삼았지만, 18세기에 중국은 서유럽에 뒤지고 산업혁명으로 나아가지 못하였다. 중국에서는 부를 축적한 상인의 후손이 과거에 급제하면 신사(紳士) 가문으로 전환하여 종족(宗族) 조직을 강화하였는데,[161] 이런 문화로는 상업자본주의가 성숙하기 어렵고 상공업 발달을 도모하는 제도를 만들려는 인센티브가 발휘되기 어렵다. 이것은 근대경제로의 전환기에 중국이 영국·네덜란드에 뒤진 중요한 요인으로 보인다. 농암은 상공업의 대자본과 합자(合資) 경영을 육성하자는 탁견을 제시하였으나, 그 실현을 위한 제도 설계 논의를 구체화하지 못한 한계를 가진다. 물론 이것은 무리한 주문이다. 그래도 농암은 상공업에서의 영리 추구로 부자가 되어 상공업 가문을 대대로 이어가는 데에 윤리적 정당성을 부여하고 대자본과 합자 경영을 육성하자고 주장했는데, 이런 문화와 정책 이념이 수립되면 부르주아 계층의 상공업 활동에 유리한 제도가 마련될 것이다.

2) 『우서』와 경제 현실

농암은 중국에 가본 적이 없다. 그래서 『우서』는 중국의 문헌과 견문에 의존했다. 농암은 일반 조선인 학자와 달리 아득한 옛날인 중국의 3대가 아니라 동시대인 명·청대를 배우자고 하였다. 『우서』가 중국에 관해 과장하거나 부정확하게 서술한 부분이 있지만, 농암이 주장하려는 핵심적인 논지에 관련된 사실은 대체로 정확하고 그 역사적 의미를 탁월하게 파악하였다.

명·청대의 중국 현실에 관심을 가진 조선인 엘리트라면 상인이 사

161 朴元熇(2002).

대부가 될 수 있다는 사실을 알기가 어렵지 않았겠는데, 그 사회·경제·정치적 의미를 농암보다 예리하게 통찰한 인물은 없다. 중국에 사절단으로 따라가 보면 누구나 중국이 조선보다 도시가 발달하고 상업이 번창하고 부유한 사람이 많다고 생각하지 않을 수 없다. 농암은 그 정도에 머물지 않고 깊은 관심과 예리한 안목을 가지고 대상인이 임금노동자를 고용하고 소상인과 관계를 맺는 실태, 그 경영 효율성, 상법제도 등을 탐구했다.

농암이 개혁론을 만드는 데에는 당시 중국 현실에 대한 정보와 중국 고전의 이해가 모두 기여하였다. 저술의 내용으로 보건대, 다산의 사회적 분업 진흥론이 『주례(周禮)』의 영향을 강하게 받았다면, 농암의 그것은 중국 명·청대 현실에 대한 정보에 더 큰 영향을 받았다. 다산도 『북학의』 등을 통해 중국과 일본의 사회적 분업이 진전된 사실을 안 다음에, 『주례』로 자신의 개혁론을 정당화하고 심화하는 논리를 구했던 것으로 보인다. 『우서』에도 농암이 현실적 문제의식을 경전의 재해석을 통해 보강하는 구절이 적지 않게 발견된다.

농암의 수준 높은 인식은 조선의 문화 역량에도 힘입었다. 필자가 박제가의 연구를 통해 확인한 바인데, 서울의 선진적인 지식인은 중국 문물에 대한 개방적 논의와 탐구가 활발하여 그 중국 이해가 깊었다.[162] 11절에서 언급하겠는데, 농암과 같이 논의하던 서울의 소론 엘리트 등의 지식수준은 높았다. 3절에서 언급하였듯이, 경학에 밝은 농암은 실사구시의 정신으로 그것을 비판적으로 흡수하고, 나아가 개방적인 정신으로 패도의 『관자』와 『한비자』까지도 수용하여 혁신적인 경세론을 마련하였다.

---

162 이헌창(2011), 47~53, 71~72면.

농암은 조선을 개혁하고자 하는 강한 열망으로 중국의 장점을 부각하였을 뿐만 아니라 조선의 낙후상과 문제점을 과장하기도 했다. 「총론사민」에서 "어찌 민산(民産)이 오늘날처럼 물로 씻은 듯 바닥을 드러낼 수가 있었겠는가. …… 지난날의 역사를 두루 살펴보아도 우리나라처럼 민산이 심히 메말랐던 나라는 없으리라."라는 구절은 그 두드러진 사례이다.[163] 산업혁명 이전에는 맬더스의 법칙이 작용하여 시기와 지역에 따라 생활수준에 별 차이가 없다는 것이 경제사학계의 통설이다.[164] 그리고 『우서』가 집필된 18세기 전반은 경제적으로 성장기이고 개항 이전에서는 정점에 도달한 시기로 보이고 당시 인민의 생활수준이 조선시대에서 낮은 편은 아니다. 조선 초 매우 위축된 시장은 조선 중기에 성장하였고, 특히 17세기에는 전란으로부터의 회복, 대동법의 시행 및 금속화폐의 통용으로 괄목하게 성장했다.[165] 그럼에도 농암이 현실을 과장한 것은 지식의 한계, 개혁의 열망, 그리고 치열한 성격 때문이다. 그리고 개혁론을 부각하기 위한 과장은 오늘날 학자들도 의식적·무의식적으로 행하는 일이다.

농암이 주장한 개혁 방식을 그대로 실행할 경우 부작용이 날 수 있는 부분도 없지 않다. 그 현저한 예가 9절에서 언급한, 영세 상업과 난전을 일체 금지하고 모든 물건의 거래에 과세하자는 국가의 강력한 시장통제 방안이다. 농암이 전문적 실무관료(Technocrat)를 확보하여 개혁의 추진 주체로 삼으려 했다고 하더라도,[166] 이 개혁안은 영업 자유를

---

163 『迂書』 권1, 「總論四民」, "民産豈至罄竭如洗, 如今日之甚乎. …… 歷攷往史, 未有如我國民産之枵然特甚者也."

164 Gregory Clark(2007)는 그 사실을 밝힌 대표적 저서 중의 하나이다.

165 이헌창(2012a), 이헌창(2013b).

166 이 책에 실린 정만조의 논문에 나오는 내용이다.

제한하고 과도한 징세 비용을 낳는 점에서 편익보다 비용이 클 가능성이 높다. 개혁론을 주장하는 학자라면 이상론을 전개하면서 무리한 주장도 담기 쉽지만, 위정자라면 제도 개혁의 편익과 비용을 모두 고려한 다음 신중하게 추진할 수밖에 없다. 그래서 조선시대의 조정에는 편익이 비용의 열 배로 추정되지 않으면 개혁을 추진하지 않는다는 원칙론이 있었다.[167] 이런 문제점도 있지만, 오랜 세월에 걸쳐 학계에서 『우서』가 평가받는 것은 개혁론의 장점이 그 문제점을 압도함을 증명하는 것이 아닐까.

『우서』가 중국의 강점을 집중적으로 부각하고 조선의 낙후상을 다소 과장했다면, 조・중 간 전반적인 경제수준이나 문명 역량의 격차는 『우서』에서 묘사된 것만큼 크지는 않았을 수도 있다. 시장 발달 수준에서 양국간에 상당한 격차가 있었고, 『우서』가 그 점을 집중적으로 다루고 있으나[168] 『우서』에 제시된 경제개혁론의 의의를 논할 때, 조・중 간 경제수준에 상당한 격차가 있었음에도 발전단계의 차이일 정도로 크지는 않았다는 양면성을 인식할 필요가 있다. 양국간 격차가 가볍지 않았기 때문에 중국의 제도와 기술을 배우자는 농암의 개혁론은 의미를 가진다. 다른 한편 조선 중기 시장과 경제의 발전을 인정한다면, 『우서』의 상업론이 중국보다 후진적인 조선의 현실을 반영할 뿐만 아니라

---

167 "大抵祖宗之法, 利不十不變舊."(『成宗實錄』, 19년(1488) 2월 21일 乙卯); "備局啓曰: 此事就令行之, 必須有漸, 如湖西一道, 似當先試. 改作之擧, 利不十倍, 則古人有戒焉. 慮始之際, 不可不十分審處. 頃因李景嚴請設大宣惠之疏, 領敦寧府事金尙憲獻議以爲: '若有窒礙難行之弊, 則必有不悅者之謗, 待過諒闇後, 面稟以定.' 云者, 亦此意也."(『孝宗實錄』, 卽位年(1649) 11월 5일 庚申; "利不十而變舊, 雖識者亦憂其蹉跌."(『愚伏先生文集』 권4, 疏箚 「應求言箚 甲子」); "近聞外間論議, 頗以利不十而變常爲慮."(『愚伏先生文集』 권8, 議 「宣惠號牌便否議 癸亥」); "利不十倍則不改."(『白軒先生集』 권29, 書牘 「答西伯」).

168 이헌창(2013b)은 18세기 조선의 경제수준이 세계사적으로 어느 정도인가를 고찰하였다.

발전하는 시장과 경제가 요청한 역사적 산물이라는 평가도 가능하다. 8절 (3)에서 언급하였듯이, 강만길은 "18세기 이후 서울의 시전(市廛)상업계에서 발달하는 일부 시전의 상품제조장 자영화(自營化) 현상"에서 중국 'Merchant Manufacture적 경영형태'와 같은 예가 있다고 하면서 『우서』의 상업론이 조선에서 현실적 의의를 가진다고 보았다. 농암은 중국 상인들이 자본을 결합하여 조직적인 상업을 영위하는 것을 본받자고 주장하였는데, 개항 전 조선에서도 중국처럼 활성화되지는 않았으나 그러한 관행이 있었다. 16세기 서울 상인들이 자본을 모아 동업하는 사례는 발견된다.[169] 1910년 일본인의 조사에 의하면, 상인들의 자본과 노동력을 결합한 회사와 같은 동사(同事) 관행이 있었다.[170] 상인들의 동업 활동은 16세기 이후 완만하나마 성장하였던 것으로 보인다. 김용덕은 농암의 '양반상인론'이 "당시에 이미 많은 양반들이 상업에 종사하고 있었던 현실을 반영하여 그 방향을 촉진하려는 것"이라고 보았다.[171] 농암은 지방의 정기시(定期市) 체제를 극복하고 상설점포가 활성화된 지방 도시를 만들자고 주장했는데, 18세기 중엽 1천 개에 달한 장시가 존재하였기에 현실적 의의를 가지는 주장이다. 조선은 18세기 중엽 높은 정기시 밀도를 달성하였으나, 읍치(邑治)가 상업도시로 성장하는, 『우서』에서 제시된 다음 단계로 나아가지는 못하였다. 이러한 양면성을 인정한다면, 우리는 『우서』의 경제개혁론이 절실한 시대적 요청이면서 그 수용 기반을 어느 정도 갖춘 현실적 의의를 가진 목표라는 점을 인식할 수 있다.

---

169 白承哲(2000), 51~52면.

170 鄭肯植 編譯(2000), 280~281면.

171 金龍德(1977), 97면.

11. 농암과 동시대 관료 지식인 사이의 경제사상 수준차

『우서』는 『북학의』와 더불어 18세기까지는 가장 혁신적인 경제정책론으로 평가된다. 그 혁신성은 실현 가능성보다는 동시대의 일반적 관념과의 차이에서 그러하다는 것이다. 사실 반계의 공전제와 다산의 정전제가 『우서』와 『북학의』의 제안보다 훨씬 실현하기 힘든 제안이다. 그런데 정전제는 유학의 이상이므로, 그 실현 가능성에 회의를 가진 동시대 유학자들도 그 이상은 수용할 수 있었다.

『우서』의 제1항에서 "세상의 소견 좁은 무리들은 이 글을 보고 놀라서 이상히 여겨 수군거리다가 떼를 지어 떠들어 대기를 '저 사람이 이 책을 저술하여 무엇을 하려는가. 이를 세상에 행하고 정사(政事)에 베풀려는 것인가?'라며 서로 놀라 마지않는다."라고 했다.[172] 이것은 『우서』의 제안이 동시대 평균적인 사상과 가볍지 않은 차이가 있었음을 보여 준다.

농암의 사상과 동시대의 일반적 사상의 차이를 비교하는 하나의 방법은 '혹왈(或曰)'로 시작되는 내용을 일반적인 사상으로 간주하고 '답왈(答曰)'로 시작되는 농암의 대답과 비교하는 것이다. 『우서』의 문답식 서술은 농암의 혁신적인 사상과 동시대 일반적 사상의 차이를 보여 주는 점에서 흥미롭다고 하겠다. '혹왈'로 시작하는 논의 상대방은 머릿속 상상의 가상적 인물인가? 필자는 그럴 가능성이 낮다고 생각한다. 앞으로 언급하겠지만, 문의자의 논의가 더욱 정연한 경제논리를 가져

---

172 『迂書』 권1, 「記論譔本旨」, "世之齷齪之徒, 瞿瞿然怪之, 竊竊然異之, 睢盱而羣譟之曰 "彼之爲此欲何爲也? 無乃欲行之於世, 施之於政乎?" 相與驚怪之不已."

서 농암의 대답이 궁색한 대목들이 있었다. 그리고 이러한 논의가 실제 없고서는 농암의 의견에 대한 반론과 답변을 이렇게 생생하게 제시하기 어려운 대목들이 적지 않다. 농암이 『우서』에서의 자기 주장이 '우활(迂闊)'하다고 자인한 것은 당대의 통념과 비교한 것이었다. 그런 점에서 '혹왈'에 제시된 견해는 당대의 통념이거나 그것에 가까운 견해였다. 그것은 농암이 직접 듣고 본 내용일 수도 있고 통념을 정리한 것일 수도 있겠다.

농암은 소론 명문가 출신이었다. 노론시파(老論時派) 심노숭(沈魯崇)은 훗날 『효전산고(孝田散稿)』, 「자저실기(自著實記)」에서 다음과 같이 회고하였다. 농암은 벼슬이 한미하였으나 "기국(氣局)과 지려(智慮)만은 남달리 뛰어났다. 1724년 이후로 소론에게 일이 있을 때면 반드시 그를 찾아가 판가름하였다. 그는 귀머거리라 남들과 말을 주고받지 못하였으나 누워서 허공에 글씨를 쓰면 알아듣지 못하는 것이 없었다." 농암보다 20년 연장인 이광좌(李光佐, 1674~1740)가 내의원 도제조를 맡고 있을 때, 종기 치료를 받는 농암의 집에 당대 명사들이 앉아 있었다.[173] 농암은 42세이던 1735년 9월에 태천현감(泰川縣監)으로 임명되자 교리 조명택(趙明澤)의 배척을 받았는데, 이조참판 송인명(宋眞明)과 이조참의 조명교(曺命敎)는 농암의 재주를 들어 변호하였으며, 1737년 10월 영의정 이광좌, 공조참판 이종성 등은 영조에게 농암을 인재로 천거하며 『우서』를 소개하였는데,[174] 이 무렵 소론 인사는 농암을 최고의 경제사상가로 인정하였다고 볼 수 있다. 그렇다면 농암은 소론 인사와 교류가 활발하였으며, '혹왈'과 '답왈'로 이루어지는 대화체는 농

173 안대회(2013), 59~61면.

174 이 책에 수록된 연보를 참조하라.

암이 자신과 교류한 사람들과의 논의를 정리하였던 것으로 사료된다. 농암은 귀머거리였으므로 필담에 의존하는 일이 많았는데, 그 때문에 논의가 기록으로 남아 정리되기 편한 면도 있었을 것이다. 농암과 담론을 나눈 인물은 단순한 일반인이 아니라 서울에서 활동한 소론으로 당시 지식인 그룹에 속하고 엘리트 관료가 많았다.

『우서』에서 제시된 정책론의 핵심을 보여 주는 「총론사민」을 통해 농암과 당시 서울 지식인의 사상을 비교해 보고 그 격차를 살펴보자. 여기서 농암은 국가재정이 빈약하고 인민이 가난한 주된 원인을 사민의 분업이 제대로 이루어지지 않았기 때문이라고 했다. 여기에 대해 "오늘날의 민산(民産)이 점차로 궁핍해진 것은 실로 나라가 오랫동안 평안하여 인구가 크게 불어나 땅은 좁은데 사람은 많아져서 재산이 날로 궁핍해진 데에 말미암은 것이다. 어찌 백성이 농사에 힘쓰지 않은 데서 이루어진 현상이라 할 수 있겠는가."라는 반론이 들어왔다.[175] 사실 양란 후에 인구가 급증하였는데, 개간이 진전되었지만 1670년대에는 개간될 만한 곳은 모조리 개간되어 이후 생활수준이 하락하는 추세였다.[176] 인구가 식량보다 빠르게 증가하는 맬더스 법칙이 작용한 것이다. 그런 점에서 현실성이 있는 예리한 비판임에도 불구하고 농암은 "세상에는 그같이 말하는 사람들이 많은데, 이것은 참으로 근거 없는 이야기다."고 부정하고 있다. 그는 맬더스 법칙을 인정하지 못한 것이다. 그는 중국 고대의 삼대(三代)에 인구가 증가했는데도 태평시대를 계속 누렸다는 논거를 제시하고 있으나, 논거로 삼은 사료의 신빙성에 대

175 성호도 인구론적인 설명으로 17세기 후반의 빈곤화 현상을 설명한 바 있다(이헌창 2012c, 204~209면).

176 이헌창(2012a), 56~59면.

한 비판 자세가 결여되었다.[177]

"우리나라는 원래 땅이 메말라 예로부터 백성이 가난하고 생계가 다급했는데, 어찌 꼭 놀고먹어서 가난해졌다고만 하겠는가?"라는 반론에 대해 "의식(衣食)의 물자에 있어서는 우리처럼 풍요한 나라도 없는 것 같다."라고 보고, "정효(鄭曉)의 『오학편(吾學編)』에 다른 나라의 의식이 모두 우리나라에 미치지 못한다고 기록되어 있는 것을 보아도 분명하다."라고 했다.[178] 여기서도 논거가 되는 자료가 불완전함을 인식하지 못했다. 조선시대의 고증(考證)은 기본적으로 문헌 기록을 대상으로 하며, 그 기록의 현실 적합성을 검증하는 자세가 부족하였는데, 농암도 그런 한계를 극복하지 못하였다. 농암의 상대방도 이 점을 따지지는 않았다. 조선은 주된 비교 대상이 되는 중국 선진지대와 일본보다 토질이 척박하고 기후가 불리하여 토지생산성이 낮았다.

농암의 화전(火田) 금지 주장에 대하여 혹자는 인구가 날로 번성하여 "지금 곡식을 생산하는 토지가 모두 개간되었는데도 곡식이 더욱 귀해져 화전이 점차 성행한 것이다."라 하고 "지금 화전을 엄금한다면 ……

---

177 『迂書』 권1, 「總論四民」, "或曰, 今之民產漸罄者, 實由於昇平已久, 生齒繁滋, 地狹人衆, 財產日窘之致也. 豈可歸咎於民不務本而然歟? 答曰, 世之爲此言者多矣, 此實無據之論也. 自有此宇宙, 便有此人民. 自有此人民, 便有此衣食. 此乃天地自然之理也. 寧有地狹人衆, 以致民產之窮匱者哉. 只以三代言之, 民居井田之中, 皆有所受之土, 兵革不作, 癘疫不起, 太平累百載, 民皆盡其天年, 生育繁滋, 不言可想, 而天下土田, 未嘗有增於前也. 然而民有九年之畜, 未聞地狹之患矣."

178 『迂書』 권1, 「總論四民」, "或曰, 我東土地墝瘠, 自古民貧, 生理窘迫, 豈必游食之致乎. 答曰, 不然. 我東土品, 若比中國蘇淞之饒, 則誠或不及, 而三南沃衍之土, 豈不足力穡致富乎. 貨殖志, 以飯稻羹魚, 爲天下之饒地. 我國之民, 鮮不飯稻, 則何謂土地之墝瘠也. 以我東地勢言之, 山回水環, 在在皆然, 遮擁屛蔽, 形勢極好, 山水雜沓, 津液滲漉, 水旱風霜, 亦難爲灾, 西關之紬綿, 北道之麻布, 海西之鐵冶, 南中之竹楮, 沿海之魚鹽苔藿, 峽中之菽粟木植, 凡可以養生送死之具, 無所不有. 以吾觀之, 則中國得天地之中氣, 固可謂宇宙大都會, 而其外則西域日南, 以至日本諸國, 雖有珍寶出產處, 固無益於養人. 至於衣食之資, 未有如我國之最饒者. 苟以鄭曉吾學編觀之, 外國衣食, 皆不及於海東明矣."

생리(生理)는 날로 곤궁하여져 사람들이 살아갈 수 없게 될 것이다."라며 반박하였다. 화전이 성행하는 논리를 잘 설명하였다고 하겠다. 이에 대해 농암은 "천지가 만물을 낼 때 사람은 땅에 살게 하였고 고기는 물에 살게 하였으며 금수(禽獸)는 산에 살게 하였는데, 사람이 번성한다고 해서 토지가 부족하여 식량을 대기 어려울 이치가 어찌 있겠는가."라며 '자연의 이치'를 거론하였는데, 비논리적인 응답이다.[179]

조선에서 직업 분화가 진전되지 못한 것은 시장 규모가 작기 때문이라는 반론도 제기되었다. 즉, "중국은 물산이 풍부하고 지세가 평탄하여 배와 수레와 말들이 밤낮으로 수송할 수 있기 때문에, 교역이 쉽게 이루어지고 상공업이 크게 번성한다. 그러나 우리나라는 국토의 3분의 2가 산이어서 평야는 거의 없고 험한 산골이 매우 많다. 그리하여 거개의 사람들이 산이나 돌 틈바귀에 끼어 살고 있고 배나 수레가 다닐 만한 곳은 2~3할에 지나지 않는데다가 물산마저 심히 빈약하여 교역이 번성치 못하는 것이다. 이른바 말짐장수와 등짐장수가 종일 분주히 다녀도 별로 팔지 못하고, 서울 입전(立廛)의 상인들이 눈이 빠지도록 손님을 기다려도 팔을 내젓고 지나가는 사람이 8~9할이나 되니, 이로써 보아 비록 상공업의 성행(盛行)을 도모하고자 해도 그것이 이루어질 수 있겠는가. 그대는 그 사세(事勢)가 다른 것을 헤아리지 않은 채 중국의 책만을 보고 우리나라의 상공업도 중국과 같이 성행시킬 수 있다고 하니, 이는 이른바 방내지리지설(房內地理之說)과 같지 않겠는가."라는 비판을 받은 것이다. 이에 대해 농암은 "이것은 그대만이 의혹하고 있는 것이

---

179 『迂書』 권7, 「論火田」, "或曰, 火田之弊誠如子言. 而但今生穀之土盡墾, 而粒食益貴, 至於火田漸盛. 今若痛禁, 則生齒日蕃, 生理日窘, 人無以支活矣. 答曰, …… 今子此言, 出於不識天地生生自然之理, 故迷惑如此矣. 天地生萬物也, 俾人居土, 俾魚居水, 俾禽獸居山. 生齒雖曰蕃盛, 豈有土地不足, 粒米難繼之理哉."

아니라 실로 예로부터 우리나라의 많은 사람들이 크게 의혹하여 오고 있는 터이다. 그러나 이제 그렇지 않은 것을 하나하나 논변하여 보고자 하니 들어보기 바란다."라며, "우리나라 상인들은 장사를 한다고는 하지만 실제로는 장사하는 이치를 모르고 있다."고 하여 그 때문에 상업이 번창하지 못하다는 것이다.[180] 직업 분화가 진전되지 못한 수요의 조건을 제시한 데에 대하여 농암은 그것을 부정하면서 공급의 조건으로 직업 분화를 진전시킬 수 있다고 했다. 농암은 수요와 공급이 가위의 양날처럼 함께 작용한다는 마셜(Afred Marshall)의 명제를 몰랐던 것이다.

이와 같은 성격의 논쟁은 이어진다. 농암이 대상인과 상설점포를 육성하자는 주장에 대해 "우리나라 사람의 생활은 원래 가난하기가 비길 데 없어 끼니를 제대로 잇지 못하고 굶주림과 추위가 몸에 밴 사람이 10에 8~9나 되니, 설사 시장에 술과 고기가 산처럼 쌓였다 한들 그 누가 이를 사먹겠는가."라며 반론하였다. 조선 후기에도 대상인과 점포상업이 발달하지 못하였는데, 그 기본 원인은 이러한 반론처럼 구매력이 미약한 수요의 조건이었다. 그런데도 농암은 "이 또한 목전(目前)의 형편만을 보고 그 근본을 살피지 못한 이야기이다."라며 부정했다. 남녀가 모두 직업에 종사하여 생산에 힘쓰면 물가가 하락하여 교역이 활성

180 『迂書』 권1, 「總論四民」, "或曰, 吾東事勢, 與中國不同, 雖欲盡驅游民於農工商三者, 勢有所不可成也. 答曰, 不可成者, 何事也? 或曰, 中國則物産繁衍, 地勢平坦, 舟車騾馬, 日夜委輸, 故交易旣易, 工商甚盛. 我國則三分之中, 山居其二, 開野之地絶少, 巖險之疆甚多. 人皆崎嶇居生於山砠石确之間, 舟車通行之處, 十無二三, 況且物産尠薄, 交易不繁. 所謂馬販子, 背負商之流, 終日奔走, 不得售賣. 京都立廛之商, 眼穿待人, 而掉臂過市者, 十常八九. 以此觀之, 則雖欲使工商盛行, 其可得乎. 子不過徒見中國文字, 不量事勢之不同, 而便謂吾東工商, 亦可如中國商販之易, 此不幾於諺所謂房內地理之說乎. 答曰, 此非但吾子之所惑也, 實吾東方自古人人之所大惑也. 今試條辨其不然, 子試聽之. 我國商賈, 名雖曰交易, 實不知交易之理. 大凡商販之道, 必有坐商店鋪, 然後行商方可有利, 而我國外方, 全無店肆, 交易懋遷, 安能成掾乎."

화된다는 것이다. 그러면서 "오늘날 사람들이 생업을 마련할 방도〔制産之道〕는 생각지 않고 교역이 성행되기 어렵다고만 말하니, 이것이 과연 그 근본을 살핀 논의겠는가."라며 반문하였다.[181] 공급의 증가로 물가가 하락하면 구매력이 증가하는 효과를 가지므로, 농암의 이러한 지적은 예리하다. 그렇다 해도 농암이 시장의 수요 조건을 무시한 한계는 부정될 수 없다.

아담 스미스의 『국부론』에 "분업을 낳는 것은 교환의 힘이므로 분업의 범위는 늘 시장의 크기에 의해 제한된다."라는 유명한 명제가 있다. 우물을 퍼야 마르지 않고 사치품의 수요가 있어야 기술이 발전한다는 박제가의 주장은 이 명제에 상통한다.[182] 박제가는 이처럼 시장 수요를 중시하여 해로에 의존한 무역시장의 확대를 통해 경제발전을 도모하고자 하였다. 필자도 조선 후기 경제발전을 제약한 기본 요인이 해금(海禁) 등 무역 제한으로 인한 시장 수요의 협소함이라고 생각한다.[183] 그리고 농암처럼 생산성 향상이 시장 발전, 나아가 경제발전을 낳는 경로도 타당한 경제논리이다. 박제가도 외국 선진기술의 도입을 통한 생산성의 향상 방안을 열심히 강구하였다.

이처럼 '혹왈(或曰)'에는 맬더스 법칙에 따른 생활수준의 하락, 지리적 조건에 따른 조선의 상대적 가난함, 직업 분화를 진전시키지 못하는

---

181 『迂書』 권1, 「總論四民」, "或曰, 此不知物理之言也. 我國人生理, 貧薄無比, 朝夕不繼, 飢寒切身者, 十常八九. 設使市中酒肉如山, 其誰有買食者乎? 答曰, 此乃徒見目前之形, 不知循本之言也. 天生斯民, 皆具衣食之理. 何以我國人, 則別㨾貧薄, 不辨衣食者, 十居八九耶. 果令擧國男婦, 皆盡其職, 則百物之直, 必皆賤歇, 寧有交易不通之理耶. 飮酒食肉, 恒人之所願欲也, 苟有買食之勢, 則何故不買食耶. 今不思其制産之道, 徒以交易難外爲言, 此果知本之論耶."

182 이헌창(2011b), 127~129면.

183 이헌창(2013b).

수요의 조건이라는 설득력이 있는 견해가 제시되어 있다. 농암은 산업 기술의 발전과 직업 분화를 도모하여 부국을 달성하자는 중요한 견해를 제시하였지만, 필자에게는 '혹왈'에서 제시된 견해가 더욱 기본적으로 생각된다. 물론 '혹왈'에서 제시된 견해가 '답왈(答曰)'에서 제시된 견해보다 전반적으로 우월하다고 말하는 것은 아니다. 여기서는 '혹왈' 중에 특히 인상적인 경제논리를 거론한 것이며, 일반적으로는 '답왈'에서 제시된 견해가 더욱 설득력이 있다. 그런 점을 감안하더라도 '혹왈'에서 제시된 견해는 수준이 낮지 않다.

이러한 인구설, 지리설 및 시장수요설을 논박한 다음에 민산이 궁핍한 원인으로서 '사민불분(四民不分)'설을 제시한다. 앞서 언급하였듯이, 여기서도 설득력이 있는 반론이 나오고 그것에 대응하면서 자신의 주장을 정밀하고 설득력 있게 제시하는 농암의 논리력이 돋보인다. 필자가 여기서 말하고 싶은 것은 서울 소론을 중심으로 하는 일부 지식인 집단의 이러한 수준 있는 논의를 통해 농암이 자신의 논리를 더욱 단련하고 논의의 전반적인 수준을 향상시킬 수 있었을 것이라는 점이다.

「총론사민」에서 농암은 조선이 가난한 중요 원인을 교역의 원리〔交易之理〕를 모른다는 데에서 찾고 대상인육성론을 제시한 데에 대하여, 상대방은 이 대답이 물리(物理)를 모르는 말이라고 규정하고 우리나라는 가난하여 대상인에게 많은 이익을 제공할 만한 시장이 성립하지 않는다고 지적하였다. 여기서 '물리'란 경제논리라 풀이할 수 있다. 『우서』에는 농암과 상대방이 모두 '물리'를 여섯 번 사용하고 있다 이것들은 거의가 도리와 구별되는 '물리'이다. 농암이 상대방과 경제논리인 '물리'를 거론하면서 수준 높은 논쟁을 벌였음은 주목할 만하다.[184]

---

184 마루야마 마사오는 다자이 슌다이(太宰春台, 1680~1747)가 『經濟錄』(1729)에서 物理

이상으로 보면, 당시로서는 농암이 경제논리를 가장 잘 이해한 조선인으로 생각되지만, 그 외에도 경제논리를 잘 이해하는 사람들이 적지 않았다.[185]

『우서』가 논리 정연하고 깊이 있는 저술이 된 것은 농암의 뛰어난 식견뿐 아니라 식견이 있는 명사들과 자유롭고도 활발하게 논의한 성과로 보인다. 농암과 논의한 인물은 서울에 거주하는 엘리트 양반이었고 대부분 소론이었을 것이다.[186] 이런 활발한 토의를 통해 농암은 자신의 지론을 더욱 정치하고 탄탄하게 만들 수 있었다. 『우서』가 완성된 지 얼마 지나지 않는 1737년에 비변사 당상인 이종성(李宗城)과 영의정 이광좌가 그 책을 보고 영조에게 그를 천거하였고, 우의정 조현명(趙顯命)도 이 책을 높게 평가했다. 영조도 그 책을 보고 농암의 학문을 인정했고 그를 불러 진지한 대화를 나누었으며, 농암의 일부 제안은 채택되

와 道理의 구별을 중시하고 '경제론'을 물리, 곧 사물의 이치라는 일종의 법칙 개념으로 파악해야 한다는 관점을 제시하였다는 것을 높게 평가하였다(마루야마 마사오・가토 슈이치, 2000, 34~101면).

185 '或曰'에 제시된 논리의 수준이 높기 때문에 농암의 주장이 아닌가라고 생각할 수도 있다. 그런데 맬더스 법칙과 같은 내용의 반론에 대해 농암 자신이 "세상에는 그같이 말하는 사람들이 많다."고 했다. 그리고 수요와 공급에 따라 가격변동을 이해하는 경제논리를 실학자로 지목받지 않는 유명하지 않은 인물까지도 제시하고 있었다. 다음 예는 화폐가치의 변동에 관한 예로 화폐수량설에 접근하는 견해이다. "蓋歷代以來鼓鑄不休, 錢漸積多, 而穀帛不敷, 故物重錢輕."(『磻溪隨錄』 권4, 田制後錄下); "領議政許(積)所啓, 我國本無通行之貨. 自近年以來 以錢爲通貨, 至於柴菜之價亦皆用銀. …… 出銀之路狹 而用銀之路廣, 故詐僞造銀之弊 至於今日而極矣. …… 今則物貨不通, 故人情皆願行錢."(『備邊司謄錄』, 肅宗 4년 1월 24일); "(都提調)金曰 錢貨行用既久 流布漸廣 而久不可鑄, 則有限之物 日致耗縮 勢所然也. 近來市肆之間 銀貨幾乎相等 殆無貴賤輕重之別."(『備邊司謄錄』, 숙종 42년 12월 25일)

186 『迂書』 권2, 「論門閥之弊」 93에 의하면, 대화 상대방이 서울 양반과 시골 양반의 지적 격차가 크고, 서울 대가의 자제는 목민관이 되어도 백성을 잘 다스리는 반면 시골 사람은 한 고을의 직무도 수행하지 못한다고 했다. 이것은 농암과 논의한 인물 중에 서울 명문가 출신이 많았음을 반영한다.

기도 했다.[187] 농암의 사상도 혁신적이지만, 당시 소론 명사와 영조는 그것을 평가하고 일부 수용할 태세를 갖추었던 것이다.

효종 때에 김육 등 관료 출신으로 경세를 중시하는 정치인들의 한당(漢黨)과 김집·송시열 등 산림 출신의 정치인들의 산당(山黨)이 정책적으로 대립했는데, 전자는 이항복 계열로 신흠·김육으로 이어졌고 후자는 김장생 계열이었다는 학설이 있다.[188] 그런데 한당의 최초 영수라 간주되는 신흠은 임진왜란 때부터 이원익과 함께 국난 극복을 위해 활동하고 이원익과 사상적으로 교감하였으며, 인조 때 이원익이 영의정일 때 우의정으로 지내면서 정책활동에 보조를 같이하였다. 김육이 대동법을 추진할 때, 본받을 선배 정치인으로 상정한 인물은 이원익이다. 이원익과 이항복은 국난 극복을 위해 협력하며 활동한 명신들이다. 임진왜란 때에 이원익 및 이항복과 함께 국정을 주도한 인물이 유성룡이었고, 신흠은 유성룡의 휘하에서 일을 도우면서 그의 행정 능력에 탄복하기도 했다. 유성룡에 영향을 미친 선배 관료로 이이와 이준경을 들 수 있다. 이처럼 경세 관료 출신으로서 정책 결정을 주도한 인물의 계열로서 '유성룡→이원익·이항복→신흠→김육'이라는 기본 계보를 확인할 수 있다. 이러한 사실은 한당 대 산당의 대립보다 시야를 더욱 넓혀 조정의 정파(政派)를 이해할 필요성을 제기한다. 즉, 경세 관료 출신으로서 중앙 정치인이 되어 치인(治人)의 사공(事功)을 중시하는 세력이 선조대에 형성되어 이후 이어지고 있었던 것이다. 김육 등의 영향을 받은 허적 등이 숙종 때의 동전 통용을 실현하였다. 김육을 존경한 박세당, 이이를 존경한 박세채 등의 영향을 받은 조현명·홍계희(洪

---

187 한영우(2007), 33~41면.

188 鄭萬祚(1999).

啓禧) 등은 영조 때의 균역법에 이바지하였다. 농암은 이러한 경세 관료의 전통을 이어받아 경세론을 더욱 높은 수준으로 올렸다고 하겠다.

농암이 유학 경전에 대해 창조적인 재해석을 하고 때때로 견강부회적인 해석을 하였음에도 당시 조선의 관료들에게 경학으로 명성을 얻은 것은[189] 조선 후기의 가장 혁신적인 사상가 중 한 사람인 농암과 일반 중앙 관료의 사상적 간격이나 경제사상의 수준차가 실학 연구에서 일반적으로 지적되는 만큼 크지는 않았음을 드러낸다. 농암과 교류한 소론의 명사들은 조선에서는 식견이 가장 높은 그룹 중 하나였다. 성호 이익은 1730년대 이후 근기 남인 중에서 가장 명망이 높은 학자였다.[190] 박제가의 사상도 선진적이지만, 혼자만의 돌출한 것이 아니고 폭넓은 사상적 교유 위에서 성립하였다.[191] 조선 후기의 실학은 특별한 사람의 특이한 사상이라는 사회적으로 예외적인 현상은 아니었다. 사회 전반적인 지식 역량이 높아지는 가운데 그 정점에 서서 근대적 사유의 싹까지 보여 주게 된 것이 실학이라고 볼 수 있다.

12. 맺음말

농암은 당시 천시된 상업의 체계적인 원리를 제시하여 경세의 담론을 체계적인 학술 논의로 끌어올리려 했다. 권8의 「논상판사리액세규제(論商販事理額稅規制)」에서 첫 번째 '답왈(答曰)'에 나오는 문장으로

189 『承政院日記』, 영조 20년 1월 28일.
190 鄭萬祚(2012), 123면.
191 이헌창(2013a); 안대회(2013).

"우리 조선 상인이 상법을 모르니, 어찌 이익을 얻을 수 있는가(我東商人不識商法, 安得有利乎)."에서 '상법'에 가장 가까운 근대 용어를 찾는다면 상학(商學)이 아닌가 생각된다. 상업의 원리를 구체화한 권8의 「논상판사리액세규제」라는 항목의 제목을 오늘날 말로 풀이하면 '상업 원리와 상업세 제도를 논한다'일 것이다. 농암이 상도·상법·시법·교역지리·물리·상판사리 등의 표현을 사용한 것은 오늘날 사회과학에 해당하는 것을 모색하였다는 증거로 생각된다. 농암은 『우서』에서 단지 정책 제안에 그치는 것이 아니라 상학을 정립하여 정책론에 이바지하려는 의도를 담았다.

유학은 수기치인(修己治人)의 학문인데, 주자가 이기론과 인성론을 통하여 수기의 담론을 체계적인 학술 논의의 수준으로 끌어올렸다. 그 후 반계 유형원이 『반계수록』에서 경세의 담론을 체계적인 학술 논의의 수준까지 끌어올렸으나 그의 경세론에서는 상업론이 미흡했는데, 농암이 그 미흡한 바를 메웠다. 주자의 이기론과 인성론은 관념적인 반면, 반계와 농암의 경세론은 실사에 치중한 점에서 더욱 의의가 있다.

근대적 사회과학이라면 개념을 정립하고 법칙을 구명하여 개념과 법칙의 조립을 통한 학문체계를 이루어야 한다. 이러한 분석 정신은 고대 그리스에서 나타나 근세 유럽에서 발전하여 근대 학문의 성립을 보게 되었다. 아시아에서는 이런 분석 정신이 부족했다. 18세기 조선에서 농암은 성호 이익, 담헌 홍대용, 연암 박지원, 초정 박제가 등과 더불어 가장 명석한 사유를 하였으나, 그 누구도 근대적 사회과학을 수립할 정도에는 이르지는 못했다. 유럽과는 달리 고대 그리스의 논리학과 수학의 유산을 활용하지 못했고, 논리학 교육이 이루어지지 못했기 때문이다. 11절에서 살펴보면, '혹왈(或曰)'의 논자가 맬더스 인구법칙이나 수요·공급의 원리와 같은 것을 제시하였으나, 농암은 오히려 그것을 부정했다.

『우서』의 첫머리에는 “그대가 이 책을 저술하는 것은 내용이 참으로 세상에 시행될 수 있다고 생각해서인가〔子之爲此書也, 果以爲可行於世乎〕?”라는 물음에 대하여, “미쳐서 실성한 사람이 아니라면, 어찌 세상에 시행될 수 없다는 것을 스스로 모르겠는가〔若非病風失性之人, 豈不自知其不可行也〕.”라는 농암의 대답이 나온다. 여기서 농암은 『우서』에서의 정책 제안이 실현 불가능하다고 말하고 있지만, 제도의 시행 여부를 논한 마지막의 총론인 제77항에서는 그 실현에 대한 희망을 버리지 않았다. 즉, “국가를 다스리는 체계에서는 본시 완급과 선후의 차례가 있다〔國家治體自有緩急先後之宜〕.”고 하면서, 『우서』의 제안이 ‘근본을 다스리는 논의〔治本之論〕’로서 당장 무리하게 시행될 수는 없으나, “말단만을 다스리고 근본을 다스리지 않는다면 옛날 그대로 침체해질 뿐이다〔治標而不治本, 則依舊沈痼而已〕.”고 하였다. 종전에는 제1항에서 농암이 ‘세상에 시행될 수 없다’고 말한 점을 부각했는데, 이제는 제77항에서 그 실현 희망을 저버리지 않은 점도 주목할 필요가 있다. 농암은 점진적인 개량을 통해 궁극적으로 사민분업이 이루어진 부국을 달성하고자 했다.[192]

『우서』에서는 장기적이고 근본적인 정책 목표가 제시되고 있는데, 그 한 예를 들어본다. “산림을 기르고 민산(民産)을 마련하는 논설이 어찌 그리도 우활(迂闊)한가.”라는 말을 듣고서, “길어야 몇 년이면 그 효과를 볼 수 있을 것인데, 어찌하여 우원하다고 하는가. 그대처럼 생각한다면 100년 동안 덕을 쌓아야 예악(禮樂)이 흥하게 될 것이라는 교훈

192 『迂書』 권10, 「摠論法度可行與否」, “醫家固有標本之論, 苟以時措之義言之, 則此亦治本之論也. 目下救弊, 恐別有義理, 不可硬作此等事矣. …… 國家治體, 自有緩急先後之宜. …… 其要不過曰 …… 使朝廷之體, 稍還舊觀是也 …… 治標而不治本, 則依舊沈痼而已.”

역시 우활하다 하여 믿지 않겠는가.”라고 응답하였다.[193]

『우서』의 개혁론은 소론에게서 높은 평가를 받았고, 영조의 주목도 받았다. 그런 점에서 만약 농암이 1755년 대역죄인으로 몰리지 않고 별탈 없이 생을 마쳤더라면, 『우서』의 개혁론이 사회적으로 상당한 파급력을 가졌을 가능성도 있다. 자신의 왕세자 책봉을 비판한 농암의 당숙인 유봉휘에 대한 영조의 반감이 유봉휘를 연상시키는 농암에게 파급된 면이 있다.[194]

농암은 시장 발전, 기술 발전 등을 통해 인민이 부유해지고 국가가 부강해져서 ‘이용후생의 방도’를 완수하자고 주장한 점에서 18세기 후반에 대두한 홍대용·박지원·박제가 등의 이용후생사상의 선구를 이룬다. 농암은 중국의 제도뿐 아니라 기술의 도입도 적극 주장하여 북학사상의 선구가 되었다. 농암은 국가제도를 중시하고 그 개혁론을 광범하게 제시한 점에서 경세치용학파인 성호와도 통한다. 그 후에 사회적 분업론을 특히 활발히 논의한 인물은 다산이다. 정조 시대에 대두한 이용후생학파의 개혁론은 1801년 신유박해로 서리를 맞게 된다.

193 『迂書』 권8, 「論商販事理額稅規制」, “或曰, 養山林制民産之說, 何其迂遠之甚乎? 答曰, 多不過幾年, 可食其效, 何謂迂遠! 如子之論, 則積德百年, 禮樂可興之訓, 亦將以爲迂而不信歟?”

194 농암이 처형당한 배경에 관해 이 책에 실린 정만조의 논문을 참조하라.

參考文獻

『資治通鑑』.

『韓非子』.

『朝鮮王朝實錄』.

姜萬吉(1973), 『朝鮮後期 商業資本의 發達』, 고려대 출판부.

金龍德(1976), 「茶山의 商業觀 研究」, 『歷史學報』 70.

______(1977), 「實學派의 身分觀－성호의 士農合一論」, 『한국사상』 15, 한국사상연구회.

白承哲(2000), 『朝鮮後期 商業史研究』, 혜안.

______(2007), 「농암 유수원의 商業觀과 商業振興論」, 『東方學志』 140.

안대회(2013), 「楚亭 思想의 成立 背景과 그 影響」, 『초정 박제가 연구』, 사람의 무늬.

元裕漢(1972), 「조선 후기 貨幣流通構造 改善論의 一面－유수원의 현실적 貨幣論을 중심으로－」, 『歷史學報』 56.

李丙燾(1987/1989), 『韓國儒學史』, 亞細亞文化史.

이우연(2010) 『한국의 산림소유제도와 정책의 역사, 1600-1987』, 일조각.

李憲昶(1999), 「磻溪 柳馨遠의 經濟思想에 관한 연구」, 『朝鮮時代史學報』 10.

______(2002), 「柳壽垣과 朴齊家의 商業振興論」, 『韓國實學研究』 4, 한국실학학회.

이헌창(2007), 「김육의 경제사상과 경제업적」, 『잠곡(潛谷) 김육(金堉) 연구』, 태학사.

______(2008), 「조선 후기 資本主義萌芽論과 그 代案」, 『韓國史學史學報』 17.

이헌창 엮음(2010a), 「조선왕조의 經濟統合體制와 그 변화에 관한 연구」, 『조선 후기 재정과 시장: 경제체제론의 접근』, 서울대학교출판문화원.

이헌창(2010b), 「1910년 조선 植民地化의 내적 원인」, 『朝鮮時代史學報』 55.

이헌창·조영준(2010), 「조선 후기 貢價의 체계와 추이」, 『조선 후기 재정과 시장: 경제체제론의 접근』, 서울대학교출판문화원.

이헌창(2011), 『조선시대 최고의 경제발전안을 제시한 박제가』, 민속원.

______(2012a), 『한국경제통사』(제5판), 해남.

______(2012b), 「경제사의 과학적 인식과 그 한계」, 『학문연구의 동향과 쟁점 경제학·경영학』, 대한민국학술원.

______(2012c), 「星湖의 安民富國論」, 『성호 이익 연구』, 사람의 무늬.

______(2013a), 「楚亭의 利用厚生思想과 富國論」, 『초정 박제가 연구』, 사람의 무늬.

______(2013b), 「근대경제성장의 기반형성기로서 18세기 조선의 성취와 그 한계」, 『정조와 18세기』, 푸른역사.

______(2013c), 「星湖 李瀷의 經世濟民論」, 『성호학보』 14.

이화승(2013), 『상인 이야기』, 행성비.

鄭肯植 編譯(2000), 『慣習調査報告書』(改譯版), 한국법제연구원.

鄭萬祚(1991), 「朝鮮 顯宗朝의 公義·私義 論爭」, 『韓國學論叢』 14.

______(1999), 「17세기 후반 漢黨의 정치활동과 國政運營論」, 『韓國文化』 23.

鄭萬祚(2012), 「星湖의 政治思想」, 『성호 이익 연구』, 사람의 무늬.

韓榮國(1976), 「농암 유수원의 政治・經濟思想(上)」, 『大丘史學』 10.
______(1989), 「해제」, 『국역 우서』 I, 민족문화추진회.
韓永愚(1972), 「유수원의 身分改革思想」, 『韓國史硏究』 8.
______(2007), 『꿈과 반역의 실학자 유수원』, 지식산업사.

마루야마 마사오・가토 슈이치, 임성도 옮김(2000), 『번역과 일본의 근대』, 이산; 丸山眞男・加藤周一 校注(1991), 『飜譯の思想』, 岩波書店.
막스 베버, 朴性洙 譯(1988), 『프로테스탄티즘의 윤리와 자본주의정신』, 文藝出版社.
사이토 오사무 지음, 박이택・김승미 옮김(2013), 『비교경제발전론－역사적 어프로치』, 해남.
스티븐 레빗・스티븐 더브너 지음, 안진환 옮김(2007/2010), 『괴짜경제학』, 개정증보판, 웅진지식하우스; Steven D. Levitt and Stephen J. Dubner(2006), *Freakonomics*, Revised and Expanded Edition, New York: William Morrow.
斯波義信(2012), 『中國社會經濟史用語解』, 東洋文庫 前近代硏究班.
Gregory Clark(2007), *A Farewell to Alms: A Brief Economic History of the World*, Princeton University Press ; 그레고리 클라크 지음, 이은주 옮김(2009), 『맬서스, 산업혁명, 그리고 이해할 수 없는 신세계』, 한스미디어.
John Hicks(1969), *A Theory of Economic History*, Oxford University Press.

『迂書』에 드러난 聾庵의 農政論

김태영 | 경희대학교 명예교수

1. 문제의 제기
2. 농업 개량론
   1) 농업 정책론
   2) 농작법 개선론
   3) 수리(水利) 개선론
   4) 농기구 개선론
3. 호적제(戶籍制)와 균부론(均賦論)
4. 액전법론(額田法論)
   1) 면세전(免稅田)·급복전(給復田)의 정리
   2) 액전법(額田法)의 시행
5. 영농론(營農論)
   1) 전업적 분업론
   2) 영농 주체층론
6. 맺음말

1. 문제의 제기

농암(聾庵) 유수원(柳壽垣, 1694~1755)은 18세기 전반기의 현실 개혁적 국가 정책론을 다각도로 서술한 『우서(迂書)』라는 저술을 통해 실학자로 널리 알려지게 된 학자·관인이다. 그는 이 저술을 통해, 조선왕국의 고질적 폐습으로 되어 있는 문벌(門閥)제도를 타파하고, 사족(士族)의 신분이라든가 관직(官職)과 같은 지배적 신분·지위를 개별 인간의 자질과 노력 여하에 따라 획득할 수 있는 것으로 개방해야 한다는 개혁안을 제시하였다.

『우서』는 사·농·공·상 4민의 분업(分業)을 철저히 시행하여 각기가 자기 직업에 전업적(專業的)으로 진력토록 함으로써야 '나라가 허약하고 백성이 가난한' 현실을 타개할 수 있다 하였다. 그리고 또한, 뒤에 가서 구체적으로 살피겠지만, 특히 국가경제의 우선적 중심 과제로 상공업(商工業)의 발전을 역설하고, 이를 제대로 추구한다면 불과 수년 안으로 전국 '도처에 낙토(樂土)가 이루어지고' '이용후생의 도(道)를 완수'할 수 있을 것이라고 전망하였다.

조선 후기 국가체제의 변법적 개혁론을 처음으로 제기함에 따라 실학의 학풍을 확립한 반계(磻溪) 유형원(柳馨遠, 1622~1673)이라든가 뒤이어 실학의 학풍을 체계화하기에 이른 성호(星湖) 이익(李瀷, 1681~1763) 등이 모두 농업(農業) 위주의 국가 경제론을 전개하였음은 지극히 당연한 일이었다. 역사적·현실적 국가경제가 농업 위주로 전개되고 있었기 때문이다. 거기 비하면, 농암이 『우서』를 통해 상공업의 발달을 국가경제의 중심 과제로 추구하고자 하였다는 것은 유사 이래 처음 보는 특이한 개혁론이라 하지 않을 수 없다.

그런데 농암의 상공업에 관한 경제적 인식은 일상의 경험에서 우러난 것이 아니요, 모두가 중국(中國)의 경제 현상을 기록한 서책을 통해 획득한 것으로 보인다. 오늘날의 연구자가 『우서』를 찬찬히 읽어본다면, 농암이 서책을 통해 인식한 중국의 경제는 거의 모든 분야가 경이로움으로 가득찬 현상이었을 것이라고 이해된다. 그런데 그 가운데서도 대자본(大資本) 중심으로 운영되는 중국 상공업의 발달이야말로, 조선왕국의 낙후된 현실과 대조적으로, 특히 활발하고도 선진적인 현상으로 인식하였을 것이라고 이해된다.

농암은 아마도 거기서 크나큰 감동과 영향을 받았으며, 그래서 조선왕국 또한 상공업 중심의 국가경제를 추구함으로써, 도처에 '낙토'를 이룩하고 '이용후생의 도를 완수'하고자 하는 개혁론을 구상하기에 이르렀던 것이라고 살펴진다.

그런데 농암의 『우서』 역시 국가경제를 움직이는 중심축을 상공업 형태로 육성하고자 한 것은 대자본이 중·소(中小) 자본과 기술을 이끌고 운영하는 대량생산과 유통의 체제인 것으로 이해된다. 대량생산과 유통의 체제야말로 소위 자본의 회전이 빠르고, 거기서 생겨나는 목전의 이익이 인간 심리를 직충하여 사회경제 각 분야를 분발시키기도 쉬울 것으로 기대함직한 일이기 때문이다.

가령 농암은 조선왕국 수백 년 동안 결코 해결의 실마리를 찾을 수 없었던 '양병(養兵)'의 재정(財政) 문제를, 염·철(鹽·鐵)의 전매(專賣) 한 가지로도 해결할 수 있다고 자신있게 논한다.

> 삼대(三代)에는 군사(軍士)를 농(農)에다 붙여 양성하였으나, 후세에는 재정(財政)을 가지고 군사를 양성한다. …… 국가에는 군사가 없을 수가

없는데, 재정이 없으면 군사를 양성할 수가 없다. 그래서 역대 국가들은 모두 양병(養兵)의 군수(軍需) 재정을 따로 두고 있었다. 그러나 유독 우리나라는 (군수 재정을) 조달할 곳이 없으므로, 정군(正軍)에게 보(保)를 붙여 주었는데, 부득이해서 그렇게 한 것이다. 부득이하게 세운 법인 까닭에 그 말폐(末弊)가 생기는 것은 형세상 어쩔 수가 없다. 보(保)를 붙여 주는 제도를 개혁하지 않는다면 그 폐단은 구제할 도리가 없다. …… 〔1만(萬) 군사의 유지 비용은 1년에 120만 관(貫)이면 되는데〕 …… 우리나라 사람들은 한갓 군사를 각박하게 대할 줄은 알아도 '양병'하는 방법은 모르고 있으므로 지금 100만 관이란 말을 들으면 실로 크게 놀랄 것이다. 그러나 과연 실속 있는 정책을 힘써 실행하여 생재(生財)의 방안에 진력한다면, 단지 소금〔鹽〕과 철(鐵)의 각세(榷稅) 한 가지만을 가지고 '양병'의 군수로 삼더라도 넉넉히 여유가 있을 것이다.[1]

여기서 일국의 군사 유지비를 조달할 수 있는 '실속 있는 정책'으로 채택하는 '생재(生財)의 방안'을 '염·철'의 전매세(專賣稅)로 설정하였다는 사실은 매우 놀라운 발상에 속한다. 가령 『경국대전』에서도 '염·철'의 판매에는 일정한 세(稅)를 받는다고는 규정한 바 있으나, 그것은 겨우 당해 항목을 설정해 둔 것에 불과한 편이었다. 역사적으로도 소금의 전매는 고려 후기에 일시 시도해 본 적이 있지만 곧 유명무실해지고 말았으며, 철(鐵)의 생산은 아예 금지되어 오는 편이므로 그 전매 여부

---

1 『迂書』 권9, 「論軍制」, "三代 寓兵於農 後世 以財養兵 …… 國不可無兵 而無財則無以養兵 故歷代皆有養兵之需 而我國獨無出處 定保給軍 蓋出於不得已也 不得已立法 則末弊之生 勢所固然 不改給保之制 則萬無救弊之理矣 …… 設使每名月支十貫 有何難乎? …… 我國之人 徒知刻軍 不識養兵 今聞百萬之貫 固宜驚駭之甚 而果能力行實政 以盡生財之方 則只就鹽·鐵榷稅等一條 以爲養兵之需 恢恢有餘地矣."

를 말할 것도 못 되는 일이었다.

그러나 염·철은 일상에서 결코 없어서는 안 되는 긴요한 생활 소재요, 비록 중국의 경우를 본받아 내놓은 발상이기는 하지만 『우서』가 이 두 가지 전매제도를 제기한 것은 새로운 국가재정의 정책 과제를 말한 것이어서 중요한 의미를 갖는다 할 것이다. 두 가지의 전매 수익이 일국의 군사 유지비를 감당하고도 여유 있을 정도라는 계산 또한 더없이 놀라운 정보라고 하지 않을 수가 없다.

『우서』는 다시, 상공업이 제대로 발달하면 거기서 거두는 세액(稅額)이 농업에서 거두는 '조부(租賦)'보다도 몇 갑절이나 될 것이라고도 논한다.

> (봉건제도가 폐지된) 후세에는 천자(天子)가 온 천하를 자기의 집안으로 삼아 군현제(郡縣制)를 실시하였다. 그래서 정전제(井田制)는 폐지되고 양성하는 군사(軍士)가 많아졌으며, 천하의 관리가 모두 천자로부터 녹(祿)을 받게 되었다. 그래서 그 비용이 옛날의 수 배(倍) 정도만이 아니게 커졌으므로, 비록 천하의 곡식을 다하고 천하의 포백(布帛)을 다한다 해도 이를 감당하기에 부족해졌다. 그러므로 후세에는 상세(商稅)와 정각(征榷)을 가지고 그 비용에 이바지하였는데, 그 1년 세입(稅入)이 조부(租賦)보다도 몇 갑절이 되었지만, 상인(商人)이 병되이 여기지 않고 농민은 부담을 덜게 되었다. 그것〔즉 商稅와 征榷〕이 천하를 이롭게 하는 바 컸던 것이다.[2]

---

2 『迂書』 권8, 「論魚鹽征稅」, "後世 家天下而郡縣之 井田廢而養兵衆 天下之吏 皆祿於天子 其費不翅幾倍於古 雖竭天下之粟 盡天下之帛 不足以贍之 故後世以商稅·征榷奉其費 計其一年所入 倍蓰於租賦 而商不爲病 農以息肩 其所以利天下者博矣."

여기서 상세(商稅)는 상품의 거래에서 징수하는 것이요, 정각(征榷)은 일반적으로 소금〔鹽〕의 전매(專賣)를 통해 거두는 세를 말한다. 중국의 경우 이 양자의 액수를 합한 크기가 전국의 곡식과 포백을 합한 액수보다 크고, '조부(租賦)'에 비해 몇 갑절이나 되었다고 인식하는 것이다.

위의 두 가지 사료는 구체적으로 중국 어느 시대의 상황을 제시하는 것인지 상고할 수가 없다. 요컨대 『우서』가 이들 사료를 통해 역설하고자 하는 바는 말할 것도 없이, 국가를 운영하고 군사를 유지하기 위해서는 무엇보다도 그 경제적 기반인 국가재정을 확보해야 한다는 것이요, 그러기 위해서는 또한 무엇보다도 큰 세수(稅收)를 실현할 수 있는 상업(商業)을 발달시키고 '소금' 등의 전매제도를 실시하는, '실속 있는' '생재(生財)의 방안'을 강구해야 한다는 내용이다. 상업과 제조업, 즉 상공업의 발달이 국가경제에 미치는 효과야말로 농업 위주의 정태적 경제정책을 펴온 조선왕국에서는 상상할 수 없을 정도로 큰 것이라는 사실을 애써 일깨우고자 한다. 가령 우리나라에서도 "반드시 염분(鹽盆)을 모두 거두어 국가가 자염(煮鹽)하고 판매하게 된 뒤에라야 그 일이 지극히 공정하고 그 이익이 매우 많게 되어, 군수(軍需)를 보충하고 농민을 여유롭게 할 수 있을 것"[3]이라고도 말한다. 상대적으로 생산과 유통의 인공적 조작이 가능한 제조업과 상업, 곧 상공업의 경제적 효과는 그만큼 클 수 있다는 사실을 예시하는 것이다.

상업이 발달할수록 상인들로부터 더 큰 세수(稅收)가 가능하지만 '상인들이 병되이 여기지 않고, 농민들은 부담을 덜게 된다'는 논지는, 오로지 농업 하나에 의존하는 조선왕국의 빈궁한 경제현실을 타개하기

---

3 『迂書』 권8, 「論魚鹽征稅」, "盡取鹽盆 國家煮賣 然後其事至公 其利甚博 方可以濟軍需而寬農民矣."

위한 변통의 방안, 변혁의 길을 제시하고자 하는 것이었다. 『우서』가 상공업 중심의 경제 개혁론을 제시하는 근본 의도를 여기서 충분히 짐작할 수 있을 것이다.

그런데 이 연구는 왜 하필 농암의 『우서』가 제일의적으로는 우선시하지 않는, 그의 농정론(農政論)에다 관심을 두고자 하는가. 『우서』는 국가경제의 중심축을 상공업에서 추구하면서도 국가경제에서 차지하는 농업의 중요성 또한 결코 간과할 수는 없는 것이라고 확인한다.

> 우리나라는 해양(海洋) 제국(諸國)처럼 상업(商業) 이익을 통해 먹고 사는 나라가 아니요, 경작(耕作)과 방직(紡織)이야말로 곧 본업(本業)이다. 진실로 공력(功力)을 적게 들이고 이익을 크게 늘리는 방법이 있다면, 사(士)・민(民)을 이끌어 그들로 하여금 각기 '본업'에 힘쓰도록 하는 것이 어찌 왕정(王政)을 구현하는 절실하고도 긴요한 일이 아니겠는가.[4]

여기서 '경작과 방직'이란 곧 농업을 뜻한다. 현실적으로 '상업'이 아니라 '농업'이야말로 우리나라의 '본업(本業)' 즉 기본 생업(生業)이라고 하는 농암 자신의 인식이 드러난다. 그리고 국가가 지배층인 '사'와 생산 대중인 '민'을 이끌어' 각자 '본업에 힘쓰도록 하는 것'이야말로 '왕정을 구현하는 절요한 일'이라고 강조한 대목도 주목할 필요가 있다. 조선 전기의 성리학이라든가 그 후기의 실학이 국가적 개혁정책을 통해서 성취하고자 한 궁극의 목표가 곧 요순・삼대의 '왕정'에 있었다는 것은 널리 알려진 사실 그대로다. 농암은 『우서』에서 '왕정'이란 말

---

4 『迂書』 권10, 「論變通規制利害」, "我國生理 非如海洋諸邦之販利爲生者 耕織乃是本業 苟聞功省利廣之法 則敎導士民 俾各務本 豈非王政之切要者乎?"

을 별로 동원하지는 않지만, 그의 개혁론이 표방하는 궁극의 목표로는 역시 '왕정'을 설정하고 있었던 것이다. 그러니 위의 사료는, '왕정'을 실현하기 위해서는 '사 · 민'을 이끌어 '공력(功力)을 적게 들이고 이익을 크게 늘리'도록 하는 농업 진흥책을 강구해야 한다는 뜻을 역설하는 내용인 것으로 풀이된다.

"농사는 천하의 대본(大本)"[5]이라고 확인하는 바와 같이 농암 역시 농업을 위주로 해온 전통적 생업(生業) 관념을 결코 벗어나지 않고 있었다. 그가 새삼 상공업의 발전을 국가경제의 중심 과제로 추구하게 된 것은 아마도 중국의 경우에 비해 크게 낙후되었다고 생각하는 자국의 경제 수준을 격단으로 발전시키기 위한 동력(動力)을, 중국의 경우를 선례로 삼아 상공업 분야에서 찾았기 때문인 것으로 살펴진다.

그런데 『우서』는 또한 "국가의 큰 정사(政事)로는 농업보다 더한 것이 없다."[6]고 단언한다. 주민의 절대 다수가 종사하는 농업이야말로 현실상 가장 큰 비중을 점하는 국가 기본 산업이자 절대 다수 주민의 생업(生業)이었기 때문이다.

그런데 『우서』는, 우리나라의 경우 농사를 국가정책으로 삼아 추진해 온 적이 없다고 인식한다.[7] 또한 우리나라는 "모든 일들이 다 실속이 없지만 농업과 양잠에서는 더욱 심하다."[8]고도 개탄한다. 또 가령 삼남(三南)과 같이 농토가 넓은 지역에서도 금년에 새로 수확한 햇곡식으로 작년의 묵은 곡식을 잇댈 수 있는 부유한 농가가 거의 없다고 관찰한다.

---

5 『迂書』 권1, 「總論四民」, "農者 天下之大本."
6 『迂書』 권1, 「總論四民」, "國之大政 無過於農."
7 『迂書』 권1, 「總論四民」, "我國則不以農事爲政."
8 『迂書』 권9, 「論閑民」, "百事之無實, 尤甚於農桑."

농가를 보면, 비록 삼남(三南)의 비옥한 지역이라 할지라도 햇곡식으로 묵은 곡식을 잇댈 수 있는 집이 거의 없다. 지난날의 역사를 두루 살펴보아도 우리나라처럼 민산(民產)이 심히 메말랐던 나라는 없었다. 그 까닭은 무엇인가. 그 근원은 실로 4민이 분화되지 못했으므로 각자가 제 직업에 힘을 다할 수가 없기 때문이다.[9]

그래서 『우서』는 무엇보다도 "4민의 직업을 분화시켜 하여금 각기 실사(實事)를 추구하도록 해야 한다."[10]고 역설한다.

농암이 『우서』에서 역설하고자 하는 것은, 상공업의 진흥을 통해 국가경제에 활력을 불어넣고 그 수준을 극단으로 발전시키기 위한 개혁정책을 우선적으로 추구하되, '국가의 가장 큰 정사(政事)'인 농정(農政) 또한 결코 소홀히해서는 안 된다는 문제의식이었다. 농업 또한 상공업의 발달과 병행하면서 상호 이바지하는 관계에 설 수 있도록 새로운 진흥책을 강구해야 한다는 것이었다. 즉 농암 유수원의 실학은, 농업 또한 국가의 독자적 산업분야로 새로이 탄생시켜 '실사(實事)를 추구하도록' 발전시켜야 한다는, 객관적 인식을 갖추고 있었던 것이다.

그래서 『우서』는 상공업의 경우처럼 농업분야에서도 중국의 선진적 발전 현상을 본보기로 삼고 이를 수용하고자 한다. 가령 농업기술면을 두고서는 "불가불 중국의 제도를 본받아 백성들을 깨우쳐 이끌어야"[11] 한다고 역설한다. 『우서』는 농업분야에서도 이른바 '북학(北學)'의 선구

---

9 『迂書』 권1, 「總論四民」, "至於農家, 則雖三南土厚處, 新舊穀相繼之家 ,絶無僅有. 歷攷往史, 未有如我國民産之枵然特甚者也. 此其故何哉? 其源實出於四民不分, 故不能務其業而然也."

10 『迂書』 권1, 「論備局」, "分四民之業 使之各趣實事."

11 『迂書』 권10, 「論變通規制利害」, "不可不倣效中國之制 啓導民庶."

를 이루고 있었다 할 것이다.

『우서』에는 농업의 새로운 진흥을 통해 세수(稅收)의 증대를 추구하고자 하는 농정(農政) 관련 서술이 도처에서 산견된다. 그러나 별도로 일정한 체계를 세워 집약적으로 '농정'을 서술해 두지는 않았다. 그래서 이 연구의 진행 또한 필자의 임의적 장(章)·절(節) 설정을 통한 서술로 이루어질 것이다. 그래서 우선 중국의 선진적 농작법을 본받아 수용하기를 역설하는 농업 개량론을 먼저 검토하기로 한다. 그리고 호적(戶籍)을 기준 삼아 인정(人丁)과 전토(田土)를 관리하고 응분의 세(稅)를 징수하되, 균요미(均徭米)·균요전(均徭錢)이라는 일종의 가호별 종합소득세를 신설함으로써 주로 빈농(貧農)층을 보호하고자 하는 독특한 고안을 살피기로 한다. 나아가 각 군현별 일정한 경지(耕地)와 세수(稅收)를 항구적으로 확보하기 위해 '액전(額田)'제도를 시행한다는 새로운 방안을 검토한다. 마지막으로는 분업을 통한 농업생산성의 진작(振作) 및 영농 주체층의 확보 문제를 고찰하기로 한다.

2. 농업 개량론

1) 농업 정책론

『우서』에 의하면 우리나라는 토질(土質)이 비옥하고 또한 자연재해(災害)가 들기 어려운 지세(地勢)를 이루고 있으므로 농업국가로서 손색이 없는 곳이다.

> 우리나라의 토질(土質)이 중국의 소송(蘇淞) 지방만큼은 기름지지 못하겠지만, 삼남 지역의 기름진 땅이야 힘써 농사짓는다면 어찌 치부(致富)하

기에 부족하다 하겠는가. 「화식지(貨殖志)」에는 쌀밥과 생선국을 먹을 수 있는 곳은 천하의 풍요한 땅이라고 되어 있다.[12] 우리나라 사람 가운데 쌀밥을 먹지 않는 사람이 거의 없으니, 어찌 땅이 메마르다 하겠는가. 우리나라의 지세(地勢)를 보면, 산이 둘러싸고 물이 감돌아 곳곳이 병풍을 두른 듯 형세가 매우 좋고, 산수(山水)가 뒤섞여 있어 진액(津液)이 스며들고 있으므로 수(水)·한(旱)·풍(風)·상(霜)도 재해가 되기 어렵게 되어 있다. 그리고 서관(西關)의 명주·무명, 북도(北道)의 삼베, 해서(海西)의 무쇠, 남중(南中)의 대나무와 닥나무, 바다 근방의 물고기·소금·김·미역, 산골의 콩·조·재목 등 무릇 우리 생활에 필요한 물자를 갖추고 있지 않은 곳이 없다.[13]

그런데 또한 『우서』에 의하면 조선왕국은 고려를 이어받아 "나라를 세운 지가 300년이 되었지만 사·농·공·상 4민의 직업이 아직도 분화되지 못하였다. 국가가 허약하고 백성이 가난한 것〔國虛民貧〕은 오로지 4민의 분업이 일어나지 못한 까닭에서 연유하는 것이다." 국내의 이른바 부잣집을 말하더라도, "대개 사대부와 훈척(勳戚)과 역관(譯官)들을 여유 있다고 하는 데 불과할 뿐이요, 농가를 보면, 비록 삼남의 비옥한 지역이라 할지라도 햇곡식과 묵은 곡식이 잇다를 수 있는 집이 거의 없다." 우리나라는 농업국가이지만, "지난날의 역사를 두루 살펴보아도 우리나라처럼 민산(民産)이 심히 빈한한 나라는 없었다. 그 까닭은 무엇인가. 그것은 실로 4민이 분화되지 못했으므로, 각자가 제 직업에 힘을 다할 수가 없었기 때문이다."[14]

12 『史記』 권129, 「貨殖列傳」 69의 말이다.
13 『迂書』 권1, 「總論四民」.

4민의 분업은 농업 진흥책만을 가지고서는 해결할 수 없는, 매우 복합적으로 얽혀 있는 국가적 정책 과제에 속한다. 그보다도 여기서는 이 글의 주제인 국가의 현실적 농업정책에 관한 『우서』의 내용을 우선적으로 고찰하고자 한다.

> 농사는 천하의 대본(大本)이다. 그 요체는 위로 천시(天時)를 받들고 아래로 지리(地利)를 버리지 않는 데 있다. 농사를 장려한 옛사람들의 정사가 『주례(周禮)』, 「지관(地官)」에 자세히 드러나 있는데, 이른바 '초인(草人)'이 토지를 비옥하게 만들고 곡식을 심게 하는 법이나 구물(九物)을 심고 거름 주는 방법들이 매우 곡진하고 자상하며, …… 백성에게 지역에 맞게 농사짓는 법을 가르치는 데 조금도 부족함이 없다. 그리고 당(唐)·송(宋) 이래로 우안(圩岸)과 갑패(閘壩)의 제도[15]가 함께 강구, 시행되어 정교하고도 튼튼한 것으로써 가뭄에 대비하였으니, 이와 같이 한 뒤에야 비로소 농사에 힘쓴다고 할 수 있을 것이다.[16]

여기서 천하의 '대본'이라는 농업을 두고 말하면서 어디까지나 중국의 경우를 기준으로 하고서 우리나라의 것을 비교 서술하는 현상을 볼 수 있는데, 이는 『우서』 전체를 관통하는 기본 논조이다. 그 같은 논조를

---

14 『迂書』 권1, 「總論四民」, "我朝, 沿襲麗制, 立國三百年來, 四民之業, 尙未分別, 國虛民貧, 專出於此. …… 國中所謂富家言之, 不過士夫·勳戚及象譯輩, 略有饒裕之稱, 而至於農家, 則雖三南土厚處, 新舊穀相繼之家, 絶無僅有. 歷攷往史, 未有如我國民産之枵然特甚者也. 此其故何哉? 其源實出於四民不分, 故不能務其業而然也."

15 圩岸은 堤坊을 뜻한다. 閘·壩는 水門과 방죽을 말한다.

16 『迂書』 권1, 「總論四民」, "農者天下之大本 而其要則不出於上以奉天時, 下不負地利而已. 古者邵農之政, 具見於『周禮』「地官」之職. 其所謂草人土化之法, 九物糞種之方, 曲盡纖悉, …… 敎民稼穡, 土宜殆無毫髮未盡. 唐·宋以來, 圩岸閘壩之制, 並皆務極精巧牢壯, 以備旱乾如此. 然後方可謂之力農也."

펼 수밖에 없는 배경은, 중국의 경우는 성인(聖人)이 이룩한 문명을 전승한 곳이므로 장구한 역사 속에서 혹 패술적(霸述的) 공리(功利)를 숭상하거나 도교(道敎)라든가 불교(佛敎)를 숭상하며 혹은 이적(夷狄)의 침략을 받아 풍속이 오염된 적이 있다 할지라도 그 통치의 '대강령(大綱領) · 대근본(大根本) · 대제도(大制度) · 대습속(大習俗)'은 마침내 결코 없어지지 않았다는 것이요, 거기에 비해 우리나라의 경우는 아예 통치의 근본부터 서 있지 않기 때문에 중국의 '대근본' 되는 사례를 본받지 않을 수 없다는 인식이 확고하기 때문이다.[17]

물론 중국의 선진 문명을 배우며 본받고자 하는 것은 한국사의 보편적 전개 방향의 하나이기도 하였다. '천하의 대본'인 농업을 진흥하고자 할 때 그 같은 중국의 선진적 농업문명을 배워 활용해야 한다는 것은 극히 당연한 과제로 인식되었다.

그런데 조선 초기의 경우를 두고 보더라도, 농법(農法)을 개선하고 선진 농업을 전국적으로 장려하기 위한 정책을 독자적으로 추진하고 있었다. 가령 중국 원(元)나라의 관찬 농서인 『농상집요(農桑輯要)』는 이미 고려 공민왕대에 국내에서 간행되어 이의 활용을 널리 권장하고 있었다.[18] 조선 초기 태종(太宗)대에는 "특히 어리석은 백성들이 (농작물을)

---

17 『迂書』 권1, 「論麗制 門閥」, "中國則聖賢之澤, 久而未斬, 積累之治, 遠而未艾. 雖嘗雜之以霸術功利, 亂之以黃老 · 佛氏, 戎羯胡夷, 迭入而更主, 暴政汚俗, 沈染而糅雜, 然其爲治之大綱領 · 大根本 · 大制度 · 大習俗, 終有所汨亂不得, 磨滅不盡者. 今玆麗氏則不然, 既無聖賢開繼之治, 又乏儒者經術之助, 治既無本, 政無所師, 而徒以詞華藻麗, 吟咏啁啾之習, 認之爲文物. 劫制勒束, 怵迫苟從之風, 認之爲禮義, 首取士 · 農 · 工 · 商四箇字而紛亂之, 人皆失其職, 而事皆無其實."

18 『牧隱文藁』 권9, 「農桑輯要後序」 참조. 이의 구체적 사실에 관해서는 김태영(2006)의 제1장 「고려 말기 성리학적 국가중흥론의 전개」 참조. 그리고 조선 초기 『농상집요』의 활용 사실에 관한 사실은 李泰鎭(1986)의 제4장 「14 · 5세기 농업기술의 발달과 신흥士族」 참조.

심고 가꾸는 방법에 어두운 것을 염려하여 유신(儒臣)에게 명하여 우리나라 말로 『농서』를 번역하게 하여 중·외에 널리 반포하여 후세에 전하였다."[19] 그리고 세종(世宗)대에는, 아직도 휴한(休閑)농업 위주인 중국 농서의 농법이 우리의 현 실정에 맞지 않는다는 사실에 대한 반성이 일어났으며, 이에 중국의 경우에 못지않은 우리나라 삼남지역의 선진적 농법, 즉 14세기 이래 발전되어 온 연작(連作)농업을 위주로 하는 새로운 농법을 이제 새로 수복한 북방지역에까지도 널리 보급하기 위해 『농사직설(農事直說)』이라는 독자적 조선 농서(農書)를 편찬 간행하기에 이르렀다는 객관적 사실을 간과해서도 안 될 것이다.[20]

그리고 이후 뜻있는 관인(官人)들에 의해 여러 가지 농서가 편찬되었는데, 17세기 중반에는 어느 지방관이 『농사직설』을 대폭 증보한 위에다 그동안 간행되어 온 『금양잡록(衿陽雜錄)』, 『사시찬요초(四時纂要抄)』 등의 농서와 세종임금의 권농교문(勸農敎文), 그리고 주자(朱子)의 권농문 등을 묶어 『농가집성(農家集成)』을 편찬하였다. 이 농서가 『농사직설』을 증보한 중요 내용은 17세기 당시 이앙법(移秧法)이 이미 널리 보급되고 있는 선진적 영농현실을 그대로 반영한 것이었다. 그래서 『농가집성』은 정부 정책으로 널리 보급되면서 당분간 '국정(國定)의 농업 지침서'로서의 기능을 다하게 되었다.[21] 즉 각 시기마다 농업을 장려하는 정책은 지속적으로 추진하고 있었던 셈이다.

---

19 『世宗實錄』 권10, 세종 26년 윤7월 25일 壬寅, "太宗繼述, 益勤播獲之功, 特慮愚民昧於樹藝之宜, 命儒臣, 以方言譯『農書』, 廣布中外, 以傳于後." 이때 번역한 『농서』는 『농상집요』의 養蠶에 관한 부분이었다 한다. 金容燮(1971) 참조.

20 이에 대해서는 金泰永(1983)의 제4장 「과전법체제에서의 토지생산력과 量田」; 李泰鎭(1989)의 제2장 「世宗代의 농업기술정책」 참조.

21 金容燮(1998); 염정섭(2002).

그러나 물론 그러한 국가 정책이 반드시 현실의 농업 실정에 구현되어 효과를 제대로 거두게 된 것은 아니었다. 우리나라는 농업정책이란 것이 아예 없다고 『우서』가 주장하는 것은 국가의 권농정책이란 것이 결코 현실로 구현되지 못하였다는 것을 직설적으로 표현한 말이었다. 더구나 『우서』는 무엇보다도 문벌(門閥)이 전횡하는 현실의 정치 풍토에서는 사・농・공・상 4민의 어떠한 직사도 결코 독자적으로는 발전할 수가 없는 것이라고 논단하고 있었다.

2) 농작법 개선론

『우서』는 우선 농업생산력을 제고(提高)할 수 있는 농작법의 개선에 관한 내용을 역설해 두었다. "백성의 생활을 튼튼하게 하는 데는 경작(耕作)과 방직(紡織)의 법도를 세우는 것보다 더 나은 것이 없다. 그런데 우리나라의 경(耕)・직(織)은 너무나 거칠고 서투르다. 그러니 불가불 중국의 제도를 본받아〔倣效〕 백성들을 일깨우고 이끌어 그 이익을 알게 함으로써 경・직하는 일에 힘쓸 수 있도록 하는 바탕을 삼아야 할 것이다."[22]

그 같은 전제 아래 『우서』는 '본받아야 할 중국의 제도'로서, 「전제(田制)」라는 항목을 세워 서술해 둔 농작법, 다음으로는 수리(水利)시설, 그리고 농기구 등을 소개해 놓았다. 우선 농작법의 개선론부터 검토해 본다.

---

22 『迂書』 권10, 「論變通規制利害」, "厚民之生 莫過於耕織之有法 而東土耕織 終甚鹵莽 不可不倣效中國之制 啓導民庶 使知其利 爲趍事赴功之地."

전제(田制)로 말하자면, 중국에는 이른바 구전(區田)이라는 것이 있다. 1묘(畝)의 땅에 수백 개의 구(區)를 파고 '구'를 격하여 파종하되, '구'의 깊이를 1척(尺)으로 하고 거름 1승(升)을 사용하면 '구'마다 곡식 1두(斗)씩을 수확하는데, 그 소출을 합치면 일반 전토〔常田〕에 비하여 몇 배 정도만 되는 것이 아니다. 전묘(田畝)의 면적이 크지 않기 때문에 노력이 많이 들지도 않는다. 그러므로 지금 채소(菜蔬)를 우선적으로 심어서 백성들로 하여금 그에 대한 이익을 차츰 알도록 할 것이다.

포전(圃田)이라는 것이 있으니 채소를 심는 땅이다. 주위를 울타리로 두르고 밖에는 뽕나무나 산뽕나무를 심는다. 법식대로 김매고 가꾸면 일반 전토〔常田〕에 비해 1년의 이익이 몇 배가 될 것이다.

위전(圍田)이라는 것이 있으니, 물가의 땅에 흙을 쌓아서 제방을 만들어 침몰되는 것을 방지한 것이다. 이는 한발(旱魃)이나 홍수를 막론하고 다 풍성하게 수확할 수 있다. 그리고 언전(櫃田)이라는 것이 있는데, 이는 모양과 제도가 위전(圍田)과 대략 같으나 노력이 덜 들어 경작하는 데 더욱 편리하다.

또 도전(塗田)이라는 것이 있다. 조수(潮水)가 넘쳐흐르는 땅에는 함초(鹹草)가 많이 자라므로, 진흙 위에 수패(水稗)를 먼저 심어 척로(斥鹵)가 다 발산되면 바로 좋은 전답이 된다. 벽(壁)을 쌓거나 토막나무를 세워서 조수가 침범하는 것을 방지하고, 또 전답 가에 도랑을 파서 빗물을 저수하였다가 가뭄에는 관개수(灌漑水)로 이용하니 이를 첨수(甛水)라고 한다. 일반 전토〔常田〕에 비해서 이익이 10배나 된다. 그리고 물에 잠긴 땅은 물이 빠지고 진흙이 쌓이기를 기다려 가을에 진흙이 말라 땅이 갈라지면 그 안에다 보리 씨앗을 뿌리는데 수확이 또한 도전(塗田)에 못지않다.[23]

---

23 『迂書』 권10, 「論變通規制利害」, "以田制言之, 中國有所謂區田. 一畝之地, 穿區數百, 隔

살펴 알 수 있듯이, '구전(區田)'은 일정한 전토에다 좁은 간격으로 구덩이를 많이 파는, 즉 전토의 고밀도 활용을 통해 더 많은 수익을 낸다는 내용을 말한 것이다. '포전'의 경우는 '법식대로 김매고 가꾸면' '이익을 몇 배' 올릴 수 있다고 하면서도 그렇게 되는 사유를 밝혀 두지는 않았다. 그러나 여기 「전제(田制)」라는 이름으로 서술한 모든 농작법들을 두고 유수원 자신은, "모두 옛사람의 글에 자세히 있으니, 그 방법을 따르고 도형(圖形)을 본떠서" 시행하면 되는 것이라고 말해 놓았다.[24] 그리고 '위전(圍田)'은 늪지를 이용하는 농작법을, '궤전(櫃田)'은 바닷가의 습지를 활용하는 농작법을 말하는 내용이다. 그런데 여기서 무엇보다 주의할 것은, '구전' 이하의 이들 농작법은 모두 일반 전토〔常田〕에 비해 '몇 갑절'씩의 수확을 올릴 수 있는 것이라고 강조하고 있었다는 사실이다.

여기 '본받아야 할 중국의 제도'라고 서술한 중국의 농작법들을 유수원이 굳이 「전제」라는 명칭을 붙인 사유는 무엇인가. 실상 그가 '구전' 이하 몇 가지로 소개한 농작법들은, 본문에서 살피겠지만 원(元)나라 후기 왕정(王禎)의 저술인 『농서(農書)』에서 따온 것임이 명확한데, 이 『농서』 자체가 「전제문(田制門)」이라는 항목을 따로 설정하여 '구전'

區布種, 而深則一尺, 用糞一升, 每區收穀一斗, 計其所收, 比常田不啻累倍, 而田畝不多, 故亦不至大費功力. 今宜先種菜蔬, 使民漸知其利. 有圃田, 種菜之地, 周以蕃籬, 外植桑柘, 如法鋤治, 則比常田歲利數倍. 有圍田, 瀕水之地, 築土作堤, 以防淹沒, 勿論旱澇, 皆可豐收. 有櫃田, 形制畧同圍田, 用力且省, 尤便耕蒔. 有塗田, 潮水泛溢之地, 多生鹹草, 塗泥之上, 先種水稗, 斥鹵旣盡, 便爲良田. 或築壁或立樤, 以抵潮浸, 且於田邊開溝, 以貯潦水, 旱則灌漑, 謂之甛水, 比之常田, 利過十倍. 又於水沈之地, 待其水退泥積, 秋後泥乾地裂, 則撒布麥種於其中, 所收亦不減於塗田."

24 或曰, 우리나라 사람들이 어떻게 그 제도들을 자세히 알고 본받아 익힐 수 있겠는가? 答曰, 그 規矩와 제작에 관한 상세한 설명이 모두 옛사람의 글에 나와 있으니, 그 방법을 따르고 圖形을 본떠서 제작한다면 무엇이 어렵겠는가?(『迂書』 권10, 「論變通規制利害」)

이하를 서술해 놓았기 때문이다. 왕정(王禎)의 생몰 연대는 명확치 않으나 『농서』의 「원서(原序)」가 "황경(皇慶) 계축 3월 망일(望日)"이라는 연대를 밝히고 있으니, 이는 1313년에 저술된 것이다.

그런데 왕정의 『농서』는 '구전'에 대해서조차 "옛날의 설〔舊說〕"임을 전제하고서, "옛 사람들"이 시행하고 있던 경작법을 소개해 두고 있었다는 사실을 주의해야 한다. 이제 그 서두 부분만을 인용해 본다.

> 살피건대 구설(舊說)에 구전(區田)은 다음과 같다 하였다. 토지 1묘(畝)의 너비〔闊〕는 15보이니 매 보가 5척이면 합이 75척이다. (파종하는) 1행마다 토지 1척5촌씩 점한다면 1묘는 50행이 해당된다. (토지 1묘의) 길이〔長〕는 16보이니 합이 80척이요, 1행마다 토지 1척5촌씩 점한다면 1묘에는 50행이 해당된다. 길이와 너비를 곱하면 전체가 2,700구(區)로 된다. 1행씩 격하여 파종하되 파종하는 행 안에서도 1구씩을 격하여 1구마다 파종한다면 비워 둔 구 이외에도 675구에 파종할 수 있다. 구(區)마다 깊이를 1척씩 파서 숙분(熟糞) 1승(升)을 써 파종하는 구의 흙과 섞이도록 하고 씨앗을 뿌려 골고루 덮어 주고 손으로 다독거려 흙과 씨앗이 잘 섞이도록 하며, 싹이 나면 성기거나 빽빽한 정도를 살펴 고르게 해준다. 호미질은 자주 하는 편이 좋고, 가물면 물을 대준다. 열매를 맺을 때는 호미질로 그 뿌리를 깊이 북돋아 줌으로써 큰 바람에 넘어지는 피해가 없도록 한다. 옛 사람들은 이와 같이 농사를 지으면 매 구(區)에 곡식 1두(斗)를 거둔다 했으니, 1묘에 66석을 수확할 수가 있는 것이다.[25]

25 『農書』 권11, 「農器圖譜」 1, 〈田制門〉 區田, "按舊說, 區田, 地一畝, 闊一十五步, 每步五尺, 計七十五尺. 每一行占地一尺五寸, 該分五十行. 長十六步, 計八十尺, 每行一尺五寸, 該分五十行. 長·闊相乘, 通二千七百區. 空一行, 種於所種行內, 隔一區, 種一區, 除隔空外, 可種六百七十五區. 每區深一尺, 用熟糞一升, 與區土相和, 布穀勻覆, 以手按實, 令土

그런데 위의 '구전' 등의 농작법은 왕정(王禎)이 당시 중국 현실 영농법의 대표적인 현상을 서술해 둔 것이 결코 아니었다는 사실 또한 주의하지 않으면 안 된다. 현실의 대표적 농작법을 두고서 '구설(舊說)'이라고 서술할 까닭이 없다. 실상 왕정은 '구설'로 전해 오는 이들 '구전' 등과는 전혀 편차를 달리하여, 일반 주곡(主穀)작물의 경작에 관한 서술은 그의 『농서』에서 〈곡속(穀屬)〉이라는 별도의 항목을 설정하여 달리 서술해 두었다. 즉 『농서』 권7의 「백곡보(百穀譜)」 1, 〈곡속〉이란 항목에는 속(粟)·수도(水稻)·한도(旱稻)·대소맥(大小麥)의 농작법을, 그리고 권7의 「백곡보」 2, 〈곡속〉에서는 서(黍)·제(穄)·양출(粱秫)·대두(大豆)·소두(小豆)·완두(豌豆)·교맥(蕎麥)·촉서(蜀黍)·호마(胡麻)·마자(麻子) 등의 농작법에 관한 사실들을 설명해 놓았다. 그는 주곡(主穀)과 부곡(副穀) 각종의 경작에 관한 방대한 설명들을 모두 『농서』 권7의 〈곡속〉이란 항목에서 서술해 두었던 것이다.

그런데 이들 주(主)·부곡(副穀) 작물들에 관한 한 『농서』는 그야말로 수천 년의 장구한 역사를 통해서 경험적으로 축적되어 온 경작법들을 객관적으로 차례차례 서술해 놓았다. 가령 『제민요술(齊民要術)』이라든가 『범승지서(氾勝之書)』 등 이전의 농서들에 나오는 내용들도 참고할 만한 것이 있으면 널리 채용하여 소개하고 있음을 볼 수 있다. 그런데 또한 특이한 점은, 어떠한 작물의 경작법을 두고서도 특히 어떻게 하면 더 많은 수익(收益)을 낼 수 있는가 따위의 공리적(功利的) 내용을 서술해 놓은 대목은 전혀 찾아볼 수가 없다는 사실이다. 오히려 각 작물마다 절기(節氣)의 조(早)·만(晩)을 어떻게 조절하는가, 김매기〔鋤治〕

種相着. 苗出看稀稠布留, 鋤不厭頻, 旱則澆灌. 結子時, 鋤土深擁其根, 以防大風搖擺. 古人依此布種, 每區收穀一斗, 每畝可收六十六石."

를 어느 정도로 해야 하는가, 혹은 수확의 적절한 시기를 어떻게 맞출 것인가 등에 관한 경험적 사실들을 객관적으로 서술해 두고 있을 따름이다. 그리고 가령 당시의 대표적 주곡 작물인 속(粟)과 수도(水稻)를 두고서는 각기의 중요성을 일깨우는 당부의 말까지 덧붙여 두었다.

대저 속(粟)은 5곡 가운데의 으뜸이다. 중원(中原) 땅은 토지가 평광(平曠)하므로 속(粟)을 심기에 알맞으니, 고금을 통해 모두 '속'을 가지고 곡록(穀祿)의 차등을 두었고, 재물을 출납하는 기관에서도 모두 '속'을 가지고서 준칙을 삼았다. 『주례』, 「지관」에 "창인(倉人)은 '속'을 받아들여 갈무리하는 일을 맡는다." 하였는데, 정현(鄭玄)은 이를 주석하기를, "9곡을 모두 갈무리하되, '속'을 위주로 한다는 것이다." 하였다. …… 이로 보건대 이 세상에서 '속'은 어찌 나라를 다스리고 집안을 꾸려 가는 데 보배로운 것이 아니겠는가.[26]

생민(生民)은 이 벼〔稻〕를 저축해 두고서 배고픔을 이기고 국가는 이 벼를 실어다 사람들을 먹임으로써 궁핍함을 구제하니, 참으로 곡물 가운데의 상품(上品)이며 이 세상의 진장(珍藏)이다.[27]

그런데 농암의 『우서』가 「전제(田制)」 항목에서 제시하는 '구전' 이하의 몇 가지 내용은 왕정의 『농서』에서는 어디에 서술되어 있는가. 그의 『농서』는 권11 「농기도보」 1, 〈전제문〉에서 먼저 '적전(籍田)·태사

26 『農書』 권7, 「百穀譜」 1, 〈穀屬〉 粟, "夫粟者, 五穀之長. 中原土地平曠, 惟宜種粟. 古今穀祿, 皆以是爲差等, 出納之司, 皆以是爲準則. 『周禮·地官』曰, '倉人掌粟入之藏.' 鄭注云, '九穀盡藏, 以粟爲主.' …… 由此言之, 粟之於世, 豈非爲國爲家之寶乎?"

27 『農書』 권7, 「百穀譜」 1, 〈穀屬〉 水稻, "生民蓄積而禦飢, 國家饋運而濟乏, 誠穀中之上品, 世間之珍藏也."

(太社)·국사(國社)·민사(民社)' 등 의례(儀禮)에 관한 것들과 또한 '정전(井田)'이라는 역사적인 제도들을 차례로 들어 서술하였다. 그리고 그 다음에 구전(區田)·포전(圃田) 이하 도전(塗田)·사전(沙田) 등을 서술하였는데, 이들 또한 주곡(主穀) 작물을 보편적으로 경작하는 일반 전토〔常田〕와는 다른, 특수한 농작법들만을 설명해 둔 내용임을 알 수가 있다. 그런데 왕정의 『농서』는 「전제문」에서 '구전' 이하의 이들 특수 경작법의 내용들을 자못 장황하게 서술하였지만, 『우서』는 그 내용들을 그대로 수용하지 않고, 그 가운데서 특히 '몇 갑절'의 수확을 올린다는 내용이 담긴 항목들만을 비교적 간략하게 소개하는 데 그치고 있음이 특징이다. 그리고 또한 『우서』는 전체를 통해서도 그 같은 '구전' 이하 몇 가지 농작법 이외의 일반 전토〔常田〕의 농작 내용은 전혀 소개하거나 언급한 것이 없다는 사실도 주의해야 할 것이다.

그런데 『우서』에서 '불가불 중국의 제도를 본받아야' 한다면서 소개한 '구전' 이하 몇 가지 특수한 농작법이 실상 중국 자체에서는 어떻게 논의되고 있었는가. 16세기 말에 편찬된 『속문헌통고(續文獻通考)』에[28] 의하면, '구전'의 경작을 처음으로 권장한 것은 금(金)나라의 승안(承安) 원년(1196)인데, 그 효과를 두고 정신(廷臣)들 사이에서 반론이 많이 일어나자 드디어 각 지방 현지 관장들의 권장에 맡기기로 결정하였으나 "역시 마침내 시행되지는 못하고 말았다."[29] 그리고 명(明)나라 말기의 저명한 학자 관인으로서 중국 농서를 집성한 서광계(徐光啓, 1562~1633) 역시 그의 『농정전서(農政全書)』에서 이 '구전' 등에 관해 소개해 둔 바

---

28 『속문헌통고』는 明나라 말기 1586년에 王圻 등이 馬端臨의 『文獻通考』 체제를 따라 南宋·遼·金·元 및 明나라 萬曆 초년까지의 記事를 撰集한 저술이다

29 『續文獻通考』 권1, 「田賦考」, 〈歷代田賦之制〉, "(金 章宗)承安 元年四月 初行區田法. …… 遂勅所在長官及按察司 隨宜勸諭 亦竟不能行."

가 있다. 『농정전서』는 우선 왕정의 『농서』가 이미 '구설'이라고 전하면서 서술한 '구전'의 농작법을 꼭 그대로 전재(轉載)하고서는, 거기에 대한 서광계 자신의 해설을 다소 덧붙여 두었다. 즉 '구전'은 한발에 대비할 수 있다고 하는 경작법이지만 역시 그 급수관개(汲水灌漑)에 큰 노력이 드는 것이므로 일반적 주곡(主穀) 작물로 널리 권장하기보다는, 한발(旱魃)을 만나 '기군(飢窘)'해지는 위급함을 대비하기 위해 1호에 2~3묘 정도의 경작을 권할 것이라 하였다.[30]

그런데 이윽고 『속문헌통고』는 편찬자 자신들의 안설(按說)을 붙여 '구전(區田)'의 농작 실상을 폭로해 두었다.

> 신(臣) 등이 삼가 살피건대, 구전(區田)이 비록 예로부터 전해 오는 것이라고는 하지만 그러나 이는 떳떳한 제도〔常制〕로 삼을 만한 것이 아니다. 과연 떳떳한 제도로 시행할 만한 것이라면 어찌 10배의 수익을 낸다는데도 농가들이 다투어 달려들어 이를 실행치 않는단 말인가. 옛것을 생각하는 자들이 농사에는 익숙지 않고 오직 신기한 것을 좋아해서, 드디어는 이를 가지고 신술(神術)인 것처럼 여긴다. 마치 도인법(導引法)이 몸을 가볍게 하고 단약(丹藥)으로 병을 물리침으로써 신선(神仙)이 된다고 말하는 경우와 무엇이 다르겠는가.[31]

---

30 『農政全書』 권5, 「田制 農桑訣」, 〈田制篇 區田〉, "玄扈先生曰 …… 必須敎民爲區田 家各二·三畝以上 一家糞肥多在其中 遇旱則汲井漑之 此外田畝 聽人自種 旱穀則豊年可以兩全 卽遇大旱 而區田所得亦足免於飢窘."

31 『續文獻通考』 권1, 「田賦考」, 〈歷代田賦之制〉, "徐光啓『農政全書』曰, 舊說, 區田, …… 每區收穀一斗, 每畝可收六十石. …… 臣等謹按, 區田雖傳之自古, 然非可立爲常制. 設果可行, 安有收十倍之利, 而農家不競趨之者乎? 考古者不習農事, 而惟喜新奇, 遂以是爲神術, 何異慕導引之輕身, 服餌之却疾, 而謂神仙可成耶?"

『우서』가 '불가불 본받아야' 할 농작법이라는 항목으로 소개한 '구전' 등의 '중국의 제도'는 물론 농암(聾庵) 자신이 실험을 통해 얻은 결과를 가지고서 제시하는 경우가 결코 아니었다. 그는 단지 중국『농서』의 서술 내용 가운데에서 「전제문(田制門)」에 들어 있는 '구전' 등 몇 가지 농작법이 일반 전토〔常田〕의 경우보다도 '몇 갑절'의 수익을 더 낼 수 있다는 문자들을 보고서는, 이를 '본받아' 널리 보급한다면 우리나라의 농업 또한 크게 진흥할 수도 있을 것이라는 판단하에서 이를 소개하기에 이른 것이었다. 아마도 실제의 영농 경험이 미숙한데다 '신기한 것을 좋아'하는 마음에서 그것을 적극 소개하고자 했던 것으로 이해된다.

그리고 더 내려와 18세기 말의 연암(燕巖) 박지원(朴趾源, 1737~1805)의 농작법에 대한 이해 또한, 왕정의『농서』에 서술된 '구전(區田)'법에 현혹되는 듯한 정도의 수준을 결코 넘어서지 못하고 있었다. 즉 18세기의 국왕 정조(正祖)는 전국의 사민(士民)들을 상대로 현실에 활용할 만한 농서를 지어 올리라는 윤음을 내린 적이 있는데, 거기 부응하여 연암은 「과농소초(課農小抄)」라는 농서를 제진하였다. 그런데 「과농소초」의 「전제(田制)」편은 곧 왕정의『농서』, 「전제문(田制門)」에 실려 있는 '구전(區田)' 이하의 몇 가지 농작법들을 그대로 소개하는 내용으로 일관하고 있으며, 그 외에는 어떠한 다른 내용도 없다. 즉 국왕의 윤음에 부응하는 농서를 제진하면서도 연암은, 왕정의『농서』가 이미 '구설'이라고 못 박아 서술해 둔 '구전' 등의 농작법들을 아직도 유효한 것이라고 여기면서 그대로 소개하는 수준에 머물고 있었다는 사실을[32] 여기서 간과해서는 안 될 것이다.

---

32 『燕巖集』 권16, 別集「課農小抄」.

그리고 가학(家學)을 이어받아 19세기 우리나라 농서를 집성한 서유구(徐有榘, 1764~1845)[33] 또한 구전(區田)의 역사적 유래를 소개하면서, 한발이 우심한 어느 해에 그 자신이 직접 이를 농작해 본 경험을 서술해둔 대목이 있다.

신(臣)은 일찍이 갑술년(1814) 봄에 몇 묘의 자갈밭 땅에다 '구전'을 만들어 봄보리 1두를 파종해 보았습니다. 이해에는 혹독한 가뭄이 100여 일이나 들어 무릇 기장·피·콩·삼 따위 만종(漫種)한 곡식들은 일체 싹을 틔우지 못하고 들판에 푸른 풀잎이 거의 다 없었습니다. 그런데 홀로 구종(區種)한 보리는 평상 연도에 비해 3배의 수확을 얻을 수 있었습니다. …… 지금 전토가 적은 고장은 남의 땅을 전작(佃作)할 수도 없고, 빈궁한 농가는 때맞추어 우경(牛耕)을 할 수도 없으므로 그대로 게을러빠져, 한 사람이 경작하고 백 사람이 먹어 치우는 경우가 한없이 많습니다. 진실로 이런 무리들이 집집마다 4~5묘씩 '구전' 농사를 짓는다면 역시 가난을 벗어날 수 있는 상책일 것이며 재황(災荒)을 구제할 수 있는 요긴한 길이 될 것입니다.[34]

19세기 중·외의 관직을 역임하고 더구나 가학(家學)을 이어받아 농정(農政)에 정통하였을 뿐 아니라 『임원십륙지(林園十六志)』로 대표되는 우리나라 농서를 집성한 서유구로서도 '구전' 농작법의 특이성은 인정

33 徐有榘는 조부 徐命膺, 부 徐浩修가 모두 당대의 一流 學者 官人으로서 少論 名家였다.
34 『楓石全集·金華知非集』 卷12, 「擬上經界策」 下, "臣曾於甲戌之春, 用數畝沙礫地, 作爲區田, 種春麥一斗. 是歲亢旱百餘日, 凡黍稷荳麻之漫種者, 一切不曾吐苗, 幾乎野無青草, 而獨區種之麥, 比常年能得三倍之收. …… 今狹鄉之民, 無地可佃, 寠儉之家, 無牛趨澤, 因循窳惰, 一耕百食者何限? 苟使此輩家治四五畝, 亦可爲醫貧之上術, 救災荒之要道矣."

하면서도 그 보편적 실행은 결코 말하지 않고 있었다. 다만 가난하고 경지가 협소한 농민들의 호구지책으로 다소 활용해 볼 수 있으리라고 생각하는 정도에 그치고 있었다.

이상 국내외의 여러 경우를 두루 고찰한 결과에 비추어 볼 때, 『우서』가 '불가불 본받아 시행해야 할 중국의 제도'라고 강조하는 구전(區田) 등의 농작법은 아무래도 당시 우리나라의 농업 실정과는 다소 괴리를 갖는 경우였다 하지 않을 수가 없다.

3) 수리(水利) 개선론

『우서』에 의하면, 우리나라와 같은 농업국가에서는 농사의 진흥이 국가의 가장 큰 정사(政事)요, 또한 '농사에는 수리(水利)보다도 더한 요체가 없다.' 그럼에도 불구하고 우리나라에는 농사를 정책으로 추진하지도 않고 따라서 '수리정책'이라고 할 만한 것이 아예 없다고 단언한다.

> 우리나라에서는 수리(水利)를 강구하지도 않고 농사를 권장하는 데도 법식이 없어 농사의 무실(無實)함이 매우 심하다. 우리나라의 벼농사를 짓는 사람들은 반드시 도랑을 파서 물을 댄다. 하지만 수차(水車)를 이용할 줄을 몰라서 논 아래 도랑의 물이 한 길만 내려가도 이를 굽어보기만 할 뿐 감히 끌어올리지를 못한다. 그래서 황무(荒蕪)한 논이 10에 8~9를 헤아린다. 옛날 우리 문종(文宗)께서 이미 수차의 제도를 강구한 바 있고, 또 효종(孝宗)께서도 친히 요심(遼瀋) 지역에서 수차의 편리함을 보시고는 이를 널리 권장한 바 있다. 그런데도 아직껏 백성들이 수차를 이용하지 못하고 있는 것은 그 제도가 쓰일 수 없어서가 아니라 남달리 우리의 습

속이 게을러 농사에 힘쓰지 않기 때문인 것이다.[35]

> 한 나라의 큰 정사(政事)는 농사보다 더한 것이 없고, 농사의 큰 요체는 수리보다 더한 것이 없다. …… 그러므로 역대의 국가들은 모두 수리를 담당하는 관청을 두어 왔다. 그러나 우리나라는 농사를 국가 정책으로 추진해야 할 과제로 여기지 않았다. 수재나 한재는 하늘에 맡기고, 농사일에 힘쓰고 힘쓰지 않는 것을 백성들에 맡겨 놓았다.[36]

농업국가이면서도 농사를 적극적·구체적으로 추진할 국가 정책이 없고, 따라서 수해(水害)라든가 한재(旱災) 등의 자연재해가 닥치더라도 전혀 대비할 방도가 없다. 농사에 힘쓰거나 말거나를 농민들 자신에게만 맡겨 방치해 놓았다는 말이다.

실상 조선 초기에는 독자적 농서를 간행하여 삼남지역의 선진 농법을 새로 수복한 북방으로까지 보급하고자 노력을 기울였을 뿐만 아니라 수차(水車)의 활용 또한 여러 차례 시도한 적이 있었다. 태종(太宗)대에 이미 사헌부의 건의로 각 지역마다 수차(水車)의 제작과 활용 정도를 가지고 수령의 치적을 고찰하는 기준을 삼는다는 규정을 세운 적도 있었다.[37] 그리고 세종(世宗)은 신병 치료차 몇 차례 청안현(淸安縣 : 현재의 槐山郡 淸安面)으로 거동한 적이 있는데, 그 15년(1433)에는 행궁(行宮) 근처에서 수차(水車)를 제작해 구체적으로 시험해 보도록 하였다.

35 『迂書』 권1, 「總論四民」, "我東則水利不修, 課農無法, 農事之無實甚矣. 吾東人治水田者, 必引溝澮, 不解水車之易注, 故田下有渠, 曾不足尋丈之深, 下瞰而不敢激. 是以汚萊之田, 十常八九. 昔我文廟, 旣頒其制, 孝廟親覽遼瀋間水車之利, 亦嘗申飭, 而民不能奉行者, 非其制之不可用也, 特以習俗慵惰. 不能力農而然也."

36 『迂書』 권1, 「總論四民」, "國之大政, 無過於農, 農之大要, 無過於水利. …… 是以歷代皆設水利之官, 而我國則不以農事爲政, 水旱付之天, 勤惰任之民."

37 『太宗實錄』 권12, 태종 6년 12월 20일 乙巳.

그런데 그 결과 마침내, 우리나라 '토성(土性)이 추소(麤疎)'하여 수차로 자아올린 물이 금방 '삼루(滲漏)'해 버린다는 사실을 확인하기에 이르렀다. 그래서 세종은 이후 수차의 보급을 전면 중단하기로 결정하고 말았다.[38]

그리고 문종(文宗)의 경우는 부왕(父王) 때의 수차 실험과 그 중단 사실을 자세히 알고 있었기 때문에 다시 '수차' 자체의 활용을 권장하는 정책을 편 일은 없었다. 실상 문종은 황해·평안 양도에 '천방관개(川防灌漑)' 위주의 수전(水田)농업을 적극 권장하고 있었다.[39]

또한 『경국대전』에는 당시 수리(水利)시설의 대표격인 제언(堤堰)을 보호하고 더 수축하는 일에 관한 권장 조항도 규정하였다. "제언은 수령이 매년 봄·가을로 관찰사에게 보고하고 수축한다. 새로이 쌓을 곳은 왕(王)에게 보고한다. 여러 고을의 제언은 안팎으로 잡목을 많이 심

---

38 『世宗實錄』 권60, 세종 15년 4월 8일 辛卯, "初, 朴瑞生奉使日本, 回還, 極言水車之利, 上信之, 都承旨安崇善亦獻議以爲可行, 上顧左承旨金宗瑞曰 '爾意何如?' 對曰. '前此禹希烈多作水車, 行之數年, 竟不見其利而罷之, 臣意恐未可也.' 上曰, '中國及倭邦皆利其用, 我國介在其間, 安有不可用之理? 但行之者不用力, 或未得其要耳.' 對曰, '本國土性麤疎, 泉水汚下, 雖百倍其功, 一日所灌, 不過一畝, 而功輟則滲漏, 臣親見其狀.' 上曰, '大抵人情, 憚於新作.' 卽分遣敬差官于各道, 多置水車, 久無其效, 上疑之. 至是, 令宦寺田吉洪, 置水車於行宮近處, 役百人激之, 一日所灌, 止一畝, 而亦盡滲漏. 又令崇善往觀之, 崇善啓曰, '宗瑞終始皆言不可用, 請與俱行, 詰其利害.' 命許之. 俱往, 役八十餘人, 終日激之, 所灌不及一畝, 而皆滲漏. 崇善等回啓其狀, 命扈從宰相議之, 皆曰 '不可用.' 卽命還各道敬差官, 其水車藉人力者皆罷之, 唯自激水車不罷."

39 『文宗實錄』 권10, 문종 원년 11월 18일 壬子, "上親製諭書, 下黃海·平安道監司曰: …… 予念先王留心水車之志, 且遇今年北道民生之艱, 日夜思所以繼志, 救民之術, 莫若事於川防灌漑之爲急. …… 卿知此意, 以予之意, 徧曉村民, 導之以利, 則其中有知之民, 必有相率而應者. 卿可與訪問論議, 多作水田, 或因有泉, 或防川澤, 不害民力, 不起民怨爲之, 則必使堅固, 使其水勢, 可以洩可以蓄, 須使他人, 無有間言. 或者又以爲: '平安道川, 皆險大, 不可防之.' 卿其幷悉此意, 盡心布置, 得宜可行與否, 民情願厭, 隨後詳悉啓達." 그리고 이에 관한 연구로는 李泰鎭(1986)의 제7장 「16세기의 川防(洑) 灌漑의 발달」 참조.

어 터지거나 헐리지 않도록 한다. 제언 및 비보소(裨補所)의 숲〔林藪〕 안에서 나무를 베고 경작하는 자는 장(丈) 80에 처하고, 거기서 얻은 이득은 소급해서 관(官)에 몰수한다."[40]

그리고 효종(孝宗)의 경우, 병자호란 후 요심(遼瀋) 지역에서 농업의 실정을 직접 목도하고 돌아온 터이므로 그 즉위 원년부터 수차의 활용에 노력을 기울였다. 즉 '농업은 국가의 대본'인데도 그 '기구가 불리'해서는 결코 안 된다는 판단 아래 묘당(廟堂)과 논의하여 수차 10개를 제작해서 전국 8도와 개성(開城)·강화(江華)에다 나누어 보내 이를 널리 활용토록 시도한 바 있었다.[41]

그러나 이때의 시도는 전혀 실효를 거두지 못한 채 중간에서 그치고 말았다. 그 까닭을 사료상으로는 확인할 수 없으나, 뒷날 정조(正祖) 때의 이조판서 서호수(徐浩修)가 용미거(龍尾車)라는 더욱 정교한 수차의 활용을 추진하면서 효종대의 이 시도를 언급한 것이 있다. 즉 이때 "관장(官長)인 사람들은 번거로움을 견디면서 이해하려는 성의가 없었고, 공장(工匠)인 자들은 생각을 짜내어 운전이 정교해지게 할 재주가 없어서, 드디어 …… 폐기해 버리고 시행하지 않게 되었다."고 전한다.[42]

그런데 또 한편 『우서』는 다시 수리시설에서도 본받아야 할 '중국의 제도'들을 여러 가지로 논한다.

> 수리(水利)로 말한다면 수갑(水閘)이라는 것이 있다. 지형이 높고 낮아서 수로(水路)가 고르지 못한 곳에는 요진(要津)에다 가로 제방(堤防)을 쌓

---

40 『經國大典』 권2, 「戶典·田宅」, "堤堰, 守令每歲春秋報觀察使修築 新築處啓聞 ○諸邑堤堰內外面, 多植雜木, 勿令決毁, 堤堰及裨補所林藪內伐木耕田者, 杖八十, 追利沒官."

41 『孝宗實錄』 권4, 효종 원년 5월 15일 丁卯.

42 『正祖實錄』 권16, 정조 7년 7월 4일 癸巳.

고 그 앞에 수문(水門))을 설치해서 나무를 겹겹이 포개어 막이를 만들고 열었다 닫았다 하는 것이 바로 수갑이다.

파당(陂塘)이라는 것이 있는데 지금 우리나라에도 곳곳에 있으니, 해당 관할 향리(鄕里)로 하여금 흙을 쳐내고 나무를 심어 물의 근원을 (보존하는 데) 도와야 할 것이다.

음구(陰溝)라는 것도 있으니, 수륙(水陸)의 땅에 높은 언덕이 있거나 혹은 성시(城市)나 마을이 막히게 되면, 물굽이에 적당하게 수로(水路) 구멍을 판 다음, 단단한 벽돌을 놓아 물이 통하게 만들고 그 위는 박석(礴石)을 덮어 그 사이로 물을 보내 관개(灌漑)에 이용하는 것이다. 중국에는 북경(北京) 같은 곳일지라도 가로(街路) 위에 더러운 도랑이나 오물(汚物)이 보이지 않는 것은 전적으로 이런 제도를 사용하기 때문이니, 이것이 이른바 행수암거(行水暗渠)인 것이다.

수책(水柵)・가조(架槽)・길고(桔槔)・녹로(轆轤)・수배(水排)・번거(翻車)・통차(筒車)・우예수차(牛曳水車)・나전통차(騾轉筒車)・수전고거(水轉高車)・괄수윤거(刮水輪車)라는 것들도 있는데, 이들은 모두 원근간의 물길을 끌어대는 것이다. 지형이 평탄하거나 험한 것을 물론하고, 온갖 방법으로 물을 끌어들여 기계(機械)의 교묘함을 다하였으니, 양수(揚水)하거나 도수(導水)하는 데 있어 사람이나 가축이 기축(機軸)에 올라 밟아서 전답에 물을 끌어다 대고야 만다. 가뭄에 대비하는 노력과 전답을 다스리는 근면이 이 같은 연후에야 비로소 사람이 할 수 있는 일을 다하였다고 말할 수 있는 것이다. 사람이 할 수 있는 일을 다한다면 아무리 한재(旱災)를 입는다 해도 어찌 손을 묶고 농사를 폐기하는 지경에야 이르겠는가.[43]

---

43 『迂書』 권10, 「論變通規制利害」.

여기 『우서』가 본받아야 할 것으로 소개한 중국의 수리시설·기구는 왕정의 『농서』 권18, 「관개문(灌漑門)」에 서술되어 있는 내용이다. 그런데 왕정의 『농서』는 당시까지 활용되어 온 거의 모든 관개시설들을 이 「관개문」에서 망라적으로 소개하고 있음을 주의해야 한다.[44] 그러므로 이 「관개문」에 서술되어 있는 관개의 시설·기구들은, 왕정의 『농서』에 나와 있는 '구전' 등의 농작법의 경우와 마찬가지로, 결코 당시의 선진적인 중국 관개기술들을 설명해 둔 것이 아니었다는 사실을 여기서 간과해서는 안 될 것이다.

가령 이 「관개문」의 내용 가운데에는 '물을 떠올리는 기구'로서의 '호두(戽斗)'라는 것이 있는데,[45] 이는 곧 '두레박'을 가리키는 것이므로 '관개'기구라고 일컫기조차 어려운 편에 속한다. 또 가령 '수당(水塘)'이란 것도 있으니, 이는 "지형의 높고 낮음에 따라 활용하는데, 흘러가는 물을 웅덩이에 모아 두거나 혹은 밭도랑에 방죽을 쌓아서 관개에 대비하는 것이다."라 하였다.[46] 곧 전답 가에다 물웅덩이를 만들어 활용하는 형태를 말함이니, 우리나라에서도 흔히 활용하는 것이었다.

그러나 또 한편으로는 '번거(翻車)'의 경우, 왕정의 『농서』가 "지금 사람들은 이를 용골차(龍骨車)라 한다."고[47] 설명해 둔 바와 같이, 여러 겹의 수차를 복합적으로 조직하여 편리하게 물을 끌어올리는 매우 선진적인 시설도 포함하고 있었던 것으로 이해된다.

---

44 왕정 『農書』의 「灌漑門」에는 차례로 다음과 같은 여러 水利시설들이 서술되어 있다. '水柵·水閘·陂塘·水塘·翻車·筒車·牛轉翻車·水轉翻車·衛轉筒車·高轉筒車·水轉高車·連筒·架槽·戽斗·刮車·桔槹·轆轤·陰溝.'(『農書』 18, 「農器圖譜」 13, 〈灌漑門〉).

45 같은 곳, "戽斗, 挹水器也."

46 같은 곳, "水塘 …… 因地形高下用之 瀦蓄水潦 或修築畎堰 以備灌漑."

47 『農書』 권18, 「農器圖譜」 13, 〈灌漑門〉 翻車.

살펴 알 수 있듯이 『우서』는 『농서』, 「관개문」에 실려 있는 모든 수리 기술들을 소개한 것이 아니라, 그 가운데서도 우리가 '본받아야 할 만하다고 생각되는 중국의 제도'들만을 선택적으로 설명해 두고 있음을 알 수 있다. 그리고 '피당(陂塘)'의 경우와 같이 '우리나라에도 곳곳에 있는 것'이지만 그 수원(水源)을 더욱 보호해 가면서 활용해야 하리라고 설명을 덧붙여 둔 것도 있다. 말하자면 선진적이라고 생각되는 중국의 제도를 도입하는 한편, 우리가 현재 활용하는 기술 가운데서도 더욱 개선할 부분을 보충해 감으로써 최선을 다해 수리의 이로움과 혜택을 확보하고자 하는 시도를 펼치고 있었던 것이다. 실상 농업의 진흥을 위한 수리의 개발이란 것은 인간의 노력을 통해 자연현상을 활용하는 기술적 과업인 것이므로, 어떠한 경우라도 결코 온전하다고는 생각할 수가 없는, 영구한 과제로 삼고서 추구해야 하는 일이었다.[48]

그리고 또한 『우서』는 수리의 이택(利澤)을 근원적으로 훼손하는 것으로서 특히 화전(火田)의 경작이 자행되는 현상을 주목하고 있음이 이채롭다. 아마도 『우서』만큼 화경(火耕)의 금지를 크게 강조하는 경우는 별달리 찾아보기가 어려울 것으로 이해된다.[49]

> 이른바 수리라는 것은 관개(灌漑)·축설(蓄洩)·제언(堤堰)·피당(陂塘)과 같은 것들만을 뜻하는 것이 아니다. 산장(山場)을 경작하지 못하게 하

48 가령 『농서』를 저술한 王禎 본인도 그 사실에서는 물론 마찬가지 생각이었다. "農政未盡 興土地有遺利 夫海內江·淮·河·漢之外 復有名水萬數 枝分派別 大難悉數 內而京師 外而列郡 至於邊境 脈絡貫通 俱可利澤 或通爲溝渠 或蓄爲陂塘 以資灌漑 安有旱暵之憂哉(『農書』 권3, 「農桑通訣」 3, 〈灌漑篇〉 제9).

49 가령 茶山의 경우, 火耕은 無田 窮民들의 생계가 달려 있는 문제이므로 "비록 일체 금지할 수는 없으나 (법전의 규정대로) 산허리〔山腰〕 이상은 모름지기 火耕치 못하도록 해야 한다." 하였다(『牧民心書』 권11, 「工典六條」 山林, "雖不得一切禁止 山腰以上 宜令勿耕.").

고 물길이 변하지 않도록 하는 것이 바로 수리의 근본인 것이다. 산 밑이 무너지지 않으면 물길이 변하지 않고 물길이 변하지 않으면 도랑이 일정한 제도가 있게 되니, 도랑이 일정한 제도가 있게 된 뒤에야 수리를 일으킬 수 있고 따라서 사람도 노력을 다할 수가 있다. 그리고 사람이 노력을 다해야만 비록 천재(天災)가 있다 하더라도 백성이 속수무책으로 죽기만을 기다리지는 않게 될 것이다.[50]

우리나라는 화전(火田)이 없는 곳이 없기 때문에 수재(水災)가 일어나지 않는 곳이 없다. 따라서 화전을 통절히 금한다면 그것이 곧 재난의 근원을 발본색원하는 정사가 된다.[51]

우리나라는 본래 산(山)을 의지하여 나라를 세운 땅인데, 돌아보면 지금 온 나라의 골짜기가 모두 화경(火耕)을 입어 앙상하고 민둥민둥해서 전혀 산 같은 모양이 없다. …… 이제 만약 화전(火田)을 엄금한다면, 몇 년이 못 되어 산이 모두 울창하게 되고 물이 사방에서 솟구칠 것이니, 물을 끌어 관개하기에 부족할 염려가 없고 집을 짓기에 모자랄 걱정이 없을 것이며, 산천의 기상(氣像)이나 인민의 생리(生理)가 저절로 달라져서 금방 풍후(豊厚)하게 되고, 다시는 쓸쓸하고 초라하다는 한탄이 나오지 않을 것이다. 나랏일〔國事〕을 이룩해 보고자 한다면, 이것이 제일가는 안건으로서 가장 절실하고도 시급한 일인 것이다.[52]

---

50 『迂書』 권1, 「總論四民」, "所謂水利者, 非但灌漑蓄洩隄堰陂塘之謂也. 山場之禁耕, 水道之遷徙, 乃是水利之本. 山脚不崩, 則水道不憂, 水道不變, 則溝洫有制, 溝洫有制, 然後水利乃可興, 而人事乃可盡. 人事盡 然後, 雖有天灾, 民不至於束手待死矣."

51 『迂書』 권6, 「論田政」, "我國無處無火田, 故無處無水灾. 痛禁火田, 則是乃拔本塞源之政也."

52 『迂書』 권8, 「論商販事理額稅規制」, "我國, 自是依山爲國之地也. 顧今遍國山峽, 皆被火耕, 亢亢濯濯, 全無山形. …… 今若嚴禁火,田, 則不出幾年, 山皆深蔚, 水皆熢涌, 引水灌漑, 不患不足, 搆成室屋, 不患不多. 山川之氣, 人民之生理, 自當頓爾豐厚, 不復有蕭條冷落之歎矣. 欲做國事, 則此乃第一件, 最切最急者也."

위와 같이 『우서』가 화경(火耕)의 금단을 국사(國事) 가운데서도 '가장 절실하고도 시급한 안건'이라고 특별히 강조한 까닭은 어디에 있었는가. 그것은 아마도 왜·호란 이후 여러 궁가(宮家)들이 재정적 지반을 독자적으로 확보하기 위해, 특히 산림(山林)·천택(川澤)을 포함하는 무주(無主) 공지(空地)의 입안(立案)과 절수(折受)에 경쟁적으로 몰두하기에 이르렀다는 사실에서 그 해답을 찾을 수 있을 것으로 이해된다.

가령 현종(顯宗) 6년(1665)에는 조정에서, 궁가(宮家)가 절수하고자 하는 해서(海西)지역 시장(柴場)에서의 화전(火田)을 금지할 것과 또한 천택(川澤)의 절수를 금단해야 한다는 논란을 벌이고 있었다.[53] 숙종(肅宗) 4년(1678)에는 용동궁(龍洞宮)이 함양(咸陽)·엄천(嚴川)·마천(馬川)의 산지(山地)를 절수하여 벌목(伐木)을 자행하고 대대적으로 화전(火田)을 일으킴에 따라 명산(名山)인 지리산을 크게 훼손하고 있으니, 그 절수를 혁파해야 한다는 논란이 일어났는데, "아홉 번이나 거듭 아뢰어서야 비로소 왕이 윤허하기에 이르렀다."[54] 그리고 숙종 17년(1691)에는 나주(羅州) 암태도(巖太島)에서의 궁가(宮家)의 둔전(屯田) 절수를 둘러싼 논란이 길게 일어나고, 동 26년(1700)에는 통영(統營) 욕지도(欲智島)를 대상으로 한 궁가의 둔전 절수를 금단해야 한다는 논란이 크게 일어나고 있었다.[55]

그런데 이들은 모두가 산림·천택을 궁가들이 절수하고는 산허리 위로까지〔山腰以上〕 화전(火田)을 일으켜 마구잡이로 개간함에 따라 그 일대의 지세(地勢)가 변경되고 수리(水利)가 막히는 등의 자연재해를 가중시킨다는 문제를 둘러싼 논란이었다. 그러고 보면 『우서』를 저술한

---

53 『顯宗實錄』 권6 현종 3년 9월 21일 辛卯.

54 『肅宗實錄』 권7, 숙종 4년 4월 28일 丁酉.

55 『肅宗實錄』 권23, 숙종 17년 5월 5일 庚寅; 권34, 숙종 26년 7월 22일 癸丑.

농암 유수원은 당시 궁가들의 산림·천택의 입안과 절수라는 조정의 정치적 논란에 자못 정통하고 있었던 것으로 이해된다. 아마도 그가 직접 수학(受學)하고 오래 가까이서 모시고 살아온 종백조(從伯祖) 유상운(柳尙運)라든가 혹은 종숙부(從叔父)인 유봉휘(柳鳳輝)가 모두 조정에 오래 사환하면서 상신(相臣)을 역임하기에 이르는 정도로 현달하였다는 사실과 연관되는 일이었던 것으로 보인다.

궁방전의 확대 사실은, 조선왕조의 기본 토지법인 과전법의 후신으로서의 직전법(職田法)조차 16세기에 무너지고, 특히 양란 후 국가재정이 궁핍해지자 각 궁방의 생계 재원으로서 유토(有土)·무토(無土)의 궁방전들을 절급하면서 생긴 현상이었다. 그러나 물론 시대가 지나면서 그 확대를 무한정 방치해 둘 수는 없는 일이었다. 그래서 농암은 『우서』를 통해 드디어, 궁가(宮家)에 대해 전토를 절급해 온 구래의 제도를 전면 혁파하는 대신 '세록(歲祿)'을 지급하는 방식으로 궁방전(宮房田) 문제의 근본적 해결책을 제시하기에 이르렀다.

> 전세(田稅)가 잡탈(雜頉)되는 것은 대체로 궁가(宮家)의 면세지(免稅地)가 점차 증가하기 때문이다. …… 전결(田結)은 모두 호조(戶曹)로 귀속시키고 궁가에는 봉름(俸廩)을 획급(劃給)하면 될 것이다. …… 이제 만약 (궁가에 대한) 절수·사패의 법을 아주 없애고 세록(歲祿)을 정해 주기로 하되, 한 궁방(宮房)에 해마다 천 석(石)의 쌀과 1~2천 관(貫)의 돈을 지급한다면 그들이 살아가기에 어려울 걱정이 없을 것이다. …… 왕손(王孫)의 세대에 이르면 그 세록(歲祿)을 정지하고, 자신의 품계에 해당하는 종록(宗祿)만을 지급하면 될 것이다.[56]

56 『迂書』 권7, 「論免稅保率之類」, "田稅雜頉, 蓋出於宮家免稅之漸增. …… 田結並隷地部,

여기 『우서』가 제기하는 궁방전 폐지론은 전토(田土)와 같은 국가 재정원(財政源)을 일률적으로 호조(戶曹)에 귀속시킨다는 개혁론을 전제로 하는 것이었다. 중세 후기를 맞은 이 시기에는 국가 재정원의 난립이 극심하게 진행되고 있었지만, 궁방전은 그 가운데 가장 큰 유형에 속하는 경우였다. 그러므로 『우서』의 궁방전 혁파론은 그와 같은 재정원의 난립에서 야기되는 갖가지 중간 농단과 비리를 극복하고자 하는 고차원의 실학적 개혁론의 발상이었다 할 것이다.

4) 농기구 개선론

『우서』는 다시 본받아야 할 사안으로 중국의 농기구 제도에 대해서도 소개한다.

> 농기구의 종류로 말한다면, 뢰사(耒耜)라든가 이(犁)·화(鏵)의 제도 역시 우리나라 농기구와는 매우 달라서 그 제작 기술이 곡진한 의의를 지니고 있으며, 깊이 갈아 흙을 부수는 효과 또한 극히 교묘하다. 그 밖에도 앙마(秧馬)·돈거(砘車)·전(錢)·박(鎛)·파(鈀)·참(鑱)·운조(耘爪)·비구(臂篝)·하택거(下澤車)·타거(拖車) 등 곡식을 운반하는 기구와 디딜방아를 찧는 방안, 연자방아를 찧는 방법 등이 가지가지 정묘하고 이것저것 주밀하여 힘들이는 것은 적어도 거두는 이득은 지극히 많다. 이런 것들은 불가불 본받고 제조해서 농사일에 진력하는 데 도움이 되도록 해야 할 것이다.[57]

宮家劃給俸廩可矣. …… 今若斷絶折受·賜牌之法, 定以歲祿, 則雖一房一歲, 定以千石之米·一二千貫之錢, 亦無難繼之患. …… 至於王孫之世, 則停其歲祿, 但給本品宗祿可矣."

중국의 뢰사(耒耜) 등의 기구들은 모두 성인(聖人)이 창안해서 만들어 낸 것이다. 우리나라 농기구들을 중국 것에다 비교해 보면 결국 둔(鈍)하고 열등(劣等)하다는 것을 알게 될 것이다. 공장(工匠)이 제 일을 잘하려면 먼저 그 도구를 예리하게 해야 한다. 더구나 그 형식과 제도가 간편하고 효능이 매우 신속한데, 그것을 본받아 익혀 농사짓는다면 안 될 게 뭣이 있겠는가.[58]

왕정의 『농서』는 권12 「뢰사문(耒耜門)」에서 권17 「주거문(舟車門)」까지에 걸쳐 무려 수백 가지의 농기구들을 부문별로 서술해 두었는데, 여기 『우서』의 내용은 그 가운데서 선진적이라고 생각하는 것들만 임의로 몇 가지 뽑아 간략히 소개한 것이다.[59]

우선 뢰사(耒耜)는 신농씨(神農氏)가 창안해 낸 것으로[60] 『우서』는 믿고 있으며, 그 밖의 '리(犁)·화(鏵)' 이하 여러 농기구들 역시 그와 같은 성인(聖人)이 제작한 것으로 여기고 있었다. 성인(聖人)이 창안해서 제작

---

57 『迂書』 권10, 「論變通規制利害」, "以農器之類言之, 耒耜犁鏵之制, 亦與東器絶異. 制作之妙, 曲有意義, 深耕碾土之效, 尤極巧妙. 其外秧馬·砘車·錢·鎛·鈀·钁·耘爪·臂篝·下澤·拖車, 運穀之器, 舂碓之方, 碾磨之法, 種種精妙, 色色詳密, 用力雖寡, 收功至廣. 此尤不可不倣效製造, 以爲明農之助矣."

58 같은 곳, "中國耒耕等物, 皆出於聖人所捌, 而東器比之中國, 則終覺鈍劣矣. 工欲善其事, 必先利其器. 況形制簡便, 收功甚速, 倣習治田, 有何不可?"

59 耒耜는 논밭을 가는 쟁기. 犁 역시 墾田의 농기구로서 『山海經』에 "后稷의 孫인 叔均이 처음으로 牛耕을 가르쳤는데 이때 소[牛]를 써서 犁를 끌게 했다." 한다(『농서』 권12, 「농기도보」 2, 〈耒耜門〉). 鏵는 錨類로서 보습이라는 기구이니 老農의 말로는 "生地를 開墾하는 데는 钁을 사용하고 熟地를 뒤집는 데는 鏵를 사용함이 좋다."고 한다(『농서』 권13, 「농기도보」 3, 〈钁錨門〉). 그리고 秧馬는 말처럼 타고서 모를 심는 기구, 砘車는 싸앗을 뿌리는 수레, 錢은 가래, 鎛은 호미, 鈀는 쇠스랑, 耘爪는 김맬 때 손가락에 끼는 깍지, 臂篝는 무논에 김맬 때 팔뚝에 끼는 대나무 토시, 下澤車는 밭고랑 사이로 짐을 실어 나르는 수레, 拖車 역시 밭고랑 사이에 발로 끌고 다니는 수레이다.

60 『易』, 「繫辭下傳」, "神農氏作, 斲木爲耜, 揉木爲耒, 耒耨之利, 以敎天下."

한 것이므로, 그 제도를 수용하여 '둔(鈍)하고 열등(劣等)한' 우리나라의 토속적 농기구들을 개조함으로써 인습적 농사기술을 혁신해야 할 것이라고 역설하는 것이다.

중국의 경우, 지역의 광대함에 따른 문화와 기술의 차이 또한 있게 마련이며, 따라서 그 내부의 교류에 따른 농경기술의 발달 수준 또한 우리나라보다는 선진적일 수가 있는 편이었다. 그러므로 '신농씨'의 창안 여부와는 별도로, 장구한 중국 농업의 역사를 통해서 뢰사(耒耜) 등의 농경기술 또한 그 나름으로 진보해 오고 있었던 것으로 이해된다.

그래서 우리나라 쟁기와는 용도가 같으면서도 형태는 별다른 중국식 뢰사(耒耜) 제도의 우수한 면을 수용하고자 하는 동향이 조선 후기의 다른 북학론자 사이에서 일어나고도 있었다. 그것은 그들의 연행(燕行)을 통해서 중국식 뢰사(耒耜)의 기경(起耕) 현실을 직접 목도한 경험을 바탕으로 하는 것이었다. 가령 연암 박지원의 경우가 그러하였다.[61] 그리고 초정(楚亭) 박제가(朴齊家, 1750~1805)는 구체적으로 경지 활용의 밀도를 높이기 위한 방안으로서 중국식 뢰사(耒耜)의 보급과 활용을 더욱 면밀히 논의하였다.[62] 그런 면에서 중국식 농기구의 우수한 면을 인식하고 이를 수용하고자 하는 『우서』의 견지 역시 선진적 안목에 속한다 할 것이다.

그리고 『우서』는 '잠직류(蠶織類)'라는 별도의 항목을 두고도 있다. 잠직(蠶織)에 관한 한 중국이 고대로부터 세계적으로 가장 선진적 기술 수준을 보유하고 있었다는 사실은 널리 공인된 그대로다. 『우서』는 여러 가지 중국 잠직기(蠶織器)들을 소개하면서 우리나라도 모름지기 그

---

61 朴趾源의 「課農小抄」 참조. 그리고 이에 대한 언급으로는 염정섭(2002) 참조.

62 金容燮(1988)의 제4장 「18세기 말 정부의 農書편찬계획과 두 農學사상의 대립」 참조.

방직술의 '정교하고도 민첩함〔精巧敏捷〕'을 배워 활용해야 할 것을 역설하였다.[63]

중국 청(淸)나라의 극성기와 때를 함께한 조선 후기 18세기에는 소위 '북벌'을 대신하는 '북학'의 풍조가 크게 일어나고, 중국의 선진 문물을 수용하고자 하는 동향이 활발해진 것은 주지하는 사실이다. 그리고 그 가운데는 당연히 수리(水利)기구에 관한 관심도 포함되고 있었다. 가령 정교하게 제작한 용미거(龍尾車)라는 수차의 수용과 활용을 강구한 사실이 그 가운데의 한 가지 사례였다. 즉 정조 7년(1783)에는 이조판서 서호수(徐浩修)가 상소하여, "황명(皇明)의 각신 서광계의 저술인 『농정전서』에 실려 있는 용미거"라는 수차의 공용이, "여러 개를 접속해서 올려 가면 산(山)에서도 사용할 수가 있으니, 이는 한발(旱魃)이 든 해라든가 높은 곳에 있는 전답도 근심할 것이 없는〔不憂旱歲與高田〕" 기술이라 하고, 이의 활용을 적극 추천하였다. 이에 국왕은 비변사(備邊司)에서 이를 논의토록 한 후, 드디어 "서호수에게 명하여 용미거 제작하는 일을 감독하도록 하였다. 그런데 용미거를 제작하기는 했지만 반포하는 일은 실현하지 못하였다."고 한다.[64]

그렇게 반포하지도 못한 까닭은 아마도 기술의 문제에서 기인했던 것으로 보인다. 가령 같은 시기의 다산 정약용이, 제작 기술의 미비로 용미거가 결국 활용하는 단계에는 도달하지 못하였다는 사실을 확인해

---

63 『迂書』 권10, 「論變通規制利害」, "以蠶織之類言之, …… 今若學習此制, 則婦功之精巧敏捷, 又豈今日之比乎?"

64 『正祖實錄』 권16, 정조 7년 7월 4일 癸巳. 徐光啓의 『농정전서』는 1639년에 간행되었는데, 이 책이 우리나라에 소개되기는 正祖 7년(1783)의 이 기사가 처음인 것으로 나타난다. 그러나 『古今圖書集成』이 완성된 것은 淸나라 雍正帝 때인 1725년이요, 이를 우리나라에 들여온 것은 정조 3년(1779)이니(『정조실록』, 정조 3년 2월 庚申 참조), 『농정전서』는 실상 이때 들어온 듯하다.

둔 바 있다.[65] 그리고 다산은 다시 우리나라 농경 · 방직의 기술이 아직도 수준 이하의 상태를 지양하지 못하고 있는 현실을 크게 개탄하고 있었다.

> 농기구라든가 직기(織機), 배와 수레 등이 아직도 원시시대의 옛 제도를 지키고 있으니, 전야(田野)는 날로 황폐해지고 재용(財用)은 날로 줄어든다. 한 번 수해(水害)나 한재(旱災)를 만나면 하늘을 원망할 뿐이요, 백성은 근심으로 가득하고 나라는 가난해져도 도무지 어찌할 도리가 없다(『중용강의보』 권1-40).

실상 어떠한 산업 분야를 막론하고 그 생산기술 수준의 발전 정도는 당해 시대의 생산력을 좌우하는 중대한 기준 과제였다. 그런 면에서도, 선진적인 중국의 농경 · 방직 기술을 수용하고자 하는 『우서』의 견해는 일종의 기술 개혁을 성취하고자 하는 의미 있는 것으로 평가된다.

3. 호적제(戶籍制)와 균부론(均賦論)

농암 유수원에 의하면, "국가를 다스리는 큰 정사로는 호적(戶籍)보다 더한 것이 없다. 그런데 우리나라의 호적은 허술함이 극단한 지경이다."[66]

---

65 『牧民心書』 권11, 「工典六條」 川澤, "龍尾 · 玉衡, 凡水車之制, 最是良法. 然鍊鐵未精, 製法未熟. 昔淳昌申承旨景濬, 屢作水車, 終不能食效. 非講究之不詳, 國無良工也. 近世博聞之士, 亦屢試不驗, 必使百工技藝, 精鍊入妙而後, 此事可議, 今姑略之."

66 『迂書』 권6, 「論戶口格式」, "有國大政, 莫過民版, 我國戶籍之虛疎極矣."

실상 조선왕국에서는 일찍이 전국의 전토와 호구를 한 번도 온전히 파악해 본 적이 없었다. 농암과 동시대의 성호 이익(1681~1763)은 전국 호구의 거의 절반 가량이 은루(隱漏)되어 있는 상태일 것으로 추정하였다.[67] 전토와 호구야말로 기본 국세(國勢)인데도 그 온전한 파악은 결코 실현해 본 적이 없는, 구원의 과제로 남겨져 있었던 것이다.

조선 후기의 실학은 대체로, 국가의 통치제도를 개혁함으로써 치세(治世)를 실현하고자 하는 편이었다. 그런데 전국의 전토와 호구를 제대로 파악하지도 못하고서야 어떻게 '치세'라는 것을 기대할 수 있겠는가. 그래서 가령 조선 후기 실학풍을 처음으로 확립하기에 이른 반계 유형원은, 이동하지 않는 전토의 파악을 통해서 이동할 수 있는 호구를 파악한다는 소위 '유정제동(由靜制動)'의 원리를 응용함이 가장 타당한 것으로 제시하였다.[68]

그런데 농암 유수원은 역시 중국의 호적제도 규정을 수용하여, 먼저 '호적'을 정비하고 이를 통해 각 가호의 '호구(戶口)'는 물론 전토(田土)까지도 파악한다는 방식을 추구하였다.

우선 『우서』는 각 가호의 정(丁)·전(田)·사(事)·산(産)을 모두 호적에다 등재하도록 규정한다. 여기서 "정(丁)이라는 것은 노복(奴僕)·고공(雇工) 등 그 가호가 거느리고 있는 정구(丁口)를 말하고, 전(田)이라는 것은 각 가호가 소유하고 있는 전·답(田畓)을 말하며, 사(事)라는 것은 상업을 행하는 표인(票引)이나 공장(工匠)이 수업(手業)하는 험첩(驗帖), 즉 인허장(認許狀)을 말한다. 그리고 산(産)이라는 것은 점포(店鋪)·저사

67 『星湖僿說』 권7, 「黨長里長」, "以今觀之 隱漏殆半."

68 『磻溪隧錄』 권6, 「田制攷說」 下, "土者一定而不遷者也, 人者動靜存亡之不可常者也. 是本乎田而明其分, 則人在其中, 而自無不均. …… 此非唯事勢, 亦是天理如此, 由靜制動之理也."

(邸肆)·제택(第宅)의 액호(額號)와 매매의 등급을 말한다." 실상 '정·전·사·산'의 4가지는 각 가호가 소유하는 부문별 재산 전체를 포괄하는 개념으로서, 각각이 세(稅)의 부과 대상으로 되는 것이었다. 그리고 "이들 4가지 세(稅)에는 모두 정해진 액수와 등급이 있어, 더할 수도 없고 감할 수도 없으며 면(免)할 수도 없다."[69]

실상 『우서』는 종래 국가 각 기구가 분할해서 관장해 온 여러 가지 재원(財源)을 일괄해서 호조(戶曹)로 귀속시킴으로써 국가재정 전체를 호조라는 단일 기구를 통해 일원적으로 파악토록 하는 원칙을 설정하였다.[70] 마찬가지로 '정·전·사·산'의 4가지 부문으로 유별되는 각 민호의 재산도 일괄해서 호적에다 등재토록 하고, 호적을 통해 수세(收稅)행정을 일원적으로 관리한다는 규정을 관철코자 하는 것이다.

『우서』는 또한 3년마다 다시 호적을 작성하는 현행의 제도는 너무 번거로우므로 10년마다 1차씩 작성하도록 할 것이요, 그 대신 매년 연말에는 호적의 편성을 심사하는 '편심(編審)'제도를 시행하기로 개혁하고자 한다. 즉 이미 "『주례』에서도 매년 연말에 '백성의 숫자를 보고하는' 제도가 있음을 상기하면서, 해마다 이를 시행치 않으면 백성의 수(數)를 상고할 수가 없으며 부역(賦役)을 균평히 할 수도 없다."[71]고 그

69 『迂書』 권6, 「論戶口雜令」, "丁者, 奴僕·雇工等丁口也. 田者, 民之自己田也. 事者, 行商之票引·工匠手業等驗帖也. 産者, 店鋪·邸肆·第宅, 額號·買賣等第也. …… 四者之稅, 皆有定額·等第, 加不得, 減不得, 免不得矣."

70 戶籍이 불분명하여 국민의 수가 늘고 주는 것을 알지 못하고 있으며, 강과 바다와 들과 숲과 늪들이 모두 각 宮房에 빼앗기게 되어 그 폐해가 封建보다도 더욱 심하다. 또 鹽盆·漁箭·鐵冶 등과 모든 工匠 등속도 이를 各司에 나누어 주고 각사가 스스로 이를 팔아서 用度에 충당하게 하고 있다(『우서』 권1, 「論本朝政弊」).; 전국의 財貨를 거두어 戶曹로 귀속시키고, 중앙과 지방의 용도를 헤아려 지급하게 한다면 중앙에서는 각 관청이 장사하는 누추한 습속이 없을 것이요, 지방에서는 군현의 官衙들이 사사로이 재물을 점거하는 일이 없을 것이다(『우서』 권1, 「論備局」).

배경을 설명한다.

그런데 호적을 통해 각 가호의 '정 · 전 · 사 · 산'을 유루 없이 일괄 파악하기 위해서는 호적의 편제 자체를 새로운 형태로 정비하지 않으면 안 된다. 『우서』는 중국의 호적 편제 방식을 그대로 수용하기로 한다.

> (중국의) 소위 리(里)라는 것은 곧 편호(編戶) 단위로서 1백 10가(家)를 1리(里)로 하고, 6리를 1향(鄕)으로 한 것이다. 그리고 1'리' 속에서 정(丁)과 전(田)이 많은 사람 10인을 이장(里長)으로 삼고 나머지 1백 호(戶)를 10갑(甲)으로 나누며, 매년 이장 1인을 시켜 1리의 사무를 관장하게 하되, 번갈아 가며 맡게 하니, 10년이면 끝나서 다시 새로 시작하게 된다. 그런 까닭에 매년 리(里) · 갑(甲)을 안배하되 차례대로 충당한다고 말하는 것이다. 리(里)를 편성하는 제도는 당(唐)나라 정관(貞觀) 때부터 시작하여 지금까지 준용(遵用)하고 있다. 우리나라는 이를 전혀 알지 못한 채 하나의 큰 촌락을 무턱대고 리(里)로 하고 있으니, 어떻게 민수(民數)를 상고할 수 있겠는가. 가령 한 촌락 중에서 우선 정(丁) · 전(田)이 많은 1백 10호(戶)를 1리(里)로 편성하고, 그 나머지 정(丁) · 전(田)이 적고 빈궁(貧窮)한 몇 호(戶)를 기령호(畸零戶)로 편성하여 그 리(里)의 책적(冊籍)에 붙여 편성할 것이다.[72]

---

71 『迂書』 권6, 「論戶口格式」, "『周官』有歲終登數之制, 而我國莫之行焉. 不行此制, 則無以稽民數, 而均賦役矣. 且三歲一籍, 煩擾特甚. 今若十年一行, 則法令簡易, 民口易核."

72 『迂書』 권6, 「論戶口格式」. 『우서』의 이 같은 호적 편제는 明나라의 경우를 거의 그대로 따른 것이었다. "(明)太祖籍天下戶口, 置戶帖 · 戶籍. 具書名歲 · 居地, 籍上戶部, 帖給之民. 有司歲計其登耗以聞. …… 洪武十四年詔天下, 編賦役黃冊. 以一百十戶爲一里, 推丁 · 糧多者十戶爲長, 餘百戶爲十甲. 甲凡十人, 歲役里長一人 · 甲首一人, 董一里 · 一甲之事. 先後以丁糧多寡爲序, 凡十年一周, 曰排年. 在城曰坊, 近城曰廂, 鄕都曰里. 里編爲冊, 冊首總爲一圖, 鰥寡孤獨, 不任役者, 附十甲後爲畸零, 僧道給度牒. 有田者編冊如民科, 無田者亦爲畸零. 每十年, 有司更定其冊, 以丁 · 糧增減而升降之."(『明史』 권77, 志 53

이와 같이 편호(編戶)·편리(編里)·편향(編鄕)의 과정을 거친 후, 각 군현에서는 관하 각 가호의 호적을 작성하는 일정한 양식인 일호정식(一戶定式)을 인출(印出)해서 이장(里長)들에게 나누어 주고, 이장은 갑수(甲首)에게 나누어 주며, 갑수는 각 호에 나누어 준다. 그러면 "각 호는 스스로 자기 집의 정(丁)·전(田)·사(事)·산(産)을 양식대로 책에다 기록하여 갑수에게 교부하고, 갑수는 10호(戶)의 책을 이장에게 교부하며, 이장은 한 리(里)의 책을 관(官)에다 바치도록 할 것이다."[73]

여기 호적 편성의 기초 단위는 물론 각 가호(家戶)지만, 최소 책임 단위는 10호로 구성되는 1갑(甲)이요, 각 갑의 갑수(甲首)가 동일 갑(甲) 내의 호적 편성의 책임자다.

그런데 『우서』가 설정한 호적에는 각 가호가 각기 '정·전·사·산'의 다과에 따라 부담해야 하는 세액(稅額)을 기재하도록 규정하고 있다는 사실이 특히 주목된다. 말하자면 각 가호의 호적은 곧 그 가호가 부담하는 항목별 세액(稅額)을 기재한 대장으로서의 기능을 다하도록 규정한 것이다. 이제 『우서』가 설정한 「입호정식(立戶定式)」의 기재 내용 가운데 주요 사항들을 살펴보면 다음과 같다.

(1) 각 가호의 호적에는 호주(戶主)의 가족은 물론이요, 동거하는 노(奴)·비(婢)도 '솔정(率丁)'·'솔비(率婢)'로 기재하고, 외거(外居)하는 노·비도 '외거정(外居丁)'·'외거노(外居婢)'로 기재한다.

(2) 인정(人丁)은 성정(成丁)·미성정(未成丁)·노(老)로 구분해서 기재한

「食貨」 1, 戶口·田制)

73 『迂書』 권6, 「論戶口格式」, "官吏, 編戶·編里·編鄕旣畢, 如將一戶定式, 謄刻印出, 給與里長. 里長頒甲首, 甲首頒各戶, 各戶自將本戶人丁·事·産, 依式造冊開寫, 付甲首. 甲首將十戶冊付里長, 里長將一里冊, 納官可矣."

다. 부녀자는 대구(大口)·소구(小口)로 구분해서 기재한다.

(3) '성정'은 매년 5~6문(文)의 정전(丁錢)을 국가에 납부한다. 동거하는 솔정(率丁)〔즉 솔거노(率居奴)〕은 독자적 자기 경리(經理) 없이 주가(主家)를 위해 일하므로, '주가'에서 그 정전을 납부한다.

(4) 각 군현의 읍학(邑學)에서 육성하는 늠선생원(廩膳生員)·증광생원(增廣生員) 이상 각급 국립학교의 학생인 '사(士)'와 현역으로 복무하는 정군(正軍) 및 관속으로 복무하는 인리(人吏)는 '정전'을 면제한다.

(5) 외거노(外居奴)는 독자적인 자기 경리를 가지므로 본인이 '정전'을 국가에 납부한다. 그런데 그 주가(主家)는 외거노로부터 신공(身貢)을 받는 주호(主戶)이므로, 이에 '호요(戶徭)'로서의 균요전(均徭錢)을 국가에 납부한다. 균요전은 '정전'보다 다소 적은 5문(文) 정도로 책정한다. '정전'과 '균요전'은 각각의 액수를 호적에 기재해 둔다.

(6) 각 가호의 호적에는 또 전토(田土) 소유의 다과에 따라 응당 전세(田稅)와 대동미(大同米)를 납부한다.[74] 그리고 자기 소유 전토를 자경(自耕)하는 경우, 동일 군현에 있는 자기 전토를 남에게 병작(竝作)시키는 경우, 다른 군현에 있는 자기 전토를 남에게 병작(竝作)시키는 경우에는 이에 응당 각기 '호요(戶徭)'로서의 균요미(均徭米)를 납부한다. '균요미'는 1부(負)에 5합(合) 정도로 책정한다. 전세·대동미·균요미 각각의 액수를 호적에 기재해 둔다.

(7) 공장(工匠)은 그 소업(所業)의 종류에 따른 세액(稅額)을 호적에 기재

---

74 『우서』를 저술할 당시는 均役法의 시행 이전이므로 아직도 '結稅' 명목은 없다. 그러나 倭亂 이후 訓練都監의 三手軍을 양성하기 위해 전국의 田結에다 부과하는 '三手米' 항목은, 『우서』 권6의 「論均徭田賦事宜」에서만 1차 언급하였을 뿐이요, 이 戶籍에는 '田稅·大同米' 이외에 별도 稅目으로 '三手米'를 기재하고 있지는 않다. 다소 착각이 일어난 듯하다.

한다.

(8) 상인(商人)은 상업의 종류와 그 商引〔인허장〕의 등급에 따른 세액을 호적에 기재해 둔다.

(9) 그 밖에도 각종의 매매, 가옥의 간수(間數), 가축, 선척(船隻), 차량(車輛)과 같이 소유·거래·사육(飼育) 등으로 경제적 이득이 일어나는 항목이 있으면 응분의 세(稅)를 납부하되, 그 세액을 호적에 기재해 둔다.

『우서』가 개혁하고자 하는 호적양식은 각 가호의 정(丁)·전(田)·사(事)·산(産)을 망라하여 기재하고 또한 그것을 기초 삼아 국가가 수취하는 각종의 세목(稅目)과 그 액수까지를 기재해 두고 그것을 따라 행정적 집행을 수행하도록 하는 공공 대장(臺帳)이다. 그 작성과 관리는 극히 엄정하지 않으면 안 된다. "각 리(里)에서는 스스로 서수(書手)를 정하여 호적을 책으로 만들되, 한결같이 관(官)의 양식대로 한다. 각 호의 호책(戶冊)은 10장이 되기도 하고 1~2장이 되기도 하겠지만, 각 가호의 정·전·사·산에 따라 실수(實數) 그대로를 기록한다. …… 바른 해자(楷字)로 세밀하게 기재하되 행관(行款)의 높고 낮음과 넓고 좁은 것, 책 모양의 길이와 너비, 책 묶음의 두껍고 얇음을 한결같이 관(官)의 양식대로 준행할 것이요, 세개(洗改)하거나 긁고 고쳐서도 안 된다. 1갑(甲)에서 갑책(甲冊)을 이룩하고, 10갑(甲)에서 이책(里冊)을 이룩하며, 1현(縣)에서 총책(總冊)을 이룩하도록 할 것이다."[75]

그리고 『경국대전』에서의 3년 규정과는 달리, 『우서』는 10년마다 다시 호적을 작성하도록 규정한다. 그런데 각 가호별 '정·전·사·산'의

75 『迂書』 권6, 「論戶口格式」.

증·감은 수시로 일어나게 마련이요, 이는 곧바로 수세액(收稅額)의 변동을 야기하는 사안이다. 그러므로 『우서』는 해마다 호적의 '편심(編審)'을 실시함으로써 수세액의 변동을 호적에다 곧바로 반영하도록 한다. 즉 삼대 이후로는 봉건제가 변하여 국가가 전국의 호적을 직할(直轄)하게 되었고, 정전법이 변하여 전국 토지를 직접 파악하게 되었으므로 국가의 사무가 "옛날보다 백 배나 많아졌으니, 3년에 한 번씩 호적을 작성한다면 그 번거로움"이 너무나 크다. 그러므로 "10년에 한 번씩 호적을 작성하는 것은 기간이 너무 뜬 것 같기도 하지만, 매년 편심(編審)하는 제도가 있으니 이것이 간이(簡易)하면서도 명백하게 파악할 수 있는 방법이다."[76]

그런데 해마다 작성하는 편심책(編審冊)의 기재사항 가운데에서 특히 주의해야 하는 것은 부세의 부과 대상인 '정·전·사·산'의 변동에 관한 사항이다. 가령 외거노가 죽거나 혹은 도망간 경우라든가 특히 조선 후기 빈번히 일어나고 있던 병작지(竝作地)의 전호(佃戶)의 변동 사항과 같은 문제였다. 외거노의 경우는 균요전(均徭錢)의 수취와 관계되고, 또한 병작자인 전호(佃戶)는 곧 전세(田稅)·대동미(大同米)·삼수미(三手米)의 납부 담당자였기 때문이다. 『우서』는 이를 다음과 같이 규정한다.

> 외거노(外居奴)가 죽거나 도망한 경우, 모두 그 소재관(所在官)이 인급(印給)한 문빙(文憑)을 함께 받아와 납부해야 한다. 그렇지 않으면 그 균요전의 견면(蠲免)을 허락하지 않는다. 다른 군현에 소재한 전장(田莊)을 팔 때 역시 마찬가지다.[77]

---

76 『迂書』 권6, 「論戶口格式」, "後世則封建變爲守令 井田變爲阡陌 吏事之殷 百倍於古 三歲一籍 豈堪其煩擾乎 十年一籍 雖似稀闊 每歲有編審之制 此所以簡易明核也."

무릇 방전전(放佃田)은 농사 때를 당해서 전호(佃戶)를 바꿀 수가 없다. 다음해에 새로운 전호(佃戶) 아무에게 이급(移給)하려면 반드시 금년 편심(編審) 때에 옛 전호(佃戶)를 데리고 관(官)에 들어가서 새로 등록해야 한다.[78]

승전전(承佃田) 얼마의 전주(田主)는 갑(甲)이요, 무슨 등급 무슨 자호(字號)로서 수전(水田) 얼마, 한전(旱田) 얼마인데, 그 세액(稅額 : 대동미 얼마, 전세 얼마, 대두(大豆) 얼마) 얼마를 새로운 전호인 을(乙)이 이어받아 담당한다.[79]

(편심(編審)한 후) 전주(田主)의 이름이 전책(田冊)에 확연하고, 방전전(放佃田)의 경우도 이듬해에 경작할 1읍(邑) 전부(佃夫)들의 성명이 이미 금년 편심책(編審冊)에 기록되어 있다. 전부(佃夫)가 다른 군현으로 이동함에 따라 생기는 이래(移來) · 이거(移去)의 혼란이 어떻게 일어날 수 있겠는가.[80]

『우서』의 새로운 호적제도는 그만큼 국가의 부세 수취문제, 즉 국가 재정수입의 확보 문제를 다른 무엇보다도 우선시하고 있음이 판명된다.

그러므로 해마다 호적상의 변동 사항을 다시 고쳐 작성하는 '편심책'은 엄격한 호율(戶律)의 적용을 받아야 하고, 사실에 위배되는 경우는 엄중한 처벌을 받도록 규정한다. 가령 인정(人丁)이라든가 세미(稅米)의 누락 혹은 허위 기재는 결코 일어나지 못하도록 엄격한 규정이 적용된다.

---

77 『迂書』 권6, 「論戶口格式」.

78 같은 곳. 여기 放佃田은 곧 남에게 竝作 주는 전지를 이름이다.

79 같은 곳. 여기 承佃田은 곧 竝作地를 이름이다.

80 『迂書』 권6, 「論均徭事理」, "田主之名, 燦然於田冊. 至於放佃田, 明年一邑佃夫之姓名, 已具於今年編審冊. 有何移來 · 移去之混亂者乎?"

이사(移徙)가는 경우에도 반드시 그 집안의 산업(産業)이 핍절(乏絶)하여 어쩔 수 없는 사고(事故)가 있다고 인정되어야만 공문(公文)을 받아 떠날 수 있게 하고, 이거(移居)한 관(官)에 도착, 신고하여 회답하는 이문(移文)을 받아온 다음에야 비로소 원적(原籍)에서 할면(割免)하게 한다. 이사 온 사람도 먼저 관에 신고하여 증빙 서류를 받아와야만 그 지역의 통(統)·리(里)에서 비로소 받아들일 수 있게 한다. 몰래 이사한 사람에 대해서는 그 리(里)의 이웃과 친족(親族)들로 하여금 찾아서 잡아오도록 하여, 함부로 본래의 거주지를 떠나지 못하도록 할 것이다.[81]

호적에 누락된 사람은 무적죄인(無籍罪人)에 속하게 된다. 따라서 혹시 다른 사람과 쟁송(爭訟)하여 관(官)에 들어갔다가 발각되면, 먼저 무적(無籍)의 죄(罪)로 엄형(嚴刑)을 받고 변방으로 유배(流配)될 것이며, 사면(赦免)이 있어도 죄를 용서받지 못한다. 또한 사리상으로 보더라도 1갑(甲) 내의 같은 리(里)에 거주하는 사람들은 모두 차례에 따라 갑수(甲首)로 차임되는 자들인데, 조책(造冊)할 때 동일한 갑(甲) 안에서 그 누락을 허여하겠는가. 외거노(外居奴)의 경우라도 기재하지 않는다면 영영 잃어버릴지도 모를 터인데 숨기거나 속일 수가 있겠는가.[82]

대동미(大同米) 얼마, 전세(田稅) 얼마, 균요미(均徭米) 얼마라는 원액(元額)이 각기 있어서 지난 호적(戶籍)에 기재하여 놓았는데 어떻게 (이번 편심책에서) 감제(減除)될 수 있겠는가.[83]

---

81 『迂書』 권6, 「論戶口雜令」,

82 『迂書』 권6, 「論戶口格式」. "或曰, 人口成丁者, 隱瞞不錄則奈何?答曰, 此有戶律, 不啻至嚴矣. 漏籍者, 係是無籍罪人. 雖或與人爭訟, 入官發覺, 則先被無籍之罪, 嚴刑遷配極邊, 遇赦不宥矣. 且以事理言之, 一甲內同里居生者, 皆是輪差甲首之人, 造冊時, 甲內許其漏落乎? 以外居奴言之, 若不載錄, 未免永失, 其可隱瞞乎?"

83 『迂書』 권6, 「論戶口格式」, "大同幾, 田稅幾, 均徭幾, 各有元額, 已載前籍, 安得除減?"

10호로 구성되는 1갑(甲)의 갑수(甲首)가 동일 갑(甲) 내의 호적 편성의 책임자이듯이, 갑수는 자기 갑(甲) 내의 '정·전·사·산'의 이동과 그 세액(稅額) 변동의 편심에 관한 연대책임을 지고 있다. 1갑 10호의 호주(戶主)들이 번갈아 가면서 갑수가 되고 그 연대책임을 담당하도록 규정하고 있는 것이다.

그래서 『우서』의 규정에 의하면, "전토 1결(結)을 가진 호는 1결의 부세를 납부하고, 인정 10정이 있는 호는 10정의 정전(丁錢)을 납부한다. 1부(負)·1정(丁)도 모두 그러하지 않음이 없다. 그리고 사(事)가 있는 호는 그로써 납부하고 산(產)이 있는 호도 그로써 납부하며, 전(田)도 정(丁)도 사(事)도 산(產)도 없는 단신(單身)의 외로운 사람은 단지 정전(丁錢)만을 납부하도록 한다."[84]

그런데 『우서』가 국가의 재정수입 확보 문제에만 가장 큰 관심을 두어 추구하였다고는 할 수 없는 측면을 지니고 있다는 사실 또한 간과해서는 안 된다. 실상 재정수입을 확보하는 방안 자체가 그 수입 대상자들의 광범하고도 건실한 존립 사실을 바탕으로 하고서야 실현 가능한 일이기 때문이다. 그런 면에서 『우서』가 별도로 신설하고자 하는 균요전(均徭錢)·균요미(均徭米) 항목은 특히 주목을 요하는 새로운 세목(稅目)이다.

『우서』의 호적 규정에서, 정(丁)에 대해서는 정전(丁錢)을 징수하고 또 전(田)에서는 대동미와 전세 등을 징수하면서도, 다시 각 가호가 소유하고 있는 정(丁)·전(田)의 다과에 따라 "균요전·균요미를 더 징수한다."고 설정하였다. 그 사유는 다음과 같다.

---

84 『迂書』 권6, 「論均徭事理」, "有田一結者, 應一結之役, 有丁十丁者, 納十丁之錢. 一負一丁, 亦莫不然. 有事者納, 有産者納, 無田·無丁·無事·無産, 單身孑然者, 只納丁錢."

정(丁)은 스스로 정(丁)이고 전(田)은 스스로 전(田)이며 호(戶)는 스스로 호(戶)인데, '정'과 '전'에서만 세를 징수하고 호요(戶徭)를 징수하지 않는다면 부세의 불균(不均)이 매우 심하게 된다. 우리나라의 논객들은 언제나 호포(戶布)와 정전(丁錢)으로 백성의 부담을 균평히 할 수 있을 것이라 하지만, 이는 실로 깊이 생각하지 못한 말이다. …… 지금 전토를 수십 결(結)씩 소유하고서 이로부터 거두는 1년의 사조(私租)가 몇백 석(石)인지를 알 수가 없는데도 한 톨의 호요(戶徭)조차 납부하지 않고 있으니, 이것이 곧 부자가 더욱 부유해지는 길이다. ……(전세와 대동미 등은) 당해 토지에 대한 부세(賦稅)를 내는 것일 뿐이다. 자기 집에 (사조(私租)를) 실어 온 다음에는 어째서 한 톨의 호요(戶徭)도 내지 않는가. 정전(丁錢)의 경우, 큰 부잣집에서도 10정(丁)만이 있다면 1년에 5~6관(貫)을 납부하는 데 지나지 않는다. 그런데 매우 빈한한 집에 남정(男丁)이 10명 이상 있다면 그 납부하는 정전(丁錢)이 도리어 부자보다 많게 되니, 이것이 곧 천하에서 가장 균평치 못한 현상이다.85

삼대(三代)의 백성으로 매우 부유하거나 매우 가난한 자가 없었던 것은 정전(井田)의 제도가 있었기 때문이다. (정전제도가 무너진) 후세에는 가난하고 부유한 것이 오로지 백성에게 맡겨지고 국가는 이를 어쩌지 못하게 되었다. 그렇지만 백성에게 부세를 부담시키는 도리는 그 빈(貧)・부(富)에 따라 해야 한다. 어찌 막연히 분별이 없어서야 될 것인가. 그리고 이 법은 균평하고 제일(齊一)하며 지공(至公) 무사(無私)하니, 외거노(外居

85 『迂書』 권6, 「論戶口格式」, "丁自, 丁田自田, 戶自戶. 只徵丁・田, 不徵戶徭, 則賦役之不均極矣. 我國議者, 每曰戶布・丁錢, 可均民役, 此實不思之言也. …… 今以一富戶言之, 有田數十結, 一年收稅不知幾百石, 而不納一粒戶徭, 此乃富者益富之道也. ……(田稅・大同) 此則應其田役而已. 輸入渠家之後, 何不納一粒戶徭耶? 以丁錢言之, 大富之家, 只有十丁, 則一年不過納五六貫而已. 極貧之戶, 男丁過十, 則所納反過於富戶, 此乃天下之大不均者也."

奴) 100정(丁)을 소유한 사람은 전(錢) 5관(貫)을 납부하고 1정을 소유한 사람은 5문(文)을 납부하며, 전토 10결(結)을 소유한 자는 쌀 50두(斗)를 납부하고 1부(負)를 소유한 사람은 5홉을 납부한다. 부자라고 언제 더 내도록 하였으며, 빈자라고 언제 덜 내도록 하였기에 부자만을 미워한다고 할 것인가.[86]

여기 균요미·균요전을 두고 『우서』가 '호요(戶徭)'라고 지칭하는 바와 같이, 이는 '각 가호(家戶)의 소득'에 따라 부과하는 '종합소득세'에 해당하는 새로운 세목(稅目)이라 하겠다. 무릇 노비라는 것이 살아 있는 노동력이며 재산인데도 종래의 국가 제도가 사노비(私奴婢)에 대해서는 온전한 사물(私物)로 간주하였다. 그래서 그 소유주(所有主)가 거두는 막대한 신공(身貢) 수입에 대해서는 과세 대상에서 완전히 제외시켜 오고 있었다. 또한 주된 과세 대상으로 여겨 온 전토에 대해서도 그 경작자에게 전세(田稅)·대동미(大同米)·삼수미(三手米) 등을 부담시키면서도 개별 지주(地主)가 병작농(竝作農)으로부터 거두어들이는 막대한 사조(私租) 수입에 대해서는 '한 톨'의 곡식조차 징세하지 않고 있었다. 그래서 전토와 노비를 다수 소유한 자일수록 더욱 부자가 되게 마련인 사회경제 관계가 조성되도록 방치해 왔던 것이다.

그러므로 균요미·균요전은 '각 가호별 종합소득세'를 신설함으로써 종래 부익부·빈익빈으로 치달아 온 불합리한 사회경제 체제를 개선하고자 하는 새로운 개혁적 시도의 의미를 갖는다 할 것이다. 가령

---

86 『迂書』 권6, 「論戶口格式」, "三代之民, 無甚富·甚貧者, 以其有井田之制也. 後世則貧·富在於百姓, 國家無如之何矣. 雖然, 役民之道, 當隨其貧·富而爲之, 何可漫無分別耶? 且此法, 均齊平一, 至公無私. 有外居百丁者, 納錢五貫, 一丁者, 納五文. 有田十結者, 納米五十斗, 一負者, 納五合. 富者何嘗加出, 貧者何嘗減出, 而謂之偏憎富者乎?"

반계 유형원의 경우 토지는 공전제로, 노비는 고용노동제도로 개혁하고자 하는 변법론으로 일관하기 때문에 새삼스레 세목(稅目)의 조정을 거론할 필요는 없었다. 그 같은 변법론과는 성격을 달리하는 『우서』의 개혁론은 균요미·균요전이라는 별도의 빈(貧)·부(富) 조정책을 설정한 것이었다.

농암의 『우서』는 토지와 노비의 사유(私有)체제를 그대로 유지하고자 한다. 더구나 말썽 많은 결부법(結負法) 양전제(量田制)조차 전혀 개혁하지 않고 그대로 유지하고자 한다. 그래서 이전의 어떠한 개혁론에서도 거론하지 않은 '호요(戶徭)'라는 명목을 설정함으로써 지나친 빈·부의 격차를 그래도 다소 해소하기 위한 조정책으로 삼고자 하였다. 『우서』는 '균요미·균요전'을 거듭 강조해 가면서 이를 자찬해 마지않는다.

> 균요미라는 것은 부세를 증가시키는 것이 아니다. 빈·부를 물론하고 1부(負)마다 5홉의 쌀을 징수하여 호요(戶徭)에 충당하는 것이다. 이 법을 시행하면 가난한 사람이 납부하는 것은 얼마 안 될 것이고, 전답이 천맥(阡陌)을 이을 정도로 부유한 사람은 그 소봉(素封)의 즐거움을 혼자 누리지 못하고 호요미(戶徭米)를 내어 국용(國用)에 보태게 될 것이다. 그리고 균요전이라는 것 역시 부세(賦稅)를 증가시키는 것이 아니다. 솔거(率去)나 외거(外居)를 막론하고 노(奴) 1명마다 5문(文)씩을 징수한다면 노복(奴僕)이 적은 사람은 납부하는 양이 얼마 안 되고, 노복을 많이 거느린 사람은 (중국 한(漢)나라 때의 부호인) 정정(程鄭)과 같이 부요(富饒)를 혼자 누리지 못하고 그 공선전(貢饍錢)을 내어놓아 국용에 보태게 될 것이다.[87]
>
> 오직 이 두 가지 일이야말로 실로 균역(均役)의 핵심 부분이다. 가난한

87 『迂書』 권6, 「論戶口雜令」.

사람이나 부유한 사람이 함께 납세하되, 많이 내거나 적게 내는 것은 그 정(丁)·전(田)의 실제 수에 따르게 하는 것이다. 1부(負)를 소유한 사람은 5홉을 납세하고, 1결(結)을 소유한 사람은 5두(斗)를 납세하며, 1노(奴)를 소유한 사람은 5문(文)을 납세하고, 100노(奴)를 소유한 사람은 5관(貫)을 납세하는 것이다. 백성이 담당하는 부담이 이렇게 된 다음이라야 비로소 지극히 균평하다고 할 수 있는데, 이것이 어찌 부세(賦稅)를 증가시켜 징수하고자 하는 것인가. 그 뜻은 실로 이로써 백성의 부담을 균평히 하려는 데서 나온 것이다.[88]

그런데 여기 '균요미·균요전'의 설정은 과연 지나친 빈·부의 격차를 제대로 조정할 수 있을 것인가. 이들이 일종의 '가호별 종합소득세'로서의 기능을 다할 것이 예상되므로 아마도 이전보다 다소의 순기능을 발휘할 수는 있을 것으로 보인다. 그런데 종합소득세라는 것의 관건은 세액(稅額)의 '누진적(累進的)' 조절에 있다. 그러나 『우서』의 '균요미·균요전'은 겨우 산술적 증액만을 고려하고 있는 정도에 불과하다. 『우서』가 앞서 말한 바 '균평하고 제일하며 지공 무사한' 세법으로서의 기능을 발휘하리라는 예상과는 다소 거리가 멀다 하지 않을 수 없다.

더 나아가 농암의 『우서』는 현재의 1결당 전세 4두(斗)와 대동미 12두 이외에 다시 1결 9두씩을 더하여 합계 25두씩을 징수함으로써 종래 별도로 부과되어 온 여러 가지 명목의 말썽 많은 잡부(雜賦)들을 일괄 타결하기로 설정한다. 그러면 균요미와 합쳐 1결당 30두를 거두게 된다.

1결(結)의 땅에서는 적어도 쌀 2백여 두(斗)가 생산된다. 따라서 이제

88 『迂書』 권6, 「論戶口雜令」.

25두를 징수하여 중앙과 지방의 경비에 충당하고 또한 잡역(雜役)에 응하는 비용을 모두 쓸어 없앤다면, 이는 바로 십일제(什一制)에 꼭 들어맞는다. 어째서 백성이 견디지 못한다 할 것인가. 잡역가(雜役價)로 징수하는 규정이 각 읍(邑)마다 같지 않아서, 혹 쌀로 받기도 하고 돈으로 받기도 하며 혹 잡물로 받기도 하니, 이에서 빚어지는 관리의 간폐(奸弊)는 이루 다 말할 수가 없다. 이제 만약 통틀어 30두씩을 징수하여 각 주현(州縣)이 1년 동안 쓸 비용을 작정(酌定)하여 주고, 더 이상 민호(民戶)나 전결(田結)에서 징수하지 못하게 한다면 백성들이 과연 불편하다 할 것인가.[89]

여기 여러 명목의 '잡역가'는 원래 대동법을 실시하면서 일괄 없애기로 약속한 것이었으나[90] 대동법을 실시한 이후로도 결코 제파(除破)하지 못하고, 인용문에 보이듯 갖가지 명색들을 길이 인습하고 있었다. 그리고 그 부담 또한 각 도(道)마다 다르고 각 읍(邑)마다 다른 것으로 정착되기에 이르렀다.

사료에서 드러난 대로 구래의 세정(稅政)에서는 '잡부(雜賦)' 혹은 '잡역(雜役)'으로 통칭되는 잔다란 부담들의 명색이 아주 많고, 그 징수 또한 음성적인 여러 방법이 다 동원되어 오고 있었다. 명색과 과정이 복잡하고 음성적일수록 그 피해를 크게 보는 자는 소농민을 비롯한 빈궁한 백성이게 마련이었다. 그런 면에서 『우서』가 '잡역가'를 공적인 부세(賦稅)로 양성화함으로써 잡다한 부담과 그 수취 과정에서 일어나

---

89 『迂書』 권6, 「論均徭田賦事宜」, "一結之地, 小不下出米二百餘斗. 今徵二十五斗, 以充京・外之用, 盡掃雜役而除之, 則此正深合於什一之制, 何得謂百姓不可保存也? 雜役價徵出之規, 各邑不同, 或以米, 或以錢, 或以雜物, 官吏奸弊, 不可勝言. 今若通徵三十斗, 酌給州縣一歲所用, 更不許以民戶田結出役, 則百姓 其果以爲不便乎?"

90 『經世遺表』 권11, 「邦賦考」, "大同之初, 國與民約曰, 諸司求索, 一幷停止, 一納此米. 終歲安臥."

는 온갖 중간 농단을 일괄 해소하기로 설정한 것은 매우 선진적인 안목의 개혁 시도라 할 수 있을 것이다.

4. 액전법론(額田法論)

1) 면세전(免稅田)·급복전(給復田)의 정리

『우서』에 따르면, 우리나라 토지 대장에 등재되어 있는 것은 100만 결(結)을 넘지만 세(稅)를 내는 실결(實結)은 겨우 그 절반 정도에 불과하다.[91] 전정(田政)이 그처럼 실질 없는 상태이므로 세입(稅入)이 항상 용도에 모자라는 상태에 놓여 있을 수밖에 없다. 그래서 그 같은 폐단을 극복하기 위해서는, 첫째 면세전(免稅田)·급복전(給復田)을 정리할 할 것이며, 특히 액전법(額田法)을 실시해야 할 것이라고 주장한다.

> 우리나라는 면세(免稅)·급복(給復)의 제도가 실로 폐정(弊政)을 이루고 있으니, 먼저 이것을 바로잡아야 한다. 그리고 전(田)에는 액(額)이 없어서는 안 되는 것인데 우리나라에서는 매년 시기전(時起田)에서만 수세(收稅)하고 있으니, 이는 실로 한심한 제도이다. 전결을 모두 정액(正額)으로 만든 다음에야 비로소 이·민(吏民)이 간교하게 속이는 병폐가 없어질 것이다.[92]

여기 면세전(免稅田)이란 명목 가운데서 가장 문제되는 것은 곧 '궁

---

91 『迂書』 권1, 「論麗制 田制」, "卽今土田, 數過百萬結, 而實結僅居其半."

92 『迂書』 권6, 「論田政」, "我國家免稅·給復之法, 實爲弊政, 首當釐革. 且田不可以無額, 而我國則惟以逐年時起收稅, 此實寒心者也. 悉以田結係之正額, 然後方可無吏·民奸欺之患矣."

가(宮家) 면세전(免稅田, 즉 宮房田)'인데, 『우서』에서는 이를 아예 폐지하고 그 대신 '세록(歲祿)'이란 명목의 봉름(俸廩)을 지급하기로 한다는 방안을 제시하였다. 이는 앞서 살핀 그대로다.

그리고 각종의 국역(國役)을 담당하는 자들에게 복호(復戶)의 특전을 주는 소위 급복전(給復田) 또한 정군(正軍) 이외의 경우는 전면 혁파한다는 방안을 제시한다.

> 정군 이외에는 급복(給復)해서는 안 된다. 각처의 소모군·민(召募軍民)이라든가 서원(書院)·사우(祠宇)의 고직(庫直) 등 긴요치 않은 무리들은 모두 혁파할 것이요, 그밖의 인리(人吏)·조예(皁隸)와 같은 잡색들에 대해서는 모두 공식(工食)과 역가(役價)를 지급할 것이다. 그 비용이 많이 들 것이라 여기겠지만, 이전에도 그들에게 아무것도 지급치 않고 그저 사역(使役)한 것은 아니었다. 그리고 인리·조예들에게 보수를 지급한다 하더라도 그들의 정액(定額)을 많이 줄일 터이니, 무어 그리 어려운 일이겠는가.[93]

이와 같이 『우서』는 "여러 궁가와 각 아문(衙門)·관원(官員)·인리(人吏)들에게 준 복호(復戶)·면세(免稅) 등의 잡다한 특전의 항목들을 모두 개혁하여 무릇 전토(田土)의 명목을 가진 것은 모두를 호조(戶曹)에 소속시킨다." 하였다.[94] 이는 종래 전토의 명목을 다양하게 분립시켜 두고 그 귀속 또한 다원적으로 난립시켜 둠에 따라 그 다양하고 다

---

93 『迂書』 권7, 「論免稅保率之類」, "正軍之外, 不可給復. 如各處召募軍民·書院·祠宇直等, 不緊之流, 幷皆革罷. 其外人吏·皁隸等雜色, 幷皆支給工食·役價可矣. 或曰, 其費難支矣. 答曰, 曾前則全無所給, 白地使役乎? 且以吏隸言之, 雖曰支給, 亦當沙汰定額, 有何難支之理哉?"

94 『迂書』 권6, 「論田政」, "至若諸宮家·各衙門·官員·人吏, 復戶·免稅等雜項, 悉皆釐革, 以田爲名者, 悉隸有司可矣."

원적인 관리와 수세(收稅)에 따른 중간 농단이 중첩해서 여러 갈래로 자행되어 왔음을 일거에 개혁하고자 하는 방안이었다. 이제 무릇 전국의 전토 명목은 모두를 호조로 귀속토록 하는 전정(田政) 일원화를 단행함으로써 일체의 중간 농단을 배제하고자 하는, 매우 의미 있는 개혁안인 것으로 살펴진다.[95]

2) 액전법(額田法)의 시행

『우서』는 무릇 전안(田案)에 올라 있는 전국의 전토에 대해서는 각 군현별로 액전법(額田法)이라는 제도를 시행하고자 한다. 즉 해마다 실제 기경(起耕)하는 농토에 대해서만 세(稅)를 거두는 현행의 소위 수기수세(隨起隨稅)의 방식을 지양하여, 각 군현마다 현재 전안에 올라 있는 전토의 액수, 즉 전액(田額)을 그대로 일정하게 정해 두고 그 '전액'을 기준 삼아 해마다 세룰 거두는 '액전법'을 시행한다는 새로운 농정론(農政論)의 제기였다. 그렇게 해야 하는 까닭은 다음과 같다.

> 전(田)이 있으면 세(稅)가 있고 세가 있으면 액(額)이 있는 것이니, '세'를 거둘 때 '액'을 가지고 기준을 삼아야 할 것이다. 무엇 때문에 해마다 반드시 현재 경작하는지의 여부를 따져야만 할 것인가. 중국 오대(五代)의 병란(兵亂) 때에는 부득이 현재의 기경전(起耕田)에 대해서만 수세할 수밖에 없었는데, 그러자 농간하는 폐단이 무한해졌다. 그 이외에는 전대의

95 『우서』는 국가 재정 또한 戶曹로 일원화하여 운용함으로써 中・外의 橫侵과 私占의 폐단을 막는다 하였다. "收一國之財貨, 歸之地部, 計中外之所用, 量酌派給, 則內而各司無料販之鄙習, 外而州縣, 無私占之財物矣."(『迂書』 권1, 「論備局」)

역사를 두루 살펴도 이와 같은 (수기수세의) 경우를 볼 수 없는 것이다. 한 나라의 전토(田土)를 두고 해마다 그것이 진전(陳田)인지 기전(起田)인지 살핀다는 것은 분란스럽기 짝이 없다. 문서가 번잡하므로 이서들이 농간을 부려, 경작되고 있는 땅을 '진전'이라 하기도 하고, 호강(豪强)한 무리와 관리의 일족들과 간활한 백성들이 서로 부동(符同)하여 국가를 속여도, 전액(田額)에 기준이 없으니 세입(稅入)이 항상 줄어들게 마련이다.[96]

그래서 『우서』는, "온 나라의 전결(田結)을 통틀어 각 군현마다 전액(田額)을 편성하고, 각 전결의 전등(田等)에 따라 세액을 정하여 해마다 징세한다."는[97] 액전법 개혁안을 제시하였다.

그런데 군현 단위로 액전법을 시행한다면, 척박하기 때문에 경식(耕食)하고자 하지 않는 전토에 대해서도 해마다 백지(白地) 징세를 강제하게 마련이다. 더구나 척박한 전토를 가진 자는 빈약한 농민이게 마련인데도 그 같은 백징(白徵)을 강제한다는 것은 매우 부당하지 않을 것인가. 거기 대해 『우서』는 다음과 같이 답한다.

전토의 비옥하고 척박함이 다르다고는 해도 본래 곡식이 하나도 생산되지 않을 이치가 없으니, 균전(均田)의 정사(政事)를 펼치기 위해서는 더욱 정밀하게 구별하여 척박한 전토는 세액을 적게 하는 것이 마땅할 따름이다. 어찌 그 땅을 진폐(陳廢)하도록 방임해 두고서 경작하는 경우에만

---

96 『迂書』 권6, 「論田政」, "有田則有稅, 有稅則有額, 收稅之際, 以額爲準可矣. 何爲逐年必問其時起與否耶? 五代兵亂之時, 不得不以見墾田收稅, 奸弊無限. 此外則歷攷前史, 未見有如此者矣. 一國土田, 逐年察其陳·起, 紛擾莫甚. 文書煩雜, 吏緣爲奸, 指耕爲陳. 豪强之徒, 官吏之族, 奸猾之民, 互相扶同, 欺罔國家, 田額無準, 稅入恒縮."

97 『迂書』 권6, 「論田政」, "收一國之田結, 邑邑編成田額, 以其田等, 定其稅額. 逐歲徵稅可矣."

전세를 거둘 이치가 있겠는가. 선왕(先王)의 법에 "전토를 경작하지 않는 자는 옥속(屋粟)을 내도록 한다." 하였고, 또 육지(陸贄)는 "전토가 있으면 조(租)가 있다."[98] 하였다. 법제가 균일하면 아무도 농간을 부릴 수 없는 것이니, 오늘날의 율령(律令)에도 전토를 황무하게 한 죄에 대해 세량(稅粮)을 추징(追徵)하는 법이 있다. 옛 사람들은 징세하였을 뿐 아니라 그 죄에 벌까지 가하였던 것이다. 가난해서 종자(種子)가 없기 때문에 처음부터 경작하지 못한 사람들에 대해서도 그 정상이 불쌍하기는 하지만, 어찌 자질구레하게 구석구석을 살펴 면세의 관용을 베푸느라 부세의 대체를 어지럽힐 수 있겠는가. (그렇게 한다면 해마다) 전정(田政)의 사목(事目: 시행세칙)이 달라져서 구차하고 번거로우며 일의 체통도 제대로 서지 못한다. 그러나 실로 일정한 법(法)을 세운다면 급재(給災)를 마감할 때 관리가 조금도 농간할 수 없을 것이요, 게다가 내가 제시한 균요(均徭)의 제도[99]를 시행한다면 항상 납부하는 부세 이외에는 백성들이 관문(官門)에 불려다닐 걱정이 절로 없어질 것이다. 그 같은 법제를 제정한다면 어찌 명약(明約)하고도 간편하지 않겠는가(『우서』 권6, 「논전정」).

그리고 『우서』는 진전(陳田)의 기경(起耕)을 장려하기 위해서 타인의 경작을 적극적으로 장려한다는 방안을 제시한다. 즉 15세기에 제정한 『경국대전』에서는 진전(陳田)의 경우 타인이 관(官)에 보고하고 기경(起耕)하도록 허용하였는데, 16세기의 『수교집록(受教輯錄)』에서는 이는 "영구히 준다는 것을 말함이 아니라 그 본주(本主)가 환추(還推)할 때까

---

98 『周禮』, 「地官」, 〈載師〉에 "凡田不耕者 出屋粟."이라 하였다. 또 唐나라 租庸調법이 원래 "有田則有租"라 하였는데, 唐나라 宰相인 육지의 『陸宣公奏議』에도 이 말이 인용되어 있다.

99 均徭田·均徭米에 대해서는 앞서 살펴본 바 있다.

지만 경식(耕食)하게 하는 것"이라고 규정해 두었다.[100] 그런데 『우서』는 이 같은 '진전'의 기경을 위해 중국의 법제를 수용하도록 제시한다.

> 무릇 오래된 진전(陳田)을 개간하는 경우 타인이 관(官)에 고하고 경종(耕種)하도록 허용하되, 3년 후부터 부세를 납부하게 한다. 만약 그 본주(本主)가 나타나 쟁송하면 3분의 1을 양전(量田)하여 본주에게 주고 3분의 2는 그대로 진고(陳告)한 자가 경식(耕食)하게 하되, 각기 부수(負數)에 비추어 부세를 납부하도록 한다. 그러다가 10년 후에 비로소 균분(均分)하도록 한다. 감히 강탈(强奪)하는 자가 있으면 그 죄상을 조사한 뒤에 조금도 나누어 주지 않는다. 또 원래 진전(陳田)이 아니라고 속인 사실이 밝혀지면 즉시 중한 형벌로 다스리고 그 땅을 모두 진고자에게 주도록 한다.[101]

중국의 법제처럼 시행한다면 무릇 진전(陳田)이라 속이고 세(稅)를 납부하지 않는 무리들이 농간을 부릴 곳이 없을 것이요, 전야(田野)가 날로 개간될 것이라고 『우서』는 강조한다.[102]

'본주가 환추(還推)할 때까지만' 타인의 경식(耕食)을 허용하는 조선

---

100 조선 초기 科田法체제는 均田論的 토지지배 원칙에 따라 『經國大典』에 "無主田은 他人에게 移給한다." "3년 이상 된 陳田은 누구든지 官에 告하고 경작하는 것을 허용한다."는 규정을 두었다(「戶田」, 田宅). 그러나 과전법 자체가 이미 소유관계를 바탕으로 하고서 전개되는 토지법제였으므로 그 원칙론은 곧 퇴색하지 않을 수 없었고, 16세기 明宗때의 『受教輯錄』에서는 地主의 所有權 보호 규정으로 변하여 본문의 내용처럼 규정되기에 이르렀다. 그 같은 변천 사실에 대해서는 金泰永(1989) 참조. 『수교집록』의 이 규정은 17세기 『續大典』에서 정식 법제로 등재되기에 이르렀다.

101 『迂書』 권6, 「論田政」, "凡有久陳田土開墾者, 許民告官耕種, 三年後始納賦稅. 如其地主來爭, 量以三分之一給其主, 二分則仍聽陳告者耕食, 各照負數, 辦納賦稅. 十年之後, 方許均分. 敢有强奪者, 問罪後, 全不分給, 而如或元非陳田, 欺瞞事覺, 卽以重律治之, 仍以本田給其陳告者."

102 같은 곳.

왕국의 법제는 실상 본주의 토지소유권을 무한정 보장해 주고자 하는 의도가 잠재되어 있는 반면, 위와 같은 중국의 법제는 상대적으로 진전의 기간(起墾)을 장려하고자 하는 의도를 지닌 것으로 해석된다. 농업을 진흥하기 위해서는 중국의 경우가 더 전진적인 것이었음을 알 수 있겠다.[103]

그 밖에도 『우서』는 "오래된 진전(陳田)이라 하여 경작하지도 않고 세를 납부하지도 않는 전토는 모두 '관액진전(官額陳田)'으로 편입시켜서 농민을 모집하여 기경(起耕)하도록 한다는 방안을 제시하였다. 그런데 이와 같이 오래된 진전은 다시 두 가지 종류로 나뉘는 것이니, 그 한 가지는 본주가 있는 진전이요, 다른 한 가지는 본주를 알 수 없이 오래된 진전이다.[104] 물론 두 가지 경우 모두 일단 기경(起耕)하는 자는 국가에 부세를 바쳐야 한다.

『우서』는 먼저 매우 척박한 땅임으로 인해서 버려진 무주(無主)의 진전에 대해서는 차라리 이를 '관전(官田)'으로 파악해서 "노장(蘆場)·초지(草地)라는 이름"으로 농민을 모아 기경토록 하되, 세를 극히 가벼이 해서 "1부(負)마다 몇 문(文)의 돈을 정하여 징수한다면, 공연히 묵혀서 버려두는 것보다는 나을 것"이라고 제시한다.

그리고 본주가 있으면서도 기간하지 않는 진전의 경우는, 그 본주가 경식(耕食)하지 않는다 하더라도 국토를 버려둘 수는 없는 것이니, "다른 사람에게 거저 주지 않는다면 그 본주가 세(稅)를 납부해야 할 것"[105]

---

103 조선왕국에서도 이윽고 正祖 때 편찬된 『大典通編』에는 중국의 경우와 같은 내용의 조항을 규정하기에 이르렀다. "陳田起耕者, 許民告官耕種, 三年後, 始令納稅. 或田主來爭, 則以所耕三分一給田主, 三分二給起墾者耕食, 十年方許均分"(『대전통편』, 「호전」, 收稅).

104 국가 법전에는 이 두 가지를 구분해서 양안에 올리도록 규정해 두었다. "陳田竝皆懸錄主名, 無主處亦以無主懸錄,"(『신보수교집록』, 「호전」, 量田).

이라고 단언한다.

『우서』는 이와 같이 아무리 오래된 '진전'이라도 명색이 '전토(田土)'의 범주에 들어 있는 땅이라면 모든 방법을 동원하여 그 모두를 기경함으로써 국가 수익을 늘릴 방안을 탐색한다. 그리고 다시 말한다.

> 현재 경작되고 있는 땅은 모두 정액전(正額田)으로 편성해서, 종자를 뿌리지 않았다 하더라도 현탈(懸頉)하지 못하게 하고 일일이 세를 징수한다면 전액(田額)과 세입(歲入)이 어찌 오늘날보다 배(倍)로 증가하지 않겠는가.[106]

그러는 한편 『우서』는, 전국 전토를 비옥하고 척박한 정도에 따라 6등급으로 정해 두고 20년마다 양전(量田)을 통해 결(結)·부(負)의 수를 다시 책정하도록 규정한 『경국대전』의 조항은 이제 더 이상 유효하지 않은 것이라고 단언한다.

> 사람들은 모두 자신의 전토를 사사로운 것으로 알아 세액(稅額)을 가볍게 하고자 하는 것이 필지(必至)의 사세이다. 양전을 다시 할 때마다 높은 전등(田等)을 낮은 등급으로 만드는 폐해가 어찌 없을 수 있겠는가. 우리나라는 전등을 6등급으로 규정하였지만, 대부분은 5~6등급으로 되어 있다. 이는 실로 양전을 다시 할 때 농간을 부려 그렇게 된 것이다. 전정(田政)을 논의할 때마다 사람들은 반드시 양전을 다시 해야 한다고 말하

105 『迂書』 권6, 「論田政」, "渠不耕食, 而空棄國土, 可乎? 不欲白給他人, 則渠自納稅可矣."
106 『迂書』 권6, 「論田政」, "時耕之地, 皆編爲正額田, 勿許未付種懸頉, 一一徵稅, 則田額·歲入, 豈不倍增於今日乎?"

> 는데, 지금 만약 양전을 다시 한다면 잃는 바가 더욱 많을 터이므로 양전하지 않느니만 못하게 될 것이다. 지금 전등(田等)이 균평하지 못하다고는 해도 이를 가지고 액(額)을 삼는 것만 같지 못할 것이다. 그리고 매년 편심(編審)하는 제도를 시행한다면 세입이 반드시 2배로 증가할 것이다. 이는 양전을 다시 한다는 명목은 없어도 실제로 해마다 양전하는 것과 다름없게 되는 것이다.[107]

무릇 토질의 비・척(肥瘠)에 따라 전토의 등급을 6등으로 나누고 등급에 따라 결(結)・부(負)의 실제 면적을 달리 파악하는 현행의 양전법(量田法)으로는 전국의 전토를 정확하게 파악할 수 없는 일이었다.[108] 그래서 다시 양전을 시도하더라도 더 개선될 여지는 없는 것이라는 판단 아래, 『우서』는 현재의 양안에 등재된 결부의 수(數) 그대로를 정액으로 삼고자 한다. 그 대신 '매년 편심(編審)하는 제도를 시행'함으로써 '해마다 양전하는 것과 다름없는' 효과를 거둘 수 있다고 전망하는 것이다.

그런데 무릇 편심(編審)이란 것은, 앞서 호적제도에서 살폈듯이 원안(原案)을 확인하면서 그 원안의 변동사항을 점검・심사하는 행정 절차에 불과한 것이다. 그러니 이미 전국적으로 잘못되어 있는 기존의 양안

107 『迂書』 권6, 「論田政」, "人皆私其田, 欲輕稅額, 事勢之所必至. 改量之際, 安得無以高作下之弊乎? 我國田等有六, 而率多五六等. 此實出於改量之際, 用奸而然也. 論及田政, 人必以改量爲言, 而今若改量, 所失尤多, 不如不量之爲愈也. 卽今田等, 雖曰不均, 莫如以此爲額, 而歲行編審之制, 則稅入必然倍增. 此雖無改量之名, 而其實則無異於歲歲量田矣."

108 가령 沙溪 金長生(1548~1631)과 같은 道學者조차 각 지방 吏胥와 土豪 品官들의 농간에 따라 양전의 실상이 사실과 어긋나게 마련임을 강력히 지적한다. 즉 "전토가 비록 비옥하다 하더라도 혹 5, 6등으로 懸錄하고 전토가 비록 척박하더라도 혹 2, 3등으로 준거 삼는" 까닭에, 빈약한 小農民일수록 부담이 커진다 하였다(『沙溪遺稿』 권1, 「辭執義仍陳十三事疏」).

(量案)에 기초하는 '액전제'를 운용하면서도 매년 그것을 '편심'한다고 해서 그 원래의 잘못을 바로잡는 일이 과연 가능할 것인가. 『우서』는 거기 대해서는 어떠한 대책도 강구하지 않고 있다.

『우서』의 액전법은 또한 현재의 양안에 근거하여 책정한 '액전'의 원액(元額)을 보전해 가기 위해, 가령 홍수로 하천이 범람하여 떨어져 나가는 포락지(浦落地)라든가 혹은 흙이 밀려들어 생기는 복사지(覆沙地) 등의 자연재해를 좀처럼 인정하지 않는다는 방침을 시행한다. 즉 사람의 힘으로 어쩔 수 없는 큰 재해는 별도로 하더라도 사람의 힘으로 다스릴 수 있는 경우는 결코 함부로 재해를 인정하지 않으려는 것이다.

> 포락(浦落)과 복사(覆沙)가 일어난다 하더라도 큰 구멍을 흙으로 메우기만 하면 경식(耕食)할 수 있는 땅으로 복구될 것이 많은데, 어찌 한 번 포락으로 기록되었다 해서 길이 진전(陳田)의 명목으로 방치해 둘 수 있겠는가. 이러한 곳들은 관원이 모두 몸소 조사해서 넓은 곳이면 온 고을의 백성을 동원하고, 적은 곳이면 한 면(面)이나 한 리(里)의 인력을 동원해서 책임지고 수축하게 해야 한다. 그리고 징수할 세량(稅粮: 전세 대동 등)은 전주(田主)가 도망가고 없더라도 그 관할 갑(甲) 내에 독촉하여 가옥과 재산을 변매(變賣)해서라도 완납(完納)하도록 하고, 그마저 다 없어진 다음에야 면제해 줄 것이다.[109]

---

109 『迂書』 권6, 「論田政」, "浦落・覆沙, 亦多有空開塡淤, 復舊耕食之地, 何可一懸浦落, 永置陳額耶? 如此等處, 官員幷皆親審, 大處則動一邑之民力, 少處則出一面・一里之人力, 責令修築. 所徵稅粮, 雖田主在逃, 督令該管甲內, 變賣房産完納, 房産盡絶, 然後割免可矣."

더구나 포락(浦落)·복사(覆沙)에 관한 현재의 관행은, "1결(結)의 땅 중에서 10부(負) 정도만 수해를 입으면 한 자리〔席〕 정도 덮인 모래를 가리켜 복사라 하고, 또 한 길 정도 파손된 것을 가리켜 포락이라 하면서 서원(書員)과 부동(符同)하여 1결 전체를 모두 성천(成川)·포락으로 기재해 두도록 한다. 그리고 뒷날 연분(年分)을 책정할 때는 다시 술 한 대접을 서원에게 대접하고는 그대로 진안(陳案)에 달아 두게 한다. 그래서 뒷날 새로 양전(量田)할 때에 이르면 영구히 구진(舊陳)으로 되어 버린다. 전액(田額)이 점점 감축되는 것을 도저히 금할 수가 없는 것이다."[110]

그러므로 천재·지변에 해당하는 결정적 재해를 입지 않은 경우라면 결코 '포락·복사'를 함부로 인정해서는 안 될 것이다.

그것은 조세를 더 거두려고만 하는 것이 아니요, 또 백성의 고통을 돌보지 않으려는 것도 아니다. 전답이 개천으로 변하거나 포락한 곳 같은 것은 한 집이나 한 땅의 재해일 뿐만 아니라 한 고을, 한 마을의 재해인 것이다. 진실로 협력하여 수치(修治)하지 않는다면 그 폐해가 어디까지 갈 것인가. 온 고을, 온 마을이 그 재해를 모두 자기의 재해인 양 여긴 연후에야 자기의 전토 또한 근심 없이 경식할 수 있을 것이다. 진실로 그 같은 재해를 수치(修治)하는 데 힘쓰지 않고 다만 재해로만 인정하여 진전(陳田)으로 귀속시키는 것을 혜택으로 여긴다면, 장차 묵은 토지는 더욱 묵을 것이요 새로운 '진전'이 더욱 많아져 토지를 구획하고 관리하는 제도에

110 『迂書』 권6, 「論田政」, "一結之地, 十負被水, 則或指一席之沙, 謂之覆沙, 或指尋丈之損, 謂之浦落, 符同書員, 盡懸一結於成川浦落. 日後年分, 又以一碗酒饋其書員, 而仍懸陳案. 後到新量, 永成舊陳, 田額漸縮, 莫之能禁."

미치는 폐해가 이루 말할 수 없게 될 것이다.

진정 큰 홍수가 일어나 산과 언덕이 물에 잠긴 해에 물 많은 고장의 낮고 습한 곳이 수해를 혹독하게 입었다면 특별히 관휼(寬恤)하는 사례를 적용하여 관계 기관으로 하여금 수치하기 아주 어려운 곳을 답사해서 조사하도록 하고, 이를 '진전'의 액(額)으로 돌려 덕의(德意)를 보일 것이다. 그러나 어찌 평상(平常)의 해에 고을마다 마을마다 '진전'이라고 현찰(懸頉)함을 허용할 것인가.[111]

그리고 『우서』는 액전의 수세(收稅)제도를 구체적으로 명시한다. "무릇 액전(額田)의 제도에는 민전(民田)이 있고 관전(官田)이 있으며 원액전(元額田: 새로 편성된 액전)이 있고 신증전(新增田: 진전으로 있다가 새로 개간된 것)이 있어, 해마다 편심(編審)하는 것이 매우 간편하고 요긴하다. …… 민전(民田)에서는 으레 책정된 부세를 징수하고, 관전(官田)은 그 등급에 따라 민전보다 얼마를 더 징수한다. '원액전'은 전재(全災)인 경우를 제외하고는 당초의 액수대로 징세하고, '신증전'은 백성을 모집해서 개간하고 가벼운 세(稅)를 납부하게 한다. 수령(守令)된 자는 정밀하게 살펴 재해를 조사하되 원망이 없게 하고, 때맞추어 액전의 세(稅)를 징수하되 모자라지 않게 할 것이다. 백성을 모집하여 개간하되 요령있게 함으로써 '신증전'이 점차 증가한다면 전야가 개척되고 부담이 균평해질 것을 곧 이에서 알 수 있으니, 고만(考滿)할 때에 스스로 우등한 처우를 받게 될 것이다."[112]

---

111 『迂書』 권6, 「論田政」.

112 『迂書』 권6, 「論田政」, "大凡額田之制, 有民田焉, 有官田焉, 有原額(新編額田)焉, 有新增(陳額新墾)焉. …… 民田, 則應其例納貢賦. 官田, 隨其等第, 比民田加徵幾許, 原額田, 全灾之外, 依額收稅. 新增田, 則募民開荒, 辦納輕稅者也. 爲守令者, 精審勘灾, 俾無咎

그런데 액전제도를 시행하면서도 '재해(災害)'를 허용한다면 현행의 수기수세(隨起隨稅)의 법보다 더 개선된 점은 무엇이 있을 것인가. 『우서』는 이에 답한다.

액전법에서는 재해를 입는 경우 세액을 견감(蠲減)하기는 하지만, 평상의 해를 맞으면 다시 구액(舊額)을 복구하니 관(官)에는 항제(恒制)가 있고 백성에게는 항심(恒心)이 있게 된다. 그러나 수기수세(隨起隨稅)의 경우는 그렇지 않으니, 씨를 뿌리지 않으면 면세(免稅)될 수 있고, 복사(覆沙)·포락(浦落)하면 진전(陳田)으로 될 수 있으며, 다시 양전(量田)할 때에는 또 등급을 이리저리 바꾸어 구진(舊陳)으로 등재되기도 한다. 풍년·흉년을 막론하고 신증(新增)하는 전토는 전혀 없고 구액(舊額)은 날로 줄어든다. 그러므로 전토에는 정액(正額)이 없어서는 안 되며 액(額)에는 정법(正法)이 없어서는 안 되는 것이다.[113]

즉 현행하는 '수기수세'의 법은 단지 경작되는 전토에서만 수세하는 규정인 까닭에, 일시적 재해를 만나 경작하지 못한 전토가 한 번 '진전(陳田)'이라고 면세받으면 다음해부터 정상으로 경작하더라도 다시는 기경전(起耕田)으로 등재되기가 어렵게 되어 있다. 경작자는 계속 면세받고자 하는 욕심으로, 실무를 맡은 이서(吏胥)는 중간 농간으로 사사로운 이득을 노리기 때문이다. 그래서 '신증하는 전토는 전혀 없고 구

咎, 趂收額稅, 不至虧欠. 募墾有方, 新增漸加, 則田野闢·賦役均, 卽此可知, 自可優處於考滿之際矣."

113 『迂書』 권6, 「論田政」, "額田被灾, 雖或蠲減, 若當平常之歲, 又復舊額. 官有恒制, 民有恒心, 而隨起隨陳則不然, 不落種, 可以免稅也. 覆沙浦落, 可以成陳也. 改量之際, 又可以那移等第, 成出舊陳也. 毋論豐歲·歉歲, 新增絶無, 舊額日縮. 此所以田不可無正額, 額不可無定法也."

액(舊額)은 날로 줄어드는' 행태가 벌어지게 마련이다.

그러므로 액전법은 각 군현별로 일정한 전액(田額)을 보존해 갈 수 있는 가장 튼튼한 방안이요, 또한 경작자로 하여금 응당 '항심'을 갖고 국세(國稅)를 납부하도록 하는 국가의 '항구적 제도'로 설정한 것이라 하는 것이다.

그런데 또 한편, 각 군현의 전정(田政) 실무를 맡은 이서(吏胥)의 중간 농단으로 점차 증가 일로에 있는 소위 '은결(隱結)'에 대해서는 어떻게 대처할 것인가.

조선 후기에는 '은결'이란 것이 각 군현마다 전정(田政)의 가장 큰 고질로 되어 가고 있었다. 17세기의 실학자 반계 유형원에 의하면, 은결은 각 군현 이서층의 농간으로 자행되는 경우와 또한 수령 자신이 군현 전정의 편의를 위해 설정하는 경우도 있었다고 인식한다.[114] 그 같은 은결을 막는 방안을 『우서』는 다음과 같이 제시한다.

> 자수(自首)하게 하되, 뒤에 발각되는 자에게서는 감춘 면적과 햇수를 대조해서 은세(隱稅)를 모두 책징(責徵)한다. 그리고 관(官)이 쓰고 있는 사결(私結)에 대해서도 제일 먼저 이를 범(犯)한 수령으로부터 현재 재직하고 있는 수령에 이르기까지, 자수하지 않는 경우에는 그동안 교체되어 부임한 관원들에게 힘을 합쳐 그동안의 세(稅)를 배상하도록 한 후, 제일 먼

---

114 "지금 田政이 크게 무너져 1만 결이 되는 전토라도 吏胥 무리의 자의로 훔치고 탈루하는 농간질에 맡겨져 있다. 그리고 守令 된 자도 으레 사사로이 隱結을 두고 있다. 당초에 田制가 명확치 못하고 국가는 그 실제를 밝혀 운용하기 어려우므로, 오탁한 관원은 속칭 은결이란 것을 두게 되었다. 이미 국가가 백성에게 부세를 징수함에 일정한 常制가 없으므로 수령들이 隱結이란 것을 두어 이를 이용해야만 백성들이 다소 도움을 입을 수 있게 되었다. 그러므로 비록 良吏라고 일컬어지는 자도 은결 두는 것을 면할 수가 없다."(『磻溪隨錄』 권3, 「田制後錄」 上)

저 범행한 수령은 적수(敵戍)의 율(律)로 처벌하고, 뒤이어 부임해 온 수령들은 관직에 다시 임명될 수 없도록 하며, 백성들 또한 엄히 형벌하고 멀리 유배할 것이다.[115]

그런데 은결을 범행한 관(官)·민(民)을 이와 같이 '자수'하도록 하고 엄형(嚴刑)·원배(遠配)로 처벌하는 방안이 실제 효력을 발생할 수 있을 것인가.

'은결'이라는 전정(田政)의 큰 고질도 시대와 지역을 따라 변화하였겠지만, 실학자 가운데서도 '전정'에 가장 정통하였다 할 수 있는 다산 정약용에 의하면 은결의 문제는 그 본질이 흔히 생각하는 것보다 매우 심각한 것이었다. 흔히들 은결이라면 심산 궁곡의 숨겨져 있는 땅뙈기를 일컫는 것으로 오인하지만, 실제로는 각 군현 이서들이 어떠한 흉년도 타지 않는 가장 좋은 전토를 잡아 자기들의 수익으로 농간질하는 행태 자체를 가리키는 말이었다. 그래서 다산은 은결이 아니라 곧 '철결(鐵結)'이라고 해야 마땅하다고 증언한다. 그 같은 은결이 증가하는 경로는 다양하지만, 모두가 '전정'의 실무를 맡은 이서들의 수법을 통해 자행된다. 그리고 다산 자신이 유배가 있는 강진(康津) 땅 수백 리 안에서 귀로 듣고 눈으로 본 것을 말하더라도, "많은 고을은 수천 결이요 적은 곳도 8~9백 결인데, 나주(羅州) 같은 곳은 모두들 만(萬) 결이 넘는다고 말한다"[116] 하였다.

아마도 『우서』에서처럼 엄형(嚴刑)과 책징(責徵)으로 은결의 문제를

---

115 『迂書』 권6, 「論田政」, "使之自首, 令後發覺民, 則照畝照年, 責徵隱稅. 官用私結, 亦令首犯官以下, 至于時任官, 不自首者, 前後交承, 同力賠償其逐年應稅. 然後首犯官, 繩以敵戍之律, 交承官, 不許敍復, 民亦嚴刑遠配可矣."

116 『經世遺表』 권7, 「田制」 8.

해소할 수 있을는지는 극히 의문이라 하지 않을 수가 없는 일이었다. 결과적으로도 '은결'이란 것은 나라가 망할 때까지 결코 해결의 실마리를 찾지 못한, 영구 미제(未濟)의 지난한 과제로 남겨지기에 이르렀던 것이다.

실상 개인 소유의 자산(資産)인 전토를 공공(公共)에 이바지하도록 국가의 관리에 맡겨 두기보다는 이를 은닉시켜 사적(私的)으로 관리하면서 그 과실을 독점하고자 하는 것은 세상 인간들의 보편적 욕구이다. 농암의 『우서』가 그토록 본받아 좇아가고자 애쓰던 중국 명(明)나라의 경우라 하여 결코 다를 수가 없는 일이었다. 명나라의 '액전'이란 것도 국초로부터 140년 사이에 이미 그 절반 이상이 은루(隱漏)되고 말았다는 실상이 그것을 잘 말해 주는 사례라 할 것이다.

> 홍치(弘治) 15년(1382) 천하의 토전은 4,228,058경(頃)에 이르렀다. …… 가정(嘉靖) 8년(1529) 곽도(霍韜)가 명을 받들어 『회전(會典)』을 수찬할 때 말하기를, "홍무(洪武) 때로부터 홍치(弘治) 때에 이르기까지의 140년 사이에 천하의 액전(額田)은 이미 절반 이상 감소하였는데, 호광(湖廣)·하남(河南)·광동(廣東)의 경우 감소한 액수가 더욱 많습니다. 왕부(王府)들에 발급(撥給)한 것이 아니면, 활민(猾民)들이 속이고 숨긴 것들입니다." 하였다.[117]

즉 액전법의 시행 본고장인 명나라의 경우 국초로부터 140년 사이에 원래 책정한 액전은 절반으로 감소하였으며, 넓은 전토를 가진 평야

---

117 『明史』 권77, 「食貨志」 1, 戶口·田制, "弘治十五年(1502), 天下土田, 止四百二十二萬八千五十八頃. …… 嘉靖八年(1529), 霍韜奉命修會典言, '自洪武迄弘治百四十年, 天下額田, 已減强半, 而湖廣·河南·廣東 失額尤多. 非撥給於王府, 則欺隱於猾民.'"

지역일수록 더 큰 감소가 일어났다. 곧 봉건적 권력을 가진 왕부(王府)[118]가 빼돌린 것이 아니면 간활한 호민(豪民)들의 탈루로 인해 그렇게 큰 감소를 보기에 이르렀던 것이다.

더구나 전토의 실제 면적 자체를 파악하는 중국의 경묘법(頃畝法)과는 판이하게, 조선왕국의 결부법(結負法)은 개별 전토마다 그 전품(田品)의 비옥도를 6등급으로 나누고 그 등급에 따라 결(結)·부(負)의 실적(實績)을 달리 파악하는 제도이다. 그래서 결부법으로는 전토의 실적과 그 실상을 파악하는 것이 사실상 불가능한 일이었다고 후일의 다산은 전한다.

> 수령(守令)의 직책이 54조나 되는데 그 가운데서도 전정(田政)이 가장 어렵다. 우리나라 전법(田法)이 본래 좋지 않기 때문이다. …… 지금 (전토의 등급에 따라) 실적(實積)을 더해 가는 이 법으로는 (중국 고대의 수리에 뛰어나고 시력이 밝았다는) 예수(隷首)가 계산을 맡고 이주(離朱)가 척도를 살피더라도 (결·부의) 수를 밝힐 수가 없다. 지금의 수령들이 어떻게 거기서 벌어지는 농간을 적발할 수 있겠는가.[119]

그러니 구래의 결부법을 그대로 준용한다는 『우서』의 농정론에서는 설사 각 군현별 전액제(田額制)를 실행한다 하더라도 그 전액(田額)의 은루가 어디서 어떠한 경로로 일어나는지를 살피기는 극히 어려울 수밖에 없다. 자세히 살피더라도 밝혀내기는 너무 어렵다고 함이 객관적 사

---

118 明나라는 封建制와 郡縣制를 아우른 郡國制度를 시행하였다.

119 『牧民心書』 권4, 「戶田」 6조, 田政, "牧之職五十四條, 田政最難. 以吾東田法, 本自未善也. …… 今此遞加之法, 雖隷首握算, 離朱察尺, 實無以昭其度數. 今之牧者 將何以發其奸矣?"

실에 가까울 것이다. 그러므로 『우서』가 강조하는 액전법이 그 원래의 취지대로 실현될 수 있을는지는 극히 의문이라 하지 않을 수가 없다.

5. 영농론(營農論)

『우서』에는 4민의 직사 가운데에서 '사(士)'의 육성에 중점을 두어 그 교육 과정을 논한 학교제도에서부터 관원으로 충원하는 선거제도까지를 가장 구체적으로 서술해 두었다. 그리고 '공·상'에 관해서도 각기 별도의 항목을 두어 그 육성과 인허(認許) 및 수세(收稅)에 관한 내용을 다소 구체적으로 서술하였다. 그런데 '농(農)'에 대해서만은 별도의 독자적 항목을 두어 그 육성책을 말한 구체적 서술이 없다.

그리고 또한 '사·상·공'의 경우는 반드시 그 정액(定額)을 설정하였다. 그러나 '농'에 대해서만은 아무런 정액을 설정하지 않았다. 농업은 그만큼 보편적인 생업(生業)이어서 '정액'제도를 실시할 수 없기 때문이기도 하려니와, 또한 특별한 기술이라든가 능력을 갖지 못한 자라도 누구든지 종사할 수 있는, 가장 기초 직업이라는 인식에서 그러한 것으로 풀이된다.

가령 그의 개혁론에서는 앞으로 각 군현별로 작성할 '호적'에서도 유호(儒戶)·민호(民戶)·이호(吏戶)·군호(軍戶)·염호(鹽戶)·상호(商戶)·어호(漁戶)·공호(工戶)·역호(驛戶)·승호(僧戶)와 기령호(畸零戶)까지 구체적 호명(戶名)과 그 액수를 밝혀 기재하도록 하였다. 『우서』는 4민의 분업을 크게 강조하거니와, 더 나아가서는 전국 만민의 '9직(職)' 분업론까지 가능한 한 추구하고자 한다. 따라서 국가 호적에는 마땅히 '농호'라는 호명(戶名)을 별도로 설정함직도 하건만, 그러한 설정은 아예 없다. '유호' 다음에 그냥 '민호'로 기재하고 있는 것이 아마도 '농호'를 가리킴인 듯하다.

> 10년마다 호적을 새로 만들 때 관리는 각 리(里)에서 조책(造冊)하여 온 것을 총괄적으로 계산하고 마감하여 격식대로 등사한 다음, 이들을 모아 총책(總冊)을 만든다. 그리고 분야별로 분류할 것은 갖추어 분류해서 그 읍(邑)의 인호(人戶)가 몇만 몇천 몇백 몇십 몇 호(戶)이고 인구는 몇십 몇만 몇천 몇백 몇십 몇 구(口)이며, 남자 몇십 몇만 몇천 몇백 몇십 몇 구 가운데 성정(成丁)은 몇이고 미성정(未成丁)은 몇이며, 부녀 몇십 몇만 몇천 몇백 몇십 몇 구 가운데 대구(大口)는 몇이고 소구(小口)는 몇이며, 유호(儒戶)는 몇 호이고 민호(民戶)는 몇 호이며 이호(吏戶)는 몇 호이고 군호(軍戶)가 몇 호이며 염호(鹽戶)가 몇 호이고 상호(商戶)가 몇 호이며 어호(漁戶)는 몇 호이고 공호(工戶)가 몇 호이며 역호(驛戶)가 몇 호이고 승호(僧戶)가 몇 호이며 기령호(畸零戶) 역시 기록한다.[120]

호적상 '사(士)·공(工)·상호(商戶)' 등은 각기 별도로 설정하면서도 '농호(農戶)'는 따로 설정하지 않았다는 것은 무엇을 뜻하는 것인가. 그것은 곧 '사·공·상인'은 일정한 '액수'를 설정하였지만 '농민'의 경우는 아예 '액수'를 설정치 않았다는 사실의 이면을 가리키는 것으로 이해된다. 농암은 곧 '사·공·상인'은 각기 일정한 '액수'를 설정하여 그 육성책을 서술해 두었다. 그러나 '농업'에 대해서는 별도로 그것을 전업적으로 추구하는 일정한 '액수'의 '농호'를 설정하지도 않았고, 따라서 '농업 육성책'이란 것을 별도로 추구하고 있지는 않았다는 사실을

120 『迂書』 권6, 「論官司造冊則例」.

여기서 읽어낼 수 있다. 가령 '염호(鹽戶)' 정책의 경우와 대비해 보면 그 같은 사실은 더욱 명백하다.

실상 『경국대전』에도 '어염(魚鹽)'에 관한 규정은 설정되어 있다.[121] 그러나 『우서』는 그와 같은 추상적인 규정을 가지고서는 결코 염정(鹽政)을 실현할 수가 없다고 단정한다. "『경국대전』의 법이 모두 다 시행되지 못하고 있는데 어찌 어염(魚鹽)의 경우만 그러한 것이겠는가."[122] 그는 더 구체적으로 말한다.

> 소금〔鹽〕에 관한 일은 반드시 그 법(法)이 있어야 한다. '법'이 있은 다음에야 비로소 세(稅)를 징수할 수가 있다. 염법(鹽法)을 실행하기 위해서는 염사(鹽司)를 설치하고 염인(鹽引)·염표(鹽票)·염과(鹽課)·염액(鹽額)을 설정할 것이며, 조지(竈地 : 소금 굽는 곳)에 등급을 두고 초장(草場)에 금령을 펼 것이며, 염정(鹽丁)에게는 휼전(恤典)을 베풀고 염상(鹽商)에게서는 징세하는 일 등에 관한 칙례(則例)를 편정(編定)하고 조항을 바로잡은 다음이라야 비로소 호세(豪勢) 있는 사문(私門)과 간상(奸商)·탐관(貪官)들이 털끝 하나라도 침해하지 못하게 될 것이요, 염정(鹽政)에서 나는 이익이 비로소 국가로 들어오게 될 것이다. 그런데 지금은 서로 어긋나는 조항 몇 줄만이 『경국대전』에 실려 있으니, '사점(私占)하는 자는 결장(決杖)하고 그 염분(鹽盆)을 관(官)에 몰수한다.'는 것이 그 전부이다. 한 명의 관리자도, 한 글자의 금례도 따로 규정한 바가 없는데 결장할 사람은 누구

121 『경국대전』의 '魚鹽' 규정은 다음과 같다. "각 道의 漁箭·鹽盆은 등급을 나누어 帳籍을 만들어 本曹·本道·本邑에 비치한다. 帳籍에서 누락시킨 자는 杖 80에 처하고 그 이득은 官에 몰수한다. 鹽盆이 멀리 떨어져 있는 邑들은 鹽倉을 두어 稅鹽을 실어와 穀布로 바꾸어서 軍資에 보탠다. 경기·충청·황해도 稅鹽은 司宰監에 상납하는 것 이외에는 軍資監 및 鹽倉에 나누어 보낸다(『經國大典』 권2, 「戶典」, 魚鹽).

122 『迂書』 권8, 「論魚鹽征稅」, "大典法皆不行, 豈但魚鹽而已乎?"

이며 몰수할 사람은 누구인가. 이러고서도 그 법을 시행할 수 있겠는가.

이제 마땅히 여러 곳에 염사(鹽司)를 설립해서 소금이 생산되는 곳을 모두 나누어 관장하도록 하되, 염정(鹽丁)의 액수를 편정하고 국가에서 자본을 내어 자염(煮鹽)하도록 할 것이다. 그리고 소금 3, 4백 근(斤) 정도를 인(引)으로 정하고, 인(引)에 원가를 책정하고는 상인(商人)을 불러 출매(出賣)하는데, 그 인가(引價) 및 수표가(手票價)를 바친 후 인(引)과 표(表)를 가진 자라야만 비로소 장사할 수 있게 한다. 감히 사염(私鹽)을 판매하는 자는 중률(重律)로 논할 것이다.[123]

여기서 소금〔鹽〕은 '국가에서 자본을 내어 굽도록' 하는, 국가 독점의 특수 산업으로 규정된다. 새로 설립하는 염법(鹽法)이 '호세 있는 사문과 간상 · 탐관들'이나 '사염을 판매하는 자'를 엄격히 단속하는 것은 그들이 염정(鹽政)이라는 국가 독점 산업의 '공공의 영역'을 사적(私的)으로 침해하기 때문이다. 국가는 소금을 생산하는 '염정의 액수'를 일정하게 편성하고 그 외에는 일체 소금 생산에 관여치 못하도록 규정한다. 그 판매에 대해서도 일정한 원가로서의 '인(引)'을 납부하고 판매인허장인 '표(表)'를 취득한 자에게만 염상(鹽商)의 자격을 인정한다. 그리고 그와 같이 소금을 제작하는 과정과 방법은 물론이요, 특히 거기 종사하는 인원들 모두가 새로 제정하는 구체적 법률 즉 '염법'의 바탕 위에서, 그 법률의 엄격한 적용을 받으면서야 이에 염정(鹽政)이란 것이 작동할 수 있는 것이라고 『우서』는 확인한다.

이제 농업의 경우는 어떠한가. 앞서 살폈듯이 염정(鹽政)의 경우와는 달리 농업에는 농호(農戶)라든가 농민의 액수에 관한 규정이 아예 없다.

---

123 『迂書』 권8, 「論魚鹽征稅」.

그리고 농업이란 것은 무릇 전·답으로 이용할 만한 땅이 있는 곳이라면 전국 어디서고 경작할 수 있는 가장 보편적 기초 생업(生業)이므로, 결코 농민 혹은 농호의 액수를 한정할 수조차 없는 일이다. 그러나 농암 자신이 농업을 두고 '국가의 큰 정사' 가운데서도 가장 중요한 것이라 하였으니, 그 응분의 진흥책은 제시하지 않으면 안 될 것이다.

『우서』가 농업 진흥의 관건으로 제시하는 것은 우선 4민의 직업적 분화를 촉구함으로써 농업을 전업적(專業的)으로 담당하는 농민층을 양성해 내는 길인 것으로 보인다. 이는 물론 농업에만 해당하는 사항이 아니요, 『우서』는 무릇 모든 산업에서도 업종별 분업이 일어나야 함을 역설한다. 전업적 분업(分業)을 통해서야 생산기술의 숙련이 성취되는 것이기 때문이다.

그런데 전업적 분업론과 함께 『우서』는 농업에다 항심을 가지고 열성을 기울여 진력하는 영농층을 양성하고자 하는 더 적극적인 방안을 혹 모색하고 있었는가. 조선 후기에는 토지소유의 극단한 편중 현상이 진행되고, 자기 소유지를 전혀 갖지 못한 병작농(竝作農)이 농민의 대다수를 차지하게 되었다. 오히려 병작 농지조차 얻기 어려운 현상이 벌어지고도 있었다. 조선 후기 실학은 이 문제를 보편적 과제로 삼아 추구하고 있었다. 『우서』는 여기에 어떠한 문제의식을 드러내고 있었는가.

두 가지 과제를 차례로 고찰하기로 한다.

1) 전업적 분업론

무엇보다 문벌(門閥)이 횡행하는 조선왕국의 정치사회적 풍토에서는 농민들이 농사짓는 일을 '큰 수치'로 여기기 때문에 결코 농사일에 전업적으로 진력하지 않는다고 『우서』는 크게 개탄한다.

양반(兩班)이나 중서(中庶)는 물론이요, 약간 기력 있는 상인(常人)이라면 모두가 스스로 농사짓는 일을 큰 수치로 여긴다. 그래서 농사가 때를 놓치는 것을 눈으로 보면서도, 또 가을에 기근이 들 것을 환히 알면서도 남녀 모두 손을 접고 밭갈거나 김매는 일을 하지 않는다. 한 나라에 이러한 무리가 무한하게 많으니 어떻게 천시(天時)를 어기지 않고 지력(地力)을 다할 수가 있겠는가.[124]

실로 양반제도·문벌제도가 국가체제 전반에 끼치는 폐단은 무한하게 큰 것임을 농암 자신 누누히 개탄한다. 농업의 진흥책 또한 그러한 폐단의 파급력을 결코 벗어날 수가 없다. '사·농·공·상' 4민의 분업이 진전되지 못하여 각기의 발전이 저해되는 현실이 그 적실한 사례이다.

사(士)·농(農)·공(工)·상(商)은 다 같은 4민이다. 만일 4민의 자식들이 한결같이 행세하게 한다면 높고 낮음도 없고 이편 저편의 차이가 없어서, 고기는 강호(江湖)에서 서로를 잊고 사람은 도술(道術)에서 서로를 잊듯이 결코 다투는 사단이 없어지게 될 것이다. 그런데 오늘날의 실정은 그렇지 아니하여 조정(朝廷)에서 사람을 취하고 버리거나 세상에서 사람을 대하는 것이 오직 문지(門地) 두 글자로 차별을 두니, 안으로는 부러운

124 『迂書』 권1, 「總論四民」, "兩班中庶 至于常人之稍有氣力者 皆以自手農業爲大羞恥 雖目見農務之愆期 灼知秋後之飢餓 男婦束手 皆不耕鋤 一國之中 此類無限 其何以不負天時 而能盡地力乎?"

마음이 생기고 밖으로는 수치와 분노가 일어나게 된다. …… 그래서 상인은 장사하는 것을 부끄럽게 여기고 장인(匠人)은 공업을 부끄럽게 여기며, 농민은 농사짓기를 부끄럽게 여기고 선비는 선비된 것을 부끄러이 여긴다. 온 나라에 자기 직분을 지키는 사람이 없고 세상을 통틀어 자기 직업에 부지런한 사람이 없다.[125]

즉 농민이 농사짓기를 부끄러이 여기고 상인이 장사하는 것을 부끄러이 여기는 현 실태의 근본 원인은 '조정에서 사람을 취하고 버리는' 기준을 '오직 문지(門地: 문벌의 등급) 두 글자'에 두기 때문에 일어하는 것이라고 『우서』는 단언한다. 그리고 그러한 조정의 차대(差待) 기준을 본받아 온 세상이 사람을 '문지'에 따라 차별하게 되었다고 진단한다.

결국 사・농・공・상이 각기의 직분을 부끄러이 여기고 자기 직업에 진력하지 못하는 근본 원인은 조정에서 '문지'를 기준 삼아 사람을 취(取)・사(捨)하는 '정치적' 차대로부터 연원하였다는 논단이다. 그런데 실상 '문지'를 중요시하는 그 같은 인습은 우리나라에서는 이미 신라의 골품제도 이래의 오랜 역사적 연원을 갖는 것이었다. 조선왕국에 와서 오히려 새로 굳어진 노비 종천법(從賤法)과 같은 악법・폐습은 그와 같은 양반 문벌제도를 지탱하기 위한 제도적 장치였다.

이 시기의 문벌제도는 실로 국가적 통념이며 전국적 속상(俗尙)으로 행세하고 있었다. 이제 국가사회 전체가 '문벌'로 발돋움하기만을 바라

125 『迂書』 권2, 「論門閥之弊」, "士・農・工・商, 均是四民. 若使四民之子, 一樣行世, 則無高・無下, 無彼・無此, 魚相忘於江湖, 人相忘於道術, 決無如許爭端矣. 今乃不然, 朝廷所以用舍人, 世俗所以接待人者, 只就門地二字爲之間隔, 歆羨動於中, 恥憤形於外. ……商恥商而工恥工, 農恥農而士恥士, 擧一國無守分之人, 擧一世無勤業之人."

지 말고 4민이 각기의 소업에 전념하고 진력하도록 하는 크나큰 변통의 방책은 대체 어디로부터 어떻게 마련할 수 있을 것인가.

> 사·농·공·상에는 각기 그 법도가 있다. 그런데 오늘날에는 그 법도가 없어서 백성들이 직업을 잃게 되었고, 직업을 잃었기 때문에 백성이 가난해지며, 백성이 가난한 까닭에 나라가 허약하게 되었다. 이에 법도를 세우고 제도를 규정하는 것은 곧 4민을 각기 본업(本業)으로 이끌어 가려는 것이다.[126]
>
> 4민이 한번 나누어져 사람들이 자기의 본업(本業)을 소중하게 여기게 된다면, 스스로 공비(工費)를 아끼지 않고 황무지를 개간하고 물을 끌어대는 사람이 있을 것이요, 사람들이 이미 농사에 힘쓰게 되면 한 치의 땅이라도 황금처럼 여겨 반드시 지력(地力)을 다 이용하고야 말게 될 것이다.[127]

사·농·공·상의 분업이 일어나지 않는 까닭은 우리나라 특유의 문벌을 중시하는 인습에서 기인한 것이지만, 지금 당장 그 인습을 타파하기는 어렵다. 그래서 사·농·공·상이 각기 자기의 본업을 찾아 분화하도록 하는 법제를 규정해서 실행하는 방법을 찾을 수밖에 없다. 이제 그 같은 분업을 실현할 법제적 변통책은 어디서 실마리를 찾을 수 있을 것인가.

그 첫째는 온 세상에 범람하는 양반(兩班)이라는 신분으로서의 사(士)의 자격을 법제적으로 엄격히 제한하는 길이요, 둘째로는 사(士) 신분

---

126 『迂書』 권8, 「論魚鹽征稅」, "士·農·工·商, 各有其法. 今無其法. 故民失其職. 失職故民貧, 民貧故國虛. 立法定制, 乃所以敺四民於本業也."

127 『迂書』 권10, 「論變通規制利害」, "四民一分, 人重本業, 則自有不惜工費, 開荒引漑之人矣. 人旣務農, 則寸土如金, 必盡地力而後已."

에서 탈락한 다수가 도리없이 선택하게 되는 농·공·상의 직종을 각기 전업적(專業的)으로 분업(分業)토록 함으로써 생산력을 가일층 발전시키는 길이며, 셋째로는 생산력의 발전으로 일어나는 소득의 증대와 함께 상업(商業)을 발전시킴으로써 분화와 변통의 추진력으로 활용한다는 고안인 것으로 이해된다. 이하 차례로 검토해 보기로 한다.

『우서』에 의하면 중국의 경우는 왕정(王政)을 구현한 삼대 당시부터 인간 각자의 능력에 따라 사·농·공·상의 분화가 일어나고 있었으며, 지금도 대체로는 그러한 전통을 계승하여 4민의 분업이 실행되고 있다.

> 예로부터 흥작(興作)하는 법도가 삼대(三代)처럼 갖추어진 적이 없는데, 그 법도는 다음과 같을 뿐이다. 즉, 무릇 백성의 아들은 8세가 되면 소학(小學)에 들어가 글쓰기와 셈하기를 배우고, 15세가 되면 대학(大學)에 들어가 예(禮)와 악(樂)을 배우는데 이 중 뛰어난 사람은 상서(庠序)로 진학하며, 상서에서 뛰어난 사람은 국학(國學)으로 진학하고 …… 그러한 다음에 작명(爵名)을 주었다. 참으로 뛰어나지 못하고 배워도 성취하는 바가 없는 사람은 소학에 들어갔다가 그만두기도 하고, 혹은 대학에 들어갔다가 그치기도 하며, 상서에 올랐다가 그만두기도 하고, 혹은 국학에 올랐다가 그만두기도 하였다. 그들이 그만둘 때에는 과연 어느 곳으로 돌아갔겠는가. 그 재질(才質)과 근력(筋力)이 가까운 데를 따라 농부(農夫)가 되기도 하고, 혹은 공장(工匠)이 되기도 하고, 혹은 상고(商賈)가 되기도 하여 그 부모 처자를 양육하였으니, 종신토록 사(士)로 지내도록 강제한 적이 없었던 것이다. 그래서 지금까지도 중국 사람들은 농·공·상고의 무리일지라도 모두 어려서부터 학교에 들어가 배우다가 재질이 부족하고 배워도 성취하는 바가 없다고 판단된 다음에야 학교를 떠나 다른 일을 영위하므로 어리석고 무식하며 문자를 전혀 모르는 사람은 없다. 그런데 우리

나라의 이른바 사(士)라는 자들은 그 부조(父祖)가 서로 전하고 족당(族黨)이 서로 이어받아 모두가 유생(儒生)이라고 자칭하지만, 글자를 아는 사람은 극히 얻기 어렵다. 대저 유학(幼學)을 가칭(假稱)하는 사람들이 온 세상에 가득 차서 부모가 굶는 것을 당장 보면서도 감히 다른 직업을 영위하여 구하고자 하지는 않으니, 고금 천하에 어찌 이처럼 무리한 일이 있겠는가.

아, 이 법(위의 중국식 법)을 준수하기만 한다면, 사·농·공·상의 아들들이 각각 그 천부의 재질에 따라 당연히 할 바를 하여 천하에 한 사람도 직업 없는 자가 없게 될 것이다. …… 사(士)의 아들이 배워도 성취하는 바가 없으면 학교를 떠나 상인이 되고, 그 아들이 재능이 있어 선비가 된다면 이것이 능히 그 조업(祖業)을 계승하는 것이 된다. 그리고 참으로 재능이 없다면 10대 동안 장사를 하더라도 그 조업을 계승하는 것이 되니, 이것이 어찌 의리에 해롭겠는가. …… 사(士)의 아들이 학업을 이루지 못하고 물러나 상업에 종사하고 또 그의 아들은 재주가 있어 사(士)로 된다면 이는 능히 그 조업(祖業)을 계승하는 것이다. 진실로 그렇게 되지 못한다면 비록 10대를 상업에 종사하더라도 이 또한 그 조업을 계승하는 일이다. 의리에 무슨 해될 것이 있겠는가.[128]

그래서 『우서』는 국가 교육제도를 엄격히 통제하여 각 군현 소재의 읍학(邑學)에서 육성하는 늠선생원(廩膳生員) 이상의 각급 학교 학생 이외에는 결코 사(士)라고 칭할 수 없도록 규정한다. 그래서 사(士)의 신분

---

128 『迂書』 권8, 「論商販事理額稅規制」, "…… 若守此法, 則士·農·工·商之子, 各隨其天賦之材, 各爲其所當爲, 而天下無一曠職之人矣. …… 士之子學無成, 去爲商, 而其子有才能爲士, 則是能繼其祖業也. 苟不然, 則雖十代爲商, 是亦能繼其祖業也. 此何害於義理乎?"

을 유지할 수 없어 물러난 대다수 사람들은 도리없이 농·공·상의 어느 일정한 직업을 선택하여 '당연히' 그것에 진력할 수밖에 없다.

그리고 어느 직업에 진력하든 그 자제는 다시 학업에 전념하여 자질과 능력을 발휘한다면 사(士)로 진출하고 관직을 받을 수도 있다. 그래서 여기 문벌제도를 타파하고 신분제를 개방할 수 있는 변혁이 일어난다. 이제 자기 자질과 노력에 따라 직업을 선취(選取)할 수 있는 길이 열려 있기 때문에 사(士)가 못 된다 해서 수치스럽게 여길 필요가 없다.

즉 국가가 공적으로 인정하여 육성하는 읍학생(邑學生) 이상의 학생만으로 사(士)의 신분을 엄격히 제한하고, 그 과정에서 탈락한 자들은 모두 농·공·상 가운데 어느 한 가지 직업을 선택하여 영구히 거기 종사하도록 규정한 것이다. 이는 곧 사(士)의 신분을 법제적으로 엄격히 제한함으로써 '유학(幼學)을 가칭(假稱)하는 자들이 온 세상에 가득 찬,' 즉 무위도식하는 '양반'이 온 세상에 가득 찬 특이한 현실을 근본적으로 개혁하고, 농·공·상의 어느 직업에 종사하든 결코 부끄러워할 필요가 없는 세상을 만들고자 하는 크나큰 개혁론이다.

그리고 다음으로 전업적 분업론을 검토하기로 한다. 『우서』는 중국 고대의 『주례(周禮)』에 나오는 9직(職) 분업론을 제시하면서,[129] 이는 현재의 중국에서도 대체로 잘 시행하고 있는 제도라 이해하고, 이를 적극 수용할 것을 제시한다. 여기 분업론의 사회경제적 배경인즉, 무릇 인간은 이 세상에서 서로 의지하고서야 생활이 가능한 존재요, 특히 "생활의 방도는 전일(專一)하지 않으면 이룰 수가 없는 것인데, 우리나라 사람들의 생활 방도는 전일하지 못함이 심하기 때문이다."[130] 그는 다음

---

129 주지하는 바 『주례』(「天官」, 太宰)의 9職은 三農(九穀)·園圃(蔬果)·虞衡(山澤)·藪牧(鳥獸)·百工·商賈·嬪婦(織造)·臣妾(疏材)·閑民(雜役)으로 나누어져 있다.

과 같이 예시한다.

『주례』의 9직(職)은 모든 백성들이 각기 자기 직업에 전일(專一)하도록 한 것이다. 이제 9직의 조목을 두고 말한다면 원포(園圃)가 삼농(三農) 아래 놓여 있는데, 범연하게 본다면 농(農)과 포(圃)는 그 일이 서로 비슷하여 농가에서 원포까지 함께 가꾸어도 될 것으로 여긴다. 이를 두 가지로 나눈 것은 무슨 까닭인가. 농은 곡식을 심는 데만 전념해야 하고, 포는 소(蔬)·과(果)를 가꾸는 데에만 전념해야지 두 가지를 아울러 가꾸어서는 안 되기 때문이다. 그런 까닭에 (공자의 제자) 번지(樊遲)가 곡식 심는 것을 묻고 또한 채소 가꾸기를 물은 것이니, 이에서 옛사람이 각기 한 직업에 전념했음을 알 수 있다. 오늘의 중국을 보더라도 시골에는 반드시 원포를 전념해 가꾸기를 왕십리의 채소 농부처럼 하는 자들이 있는데, 이들은 시골에서 채소를 팔 뿐만 아니라 읍시(邑市)에도 나가 채소를 판다. 시골 사람이라도 (채소를) 사 먹는 자가 많은 것은 그들이 채소 가꾸기에 게을러서가 아니라 대개 각자의 본업에 전념하여 다른 일에 힘쓸 여가가 없기 때문이다.[131]

우리나라 사람들의 생활 방도는 처음부터 끝까지 알차지 못하다. 겉으로만 보면 농사짓고 누에 치고 길쌈을 하고 채소를 심고 장을 담그고 술을 빚고 초(醋)를 만들고 누룩을 디디고 닭을 치고 돼지를 키우고 오곡을 거둬 저장하고 해진 옷을 꿰매고 낡은 집을 수리하고 채소를 저장하고 소나 말을 사육하고 망가진 온갖 기물을 보수하고 땔나무를 채취하느라 남녀가 힘을 합하여 밤낮으로 부지런히 노동한다. 한 가지 일이라도 스스

130 『迂書』 권9, 「論閑民」, "治生之法, 不專一則不成. 東人治生, 不專甚矣."
131 『迂書』 권9, 「論閑民」.

로 감당치 않는 것이 없고 한 가지 물건도 사서 허비하는 일이 없으니 어찌 부지런하고 성실치 않으며 어찌 검소하고 아끼는 것이 아닌가. 그러니 응당 집집마다 먹을 것이 넉넉하고 재물이 풍부해야 할 터인데 빈곤이 더욱 심해지고 생활이 날로 곤궁해지는 것은 무엇 때문인가. 어떤 이는 흉년이 들고 부역이 무거우며 토지는 좁은데 사람이 많은 탓으로 돌리지만, 정말 그런 것일까. 사람이 일을 경영하는 바탕은 정신과 생각과 힘과 역량에 지나지 않는다. 이제 명목(名目)을 잔뜩 벌여놓고 많은 것을 탐하고 욕심을 부리면, 정신이 살피지 못하고 생각이나 힘이 두루 미치지 못하며 자기의 역량이 한계를 넘지 못한다. 그런데도 억지로 하게 되면 유명무실(有名無實)해지는 데 불과할 뿐이다.[132]

여기서 농민들이 농사와 양잠으로부터 해진 옷의 수선, 땔감의 채취 등 온갖 가사노동을 '남녀가 힘을 합하여 밤낮으로 부지런히' 해대는 것이 과연 '많은 것을 탐하고 욕심을 부려'서 그런 것인가. 그보다는 아마도 '빈곤하고 곤궁하기' 때문에 별수 없이 '밤낮으로 부지런히' 노동하지 않을 수 없는 처지로 내몰린 것으로 이해된다. 아마도 모두가 영세한 농지밖에 얻을 수 없는 극단한 빈농(貧農)들이어서 한계노동에 이르기까지 생존투쟁의 현장으로 내몰리고 있는 현상인 것으로 이해해야 할 것이다.

그러나 물론 위와 같이 생산·생활노동의 모든 것들을 겸해서 한 몸으로 골몰하기보다는 가능하다면 사회적 분업에 맡길 것이요, 필수적인 한 가지 생업에만 전업적(專業的)으로 진력하는 것이 바람직한 일인 것임은 더 말할 필요가 없다. 그런 면에서 『우서』가 먼저 강조하는 4민

---

132 『迂書』 권9, 「論閑民」.

분업론은 물론이려니와 여기서 보이는 것처럼 중국의 경우를 따라, 가령 농업이라는 동일 업종이라도 이를 다시 더 분화시켜 곡물·채소·과일 따위의 한 가지씩만 재배하는 전업적 분업 방식을 수용하고자 하는 것은 이전에 없던 새로운 농업개혁론이라 하지 않을 수 없다.

그런데 『우서』는 각 업종을 전문적으로 분업할 뿐만 아니라 동일 업종을 두고서도 그 작업 과정에서의 분업까지 추구하고자 한다. 가령 우리나라 농가에서는 부녀자들이 곡물농사에 힘쓰면서도 또한 목화를 심어 면화를 따고 이를 다시 손수 방적하고 직조하여 면포를 만들고 이를 다시 바느질하여 식구들의 옷을 지어 입힌다. 그러나 중국에서는 그 모든 공정(工程)을 분업적으로 처리한다.

> 중국의 경우는 그렇지 않아서 (목화를) 심는 사람은 (면포를) 짤 필요가 없고 짜는 사람은 심을 필요가 없다. 목화를 심어 면화를 수확한 사람이 이를 면화 가게에 보내면, 가게 주인은 그 씨를 빼고 솜 가게로 보낸다. 솜 가게에서는 그 솜을 타서 솜덩이로 뭉쳐 실 뽑는 집으로 보내고, 실 뽑는 집에서는 실을 뽑아 삶고 씻어서 베 짜는 집으로 보낸다. 그러면 베 짜는 집에서는 면포를 짜서 면포 파는 가게로 보낸다. 그래서 물건의 유통이 더디지 않고 공정(工程)이 지체되지 않으니 시장의 목면 값이 우리나라보다 갑절이나 싸다. 베 짜는 집의 면포 품질에 몇 등급이 있기는 해도 짜낸 품질이 대체로 균일하여 질기고 고운 것도 우리나라의 목면보다 나으니 이는 부녀들의 공정(工程)이 전일한 효과이다.[133]

133 『迂書』 권9, 「論閑民」, "中國則不然, 種者不必織, 織者不必種. 種綿收花者, 歸之綿花鋪, 則鋪人去其核, 而歸之絮鋪. 絮鋪攤其絮, 而捻成挺子, 歸之絲戶, 絲戶繰其絲, 而熟刷之, 歸之機戶. 機戶織其布, 而歸之布鋪. 物無遲貨, 工不淹時, 市肆布貨, 倍賤吾東. 機戶布品, 雖有幾等, 織品大抵均一, 堅緻縝密, 亦勝東布. 此莫非婦工專一之效也."

이 사료는 목면을 재배하는 농업의 사례라기보다는 실상 재배의 결과 생산된 면화를 가지고 면포를 직조해서 상품화하는 과정, 즉 직조공정(工程)의 공정별 분업을 설명한 사례이다. 즉 직조하는 공정(工程) 자체마저를 각기 분업적으로 추구해야만 이에 당해 물화를 신속 정확하게 생산할 수 있으며, 그 물화의 생산가격 또한 크게 낮출 수 있게 된다. 더구나 각 공정별 분업을 통해서야만 이에 각 공정별로 정밀한 전문적 기술을 개발할 수도 있다. 그래서 결국 당해 업종의 생산기술을 극대화하는 경지에까지 도달할 수 있을 것이다.

『우서』의 이 사료는 소위 상업적 농업의 사례를 든 경우여서 특히 이채롭다는 생각을 준다. 그러나 동시에 면화재배 농업〔棉農〕 자체의 업종별 분업에 관한 구체적 설명을 결여하고 있다. 농암은 면화농업 자체에 대한 관심보다도 그것을 직조하여 상품화함으로써 경제적 수익을 올리고자 하는 데에 주된 관심을 기울이고 있었던 것이다.

그리고 그와 같은 공정별 분업화는 사료가 예시한 직조업이라든가 혹은 집을 짓는 건축업과 같이 각 공정별(工程別) 분리작업이 가능한 분야에서만 적용할 수가 있다.[134] 그러나 가령 벼 · 보리 · 목화 · 채소의 재배라든가 우(牛) · 마(馬)의 사육과 같이 무릇 생명체를 양육하고 그 결실을 보는 데에 일정한 시간이 소요되는 농(農) · 목업(牧業)의 경우에

134 『우서』가 工程別 분업론을 가장 잘 설명한 것은 가옥의 건축을 두고서, 중국인들은 "수십 칸 기와집을 짓고자 할 때에도 …… 財力만 있으면 한두 달도 안 되어 이룩할 수 있다."고 한 사례이다. 즉 주인이 설계도〔工本〕를 만들어 이를 公示하면, 木店은 材木을, 窯戶는 기와 · 벽돌을, 石工은 주춧돌과 섬돌을, 鐵店은 鐵材를, 工師 · 圬者는 각기의 작업도구를 가지고 각자가 자기 기술과 분야를 담당해서 단기간에 완공할 수 있다. 그리고 "四民이 일단 분화하기만 한다면 불과 몇 년 사이에 어디에서고 모두 이와 같이 될 것이다〔四民一分 則不過幾年 遍地皆如此矣〕."라고 확신한다(『迂書』 권1, 「總論四民」).

는 결코 공정별 분업을 도입할 수가 없다. 업종별 분업만이 가능할 뿐인 것이다.

그런데 『우서』가 중국의 업종별 분업적 생산체계의 선진적 사례들을 소개하면서 이를 수용하고자 하는 의도는 매우 큰 의미를 가진다 할 것이다. 그것은 곧 전업적 분업화를 통해 생산기술을 발전시킨다는 새로운 경제원리를 설파하고 있기 때문이다. 생산기술의 발전은 곧 생산성의 향상으로 직결되고 그것은 또 농민의 일상생활 자체를 안정시킨다. 농민은 상대적으로 물·심 양면에서 자기 직업에 더 안착할 수가 있고, 거기 따라 업종별 분업 또한 더 확고히 안착시킬 수가 있다. 그리고 생산성의 향상에 따라 더 증대한 농민소득은 급기야 이전에 없던 상품구매력의 향상을 가져오게 될 것이며, 이는 필연 상업의 발전에도 기여하게 될 것이다.

이제 상업(商業)의 발전이 4민의 분업을 추동한다는 과제를 검토하기로 한다. 농암의 『우서』는 국가 정책을 통해서 우선적으로 상업을 발전시키고자 한다. 그런데 『우서』가 말하는 상업 발달의 요체는 "대자본을 운영하는 대상인(大商人)이 큰 점포(店鋪)를 열어야만 이에 물화가 몰려들어 비로소 번성할 수 있다."는[135] 취지에 선다.

『우서』는 실로 상업을 제대로 발달시킨다면 수년 안으로 전국 도처에 낙토(樂土)가 이루어지고 '이용후생의 도(道)'를 다 갖출 수 있을 것으로 전망한다.

아, 왕토(王土) 아닌 땅이 없고 왕민(王民) 아닌 백성이 없는데도 우리

---

135 『迂書』 권1, 「總論四民」, "夫所謂店鋪云者, 必有大商, 出其重本, 廣設店面, 然後物貨之輳集者, 方可殷盛也."

나라는 서울과 시골의 풍속이 너무나 달라서 한강(漢江)을 건너기만 하면 곧 무식하고 예의범절이 없다. 사대부가 시골에 살기를 꺼려 하는 것은 무엇 때문인가. 공장(工匠)이 없고 상고(商賈)가 없고 시사(市肆)가 없고 물화(物貨)가 없고 의약(醫藥)이 없고 문적(文籍)이 없으며, 양생송사(養生送死)에 유감이 남고, 자손이 견문(聞見)하는 바 없어 점점 우둔한 시골사람으로 되며, 벼슬을 얻지 못하여 가문이 기울지 않을까 걱정되기 때문이다. 이제 내가 논의한 이 법(즉 상업 발달의 방법)을 시행한다면 고을마다 모두 액점(額店)·액사(額肆)가 있게 될 것이다. 상인(商人)이 있게 되면 저절로 공장(工匠)과 수륙(水陸)의 물화(物貨)와 의약(醫藥)과 문적(文籍)이 있게 될 것이다. 그리고 학제(學制)가 이미 이루어지고 관제(官制)가 이미 정립되어 가문이 기울까 걱정할 필요도 없어지므로 동·서·남·북의 궁향(窮鄕) 벽읍(僻邑)을 막론하고 사람들이 모두 제 고장에 안주하게 될 것이다. 그래서 어리석고 의지할 곳 없으며 재주 없고 생각이 모자라는 사람들을 물론하고 모두가 그 생업에 안착하게 될 것이다. 들에 사는 사람은 농상(農桑)과 축목(畜牧), 나물과 채소 재배에 힘쓰며 땔감을 채취하고 그릇을 만들며 쇠붙이를 다루는 등의 일에 힘을 기울인다. 읍내에 사는 사람은 저자에 점포를 설치하고 각기 자호(字號)와 세액(稅額)을 이루어 서로 이어받고 전해 가며 모든 양생송사의 기구들을 팔게 될 것이다. 길·흉·혼·상의 모임과 쓰임새에 필요한 것들도 모두 방국(坊局)이 있어 대를 이어 가며 팔게 될 것이다. 그래서 불과 몇 년 사이에 도처에서 낙토(樂土)를 이루고 문헌(文獻)을 지니게 되어, 이용후생(利用厚生)의 도를 완수하게 될 것이다.[136]

136 『迂書』 권8, 「論商販事理額稅規制」, "噫! 莫非王土, 莫非王民, 而我國, 京·鄉風俗絶異, 纔渡漢江, 便已貿貿. 士大夫之厭居鄉者, 何也? 無工匠也, 無商賈也, 無市肆也, 無物貨

즉 각 군현마다 읍시(邑市)를 중심으로 대점포(大店鋪)인 '액점(額店)·액사(額肆)의 상업이 일어나면 관련된 수공업자들과 수·륙의 물화와 의약과 문적이 따라서 흥성하게 마련이라는 논조이다. 새로운 교육제도·관직제도가 정립되면 자질과 노력에 따라 언제든지 가문을 일으킬 수 있으므로, '어리석고 못난 사람들도 모두 농·공·상의 생업에 안착'하게 된다. 거기 따라 읍내와 같은 도회지를 중심으로 온갖 상업이 가일층 번성한다. 그래서 '불과 몇 년 사이에 도처에서 낙토(樂土)를 이루고' 문헌을 구비하게 된다. 어시호 '이용후생의 도를 완수'하기에 이를 것이라고 전망하기에 이르는 것이다.

『우서』는 이와 같이 상업의 발달이 4민의 분화를 촉진하고 '도처에 낙토를 조성한다'는 기본 논조에 서 있지만, 또한 4민의 분화가 다시 상업의 발달을 촉진하고 문물의 번영을 추동한다는 논지를 편다.

> 4민이 일단 분화되면 모든 일이 용이하여, 물이 흐르면 도랑이 이루어지듯이 저절로 확 트여서 어려움이 없게 된다. 곳곳의 읍내에는 전사(廛肆)와 저제(邸第)가 고기 비늘같이 조밀해질 것이요, 촌야에는 반드시 향관(鄕官)의 집이나 부민(富民)의 제택(第宅), 읍내 상고(商賈)의 전장(田莊)·별업(別業) 등속이 차례로 이룩될 것이다. 이런 것들이 다소 조성되어 두서가 잡히게 되면 궁벽한 향읍(鄕邑)이라도 반드시 시원하게 그 외모를

也, 無醫藥也, 無文籍也, 養生送死有憾也, 子孫無聞見, 漸成蚩蚩鄕人也, 不得科宦, 則門戶漸凌替也. 今行此法, 則邑邑皆有額店·額肆, 而有商則自有工匠, 水·陸物貨, 醫藥·文籍. 學制旣成, 官制旣定, 則又無門戶凌替之憂. 勿論東西南北, 窮鄕僻邑, 人皆安其土. 勿論癡騃罔兩, 庸劣椎迷, 人皆定其業. 居于野者, 勤於農桑·蓄牧·蔬茹·薪蒸·陶冶等事, 居邑內者, 列肆置店, 各成字號稅額, 相承相傳, 以售凡百養送之具. 吉·凶·婚·喪, 宴集·繕造之需, 皆有坊局, 承行賣販者. 不過幾年之間, 必將到處, 皆成樂土, 皆有文獻, 利用厚生之道畢矣."

바꾸게 될 것이요, 초라하고 쓸쓸한 모습이 전혀 없어지고 반드시 은성하고 번화해지는 효험을 보게 될 것이다.[137]

그런데 위에서 '도처에 낙토가 조성된다'는 것은 구체적으로 어떠한 내용을 가리키는가. 『우서』는 중국의 부유한 상인들이 역사적으로 자기 고장의 성(城)·지(池), 교량, 도로, 의학(義學) 등을 담당하여 건설하는 사례가 있어 왔다는 사실을 예로 들면서, 우리나라도 상업의 법도가 확립된다면 그렇게 될 것이라고 전망한다. 즉 "전(傳)에 이르기를 '의식이 족해야 예절을 안다.'고 하는데, 이는 헛된 말이 아니다. 만약 이 법(곧 상업의 법도)이 일단 이루어진다면," 중국의 경우처럼 으레 "상고(商賈)·부민(富民)들이 자기 가족의 안위를 위해서라도 소속 군현의 성(城)·지(池)를 수축할 것이요, 자기 상업의 편익을 위해서라도 우·마차가 왕래하기 편리한 도로와 교량을 개설할 것이며, 의학(義學)을 설치하고 훌륭한 스승을 모셔와 자녀들에게 좋은 교육을 베풀도록 할 것이요, 또한 그 재원을 담당하는 의장(義莊)을 설치하게 될 것"[138] 이라고 전망한다.

상업 발달의 힘은 실로 매우 큰 파급력을 발휘할 것임에는 틀림이 없을 것이다. 그런데 상업은 무엇보다도 이익을 바라고 이윤을 추구하는 것이 그 본령이다. 과연 그와 같이 '도처에 낙토를 이룩하는' 선순환의 방향으로만 사회경제 구조를 변동시켜 갈 것인가.

---

137 『迂書』 권8, 「論商販事理額稅規制」, "四民一分, 百事容易, 水到渠成, 沛然無難. 到處邑底, 店肆·邸第, 必然鱗次稠密矣. 村野亦必有鄉官人家, 富民第宅, 及邑底商賈田莊·別業之屬, 次第造成矣. 及其稍成頭緒之後, 則窮僻鄉邑, 必將噲然改觀, 頓無冷落蕭條之態, 必有殷盛繁庶之效."

138 『迂書』 권8, 「論商販事理額稅規制」.

『우서』는 다른 곳에서 이미, "대개 의식(衣食)이 제법 유족한 자는 반드시 장토(莊土)를 매입한다."고[139] 단언해 둔 바 있다. 자기 고장의 성지 · 교량을 설치하는 데 힘쓰기보다는 우선 자기 전장(田莊) 마련에 더 관심을 두게 마련인 것이 부유한 자들의 근성일 터이다. 그리고 또한 '낙토'와 더불어 언급한 '이용후생의 도를 완수한다'는 것은 무슨 뜻을 전하고자 함인가. 상업이 아무리 발달한다 한들 과연 '이용후생의 도'라는 것을 완수〔畢〕하는 경지에까지 도달할 수 있을 것인가.

『우서』가 저술된 18세기 초반의 조선사회는 아직도 상업의 발전이 그리 활발하지 못한 상태에 있었다. 저자 농암 유수원은 상업 발달의 역사가 더 오래된 중국의 경우와 대비하면서, 정체되어 있다고 생각하는 조선사회에 충격적 변동을 일으킴으로써 중국의 수준을 따라가고자 하는 욕구가 넘치다 보니 '도처에서 낙토를 이루고' '이용후생의 도를 완수한다'는 등의 집념 어린 언설을 구사였던 것으로 이해된다.

'4민이 일단 분화되면 모든 일이 용이해진다.'는 언설 또한 마찬가지 집념의 소산인 것으로 보인다. 그는 4민의 분업과 상업 발달이 초래할 긍정적 효과를 두고서도 마치 자동적으로 전개될 '용이한' 현상인 것처럼 말하였다. 물론 4민이 분업하면 각 분야 생산성이 향상되고 특히 상업의 발전이 제반 물산의 생산성을 추동하고 인간관계를 더 합리적으로 이끌어 가리라는 것은 긍정할 만한 대목이다. 그런데 그 전제가 되는 제반 물산의 생산력의 발전에 관한 구체적인 측면들을 거의 고려하지 않은 채 그같이 넘치는 언설을 늘어놓고 있었다는 사실 또한 간과해서는 안 된다.

가령 농업 분야를 두고 말하자면, 제조업의 경우처럼 다수의 노동력

---

139 『迂書』 권6, 「論編審舊管新增事例」, "大抵衣食稍裕者, 必買莊土."

을 투입하여 단기간에 대량생산을 수행하기는 어렵지 않겠는가. 또한 상업의 경우처럼 요로에다 대점포를 열고 다량의 물화를 진열하여 판매함으로써 큰 이윤을 남길 수 있는 사업과도 전혀 다른 분야이다. 무릇 농업생산이란 것은 곧 농생물의 장기간 생육과 결실을 보살피고 기다린 끝에 가서야 비로소, 그것도 일정한 정도를 성취할 수 있는 일이기 때문이다.

『우서』의 4민 분업론 및 상업의 발달이 사회경제 구조의 변화를 추동한다는 이론은 결코 사・농・공・상의 4민이라든가 혹은 상업의 문제 그 자체에만 국한하여 고찰해서는 전체 윤곽조차 파악하기가 어려운 과제임을 주의해야 한다. 그것은 곧 교육제도와 관직제도로부터 신분제도・경제제도 등 국가제도의 전반적 개혁과 연관시켜 추구함으로써만 비로소 구현될 수 있는 광범한 변법론에 속하는 구조적 변동인 것임이 명백하기 때문이다.

2) 영농 주체층론

농업을 진흥하기 위해서는 이를 천직(天職)으로 여기고 기꺼이 진력하는 광범한 농민층을 확보해야 할 것이다. 그런데 농민이 전업적으로 영농에 진력할 수 있도록 하기 위해서는 우선 농사의 터전인 전토를 항구적으로 보유할 수 있어야 한다. 항산이 뒷받침되어야 항심이 생기게 마련이다.

농업의 경우 지나친 영세(零細) 경작은 생산성이 떨어지게 마련이다. 앞서 살핀 바와 같이, 농사짓고 누에 치는 일로부터 우・마를 사육하고 땔감을 채취하는 등 온갖 노동을 부지런히 하는데도 끝내 '빈곤하고 곤궁한' 상태를 벗어나지 못하는 것은 그들의 투입 노동력에 비해 너무나 영세한 전토밖에 보유하지 못한 현실상의 여건 때문이다. 거기서는 생존을 위한 극단의 한계노동이 일상화해 있지만, 정성어린 진력(盡力)을 기대할 수는 없다. 적정 규모의 영농이 필수 조건이다.

조선 후기에는 이미 토지소유의 분화가 크게 진행되어 대다수 농민이 병작농(竝作農)의 처지로 전락하게 되었다는 것은 주지하는 사실이다. 그런데 이들 '병작농'을 보편적 생산층으로 하고서도 가령 '낙토'를 이룩하거나 더 나아가서는 '왕정(王政)'을 추구하는 농정(農政)을 펼칠 수 있을 것인가.

조선 후기의 실학은 실상 바로 그와 같은 과제를 두고 심사숙고를 거듭하면서 갖가지 해법을 찾고 있었다. 가령 반계(磻溪)의 '공전제론', 성호(星湖)의 '영업전론', 다산(茶山)의 '정전제론'이 곧 그 해법들이다.

우선 조선 후기의 병작농은 구체적으로 어느 정도의 비중을 차지하고 있었는가. 『우서』보다도 다소 앞서 저술된 『반계수록』의 경우, "지금 토지를 많이 가진 자는 1/10이요, 무전자는 항상 10분의 8, 9를 차지한다."[140]고 말하였다. 『우서』 또한 거의 동일한 논조이다. "오늘날 전토는 모두 사대부의 소유로 귀속되었으니, 백성이 어찌 전토를 가진 것이 있겠는가. 겸병(兼竝)이 이미 극도에 달하였으니, 이를 바로잡지 않는다면 백성이 지탱할 수가 없을 것이다."[141]

그런데 자기 전토를 갖지 못한 농민은 남의 전토를 경작하여 그 소출의 절반을 지주(地主)에게 사조(私租)로 바치는 '병작반수'의 상태에서 연명할 수밖에 없다. 그와 같은 병작농이 대다수를 차지하는 상태

---

140 『磻溪隨錄』 권2, 「田制」 下, 田制雜議附, "今多田者十居其一, 而無田者常爲八九." 여기 1/10이란 수치는 물론 그 기본 추세를 논한 것이다.

141 『迂書』 권1, 「論麗制」, 田制, "今日土田, 亦盡歸士大夫, 百姓何嘗有土田耶? 兼并已極, 若不矯正, 民無以支保矣."

에서는 왜 농업 진흥책을 펼치기가 어려운 것인가. 『우서』는 실상 그에 대한 해답을 적시(摘示)하지는 않았다. 그러나 전후의 실학자들이 그 해답을 제시해 둔 것이 있다. 그것은 곧 병작(竝作)의 경우 결코 농민이 농사에 진력하지 않으며, 따라서 생산성이 떨어지기 때문이라는 것이다. 가령 반계 유형원은 자신의 실제 경험을 통해 다음과 같이 말한다.

> 지금 전토를 많이 가진 자는 경작할 땅은 넘쳐나는데 경작 능력은 한정되어 있으므로 두루 다 경작할 수가 없다. 반면에 무전자(無田者)는 노동력은 남는데도 전토가 없으므로 경작할 수가 없다. 그래서 경작지가 많이들 황폐해지는 것이다. 비록 병작(竝作)하는 규례가 있다고 하지만 전토를 많이 가진 자는 남에게 병작을 시키고는 자신은 가만히 앉아 병작료(竝作料)를 끌어모아 받아먹기만 하고 부지런히 힘쓰는 일이 없다. 무전자들은 우선 남의 전토를 경작하더라도 해마다 그것을 계속 경작하기란 어렵고, 또한 자기의 소유지가 아닌 까닭에 거름을 주어 토질(土質)을 가꾸는 일에는 뜻이 없다. 그런 까닭에 전토가 많이들 메마르게 된다.[142]

우선 지주(地主)의 경우는 전토가 많으므로 노동력의 정밀한 투입이 있을 수 없고, 따라서 단위 생산력은 저조하게 마련이다. 그리고 남의 전토를 병작하는 소농민으로서는 그 전토가 결코 항산의 터전일 수가 없다. 병작지마저 지주의 의향에 따라 언제나 남에게로 옮겨질 수 있

---

142 『磻溪隨錄』 권2-12, 「田制」 下, 田制雜議附, “今多田者有剩田, 而力有限, 故不遍耕, 無田者有游手, 而無其田, 故不得耕, 所以地多荒田也. 縱有竝作之規, 多田者給人竝作, 廣合諸出, 自可安坐而食, 故無所事於勤力. 無田者姑耕人田, 每歲難常, 以爲非已之有, 故亦無意於糞治, 所以田多不糞也.”

기 때문이다. 그러므로 병작자인 소농민은 당해 농지에 거름을 많이 하는 따위 토질의 개량에 결코 진력하지 않는다. 항심을 둘 수 없기 때문이다. 그래서 전국 농토의 대부분을 차지하는 병작지는 결코 높은 생산력을 유지할 수가 없다. 요컨대 전국 전토의 대다수가 소수 지주의 소유로 되어 있는 현 실태에서는 지주나 병작자를 막론하고 경작자는 토지에 대해서 상대적으로 적은 관심밖에 기울이지 않는다. 따라서 전국 모든 전토의 생산성이 저조하게 되는 상태를 결코 면할 수가 없다는 뜻이다.

그리고 『우서』의 저자 유수원과 거의 같은 시기의 실학자인 성호 이익의 견해 또한 마찬가지다. "자기 일에 부지런하고 남의 일에 게으른 것은 인정(人情)이 다 마찬가지다. 노비는 젊어서부터 늙도록 날마다 하는 일이 남의 일 아닌 것이 없다. 어찌 일마다 마음을 기울여 하겠는가."[143] 그리고 그는 다시 말한다.

> 일상으로 징험해 보건대, 부자(富者)의 전토는 곡식이 많이 나고 빈민(貧民)의 전토는 곡식이 적게 나며, 동네에서 가까운 땅은 곡식이 많이 나고 동네에서 멀리 떨어진 땅은 곡식이 적게 난다. 농사에 게으르고 손을 놀리는 것은 꼭히 그 사람이 현명한가 아닌가에 달린 것이 아니요, 항심(恒心)이 없기 때문에 그러한 것이다.[144]

---

143 『星湖僿說』 권12, 「奴婢」, "勤於自己之事, 怠於他人之役者, 人情同然. 臧獲, 從少至老, 逐日所役, 無非他人之事. 豈能事事盡心乎?" 이는 원래 타인의 말을 인용한 대목이지만, 오히려 星湖 자신의 견해를 잘 표명해 둔 것으로 해석된다.

144 『星湖僿說』 권16, 「無貨無穀」, "常驗之, 富民之地穀多, 貧則穀少. 近村之地穀多, 遠則穀少. 其惰農遊手, 未必繫其人之賢否, 無恒心故也."

여기 '부자'의 경우 광작(廣作)하는 전토에서도 생산성이 높다는 말이 아닌 것임은 더 말할 필요가 없다. 그것은 빈민의 경우와 대비해서 오히려 항심을 기울이는 부자의 전토가 더 높은 생산을 낸다는 뜻이다. 가까운 땅의 경우 또한 항심을 기울이기 쉬운 위치상의 이점 때문에 생산성이 높다는 뜻이다. 관건은 항심을 어느 정도로 기울이는가 하는 것이다.

그러니 무릇 농업에 종사하는 농민이라면 모두가 항심을 기울이도록 하는 농정(農政)은 어떠한 형태로 구현되어야 할 것인가. 그 해법은 이미 반계의 '공전제론', 성호의 '영업전론', 그리고 다산의 '정전제론' 등에 제시되어 있다. 그것은 곧 전국의 농민들로 하여금 자가의 가족 노동력을 기본으로 하는 자영농(自營農)으로 새로이 탄생하도록 한다는 방안이었다. 이 '자영농'이야말로 그들이 왕정(王政) 구현의 사회경제적 기초를 이루는 기준적 소경영(小經營) 농민층으로 설정하고 있었던 것이다.[145]

근년의 연구 결과에 따르면 조선 후기의 농업 경영은 점차 영세(零細) 균작(均作)이라는 '소경영' 형태로 전개되고 있었다고 한다. 병작지조차도 뇌물을 써 가면서야 획득할 수 있는 치열한 경쟁의 시대를 살다 보니, 가족 노동력을 기초로 하는 '영세 균작'의 소경영 농민층이 다수를 점하기에 이르렀던 것이다. 그리고 그 같은 대세가 일어나게 된 생산력적 근거는 어디에 있었던 것인가. 곧 가족 노동력을 기초로 하는 소경영 형태야말로 가장 높은 생산성을 발휘할 수 있다는 사실에 있었다. 소농민 가족 전체의 생계가 달린 생명의 터전이므로 전력을

---

145 磻溪의 自營農論에 관해서는 김태영(2013) 참조. 茶山의 自營農論에 관해서는 김태영(2012) 참조. 星湖의 '永業田'론이 自營農 육성론이라는 것 또한 보편적으로 인정된다.

기울임에 따라 결국 가장 높은 생산성을 발휘할 수가 있는 일이었다.

이제 소농민 경영이 대세를 이루어 성장해 가는 현상의 역사적 의미는 무엇이라고 할 수 있을 것인가. 아마도 중앙 벌열(閥閱)층의 독점적 정권이라든가 지방 토호(土豪)들의 향권(鄕權)과 같은 비리의 압제를 벗어나 공공(公共)인 국가(國家)를 직접 상대하는 사회정치적 자립체(自立体)로 성장하고자 하는 농민층의 의지를 반영하는 현상인 것으로 해석할 수 있을 것이다.

그런데 이들 소농민으로 하여금 모두 항구적으로 항심을 갖도록 하는 결정적 관건은 곧 그들로 하여금 생산 터전으로서의 전토를 항구적으로 이용할 수 있도록 토지제도를 개혁하는 데에 있었다. 극심한 토지소유의 편중과 같은 사회경제적 속박 속에서는 결코 주체적이고 적극적인 생산성의 향상을 기대할 수가 없다. 다산의 정전제론은 그것을 다음과 같이 말해 두었다. "농민은 그 전토가 영업전(永業田)이 된 줄을 안 뒤라야 돌자갈을 추려 내고 잡초를 제거하며, 밭도랑을 단속하고 거름을 많이 주게 되는 것이다."[146]

농암의 『우서』 역시 중앙 벌열정권의 갖가지 비리와 각 지방 향소(鄕所)를 점거하고 자행하는 토호(土豪)들의 무단(武斷)은 단연코 척결해야 하는 것이라고, 근본적 개혁론을 제시한다. 벌열 따위의 전횡에 맡겨진 정치권력을 철저하게 공공(公共)으로 귀속시켜야 한다는 것은 실학의 공통 이념이다. 정치권력뿐 아니라 생산수단으로서의 토지 또한 공공(公共)의 관리에 맡겨야 한다는 것 또한 실학의 주요한 공통 이념이었다. 그것이 곧 정치와 경제의 상호관계가 상응하도록 하는 구조적 개혁

---

146 『經世遺表』 권5, 「田制」 3, "民以此田, 知之爲永業, 然後除其磽礫, 去其荼蓼, 謹其畎遂, 厚其糞壤."

론의 제시였다.

그런데 여기 『우서』는 그 같은 상부의 정치적 개혁에 상응하리만한 하부 농민층의 육성 과제에 대해서는 어떠한 구체적 개혁론도 제시한 것이 없다. 그는 농업 또한 전업적 영농을 해야 한다고 주장할 뿐 아니라 농업 가운데서도 다시 곡물·채소·과일 등의 분업적 영농을 주장한다. 그런데 그러면서도 그 분업적 영농의 생산수단인 전토의 보유에 관해서는 어떠한 새로운 고안도 내놓지 않았다.

『우서』의 실학적 개혁론은 대체로 이념적인 것을 추구하기보다는 현실의 공리적(功利的) 실효성을 중시하는 특징을 띠고 있다. '국가의 큰 정사로는 농업보다 더한 것이 없다.'고 하는 견지에 서면서도, 정작 농업을 진흥할 핵심 과제인 농지(農地) 보유관계의 개혁론을 전혀 도외시한 사실 또한 아마도 현실적 실효성을 추구한 현상에 다름 아닌 것으로 이해된다.

6. 맺음말

한국사에서는 왕권과 문벌귀족의 공고한 유착에 따라 극단한 중앙집권적 지배체제를 마치 영구 불가피한 인습인 듯 오래 유지해 오고 있었다. 농암 유수원의 『우서』가 문벌 지배체제를 타파함으로써 4민의 분업을 촉구한다는 개혁안을 제시한 것은 조선왕국의 정치사회적 구조와 생태에 관한 비교적 정확한 인식을 바탕으로 하는 실학적 발상인 것으로 이해된다. 4민의 분업이 실현되어야만 각 분야 종사자들이 자기 업종을 '수치'로 여기지 않고 실속 있는 독자적 분야로 발전시킬 수가 있다는 구상 또한 선구적 안목이라 할 수 있겠다.

『우서』는 소위 '국허민빈(國虛民貧)'의 타개책으로 제시하는 4민 분업론을 어떤 과정을 통해 추구하고자 하는가. 우선 온 세상에 전횡하는 양반·문벌 신분으로서의 사(士)의 자격을 각급 학교의 교육과정에서부터 법제적으로 엄격히 제한할 것이요, 그래서 사(士) 신분에서 탈락한 대다수가 선택하게 되는 농·공·상의 직종을 각기 전업적(專業的)으로 분업(分業)토록 한다는 일이었다.

그런데 4민의 분업 가운데서도 『우서』는 특히 상공업을 국책 과제로 집중 발전시킴으로써 구래의 정체적(停滯的) 사회체제에다 충격을 가하고 분화와 변통의 추진력으로 활용한다는 구상을 편다. 상공업의 경우는 소위 공정별(工程別) 분업이 가능하여 비교적 단기간에 대량생산과 유통이 가능하고, 자본의 회전이 빠른 분야이므로 그 사회경제적 성과 또한 매우 가시적일 수 있는 것이기 때문이다.

상공업에 비하면 농업의 경우는 가령 벼·보리·목화의 재배라든가 우(牛)·마(馬)의 사육과 같이 무릇 생명체를 양육하여 성장과 결실을 보는 데 일정한 시간을 소요하는 농(農)·목업(牧業)의 경우에는 결코 공정별 분업을 적용할 수가 없다. 업종별 분업만이 가능할 뿐이다.

『우서』가 중국의 분업적 생산체계의 선진적 사례들을 소개하면서 이를 수용하고자 하는 의도는 매우 큰 의미를 가진다 할 것이다. 그것은 곧 전업적 분업화를 통해 생산기술을 발전시킨다는 새로운 경제원리를 설파하고 있기 때문이다. 생산기술의 발전으로 인한 생산성의 향상은 농민의 일상생활을 안정시키고 항심을 갖게 한다. 그리고 더 증대한 농민소득은 급기야 이전에 없던 상품구매력의 향상을 초래하게 마련이며, 이는 필연 상공업의 발전에도 기여하게 될 것이다.

농암 유수원의 『우서』는 농업진흥의 방안으로 우선 '구전(區田)' 등의 몇 가지 농작법(農作法)을 '불가불 본받아야 할 중국의 제도'라고 역설해 놓았다. 이는 상대적으로 작은 농지에다 다수의 구덩이를 파고 고밀도로 파종한 후 집약적 시비(施肥)와 관개(灌漑)를 통해 재배함으로써 일반 농작의 경우보다 여러 갑절의 수확을 거둘 수 있다는 방법이다. 그런데 이는 실상 14세기 원(元)나라 왕정(王禎)의 저술인 『농서(農書)』에서 이미 '구설(舊說)'이라고 소개해 둔 것이었다. 『우서』는 '여러 갑절'의 높은 수확을 올린다는 이 농작법이 통시대적일 것으로 이해하고, 우리나라도 '불가불 본받아야 할 제도'라고 역설하였던 것으로 이해된다.

그런데 이는 중국 본토에서도 농민들이 현실적으로 널리 선호하지 않으며 따라서 결코 '떳떳한 제도〔常制〕로 삼을 만한 것이 아닌' 농작법으로 판명된 것이라고, 16세기의 『속문헌통고』가 명기해 놓았다. 상대적으로 노동력의 집약적 투입을 요하는 이 고밀도 농작법은 18세기 당시 우리나라의 영농 현실에서도 결코 널리 활용할 수는 없었던 것이라고 이해함이 온당할 듯하다.

『우서』는 다시 수차(水車)의 활용을 비롯한 여러 가지 수리(水利)시설, 경지 활용의 밀도를 높일 수 있다는 중국식 뇌사(耒耜)의 수용과 보급, 중국 잠직(蠶織)기술의 '정교하고도 민첩함'을 배워 활용한다는 과제에 대해서도 구체적으로 논하였다. 중국의 농업 기술과 기구들의 선진적인 면들을 인식하고 이를 수용하고자 하는 『우서』의 견지는 역시 북학론의 선구를 이루는 선진적 안목에 속한다. 다만 그런 중국식 기술이 조선왕국의 전통적 농업 정책 및 농업 현실과의 구체적 관련 속에서 추구되고 있지는 않았다는 사실이 다소 아쉬움을 남긴다 할 것이다.

『우서』는 또한 중국식 제도를 따라 각 가호의 전토(田土)와 인정(人丁), 생업과 재산의 내용들을 모두 호적(戶籍)에 기재토록 하고, 이를 기준 삼아 세(稅)를 징수한다는 개혁안을 제시하였다. 수시로 일어나게 마련인 인구와 자산의 변동은 해마다 호적의 편심(編審)을 통해서 사실 그대로 파악하도록 하는데, 10호로 구성되는 1갑(甲) 전체의 호적 기재 내용을 작성하고 편심하는 일은 갑수(甲首)가 연대책임을 지고 수행하도록 규정한다.

그런데 호적 기재 내용에 따라 징세하는 항목 가운데는 균요전(均徭錢)과 균요미(均徭米), 그리고 여러 명색의 잡부(雜賦)를 일괄 타결한다는 고안의 3가지가 일종의 균산적(均産的) 정책론에 속하는 것이어서 특히 이채롭다. 실학의 균산론으로서는 토지소유관계의 개혁론이 대세를 이루는 편이지만, 『우서』는 그 같은 근본적 개혁론을 일체 선호치 않는다. 그래서 좀 더 시행하기 쉬운 세(稅)의 징수를 통한 균산책을 고안한 것으로 이해된다.

우선 균요미·균요전은 『우서』가 '호요(戶徭)'라고 지칭하는 바와 같이, 각 가호(家戶)의 소득에 따라 부과하는 일종의 '종합소득세'에 해당하는 세목(稅目)을 신설하는 것이었다. 구래의 국가제도상 사노비(私奴婢)의 소유에는 한도가 없고 따라서 다수의 노비를 소유할수록 그 주가(主家)는 막대한 신공(身貢) 수익을 독점할 수가 있었다. 또한 주된 과세 대상인 전토의 경우를 보더라도, 그 경작자에게 전세(田稅)·대동미(大同米)·삼수미(三手米) 등을 부담시키면서도 개별 지주(地主)가 병작농(竝作農)으로부터 거두는 막대한 사조(私租) 수익에 대해서는 '한 톨'의 곡식조차 국가는 징세하지 않았다. 따라서 전토와 노비를 다수 소유한 자일수록 더욱 부유해지게 마련이었다.

이에 『우서』는 그와 같은 사조(私租)라든가 신공(身貢) 수익이 많은 자들에게 일정한 '가호별 종합소득세'로서의 균요미·균요전을 신설함으로써 종래 부익부·빈익빈으로 치달아 온 사회경제체제를 다소라도 개선하고자 하는 새로운 개혁책을 설정한 것이었다. 다만 '종합소득세'

의 관건은 세액(稅額)의 '누진적(累進的)' 조절에 있는 것인데, 『우서』의 '균요미 · 균요전'은 겨우 산술적 증액만을 고려하는 정도에 그치고 있었다.

그리고 『우서』는 또한 현재의 1결당 전세 4두(斗) · 대동미 12두의 세(稅) 이외에 다시 1결 9두씩을 더한 합계 25두씩을 징수함으로써 종래 별도로 부과되어 온 여러 가지 명색의 말썽 많은 잡부(雜賦)들을 일괄 타결하기로 설정하였다. 그러면 '균요미'와 합쳐 1결 30두가 된다. 구래의 세정(稅政)에서는 '잡부' 혹은 '잡역(雜役)'으로 통칭되는 잔다란 부담들의 명색이 매우 많고, 그 징수에는 또 별별 음성적 방법들까지 다 동원되고 있었다. 명색과 과정이 복잡할수록 큰 피해를 보는 자는 소농민을 비롯한 빈궁한 자들이게 마련이었다. 그런 면에서 『우서』가 '잡역가'를 공적인 부세(賦稅)로 양성화함으로써 잡다한 부과와 그 징수 과정에서 일어나는 온갖 중간 농단을 일괄 해소하기로 설정한 것은 매우 합리적인 개혁 시도라 할 수 있겠다.

『우서』는 또한 여러 궁가(宮家)와 국가기관, 관원과 인리(人吏)들에게 허여해 온 복호(復戶) · 면세(免稅) 등의 잡다한 특전들을 모두 혁파하고, 무릇 전토(田土)이면 모두를 호조(戶曹)의 직할로 귀속시킨다는 개혁안을 제시하였다. 그것은 곧 전정(田政)의 일원화를 단행함으로써 국가재정의 일원화를 실현하고, 재정의 수취와 지출 과정에서 만연해 온 온갖 중간 농단을 일절 배제하고자 하는, 매우 의미 있는 개혁론인 것으로 살펴진다.

『우서』는 또한 각 군현별로 현재의 양안(量案)을 기준 삼은 전액(田額)을 편성해 두고, 항구적으로 이를 기준 삼아 전정(田政)을 운영하는 액전법(額田法)을 실행하고자 한다.

무릇 토질의 비(肥) · 척(瘠)에 따라 전토를 6등급으로 나누고 등급에 따라 결(結)·부(負)의 실제 면적을 달리 파악하는 종래의 양전법(量田法)으로는 전국의 전토를 결코 정확히 파악할 수가 없는 일이었다. 다시 양전을 시도하더라도 더 개선될 여지는 별로 없는 것이 종래의 관행이었다. 그래서 『우서』는 현재의 양안(量案)에 등재된 결부의 수(數) 그대로를 정액으로 삼을 것이며, 매년 편심(編審)하는 제도를 시행함으로써 해마다 양전하는 것과 같은 효과를 거둘 수 있다고 전망한다.

그런데 또한 종래의 '수기수세(隨起隨稅)'의 법은 단지 현재 경작하는 전토에 대해서만 수세하는 까닭에, 일시적 재해를 만나 경작하지 못한 전토가 한번 '진전(陳田)'으로 면세되면 다음해부터 정상으로 경작하더라도 다시는 기경전(起耕田)으로 등재되기는 어렵게 되어 있다. 경작자는 계속 면세받고자 하는 욕심으로, 실무를 맡은 이서(吏胥)는 중간 농간의 사익(私益)을 노려 상호 부동하기 때문이다. 그래서 '신증하는 경작지는 전혀 없고 구액(舊額)은 날로 줄어드는' 행태가 벌어지게 마련이었다.

액전법은 각 군현별로 규정된 일정한 전액(田額)을 기준 삼아 징세하는 까닭에, 경작자의 사정(私情)으로 인한 면탈(免頉)은 극단의 경우가 아닌 한 허용치 않는다. 그러므로 규정된 기경전(起耕田)의 액수를 확보해 갈 수 있는 튼튼한 방안이요, 또한 경작자로 하여금 응당 '항심'을 갖고 국세(國稅)를 납부하도록 하는 국가의 '항구적 제도'로 설정한 것이라고 『우서』는 역설한다.

그런데 한편, 각 군현의 전정(田政) 실무를 맡은 이서(吏胥)들의 중간 농단으로 점차 증가 일로에 있는 소위 '은결(隱結)'에 대해서는 어떻게 대처할 것인가. 『우서』는 전결(田結)의 은(隱)·루(漏) 관련 범법이 일어나는 경우, 관·민을 막론하고 엄형(嚴刑)과 책징(責徵)으로 대처한다 하였다. 그런데 조선 후기의 '은결'이란 것은 심산궁곡에 숨겨진 땅뙈기가 아니요, 이서들이 농단하여 가장 좋은 전토만을 골라 조직적으로 은루시켜 사사로이 착복하는 행태가 곧 그 실체였다. '은결'이야말로 곧 '철결(鐵結)'이라고 하는 까닭이 거기 있었다. 은결은 '엄형과 책징'으로 대처한다 해서 결코 해결할 수 있는 것이 아니었다.

그런데 정작 액전법을 시행한 본 고장인 중국 명나라의 경우는 전토의 은(隱)·루(漏) 현상이 어떠하였는가. 명나라 초기로부터 액전법을 시행한 지 140년이 지난 때의 상황으로는, '천하의 액전(額田)은 이미 절반 이상 감소'하였는데, 광대한 평야를 가진 지역일수록 그 '감소한 액수가 더욱 많고', 그 모두는 권력 있는 '왕부(王府)가 빼돌린 것'이 아니면 '간활한 호민(豪民)들이 속이고 숨긴 것'이라고, 『명사(明史)』의 기록이 전한다.

경묘법(頃畝法)을 통해 전토의 절대면적을 파악하는 명나라의 현실이 그러할진대, 전등(田等)에 따라 실적을 달리하는 결부법 전안(田案)을 기초 삼아 군현별 액전제를 시행한다는 『우서』의 농정론에서는 과연 처음 규정한 전액(田額)을 길이 그대로 확보해 갈 수 있을 것인가. 아마도 전액의 탈루를 살피기는 중국 경묘법의 경우보다 더 어려울 수밖에 없을 것임이 명백하다. 앞서 본문에서 구체적 수치를 밝혔듯, 국내 군현별 결부수의 파악이 항상 2/3 정도를 밑돌고 있었다는 사실 또한 여기서 참고해야 할 것이다.

그런데 『우서』는 농업의 전업적 분업을 강조하면서도 그 분업의 실행 주체인 농민층이 농사 터전을 항구적으로 확보토록 하는 과제에는 관심을 두지 않았다는 사실 또한 여기서 간과해서는 안 될 것이다. 『우서』 또한 그런 문제의식을 갖고는 있었다. 즉 '오늘날 전토가 모두 사대부의 소유로 귀속'되었으므로 '겸병(兼竝)이 이미 극도에 달한' 상태여서, 병작농은 결국 '지탱할 수 없게' 되었다고 확인한다.

현실의 토지 소유관계에서는 결코 지탱할 수 없게 되어 있는 대다수 병작 농민을 그대로 두고, '국가의 정사 가운데서 가장 큰 것'이라는 '농정(農政)'은 제대로 펼칠 수 있는 것이며, '전업적 분업'은 과연 실현할 수 있을 것인가.

전체적으로 보아 농암 유수원의 『우서』는 중국의 선진 문명을 조선 왕국의 후진성과 극히 대조적으로 나열하면서, 중국의 경우를 본받아 수용하고자 하는 이론 구도를 이루고 있다. 중국은 옛 성인(聖人)들이 창안한 문명을 전승하는 나라이므로 아직도 그 유습을 지키고 있음에 비하면, 우리나라의 경우는 아예 통치의 근본부터 서 있지 않기 때문에 중국의 선진 사례를 본받지 않을 수 없다는 확고한 인식으로 일관한다.

중국의 선진 사례 가운데서도 가장 중점적으로 수용하고자 하는 것이 상공업 분야였다. 중국의 선진적 수준을 따라가고자 하는 욕구가 넘치다 보니, 우리나라도 상공업을 발달시킨다면 '수년 안으로 전국 도처에 낙토(樂土)를 이룩하고' '이용후생의 도(道)를 완수할 수 있으리라'는 집념 어린 전망조차 펼치기에 이르렀다. 혹 선진 중국에서는 '도처에 낙토'를 이룩하고 '이용후생의 도를 완수'한 사실이 있다고 생각한 것일까. 또 상공업이 발달하면 과연 그러한 치세(治世)가 실현될 수도 있을 것인가.

『우서』의 실학적 개혁론은 대체로 이념적인 것을 추구하기보다는 실질적 · 공리적(功利的) 실효성을 중시하는 특징을 띠고 있다. 조선 후기의 실학이 대체로 이념적 측면을 강하게 지닌 사실에 비한다면 『우서』는 매우 현실적이라는 특이성을 띠고 있다. 그래서 자못 실효성이 높은 개혁론들을 다수 제시하기에 이르렀다. 다만 객관적 사실 관련에서 다소의 착오를 일으키고 있어 전체가 조화로운 개혁론으로서의 일관성을 갖추고 있지는 못하다는 아쉬움을 남기고 있다.

參考文獻

『太宗實錄』, 『世宗實錄』, 『文宗實錄』, 『孝宗實錄』, 『顯宗實錄』, 『肅宗實錄』, 『正祖實錄』(국사편찬위원회 영인본).

『經國大典』, 『續大典』, 『大典通編』, 『受教輯錄』, 『新補受教輯錄』(경인문화사 영인본, 1974).

『牧隱文藁』, 『沙溪遺稿』, 『燕巖集』, 『楓石全集』(『韓國文集總刊』本).

『磻溪隨錄』(동국문화사 영인본, 1958).

『星湖僿說』(여강출판사 영인본, 1987).

『經世遺表』, 『牧民心書』(경인문화사 영인본, 1970).

『周禮』(景印 『十三經注疏』本).

『史記』, 『明史』, 『續文獻通考』, 『農書(王禎)』, 『農政全書』(徐光啓)(景印 『文淵閣四庫全書』本).

金容燮(1971), 『조선 후기 농업사연구』 II, 일조각.

______(1998), 『조선 후기 농학사연구』, 일조각.

金泰永(1983), 『조선전기 토지제도사 연구』, 지식산업사.

______(1989), 「조선전기의 균전 · 한전론」(『국사관논총』 5).

______(2006), 『조선 성리학의 역사상』, 경의대학교출판국.

李泰鎭(1986), 『한국 사회사 연구』, 지식산업사.

______(1989), 『조선 유교사회사론』, 지식산업사.

염정섭(2002), 「조선시대 농법발달 연구」, 태학사.

聾庵의 과거제 및 학교제도 개혁론

정순우 | 한국학중앙연구원 교수

1. 서론

2. 유수원 개혁론의 사상적 기반

1) 유수원 부국론의 사상적 연원

2) 예치와 덕치를 넘어 법치로

3) 명말청초 신사민론(新四民論)의 전개와 『우서』

3. 과거제 개혁안의 역사적 배경과 주요 원칙

1) 영조대의 교육정책과 『우서』

2) 개혁안의 주요 원칙

4. 과거제와 학교제도 개혁론의 특성

1) '생원'의 재해석과 '사' 계층에 대한 통제

2) '거인(擧人)'제도와 '감생(監生)'의 성격

3) '공거(貢擧)'제도의 실행 목적과 의미

5. 결어: 유수원 과거제 및 학교제도 개혁안의 의미

1. 서론

유수원(1694~1755)의 학제와 과거제 개혁안은 기본적으로 『대명회전(大明會典)』과 같은 명·청 대의 법제를 근간으로 하고 있다. 중국은 명대 이래 학교제와 과거제가 합일되어 있었다. 따라서 학생, 즉 생원의 신분적 위상이 매우 중요한 문제였다. 유수원은 사농공상의 직업적 분화를 학교와 과거를 통하여 이루고자 하였다. 그는 모든 양인에게 교육의 기회를 제공한 다음, 시험을 통하여 학교에 입학하는 학생, 즉 생원만을 사족으로 인정함으로써 사족의 정원을 제한하고자 하는 획기적인 정책을 시행하고자 하였다. 또한 향시에서 3번 떨어진 '고퇴생원(考退生員)'을 학교에서 축출하여 백성이 되게 하는, 당시로서는 사족 지배체제의 근간을 흔드는 혁명적 발상을 전개하였다. 유수원이 학교제와 과거제의 개혁을 통하여 이룩하고자 하는 사회상은 과연 무엇이었는가?

유수원은 국가경영이라는 관점에서 학교의 문제를 다룬다. 그리고 그 방법은 정심(正心)·성의(誠意)와 같은 주자학적 예치모형이 아니었다. 그는 철저히 법제나 제도의 개혁으로 교육의 모순을 극복하고자 한다. 다른 성리학자들의 예치론(禮治論)이나 덕치론(德治論)적 접근과는 구별된다. 그는 국초 이래 법제가 미비되었기 때문에 사민의 직임이 분별되지 못하였다고 본다. 따라서 과거 시험 과목에 반드시 율학을 넣도록 하였다. 그는 학교제도와 과거제도의 개혁을 통하여 문벌들에 의해 왜곡된 관료체제를 정비하고자 한다. 그의 개혁의 지향점은 다수 양인층을 관료체제 내부로 흡수하고자 한다는 점에서 기존의 양반 중심의 관료체제와는 구별된다. 그런 점에서 그의 개혁론은 '근대'의 징후를 안고 있다. 그는 문벌들에 의해 장악된 비변사 체제를 허물고 전문화된 육조체제로 국가가 운영되기를 바랐고, 과거제와 학교제도의 개혁도 이러한 구상과 함께 연동되고 있었다. 본고에서는 '입법정제(立法定制)'라고 하는 유수원의 이러한 법치적 사고의 뿌리는 맹자를 모태로 하는 주자의 의리론적 덕치론과는 구별되며, 순자의 법치적 '부국론(富國論)'과 연결되어 있다고 본다. 순자의 현실적인 실용성과 공리성, 국가의 사회 관리능력 등이 조선 후기 실학의 사상적 모태 중의 하나였음을 확인하고자 하는 것이다.

다음으로 본고에서는 유수원이 그의 개혁론의 핵심이 '실사(實事)'와 '실정(實政)'에 근거하고 있음을 여러 차례 밝히고 있음을 주목하였다. 필자는 이 말의 철학적 의미가 주자학적 이념과 가치의 틀, 즉 천리라고 하는 선험적이고 고정된 인식의 틀을 허물고 현실을 '있는 그대로' 바라보고자 하는 의지로 읽었다. 물론 『우서』를 읽어 보면 유수원은 기본적으로 주자학자라고 하는 기존의 주장들이 충분한 설득력이 있음을 알 수 있다. 그는 자주 판단과 주장의 근거를 주자학설 안에서 찾고 있다. 그러나 그의 경세론이나 세계관에서는, 명시적으로 드러내지는 않으나 주자학과는 또 다른 사상의 유입이 확연하게 포착된다. 즉 명백하게 양명학적 해석 속에서 배태된 것으로 보이는 새로운 인간 이해의 틀이다. 그 하나가 바로 학교제나 과거 개혁론과 맞물려 있는 그의 사민론(四民論)이다. 이에 본고에서는 그의 사민론을 촉발한 것으로 보이는 명말청초의 신사민론의 얼개를 검토해 보았다. 물론 그의 양명학에 대한 이해가 양지론과 같은 심학이나, 치양지설 등의 공부론과는 상당 부분 이격되어 있다. 본고에서는 그의 이러한 인식태도가 초기의 양명우파, 그리고 정제두 같은 소론계 양명학파들의 주왕(朱王) 융합적 철학과 어떤 관계가 있는지 일별해 보고자 하였다. 요컨대 조선 후기 실학은 기존의 주자학과 제3의 학설이 서로 융합하면서 형성하는 새로운 인식체계라는 것을 그의 학교제와 과거제에 대한 분석을 통해 밝혀 보고자 한다. 그렇다면 그의 과거제 개혁안의 주요 원칙들과 그 역사적 의미는 과연 정리할 수 있을까? 영조 대의 노·소론 간에 전개되었던 개혁안들 중에서 그가 차지하는 위치는 과연 어디였으며, 그의 학제안이 지닌 현실적인 충격은 과연 어떠했는가? 또한 조선 후기 학제 개혁안을 제시했던 반계와 성호, 그리고 명말청초에 당시의 과거제와 학교제에 대해 강력한 비판을 제기하던 고염무(顧炎武)나 황종희(黃宗羲)의 현실인식과 어떻게 달랐는가? 본고는 이러한 문제에 대해 전체적인 상을 제시하지 못하고 아직 소박한 수준의 비교에 그치는 한계점을 안고 있다.

2. 유수원 개혁론의 사상적 기반

유수원의 개혁론은 유학사의 흐름 속에서 과연 어떤 위치를 차지할 수 있을까? 그의 개혁안이 지닌 사상사적 의미에 대해서는 이미 기존 연구에서도 어느 정도 논의가 이루어졌다. 우선 주목되는 논점으로는 그의 개혁론을 조선 후기 소론의 개혁론과의 연속성 속에서 파악하는 입장이다. 정호훈은 소론의 학맥에서 발달한 실학은 현실의 변화를 적극 긍정하고, 이를 법제상으로 수렴해야 한다는 의식 속에서 발전하고 있다는 점을 강조한다. 소론 개혁론의 특징을 법제적으로 수렴하는 것에서 찾았다는 점이 주목된다. 그러나 그는 소론이 생각한 법제의 개변은 사회구조의 총체적·전면적 변혁과는 거리가 멀고, 사회구조의 전면적 개혁을 구상하는 남인계 실학과의 차이로 이해한다. 그러나 유수원은 사민의 분업을 명확하게 하고 요역을 균평하게 하며 사공(私孔)을 막아 그러한 이익을 국가에서 흡수해야 한다고 주장한다는 점에서 왕안석의 신법에 가까운 것으로 추정하고 있다.[1]

한편 정만조 교수는 유수원의 학문적 배경과 정치적 배경에 대해 심도 있는 해석을 제출하고 있다. 유수원이 가르침을 받았던 숙부 유봉영(柳鳳齡)은 소론가의 핵심인물이었던 남구만과 최석정의 문하에 출입하면서 평소 의리문자보다도 법치 위주의 현실대응론을 접하고, 현실을 중시하는 소론계의 실무적 특징을 익혔음을 밝히고 있다. 특히 학문과 치인에서 실심(實心)·실무(實務)·실공(實功)·실학(實學)의 회복을 강조한 윤증(尹拯)의 학풍은 유수원의 정치론 형성에 적지 않은 영향을 미쳤다고 보았다. 이와 함께 김집·송시열로 대표되는 산당(山黨)에 대항하여 부국안민을 목표로 현실적인 변통과 개혁을 추구한 한당(漢黨)을 이끌었던 김육(金堉)이 커다란 사상적 영향력을 준 것으로 본다.[2] 이렇게 유수원의 학문적 배경을 소론가의 학풍 속에서 찾는 작업은 지극히 온당한 접근 방법이겠으나, 그들이 지향하는 부국안민의 학풍이 과연 유학사에서 어떤 위치를 차지하고 있는가에 대해서는 논의를 좀 더 진전시킬 필요가 있으리라 본다.

이제 우리는 이러한 논의를 좀 더 확장하여 유수원의 개혁사상이 주자학의 경세론과 얼마나 그 거리가 이격되어 있는지 다루어 볼 필요가 있다. 뒤에서 다루겠지만, 그의 일련의 개혁론은 오히려 노론의 주자학적 명분주의를 극복하고자 하는 의도에서 제안되고 있다. 이 두 개의 다른 흐름을 과연 같은 주자학적 뿌리에서 발원한 것으로 읽어야 할지, 아니면 다른 사상적 요소를 함장하고 있는지를 살펴보는 것은 매우 의

---

1 정호훈(2004), 375면.

2 정만조, 본 책 제1장 참조.

미 있는 작업이다. 앞서의 선행연구에서도 이 문제에 대한 시각은 갈라져 있다. 한영국 교수는 유수원의 개혁안은 원시유가의 자연법적 사회사상과 왕도적 정치철학에 바탕을 둔 것으로 파악한다.[3] 유수원이 삼대의 정치와 『주례(周禮)』에서 그의 개혁론의 원형을 발견하고자 한다는 점에서 이 논점은 의미를 지니고 있다. 이와는 달리 한영우 교수는 유수원의 사상적 원류는 퇴계로 맥락지어지는 정통주자학과 밀접하다고 파악한다.[4] 그는 유수원이 정도전이나 조준 같은 경세가들을 식견이 부족한 속류 재상이라고 혹평하고 정몽주 계열의 성리학자들만을 '정학(正學)'이라고 하였다는 점에서 그를 정통 주자학자로 자리매김한다.

이제 이러한 논의들을 염두에 두면서 유수원의 개혁론의 사상적 기반은 과연 무엇이었는지를 간략하게 검토해 보고자 한다.

1) 유수원 부국론의 사상적 연원

유수원 개혁론의 궁극적인 목표는 국허민빈(國虛民貧)의 상태를 극복하여 경제적인 부국을 이루는 데 있다. 그의 학교제도나 과거제 개혁의 목표도 유식자(遊食者)가 없는 사민평등의 부국을 이루는 데 있었다. 그는 그 길을 어디에서 찾았을까? 그는 우리나라 선비들이 전적으로 주자를 스승으로 삼았으니, 만약 그들로 하여금 국가의 정치를 맡도록 한다면 어찌 정치의 효과가 없겠느냐는 질문에 다음과 같은 의미심장한 대답을 한다.

---

3 한영국(1981).

4 한영우(2009).

> 주자의 학문은 통달하지 않은 곳이 없고 경세(經世)하는 지식도 더욱 정밀하고 심오하였다. 그가 평소에 논의한 것들을 보면, 고원한 데에 집착하지도 않고 반면에 비근한 데에 빠지지도 않아서 자상 주밀하고 명백 간절하니 참으로 정치를 아는 훌륭한 인재이며 세상을 구제할 수 있는 큰 계책이었다고 하겠다. 그런데 우리나라 선비들에게 과연 이러한 본령이나 식견이 있었는가. …… 그런데 우리나라 선비들은 이러한 지식이나 수단도 없이, 다만 정심성의(正心誠意) 네 글자만을 주워 모아 임금에게 아뢰는 것을 힘쓰면서 스스로 주자를 배웠다고 말하지만 한번 그들로 하여금 국사를 맡도록 하면 망연하게 조처하는 것이 없어서 일반 재상으로서 정무에 숙달한 사람보다 못하고 있고, 조금이라도 시행하는 일이 있으면 그때마다 꼭 삼대 때의 일을 이끌어 시의에 맞지 않고 있다. 오직 소학계(小學稧)·현량과(賢良科)·향약(鄕約) 등의 일만을 급선무로 삼으니, 위로는 선왕(先王)들이 나라를 다스리는 법도를 제정하였던 유의(遺意)를 충분히 터득하지 못하고, 아래로는 노련한 간신들의 교활하고 허위적인 작태를 다스리지도 못하여, 유속(流俗)의 무리로 하여금 유자(儒者)가 실용이 없다고 항상 비방하게 하고 있다. 슬프다! 이들이 과연 주자를 잘 배운 사람이라고 할 수 있겠는가.[5]

위 인용문을 문면 그대로 읽으면 주자에 대한 일방적인 칭송으로 해

---

5 『迂書』 권10, 「論變通規制利害」, "朱子之學. 無所不通. 經世之識. 尤極精邃. 觀其平日所論. 不泥高遠. 不墮卑近. 周詳縝密. 明白墾到. 眞所謂識治之良才. 濟世之鴻猷也. 東儒果有此本領見識乎(中略)東儒無此識無此具. 只以掇拾正心誠意四箇字. 陳達爲務. 自以爲學朱子. 一使之當國事. 則茫然無施措. 反不及於俗下宰相之練達政務者. 小有猷爲. 則又必動引三代. 不切時宜. 惟以小學稧賢良科鄕約等事爲先務. 上不足以得先王經邦制治之遺意. 下不足以服老奸巨猾功僞之情態. 徒使流俗之輩. 每詆儒者之無實用. 噫. 此果可謂善學朱子者乎."

석할 수 있다. 그러나 앞의 글에서 강조하고자 하는 것은 경세(經世)의 지식과 다스림의 방법〔識治〕, 그리고 제세(濟世)의 식견이다. 그는 이러한 재능이 비록 주자 자신에게는 있었으나 우리나라의 주자학자들은 오직 정심성의(正心誠意) 네 글자만을 임금에게 진달하는 것으로 그 소임을 삼는 병폐가 있다고 비판한다. 이들 유자들에게 국사를 맡기면 아무런 실무 능력도 없이 삼대의 일만 거론하거나, 오직 소학계(小學稧)·현량과·향약 등의 일만을 급선무로 삼고 있는 오활한 선비일 뿐이라는 것이다.

유수원이 여기에서 성의·정심만을 읊조리는 부류로 타매한 대상들은 직접적으로는 의리명분론에 사로잡힌 노론계 주자 정통론자들로 봐야 할 것이다. 그러나 그의 비판은 단순히 이러한 당파적 차원에 머물러 있었던 것은 아닌 것으로 판단된다. 국가의 실무와 실사를 담당할 수 없는 인재를 양산하는 조선 유학 자체의 구조적인 문제점을 지적한 것으로 봐야 할 것이다. 즉 도통연원을 중심으로 하는 도학적 지식체계가 '정학(正學)'으로 자리매김한 후, 인의의 심학이 주류가 되고 현실의 모순을 극복할 수 있는 실용성과 공리성의 이용후생의 학문은 배제되고 있었던 것이다. 앞의 글에서 유수원이 지적하고자 한 것은 바로 이러한 과도한 선도후기(先道後器)적 학문풍토라고 봐야 할 것이다.

여기에서 우리는 유수원의 부국론이 실은 조선 유학에서 이단적 사유로 배제되었던 순자의 부국론과 그 형식과 내용에서 상당 부분 접점을 유지하고 있음을 주목할 필요가 있다. 이 말은 유수원의 개혁론은 조선조 유학의 근간을 이루던 맹자 계열의 정치사상이 아니라, 오히려 그 반대의 축을 형성하던 순자 계열의 정치사상을 전폭적으로 수용하였다는 것을 의미한다. 흔히 맹자의 사상이 내면성을 중시하는 인의의 심학이라고 한다면, 순자의 사상은 현실주의에 근거한 예법의 사회학이라고 표현된다. 맹자의 정치사상이 성의·정심에 근거한 왕도주의를 표방한다면, 순자는 현실적인 실용성과 공리성을 우선시하면서 국가의 사회 관리능력을 중시한다.[6] 앞의 글에서 보듯 유수원은 현실문제의 해결을 심학적 차원이 아니라 철저히 제도개혁론 혹은 법제적 차원에서 다루고자 한다는 점에서 기본적으로 순자의 현실주의에 가깝다.

순자가 조선조에서 이단적 사유로 평가 절하된 이유는 그의 지론인 성악설과 더불어 인간의 욕망과 공리적 태도를 용인하는 자세를 보였기 때문이다. 그는 "이익을 좋아하고 해로운 것을 싫어하는 것은 군자나 소인이나 다 같은 바다."[7]라고 하여 공리적인 속성이 인간의 보편적 욕구임을 드러내고 있었다. 인간이 지닌 공리적 성향을 인정한다는 점에서는 유수원의 생각도 동일하다. 그는 말하기를, "공상(工商)은 참으로 말업(末業)이라 하겠으나 원래 정당하고 비루한 일은 아니다. 자신이 재주와 덕행이 없어 조정에서 녹(祿)을 받지도 못하고 남에게서 받아먹지도 못할 것을 안 까닭에 몸소 수고하여 있고 없는 것을 유통하고 교역함으로써 남에게 의뢰하지 않고 스스로의 힘으로 생활하는 일인 것이다. 예로부터 오늘에 이르도록 이 백성이 한가지로 이리하여 온 것인데, 무엇이 천하고 무엇이 더러워서 여기에 종사해서는 안 된다는 것인가."[8]라고 하여 생활을 위한 이윤창출은 당연한 노동행위로 보았다.

이와 함께 이 두 사람은 공통적으로 사민의 분업과 전문화를 통해 부국을 실현하고자 하는 의지를 지니고 있었다. 유수원은 국가재정이

---

6 김형효(1990).

7 『荀子』, 「榮辱篇」 4, "好利惡害 是君子小人之所同也."

8 『迂書』 권1, 「論麗制」, "工商固可謂末業, 而元非不正鄙陋之事也. 人自知其無才無德, 不可以祿於朝, 而食於人. 故躬服其勞, 通有無而濟懋遷, 無求於人而自食其力. 從古及今, 斯民之所共由, 則此果何賤何汚而不可爲也."

궁핍하게 되고 민산(民産)이 고갈된 것은 사민(四民)이 분별되지 못했고, 이로 인해 각자가 제 직업에 힘을 다할 수가 없었던 것에 그 이유가 있다고 보았다.[9] 그는 일인 일직(一職)의 직업적 전문화와 한민(閑民)의 활용을 강조한다.[10] 이에 유수원의 신분제 개혁론의 특징은 사민에 대한 인식에 있어서 신분주의를 탈피하고 직분주의로의 전환에 있었다는 주장은 타당하다.[11]

그런데 이와 같은 직분주의의 사상적 단초는 이미 순자에게서 나타나고 있었다. 순자는 인간이 사시의 변화를 관장하고 만물을 다스리며 천하를 이롭게 할 수 있는 것은 '직분과 떳떳함〔分義〕'이 있기 때문으로 보았다. 순자는 인간을 도덕적 존재로 보지 않고 직분의 등급 속에 있는 객관적 존재로 보았다. 또한 인간 사회를 조화롭게 일치시키는 도 역시 선왕이 제정한 예의 법도의 등급 속에서 나온 것이라고 하였다. 그러므로 귀천, 장유, 지혜로움과 어리석음, 능함과 무능함을 구분하여 각각의 사람들에게 각각의 능력에 맞는 일을 맡도록 하였다.[12] 순자는 이렇게 말한다.

> 온 천하가 다 함께 풍족하게 되는 길은 직분을 명확하게 하는 데 있다. 땅을 가꾸어 북돋우고 잡초를 잘라내고 곡식을 뿌린 후 거름을 충분히 주어 밭을 비옥하게 하는 것은 농부나 일반 백성들의 일이다. 때에 맞추어 백성들을 일하도록 하고, 하는 일이 크게 성과를 거두도록 하여 백성

---

9 『迂書』, 권1, 「總論四民」.

10 『迂書』, 권9, 「論閑民」, "一人有一人之職 一人失其職 則一事缺."

11 한영우(1972).

12 蔡仁厚(2009), 267면. 채인후는 순자의 이러한 관점은 오늘날의 '공민(公民)' 개념과 관련이 있다고 본다.

들을 모두 화평하게 하고 삶을 구차하게 살지 않도록 하는 것은 바로 사람을 다스리는 장솔(將率)들이 해야 할 일이다. …… 천하의 모든 사람들을 함께 감싸고 모든 사람들을 함께 사랑하고 똑같이 다스려, 비록 흉작이나 가뭄이 든 해라고 하더라도 백성들이 굶주리고 걱정이 없도록 하는 것은 바로 성군과 현명한 재상들이 할 일이다.[13]

순자는 이렇게 온 천하가 다 풍족하게 되는 길은 직분을 명확하게 구분하는 것에 있음을 뚜렷하게 밝힌다. 순자의 제자인 한비자는 "현명한 군주란 실사(實事)를 높이고, 무용(無用)한 것을 버리고 인의를 말하지 않는다."라고 논한다.[14] 그는 농민들은 밭을 나누어 농사를 짓고, 상인들은 재물을 나누어 장사를 하고, 여러 공인들은 할 일을 나누어 힘써 일하며, 사대부들은 직무를 나누어 정령을 따라 일을 하는 것을 가장 이상적인 상태로 이해한다.[15] 순자는 사농공상의 분공(分工) 분직(分職)의 원리에 따라 서로의 영역을 침해함이 없이 서로 긴밀한 관계를 형성해야 생산이 증대되고 국가의 부가 창출된다고 보았다.[16] 순자는 "백성이 가난해지면 곧 임금도 가난해진다. 백성이 부유하면 곧 임금도 부유해진다."라고 하여 국가의 부는 개개인의 부가 축적된 결과라는 사실을 환기시킨다.[17] 순자의 이러한 사회적 협업론은 유수원의 생각 속

---

13 『荀子』, 「富國」, "兼足天下之道在明分 掩地表畝, 刺屮殖谷, 多糞肥田, 是農夫衆庶之事也. 守時力民, 進事長功, 和齊百姓, 使人不偷, 是將率之事也 …… 若夫兼而覆之, 兼而愛之, 兼而制之, 歲雖凶敗水旱, 使百姓無凍餒之患, 則是圣君賢相之事也."

14 『韓非子』, 「顯學」 第50, "故明主擧實事, 去無用, 不道仁義者故, 不聽學者之言."

15 『荀子』, 「王霸」, "農分田而耕, 賈分貨而販, 百工分事而勸, 士大夫分職而聽, 建國諸侯之君分土而守, 三公總方而議, 則天子共己而止矣."

16 안용진(2008), 161면.

17 『荀子』, 「富國」, "下貧則上貧 下富則上富."

에서도 공통적으로 드러난다.[18] 유수원의 희망은 사민이 다 함께 같이 사는 '일양행사(一樣行事)'하는 사회였다. 그는 사민이 신분의 차별이 아닌, 직분의 차이 속에서 공생하는 세계를 희망하였다. 그는 말한다.

> 사농공상은 다 같은 사민이다. 만일 사민의 아들이 한 모양으로 행사하게 된다면 높고 낮을 것도 없고 저편이나 이편의 차이가 없어서, 고기는 강호에서 서로를 잊고 사람은 도술에서 서로를 잊듯이 결코 허다한 다툼이 없게 될 것이다.[19]

그는 먼저 조선사회의 독특한 문화 환경이 사농공상의 정상적인 발전을 방해한다고 보았다. 농암은 사농공상이 그 직분을 온전하게 유지하기 위해서는 그에 합당한 법이 완비되어야 한다고 보았다. 그래서 "사농공상은 각기 그 법이 있다. 지금 그 법이 없어져서 인민이 모두 그 직을 잃고 있다. 그러니 인민이 가난해지고, 그 결과 국가재정이 허약해진다〔民貧故國虛〕. 법을 세우고 제도를 정착하여 사민을 그 본업에 종사하게 해야 한다."라고 갈파하였다.[20] 국부를 창출하기 위해서는 먼저 사민들이 그 직을 정당하게 수행할 수 있는 법과 제도를 완비해야

---

18 물론 순자와 유수원의 국부론에도 적지 않은 차이점이 있다. 예로 순자는 전형적인 중농주의적 태도를 취하나, 유수원은 중상주의적인 모습을 보인다. 예로 순자는 '개원절류(開源節流)'라고 하여 근원이 되는 농업생산은 늘리고 소비는 줄인다는 정책을 펴고자 한다. 순자는 상공업의 발전을 승인하였다. 예로 "재물과 곡식을 유통시켜 한 곳에 쌓아두는 일이 없게 하고, 필요에 따라 수송·교류한다면 넓은 세상이 한 집안같이 될 것이다(「王制」, 通流財物粟米 無有滯留使相歸移也 四海之內若一家.)"라는 견해가 나타나지만 기본적으로 중농주의자다. 반면 유수원은 상업을 장려하고 유통을 중요시한다.

19 『迂書』 권2, 「論門閥之弊」.

20 『迂書』 권8, 「論魚鹽征稅」, "士農工商各有其法. 今無其法, 故民失其職. 失職故民貧. 民貧故國虛. 立法定制, 乃所以毆四民於本業也."

한다는 것이다.

이들 두 사람은 신분은 귀속적인 것이 아니라 능력과 덕성에 의해 결정되어야 하며, 이에 따라 가변적이어야 한다는 신념을 공유하고 있었다. 순자는, "비록 왕공 사대부의 자손이라도 예의를 따르지 않는다면 서인으로 귀속시킨다. 비록 서인의 자손이라도 문학과 행실을 쌓아서 예의를 따른다면 경상 사대부로 귀속시킨다."라는 입장을 견지한다.[21] 그의 이러한 생각은 후일 그의 제자인 한비자 등에 의해 계승되어 법가의 지론으로 자리 잡았다. 법가들이 이러한 제안을 지지한 이유는 바로 봉건제를 폐지하고 군현제를 건립하여 군주전제의 정체를 마련하고자 한 것이다.[22] 법가의 이러한 작업은 귀족 계급을 억누르고 사 계급을 정치에 참여시키기 위한 것이다 법가들은 존군(尊君)이라는 정책을 통하여 귀족 계층들에게 결정적인 타격을 준 것이다.

유수원의 『우서』가 제도 중심적이고 법치적인 모습을 보이고 있는 것도 '존왕'을 통한 왕권강화의 의도가 내포된 것으로 파악된다. 유수원도 대간의 권한을 축소시켜 벌열들의 영향력을 약화시키고 왕권을 강화하는 방향으로 그의 개혁론을 밀고 나갔다. 그는 "우리나라 대간의 말을 믿기 어려움은 자못 저 지사(地師)들의 풍수설과 같다."라고 통박한다. 이런 까닭에 풍수설만을 혹신하는 자들은 반드시 화패(禍敗)를 부르고, 한갓 대간의 논박만 믿으면 끝내는 세도에 재앙을 끼치게 된다고 예견한다.[23] 그는 문벌의 폐해를 비판하면서, "직위와 대우가 높이 되

---

21 『荀子』, 「王制」 9, "雖王公士大夫之子孫也, 不能屬於禮義, 則歸之庶人. 雖庶人之子孫也, 積文學, 正身行, 能屬於禮義, 則歸之卿相士大夫."

22 牟宗三(1983), 200면.

23 『迂書』 권5, 「論彈劾」, "我國臺言之難信. 殆同於地師之風水矣. 地師看山. 雖有褒貶. 地中吉凶. 終難的知. 臺官論人過惡雖衆. 不據實迹. 虛實難卞. 以此酷信風水者. 必致禍敗.

고 뛰어나는 것이 자신들의 분수에 맞는 것으로 여겨서 조금이라도 물리침을 받게 되면, 이들 흉악한 무리는 감히 나라를 원망하는 마음을 가져서 경외하며 공손할 의리는 모르고 모질고 사나운 버릇을 부려, 공의(公議)도 그 기세를 꺾지 못하고 위벌(威罰)도 그 포악함을 징계하지 못하여, 나라를 위태롭게 하고 집안을 망치는 자가 많은 것이니 어찌 이 나라의 커다란 근심거리가 아니랴."라고 개탄한다. 이어서 "국가를 통치하는 방법은 체통(體統)을 존엄하게 하고 정령(政令)을 정대하게 하는 데 있다. 그리고 그로써 크고 작은 신하들을 통솔하면 자연히 불안하고 의구스러울 염려는 없게 된다. 어째서 당당한 국가가 도리어 거실(巨室)의 옹호에 의지한다는 말인가."라고 당시 왕권의 정당한 행사를 방해하는 노론 벌열가들의 발호를 개탄하고 있다.[24] 유수원은 왕권의 이러한 비정상적인 작동을 제도와 법치에 의해 정상화하고자 하였다. 이러한 유수원의 법치적 사고의 사상적 원형을 우리는 순자의 사유 속에서 읽을 수 있다. 말하자면 순자적 사유가 조선 후기 실학의 한 원류로 자리 잡고 있다는 것이다.

2) 예치와 덕치를 넘어 법치로

『우서』가 국가경영에 관한 대안을 기본적으로 제도와 법제에 대한 새로운 구상에서만 초지일관하고 있었다는 것은 이 책을 읽은 영조의 반응에서 극명하게 나타난다. 영조는 그의 글 속에 '정군심(正君心)'으로 대표되는 군덕(君德)의 수기(修己)를 포함한 통치형태의 구체적 내용

徒恃臺論者. 終禍世道矣."

24 『迂書』 권2, 「論門閥之弊」.

이 없는 것을 괴이하게 여기고 아쉬움을 표시하였다는 것이다.[25] 이것은 앞서 유수원 자신이 당시의 관료들이 오직 성의·정심이라는 심학적 대안만을 제출할 뿐 실사와 실정에 무능한 인물들이라고 혹평한 것과 궤를 같이한다. 그의 이러한 접근법은 맹자류의 왕도론적 혹은 심학적 해석 방식을 버리고 좀 더 사회공학적인 방식으로 현실 문제를 해결하겠다는 것을 의미한다.

그는 국초 이래 법제의 미비로 인해 사민의 직임이 분별되지 못하고 있다고 보았다. 즉 국초에 경국대전 체제를 입안할 때 양반을 우대한다는 헛된 명분(名分)이 작용하여 사민들의 직임에 대한 불평등이 나타나게 되었다는 것이다. 그 한 가지로 그는 백성에 대한 신역(身役) 부과의 불공정을 지적한다. 즉 양반에게서는 신용(身庸)을 징수하지 못하고 오직 만만한 양민에게만 각종 역을 부과하고 커다란 고통스러운 부담을 지게 하는 국가 정책의 불합리성이 사민에 대한 차별을 강화시키고 있다는 것이다. 또 문벌에 따라 사람을 기용하므로 모든 사람이 양반이나 중인이 되려고 하지 양인으로 살기를 부끄러워한다는 것이다. 이에 그는 결론적으로, 만약 사농공상의 직임이 정상적으로 역할분담을 하지 못한다면, 백성들은 일정한 직업이 없고 시전에도 정액이 없어 생활의 곤궁함이 이미 극도에 달해 이 백성은 모두 녹아 소멸되고야 말 것이라는 우울한 전망을 하고 있다.[26]

유수원의 법치적 사고는 다양한 모습으로 나타난다. 그는 각 아문의 공공격식(公共格式)과 공무(公務), 직장(職掌)의 체통, 교제(交際)하는 의례의 등급과 절차, 치사(治事)의 조례, 아문에 들어가는 차제(次第), 직숙

25 정만조, 앞의 글.

26 『迂書』 권1, 「總論四民」.

(直宿)의 일정과 기한, 발락(發落), 휴가의 기간 등을 편성할 때 반드시 객관성과 시의성을 감안하도록 하였다. 즉 모든 아문의 행정을 합리적인 규정과 절차 속에서 움직이도록 하여 안정적인 법체계가 작동되도록 하였다.[27] 그는 "옛 성왕(聖王)의 나라를 다스리는 방도는 먼저 법(法)으로써 백성을 통솔함을 요체로 삼는다."고 하여 법치(法治)가 국가경영의 요체임을 강조하였다.

그는 과거 시험 과목에 반드시 율학을 넣도록 하였다. 한·송 대에는 명법시(明法試)가 있어서 법서 공부를 중요시하였던 사실을 환기하였다. 그는 향시의 제이장(第二場)에 판어(判語) 5조(條)를 시험 보이도록 하였다. 당(唐)나라 때부터 서(書)·판(判)이 있어 왔는데, 서결(署決)을 의미하는 것으로 율가(律家)에서 말하는 단안(斷案)이라는 것이다. 시험 문제는 어떤 문제 사안에 대해 어떤 법조문을 적용하는 것이 타당한지를 서술하도록 하였다.[28] 그는 고인(古人)의 말에 '만 권의 책은 읽어도 법률의 책은 읽지 않는다.' 하였는데, 어찌 법률로써 선비를 시험하겠느냐는 질문에 이렇게 대답한다.

> 율학(律學)은 육학(六學 : 국자학(國子學)·대학(大學)·사문학(四門學)·율학(律學)·서학(書學)·산학(算學))의 하나이다. 벼슬하면서 사건을 결단하는 데에 지극히 중요한 것인데, 어찌 완전히 폐지하고 공부하지 않을 수 있겠

---

27 『迂書』 권3, 「論久任職官事例」, "宜編成各衙門公格公務. 職掌體統. 交際禮數. 治事條例. 赴衙次第. 直宿程限. 發落事務. 日期休暇. 須資事宜. 酌量公法私故. 人情事勢. 務令適中完密. 竝各證成一書. 刊刻以頒. 使各衙門官員. 曉然通解奉行. 敢有違越推諉之道. 按格論罪. 使之同寅協恭. 恪修職務可矣."

28 『迂書』 권2, 「論科擧條例」, "第二場. 有所謂判語五條. 此是何等文字耶. 答曰. 自唐有書判. 卽今日署決之辭. 而律家所謂斷案是也. 今就某律某犯某事某爭. 拈問如何決遣. 則擧子引本律條對可矣."

는가. 한(漢)나라 때는 명법과(明法科)가, 송(宋)나라 때는 명법시(明法試)가 있었다. 소동파(蘇東坡)의 시에 공부하는 사람이 법률 책 읽는 것을 비웃었지만, 법률을 공부하는 것은 본시 『주례(周禮)』에서 나온 것으로 정이천(程伊川)도 폐지할 수 없다고 하였으니, 고인(古人)인들 어찌 법률을 공부하지 않았겠는가. 지금 제 이장에서 법률 몇 조목을 질문하여 그 학문과 행정능력을 시험해 보는 것이 뭐 불가하겠는가.[29]

그는 공부하는 사람이 법률 책 읽는 것을 비웃었지만, 법률을 공부하는 것은 본시 『주례』에 나온 것이라는 사실을 들어 과거 시험에 편입할 것을 주장한다. 유수원의 법치적 사고는 그의 관료들에 대한 고과와 사정 기준에서도 잘 드러난다. 그는 관료에 대한 고과도 가능한 한 주관적인 판단을 멀리하고 객관적이고 합리적인 기준을 마련하고자 하였다. 유수원은 공의(公議)라고 하는 불안정한 여론에 근거해 인물을 평가하고 판단할 것이 아니라 오직 출근한 날수만 계산하는 순자격(循資格)의 제도를 채택할 것을 제안하였다. 그는 순자격의 방법을 채택하되, 고적(考績)을 엄격히 시행하고 분명하게 출척(黜陟)을 한다면 모든 관리들이 승복할 것으로 보았다.[30]

그는 관원의 전문성을 높이려면 구임법(久任法)을 시행할 필요가 있다고 보았다. 구임법을 통해 한 관직을 장기간 맡겨 책임행정을 할 수 있도록 하자는 것이다. 관원이 수시로 교체되어 그 직책에 대한 전문성

29 『迂書』 권2, 「論科擧條例」, "或曰. 古人有讀書萬卷. 不讀律之語. 豈可以此試士耶. 答曰. 律學居六學之一. 當官斷事. 關係至重. 豈可專廢不講耶. 漢有明法科. 宋有明法試. 東坡之詩. 乃譏課人讀法也. 然讀法. 本出周禮. 伊川以爲. 不可廢. 古人何嘗不講法律耶. 今於中場. 畧問若干條. 以觀其學問政事之才. 有何不可."

30 『迂書』 권5, 「論官制年格得失」.

과 책임감이 떨어지는 것을 방지하고자 하는 것에 그 목적이 있다. 그는 관직이란 구체적이고 실천적인 사업을 하는 직책이라는 점을 다음과 같이 강조한다.

> 천하만사가 실(實) 자 한 글자를 벗어나지 않는 법인데 우리나라는 모든 일이 다 실(實)이 없으니, 그대는 그 폐단의 근본을 아는가. 대저 관직이란 하늘을 대신하여 사물을 다스리기 위해 설치된 것이다. 그리고 사물을 다스리려면 반드시 실사(實事)가 있어야 한다. 그런 연후에야 사사물물이 제각기 그 직(職)을 얻을 수 있을 것이다. 이 때문에 성인이 말하기를 '하늘의 조화를 사람이 대신한다〔天工人其代之〕.' 하였고, 또한 천작(天爵)이니 천직(天職)이니 일컬었으니, 이것이 어찌 한갓 그 이름만 설치해 두고서 그 실제를 책임 지우지 않을 수 있는 것이며, 또한 아침저녁으로 바꾸어서 한갓 명류들이 거쳐 가는 허명만의 장소이겠는가.[31]

삼사(三司)와 육조(六曹)는 그 직책이 중차대한 것이지만 잦은 교체로 인해 본인의 소임을 파악하지도 못하고 물러나는 것이 항례가 되었다. 또한 외관이 직책을 버리고 가는 것이 마치 여관(旅館)을 들렀다 가는 것과도 같다고 비판한다. 조선 후기 지방행정은 잦은 교체로 인해 정상적인 고적(考績)과 출척의 법을 시행할 수조차 없는 상황이었다. 관직이 실제적인 사업을 하는 기관이 아니라 단지 관료들의 잠시 거쳐 가는 허

---

31 『迂書』 권3, 「論久任職官事例」, "或曰. 聞子所論. 大抵爲久任責成之計也. 官員數遞. 果爲痼弊. 久任之議. 行之已久. 而終無其效. 何以則可祛此弊乎. 答曰. 天下萬事. 不出於實之一字. 而我國百事無實. 子知其弊之根本乎. 大凡官職. 所以代天理物而設也. 旣欲理物. 則必有實事. 然後事事物物. 方可以各得其職矣. 是以聖人曰天工. 人其代之. 亦曰. 天爵天職. 此豈可以徒設其名. 不責其實者耶. 亦可以朝改夕換. 徒爲名流. 履歷虛名之地者耶."

명만의 기관으로 전락하였다. 그는 법제의 미비에 따른 행정의 공동화를 지적한 것이다.

그는 국가 행정의 전문화를 방해하는 주범으로 비변사를 지목하였다. 모든 군국기무(軍國機務)가 전문적인 식견이 없는 몇 사람에 의해 좌지우지된다는 것이다. 이것은 마치 청나라에서 군기처가 설치되자 최고 정무 기능인 내각은 형식적인 기구로 전락되고 군기처가 그 역할을 대신하였던 현상과 유사한 모습을 보여 주는 것이었다.[32] 그는 국가 행정도 전문성을 지닌 사람들에 의해 분업화할 필요성이 있다고 보았다. 예컨대 "병사(兵事)를 주관하는 사람은 병사만을 다스리고, 재부(財賦)를 주관하는 사람은 재부만을 다스리듯이 한 사람이 한 가지 일만을 전적으로 관장(管掌)해야 하는 것"으로 보았다. 그의 이러한 주장은 당시 비변사를 통해 정부의 모든 기구를 장악하고 있던 노론 벌열 세력에 대한 견제의 의미도 함께 가진 것으로 판단된다. 그는 국가가 할 일은 사민들에게 부과할 일을 분업화하여 '실사(實事)'를 추구하게 하고, 이를 통해 의식과 같은 경제적인 문제를 해결하게 하는 것임을 명확하게 하였다. 이렇게 되면, "유생(儒生)이 반드시 학문을 일으키는 실리가 있었을 것이고 국가가 인재를 얻는 효험이 있었을 것이며, 온 나라에 선비를 가칭(假稱)하면서 공공연히 놀고먹는 사람들이 없을 것"[33]이라는 것이다.

'입법정제(立法定制)'라고 하는 유수원의 이러한 법치적 사고는 순자에게서도 공통적으로 나타난다. 순자는 예와 형(刑)을 치국의 두 기둥으

32 김두현(1989).

33 『迂書』 권1, 「論備局」, "分四民之業. 使之各趨實事. 以求衣食. 則儒生必有作興之實. 國家必有得人之效. 四境之內. 必無假稱士夫. 公然游食之民矣."

로 본다.[34] 우리는 흔히 순자를 예치론자로만 이해한다. 순자가 인간 욕구의 조절을 예를 통해서 실현하고자 한 것은 틀림없는 사실이다. 순자는 인간의 욕망이나 욕구를 너무 인정하지 않고 예로써 조절하는 것이 중요하다고 생각하였다. 예로써 조정하여 경제생활의 물질이익을 조절하므로 부국 또는 유민(裕民)의 실현이 가능하다고 보았다.[35] 그도 공자의 덕치의 개념을 계승하여 '위정이덕(爲政以德)'의 정신을 귀하게 여긴다.[36] 그러나 그의 예론은 심학이나 도학과 결부한 예학이 아니라 다분히 법치에 가까운 예학이다.[37] 순자는 인간 존재의 본질을 예와 '사회성〔能群〕'에서 찾는다. 요컨대 맹자는 인간을 도덕적인 존재로 보는 데 비해, 순자는 상대적으로 사회적 존재로 파악한다. 순자는 예와 법을 연계하고자 하였다.[38] 순자는 제도를 분명히 하고 사물을 잘 저울질하여 쓰는 데 알맞도록 하는 것은 모든 일이 정체되지 않도록 하기 위한 것임을 알아야 한다고 주장한다.[39] 그는 사(士) 이상의 직급은 반드시 예악으로써 조절하고, 중서의 백성들은 법과 규칙으로 다스릴 것을 제안하였다.[40] 그런 점에서 순자는 한쪽 발은 유가 쪽에, 다른 한 발은 법가 쪽에 각각 딛고 서 있는 이중적 사유체계의 소유자라고 할 수 있다.[41]

---

34 『荀子』, 「成相」, "治之經 禮與刑 君子以脩百姓寧 明德愼罰, 國家既治 四海平."

35 安涌鎭(2008), 164면.

36 『論語』, 「爲政」.

37 모종삼은 이런 점에서 주자는 오히려 순자의 계승자라고 주장한다. 즉 주자에 있어 인은 단지 이치일 뿐 마음을 지시하지 않는다는 것이다. 그에게 있어 마음은 형이하학적이고 기운에 속하는 그 무엇이기 때문이다. 이런 점에서 그는 이치와 법식의 의미를 강조하는 순자적 사유를 계승하고 있다는 것이다(모종삼, 1983, 437~442면).

38 윤무학(1995), 149면.

39 『荀子』, 「君道」, "知明制度權物稱用之爲不泥也."

40 『荀子』, 「富國」, "由士以上 則必以禮樂節之 衆庶百姓 則必以法數制之."

41 김형효(1990), 147면.

이런 맥락에서 본다면 유수원은 기본적으로 전기 법가에 가까운 경향성을 드러내고 있다. 즉 전기 법가는 사회의 객관사업에 부응하여 법을 제출하였던 반면에, 신불해와 한비자 같은 후기 법가는 신불해의 술(術) 개념처럼, 법을 이데올로기화하고 있었던 것이다.[42] 한비자는 유가와 묵가에서 주장하는 개인적인 덕들은 주관적인 것이며 객관적 규범의 근거를 상실한 것으로 보았다. 한비자에서는 인의의 도덕률보다는 예라는 차등률 속에서 왕권 강화의 이데올로기를 찾고자 하였던 것이다.[43] 그러나 유수원은 법치와 함께 퇴계로 대표되는 인의의 정치 그 자체의 의미는 높이 평가하고 있다는 점에서 순자적인 해석 그 이상을 결코 벗어나지 않고 있다. 그는 순자가 시도한 예치와 법치의 결합 방식을 통해 조선 후기의 제반 모순을 극복하고자 한 것으로 이해된다.

3) 명말청초 신사민론(新四民論)의 전개와 『우서』

유수원의 과거제나 학교제도 개혁안은 그의 신분제 개혁안과 결코 분리할 수 없다. 그의 학제 개혁안은 비정상적인 인재 선발의 방식을 바꾸고자 하는 것이었지만, 그 궁극적인 목적은 사민일치의 사회였다. 그는 적어도 평민층까지는 기회의 평등을 보장하는 것이 자연적인 순리라고 보았다.[44] 사족과 평민들의 관계를 평등하게 하는 것은 결코 강제적인 힘에 의한 것이 아니라 '대공지정(大公至正)'하며 사물마다 그

---

42 牟宗三(1983), 191면.

43 양순자(2011), 208면.

44 『迂書』 卷2, 「論救門閥之弊」, "今雖以嚴威驅督兩班. 使之自同平民. 決無聽從之理..今吾所論. 實出於大公至正. 物各付物之意. 理順甚矣."

사물의 성질 그대로를 놓아두려는 뜻, 이른바 '물각부물(物各付物)'의 이치에 따르는 것이 순리라는 것이다. 사족과 평민의 관계를 정상화하기 위해서는 사민(四民) 가운데 사(士)를 우선 정돈하고 이치에 맞게 하면, 나머지 농·공·상은 권장하지 않아도 자연히 각자의 직업에 힘쓰게 될 것으로 보았다.

그는 먼저 조선사회의 독특한 문화 환경이 사농공상의 정상적인 발전을 방해한다고 보았다. 즉 양반이 농·상·공에 종사한다면 당장 교유(交遊)와 혼환(婚宦)에 장애를 가져오고 평민 신분으로 추락하여 양반사회에서 격리되는 세태를 지적한다. 더 큰 문제는 국가가 이러한 풍조를 사실상 방치하고 있었다는 점이다. 유수원은 이 문제에 관한 국가의 정책부재에 대해 강력하게 비판한다. 따라서 양반 계층이 농·공·상에 종사하는 것을 천역시하는 세태를 방치하는 것은 오히려 국가가 그들을 영구히 천 신분으로 폐고(廢錮)하는 것과 마찬가지라는 것이다.

그는 양인 신분에 대한 전면적인 재조명이 필요하다고 역설한다. 그는 양인이란 기본적으로 사족과 동등한 자격과 권한을 지니고 있었음을 환기시킨다. 그는 말한다.

> 양인은 천민(天民)이다. 진실로 재덕(才德)이 있으면 크게는 경상(卿相)이, 작게는 백집사(百執事)가 모두 그 사람의 직책인데 사족과 대등하게 자처하지 못할 무슨 이유가 있겠는가.[45]

---

45 『迂書』 권9, 「論士庶名分」, "良人自是天民也. 苟有才德. 則大而卿相. 小而百執事. 皆其職也. 有何不可以敵自處於士族之理哉."

그는 우리나라 풍속에서 양인을 천대하는 것은 북위(北魏)의 폐습을 묵수하는 것이라고 통박한다. 사족과 양인은 기본적으로 대등한 존재이며, 오직 능력 여부에 따라 그 직책이 달라진다는 사실을 강조한다. 만약 양인이 그 능력이 출중하면 당연히 경상의 지위에도 올라갈 수 있다는 것이다. 이것은 양인들이 현실적으로 과거 응시와 등과의 기회를 상실하고 있었던 것에 대한 새로운 각성을 요청하고 있는 것이다. 그는 조선 후기에 들어 몇몇 문벌 가문이 과거를 독점하자 양반층 내부에서도 차별이 생기고 양인층을 대상으로 더욱 심화되고 있음을 경계한다. 그에 따르면, 중국에서는 당나라 말기부터 그 풍습이 사라져 송나라 이후에는 단지 양천간의 구분만 있었고 다시는 문벌 다툼이 없었다는 것이다. 그는 중국의 예를 들면서, "이른바 양민은 바로 공경(公卿) 이하의 자손과 평민을 가리키는 말이다. 사족이라 해서 일찍이 관직을 가지고 자랑하지 않았고 양민이라 해서 초야에 있는 것을 부끄럽게 여기지 않았다. 때가 오면 벼슬에 나아가고 그렇지 못하면 자기의 분수를 지켜서 조금도 고하(高下)나 우열(優劣)이 없고 능가(凌駕)하려는 폐단이 없었다."[46]고 하여 사족과 양인 사이에는 아무런 신분적 차별이 없었으나 유독 우리나라에서만 혹독한 차별이 있다는 사실을 비판한다.

그는 이러한 차별을 타파할 수 있는 단서를 성장하던 도시 상공인 계층의 움직임 속에서 찾을 수 있었던 것으로 보인다. 적어도 사족 계층과 양인 신분 간에는 자유스러운 계층 이동의 가능성을 발견했던 것

46 『迂書』 권9, 「附宋沈括夢溪筆譚所論」, "所謂良人. 卽指公卿以下子孫及平民而言也. 士族未嘗以官職自高. 良人未嘗以草莽自歉. 時來則做官職. 不然則安其分. 小無高下優劣凌駕之弊."

으로 짐작된다. 그는 학교제도와 과거제도, 음직에 대한 법 등이 갖춰지고 나면, 물이 차면 배가 움직이듯이 사족으로 하는 일이 없는 사람은 자연히 이익이 발생하는 상인의 직업으로 방향 전환을 할 것으로 예견하였다. 즉 이들은 많은 자본을 투자하여 점포를 개설하고 장사꾼들에게 임대하여 이익을 취하는 방향으로 변화가 있으리라는 것이다.[47] 그는 이러한 변화가 일어나기 위해서는 먼저 공·상 활동에 종사하는 것을 천하고 부끄러운 것으로 인식하는 문화적 풍토부터 바꾸어야 한다고 역설한다. 이것은 우리나라 사람들이 명예만 좋아하고 실사(實事)가 없는 생활태도에 기인한다는 것이다. 따라서 이런 풍속을 일변시켜 공상을 부끄러워하지 않게 된다면 거액을 들여 동과(同夥)를 모집하고 전사(廛肆)를 설치하여 상판을 행할 사람이 지금보다 백 배는 될 것이라고 전망하였다.[48]

그는 우리나라는 아직 선비를 키우는 법이 불안정하다고 보고, 조사(造士) 제도의 원형을 중국의 삼대와 명대 이전의 제도에서 찾고자 하였다. 그는 우선 『주례』와 『예기』를 근거로 삼대에는 모든 만민이 교육의 대상이었음을 강조하였다. 그가 주목한 삼대의 학제는 사실상 그의 학제 개혁안의 기본 골격으로 자리 잡게 된다. 다음을 보자.

> 대저 삼대의 학제(學制)는 조목을 자세히 알 수 없으나 경전에 나타나는 것으로 보면 이미 평민의 자제 가운데 준수한 사람을 뽑아 가르쳤으니, 이가 곧 선사(選士)였다. 그런데 판적(版籍)을 만들었다고 하니 선사에게는 적(籍)이 있었음을 또한 알 수 있겠다. 그리고 고을에서 사도(司徒)에

47 『迂書』 권9, 「附宋沈括夢溪筆譚所論」.
48 『迂書』 권8, 「論錢弊」.

게 올라간 뒤에야 비로소 요역이 면제되었고, 사도에서 악정(樂正)에게로, 악정에서 사마(司馬)에게로, 사마에서 천자(天子)에게로 각각 추천되었으니 그 선택됨이 매우 어려웠음을 알 수 있겠다. 또 빈흥(賓興)하여 대비(大比)하고, 입학한 다음 다시 고교(考校)하며, 교육을 따르지 않으면 먼 곳으로 축출하고, 행동과 재능이 같을 때는 활쏘기로 구별하는 것들은 그 조사와 평가가 더욱 치밀함을 볼 수 있게 한다. 가르쳐 키우는 것이 갖추어졌고 성적을 평가하는 것이 정밀하였으며, 학교로의 승진이 신중하였음을 대개 알 수 있는 것이니, 진실로 준수하고 특이한 사람이 아니면 결코 학교에 함부로 들어갈 수 없었음이 분명하다.[49]

그는 학교의 입학 대상은 공경(公卿)이나 양민(良民)의 자제를 막론하고 신명(身名)에 하자가 없는 사람들 모두에게 열려 있어야 한다고 주장한다. 단 누구든 시험을 치러서 정원 안에 든 사람들에게 입학을 허락하도록 하였다.[50] 삼대에도 모든 백성의 자제 중에서 준수한 사람을 뽑아 학교에서 가르치게 하였으며, 학생은 결코 그 가문을 따지지 않고 사람됨과 학문만으로 뽑았다는 것이다.

그가 여기에서 거론하고 있는 선사법이나, 판적(版籍)을 통해 학생의 정원을 통제하고 관리하는 방식 등은 그의 학제안의 기본 골격을 이루

---

49 『迂書』 권2, 「論救門閥之弊」, “夫三代學制條目. 雖未可詳. 以其見於經傳者言之. 旣取凡民子弟之俊秀者. 而敎之則此已選士也. 爲之版籍則又可見選士之有籍也. 自鄕陞司徒. 然後始免徭役. 自司徒而升于樂正. 自樂正而升于司馬. 自司馬而升于天子. 則可見其選之采艱也. 賓興而大比. 入學而考校. 不率敎而屛之外. 行能同而別之射. 則可見其考論之益密也. 其所以敎養之備. 考校之精. 升學之愼. 槩可知矣. 苟非俊造秀異之士. 決不得混跡於學校也明矣.”

50 『迂書』 권2, 「論學校選補之制」, “勿論公卿良人子弟身名無玷者. 當許赴試. 古所謂取凡民子俊秀者. 敎之學校. 政謂此也.”

게 된다. 그는 이어서 중국에서는 한·당에서부터 송·명에 이르기까지 학제(學制)와 학생 수가 더욱 엄밀하게 관리되어 선비를 양성하는 제도를 갖출 수 있었다고 하였다. 뒤에서 자세하게 논의될 것이나, 그의 학제개혁안은 명·청 시기의 학제안을 기본적인 모델로 삼고 있다. 그가 이렇게 명·청 대의 학문에 밝았던 것은 그의 종조이며 스승이기도 한 유상운이 사은부사로 북경을 다녀오면서 구입한 다량의 서적들을 접할 기회가 있었기 때문인 것으로 보인다.

우리는 여기에서 그의 사민론이 명말청초에 양명학파를 중심으로 일어났던 신사민론(新四民論)이나 17세기 일본에서 표출된 사민론 등과 그 문제의식을 상당 부분 공유하고 있는 점을 주목할 필요가 있다. 그런데 우리는 이 논의를 본격화하기 전에 먼저 유수원의 사민론을 명말청초 양명학의 신사민론과 연결하여 논의하는 것이 과연 합당한 것인가 하는 근본적인 의문에 직면하게 된다. 한영우 교수의 주장처럼 유수원의 개혁론은 기본적으로 주자학 내부에서 나온 것이라는 견해가 우세하다.

『우서』를 읽어 보면 유수원이 기본적으로 주자학자라고 하는 기존의 주장들은 충분한 근거가 있다. 그는 자주 판단과 주장의 근거를 주자학설 안에서 찾고 있다. 그는 과거제도는 주자의 공거의(貢擧議)보다 더 나은 것이 없다. 공거의에서 말한 분경(分經)·배년(配年)의 제도를 모두 시행할 수는 없으나 자(子)·오(午)·묘(卯)·유(酉) 년에 정기적으로 식년시(式年試)를 그대로 실시하도록 하였다. 그리고 경(經)·사(史)로써 선비에게 시험 보이면 분경(分經)의 뜻이 그 가운데에 포함되니, 이를 참작하여 제도를 제정하는 것이 좋다는 것이다.[51] 여기에서 말하

51 『迂書』 권2, 「論科擧條例」, "科擧之制. 莫善於朱子貢擧議. 雖不得盡行分經配年之制. 只

는 공거의는 주자의 과거제 시행에 대한 전반적인 견해를 밝힌 것으로서 과거에서 시부(詩賦) 출제를 지양하고 경(經)·자(子)·사(史)·시무(時務) 등을 시험 보아야 한다고 주장한 것으로 조선조 과거법의 가장 중요한 기준을 이루고 있던 것이다. 한 예로 정조 대에도 공거의의 준행을 독려하는 다음과 같은 윤음이 나타난다.

> 과거의 폐단에 대한 윤음을 내리기를, "옛적에 과거법을 말해 놓은 것이 매우 많았으나 진실로 주부자의 공거의처럼 두루하고 신중하며 자세하고 세밀하게 된 것은 없었다. 그 공거의에 여러 경전 및 사서는 분년(分年) 시의(試義)하고, 제사(諸史) 및 시무는 또한 다음해에 시책(試策)하여 경서를 전공한 사람은 가법을 가지고 가게 하고, 답의(答義)한 자가 경사를 통관하게 한다면 선비로서 경서를 통하지 못한 것이 없게 되고 역사를 통하지 못한 것이 없게 되어 세상에 쓰이게 될 수 있을 것이다."[52]

앞서 유수원이 말한 분경(分經)·배년(配年) 법은 해를 달리하여 경서와 사서를 시험 보이는 방식을 의미한다. 그는 주자의 공거의에, 경(經)·자(子)를 나누어 선비들을 시험하도록 되어 있는데, 가령 예경을 시험할 때 『중용』, 『대학』, 『논어』, 『맹자』를 각 1도(道)씩 겸하여 시험하도록 하여 주자의 공거의가 지닌 뜻을 존중하도록 하자는 것이다.[53]

以子午卯酉年. 定行大比. 且以經史試士. 則分經之意. 亦在其中. 參酌定制. 可矣."

52 『正祖實錄』 권1, 정조 즉위 5월 28일 戊戌, "下科弊綸音曰 …… 古之論科法者甚多 而固莫如朱夫子貢擧議之周愼詳密也 其議則諸經及四子 分年而試義 諸史及時務 亦以次年而試策 使治經者持守家法 答義者通貫經史 則士無不通之經 不通之史 而可用於世矣."

53 『迂書』 권2, 「論科擧條例」, "或曰. 旣以禮經試士. 則初場以庸學出題何如. 答曰. 朱子貢擧議分經子試士. 旣試禮經. 兼試庸學語孟各一道. 今此科制. 實遵朱子之議故也."

유수원은 시험 방식뿐 아니라 그 내용도 주자학을 강화하도록 구상하고 있다.

> 제일장(第一場)에서는 사서(四書)의 뜻 3도(道)를 시험하되 매 도마다 2백 자 이상으로 하고 오경(五經)의 뜻 4도를 시험하되 매 도마다 3백 자 이상으로 하며, 이를 해낼 수 없는 자에게는 각 1도를 감하여 주도록 한다. 사서의 뜻은 주자의 집주(集註)를 위주로 하고, 오경의 뜻은 『역경(易經)』은 정자(程子)의 전의(傳義)를, 『서경(書經)』은 채씨(蔡氏)의 전(傳)과 옛 주소(註疏)를, 『시경(詩經)』은 주자의 집전(集傳)을, 『춘추(春秋)』는 『좌전(左傳)』, 『공양전(公羊傳)』, 『곡량전(穀梁傳)』, 『호씨전(胡氏傳)』, 『장흡전(張洽傳)』을, 『예기(禮記)』는 옛 주소(註疏)를 각각 주로 하는 것이 옳다.[54]

과거에서 사서의 뜻은 주자의 집주(集註)를 위주로 하고, 『시경』은 주자의 집전(集傳)을 주로 하라는 것으로 보아 그가 주자학에 대한 신뢰가 강한 학자 중의 한 사람이었음은 명백하다.[55]

그럼에도 그의 경세론이나 세계관에서는 주자학과는 또 다른 사상의 유입이 확연하게 포착된다. 즉 명백하게 양명학적 해석 속에서 배태된 것으로 보이는 새로운 인간 이해의 틀이다. 그 하나가 바로 그의 사

54 『迂書』 권2, 「論科擧條例」, "第一場. 試四書義三道. 每道二百字以上. 經義四道. 每道三百字以上. 未能者許各減一道. 而四書義主. 朱子集註. 經義. 易主. 程註傳義. 書主蔡氏傳. 及古註疏. 詩主朱子集傳. 春秋主左公穀胡氏張洽傳. 禮記主古註疏可矣."

55 참고로 명대 지방 유학의 교육 내용을 살펴보면, 부·주·현학의 교육 내용은 시기에 따라 조금씩 다르기는 하나, 대체로 홍무 연간에 기초가 마련되었다. 홍무 25년(1392) 규정의 예를 통해 보면 과공시험 준비를 위한 五經·史·律·誥가 중심이었으며 그 외에 設苑·射·書·數學 등을 익혔다. 오경은 과거시험 대비를 위한 기본 학습으로, 오경 중에서 하나를 본경으로 하여 익히게 되었고, 사는 二十一史와 주희의 『通鑑綱目』 등의 사서를 공부하였다(전순동, 2010).

민론이다. 여기에서 우리는 그의 사민론을 촉발한 것으로 보이는 명말 청초 신사민론의 얼개를 검토해 볼 필요가 있다. 우리는 신사민론의 단초가 이미 왕양명의 '분(分)'에 관한 새로운 논의 속에서 움트고 있었음을 볼 수 있다. 그는 양지론의 입장에서 유기체적인 관계망 속에서 그의 독특한 '분(分)'론을 피력한다.

> "천하의 사람들은 밝고 밝으니 모두 일가의 친척을 보는 것과 같도다. 그 재질로 본다면 어찌 농·공·상의 구분이 있으리오. 각자 그 업(業)을 근면하게 하여 서로서로 상생하고 상양(相養)한다면 높은 것을 추구하고 외물을 존경하는 마음을 가지지 않겠는가? 한 사람의 신체에 비유하자면 눈은 보고 귀는 듣고 손은 잡고 발은 걷는 것으로 일신의 쓰임새를 가지런하게 하는 것과 같다."[56]

왕양명은 성·현·중인 사이의 차이가 신분의 차이는 아니지만 하늘이 내린 재능의 다과에 따른 것이라는 주장을 함으로써 결과적으로 유가의 전통적인 명교론을 크게 벗어난 것은 아니었다. 그러나 그의 신사민론은 이와 같은 '분(分)'론에 근거함으로써 인간은 천생의 '재능'에 의해 서로 상생하고 상양(相養)하는 존재라는 사실을 확인시켜 주었다. 그의 신사민론은 이렇게 정리되고 있다.

> 옛날의 사민(四民)은 그 업은 달랐으나 도는 같았으니 그 마음을 다하

56 『傳習錄』, 「答顧東橋答書」; 『答人論學書』, 「拔本塞源論」, "天下之人, 熙熙皓皓, 皆視如一家之親. 其才質之者, 則安其農工商之分, 各勤其業, 以相生相養, 而無有乎希高慕外之心. …… 譬之一人之身, 目視耳聽手持足行, 以濟一身之用."

는 바[盡心]는 한 가지이다. 선비는 수치(修治)로, 농민은 구양(具養)으로, 공인은 이기(利器)로, 상인은 통화(通貨)로 각자 그 자질에 맞는 바대로 그가 할 수 있는 업을 힘써 향하여 그 진심을 다하니 그 지향하는 바의 요체는 모두 생인(生人)의 도에 유익한 것에 있다는 점은 모두 다 한가지인 것이다. …… 고로 사민이 비록 직업은 다르나 동도(同道)의 길을 걷는 사람들이다.[57]

왕양명은 신분의 고하는 재능과 덕에 의해 결정되어야 한다는 신념을 지니고 있었다.[58] 양명에 따르면 사민은 서로 상생상양(相生相養)해야 되는 존재들이다. 왕양명의 사민일치 사상은 기본적으로 유수원의 사민분업론이나 사민일치론과 같다. 왕양명의 이러한 사상이 출현한 계기는 당시 절강과 강서 지역 등 연해지역을 중심으로 나타나던 상공인 계층의 신분 상승과 불가분의 관계를 맺고 있다. 고염무(顧炎武)는 사민론이 나타나게 된 배경을 이 지역에서는 이미 "정덕(正德) 말년과 가정(嘉靖) 초에는 상고들이 많이 출현하여 논과 밭농사 등을 중하게 생각하지 않았던"[59] 사회적 분위기에서 찾고 있다.

양명의 '분(分)'론은 그의 사후 양명우파와 양명좌파로 나뉘어 사상적인 분화과정을 겪게 된다. 양명우파에서는 주자학의 명교론과 해석상의 큰 차이를 드러내지 않았으나 양명좌파에서는 반명교론의 흐름이

---

57 『傳習錄』, 「節庵方公墓表」, "古者四民異業而同道, 其盡心焉一也. 士以修治, 農以具養, 工以利器, 商以通貨, 各就其資之所近, 力之所及者而業焉, 以求盡其心. 其歸要在於有益於生人之道, 則一而已 …… 故曰四民異業而同道."

58 『傳習錄』, 「答顧東橋書」, "夫外心以求物理, 是以有闇而不達之處 此告子義外之說, 孟子所以謂之不知義也. …… 則安其農・工・商・賈之分, 各勤其業, 以相生相養, 而無有乎希高慕外之心."

59 『日志錄』, 「天下郡國利病書」, "正德末, 嘉靖初, 商賈旣多, 土田不重."

확연하게 나타난다. 그중 태주학파의 심재(心齋) 왕간(王艮, 1483~1540)의 학풍에서는 자유분방한 모습이 더욱 확연하게 드러난다. 그의 소위 대장부설은 강한 반신분적 성격이 노골적으로 나타난다. 그에 따르면 대장부는 불인지심(不忍之心)을 지닌 존재로서 천지만물이 그 몸에 의지하고 있으므로 나아가서는 반드시 제왕의 스승이 되고 처하여서는 반드시 천하 만세의 스승이 되어야 한다. 이 말은 사대부는 제왕의 권한을 초월할 수 있다는 것으로 송대 이래 성장한 사대부 의식의 극단적인 표현이다. 그는 사대부와 농·공·상의 관계를 양명의 양지설에 근거하여 설명하였다. 그러나 그는 한 걸음 더 나아가 그들의 수평적 관계에 눈을 돌린다. 이른바 '사민공학(四民共學)'론을 제기한다. 그는 "사람들의 천분(天分)은 비록 다른 바가 있을지라도 학문을 논하는 것에서는 천분을 논할 필요가 없다."[60]라고 주장한다. 그는 양명의 "사민은 업은 서로 다르나 도는 같다〔四民異業而同道〕." 혹은 '사민공학(四民共學)' 등의 주장에는 함께 보조를 맞추나 이에 한 걸음 더 나아간 주장을 피력한다. 그는 "천민(天民)이라면 천명을 들을 수 있는 것이니, 고로 대인은 운명을 스스로 만든다."[61]라는 소위 '대인조명설(大人造命說)'을 주장하면서 인간은 스스로의 신분과 운명을 바꿀 수 있는 존재로 의미를 격상시킨다. 왕간은 스스로 강회활동을 통하여 사민에 대한 평등교육의 실례를 보여 주었다. 태주의 염정(鹽丁) 출신인 그의 문하에는 많은 평민 제자들이 운집하였다. 예로 초부(樵夫)인 주서(朱恕), 도공인 한낙오(韓樂吾), 농사꾼인 하수(夏叟) 등의 평민 출신들을 교육을 통해 독서인 계층으로 성장시켰다. 그들은 농한기가 되면 함께 모여 토론회를

60 『王心齋全集』 卷3, "人之天分有不同, 論學則不必論天分."
61 『王心齋全集』 卷3, "若天民則聽命矣, 故曰大人造命."

개최하거나 흥에 겨우면 배에 승선하여 촌락을 돌며 창을 부르거나 학문을 논하면서 명교적 기풍을 버리고 평민들의 삶에 동조하는 자세를 보여 주었다고 한다.

하심은(何心隱, 1517~1579)의 신사민론은 당시의 변화되던 사회상을 더욱 적극적으로 반영하고 있다. 그는 인간 사이의 수평적 신뢰관계를 정치의 토대로 생각하였다. 그는 교우, 즉 붕우관계를 가장 순수한 사회관계로 본다. 그는 오륜 중에서 특히 횡적인 붕우관계를 가장 중시한다.[62] 명조의 후기에는 상공업의 발전에 따라 상인의 사회적 역할이 증대되던 시기였다. 그는 당시 사회적 변화에 조응하여 상인의 사회적 역할을 주목하였다.[63] 그의 이러한 견해는 현실을 적극적으로 긍정하고 수용하는 양명학 특유의 학문적 분위기를 반영하는 것으로 이해된다.

우리가 여기에서 이렇게 왕양명의 '분(分)'이라든지 왕심재의 '사민공학(四民共學)'론, 하심은의 수평적 인간론 등을 특기한 이유는 이러한 사민평등적 인간관이 유수원의 사상 속에서 발견되고 있기 때문이다. 유수원이 사 신분의 폐쇄성을 극복하고자 한 것이라든지 평민층을 적극 교육의 대상으로 포용하고자 한 점, 성장하고 있던 상인층에 대해 새로운 조망을 하고 있는 점[64] 등은 당시 동아시아의 변화하던 신분제

---

62 한예원(1993), 442면. 하심은의 교유론은 이탁오의 "人倫有五, 公舍其四, 而獨置身於師友賢聖之間."이라는 주장을 계승한 것이다.

63 그는 "상고는 농공보다 중요하고, 사대부는 상고보다 중요하며, 성현은 사보다 중요하다(商賈大於農工, 士大於商賈, 聖賢大於士)."라고 하여 당시 성장하던 상공인 계층을 주목하고 있다.

64 최근의 중국 법제사 연구에 따르면, 명 · 청 시기 휘주 상인 등의 신분적 상승으로 인해 이른바 '儒賈相通'의 '新四民論'이 출현하게 되었다는 것이다. 王亞軍(2009), "明清時期, 國家立法重歸'重農抑商'的傳統下, 徽商之所以能够迅速崛起的法文化因素: 徽商對官府理學思想的'理欲關系'改造, 整合出'儒賈相通'的'新四民論', 爲徽商的崛起提供了主

의 한 모습을 보여 준다.[65] 그러나 『우서』에서는 이 인물들에 대해서는 전혀 언급되지 않기에 과연 유수원이 이들 태주학파 인물들의 사상을 접하고 있었는지는 현재로는 미지수이다.

그러나 그가 태주학파를 포함한 명말청초 양명학의 흐름에 대해 상당한 식견이 있었을 개연성은 많다. 앞서 언급한 종조 유상운의 서재 청천당(聽泉堂)을 통하여 청대의 관련 서적들을 열람할 기회를 가졌을 가능성이 높고, 그의 가계나 교유 인물이 당시 소론가의 양명학적 학맥과 깊은 관련을 가지고 있기 때문이다. 그런데 문제는 유수원의 사민론이 출현한 배경을 반드시 그의 당색이나 혹은 양명학적 연원으로만 한정할 수 있는가 하는 점이다. 남인계 선배 학자인 반계의 변법론이나 사민 직사론(職事論)에도 그의 사민론과 유사한 견해가 이미 제출되고 있었던 것이다.[66] 반계도 4민의 직사는 결코 중복되는 일이 없이 분업적으로 수행되도록 요구하였다. 즉 반계는 사 · 농 · 공 · 상 4민은 모두 자기의 직사를 전업으로 맡아 수행해야 한다는 원칙을 세운다. 심지어 균역이라든가 국가기관의 갖가지 역에 종사하는 자들 또한 모두 자기 직사를 전임하여 분업적으로 수행해야 한다는 원칙을 추구하

觀條件."

65 小川晴久(2003). 미우라 바이엔(1723~1789)은 사민이라는 사농공상의 구별을 하늘과 사람이라는 두 가지 시각에서 본다. 하나는 정치적 질서인 신분제도로서의 '人境'적 사민제도로, 여기에는 존비의 구별이 있다. 다른 하나는 사민은 어느 것이나 사회 유지에 불가결한 직분이고, 그 사이에 존비는 없다고 하는 직분론으로서의 '天境'적 사민제도이다. 그의 사상에서도 상고(商賈)는 음(陰)의 왕후로 격상된다. 그에 따르면, "상고는 몸은 관청(公門)에서 움츠리고 있지만 마음은 실로 천승(千乘)을 삼키는 계층이다. 그 마음으로는 농공(農工) 보기를 노예처럼 여긴다. 다만 상인이 그들 보기를 노예처럼 볼 뿐만 아니라 농공도 상인 우러르기를 주군처럼" 한다. 8세기 동아시아에서 일어나던 상인층의 성장이 신사민론의 중요한 동인이 되었음을 알 수 있다. 유수원의 사민론도 이러한 맥락에서 논의해 볼 수 있으리라 본다.

66 유수원의 사민 직사론에 관해서는 김태영(2013), 154~162면 참조.

고 있었다.[67] 유수원과 비교를 위해 해당 조문의 세주를 인용해 보도록 하자.

> 대저 백성으로 하여금 두 가지 업을 갖지 못하도록 하는 것이 옛 도이다. (그러니 두 가지 업에 종사함은 응당 금지해야 한다. 그러나 만약 명령을 내려 사람마다 금지토록 한다면 비록 엄한 법으로 임하더라도 다 금지할 수가 없을 것이다. 진실로 공전제가 실현되고 학교 교육이 잘 이행된다면 4민이 스스로 일정한 직업을 갖게 될 것이다. 이미 일정한 직업을 갖게 될 때 그들을 균평하게 안정시켜서 가혹하게 질책하지 않는다면 그들 스스로 자기의 '업'에 즐겨 종사하면서 힘써 추구할 것이요, 대를 이어 가면서도 다른 데로 옮겨 가지 않을 것이다.)[68]

모든 사민이 각자의 직사를 갖고 즐겁게 그 업에 임하는 '낙기업(樂其業)'의 상태는 유형원과 유수원의 공통적인 이상이다. 특히 유형원은 사농공상의 직종이 분화하기 이전에는 모든 백성들이 초등교육을 받도록 하는 '만민개학(萬民皆學)'의 보편교육을 실현하고자 한다. 그가 말하는 '온 세상에 교육을 받지 못하는 사람이 없어질 것'이라는 이상은 유수원에서도 공통적으로 나타난다. 유수원이 『반계수록』의 '교선지제'에 대한 충분한 검토를 하였고, 그 결과를 그의 학교제도 개혁론에 상당 부분 반영하였을 가능성이 있다. 다만 양자간에는 신분제의 개편 구상에서 상당한 차이를 나타내고 있고, 이것이 그들 사이의 교육관에

---

67 김태영(2013), 156면.

68 『磻溪隨錄』, 「雜說」, "夫不使民二業. 古之道也. (二業固所當禁. 然若欲人人令而禁之. 則雖嚴法以臨之. 不可得也. 苟田制旣行. 而學校修擧. 則四民自有定業. 旣有定業矣. 無苛以侵之. 有均以安之. 則自能樂其業盡其力. 及世而不遷也)"

도 반영된 것으로 보인다. 예로 유형원의 개혁안에는 유수원처럼 사 계층과 양인 계층 사이에 사실상의 신분적 차이를 해소하고자 하는 흐름은 발견되지 않고 있다. 잠시 다음의 인용문을 보자.

> 군현의 학교는 동네 서당과 향상으로부터 우수한 인재를 뽑아 입학시키는 곳이니 이미 소학의 경우와는 다른 것이요, 사(士)와 민(民)의 구분이 여기서 시작된다. 그래서 이미 등위(等位)가 다르게 되는 터인즉 거기에 따른 분수(分數) 또한 없을 수가 없다. 대저 옛 성왕의 정사는 그 교화가 무궁무진한 것이었지만 그 등위에는 또한 분수가 있었다. 이는 바꿀 수 없는 자연스런 이치이다. 천지의 조화는 무궁무진한 것이지만 또한 그 모든 것에는 절도가 있다. 절도가 있는 까닭에 천지의 조화가 무궁무진하게 전개될 수 있는 것이다.[69]

유형원은, 물론 능력에 따른 구분이지만, 사와 민의 구별이 일단 이루어지면 등위의 차등이 있음을 뚜렷이 하고자 하였다. 또한 등위가 구별되면 거기에 따른 사회적 차별과 시행되는 교화에도 위계가 생길 것임을 확실하게 하였다. 전형적인 주자학적 합리적 왕정론의 모습을 띄고 있다. 이런 차원에서 보자면 양명학에서의 궁극적인 사회상과 인간관은 좀 더 급진적인 신분적 평등과 신분해체에 초점을 맞추고 있다. 그런 점에서 우리는 소론계 양명학자들의 사민론을 한번 눈여겨볼 필요가 있다.

---

69 『磻溪隨錄』, 「敎選之制 上」, “夫旣設閭塾黨庠. 則非獨爲士者有敎. 天下之民. 無不敎之人矣. 至於州縣之學. 則擇庠塾之秀以入. 已非小學之比. 士民之辨. 於玆始焉. 旣有等位則不可無分數. 夫聖王之政. 敎化無窮盡. 而等位有分數. 此自然不易之理. 試觀天地之化無窮. 而亦莫不有節. 唯其有節. 所以能成無窮也.”

당시 소론계 인물들은 양명학에 대해 상당한 학문적 식견을 지니고 있었다. 유수원의 숙부인 유봉영(柳鳳齡)은 명곡 최석정(崔錫鼎)의 문하에 출입하였는데, 그는 조선 양명학을 배태시킨 하곡(霞谷) 정제두(鄭齊斗, 1649~1736)와 절친한 지우였다.[70] 유수원은 비록 45년이라는 나이 차이가 있으나, 정제두의 학문활동이 활발한 시기를 함께하였기 때문에 같은 당색인 그의 글을 충분히 검토하였을 것이다.

정제두의 사민평등론은 상당 부분 유수원의 견해와 생각을 함께한다. 정제두에 따르면, "기구(機具)에는 기강·예악·제도·병형(兵刑)의 용(用)이 있는 것이며 그 일하는 것에도 문장·정사·농상·도야의 기술이 있는 것이지만, 그 하는 일의 근본은 한 가지이다."[71]라고 하여 사민은 비록 직역을 달리하지만 그 일의 근본은 하나라는 생각을 피력하고 있다. 특히 그가 '한가롭게 노닐면서 쓸데없는 말이나 퍼트리는 자〔無閑遊浪議〕'나 앉아서 '음식이나 축내는 자〔無兼並坐食之人〕'들을 없앨 것을 강조하는 것은 유수원이 사족으로서 놀고먹는 자〔遊食之人〕[72]를 심각한 사회문제로 인식한 것과 생각을 함께한다.

그가 사민(士民)의 업을 규정한 조약[73]들을 보면 그 내용의 상당 부분이 유수원의 『우서』에서 관철되고 있음을 알 수 있다. 정제두는 유수원처럼, 비록 사족이라도 일정한 업이 없고 노비가 없으면 농민이 되도록 하였다. 그의 직분론은 약간의 차이가 있으나 전체적인 방향은

---

70 최석정은 하곡의 양명학에 대한 지나친 관심에 우려를 나타내면서도, 그가 지은 「學辨」을 차람할 것을 요청하고 있다(정재훈, 1993, 156면).

71 『霞谷集』 卷8, 「學辨」, "其具有紀綱禮樂制度兵刑之用. 則其所業有文章政事農商陶冶之技. 其所爲之本則一敎也."

72 『霞谷集』 卷22, 「箚錄」.

73 그의 '定士民業'과 사민론에 관한 분석은 정재훈(1993), 172~174면 참조.

유수원의 경제 개혁안과 상당한 유사성을 보이고 있다.[74] 또한 음보(蔭補)를 폐지하여 관직에 나아가지 않고 놀고먹는 공사(空士)는 농사를 짓게 한다. 직역으로 공민(空民)을 만들지 말도록 하였다. 재예·기술·공장 등은 그가 원하는 바에 따라 취재하여 잘하는 자는 부서를 정하여 급료를 주도록 하였고, 상고(商賈)·잡업(船人·漁夫·山尺·牧子) 모두 스스로 원하는 바에 따라 업을 나누어 세금을 거두도록 하였다. 이상에 속하지 않는 자는 모두 농민이 되도록 하였고, 노비 및 공사(空士)가 다 없어지면 직분을 갖지 않는 양반도 없어지게 된다.[75] 정제두의 이러한 제안을 이어받아 유수원은 그의 사민론을 중심으로 『우서』에서 좀 더 체계적이고 현실적인 대안을 마련하고자 한 것으로 보인다. 특히 정제두의 사민 분업체제 제안과 함께 '관직 없는 양반은 없게 한다〔無無官兩班〕'는 원칙이 유수원의 학교제도 개혁론에 계승되고 있는 것을 뒤에서 살펴볼 것이다. 또한 정제두가 관직에 등용되는 길을 좁히고 어진 이를 택하여 오랫동안 재직하게 하고 벼슬을 대대로 전하지 못하게 하는 방안을 제시한 것이나, 양반을 직분 개념으로 파악하고 세습을 통한 특권계급으로 인정하지 않는 개혁 방안도 유수원에게서 공히 나타난다. 이와 함께 개혁론의 큰 틀에서 『주례(周禮)』를 근간으로 하여 정치체제를 구상하고 있는 것이나, '황극(皇極)'의 확립을 통한 중앙집권체제의 강화를 기획하고 있는 것 등도 소론 개혁론자로서의 동질

---

74 유수원의 경제정책에 관해서는 본서 이헌창 교수의 논문에서 자세하게 다루고 있다.

75 『霞谷集』 권22, 「箚錄」 5, "才藝. 文詞筆翰武勇馳射 技術. 醫藥卜筮天文地理方術 工匠. 隨其自願取才. 能者入屬. 分番給料. 選士官吏. 擇入用薦 衛士. 用近兵 分屬給料. 皁隷從願 官奴婢. 取惰不勤業者作罪者爲奴婢. 或在官或分給士大夫. 皆止其身. 商賈. 廛以抑之 雜業. 船人漁夫山尺牧子 皆從自願定限. 分業納稅. 空士. 蓋舊日朝官有蔭. 子孫有資級. 不當貶者. 多入於選士官吏及各藝. 而其無能不願入者. 亦優待之. 置之勿役. 以爲空民. 自今不復加入. 四十年後此屬遂無."

성을 보여 주고 있다.[76]

한편 을해옥사에서 역적으로 몰려 유수원과 함께 죽임을 당한 심악 가문도 양명학과 관련성이 강한 집안이다. 그의 조부인 심유(沈濡, 1685~1753)는 정제두과 이종 관계이며, 심악의 형제인 저촌(樗村) 심육(沈錥), 심확(沈鑵)은 모두 하곡의 문인이다. 유수원 같은 인물과 함께 죽게 되어 영광이라고 한 심악의 사상에 관해서는 별다른 자료가 남아 있지 않으나, 그의 증손뻘인 양명학자 심대윤(沈大允, 1806~1872)의 사민론은 유수원의 사민론을 이어가고 있다.[77]

이렇게 학맥이나 사상 내적인 연관성으로 볼 때, 사민론을 포함한 유수원의 개혁론에는 양명학적인 요소가 상당 부분 침윤된 것으로 파악된다. 물론 그의 양명학 이해가 양지론과 같은 심학이나 치양지설 등의 공부론과는 상당 부분 떨어져 있다. 앞에서 살펴본 것처럼 그의 경학론은 상당 부분 주자학적 인식틀에 묶여 있다. 그러나 그는 양명학자들의 경세학적 측면, 이를테면 신분제・학교제도를 포함한 제도 개혁론 등은 많은 부분 수용하여, 이를 조선사회에 적합한 형태로 변화시키

76 물론 양자의 개혁안에도 차이가 나타난다. 예로 유수원은 과거제의 장점을 적극 옹호하나, 정제두는 과거제도는 다만 '조급하고 불안한 풍조(躁競之風)'만을 일으킬 뿐이므로, 인재는 지방관의 천거제에 의하도록 하고 과거는 조만간 폐하도록 구상하고 있다. 유수원은 농민들에게도 교육의 기회를 활짝 열도록 제안하고 있으나, 정제두는 농민들에게 교육의 기회를 부여하기는 하나 승천(升遷)의 기회는 주어지지 않도록 하였다.

77 심대윤은 "사농공상은 각기 직분을 먹고 산다."고 비판한다. 또한 "선비는 도를 행해서 세상을 바로잡는 일이 직분인데, 자기 직분을 비워 놓고 먹을 것을 훔치며 명예까지 훔치고 있으니 이는 천하의 대적이다."고 일갈한다. 심대윤은 유수원의 후예인 유영권(柳榮建)과 교유하였다. 임형택에 따르면, 심대윤은 가장 과격한 반주자론자이다. 심대윤의 학문체계는 양명학 좌파의 성향이 있다. 심대윤의 경학 사상은 '복리(福利)' 두 글자로 요약된다. "民之欲富는 天이다."라고 인간의 부귀하고자 하는 욕망을 승인한다(임형택, 2000, 212~223면). 한편 유수원의 가계는 나주 괘서사건에 함께 연루되었던 양명학자이자 걸출한 서예가인 이광사(李匡師, 1705~1777) 집안과도 혼맥으로 연결되어 있다. 그의 장인은 유종원(柳宗垣)이며, 처증조는 유상보(柳尙輔)로서 유수원과 가까운 집안이다.

고자 했다. 그의 이러한 인식태도는 초기의 양명우파, 이를테면 전덕홍(錢德洪) 등에 의해 이루어졌던 주자학·양명학의 사상적 융합 노력과 맥을 같이한다고 보인다.[78] 정제두의 경우에도 양명학을 수용하여 주자학과 결합하면서 논리적 정합성을 이루어 낸 것으로 평가받고 있다.[79] 또한 그의 학문 속에서는 심학과 도학의 관계가 단순한 대립관계가 아니라 심학적 입장에서 수용된 결과로 설명된다.[80] 유수원의 사상적 특질이 이러한 정제두 계열의 소론계 양명학자들이 갖고 있는 주왕(朱王) 화해의 철학과는 어떤 사상적 차이를 나타내고 있는지는 앞으로 좀 더 논의할 과제로 남겨 둔다.

3. 과거제 개혁안의 역사적 배경과 주요 원칙

1) 영조대의 교육정책과 『우서』

숙종조 이후 영조에 이르기까지 조정의 교육정책은 서원에 대한 통제책이 주를 이루고 있었다. 당시 조정의 최대 현안은 우선 서원에 대한 국가의 통제력을 확보하는 것에 있었다. 조정에서는 아직 과거제도와 학교제도를 연결할 수 있는 정책적 대안을 제시하지 못하고 있는 상황이었다. 당시 조정은 취사제도(取士制度)와 양사제도(養士制度)에 대해 각각 분절적으로 그 문제점을 다룰 뿐이었고, 양자를 통합하여 하나의 사안으로 문제를 해결하는 노력은 매우 미약하였다. 이런 점에서 유수

---

78 이주행(2005).

79 김교빈(1992).

80 금장태(1998), 5면.

원이 과거제와 학교제도를 '국가관료체제'의 안정적 구축이라는 하나의 맥락 속에서 다루었다는 점은 주목할 만한 점이다. 이 문제는 물론 반계 이후 다수의 실학자들이 공통적으로 제기한 문제였고, 다양한 해법이 제시되었으나 유수원의 개혁론은 당시 변화된 사회신분적 환경을 상당 부분 감안하고 있다는 점에서 새로운 이해를 필요로 한다.

여기에서 우선 영조가 제시한 과거제와 학교제도의 개혁안을 살펴볼 필요가 있다. 영조는 기본적으로 숙종·경종 대의 서원억제책을 계승하고 있었다. 그러나 영조는 그의 탕평론에 근거해 숙종·경종 대에 실패한 서원에 대한 국가의 통제력을 확보하는 것에서 좀 더 많은 성과를 거두었다. 즉 숙종·경종 대에도 이미 서원의 사회적 역기능에 대한 다양한 논의와 대책이 강구되었는데도 첩설과 남설에 대한 정책이 다분히 정치적인 맥락 속에서 다루어짐으로 인해 근본적인 문제해결을 어렵게 하고 있었다. 정만조 교수의 논문에서는 경종 대 이진유(李眞儒)를 중심으로 한 급소(急少)들의 서원 훼철론은 사실상 송시열을 중심으로 한 노론계 서원을 겨냥하고 있었음을 알려 주고 있다. 그런 점에서 영조가 그의 탕평론에 기반하여 서원 훼철령을 모든 당색에 일관되게 적용하고자 노력하였던 점은 국가의 대 서원 통제력 강화라는 점에서 주목할 만하다. 즉 영조가 숙종의 갑오정식(1714) 이후 그때까지 사건(私建)된 모든 서원 사우에 대한 일체 훼철을 명한 것이나, 해당 지방관에 대해 철저한 관리 감독을 강제한 것은 교육에 대한 국가의 일관된 통제력을 확보하는 계기가 되었다.

특히 영조가 조현명(趙顯命)을 통하여 입안한 후, 전국을 대상으로 시달한 『권학절목』은 여러 점에서 유수원의 개혁안과 비교된다. 이 『권학절목』의 가장 큰 특징은 서원을 관학의 보조적인 위치로 격하시키고, 교육체계를 관학체계 속에서 일원화하고자 하였다는 점이다. 그는 면⇒읍⇒도로 이어지는 행정체계의 감독하에 양사제도(養士制度)의 일원화를 도모하고자 하였다. 영조의 이러한 교육정책은 반계와 같은 실학자들이 제기한 일관되고 중앙집중적인 형식의 '국가교육체계'의 성립 의지와 상당 부분 연계성을 지니고 있다. 반계는 『주례』에 근거해 방상(坊庠)과 향상(鄕庠)⇒사학(四學)과 읍학(邑學)⇒중학(中學)과 영학(營學)⇒태학(太學)으로 학제를 일관된 체계 속에서 계열화하고자 하였던 것이다. 또한 반계의 교육 일원화 구상은, 당시의 교육제도와 과거제도가 유기적인 연관성이 없다고 보고 이들 양자를 통합하는 것에 개혁의 주목적이 있었다는 점에서 유수원의 개혁안과 형태상 궤를 같이 한다. 반계가 사학과 관학의 통합을 구상한 것도 효율적인 인재선발에 그 주목적이 있었다는 점에서, 또한 그의 학제안과 인재 선발의 시안인 공거제(貢擧制)는 서로 연결되는 것이라는 점에서 유수원의 개혁안과 비교를 요한다.

이와 함께 농암의 과거 개혁론이 지닌 특징을 이해하기 위해서는 당시 영조의 과거제 개혁의 방향이 어디를 지향하고 있었는지를 함께 논의해 볼 필요가 있다. 이 점에서 18세기 과거제 개혁의 추이를 살핀 차미희(車美姬)의 연구는 시사하는 바가 크다. 영조는 5년의 기유처분을 통하여 탕평정국의 참여를 거부하는 준론(峻論)은 그 어느 쪽이든 정계에서 배제시키고, 탕평정국에 참여하려는 각 붕당의 온건한 완론(緩論)을 새로운 권력집단으로 내세워 이들에게 전권을 부여함으로써 정치세력의 재편을 시도하는 탕평책을 시도하였다는 것이다. 영조는 과거제를 독점하는 주체를 노론 준론으로 주목한 것이다.[81] 따라서 영조의 과

81 『승정원일기』, 영조 16년 2월 9일에는 "과거의 혼잡한 폐단은 그래도 말단적인 것이고, 巨室世族들이 分門, 割戶하여 각각 私黨을 심는 것이 가장 근심스럽다."라는 영조의 답

거 개혁안은 근본적으로 관료제의 강화에 기반한 왕권의 안정화에 그 근본 목적이 있었다.

숙종·영조 대의 과거제 개혁안은 몇 가지 주제로 논점이 모아지고 있다. 우선 과거가 몇몇 문벌가에 의해 독점되는 현상을 우려하고 이를 극복하고자 하는 내용들이 다수를 이룬다. 예로 소론의 완론 세력인 우의정 신완(申琓)은 당시의 인재 선발이 단지 문벌의 고하로써 결정되는 세태를 가장 우려하였다. 그는 붕당의 폐해가 여기에서 비롯되므로 왕 스스로 표준을 세우고 황극(皇極)을 세워 편벽되지 않게 하기를 요청한다.[82] 영조 대의 정언 나학천은 "대소과(大小科)의 방안(榜眼)을 모두 형세가(形勢家)에서 차지하였으니, 조정에 가득한 청금(靑襟)들 중에 사람들의 손가락질을 받지 않는 자가 몇 사람이나 되겠는가?"라고 소수 문벌에 의한 과거 독점 현상을 비판하고 있다.[83] 당시 과거제의 시행상 나타나는 또 다른 문제점은 여러 형태의 별시로 인해 합격자의 수가 누증 적으로 증가한다는 점이었다.[84] 방만한 과거정책이 국가 인력수급에 심각한 불균형을 불러오고, 이로 인한 사족 계층의 불만이 쌓이고 있었다.

다음으로는 이러한 제반 문제점이 노출됨에 따라 과거제가 과연 유능한 인재를 선발할 수 있는 최선의 모델인가에 대한 근본적인 반성이 다시금 재연되고 있었다. 조정에서도 반계에 의해 주장된 공거제의 부분적인 도입을 주장하는 의견이 나타나기 시작하였다. 그리고 또 다른

변이 실려 있다. 그의 우려는 과거 자체의 폐해보다는 그 배후에 있는 각 당파의 결집된 당론이었다(차미희, 1992).

82 『숙종실록』, 숙종 28년 8월 11일 庚寅.

83 『영조실록』 권2, 즉위년 11월 19일 己未.

84 『영조실록』 권19, 4년 9월 24일 辛未.

대안으로는 기존 과거제에 대한 부분적인 개혁 혹은 보완 작업을 통하여 문제를 해결하고자 하는 실무적인 차원의 접근법으로, 그 대표적인 인물로는 서명응을 들 수 있다.[85] 그러나 과거제에 대한 이러한 다양한 논의가 있었음에도 과거제를 신분제의 문제와 연동하여 문제를 풀어가고자 한다든가 국가 인력 충원의 전체적인 구상 속에서 해답을 찾으려는 적극적인 노력은 나타나지 않고 있었다.

이런 맥락에서 볼 때 유수원의 개혁론은 과거와 관직을 독점하고 있던 노론 준론 세력들을 겨냥하고 있음이 명백하다. 그러나 그는 과거제의 부분적인 보완을 꾀하던 서명응 등과는 달리 전면적인 개혁을 원했다는 점에서 소론의 완론 세력과는 입장을 달리한다.[86] 그는 누구보다도 문벌들의 폐해에 비판적이었다. 문벌의 횡포로 인해 정상적인 관료조직의 운영은 무너지고 과거제도는 파행적으로 운영된다는 것이다. 유수원은 당시의 관직 배분이 얼마나 비정상적인 상태였는지를 생생하게 묘사한다.

> 재상(宰相)의 아들이면 흙덩이처럼 고루해도 반드시 좋은 벼슬을 한다. 그리고 이보다도 심한 것은 모두가 균등한 한 할아버지의 손자일지라도 아버지가 명관(名官)을 지냈으면 아들도 좋은 벼슬을 하고 아버지가 관직에 오르지 못했으면 아들은 청환(淸宦)길이 막힌다. 또 이보다 더욱 심한 일은 다 같이 한 아버지의 자식이라도 어머니가 전실(前室)과 후실(後室)이 있음에 따라 문벌의 높고 낮음이 있어서, 동기 중에서도 행세하는 바가 그 외가(外家)에 따라 현격한 차이가 있는 것이다. 그리고 이보

85 『영조실록』 권82, 30년 7월 3일 庚辰.
86 정만조(1986), 63~111면.

다도 더 심한 것은 동기 사이에서도 처가(妻家)의 문벌이 높고 낮은 데 따라 행세하는 데 큰 차이가 나타나는 것이니, 이러한 것들이야말로 추악하고 무지하기 이를 데 없는 것이다. 고금(古今)에 이런 의리가 그 어디에 있겠는가.[87]

당시의 현실은 과거와 청요직이 오직 소수의 문벌가에 의해 독점되고 있었다.[88] 이미 숙종 자신도 관직이 소수의 문벌가에 의해 독점되는 폐해에 대하여 깊은 우려를 표하고 있었고, 이러한 현상을 극복하기 위해서는 보합(保合) 탕평의 정치가 필요하다는 점을 인식하고 있었다.[89] 숙종 29년(1703) 정언(正言) 조권(趙權)이 올린 상소에서도, "벼슬을 주는 길은 문벌만을 먼저 보니, 형세 있는 자제는 우연히 과거에 합격하면 재주가 있고 없음을 묻지 아니하고서 올려 쓰기에 급급합니다."라고 문벌가의 전횡을 비판할 정도로 관직체계는 왜곡되어 있었다.[90] 영조 즉위년에도 문벌가의 청요직 독점 현상이 가장 심각한 정치 현안으로 거론되고 있었다.[91]

유수원은 은음(恩蔭)의 제도도 힘 있는 권세가에 의해 왜곡되어 공도(公道)는 상실되고 불균(不均)과 불공(不公)의 대명사가 되었음을 비판하다.[92] 그러나 그는 현실적으로 운영되는 은음제도를 완전히 폐지하는 것에는 찬성하지 않았다. 그는 거인・공사(貢士)・은음 모두를 관직에

87 『迂書』 권2, 「論門閥之弊」.
88 차장섭(1993), 223~272면.
89 『숙종실록』 32권, 숙종 24년 1월 19일 乙未.
90 『숙종실록』 38권, 숙종 29년 2월 10일 乙酉.
91 『영조실록』 2권, 즉위년 11월 5일 乙巳.
92 『迂書』 권2, 「論門閥之弊」.

진입하는 통로로 인정하였다. 은음으로 뽑힌 자제들은 공거로 올라온 자, 성균관의 학생, 회시에서 떨어진 거인들과 함께 정시(庭試)에 응시시켜 선발하도록 하였다. 인재 선발을 둘러싸고 현실적으로 일어나는 갈등과 모순을 어떻게 하면 국가의 관리체제 안으로 수렴할 것인가 하는 것이 유수원의 가장 큰 관심사였다. 그는 그 과정에서 명·청 대 교육제도와 과거제도의 형식에 깊은 관심을 가지고 검토하였다. 이제 그 구체적 개혁안을 명·청 대의 법제와 비교하여 살펴보도록 하자.

2) 개혁안의 주요 원칙

가. 학교제도와 과거제도의 일원화 구상

유수원이 제시한 과거제 개혁론의 가장 큰 특징은 인재양성 시스템인 학교의 개혁 구상과 언제나 함께 다루고 있다는 점이다. 그는 당시의 세태 중에서 과거 보는 유생과 학문하는 선비가 뚜렷하게 나누어지는 것이 참으로 좋지 않은 폐단이라고 보았다. 그는 조선 초기 이후 사실상 분리되어 있던 '양사(養士)'와 '취사(取士)'의 기능을 새로 통합하고자 하는 적극적인 의지를 가지고 있었다. 그의 이러한 구상은 명대의 학제를 기본 모델로 삼은 것이다. 중국은 명대 이래 학교제와 과거제가 합일되었기 때문에 학생(生員)의 존재의의가 중요한 문제로 대두되어 왔다.[93]

유수원은 이 작업을 위해 우선 '사(士)'에 대한 개념정의부터 새롭게 하고자 한다. 그에 따르면 '사'란 학교에 적을 둔 학생을 의미한다. 그는 이를 통해서 '사' 계층에 대한 국가적인 차원에서의 관리와 통제가

93 민두기(1965), 56면.

가능하도록 하였다. 그는 당시의 가장 큰 폐해로 "유학(幼學)을 가칭(假稱)하는 사람들이 한없이 많은 것"을 들고 있다. 그는 양역의 폐단과 군역의 폐단도 여기에서 연유하는 것으로 보았다. 그는 선비는 사민(四民)의 우두머리로 그 선택・보충에는 마땅히 정원이 있어야 하며, 이것은 곧 국가가 해야 할 매우 중요한 임무라고 보았다. 그의 문제의식은 다음의 글 속에 잘 녹아 있다.

> 나이 어린 선비들로 하여금 마음대로 청금록에 들게 하여 제한이 없게 할 수 있는가. 한 번 청금록에 들면 문득 양반이 되어 여러 대(代) 동안 과거에 합격한 사람이 없고, 무식하기가 이를 데 없는 사람들일지라도 종신토록 편히 놀며 한 포민(逋民)이 되어 자손에게 물려 가면서 한 푼의 세금도 내지 않으니, 고금 천하에 이같이 허무맹랑한 학제(學制)가 과연 있었겠는가?

그에 따르면, 우리나라는 학교를 설립하기는 했어도 입학시키는 제도는 알지 못하고 있는 실정이다. 유생들이 청금록(靑衿錄)이란 것을 만들어 내어 마음대로 입학하고 있기 때문에 그 정원이 정해지지 않아 유생 수가 자의적으로 늘어난다는 것이다. 당시 조정에서 이러한 폐해를 구제할 논의를 감히 하지 못하는 것은 기존 사족층의 강력한 반발이 두려웠기 때문이다. 유수원은 사족층의 반발을 누그러뜨릴 절충적인 대안을 제시한다. 그는 학생, 즉 선사(選士)를 크게 두 부류로 구분한다. 우선 시험을 통과하여 정원 안에 편입된 학생을 생원(生員)이라 호칭하고 정원 외의 학생을 부학생(附學生)이라고 하였다. 생원은 다시 두 부류로 구분하여 식량을 지급하며 교육을 시키는 늠선생원(廩選生員)과, 늠선생원 이외에 제학(提學)이 삼장(三場)을 시험해서 문자에 통한 선비를 뽑아 정원을 채우는 증광생원(增廣生員)을 두도록 하였다. 이들이 정원 속에서 국가적 관리를 받으면서 과거 시험을 준비하는 관료후보군이라고 할 수 있다. 그는 이밖에 부학생(附學生)의 제도를 두어 정원에서 탈락된 계층의 반발과 불만을 누그러뜨리고자 하였다. 부학생이란 정원 없이 설치하여 진정한 유학(幼學)이나 가칭 유학을 물론하고 고문(高門)·한족(寒族)이나 평민들로서 유생의 이름을 갖고 싶어하는 자는 모두 포함시켜 불만을 원천적으로 제거하고자 하였다. 다만 이름은 부학생이지만 학교의 모든 일에는 참여할 수 없는 사람들이다.[94]

그러면 그의 이러한 학교제도와 과거제도의 일원화 구상이 지니고 있는 의미는 과연 어떻게 평가할 수 있는가? 유수원의 학교제와 과거제 개혁안은 몇 가지 점에서 여타의 실학자들의 견해와 구별된다. 우선 그는 국가가 학교를 통해 관료 예비군인 생원 집단의 규모를 엄격하게 통제해야 된다고 보았다. 그는 반드시 학교에 입학한 사람이라야 생원이라 부를 수 있고, 그 정원을 국가가 관리해야 한다고 주장한다(論學校選補之制).[95] 그의 이러한 생각은 곧 사의 정원을 국가가 관리해야 한다는 생각과 연결된다. 즉 "선비는 사민(四民)의 우두머리로 그 선택·보충에는 마땅히 정원이 있어야 하며, 이것은 곧 국가가 해야 할 매우 중요한 임무"라는 것이다.[96] 학교를 통한 지배층의 엄격한 관리라는 그의 생각은, 뒤에서 살펴보겠지만 명·청 대의 과거제나 학교제에 대한 이해에

---

94 『迂書』 권2, 「論救門閥之弊」.

95 유수원이 "생원이란 생도(生徒)의 생(生)과 원액(員額)의 원(員)이니 반드시 학교에 입학한 사람이라야 생원이라 부를 수 있는 것"이라고 규정한 것은 고염무가 『일지록』 권17에서 "원(員)이란 말은 '일정한 수'를 의미한다."고 하여 정원을 강조한 것과 맥락을 같이한다.

96 『迂書』 권2, 「論學校選補之制」, "士者 四民之首. 選擇充補. 當有定額. 此乃國家莫重之務也."

근거하고 있음이 명백하다.

유수원 스스로는 그의 구상이 『주례』의 빈흥제도(賓興制度)에서 왔다고 주장한다.[97] 그는 『주례』에서 육행 · 육덕 · 육예의 향삼물(鄕三物)로써 모든 사람을 가르쳐 빈흥시키고, 대서(大胥)는 학사의 적(籍)을 주관하여 3년마다 대비(大比)하였던 사실을 환기한다. 그러나 그의 주장을 잘 살펴보면, 그가 채택하고자 한 것은 『주례』 속에 담겨 있는 공거제적인 요소보다는 『주례』 속에 잠재되어 있는 인재 선발의 순차적인 시스템이나 합리적 운영 등에 있었다. 즉 그가 종국적으로 관심을 가진 것은 과거제의 합리적 개선이라는 시대적 요청에 있었다. 그는 향삼물이라는 덕행과 도예만에 의지해 인재 선발을 한다는 것은 조선사회의 실상에 잘 맞지 않은 것으로 판단하였다. 그는 과거제도를 폐지할 것이 아니라, 문과합격자인 '급제(及第)'와 향시합격자인 '거인(擧人)'의 선발 방식을 어떻게 하면 국가적인 차원에서 효율적으로 관리할 것인가에 더욱 관심을 기울였다.

그런 점에서 그가 『주례』에서 유독 「왕제(王制)」를 강조한 것은 주목할 만하다. 「왕제」에서는 국가를 거리와 동서남북 사방과 같은 지리적 개념으로 구획하고 이를 어떻게 국가가 관리할 것인지를 다룬다. 또한 인재의 양성과 선발에 관한 전체적인 그림을 제시한다. 예로 다음과 같은 대목은 유수원이 그의 학교제도 개혁론의 기본 틀로 삼았던 부분이다. 「왕제」에서는 인재의 선발 절차를 논하면서, "경(卿)은 수사(秀士)를 논하여 사도(司徒)에게 올리면 선사(選士)라고 부른다. 선택하여 등용한다. 사도는 선사 가운데 뛰어난 사람을 논하여 학교(學校)에 올리면 준사(俊士)라 부른다. 재능이 1천 명 가운데 뛰어난 것을 말한다. 사도에

---

97 『迂書』 권2, 「論救門閥之弊」.

게까지 올라온 사람은 역(役)을 면제받는다. 정(征)은 요역(徭役)을 말한다. 교육에 따르지 않는 사람은 먼 곳으로 내쫓아 종신토록 대우하지 않는다."라는 대목이 보이는데 이는 사실상 유수원이 그의 개혁론의 기본 틀로 채택하고 있는 부분이다. 그가 『주례』를 주목한 것은 국가 중심의 강력한 교육체제였다.

그는 이러한 삼대의 정신이 한·당을 거쳐 송·원·명에 이르기까지 지속적으로 관철되고 있다고 보았다. 그러나 그가 이렇게 학교제도상에서 삼대 이래의 연속성을 발견하고 있는 점은 사실상 '교육에 대한 국가의 통제력'이 효율적으로 발현되는 부분이다. 그는 중국에서 삼대 이후에도 왜 선비가 제대로 길러지는가를 질문하면서, "한(漢)나라 무제(武帝) 때에 이르러 박사(博士)의 관직을 설치하고 제자(弟子)의 정원을 두었으며, 원위(元魏)에 이르러서는 계속하여 현읍(縣邑) 생도(生徒)의 정원을 정하였다. 당(唐)에 이르러 경도(京都)에는 학생 80명을 두고, 부(府)·주(州) 이하에는 차차로 체감(遞減)하였으며, 송(宋)에 이르러서는 삼사(三舍)에서 선택 보충하는 제도가 생겼다. 그리고 금(金)과 원(元)을 거쳐 명(明)에 이르러 학제(學制)와 학생 수가 더욱 엄밀하게 되었으니, 이러한 뒤에야 참으로 선비를 양성할 수 있는 것이다."[98]라고 그 제도의 체계적 운영과 관리를 높이 평가하고 있다.

이런 점에서 그의 과거제 학제안은 반계의 학제안과 구별된다. 반계도 앞서 말한 바대로, 『주례』에 근거해 방상(坊庠)과 향상(鄕庠) ⇒ 사학(四學)과 읍학(邑學) ⇒ 중학(中學)과 영학(營學) ⇒ 태학(太學)으로 학제를 일관된 체계 속에서 계열화하고, 우수한 자를 천거하여 진사원에 들어갈 수 있도록 하였다. 그러나 그의 공거제의 기본 틀은 덕성과 윤리성

---

98 위와 같음.

에 중점을 두고 인재를 선발하여 상위학교에 진학시키도록 하고, 종국적으로는 과거제에 의한 관리 등용 방식을 폐지하는 것에 있었다. 잘 알려진 바와 같이 반계는, "실로 온 천하로 하여금 만고에 걸쳐 긴 밤이 되도록 해 놓은 것이 과거의 해독이다."라고 과거의 말폐상을 극력 비판하였다.[99] 반면 유수원의 개혁안은 과거제를 개혁하는 것을 중심으로 하되 공사(貢士)제도는 과거제의 보완적인 수단으로 활용하였다.

양자가 공히 『주례』의 빈흥제도를 중시하면서도 이러한 차이점을 보이는 것은 유수원의 학제 개혁안이 기본적으로 '선사(選士)' 기능에 중점을 둔 것이라고 한다면, 반계의 학제안은 '양사(養士)'에 초점을 둔 것에 기인한 것이 아닌가 한다. 반계는 당시의 과거제도가 시부 중심의 문예적 성격으로 흐르는 것에 대한 반감이 컸다. 그는 덕행(德行)과 도예(道藝)가 인재 선발의 주요 원칙이 되어야 한다고 믿었다. 과거제도는 '양사(養士)'에 유리한 공거제도로 바뀌어야 한다고 생각하였다. 양자 사이의 이러한 차이는 마치 학교제도에서 '선사(選士)'의 기능을 강조하던 북송은 관학과 과거제도의 강화를 꾀하였고, '양사(養士)'의 기능을 중시하던 남송은 사학 중심으로 학제를 옮겨 갔던 역사적 경험과 상당 부분 흐름을 같이하고 있다.[100] 유수원이 과거제도와 학교제도의 일원화를 집요하게 추구한 것은 '선사(選士)' 기능의 정상화를 통해 소수 문벌에 의해 독점된 관료 시스템을 다수 양인층에게 돌려주고자 한 것이었다.

---

99 그뿐 아니라 문사 위주의 과거를 거쳐 사환길에 오는 자들은 흔히 현실과 동떨어진 淸談이란 것을 일삼게 마련이데, 그 청담의 해독은 단지 '현실적 실용'을 도외시하는 부박한 풍조로 끝나지 않는다는 것이 반계의 판단이다. "청담의 논의가 한번 변하면 붕당의 私曲이 일어나고, 붕당이 성하게 되면 마침내 강상과 윤리가 凋喪하게 된다. 이는 반드시 일어나게 마련인 형세이다(김태영, 2013, 158면).

100 陳雯怡(2004), 제1장.

나. 과거제의 개편을 통한 양인층의 양성

유수원은 과거제도의 효율성을 적극 옹호한다. 이 점에서 공거제의 채택을 적극적으로 주장하고, 사실상 과거제의 폐지를 주장하던 유형원의 자세와는 구별된다. 유수원은 주자도 과거제와 학문이 상호 대립되는 것이 아니라고 한 사실을 들어 과거제의 정당성을 역설한다. 그에 따르면 후세의 법으로서 삼대(三代)의 유의(遺意)를 체득한 것으로는 과거만한 것이 없으며, 천하에서 가장 공명한 것도 역시 과거가 제일이라는 것이다. 그러나 문제는 조선사회가 형식상으로는 과거를 실시하였어도 실제로는 과거를 실시하는 의의를 몰랐다는 점에 있다고 보았다.[101] 그는 학교에서 올바른 교육이 이루어져야 비로소 인재를 얻으려는 과거의 원래 목적이 실현될 수 있다고 보았다. 그는 학교제도와 과거제도가 유기적으로 연결되어야 비로소 과거제도를 통해 발굴하고자 하는 인재가 안정적으로 양성될 수 있다고 보았다. 조선 후기 인재선발 시스템의 근본적인 문제는 바로 이 양자가 분리되어 따로 움직이기 때문이라는 것이다. 그의 진단은 명쾌하다.

> 대저 과거는 무엇 때문에 시행하는가. 장차 인재를 얻으려는 것이다. 그러면 인재는 어떻게 하면 얻을 수 있는가. 교육일 뿐이다. 그렇다면 교육은 어떻게 하여야 좋은가. 학교를 세워 옛 성현(聖賢)을 제사 지내며, 천하의 영재(英才)를 모아 학교에서 성현의 글을 읽게 하여야만 비로소 그들의 학문이 이룩될 수 있고, 국가가 학교 중에서 선비를 뽑게 되어야만 비로소 인재를 얻을 수 있는 것이다.[102]

---

101 『迂書』 권2, 「論學校」, "科擧者. 古之學校遺法也. 後世之法. 得三代之遺意者. 莫如科擧. 天下至公之物. 亦莫如科擧.. 然名雖設科. 而實不識設科之意義. 我朝遵襲以至于今."

'국가의 취사(取士)는 학교 안에서 이루어져야 한다.'는 명제가 유수원 과거 개혁론의 가장 핵심을 이룬다. 이를 실현하기 위해서는 학교교육이 정상적으로 작동하는 것이 가장 중요하다. 그는 당시 조선사회에서 가장 좋지 않은 폐단의 하나는 과거 보는 유생과 학문하는 선비가 뚜렷하게 나누어져 있다는 사실을 들었다. 학문을 닦은 선비들이 반드시 과거에서 나오도록 하여야만 국가가 비로소 참다운 인재를 구할 수 있다는 것이다.[103]

그런데 문제는 조선사회 학규(學規)의 총체적인 부실이다. 유수원은 조선의 학규는 고금에 들어보지 못한 것이라고 질타한다.[104] 서울의 태학은 시골에서 경서를 조금 공부한 사람 약간 명을 모아 놓고 밥이나 먹여 주고 있으며, 지방의 향교는 성묘(聖廟)를 수호하게 하고 제사를 지내는 장소일 뿐이라는 것이다. 그는 이렇게 제사나 지내게 한다면 이것은 곧 공자의 사당이지 소위 국학이나 주현의 학교는 아니지 않느냐고 반문한다. 학교에 선비가 없고 책이 없으며, 스승이 없고 관리가 없는데 어떻게 억지로 학교라 부를 수 있느냐는 것이다.[105] 따라서 우리나라는 학교를 설립했다 하지만 사실은 설립하지 않은 것과 다름이 없다는 것이다. 그런데 문제는 이렇게 부실한 교육을 받은 선비도 전혀 그 실상을 검증받지 않고 사회의 상층계급을 차지할 수 있다는 것

---

102 『迂書』 권2, 「論學校」, "大抵科擧. 何爲而設也. 將以得人才也. 人才何以則可得也. 敎養而已. 敎養. 如之何而可也. 建學祀先師. 聚天下之英才. 使之讀聖人之書於學校. 然後方可成其學. 而國家取士於學校之中. 然後方可得人矣."

103 『迂書』 권2, 「論學校選補之制」, "近世以科擧之儒. 學問之士. 判作二歧. 此誠痼弊. 國家責士待士. 如是之賤. 士何以自重乎. 夫使學校. 誠修明其政. 則學問之士. 不出於科擧. 而出於何處乎. 雖然學校無政士. 皆以常調自處. 無意於學問二字. 則有志之士. 潛修而不混其中. 勢固然矣. 今吾所論. 則必欲使學問之士. 出於科擧. 然後國家方有得人之效矣."

104 『迂書』 권2, 「論學校」, "我國學規. 古今之所未聞也."

105 『迂書』 권2, 「論學校」, "學中. 無士. 無書. 無師. 無官. 何故. 强稱曰學校乎."

에 있었다. 그는 말한다.

> 슬프다, 무당과 의사는 매우 천한 기술〔至賤之技〕을 가진 자들이지만, 실제로 전혀 실상이 없으면서도 함부로 이름만을 칭하는 사람이 있다면 사람들이 반드시 크게 웃을 것이다. 그러나 선비에 이르러서는 그 책임이 어떠하였든 간에 글자 한 자도 모르고 언행이 매우 추악하여도 유건만 쓰면 모두 선비라 부르고 있으니, 선비란 학교에 달려 있지 않고 유건의 착용 여부에 달려 있는 것으로 생각하게 한다. 오직 이와 같기 때문에 선비가 예의가 없어도 사람들은 괴이하게 여기지 않고, 선비가 무식하더라도 이상하게 여기지를 않는다. 전혀 실속이 없으면서 함부로 이름을 칭하고 있는 사람이 선비보다 더한 것이 없는데도 사람들은 오히려 당연한 것처럼 여기고 있으니, 나는 세상에서 선비를 대접하는 것이 무당이나 의사보다도 훨씬 못하다고 본다.[106]

그는 아무런 실이 없이 이름만 선비로 행세하는 사람들이 넘쳐나는 것은 전적으로 국가 정책의 부재에서 기인한 것이라고 본다. 선비는 사민(四民)의 우두머리로 그 선택・보충에는 마땅히 정원이 있어야 하며, 이것은 곧 국가가 해야 할 매우 중요한 임무라는 것이다. 그런데 정원에 관한 국가의 엄격한 통제가 없이 나이 어린 유자들이 임의로 청금록에 등록하고, 한 번 청금록에 들면 바로 양반이 되어 과거 합격 여부에

106 『迂書』 권2, 「論學校」, "噫. 巫醫. 至賤之技也. 而苟有全無其實而冒其名者. 則人必大笑之. 至於士者. 其責如何. 而勿論目不識丁. 行身麤悖與否. 一着巾. 則皆稱曰士. 吾以爲士不係於學校. 而只係於着巾與否也. 唯其如此. 故士而無行. 人不怪之. 士而不文無識. 人不異之. 全無其實而冒其名者. 莫甚於士. 而人反恬然視之. 吾以謂世之待士. 不及於巫醫也遠矣."

관계없이 대대로 포민(逋民)으로 살면서 기득권을 누리는 것은 고금 천하에 없는 허무맹랑한 학제(學制)라는 것이다.[107]

유수원은 사농공상의 직분이 정상적으로 기능하기 위해서는 과거제도의 개혁이 가장 중요하다고 생각하였다. 즉 양인층에게 사실상 봉쇄된 과거제도의 문호가 활짝 개방되어야 한다는 것이다. 공경(公卿)이나 양민(良民)의 자제를 막론하고 신명(身名)에 하자가 없는 사람은 시험에 응시할 수 있도록 하였다. 그는 "농·공·상의 자제를 가릴 것 없이 재능과 학식이 있어서 과거에 합격하는 것에 조금도 구애받지 않게만 되면, 세상사의 흐름을 좀 안다는 사람들이 농·공·상을 싫어하고 천대할 이치가 그 어디에 있겠는가."[108]라고 반문한다. 이렇게 되면 사족 중에서도 과거에 응시하고자 해도 학문이 없어 요행을 바라기 어렵고, 음사를 하고자 해도 법제가 매우 엄격하여 권세로도 얻지 못해서 홀로 세월만 보내다가 아무런 희망도 없고 할 일도 없게 되면 자연히 재미가 없어서라도 각자 농·공·상 등의 일을 찾지 않을 수 없게 될 것으로 내다보았다. 그는 사·농·공·상은 국가에서 나누어 주거나 권장 또는 저지하는 것이 아니며, 오직 자기의 마음에 따라서 하고 하지 않을 뿐이라고 하였다.[109] 뒤에서 다시 논의할 것이나, 그가 '거인'제도를 통하여 향시에서 3번 떨어진 '고퇴생원(考退生員)'을 학교에서 내쫓아 백

---

107 『迂書』 권2, 「論學校選補之制」, "士者. 四民之首. 選擇充補. 當有定額. 此乃國家莫重之務也. 何可使年少士子. 任意入錄. 無復限節乎. 一入青衿錄. 則便成兩班. 雖十代無科名. 目中無一丁之流. 終身逸游. 作一逋民. 傳之子孫. 不出一錢. 古今天下. 果有如此無實虛浪之學制乎."

108 『迂書』 권2, 「論學校選補之制」, "但勿論農工商之子. 有才學而得科. 無所枳碍. 則稍知人事之流. 有何厭賤農商之理乎."

109 『迂書』 권2, 「論學校選補之制」, "士農工商. 非國家所可分付勸沮者也. 唯在自己之心. 爲與不爲而已."

성이 되게 한 것은 당시의 사족 지배체제의 근간을 흔드는 발상이었다. 양반 신분을 시험을 통하여 평민으로 만들 수 있다는 것이다. 그는 이렇게 학교도 양인층에게 개방하고 과거도 개방하여 지금까지 사족층을 중심으로 유지되어 온 양반관료제의 기본 틀을 근본적으로 바꾸고자 한 것이다.

한편 그는 무과도 문과와 마찬가지로 국학(國學)과 부·주·현에 무학(武學)을 함께 예속시켜 운영하도록 하였다. 무과를 천시하던 당시의 풍속으로는 매우 파격적인 제안이다. 다만 그 규제의 절목만은 유학생과 약간의 차이는 두도록 하였다. 무과의 시규(試規)로는 초장에서는 기사(騎射)를 시험하고 이장에서는 보사(步射)를 시험하고 삼장에서는 책(策) 1도(道)와 논(論) 2도를 시험하여 무예가 숙련되고 도략에 정통한 자만 합격할 수 있도록 하며, 제학어사(提學御史)가 시험을 주관하고 문무의 수령들이 시장에 참석하도록 하였다. 3차(次)에 걸쳐 합격한 자는 또한 문과의 사례에 의거하여 회시에 응하도록 하였다.[110] 학교체제 속에 무학을 함께 집어넣어 양인층의 참여를 대거 유인하고자 한 의도를 보여 주고 있다.

다. 실정(實政)과 실사(實事)에 근거한 개혁론

유수원은 현실정치가 옛 전장(典章)과 법규에 너무 얽매이지 않도록 당부하였다. 그는 실제 정치가 빛나기 위해서는 구체적인 일들을 중심으로 관제의 개혁이 이루어져야 한다고 보았다. 그는 당시의 관직이 '실지(實地)'와 '실사(實事)'를 다루지 않는 헛된 이름만이 있는 직책이라고 말한다. 따라서 관직의 승침여탈(升沈與奪)이 정사를 제대로 했느

110 『迂書』 권3, 「論武學」.

냐 못했느냐에 달려 있지 않고 단지 세상 사람들의 혀끝에 따라 다락같이 높이 오르기도 하고 땅속으로 꺼져 들어가기도 한다는 것이다. 관직임용에 준적(準的)이 사라져서 당론이 횡행하고 엽관 운동이 번다한 것도 조금도 이상할 것이 없다는 것이다.[111] 그는 현실에서 일어나는 실제적인 일들을 잘 분석해서 이를 근거로 법제의 개혁을 해야 한다고 강조한다.

> 아, 인주(人主)가 비록 성심껏 나라를 다스리려 하더라도 한갓 오늘날의 치체(治體)와 정규(政規)를 '옛 전장(典章)이다.' 하여 마치 금석처럼 견고하게 지킨다면 실정(實政)을 닦고 빛날 수가 없으니 그 이유는 무엇인가. 우리나라의 정치 규정은 원래부터 실사(實事)가 없어 그 흐름의 폐단으로 만사가 번쇄해지기에 이르렀기 때문이다. 만일 우선 실(實) 자를 취하여 정치하는 근본을 세워서 조정을 새롭게 하지 못한다면 아무리 밤낮으로 근심하며 애쓴다 할지라도 실상 치도(治道)에는 아무런 보탬이 없을 것이다.[112]

그에 따르면 조선의 선비들은 나라를 경영할 실제적인 지식이나 수단도 없이 다만 정심성의(正心誠意) 네 글자만을 주워 모아 임금에게 아뢰는 것만을 힘쓰면서 스스로 주자학도로 자처한다. 따라서 그들로 하

---

111 『迂書』 권5, 「論官制年格得失」, "百官百事. 無一點實地實事. 不過虛設官號而已. 升沈與奪. 不由於政事之修否. 而只係於時人之舌尖. 揚之升天. 按之入地. 用人之道. 無準的如此. 尙何怪夫黨論之興行. 躁競之無極也."

112 『迂書』 권3, 「官制總論」, "噫. 人主雖欲誠心願治. 徒以今日之治體政規. 謂之舊典故章. 而守之如金石. 則萬無修明實政之理. 其故何也. 我國治規. 元無實事. 其流之弊. 以至於萬事叢脞. 若不能先取一箇實字. 立得出治根本. 以新朝政. 則雖早夜憂勞. 實無益於治道."

여금 국사를 맡도록 하면 무능함을 드러내고 시의에 맞지 않는 삼대의 일만 들먹이게 된다. 이에 아래로는 노련한 간신들의 교활하고 허위적인 작태를 다스리지도 못하고, 위로는 군왕에 대한 실제적인 보필을 하지 못하는 상황에 이르게 된다는 것이다. 이에 따라 유속(流俗)의 무리로 하여금 유자가 실용이 없다고 항상 비방하게 한다는 것이다.

그렇다면 어떤 것이 과연 실사인가? 그에 따르면 정사(政事)가 바로 실사다. 학제(學制)를 개혁하고 관제(官制)를 밝게 하며 고적(考績)을 엄하게 되고, 정치의 대체가 주밀하고 서정(庶政)의 규칙을 구비하는 것이 바로 실사(實事)다. 사민(四民)을 분별하여 백성들의 재산을 마련해주고, 정역(征役)을 고르게 하여 곧 농사철을 빼앗지 않으며, 재화의 생산에 방도를 세우고 재물을 취하는 데 법도를 두는 것, 백성들의 힘을 펴 주고 생활을 튼튼하게 해주는 것이 곧 실사의 목적인 것이다.[113] 국가개혁을 위한 정당한 법체계의 완비와 그 엄정한 집행이 바로 실사라는 것이다.

그에 따르면 조선의 정치권력은 왕권에 완전히 귀속된 것도 아니고 재상들에 의해 운영되는 것도 아닌 형태를 보여 준다. 임금에 의해 독단적으로 권력이 남용되는 것도 바람직하지 않고, 재상들에 의해 권력이 천단되는 것도 결코 올바른 것이 아니라고 보았다. 그는 역대 이래로 늘 이렇게 왕권과 신권 사이의 역학관계를 원만히 조정하는 문제가 가장 난제였던 것으로 보았다. 그런데 가장 심각한 사실은 조선의 정치

113 『迂書』 권10, 「論變通規制利害」, “然則何者果爲實事. 答曰. 政事是謂實事. 吾旣略有所論矣. 學制旣成. 則儒生自當用力經史. 爲他日有用之才矣. 官制旣明. 則人皆奉職. 無瘝曠素餐之患矣. 考績旣嚴. 則黜陟至公. 而賢不肖安其分矣. 樞機周密. 品式具備. 惟務實事. 不尙浮論. 則國體尊嚴. 世道淸明. 必無偏黨傾軋之患矣. 別四民. 乃所以制民産也. 均征役. 乃所以不奪農時也. 生財有道. 取財有法. 乃所以寬民之力厚民之生也.”

권력이 사실상 이와 같은 공적체계에 있는 것이 아니라 사실상 사의가 지배하는 몇몇 이른바 주론자(主論者)들의 가문에 흩어져 있다는 점이다.[114] 이들 주론자들은 이조나 병조 혹은 전관(銓官)의 자리를 독점하고 자의적으로 관리의 천거와 임명을 강행하였다. 여기에 그는 관제 개혁의 필요성이 있다고 보았다. 그는 학교제도와 과거제도가 허물어진 근본적인 이유는 이러한 사적 집단이 실사(實事)에 근거한 개혁정책을 방해하는 것에 있다고 보았다.

그는 외척에 의해 과거제도나 학교제도가 자의적으로 운영될 가능성에 대해서도 주의를 당부하였다. 즉 은음(恩蔭)을 엄격하게 하여 정사에 관여할 길을 막는 규정을 제정할 필요가 있다는 것이다. 예로, 군문에 정직(正職)과 다른 권설직(權設職)을 만들어 외척들이 임의로 군직을 겸대할 수 있게 된 것 등은 관제를 불안하게 할 수 있다. 만약 필요하다면, 한가한 사국(司局)의 판관(判官)이나 주부(主簿) 등의 관직에 주의하는 것으로 국구의 자손에게 은혜를 내리고 차례에 따라 그 관아의 당상정관(堂上正官)에 오를 기회를 주어 친족에게 실제로는 후의를 베풀고, 동시에 정사에 관여하는 길을 막는 제도로 활용할 필요가 있다는 것이다.[115] 우선 척신들에 의해 왜곡된 관직체계를 정상화해야 이에 수반한 과거제도나 학교제도도 정상화할 것으로 보았다.

---

114 『迂書』 권10, 「論變通規制利害」, "自古政權. 不在人主. 則在於宰相. 人主攬權自私. 則昧其爲君之策. 宰相擅權自恣. 則犯其爲臣之分. 歷代君臣之免此患者鮮矣. 我國政權. 則不然. 人主未嘗攬而自私也. 宰相亦未嘗專擅自恣也. 然則其權果在何處乎. 不歸君. 不歸相. 而散在一時主論者之門. 其源實出於官制之不明也."

115 『迂書』 권5, 「論戚畹恩蔭」.

4. 과거제와 학교제도 개혁론의 특성

유수원은 중국의 양사제도와 취사(取士) 제도에 많은 관심을 표했는데, 특히 명대의 학제를 그의 개혁론의 기본 틀로 하였다. 따라서 유수원 개혁안의 성격을 이해하기 위해서는 먼저 명·청 대 학제안에 대해 살펴볼 필요가 있다. 중국에서도 과거제와 학교제도가 유기적인 관련성을 깊이 맺기 시작한 것은 명대에 이르러서다. 송대에서는 과거와 공립학교의 필연적인 연결을 잘 이해하지 못한 실정이었다. 특히 명대에는 전국적인 차원에서 학교체제의 성립을 가져왔다. 『명사(明史)』, 「선거지(選擧志)」에서는 "대개 학교를 세우지 않는 땅이 없고 교육을 받지 않는 사람이 없으며 …… 이것이 바로 명대 학교의 성함이 당·송 이래로 미치지 못했던 바였다."라고 서술하고 있다.[116] 또한 「선거지」에서 "군현의 학이 태학과 관계를 맺은 것은 당대부터 시작되었다. 명에 이르러 천하의 주·부·현 아소(衙所)에 모두 유학을 세웠으니 교관은 4,200여 명이었고, 제자는 계산할 수 없었지만, 교양의 법이 갖추어졌다."[117]라고 그 흥성함을 말하고 있다. 명·청 시대를 통하여 관학은 몇 가지 중요한 기능을 담당하였는데, 특히 학교를 통해 방대한 생원 집단을 비교적 성공적으로 통제할 수 있었다. 청대의 학제는 대체로 명대의 제도를 따랐고, 유수원은 특히 청대의 용례들을 적극 도입하였다.

명대의 과거제는 학교제의 토대 위에 성립한다. 학교의 강학으로 길

---

116 『明史』 권69, "蓋無地而不設之學 無人而不納之教 …… 此明代學校之盛 唐宋以來不及也."

117 『明史』 권69, "郡縣之學 與太學相維 創立自唐始.. 迄明 天下府州縣衛所 皆建儒學 教官四千二百餘員 弟子無算 教養之法備矣."

러진 인물들을 대상으로 과거체제의 첫 단계인 거인(擧人)을 선발한다. 거인은 과거체제의 첫 단계에 위치한 자격으로서 원칙적으로는 한 단계 높은 진사 자격을 획득해야 관위를 얻을 수 있다. 진사가 전원 관위를 얻을 수 있는 것과는 차이가 나는 것으로서, 진사와 제도적으로 엄연히 구별된다. 거인의 자격 박탈 여부는, 진사와 마찬가지로 황제의 승인을 필요로 한다는 점에서 법제적 보장을 받고 있다. 거인은 학교제도를 넘어선 새 단계인 과거제도의 소산이라는 것과 그 이하의 공생이나 생원과는 달리 그 자격만으로 관위를 취득할 수 있는 가능성이 많다는 점에서 사회적으로 큰 존대를 받고 있었다. 청대에서는 과거는 원칙적으로 천민 외에 평민 이상이면 누구나 응시할 수 있었다. 문벌이나 직업의 귀천에 제한을 두지 않았다. 황제는 관료를 문벌 귀족이나 관료세력의 간섭을 받지 않고 보다 넓은 계층에서 선별적으로 임용하였다. 이런 용인권의 확대는 황제권의 통치를 용이하게 하였던 측면이 있다.[118]

다음으로 과거제가 아닌 학교제에 관련된 자격으로 공생(貢生)·예공생(例貢生)·감생(監生)·예감생(例監生)·생원(生員) 등이 있다. 공생은 주·현·부학의 재적생인 생원 중에서 선택된 분자들이므로 기본적으로 생원제도를 그 테두리로 삼고 있다. 예공생은 연납으로 공생의 자격을 사서 얻어지는 신분이다. 감생은 국자감의 학생으로서 소수였지만, 연납(捐納)에 의해 감생 자격을 얻은 예감생은 그 수가 생원 다음으로 많다는 점에서 사회적으로 중요성을 가진다.[119] 이제 이들 각각의 신분에 대한 유수원의 구상을 살펴보도록 하자.

---

118 정하영(2005).

119 민두기(1965), 47~48면.

1) '생원'의 재해석과 '사' 계층에 대한 통제

유수원은 중국이 학교를 통해 방대한 생원 집단을 비교적 성공적으로 통제하고 있다고 보았다. 그는 국가의 통제력을 벗어난 선비 계층에 대한 통제를 학교를 통하여 실현하고자 하였다. 그 연구 대상이 바로 중국의 생원 신분이었다. 생원은 신사(紳士, gentry)로서의 자격을 획득하는 첫 교육의 단계였다. 생원이란 주 혹은 현에 설치된 관학에 입적된 관학생을 의미하는 것으로, 생원이 되기 위해서는 몇 단계의 시험을 거쳐야 하는 것이었다. 그들 중에서 고학위 소지자와 관리들을 선발하였다. 생원은 학교제도에 있어서도 가장 말단에 위치한 다수의 계층이다. 그들이 과거에 응하기 위해서는 많은 중간시험을 거쳐야 하고 특별한 경우를 제외하고 그 자격만을 가지고는 어떠한 관위도 얻을 수 없는 집단이었다. 그들은 관위(官位)와는 가장 원거리에 있었으나, 관위와 전혀 관계가 없는 평민과는 매우 차별적인 존재였다.[120]

유수원은 중국에서 관학을 통해 이렇게 생원을 관리하고 통제할 수 있다는 사실에 상당한 관심을 표하고, 이에 근거해 그의 학제개혁론의 기본적인 틀을 만들었다. 유수원은 중국의 예를 들어, 우선 우리나라에서 생원이란 용례가 잘못 사용되고 있음을 지적한다. 즉 생원이란 원래 의미는, "학생의 정원을 말하는 것"이다.[121] 생원이란 생도(生徒)의 생(生)과 원액(員額)의 원(員)을 합친 개념으로 반드시 학교에 입학한 사람이라야 생원이라 부를 수 있다는 것이다. 그런데 조선조에서는 과거 초장(初場)에 합격하면 진사(進士)라 부르고 이장(二場)에 합격하면 생원(生

120 위의 논문, 48면.

121 『迂書』 권2, 「論學校選補之制」, "故生員二字. 亦不識其爲員額之名也. 今宜正名正訛. 以爲造士之本矣."

員)이라 부르고 있는데, 과거 소과는 입학(入學)과는 근본적으로 다른 차원이므로 생원이라는 개념을 쓸 수 없다고 주장한다. 이렇게 생원의 원래 의미를 강조하는 것은, 두말할 것도 없이 학교 입학의 정원을 제한함으로써 사족의 수를 제한하고자 하는 의도를 지니고 있었기 때문이다.

유수원은 중국에서는 생원을 관리하기 위해서 시험이라는 선발기제를 사용하였던 것을 주목하였다. 신사 신분으로서의 자격을 부여하는 입학시험이 동시(童試)였는데 동생(童生)으로 불리는 예비학생들의 시험을 의미한다. 동시에 합격하면 일정 교육수준을 갖춘 생원이 되었다. 일반적으로 이들은 수재(秀才)라 불리기도 하였다. 생원이 되기 위한 세 차례의 시험을 통과한 사람은 전체 응시자의 1~2%에 지나지 않았을 정도로 경쟁이 치열하였다.[122] 동시에 응시할 수 있는 사람은 양민의 남자들에 한정되었고 천인들은 권리가 없었다.[123] 유수원은 중국이 이렇게 생원을 시험제도를 통하여 편성하는 데 비하여 조선의 관학에서는 이러한 제도적 장치가 없다는 사실을 비판하였다. 명·청 대에 생원 신분이 된다는 것은 국가가 공식적으로 인정해 주는 몇 가지 특권을 보장받을 수 있다는 것을 의미했다. 국자감의 감생은 물론 생원에 대해서도 관청에서는 식량 및 생활용품 등을 지급하였다. 유학이 설치되던 홍무 2년에 생원 각 사람에게 월 6말의 식량과 소금(鹽)·초(醋) 등을 지급하다가 홍무 13년에는 월 3말 정도가 지급되었으며 홍무 15년에는 월 1석으로 대폭 증액하였다.[124] 학생들에게 준 가장 큰 특권은 요역우면(徭役

---

122 張仲禮, 김한식 역(1992), 26면.

123 위의 책, 24면.

124 『太祖實錄』 권46, 홍무 2년 10月 辛巳條.

優免)의 특권이다. 모든 감생과 생원의 경우, 자신은 물론 그의 가족 2정(丁)까지 잡역에 대한 면역의 특권을 지니고 있었다.[125] 홍무제는 생원에게 요역 면제의 특권을 주어 생원들을 일반 서민과 법적으로 차이를 둔 것이다. 그렇게 함으로써 감생과 생원이 학생의 긍지를 가지고 학업에 전념하여 장차 국가 관료로서 충실을 다할 수 있도록 유도하였던 것이다.[126] 또한 일단 취득한 학생의 자격은 종신까지 유효하도록 하여 서민이나 서리와는 크게 구분되는 특권적 계층임을 제도적으로 보장하여 주었다. 이러한 정책은 학교제도를 국가 통치의 도구로 활용하고자 하는 노력인 것이었다. 물론 생원에게는 일정한 의무와 제한요건이 있었다. 우선 생원은 유학의 재학생으로 각 성의 제학관이 주관하는 정기적인 시험에 응해야 하고, 또 재학생이므로 아직 관직 임명의 기회를 가질 수 없다는 사실들이 완전한 지배층으로 편입하는 데 제한이 되었다. 이에 생원은 감생(監生)과 함께 '하층신사(下層紳士)'의 자격을 가진 것으로 평가하기도 한다. 청대의 감생과 생원은 평민 중의 특권층인 동시에 사회의 중요한 '과도적' 그룹이었다.[127]

『우서』의 학교제도 개혁안에서는 중국 생원제도의 기본 골격은 물론이고, 이를 각 시대에 맞게 현실화시킨 부분까지도 수용한 흔적이 많다. 예로 중국에서 생원의 정원은 큰 부(府)에는 60, 보통의 부에는 40, 주(州)에는 30, 그리고 현(縣)에는 20의 비율로 할당되었다. 앞서 보았듯이 그들은 요역을 면제받았고 침식을 재공받고 매달 쌀 6말을 지급받는 등의 장학제도를 갖추고 있었다. 그는 이러한 중국의 제도에 근거해

---

125 『大明會典』에 "洪武初 …… 日給廩膳 聽於民間選補 仍免其家差徭二丁."이라고 하여 그 장학제도를 소개하고 있다. 자세한 논의는 전순동(2010).

126 『大明會典』 권78, 「學校 · 儒學 · 選補生員」條 ; 오금성(1986), 16~19면.

127 Ping-ti Ho, 조영록 역(1988), 39면.

생원의 선발은 향시(鄕試)와 같이 시험을 보아 뽑는 것을 원칙으로 하며, 일개 현(縣)에 늠선생원(廩饍生員) 20명, 증광생원(增廣生員) 20명 정도를 둘 것을 제안하고 있다. 여기에서 그가 식량을 지급하며 교양하는 사람을 말하는 늠선생원이나, 늠선생원 이외에 제학(提學)이 삼장(三場)을 시험해서 문자에 정통한 선비를 뽑아 정원을 채우게 하는데, 늠선생원의 정원이 비는 것을 기다려 늠선생원으로 올라갈 수 있는 사람을 일컫는 증광생원(增廣生員)의 제도를 제안한 것도 사실상 중국의 선례를 따른 것이다. 유수원은 증광생원이 되면 그 사람의 아버지와 자신의 요역을 모두 면제하는 특전을 주도록 하였다.

중국에서 증광생원의 제도가 채택된 것은 평민들의 팽창하는 교육욕구에 기인된 것이었다. 즉 더 많은 정원을 원하는 민의에 따라 1385년에 생원을 증원시켰고, 선덕 3년(1428)부터는 증광생이라고 하였다. 양자의 차이점은 증광생은 세시를 통과한 다음부터는 생원과 마찬가지로 향시를 치를 권리를 가지게 되지만 정부의 장학 혜택을 받을 자격이 없다는 점이다. 1477년에는 흔히 부생(附生)으로 불리는 새로운 범주의 부학생원이 고정된 정원 없이 설립된다는 법령이 마련되었다.[128] 다만 부학생들은 시험을 통하여 각 읍의 생원(生員)에 결원이 생겼을 때 제한적으로 입학할 수 있도록 하였다.

유수원은 이 부학생의 제도도 받아들여 "학교에 이름을 올리기를 원하는 사람과 시험에 떨어졌어도 학교에 남기를 원하는 사람은 허가하는데, 이름은 부학생이지만 학교의 모든 일에는 참여할 수 없는 사람들"로 규정하여 존치하고 있다.[129] 유수원은 중국의 제도를 참작하

128 위의 책, 194면.

129 『우서』에서는 "附學無非額生也."로 기록되어 있으나 "附學元非額生也."로 수정되어야

여, 늠선생원에 결원이 생기면 증광생원 안에서 선발 보충하고, 증광생원에 결원이 생기면 부학생 안에서 선발 보충하는 형식을 채택하였다. 이때 그 시행방식은 현(縣)에서 부학생(附學生)을 시험 보여 이에 합격한 사람 몇 명을 주·부로 올려 보내면, 주·부가 이들을 합쳐 시험하여 몇 명을 뽑은 뒤에, 제학이 또 몇 읍을 합쳐서 그중 소수를 뽑도록 하였다.

그렇다면 이 부학생 제도는 어떤 계층을 염두에 두고 시행하고자 하였을까? 이 제도를 채택한 이유가 당시 광범위하게 존재하고 있던 잔반층이나 한유(閑儒) 계층, 혹은 시험에서 탈락한 일부 사족층의 불만을 다스리기 위한 것인지, 아니면 상대적으로 경쟁에 불리한 농·공·상 계층을 위한 것인지 명확하지 않다. 제학이 유재(遺才)를 선발할 때에 이들 부학생들도 늠선생원 및 증광생원과 함께 응시할 수 있도록 한 조항으로 볼 때, 우선 생각해 볼 수 있는 것은 탈락한 기존 사족 계층의 불만을 다스리고자 한 고육책으로 이 제도를 시행하고자 한 것으로 유추해 볼 수 있다.[130] 그는 이들 부생원들이 비록 정원 외의 생원이나, 과거응시 자격은 갖고 있는 선비〔士〕로 자리매김하고 있다.[131]

유수원은 부학생 제도와 평민층의 관계에 대해 많은 고민이 있었던 것으로 보인다. 그는 이들에 대한 대우는 사실상 평민층에 준할 것임을 언급하고 있다. 그는 부학생이 너무 많지 않겠느냐는 우려에 대해, "부

한다.

130 만일 한 도에서 1천 명을 향시에 뽑아 올리게 한다면, 학교를 감독하는 사자(使者)가 합시(合試)할 때에 먼저 늠선생원과 증광생원 가운데서 9백 95명을 뽑고, 그 다음에 부학생 가운데서 5명을 참작 선발하여 유재(遺才)라는 이름 아래 향시에 보내는 형식이다.

131 『迂書』 권2, 「論學校選補之制」, "或曰. 遺才考試. 則雖非廩增附學. 亦可觀光乎. 答曰. 此外非士也. 何可許赴."

학생이 많고 적은 것이 무슨 상관이 있겠는가. 다만 범민(凡民)으로 대우하여 늠선(廩饍)을 주지 않고 요역(徭役)도 면제하지 않으며 오직 다음 시험에 응시할 수 있는 자격만 줄 뿐"[132]이라고 하여 형식은 사 계층에 속하되 그 실제적 대우는 평민 계층에 준할 것임을 말하였다. 또한 부학생을 더 두게 되면 농·공이 되기를 부끄럽게 여기는 사람들이 대거 유입될 것이라는 질문에 대해서는, "늠료도 주지 않고, 천거도 하지 않아 아무런 재미가 없을 것이니 학문을 모르는 사람들이 이곳에 들어간들 무슨 소용이 있겠는가."라고 하여 학문에 뜻을 둔 소수의 양인층만이 부학생 제도에 유입되리라 예상하고 있다.[133]

그러나 그가 생각하는 최종적인 교육의 이상은 각 향리 단위에서 모든 계층을 대상으로 교육을 실행하는 것에 있었다. 그는 중국의 경우, 문벌로 인재를 등용하지 않기 때문에 사람들은 모든 향리(鄕里)마다 반드시 사학(社學)이 있어 범민(凡民)으로 자제를 가진 사람은 모두 이곳에 보내어 교육시키며, 그리고 부귀한 집이나 대상들은 거의 가정에 문사를 초청하여 자제들을 교육시키는 관사(館師)를 설립하고, 범민(凡民)들의 모든 집 자제들은 6세가 되면 스승에게 나아가 학업을 닦는다고 소개하고, 이것을 학교 운영의 가장 이상적인 형태로 삼고자 하였다.[134] 그의 구상이 모든 평민들에게 교육의 혜택을 부여하는 것에 있었음을

132 『迂書』 권2, 「論學校選補之制」, "或曰. 然則附學. 無乃太多乎. 答曰. 附學多少. 有何關係. 但當以凡民待之. 不給廩饍. 不蠲徭役. 而只許其附試於後次而已."

133 『迂書』 권2, 「論學校選補之制」, "或曰. 額生之外. 若設附學一塗. 則恥爲農工者. 必多投入矣. 答曰. 無廩無貢. 全沒滋味. 不文之流隷 此何用."

134 『迂書』 권2, 「論學校選補之制」, "且中國. 則不以門閥用人. 故人皆望其子孫之顯揚. 一鄕一里. 必有社學. 延請文士. 以爲之師. 凡民有子者. 皆送之讀書. 而父兄斂出銀米以饋. 此乃社學也. 富貴家及大商之流. 亦多延請文士於家. 以教子弟. 此之謂館師也. 凡人家子弟五六歲. 則已請師受業."

알려 준다.

한편 그는 학교가 성공적으로 운영되기 위해서는 관에 의한 감독 및 장학 기능을 강화할 필요성이 있다고 보았다. 그는 중국의 제독관 제도를 주목하였다. 학교의 구성요소 중에서 학생〔選士〕과 스승이라는 요소 이외에 특히 학정(學政)을 제독(提督)하는 관리의 중요성을 강조하였다. 이 세 가지 구성요소 중에 한 가지라도 없으면 학교가 성립할 수 없다고 보았다. 그런데 조선 후기 지방의 학교가 제 기능을 하지 못하는 이유는 학정(學政)을 제대로 검찰할 관료가 부재한 것에 있다는 것이다. 그는 학교 행정과 관리의 영역에 본격적인 관심을 기울이기 시작한 인물이다. 그는 비록 주・현들의 재정 상태가 열악하지만 중국에서 선비들에게 늠료(廩料)를 주는 방법을 참작하여, 학생들에게 늠료를 지불할 것을 제안하였다. 그리고 학교 안에는 선부(饍夫)와 재부(齋夫)를 몇 명씩 두어서 유생들을 공궤하도록 하고, 학규(學規)에 따라 교도하되 매월 월강(月講)・순강(旬講)・회과(會課)・계고(季考) 등의 절목을 두도록 하였다.

그러나 생원제도에 대한 유수원의 적극적인 수용 의사에도 불구하고, 중국사회에서는 생원 신분에 대한 관리에 여러 난맥상이 노정되고 있었다. 명 말 생원위(生員位)를 파는 등의 문란상으로 인해 평균 한 세대 동안 누적 생원의 수적 증가는 질적 저하뿐 아니라 과거 시험 후보자의 공급 과잉을 초래하였다.[135] 청대의 생원과 감생이 자신을 비하하는 일이 너무 흔하였으므로, 『학정전서(學政全書)』에서 보이는 조령에서는 그들이 상점의 경리나 지방의 관개사업을 하는 곳의 서리, 지방의 소규모 중개인, 지방관청의 요역 등을 못하게 하였다. 그러나 이들이

135 고염무, 『亭林文集』 권1.

그들의 지위를 버리고 소상인이 된 예가 많다.[136] 명·청 대의 많은 관리와 가족들은 상업에 종사하였다. 공작·백작·후작과 사품 이상의 관원은 그들의 가족 혹은 노복이 상업에 종사하는 것이 금지되었는데도 이를 어겼다.[137] 1545년부터 1581년까지 19년 동안 전체 재적 감생 16,070명 중 42.6%인 6,869명이 연납감생(捐納監生)일 정도로 학교제도와 과거제의 골격은 이미 허물어지고 있었다.[138] 유수원은 아직 중국에서의 생원 운영이 이러한 난맥상에 처해 있다는 현실에 대해서는 별다른 정보를 얻지 못하였던 것으로 보인다. 그의 개혁안은 구체적인 중국의 현실에 근거한 제안이라기보다는 그의 책상 위에서 설계된 다소 추상적인 상태에 머물고 있었다.

2) '거인(擧人)'제도와 '감생(監生)'의 성격

중국에서 중간 학위인 거인은 각 성에서 향시를 통과해야 되는 것으로, 이들은 하급관직에 임명될 수 있었다. 거인은 공생(貢生)·감생(監生)·생원 등으로부터 배출되었다. 명 초에는 진사시험에 실패한 거인은 바로 주·부·현학의 교관으로 임명될 수 있었다.[139] 도광 연간과 함풍 연간의 기록을 보면 평생을 거인으로 살아간 사람의 숫자가 약 만 명에 이른다고 하며, 이들 중에서 3년마다 치러지는 회시에 참가하는 인원이 약 8천 명에 이르렀다고 한다.[140] 이러한 사실은 비록 이들이 진

---

136 Ping-ti Ho, 조영록 역(1988), 41면.
137 위의 책, 98면.
138 위의 책, 37면.
139 위의 책, 29면.
140 張仲禮, 김한식 역(1992), 182면.

사 계층과 함께 중국사회 엘리트층의 상층부를 차지하고 있었으나 사회적으로 상당히 불안한 위치를 차지하고 있었음을 말해 준다.

유수원은 종래의 생진 계층을 '거인(擧人)'이라는 이름으로 새롭게 재편하고자 하였다. 그는 당시 향시의 정원이 너무 많다는 전제하에 인원수를 축소할 것을 제안하였다. 또한 향시는 도 단위로 인원수를 배정하여 선발하도록 하였다. 다만 향시에서 3번 떨어진 학생은 '고퇴생원(考退生員)'이라고 하여 학교에서 내쫓아 백성이 되게 하였다. 양반 신분을 시험을 통하여 평민으로 만들 수 있다는 것으로, 당시로서는 매우 혁명적인 발상이었다. 다만 한 번 향시에 합격한 자에게는 매번 회시에 응시할 수 있도록 하여 의도적으로 경쟁을 유도하였다.

한편 그는 거인과 공사(貢士)[141] 가운데 일부를 뽑아 '관생(館生)'이 되도록 하였다. 그의 이러한 구상도 상당 부분 중국의 방식을 원용하고 있는 것이다. 특히 그가 제안한 부방(副榜)제는 전적으로 중국의 제도와 같은 것이다. 그는 우선 "여러 도에서 해마다 추천해 보내는 학생들이 기일에 맞추어 올라온 뒤에 정시(庭試)를 실시하여 합격된 자를 관생(館生)이라 부르고, 성균관 안에서 교직 발령을 기다리도록 하였다. 그는 중국의 감생(監生)제도를 모델로 하여 성균관을 개혁하고자 하였다.[142]

명대 국자감에 입학하는 데에는 공감(貢監)·거감(擧監)·음감(蔭監)·예감(例監) 등의 경로가 있었다.[143] 국초에는 주로 공감과 거감이 많았다. 공감이란 지방 부·주·현학의 생원으로서 입감하는 경우를 말하는 것

---

141 유수원에게 공사(貢士)의 개념은 한성 향시에 합격한 사람을 일컫는다.

142 명대에는 감생은 국자감 감생이 주가 되고 그 자격 자체로서 관료가 될 수도 있었던 것으로 청대의 예감생 중심의 감생과는 다르다. 청대의 중기와 말기에 감생은 연납감생이 대종을 이루게 된다(민두기, 1965, 47~48면).

143 김동인(1988).

으로, 여기에도 아직 향시에 합격하지 못한 지방 생원이 매년 추천되어 입감하는 세감(歲監), 선발 시험에서 우수한 성적을 얻어 입감하는 선공(選貢), 국가의 큰 경사가 있을 때에 은소에 의해 특별히 입감되는 은공(恩貢), 연납(捐納)하고 입감하는 납공(納貢) 등이 있었다. 그리고 국자감에 입학한 거감(擧監)이란 과거의 향시에 합격한 거인(擧人) 중 경사에서 실시하는 회시에 실패한 후 다음의 회시를 준비하기 위하여 국자감에 입학한 학생을 말한다. 홍무 18년부터는 회시에서 낙제한 거인, 곧 하제거인(下第擧人)도 국자감에 보내어 다음 과거를 준비하게 하였다. 영락제도 이런 제도를 이어받아 하제거인을 국자감에 보내어 다음 시험을 준비하게 하였다.[144]

또한 우감(優監)이라고 하여, 학정(學政)이 3년 만기가 되기 전에 증생(增生)으로 보충되지 못한 부생(附生), 혹은 늠생을 선발하여 입감해서 공부하도록 하는 방법이 있었다. 다음으로는 은감(恩監)이라고 하여, 성현의 후예 및 팔기(八旗) 중의 한족 문관 학생이 입감에 합격하여 공부하는 경우이다. 다음으로는 음감(廕監)의 경우로서 두 가지가 있는데, 하나는 문관 경관 4품, 외관 3품 이상, 그리고 무관 2품 이상일 경우, 아들 한 명이 음은으로 입감하여 공부하는 자이며, 이는 '은감(恩監)'이라고 불렀다. 또 하나는 순사(殉死)한 대소 문무 관리일 경우, 아들 한 명이 음은으로 입감하여 공부하는 경우이며, 이를 난음(難廕)이라고 불렀다.[145]

---

144 전순동(2010).

145 劉兆璸(1977), 제2장, "國子監爲國家最高學府, 入監肄業者曰監生, 亦稱太學生, 共有四種: 甲, 優監 優監係學政三年任滿前, 選拔附生未補增生或廩生入監肄業者. 乙, 恩監 恩監係聖賢后裔及八旗漢文官學生考取入監肄業者. 丙, 廕監 廕監有兩種(一)文官京官四品外官三品以上武官二品以上, 廕一子入監肄業者曰'恩監'. (二)殉難大小文武官吏廕一子入監肄業者, 曰'難廕'. 丁, 例監 晚淸加納貲捐監, 並不入監肄業, 謂之'例監'. 其中亦

유수원도 이러한 중국 제도를 고려하여 개혁안을 제출하였다. 즉, "거인의 경우는 회시에 합격한 자 이외에 그 다음 등급으로 점수가 모자라서 떨어진 자 약간 명, 즉 많아도 10명이 넘지 않는 수효를 적절히 뽑아서 태학(太學)에 보내도록 하고, 이들을 부방(副榜)이라 부르게 하였다. 부방(副榜)을 적체된 거인들에 대해 적절하게 통로를 열어 주는 창구로 활용한 것이다. 그는 이 부방들이 공사(貢士)들과 함께 독서하면서 선발되기를 기다리도록 하였다. 그러나 그는 거인이 비록 과거 급제인의 자격을 가졌으나 그 임용하는 격례(格例)에서 문과 출신과 현격한 차이를 두었다. 거인은 회시(會試)의 부방(副榜)으로 관생(館生)이 되었으므로, 본 관생과 함께 정시(庭試)에 응시하여 합격되면 현·읍의 학직(學職)을 받도록 하였다. 그리고 학직으로 임기를 만료한 뒤에 그 성적이 가장 우수한 사람은 현령으로 승진시키고, 현령이 되어 3·6·9년의 임기 동안에 좋은 성적을 거둔 사람은 외직으로는 관찰사에, 내직으로는 삼조(三曹)의 관원 및 3조의 정당(正堂)에 등용되도록 하였다. 거인의 관품에 상한선을 둔 것이다. 또한 공사(貢士)와 은음(恩蔭)에 대한 임용은 거인만 못하게 하여 관료제도의 위계적 질서를 구축하도록 하였다.[146] 그가 '거인'제도를 통하여 향시에서 3번 떨어진 '고퇴생원(考退生員)'을 학교에서 내쫓아 백성이 되게 한 것은 당시 신분제의 근간을 흔드는 엄청난 개혁적인 구상이었다. 양반 신분을 시험을 통하여 평민으로 만들 수 있다는 것으로, 신분이 귀속적인 지위가 아닌 명실상부한 능력에 의한 획득적 지위라는 것을 의미한다. 학교가 이러한 역할의 중

分兩種, 一爲捐監以取得參加 鄉試資格, 一爲捐監求官, 以取得捐官之初步程序, 蓋捐官必自初步捐起, 逐步加捐, 始達所希階級也."

146 『迂書』 권2, 「總論選擧貢蔭事理」.

심을 차지할 수 있도록 하여 조선사회 내부에서 탈중세적 교육의 가능성을 열어 주었다.

3) '공거(貢擧)'제도의 실행 목적과 의미

『우서』에서는 공거제도를 매우 소략하게 다루고 있다. 그는 삼대 이래의 공거제와 명·청 시기의 공거제가 지니는 의미를 상당 부분 혼동하여 취급하는 것으로 보인다. 그는 「논학교선보지제(論學校選補之制)」에서 공거제를 언급하면서, 이 제도의 이상이 삼대에서 유래된 것으로 과거를 통해 검증할 수 없는 사람의 덕행을 살필 수 있는 제도임을 강조한다. 그리고 그는 청대의 세공생(歲貢生)제도가 공거제에 토대하고 있음을 부각시킨다. 그러나 기실 이 세공생을 포함하여 공생제도는 매우 현실적인 제도이다. 공생도 상층 신사의 중요한 층위를 이룬다.[147] 공생도 거인과 함께 예비관료와 평민 사이의 경계를 긋는 지위이다. 공생이란 국자감에서 공부를 더 하게 하고 종국적으로 하급관리에 임명하기 위하여 선발된 초급학위 소지자이다.[148] 생원 중에서 향시에는 합격하지 못하였으나 학문적 명망이 있는 사람들에게 공생, 즉 '국비학생'의 호칭이 주어졌다. 공생은 부학(府學)·주학(州學)·현학(縣學)의 생원 가운데 경사에 뽑아 올려 태학에 입학시켰기 때문에 '국비학생'이라고 하였다.[149] 청대에 이르면 특별 시험을 통과한 거인과 공생은 그 차

---

147 張仲禮, 김한식 역(1992), 183면.

148 중국의 경우, 공생과 생원은 기본적으로 차이가 있다. 생원은 유학의 재학생으로 각성의 제학관이 주관하는 정기적인 시험에 응해야 하고, 또 재학생이므로 관직 임명의 기회를 가질 수 없었다. 반면 졸업생으로 간주되는 공생의 경우에는 정기시험을 봐야 할 필요성도 없고 또 필경에는 하급관리로 임명될 수 있는 자격을 가지고 있었다.

이가 매우 희미하게 된다. 그러면 유수원이 생각하는 공생에 대한 이해는 어떠하였는지를 먼저 살펴보도록 하자.

> 중국에서는 세공(歲貢)의 관례가 부학(府學)에서는 1년에 1명, 주학(州學)에서는 3년에 2명, 현학(縣學)에서는 2년에 1명씩을 각각 천거하게 되어 있다. 이제 우리도 학교 학생 가운데서 언행에 결점이 없고 학문이 훌륭하며 오랫동안 늠료를 받아 공거에 응할 차례가 된 사람을 제학(提學)이 미리 선발하였다가 몇 명을 뽑아 보내도록 한다. 그리고 이 중 공거에 나가기를 원하지 않는 사람이 있으면, 그들에게는 향시에 응하도록 허락하고, 그 다음 차례에 해당되는 사람을 공거에 보충하여 보내도록 하면 좋을 것이다. 공거로 올라온 사람들은 다시 성균관의 학생, 회시에서 떨어진 거인(擧人), 은음(恩蔭)으로 뽑힌 자제들과 함께 정시(庭試)에 응시시켜 더욱 정밀하게 선발하게 한다. 이런 뒤에 지방 교직에 자리가 나는 것을 기다려 일제히 분배하여 제수하도록 하는데, 그 가운데는 또한 거인·공사(貢士)·은음 자제를 관직에 선발하는 조례가 있어서 대우에 차이가 있게 한다. 그리고 교직으로 나간 뒤에는 그 임기가 만료되는 것을 기다려 성적에 따라 수령으로 승진·차출하게 하면, 과거·공거·은음의 세 가지가 모두 활용되게 되니, 선비를 뽑고 인재를 선택하는 방법이 이보다 나은 것이 없을 것이다.[150]

위의 인용문으로 보아 유수원은 공생제도를 과거제의 보완재로 인식하고 있었다. 그는 중국의 경우 공생이 엄연한 하나의 계층으로 작용

149 張仲禮, 김한식 역(1992).

150 『迂書』 권2, 「論學校選補之制」.

하고 있었던 사실에 대해서는 별달리 주목하지 않았던 것으로 보인다. 중국에서의 세공(歲貢)은 늠생 중에서 10년 이상 식늠을 받고 세고(歲考)에서 일등을 거둔 자를 대상으로 학정(學政)에 의해서 매년 혹은 수년마다 1, 2명씩 뽑혀서 경사로 추천되어 국자감에 들어간 자들이다.[151] 말하자면 누적된 늠생들의 불만을 다스릴 통치차원의 제도라 할 수 있다. 다음으로 은공(恩貢)은 국가의 경사가 있을 때, 예를 들어 황제나 황태후의 생신, 황제의 등극, 대혼(大婚)이나 대규모적인 개선 의식에 늠생이 출공(出貢)되는 것을 은공이라고 하였다.[152] 이밖에 12년 만에 유년(酉年)에 뽑는 발공(拔貢)[153]과 청나라에서 시작된 우공(優貢),[154] 그리고 향시에 급제한 자는 거인이 되어 정방에 이름을 기재하나 각 성에는 모두 정액이 있으므로 그중에 답안이 우수하나 정원이 차는 바람에 누락될 경우에 적용되는 부공(副貢)[155] 등이 거인제도의 한계를 메우도록 고안되었다. 이렇게 중국에서의 공생제도는 학교와 과거의 제도상 한계

---

151 劉兆璸(1977), "歲貢生簡稱歲貢, 凡廩生食餼十年以上, 歲考一等, 由學政於每歲或每數歲, 選一二名, 貢至京師, 入國子監讀書, 謂之歲貢, 後來亦不去監讀書, 僅有此榮名."

152 위의 책, "恩貢生簡稱恩貢, 凡遇國家有慶典, 如萬壽, 皇帝登基, 大婚, 大規模凱旋有恩詔公佈之年分, 廩生適於是年出貢, 謂之恩貢. 故恩貢卽是歲貢, 因適逢國家有慶典之年出貢, 特有此榮名. 恩貢有一特殊權利, 非有重大原因, 學政不能呈請革去其科名."

153 위의 책, "拔貢生簡稱拔貢, 每十二年逢酉年, 學政案臨各府, 州, 縣, 於歲考后, 擧行拔貢考試. 府學取二名, 縣學一名. 考生自行報名, 考試兩場, 題目繁多, 非寫作俱佳, 考一等最多, 品行端正, 在地方負有聲望者, 不能膺選, 故拔貢多爲廩生. 試後由學政會同督撫再試一場, 但無變動. 拔貢十二年選一次, 人數甚少, 規定寧缺勿濫, 學政濫選, 應受處分, 是以極爲社會所重視."

154 위의 책, "優貢生簡稱優貢, 淸始有之. 學政於三年任滿前, 例由各府, 州, 縣敎官保擧所屬品學兼優之生員, 呈送學政會同巡撫考優貢, 以備次年送京朝考. 其名額大省六名, 中省四名, 小省二名. 朝考一等者授知縣, 二等授敎職. 惟優貢之初步選拔, 未經考試, 其間固多優秀, 但亦有由權勢賄賂而來."

155 위의 책, "鄕試中式爲擧人, 名登正榜, 各省均有定額. 其中考卷優良以額滿見遺, 或極好卷中有疵瑕者, 均列入副榜. 定例每五名正榜, 取一副榜, 取入副榜者曰副貢, 俗稱副榜. 副貢不能會試, 有考取兩三次副貢仍不能會試者."

로 인해 탈락된 인물들에 대한 구제책의 성격이 농후한 반면, 유수원이 생각한 공거제(貢擧制)는 과거 시험을 통하여서는 검증할 수 없는 덕망과 학덕인을 구제하는 제도로 활용되었다. 그는 과거제도의 원형을 최대한 훼손하지 않고 공거제의 장점을 부분적으로 접목하고자 한 것으로 이해된다. 그는 문・무・음사 세 가지도 벼슬길이 원활하지 못한데, 공사(貢士)와 이원(吏員) 두 가지 벼슬길까지 터놓으면 더욱 벼슬길이 막힐 염려가 있을 것이라는 우려에 대해 다음과 같이 대답한다.

> 오늘날의 문・무・음직의 입사(入仕)・복직(復職)・승진에 정격(定格)・정제(定制)가 있다고 보는가. 문과의 경우를 보더라도 한평생 미관말직도 얻지 못하고 죽은 사람이 많은데, 하물며 무과야 더 말할 나위가 있겠는가. 정격이 없고 공도(公道)가 없고 출척과 상벌이 없어서 온 나라에 관리로 종사하는 자는 형세(形勢) 두 글자에 있을 뿐이다. 이제 만일 내가 논의한 법을 실행한다면, 유생으로부터 조정 관리에 이르기까지 모두 정액과 정격이 있게 되어, 관직을 얻고 못 얻는 것이 오로지 자신의 재능 여하에 말미암게 되고 품계가 오르고 못 오르는 것이 오로지 성적 여하에서 나오게 될 것이다. 그리하여 모든 일들이 법에 의거함으로써 자신이 성취하려는 마음이 없게 되고, 모든 사람들이 스스로를 책망함으로써 정치에 사의가 없게 된다. 현명한 사람은 스스로 연마하여 향상해 나갈 것이고, 현명하지 못한 사람은 자신의 능력을 헤아려 그 분수에 그칠 것이니, 벼슬길에 절대로 혼잡이 없을 뿐 아니라 벼슬길이 막힐 염려도 없으리라 본다.[156]

---

156 『迂書』 권2, 「總論選擧貢蔭事理」, "或曰. 卽今仕路. 文武蔭三歧. 不勝其壅滯. 又開歲貢吏員二歧. 則尤當有淹滯之患矣. 答曰. 今日文武蔭之入仕復職陞遷. 果有定格定制乎. 以

그는 당시의 과거제도는 정격(定格)과 정제(定制)가 무너진 상황이라고 진단한다. 당시의 과거제도가 무정격(無定格)·무공도(無公道)·무출척(無黜陟)·무상벌(無賞罰)의 사무의 상태라고 질타한다. 그는 온 나라에 관리로 종사하는 자는 모두 '형세(形勢)'를 좇아가고 있다고 개탄한다. 그 형세란 물론 문벌가를 겨냥한 것이다. 그의 과거제 개혁안은 '모든 일들을 법에 부합하도록 하는〔事事而付法〕' 법치주의의 실현에 그 목표를 두고 있다. 과거제도를 '천하지공지물(天下至公之物)'로 되돌리는 것이 그의 꿈이었다. 그러나 그는 공거제(貢擧制)라는 틈과 여지를 둠으로써 과거제의 한계를 극복하고자 하는 일종의 변법적 태도를 취하고 있다. 처음 서론 부분에서 언급한, 예치와 법치의 결합 형식을 공거제의 존속을 통해 드러내 보여 주고 있다.

5. 결어: 유수원 과거제 및 학교제도 개혁안의 의미

그렇다면 농암의 학제 개혁안이 지니는 의미는 과연 어디에서 찾을 수 있을까? 농암은 사실상 양반층 특히 벌열가에 의해 독점되던 교육체제를 허물고 국가라는 공적 권력이 교육에 대한 지배력을 행사하는 '국가교육체제'의 성립을 기대하였던 것으로 보인다. 농암은 그의 개혁론이 '순리(順理)'와 '자연(自然)'에 근거해 있음을 강조하고 있다.[157] 이

文科言之. 終身不霑一命而死者無限. 況武科乎. 無定格. 無公道. 無黜陟. 無賞罰. 擧國之所從事者. 不過形勢二字而已. 若行此法. 則自儒生至朝官. 皆有定額定格. 官職之得不得. 專由於自己之才不才. 資級之翢不翢. 專出於政績之治不治. 事事而付法. 我無成心也. 人人而責己. 政無私意也. 賢者淬礪而自勉. 不肖者量能而自止. 吾只見其仕路之絶無混淆而已. 未見其有壅滯之慮也."

157 『迂書』 권2, 「論救門閥之弊」, "雖然天下萬事. 不出於順理而已. 自然而已."

말은 그가 설계하고자 하는 관료제는 인치(人治)가 아닌, 법제와 시스템으로 작동되는 체제라는 것을 말한 것이다. 그는 "관리의 전형이 공정하지 못하면 민심(民心)이 신복하지 않는다."[158]고 하였다. 이런 점에서 볼 때 그의 학제 개혁안은 국가경영이라는 큰 틀을 완성하기 위한 '선사(選士)' 기능에 초점을 둔 개혁안이었다고 할 수 있다. 이러한 그의 학제 개혁안은 다수 성리학자들의 개혁안이 학교의 도덕적인 역할을 증대하고자 하는 '양사(養士)'의 기능에 더욱 주목하였던 사실과 구별된다. 본고에서는 유수원의 법치적 경향성이 퇴계로 대표되는 인의의 정치와 덕치, 그 자체의 의미는 높이 평가하고 있다는 점에서 순자적인 해석 그 이상을 결코 벗어나지 않고 있음을 말한 바 있다. 여기에서 순자적인 해석이라고 함은 유가와 법가의 경계선에 자리한 사상을 말한다. 유수원은 순자가 시도한 예치와 법치의 결합 방식을 통해 조선 후기의 제반모순을 극복하고자 한 것으로 이해된다. 이 문제는 앞으로 율곡 이후 변법론의 전통을 이은 소론 개혁론의 성격과 어떤 관련성이 있는가 하는 좀 더 포괄적인 설명을 기다리고 있다.

그가 기획하고 있던 '국가교육체제'는 근대국가에서 나타나는 '국민교육체제'라는 공교육체제와는 구별할 필요가 있다. 물론 농암이 제안하는 교육 개혁안에는 이전에는 볼 수 없었던 사민분업, 나아가서는 사민평등의 정신이 스며들어 있다. 양민의 자제가 당당하게 교육을 받고 과거를 치를 수 있는 사회적 기반을 마련하고자 하였다. 유수원의 교육론 속에서 가장 주목되는 것은 그가 교육 수혜층의 범위를 크게 확대하고자 하였다는 점이다.[159] 이 점은 그의 교육론이 지니고 있는 근대성

---

158 『迂書』 권5, 「論官制年格得失」.

159 1803년에 작성된 광산김씨 고문서에서는 이미 이 시기에 천인가의 자제들 중에서도

의 한 징표라 할 수 있다. 유수원은 물론 천인가의 자제들에게는 사(士)로의 진입을 허락하지 않고 있다. 그러나 그는 사가 될 수 있는 자격은 "공경자제와 양인자제를 가리지 않고 신명에 흠이 없는 사람이면 누구나 사로 선발될 수 있는 자격이 있다."[160]고 하였다. 따라서 앞에서 거론한 바처럼 당연히 농·공·상의 자제도 여기에 포함되는 것이다. 농암은 15세 이전까지는 누구나 사숙에서 초등교육을 받아야 한다고 믿었다. 그 다음 자질을 평가하여 능력이 되는 사람은 관학에 진학하도록 하였다. 그에 따르면, 성인은 만민을 교육시켜 양성하고자 하였지만 국가의 힘이 미치지 못하므로 부득이 백성 가운데 일부를 선발하여 사로 키울 수밖에 없다고 하였다.[161]

그의 이러한 교육관은 후기 실학자들의 생각 속에서도 가장 선진적인 것이다.[162] 초기에 실학적 기풍을 선도한 지봉(芝峰)은 아직 양반 계층의 완고한 교육관을 지니고 있었다. 그는 "부인이 시를 지을 줄 알면 곧 물의를 일으키게 되고, 또 종놈이 글자를 알게 되면 반드시 잘못을 저지르게 되는 것이니 차라리 알지 못하는 것만 못하다."[163]고 하며 노비교육의 유해론을 주장하고 있다. 그는 허노재(許魯齋)의 말을 빌어, 하층민에게 교육이 불필요한 이유를 우민들은 다스리기가 용이하기 때문이라고 하였다.[164] 지봉은 난후에 군공(軍功)·납속 등으로 면천한 사

능문능필의 인물들이 많이 나타난다고 하여 놀라움을 표시하고 있는 대목이 나타난다.

160 『迂書』 권2, 「論學校選補之題」.

161 『迂書』 권2, 「論救門閥之弊」.

162 조선 후기 평민 교육에 관해서는 졸저(2013) 참조.

163 『芝峰類說』 권16, 「語言部」, 俗諺, "李義山雜纂曰 措大解音聲 則廢業 婦人解詩 則犯物議 劣奴解字則過 不如不解也此言政是."

164 『芝峰類說』 권16, 「語言部」, 雜說, "許魯齋言 馬騎上等馬 牛用中等牛 人使下等人 馬上等 能致遠 牛中等 則馴善了 人下等易訓使 若聰明過我 則我反爲所使 此語誠然 可爲使僕役之法也."

람이 많고 노비 중에 과거에 합격하는 자도 상당수 있으며, 이들은 사족을 멸시하고 주인을 능멸하며 심지어 살해하는 사례까지 나타남을 우려하였다.[165] 그의 시대에는 아직 신분제의 장애를 극복할 수 있는 적극적인 전망을 내놓기에는 이른 감이 있었으나, 학교제도를 신분적 차별을 강화하는 적극적 수단으로 인식하고 있었다는 점에서 중세적 틀을 벗어나지 못하고 있었다.

그러나 반계에 오면 하층민의 교육을 제한적으로 검토하고 있다. 그는 문벌·족벌의 혁파를 주장하고, 귀천은 타고난 것이 아니라고〔天下無生而貴者〕 강조한다. 그는 학제 개혁안에서 향촌에 서당을 세우는 것은 오로지 사족만을 위한 것이 아니라 천하의 모든 백성에게 교육의 혜택을 주고자 한 것임을 밝히고 있다.[166] 다만 반계도 상급학교로 제시한 읍학(邑學)과 사학(四學)은 "공장(工匠), 상인, 시정의 아들 및 무격(巫覡) 잡류의 아들과 공사 노비의 아들은 입학을 허락하지 않을 것"이라고 하여 교육의 수혜 대상에 일정한 차등을 둘 것을 제안하고 있다. 이 점에서 반계의 시대와 농암의 시대는 이미 구별된다. 이러한 태도는 그가 조선시대의 노비제에 대해 "어찌 사람이 사람을 재산으로 할 수 있겠는가."[167] 하고 그 폐해를 통박하면서도 노비 종모역법을 그대로 시행할 것을 주장하는 것과 같은 맥락에서 이해될 수 있을 것이다.[168]

하층민 교육에 대한 생각은 성호(星湖)에 이르면 상당한 변화가 나타

---

165 『芝峰類說』 권3, 「君道部」, 制度, "亂後 或以軍功 或以納粟 輒許免賤 冒僞滋多 以至登科 頂玉者比 故蔑視士族 淩侮其主 至有叛弑之變 日後之了 恐有不可言者."

166 『磻溪隨錄』 권9, 「教選之制」 上, "夫旣設閭塾党庠 則非獨爲士者有教 天下之民 無不教之人矣."

167 『磻溪隨錄』 권26, 「續篇」 下, 奴婢條.

168 『磻溪隨錄』 권26, 「續篇」 下, 奴婢條, "母若良女 則又使從夫爲賤 是法不爲法, 而唯驅人入賤矣 非法中 又非法矣."

난다. 그는 비록 천인이라고 하더라도 발군의 재능이 있으면 뽑아 쓸 것을 주장한다.[169] 그의 과거제 개혁안에는 시권(試卷)에 사조(四祖)와 그들의 관직명을 밝혀 온 것을 폐지할 것과, 천인이라고 하더라도 과거 응시를 허가하도록 하는 혁신적인 구상을 제안하고 있다.[170] 천인에게도 과거의 문호를 개방하겠다는 구상은 곧 하천 신분에게도 교육의 기회를 가능한 확대하고자 한 것이다. 성호의 이러한 구상은 "우리나라의 노비제는 천하고금에 없었던"[171] 악법임을 통감한 데에서 비롯된 것으로 이해된다.

반계와 성호의 이와 같은 선진적인 신분관은 교육을 바라보는 관점에도 상당한 변화를 가져온 것이었고, 농암에게도 당색을 뛰어넘어 영향을 주었으리라 짐작된다. 또한 그의 독특한 사민론은 같은 당색인 하곡이나 심대윤의 생각과도 상당한 교감이 있었으리라 보인다. 사민은 모두 자기의 생업에 종사하여야 하고 양반 계급의 특권을 인정하지 않았던 하곡의 사민론이나, 사농공상은 각기 직분을 먹고 살아가야 하는데 "사는 자기 직분을 비워 놓고 먹을 것을 훔치며 명예까지 훔치고 있으니 이는 천하의 대적이다."라고 질타한 심대윤의 사민론은 기본적으로 유수원의 발상과 맥을 같이하는 것으로 보인다.

그런데 여기에서 간과하지 말아야 할 사실은 유수원이 비록 교육에 대한 수혜층은 공·상인층까지 확대하였으나, 이러한 교육의 확대가 국가의 인력수급에 급격한 혼란을 주지 않도록 제도적 구상을 하고 있다는 사실이다.[172] 즉 그는 학교의 입학 정원을 엄격하게 제한하여, 통

169 『星湖先生文集』 권30, 「論奴婢」.

170 『星湖僿說類選』 권10, 「薦拔町畝」.

171 『星湖僿說類選』, 「人事篇」 卷三, 〈親屬門〉 奴婢條, "我國奴婢之法 天下古今之無所有也 一爲臧獲 百世受苦 猶爲可傷 況法必從母役."

제할 수 없는 다수의 인원들이 과거에 응시하는 폐해를 극복하고자 하였다. 그는 국가가 하여야 할 매우 중요한 임무는 선비의 선택·보충에 정원을 정하는 일이라고 확언한다.[173] 조선사회를 이끌고 갈 관료후보군의 정액은 언제나 국가가 엄격하게 관리하여야 한다는 것이다. 그는 넘치는 '가칭유학(假稱幼學)'과 '공사(空士)', 그리고 관직을 독점하는 문벌들이 나라를 혼란에 빠트리고 과거제를 문란하게 한다고 보았다. 그는 "제학이 순회하며 시험을 보일 때 세 번 떨어진 사람은 고퇴생원(考退生員)이라 불러 학교에서 내쫓아 백성이 되도록" 할 것을 제안하였다. 조선시대의 사족 지배체제의 근간을 흔들 수 있는 놀라운 발상이다. 늠선생원과 증광생원으로 이루어진 액생(額生)은 국가가 엄격하게 관리하고, 공부에 뜻을 둔 부학생(附學生)은 "다만 평민으로 대우하여 늠선(廩饍)을 주지 않고 요역(徭役)도 면제하지 않으며 오직 다음 시험에 응시할 수 있는 자격만 줄 뿐" 사실상 국가의 직접적인 관리대상에서 벗어나 있는 예비인력들이다. 부학생(附學生)제도는 농암이 과거에 대한 현실에서의 광범위한 요청을 신축적으로 수용하면서도 국가 관료제 운영의 큰 틀은 훼손하지 않으려고 한 차선책이었던 것으로 보인다.

다음으로 본고에서는 유수원의 사민분업, 나아가서는 사민평등의 정신이 명말청초 양명학자들이 제기한 이른바 '신사민론'의 영향을 받았을 개연성이 높다는 사실을 특기하였다. 그는 국허민빈(國虛民貧)의 상태를 극복하기 위해서는 사민에 대한 직업의 전문화가 절실하다는 인식을 갖고 있었고, 그러한 생각의 외인(外因)적 근인으로는 왕양명의

---

172 유수원은 양인과 천인의 구분은 엄격하게 지키고자 하였다. 노비나 하천이 벼슬길에 나아가는 것은 엄격하게 통제하였다.

173 『迂書』 권2, 「論救門閥之弊」.

'분(分)'에 관한 새로운 논의, 태주학파 왕간(王艮)의 '사민공학(四民共學)'론, 하심은(何心隱)의 인간 사이의 수평적 신뢰관계를 정치의 토대로 하는 교우론 등을 주목하였다. 물론 『우서』에서는 유수원이 주자학을 존숭하는 다양한 언술들이 나타난다. 특히 과거제의 시험 과목 등은 그의 경학론이 오히려 주자학적 인식 틀에 묶여 있는 것으로 보인다. 그러나 그는 양명학자들의 경세학적 측면, 이를테면 신분제 · 학교제도를 포함한 제도 개혁론 등은 적극적으로 수용하여, 이를 조선사회에 적합한 형태로 변화시키고자 했다. 그의 이러한 인식태도는 초기의 양명우파가 시도한 주자학과 양명학의 사상적 융합 노력과 맥을 같이한다고 이해된다. 그의 이러한 사상적 특질이 정제두와 같은 노론계 양명학파들의 주왕(朱王) 융합의 철학과 어떤 사상적 차이를 나타내고 있는지는 앞으로 좀 더 다루어야 할 과제다. 그의 철학은 선험적인 주자학적 천리론에 갇혀 있지 않고, 그가 말하는 바의 '실사(實事)'와 '실정(實政)'이라는 철저한 현실 인식을 바탕으로 조선 후기를 '있는 그대로' 바라보는 양명학적 인식태도를 함께 섭취한 것으로 보인다. 그가 파악한 부조리한 현실의 제 모순을 덕치와 인치가 아닌 시스템과 법치에 의해 개혁하고자 한 것이 바로 『우서』의 기본정신이었다고 파악된다.

그러나 그가 논의하는 과거 시험의 내용이라든지 학교의 교과과정 등은 여전히 전근대사회의 신분적 불평등 요소를 지니고 있다. 또한 그의 학제 개혁론이 과연 현실적인 시의성과 적합성이 있는가 하는 문제도 당시 실학자들의 제설과 함께 검토되어야 할 사안이고, 그 보편적인 의미를 확인하기 위해서는 고염무나 황종희 등의 개혁론과도 함께 논의해야 할 사안이다. 왜냐하면 그가 받아들이고자 한 명 · 청의 과거제나 학교제에 대하여 오히려 이들 청대의 학자들은 가혹한 비판과 평가를 내리고 있기 때문이다.

한 예로, 유형원과 유수원의 개혁안에는 상충되는 지점이 자주 나타난다.[174] 유형원의 관료선발의 원칙적인 방법은 추천제였다. 심지어 수령과 교관으로서 선비를 추천하지 않는 자는 면직토록 하였다. 추천 자체를 의무사항으로 만들고 그 결과에 따라서 시상과 처벌을 마련하여 권장하고 강제하였다.[175] 반면 유수원은 중국이 학교를 통해 방대한 생원 집단을 비교적 성공적으로 통제하고 있다고 보았다. 그에 따르면 후세의 법으로서 삼대의 유의(遺意)를 체득한 것으로는 과거만한 것이 없으며, 천하에서 가장 공명한 것도 역시 과거가 제일이라는 것이다. 그는 국가의 통제력을 벗어난 선비 계층에 대한 통제책을 학교제도와 과거제를 유기적으로 연결하는 것에서 찾고자 하였다. 조선 후기 인재선발 시스템의 근본적인 문제는 바로 이 양자가 분리되어 따로 움직이기 때문이라는 것이다.

그런데 문제는 유수원의 주장처럼 17세기 말, 18세기 초의 조선사회가 과거제와 학교제의 유기적 결합을 가능하게 하는 사회·경제적 조건을 과연 가지고 있었는가 하는 문제이다. 이 점에서 영조가 그의 개혁론이 '오활하다'라고 그 현실적 부적합성을 지적한 것이 아닌가 한다. 또 다른 점으로는 그가 전폭적으로 수용하고자 한 명·청 대의 학교제도나 과거제도의 모델이 막상 청대의 지식인으로부터는 혹독한 비판의 대상이 되었다는 사실이다.

명말청초의 거유 고염무(顧炎武, 1613~1682)에 따르면, 명 말에는 생

174 서원에 대한 부정적 인식에서는 두 사람이 유사한 반응을 나타낸다. 반계는 교육기구인 서원이 지닌 제향기능을 배제시키고 기존의 교육기능은 신설한 기구에 흡수시켜서, 서원이 존치되더라도 특정 인물을 제향하여 당파의 온상이 되는 일은 없도록 하였다(김무진, 2013, 275면). 유수원도 선비의 양성 방법은 철저히 관학을 중심으로 해야 하며, 서원은 스스로 사라질 것으로 전망한다.

175 김무진(2013), 268~272면.

원의 폭발적인 증가로 인해 그 사회적 폐해가 다양한 형태로 나타나고 있었다. 이들 중에서 사서나 육서를 제대로 이해하는 자는 백분의 일이나 천분의 일도 되지 않을 정도로 심각한 질적 하락을 보여 주고 있었다.[176] 또한 이들 생원들은 국가에서 인정한 특권을 이용하여 사리 추구와 보신에 탐닉하여 명나라 멸망의 원인을 제공하는 주범으로 보고 있다. 이에 그는 "천하의 생원을 없애야 관부의 정치가 맑아지고, 천하의 생원을 없애야 백성의 곤고함이 사라지고, 천하의 생원이 없어져야 문호의 폐습이 제거된다."라고 극언을 하였다.[177] 물론 그도 전국적으로 생원의 수를 대폭 줄이고, 그 선발 기준도 엄격하게 하여 무망(無望) 관직자가 없도록 한 점 등은 유수원의 개혁안과 같다. 그러나 그는 생원제도가 혁파되어야 할 대상이라고 본다는 점에서는 이를 기본적인 모델로 바라본 유수원의 시각과는 큰 차이가 있다. 또한 고염무는 과거제도가 본래의 기능을 상실하여 유능한 관리의 확보에 실패하고 있으므로 잠시 과거제를 정지하고 교육진흥에 전념한 후 과거제를 통해 인재를 구할 것을 주문하고 있었다. 그는 오히려 인재의 천거는 생원 여부를 불문하고 한나라 향선제인 향학리선제(鄕學里選制)를 모방하고, 인물에 대한 평가는 당대에 예부의 과거 시험에 합격한 사람을 관리 임명시에 이부에서 실시했던 신언서판법을 채택하자고 할 정도로 과거제도의 한계에 대하여 심각하게 생각하였다.[178]

거유 황종희(黃宗羲, 1610~1695)도 과거제도에 대하여 신랄한 비판

176 『日知錄』, 「經文字型」, "生員冒濫之弊, 至今日而極. 求其省記四書本經全文, 百中無一. 更求通曉六書, 字合正體者, 千中無一也."

177 『日知錄』, 「生員論」, "廢天下之生員而官府之政淸, 廢天下之生員而百姓之困蘇, 廢天下之生員而門戶之習除."

178 오금성(1971), 163면.

을 가하고 있었다. 그는 '과거제도 때문에 온 세상의 인재를 망치니 오직 역량을 발휘하지 못할까 염려스럽다.'고 지적한다. 그는 과거제도가 국가경영을 위한 도구가 아니라 개인의 공명을 위한 도구로 전락하였다고 본다. 원래 과거제도가 가졌던 합리성은 상실하였다는 것이다.[179]

> 오늘날 과거제도 때문에 온 세상의 인재를 망치니 오직 역량을 발휘하지 못할까 염려스럽다. 경전과 역사서는 인재들의 집결처인데 한 조각의 말도 삽입될 수 없는 것은 한 선생의 말로써 제한시켜서이니 이것이 아니면 경전도 저버리고 도리도 배반하여 고금의 서적이 쓰일 수 없게 되었다. 말이 도에 합치만 된다면 한 마디 말이라도 부족하지가 않고 천 마디 말에 남음이 있지 않다. 일곱 개의 글자로만 제한다면 다만 황급히 재촉하여 곤욕스럽게 할 뿐 그 재능을 볼 수 없다. 두 번째 시험장과 세 번째 시험장을 높은 누각에 방치해 둔다면 취사선택은 단지 첫 시험장에 치러진 내용에 있을 뿐이다. 첫 시험장의 여섯 개의 뜻도 모두 연문(衍文)이라면 취사선택은 분명 첫째 뜻에 있을 뿐이다. 선비들을 새장에 가두어 놓고서 고사를 따르게 하여 그 권수가 이미 번다한데 글자나 한 획의 오자를 들춰내어서 벽에 걸어 놓고는 눈에서 벗어나지 않도록 하니 어쩌면 선비들을 증오하는 것이 돌과 모래보다 더 심하다. ······ 선비를 선발하는 것으로써 선비를 억압하는 것이 오늘날보다 더 심한 적이 없었다.[180]

---

179 황종희의 개혁안이 신사(紳士)층의 권위를 강조하고 왕권의 전제화를 막고자 하는 분권적 성향이 강했다고 한다면, 고염무는 교육제도와 학교제도가 왕권의 강화를 위해 구성되어야 한다고 보고 있다. 이 점에서 유수원의 개혁안은 고염무의 견해에 가깝다.

180 『蔣萬爲墓誌銘』(『黃宗羲全集』 제10책, 浙江古籍出版社, 1993년 版).

이런 점을 감안할 때 유수원의 개혁안이 과연 현실적인 적응력이 있었는가 하는 점은 또 다른 논의 사항이다. 유수원의 안대로, 평민들을 대거 생원 신분으로 유입하고, 사족들을 시험을 통하여 퇴출한다는 것이 얼마나 현실적인 가능성을 갖고 있었는가 하는 점도 미지수이다. 그러나 그의 개혁론의 초점이 억눌리고 소외된 평민들의 삶을 회복시키고, 당대의 지식인들이 관념이 아닌 실사와 실정에 근거한 학문을 하도록 주문하였다는 점에서, 그리고 그 이론적 대안을 일국사를 넘어서는 넓은 범주에서 찾고자 한 점에서는 진정 위대한 지적 실험이었다고 할 수 있다.

參考文獻

『迂書』.

『荀子』.

『韓非子』.

『芝峰類說』.

『星湖先生文集』.

『星湖僿說類選』.

『磻溪隨錄』.

『霞谷集』.

『傳習錄』.

『日志錄』.

『亭林文集』.

『王心齋全集』.

『英祖實錄』.

『正祖實錄』.

『肅宗實錄』.

『承政院日記』.

『明史』.

『太祖實錄』.

『大明會典』.

『黃宗羲全集』.

금장태(1998), 「하곡 정제두의 심학과 경학」, 『종교학연구』 제17집.

김교빈(1992), 「하곡철학사상에 관한 연구」, 성균관대학교 박사학위 논문.
김동인(1988), 「청대 국자감의 교육적 사회적 기능」, 『교육사학연구』 제1집.
김두현(1989), 「청조 정권의 성립과 발전」, 『강좌 중국사 Ⅳ』, 지식산업사.
김태영(2013), 「반계의 변법적 통치론」, 『반계 유형원 연구』, 실시학사 시학연구총서 6.
김형효(1990), 『맹자와 순자의 철학사상』, 삼지원.
민두기(1965), 「청대 생감층의 성격」, 『아세아연구』 8권 4호.
안용진(2008), 「순자의 부국론과 조세관 연구」, 『유교사상연구』 35집.
양순자(2011), 「한비자의 존군사상」, 『동양철학연구』 66집.
오금성(1986), 『중국근세사회경제사연구』, 일조각.
윤무학(1995), 「순자와 법가」, 『동양철학연구』 제15권.
이주행(2005), 『무위유학』, 소나무.
임형택(2000), 『실사구시의 한국학』, 창작과비평사.
전순동(2010), 「명대 학교교육의 보급과 정치사회적 기능」, 『중국사연구』 69권.
정순우(2013), 『서당의 사회사』, 태학사.
정만조(1986), 「영조대 중반의 정국과 탕평책의 재정립」, 『역사학보』 111권.
정재훈(1993), 「하곡 정제두의 양명학 수용과 경세사상」, 『한국사론』 29집.
정하영(2005), 「청대 관료제의 구조와 문화」, 『담론 201』 8권 2호.
정호훈(2004), 「조선 후기 실학의 전개와 개혁론」, 『동방학지』 124권.
차미희(1992), 「18세기 과거제 개혁의 추이」, 『역사교육』 32집.

차장섭(1993),「조선 후기의 문벌」,『조선사연구』 2권, .

한예원(1993),「하심은의 만물일체적 질서관에 대하여」,『한국한문학연구』 제16집.

한영국(1981),『우서(국역)』 해제, 민족문화추진회.

한영우(1972),「유수원의 신분개혁사상」,『한국사연구』 8.

______(2009),『꿈과 반역의 실학자 유수원』, 지식산업사.

牟宗三(1983),『중국철학특강』, 형설출판사.

小川晴久(2003),「미우라바이엔(三浦梅園)의 천경(天境)적 사민론과 예악제도」,『한국실학연구』 5권.

張仲禮, 김한식 역(1992),『中國의 紳士』, 신서원.

劉兆璸(1977),『清代科擧』, 東大圖書公事.

王亞軍(2009),『明清徽商的訴訟研究』, 華東政法大學 博士學位.

陳雯怡(2004),『由官學到書院』, 聯經.

蔡仁厚(2009),『순자의 철학』, 예문서원.

Ping-ti Ho, 조영록 역(1988),『중국과거제도의 사회사적 연구』, 동국대출판부.

| 이 책을 마치며 |

농암 유수원을 연구하는 데는 큰 애로점이 하나 놓여 있다. 사회 전반에 걸친 그의 개혁론은 『우서』를 통해 유감없이 드러나지만, 그의 인적사항에 관한 파악이 여의치 않다는 점이 그것이다.

그는 영조 31년(1755) 대역부도죄인으로 몰리면서 자신은 물론 처자까지 죽임을 당하고 4명의 손자 · 손녀는 먼 섬에 종으로 보내어졌다. 능지처참의 형을 받은 만큼 무덤이 있을 리 없고, 노륙(孥戮)을 당했기에 족보 상으로도 그 아들 동휘(東暉) 이후 자손이 단절되어 나오지 않는다. 영조 30년 그의 부탁으로 그 조부 상재(尙載)의 묘갈을 썼던 영의정 이종성(李宗城)의 문집에 그 글이 빠져 있는 데서 보듯이 그와 관련된 기록은 철저히 인멸되었다. 그의 행장(行狀)이나 묘도문자(墓道文字)가 전하지 않는 것은 이런 이유 때문이다. 다만 그의 공적 활동을 기록한 『실록』과 『승정원일기』의 기사 및 『추안급국안(推案及鞫案)』에 실린 공초 등이 남아 있어 그나마 정치와 관련된 그 생애의 흔적은 찾아볼 수 있다. 그러나 그 학문적 계보라든가 교우관계, 특히 상공업 진흥론의 모델이 된 명 · 청의 상공업에 대한 정보를 어떻게 구할 수 있었는가 하는 점은 그저 중국에서 수입된 서적이라든가 연행사(燕行使)로부터 전문했으리라는 추측의 선에 머물 뿐 구체적인 설명은 나오지 않았다.

이번의 공동연구에서는 이 문제를 포함한 그의 인적사항에 대한 조사도 함께 진행하기로 하였다. 다행히 유수원 집안분(유수원의 伯祖인 柳尙運의 十代胄孫 柳民城 선생)과 연락이 닿아 2008년에 간행된 『文化柳氏世譜(戊子譜)』를 얻게 되었다. 거기에서 농암공사적(聾庵公事蹟, 總目 890~891면)을 찾아내었다. 20세기에 작성된 글이고 약간의 착오가 있기는 하지만 그래도 그 생애의 대강은 파악할 수 있었다. 이 글을 바탕으로 하고 『승정원일기』기사를 참조하여 보니, 농암의 선산이 경기도 양천현 장군소면 신기리(현 서울 양천구 신정동·목동 일대)에 소재하고, 여기에 전장(田莊)을 가진 향제(鄕第)가 있어서 벼슬을 하지 않을 때는 노모를 봉양하며 거처했음과, 무엇보다도 그의 대표작인 『우서』가 바로 이곳에서 저술되었음을 알게 되었다.

율현동 밤고개에서(벽사 선생과 뒷줄 왼쪽부터 김성우, 정만조, 정순우, 전성건, 김태영, 이헌창)

뿐만 아니라 그가 7세 때부터 큰할아버지 유상운에게서 글과 학문을 배웠고 15세쯤에는 제자백가에 달통하였다는 사실과, 유상운의 문집인 『약재집(約齋集)』을 통해 경기도 광주군 대왕면 율리(현 서울 강남구 율현동)에 집안에서 대대로 전하여 온 전장이 있고 여기에 유상운이 청천당(聽泉堂) 또는 석송정사(石松精舍)로 이름을 붙인 서재를 두어 집안 자손들을 가르쳤다는 사실을 찾아낼 수 있었다. 후손이 전하는 말에 의하면 6·25사변 전까지만 해도 이곳에 많은 책을 소장한 서재가 있었다고 한다. 따라서 이곳에서 경서와 정법류에 정통한 유수원의 학문적 바탕이 이루어졌다는 확신을 가질 수 있었다.

율현(栗峴, 밤고개)의 서재에 비치된 서적의 유래와 관련해서는 유상운이 1683년 사은부사(謝恩副使)로 연경을 다녀오면서 구매해 왔을 가능성도 조심스레 점쳐지기도 했다.

이러한 사전지식을 갖고서 2013년 5월 10일 연구팀은 이우성 선생을 모시고 중간발표를 겸한 1박2일의 답사지 첫 장소로 율현동 밤고개 일대를 찾았다. 당연히 『우서』가 저술된 신정동·목동 일대를 먼저 찾아야 하겠지만 아파트가 들어서서 그 자취가 없어진 지 오래였기 때문이다.

수서역에서 '밤고개로'로 명명된 4차선 도로를 타고 세곡동사거리 방향으로 가면 방죽마을 표시가 있는 곳으로부터 약간 밋밋한 오르막이 되고, 곧 오른쪽에 세곡동 주민센터가 나온다. 그대로 직진하면 오르막의 경사가 조금 높아지면서 양쪽에 나무로 덮인 산자락이 보인다. 아마도 원래는 밤나무가 심어진 산 능선으로 되어 있었고 그 중간에 고갯길이 나 있어 밤고개라 불렀을 터인데 찻길을 내면서 고갯길을 넓히고 파내어 경사도를 낮게 하였을 것이다.

이 언덕길을 넘어서면 바로 세곡동사거리가 나오며 그 앞에서 유턴하여 거꾸로 수서 방향으로 100m 정도 가면 오른쪽에 하나로 마트 건물이 있는

청천당(聽泉堂)터 추정지

고개의 꼭짓점 부분에 밤고개라고 쓴 조그만 표지석이 길옆에 자리 잡고 있다. 숙종 때 영의정을 지낸 유상운이 밤나무를 심은 데서 유래했다는 설명도 함께 곁들여서이다.

서울로 과거에 응시하러 가는 삼남지방의 선비들이 수원에서 판교로 방향을 잡으면 이 밤고개를 넘어 송파의 삼전나루를 건너 동대문으로 들어갔다고 하는 만큼 옛날부터 사람의 왕래가 잦은 중요한 길목이었다. 이곳은 조선시대에는 경기도 광주군 대왕면 율리였고, 1914년 인근의 방죽말 솔머리까지 합쳐 율현리로 불렸으며, 1963년 서울시 성동구에 편입되었다가 1975년 강남구가 분리 신설되면서 강남구 율현동이 되었다.

유상운 후손인 유근복(柳根福) 선생이 가리키는 방향으로 보면 표지석 있는 곳의 뒷면이 야트막한 동산처럼 되어 있으므로 청천당이나 석송정사는 아마도 남향인 그 동산 기슭에 있었을 것이다. 그래서 이곳을 배경으로 하여 이우성 선생을 모시고 사진을 찍었다. 그러니까 앞의 사진 속 인물의 뒤에 보이는 산기슭쯤에 청천당이 있지 않았을까 한다. 우리가 갔을 때는 새로 집이 들어서는지 터 닦는 공사가 한창이었다. 신정동·목동 일대는 물론이고 이곳마저 개발되어 유수원의 흔적이 사라지는 현장을 눈앞에 보면서도 아무런 조처도 못하는 데 대한 허탈감이 밀려왔다.

정만조 삼가 씀

부록

•

연보 및 사료초 — 연구논저 목록 — 찾아보기

작성자 : 정만조

* 일러두기 : 기울임체의 글씨는 정치적 사건 관계이며, 연대기 자료는 필요에 따라 초록하였음

서기	제왕 연대	나이	사적과 사료초
1694년	숙종 20	1	○ *4월. 갑술환국 일어남. 서인집권.* ○ 충주 신당동(新黨洞, 현 충주시 살미면 신당, 충주댐으로 수몰됨)에서 출생 본관: 文化 夏亭公 寬의 11세손 〔伯祖: 尙運(영의정)〕 祖: 尙載(대사간) 墓: 陽川縣 將軍所面 新機里 (현 양천구 신정동) 父: 鳳庭(통덕랑), 母: 慶州金氏(瀓女) 〔堂叔: 鳳輝(좌의정)〕 * 聾庵公 事蹟(『文化柳氏世譜』 總目, 戊子譜, 890~891면) 聾菴公 壽垣 事蹟 公諱壽垣, 字南老, 號聾菴又號迂儒子, 通德郎鳳庭子, 大司諫尙載孫, 文簡公寬十一世孫。肅宗二十年甲戌生于忠州新堂洞, 幼而穎悟, 見物致思, 出人意表。七歲就學于從祖忠簡公尙運, 書凡一讀, 能離句讀, 輒誦不忘, 忠簡公奇之, 曰孺子可敎。十五歲百家九流無不淹貫, 其於古今治亂得失, 辨析如流, 聽者心醉不覺體億。公一日跪問, 曰四夷八蠻, 皆爲獨立, 以吾禮義之邦, 三千里之地, 附庸於中國, 不能揚臂於天下者, 豈非由爲政者, 不究治本, 徒尙文末之痼弊耶? 忠簡公默然良久, 曰汝能熟讀聖經, 善養浩氣德成然後, 出仕論政可也。乙未中進士, 戊戌擢文科。景宗二年壬寅冬十二月, 拜司諫院正言, 翌年癸卯二月, 上疏列擧時弊而矯救之, 其數千百言, 讜直剴切, 得諫臣之體, 而反被大臣之怒, 出補禮安縣監, 未赴旋罷, 盖以領相趙泰耉引罪辭職, 右相崔錫恒以下重臣等, 皆稱喜習浮蕩潰裂朝著之人, 而彈劾故也。四年甲辰, 召拜狼川縣監, 英祖四年戊申, 拜司憲府持平, 十三年丁巳, 出補丹陽郡守, 未朞月而久爲備邊司文郎, 歷司諫院正言, 陞司憲府掌令。時老少分黨各持其論, 同我者爲君子, 異我者爲小人, 紛紜錯亂, 末由歸一, 幾乎危國, 上憂之, 主蕩平策, 任用兩黨累年。十七年辛酉, 右相趙顯命, 惜公才學超倫, 與領相李光佐備邊堂上李宗城, 奏于榻前, 曰壽垣耳雖聵, 所著迂書, 可謂經國濟世之大議論。上命進其冊覽畢,又命入對, 聾不能通話, 俾筆談其利害便否, 乃異數也。上傳于政院, 曰頃日所進柳壽垣冊子, 昨日盡覽, 而大抵我國人爲文字者, 不過類聚先儒說話, 以求工巧, 而此人則皆自腹中以書之, 誠可貴矣, 又有勝於我者, 予則居可爲之地, 而懼其不行, 初不言之, 此人則不徒言之, 乃筆之於書, 此實勝於我也。命製進官制序陞圖說, 仍廢回薦法焉。所謂迂書十卷, 其論學校田制門閥租稅賦役奴婢造幣等, 莫非民生利用厚生之事, 寔擴前賢之未發, 故史臣曰評言國家積弊, 透入骨髓, 而繼言變通矯救之策, 雖未試用而見識言議超出一世。三十一年乙亥二月, 公辭連羅州掛壁書, 五月討逆慶賀庭試, 又連變書, 坐死刑。沈鑵臨刑大言, 曰壽垣所言, 可以見爲國盡忠, 非謀大逆, 而我與壽垣同死, 我死爲榮云。

서기	제왕 연대	나이	사적과 사료초
1695년	숙종 21	2	○ *정월. 유상운 우의정이 됨, 곧 좌의정으로 승진.*
1696년	숙종 22	3	○ 부(父) 봉정(鳳庭) 죽음.
1699년	숙종 25	6	○ *3월. 유상운 언관의 탄핵으로 영의정에서 물러남. 광주군 대왕면 율리(廣州郡 大旺面 栗里, 현 서울 강남구 율현동)에 은거, 청천당(聽泉堂)을 짓고 집안의 아동들을 불러 모아 가르침.* * 「聽泉堂記」(柳尙運, 『約齋集』 책5) 翁年六十四。罷相歸栗里田園。園卽翁之菟裘也。歷四世至于翁之身。于今二百有餘年。荒菑薄田。雖不能供饘粥。而某水某丘。實翁童子時所釣遊也。園之東。有泉出沓厓下。其色洌其味甘。村多黃耉。眞壽泉也。栽桃岸上。落英泛水。種瓜堤下。結子滿架。西望諸山。羣峯拱揖。東登後麓。廣野彌亘。宜冬宜夏。宜暑宜寒。而如山雨新晴。溪風乍起。則泉之湧於石罅者。盈科而凸瀉于亂石之間。淙淙泠泠。若鳴金石。來入枕邊。心骨俱淸。翁甚樂之。就其旁構屋數間。日寢處其中。遂以聽泉名堂。客曰。子之居宜桃源宜瓜亭。宜涼堂宜燠室。而獨取聽泉。何歟。翁曰。境與物。外也。神與情。內也。凡遇境而可喜可娛者。未若玆泉之怡神樂情也。客曰唯唯。遂書爲聽泉堂記。 * 復用前韻, 還朝數日前(「廣陵錄」, 『約齋集』 책3) 敗荷行色又城南。分付兒孫守故庵。地爲園林留後約。天敎雨露荷偏霑。勞人欲逸緣多病。昭代辭榮不礪廉。慚愧袞衣無以補。史書收拾綠牙籤。 * 留別諸兒(「광릉록」, 『약재집』 책3) 羣居爲至樂。新構有精廬。食後宜臨帖。燈前且讀書。交遊渾漫浪。禮法莫敎疎。勿替懷中簡。筋力在三餘。
1700년	숙종 26	7	○ 백조(伯祖) 상운(尙運)에게 배우기 시작.
1703년	숙종 29	10	○ 조부 상재(尙載) 죽음.
1707년	숙종 33	14	○ 백조(伯祖) 상운(尙運) 죽음.
1708년	숙종 34	15	○ 백가구류(百家九流)에 박통(博通)하였다 함. 백조(伯祖) 상운에게 조선이 독립하지 못하고 중국에 부용(附庸)한 것은 위정자의 잘못이 아닌가 물었다고 함(유상운은 이미 전년에 죽어 착오가 있는 듯함).

서기	제왕 연대	나이	사적과 사료초
1715년	숙종 41	22	○ 사마시에 합격, 진사(進士)가 됨.
1716년	숙종 42	23	○ *8월. 병신처분(丙申處分)으로 노론이 정권 장악함.*
1717년	숙종 43	24	○ *7월. 이이명(李頤命)의 독대(獨對, 丁酉獨對) 후 왕세자 대리청정(代理聽政)의 명(命) 내림. 소론의 세자보호론 크게 일어남.*
1718년	숙종 44	25	○ 문과 급제. *『國朝文科榜目』, 肅宗 戊戌(44년) 庭試榜(以中宮紅疹平復 東宮嘉禮二慶 十月十九日行 表唐裵復謝詔其父曰 父忠子孝終喪 且必爲翰林 命官李健命 甲科一人 : 參奉洪鉉輔, 乙科二人: 幼學金相奭 通德李光遠 丙科十人 : 判官申晳 縣監尹游 參奉金龍慶 通德李行敏 姜必愼 趙趾彬 進士柳壽垣 尹光益 幼學黃梓 柳必垣 ○ 11월 4일(戊寅). 가주서(假注書)가 됨, 이후 여러 차례 탈하(頉下)와 임명을 거듭함.
1719년	숙종 45	26	○ 10월 8일(丁未). 부사정(副司正)이 됨.
1720년	경종 즉위	27	○ *6월. 숙종 승하, 경종 즉위.*
1721년	경종 1	28	○ 6월 11일(甲子). 승문원 부정자에 단부(單付)됨. ○ 7월 10일(己亥). 권지 승문원 부정자로서 전강(殿講)에 참여치 않았다 하여 추고됨. ○ *8월. 연잉군(延礽君)을 왕세제로 책봉함, 행사직(行司直) 유봉휘(柳鳳輝) 세제 책정(策定)을 배척하는 상소를 올려 세제가 사위(辭位)하려는 등 물의가 크게 일어남.* ○ *10월. 집의(執義) 조성복(趙聖復), 세제에 의한 대리청정을 청함, 소론 남인 반대, 우의정 조태구(趙泰耉)의 요청으로 대리청정을 취소하다.* ○ *12월. 사직(司直) 김일경(金一鏡) 등 노론4대신을 공척(攻斥)하여 귀양 보냄, 조태구(趙泰耉, 영의정), 최석항(崔錫恒, 좌), 최규서(崔奎瑞 우)를 수반으로 한 소론정권 성립.*
1722년	경종 2	29	○ *3월. 목호룡(睦虎龍) 고변(告變)으로 임인삼수옥(壬寅三手獄) 일어남.*

서기	제왕 연대	나이	사적과 사료초
1722년	경종 2	29	○ *5월. 노론4대신 사사(賜死).* ○ 8월 2일(乙卯). 이조(吏曹)에서 부정자(副正字) 유수원이 기한이 지나도록 숙배(肅拜)하지 않는다고 하여 파직 요구함. ○ 11월 18일(己亥). 병조좌랑에 임명됨 ○ *11월. 지평 구명규(具命奎)가 상소하여 치옥(治獄)의 완만함을 비난함.* ○ 12월 12일(癸亥). 병으로 병조좌랑에서 개차(改差)됨. * 兪命凝, 以兵曹言啓曰, 二所監軍, 本曹佐郎柳壽垣受點矣。卽者壽垣, 猝得身病, 方在苦痛中, 勢難入來受牌云。不得已原單子中, 改付標以入之意, 敢啓。傳曰, 知道(『승정원일기』 제548책, 경종 2년 12월 癸亥) * 又以兵曹言啓曰, 本曹佐郎柳壽垣, 身病甚劇, 且有難安情勢, 累度呈狀, 不爲行公, 宿衛重地, 不可久曠。今姑改差, 何如? 傳曰, 允(『승정원일기』 제548책, 경종 2년 12월 癸亥) ○ 12월 23일(甲戌). 부사과(副司果)의 직명을 띠고, 실록청의 겸춘추(兼春秋)에 차정됨. ○ 12월 24일(乙亥). 정언에 임명됨.
1723년	경종 3	30	○ 2월 14일(甲子). 정언에 임명되었으나 아직 서경(署經)을 하지 않았음. ○ 2월 19일(己巳). 정언으로서 상소하여 영의정 조태구(趙泰耉)가 부의(浮議)에 끌려 국시(國是)에 엄하지 않고 안옥(按獄)에 불성실하며 국사(國事)에도 대신(大臣)의 도리를 다하지 못한다고 배척하면서 정수기(鄭壽期)의 홍문록(弘文錄) 선발이 잘못되었음과 이정제(李廷濟)의 비루(鄙陋)함을 논함. * 正言柳壽垣疏曰, 伏以臣至庸極陋, 百不猶人, 幸竊科第, 得通仕籍, 雖閑漫官守, 實無一分稱塞之望。迺於千萬夢寐之外, 忽叨薇垣新命, 臣誠驚惶感激, 繼以悶蹙, 實不知所以自措也。夫諫官之職, 卽古所稱立殿陛爭是非, 與宰相等耳, 其爲任不輕而重, 其不可人人而濫授也, 決矣。今乃銓衡之地, 不諒人器之如何, 至以如臣之萬萬無似者, 苟然充數有若循序例遷者然, 臣雖貪榮戀寵, 冒沒承當, 其於物議之嗤點, 何哉? 其於名器之玷辱, 何哉? 且臣數年以來, 猝得重聽之症, 藥餌無效, 漸至沈痼, 凡於酬酢之際, 或時以文字相通, 如是而其何能入承兪音, 出採輿誦, 以無負耳目之寄也哉? 才分不稱, 姑置勿論, 只此病狀, 決無從宦之望, 辭疏未徹, 惶蹙方切, 今以賓廳次對, 召牌儼降, 不敢坐

서기	제왕 연대	나이	사적과 사료초
1723년	경종 3	30	違, 謹此來詣於九閽之外, 而自晝已審, 萬無冒出之理。玆敢陳章徑歸, 臣罪至此, 尤無所逃, 伏乞聖慈天地父母, 俯賜矜察, 亟命鐫削臣新授職名, 仍治臣逋慢之罪, 以肅朝綱, 以安私分, 不勝幸甚。臣於乞免之章, 不宜贅陳他說, 而旣有憂慨之忱, 不敢自隱, 略附於辭本之末, 唯聖明試垂察焉。嗚呼, 自夫改紀以來, 今已三歲于玆, 而天災之沓臻, 民生之困窮, 紀綱之頹弊, 政令之紊亂, 愈往愈甚, 無一可觀。殿下抑嘗思其所以致此之由乎? 殿下旣已獨運神機, 屛黜凶黨, 委任宰輔, 端拱責成, 則從古人臣之受恩深而任事專, 未有如今日廷臣者矣。然則時事至此, 咎必有歸。噫, 彼大臣, 其何說之敢辭? 辛丑之臘, 卽殿下一初, 而初筵對揚, 已咈輿情, 只見其牽動於浮議, 未嘗致嚴乎國是, 其好惡之不近常情, 有如是者, 及其受命按獄, 首尾引疾, 末稍收殺, 尤近塞責, 實與朱子所謂李綱入來, 方成朝廷者, 大相剌繆, 人情之怫鬱, 物議之沸騰, 固其所也, 而旣不能受人勤攻, 又不能休休其量, 乃於台鉉之位, 遲暮之境, 反不嫌其偏私, 指目之歸, 乖離之勢, 無意調娛, 汲引之際, 顯示左右, 事涉私意, 都忘苟且, 艱辛辭說, 莫掩心迹, 地部首擬, 太費屈曲, 銓官問差, 初靳商量, 何其於越俎之嫌, 推車之義, 全不顧念也哉? 惟其朝廷本源之地, 頭腦之不正如此, 遂致淸議不張, 正氣消沮, 不問萬事之是非曲直, 唯以籠罩鶻突爲主, 欲以之虛相假借, 姑息富貴, 至於曲意承奉, 極口贊詡, 以爲之護法者有之, 使一世敢怒而不敢言, 則今日世道, 識者以爲, 何如? 噫, 人君之職, 唯在得相, 旣得旣任, 君逸臣勞, 玆乃古今之通義, 而亦聖明之所深體者。然而觀今日之精神力量, 擧措規模, 其不負殿下委畀之意否? 先儒之言曰, 天下萬事, 唯在人君, 自會得臣, 願聖明加意于此, 淬勵奮發, 摠攬憂勤, 俾爲祈天永命之圖焉。至若官方之混淆, 闒茸之尊顯, 尤出於阿好之習, 吹噓之力, 唯取指使之易與, 罔念人器之不稱, 長此不已, 幾何無異於向日之濁亂哉? 近日備堂啓下之中秩亞卿以上, 殆無遺者, 不無猥雜之方, 實乖揀選之道。大官如此, 小官可知, 廟議如此, 銓衡何責? 至若鄭壽期之初玷瀛選, 已極不似, 東壁中書, 尤出人望之外, 近來榮進, 有若酬勞者, 何哉? 李廷濟之憸邪足恭, 絶無士夫樣子, 半生巧宦之術, 不出於唯利是趨, 畢竟羽化, 都出權門, 濫竽史局, 繼叨雄藩, 固已見駭於物情, 而及夫泰采之伏法也, 乃敢千里專人, 滿馱送賻, 渠若有一分人心, 安忍爲此? 以此汚卑巧佞, 不識分義之徒, 決不可厠之於朝籍, 臣謂亟施削版之典, 斷不可已也。噫, 風習骫骳, 士氣不競, 未有如近日之甚者, 雖以本院洪致中之啓言之, 一生行止, 綻露於松都承召之日, 國家安危, 越視恬然, 高官崇秩, 任自爲之, 忘君負國之目, 有何毫分不襯, 而强欲崖異, 苟然引避, 姻友奔馳, 經營伸脫, 前後三避, 如印一紙, 殆不成是非, 殆不成言議, 其苟循顔面, 墜落臺體, 無甚於此, 亦宜竝施譴罰, 少伸公議焉。臣固知一言發口, 衆鏑叢身, 而區區所懷, 有不能終默, 略此尾陳, 惟殿下勿以人廢言, 試加澄省焉。答曰, 省疏具悉。鄭壽期瀛館不合之斥, 已極過當矣。爾其勿辭, 從速察職(『승정원일기』 제521책, 경종 3년 2월 19일 己巳)

서기	제왕 연대	나이	사적과 사료초
1723년	경종 3	30	○ 2월 19일(己巳). 부교리 윤유(尹游), 영의정 조태구, 이조 참의 이진유(李眞儒), 보덕(輔德) 이진순(李眞淳), 유수원의 상소로 인해 감죄(勘罪)와 파직(罷職)을 청함. * 領議政趙泰耉箚曰, 伏以臣, 伏見正言柳壽垣之疏, 專攻臣身, 滿紙臚列, 無非人臣之極罪, 看來震悚, 不知所以致此也。臣以不才無能, 受命於艱虞之會, 效蔑塵露, 而徒感恩遇, 未忍便訣, 以至於此耳, 臣何可與年少之人, 較絜長短, 以爭其是非乎? 所可慙恨者, 行身無狀, 不能見信於同朝, 前後人言, 輒疑心跡, 將何顔面, 復立於百僚之首哉? 玆不得不走出城外, 以竢處分。伏乞聖慈, 俯諒臣情勢不可一刻仍冒之狀, 亟命遞臣本兼諸職, 以謝公議。臣旣出都門, 命召不敢仍帶, 謹此呈納, 不勝惶恐焉。取進止。答曰, 省箚具悉卿懇。臺言之過中, 何足掛齒? 須勿抵辭, 扶病論道, 用副魚喁之望。仍傳曰, 遣史官傳諭(『승정원일기』 제521책, 경종 3년 2월 19일 己巳) * 正言柳壽垣 疏斥領議政趙泰耉略曰…趙泰耉時秉勻軸, 素無識量, 不能調劑辛甘, 鎭靖浮囂, 而但不扶植一鏡, 其黨甚忌之, 必欲逐去。壽垣蒙騃不解事, 受嗾誣詆之, 使元老, 一朝屛退, 朝象泮渙, 其心所在, 不可測。 壽垣卽柳鳳輝從姪也。 或疑聽其指敎, 而鳳輝向人自矢云, 而其姪章奏, 烏可謂無所知也? 痛矣! 鄭壽期攻一鏡甚力, 李廷濟亦不附鏡輩, 故竝中之。 一鏡鴟張之勢, 如此矣(『경종실록』 권11, 3년 2월 19일 己巳) ○ 2월 23일(癸酉). 승전(承傳)에 의해 예안(禮安)현감에 단보(單補)됨. * 癸卯二月二十三日辰時, 上御熙政堂。吏曹參議李眞儒請對引見時, 同副承旨洪重禹, 假注書鄭熙揆, 記注官張斗周・朴瑍入侍。李眞儒進伏曰…日昨正言柳壽垣之疏, 又復橫生, 在廷之臣, 鮮不被其斥。噫, 大逆纔討, 朝著草創, 而必欲各存形迹, 甘心分裂者, 抑何意也? 當此之時, 爲人上者, 若不痛加裁抑, 則燎原之火, 實難救得。在昔宣廟朝, 先正臣李珥, 嘗主調停之論, 有彼此兩補之擧, 此實先輩已行之事, 金東弼・柳壽垣一倂補外, 以懲其喜事之習, 恐不可已。卽今長席不出, 臣以佐貳之官, 獨自擅便, 有所不安, 敢此請對仰稟。上曰, 儘好, 依爲之(『승정원일기』 제521책, 경종 3년 2월 23일 癸酉) ○ 2월 25일(乙亥). 우의정 최석항, 유수원 상소로 인한 조정 분란의 수습책을 건의함. * 上御熙政堂。大臣・備局堂上引見時, 右議政崔錫恒, 判尹尹就商, 副提學朴弼夢, 左承旨吳命恒, 假注書鄭熙揆・金浩, 記注官張斗周・朴瑍入侍, 判義禁沈檀, 追後入侍。崔錫恒進伏曰…錫恒曰 朝廷之上, 體統爲重, 體統一壞, 則庶事叢脞, 而國不爲國, 其所關係, 爲如何哉? 日昨吏曹參議請對定奪, 金東弼則不待長官之出仕, 單付外邑, 柳壽垣則方在罷職中, 而請敍單付, 其本倅則遞付京職, 朴徵賓則曾已補外,

서기	제왕 연대	나이	사적과 사료초
1723년	경종 3	30	而以其程途之太遠, 單付近邑, 此實前所未有之事也…至於柳壽垣, 不思寅協之道, 惹起不靖之端, 平地之上, 風波猝起, 一室之內, 戈戟相尋, 使朝無完人, 位著殆空, 如賓廳次對, 本司坐起, 將無進參之員, 如此而其何以爲國乎? 此等浮薄喜事之人, 若不痛加裁抑, 則其流之弊, 將至於朝著潰決, 莫可收拾之境, 姑先罷職, 前禮安縣監朴聖輯仍任。吏曹參議李眞儒, 欲爲裁抑, 大意雖好, 不顧專輒之嫌, 作此無前之擧, 不可無規警之道, 遞其本職, 以懲其輕銳之失, 何如? 上曰, 依爲之。又所啓, 仍竊伏念, 天佑宗祊, 聖斷赫然, 黜退凶邪, 登進善類, 正宜大小臣僚, 同心戮力, 仰體聖意, 共做國事, 而年少之輩, 自相携貳, 已成分岐之漸, 若不拔本塞源, 嚴加隄防, 則將至於滔天燎原, 危亡之禍, 可立而待。自今以後, 如有乖激喜事之輩, 壞亂朝廷之擧, 則毋論彼此, 竝施重罰, 斷不饒貸而後, 朝論可以叶和, 世道可以維持, 區區所懷敢達。上曰, 唯。又啓曰, 領相出仕, 未及一月, 遽遭人言之罔極, 迸出郊外, 今日國事, 無復可爲, 臣以卽速召還之意, 有所爾論。伏承聖批, 有爾辭儘有意見, 盍爲留心之敎, 而已過累日, 尙無敦召之擧, 此莫非臣誠意淺薄, 不能孚格之致, 而獨不念領相爲國盡節, 竭心圖報之誠, 而任其去就, 恬不爲意耶? 臣伏見先朝倚重大臣, 遭人言去國, 則或遣承旨, 或遣重臣, 盡其誠禮, 必致乃已。其時大臣所遭雖重, 未嘗不感激恩數, 承命上來, 出而行公, 此豈非殿下之所當取則者乎? 矧今艱虞溢目, 餓殍載路, 朝象泮渙, 止泊無期, 國勢之危急, 已過百尺竿頭。又於此時, 元輔遜荒, 萬事瓦解, 若不明降敎旨, 至誠召還, 則目今國事, 無復着手處矣。如臣無似, 久叨匪據, 循例酬應, 亦不能當理, 心常愧懼, 第增惶悚。幸賴領相, 身患稍蘇, 出而供務, 臣雖不肖, 未免伴食之譏, 猶可同心協力, 夾輔共貞, 而一自出城之後, 臣獨當重任, 已潰之朝論, 誰與調娛, 難處之事端, 誰與相確, 觸事憒憒, 茫無所措。惟願聖明, 益篤誠禮, 或降御札, 或遣重臣, 待以殊禮, 期於召還, 千萬幸甚。上曰, 當留意矣。又啓曰, 吏曹判書柳鳳輝, 識見明透, 持論公平, 若久任銓衡, 則必能調劑辛甘, 鎭靖朝論, 雖有脚病, 猶可肅謝。且大政遷就, 尤涉可慮, 期於勉出, 使之行公, 而兵判旣已省墓, 別爲下諭, 催促還朝, 以爲速完大政之地, 何如? 上曰, 依爲之。竝出擧條 又啓曰, 今日乃是賓廳日次, 而無一人入來, 此皆緣柳壽垣疏論備局一事也。雖諸堂, 逐日開坐, 固無大段措爲, 而回啓等事, 多有緊重, 採取物情, 亦不可廢, 而人皆引嫌不出, 小臣獨當機務, 罔知所措矣。沈檀曰, 小臣猥忝備堂, 實無一分堪當之勢。柳壽恒疏中, 又有所言, 固不敢承牌, 而此疏, 非人人所可引嫌, 故臣强疾入來矣。今者大臣所達, 專斥臺言, 臣實未曉也, 自古言官, 雖或侵斥大臣, 必也優容者, 蓋慮言路之或沮也。壽垣之疏, 雖曰過當, 今若專事摧抑, 則大臣之心, 亦安得便安乎? 臣意則特爲優容, 一以安大臣之心, 一以開來言之路, 宜矣。錫恒曰, 今聞此言, 心竊瞿然矣。第事有是非, 雖臺閣之言, 其言是則當嘉納, 其言非則亦當不從。若以臺閣之言, 不問是非, 竝加優容, 則亦非人主聽納之道。且臺臣所言, 雖未當理, 不至大段, 則勿用而已, 不

서기	제왕 연대	나이	사적과 사료초
1723년	경종 3	30	必論責, 而如或事係重大, 貽害國家, 則安得不嚴辭痛斥, 以懲其乖激喜事之習乎? 上無發落。朴弼夢進伏曰, 小臣有所懷, 敢達。大臣陳白, 實出於調劑鎭靖之意也(『승정원일기』 제551책, 경종 3년 2월 25일 乙亥) ○ 3월 5일(甲申). 병조판서 이광좌, 홍문록에 정수기(鄭壽期)를 포함시킨 일로 유수원으로부터 배척받았다 하여 체직을 청함. ○ 3월 10일(己丑). 지평 이보욱(李普昱), 유수원 파직의 명을 거둘 것을 청함. * 持平李普昱疏曰…而至於右揆之請罷前正言柳壽垣, 雖出於慰安鎭定之意, 終有欠於優容言者之道。領相書啓中, 請寢臺臣之斥罷, 大有得於古大臣休休之量, 豈不美哉? 況今改絃之初, 進言獲罪者, 前後相續。今日居臺閣者, 必將以言爲戒, 終不敢出一言論是非。此非朝廷之福, 而實爲世道之憂者。臣謂柳壽垣罷職之命, 宜卽還收也(『승정원일기』 제552책, 경종 3년 3월 10일 己丑) ○ 4월 19일(戊辰). 병조좌랑에 임명됨. 신병(身病)으로 여러 차례 정상(呈狀)하여 개차(改差)됨. ○ *4월. 소론 내의 분열로 급소(急少)와 준소(峻少) 간의 갈등 심함.* ○ 5월 2일(庚辰). 조태구, 유수원의 배척에 대해 변명함. * 上御熙政堂, 藥房入診, 都提調趙泰耉, 提調李台佐, 副提調南就明, 假注書柳儼, 編修官崔宗周, 記注官朱炯离, 醫官李時聖・許坫・方震夔・吳重卨・李時弼・玄悌綱・權聖揆入侍, 交河縣監權聖徵, 永徽殿參奉李公胤, 同爲入侍。趙泰耉曰…羽化權門。夫權者, 卽君上所操之柄, 人臣得此罪名, 其驚惶危怖之懷, 當如何哉? 至於使一世, 敢怒而不敢言, 此固秦之趙高, 唐之林甫, 宋之檜・侂胄輩所爲也。此皆凶國害家之類矣。彼柳壽垣與臣本無怨咎, 豈欲以此等題目, 勒加於人? 臣雖無似, 立身本末, 殿下必爲俯燭, 而在廷之臣, 亦知臣之行事, 必不至如此, 而第臣, 以自前當退之身, 尙今遲回, 知進而不知退, 故此天意所以故使之至此, 以自警省也。今何可逆天行事, 重速釁咎乎? 且小臣, 豈不知在京陳疏, 而年少之人, 不可與較, 以傷事體, 故不免退出郊外矣(『승정원일기』 제554책, 경종 3년 5월 2일 庚辰) ○ 6월 12일(己未). 이정제(李廷濟), 유수원의 배척에 대해서 소변(疏辨)하다. ○ *6월. 영의정 조태구 죽음.* ○ 7월 8일(乙酉). 낭천현감(狼川縣監)에 임명됨, 8월 8일에 하직(下直)함.

서기	제왕 연대	나이	사적과 사료초
1724년	경종 4	31	○ *8월. 경종 승하, 영조 즉위.* ○ *9월. 유봉휘(柳鳳輝) 우의정이 됨, 좌의정 이광좌(李光佐).* ○ *11월. 김일경 원찬(遠竄) 후 목호룡과 함께 역적으로 처참.* ○ 11월 29일(丁卯). 경기도사(京畿都事)에 임명됨.
1725년	영조 1	32	○ *정월. 을사환국(乙巳換局)으로 노론 집권.* ○ *7월. 유봉휘 탄핵을 받아 경흥(慶興)에 안치됨.*
1727년	영조 3	34	○ *7월. 정미환국으로 소론 집권.* ○ 7월 13일(丁卯). 병조좌랑에 임명됨. ○ 10월 1일(癸未). 거창현감(居昌縣監)에 임명됨. ○ 10월 15일(丁酉). 문의(文義)현감에 임명됨. ○ 11월 25일(丁丑). 새로 문의현감이 된 유수원, 노모의 병구완을 위해 정상(呈狀)함으로써 파출됨. * 吏批啓曰, 新除授文義縣監柳壽垣呈狀內, 老母宿患, 源委旣痼, 暫觸寒氣, 咳嗽輒劇, 實無時月差復之望, 顧此私情, 已無暫時離捨赴任之勢, 卽速入啓處置云。親病旣如是沈重, 夫馬留滯, 亦甚可慮, 文義縣監柳壽垣, 罷黜, 何如? 傳曰, 允(『승정원일기』 제650책, 영조 3년 11월 25일 丁丑)
1728년	영조 4	35	○ 2월 2일(癸未). 횡성현감(橫城縣監)에 임명됨. 3월 5일 하직(下直)함. ○ *3월. 이인좌(李麟佐)의 난 일어남, 2달 후 난(亂)의 수말(首末)을 밝힌 감난록(勘亂錄) 반포.* ○ 7월 8일(丁巳). 지평에 임명됨, 여러 번 패초(牌招) 내리나 나오지 않음. ○ 7월 19일(戊辰). 지평 유수원 노모의 병을 들어 사직 청하면서 밀풍군탄(密豐君坦)의 의율처단(依律處斷)을 청함. * 持平柳壽垣, 伏以臣於春間, 忝守峽縣, 猝聞凶賊豕突之變, 而官守有限, 奔問無路, 腐心痛骨, 日夕焦熬, 何幸天心助順, 不日掃平? 追思伊時慶忭之忱, 尙何能形容萬一也哉? 仍竊伏念, 臣之無似, 且抱痼疾, 而猥蒙甄錄之恩, 時霑祿養之便, 居常殞結, 圖報無地, 乃於萬萬意外, 忽承憲司新命, 臣誠驚惶感激, 繼以悶蹙, 莫知所以自措也。顧臣不肖, 本不足以備塵驅使, 而此猶第二件事耳。臣本稟賦虛脆, 積病垂死, 仍患聾閉之疾, 沈痼多年, 咫尺之間, 不辨言語, 對人酬酢, 劃地始通, 此誠天之所棄, 不可復責以恒人之事者, 曾於先朝, 一忝言地, 悉暴自劃之實, 不敢爲冒進之計, 此固人人之所共知也。惟是年來, 屢玷縣

서기	제왕 연대	나이	사적과 사료초
1728년	영조 4	35	寄, 以此病狀, 亦豈有臨民莅事之望, 而含恩忱分, 不敢偃伏, 家有偏母, 菽水且乏, 人子至情, 切於反哺, 間嘗黽勉冒赴, 而時或思惟, 亦不勝其愧懼之深, 惟有守拙屛蟄, 粗可安其病分而已。似此廢疾, 夫豈一毫近似於耳目之任, 而特蒙恩顧, 玷此邇列, 如可以筋〈力〉奔走, 少報萬一, 則臣何能爲猥煩籲遞之計, 而奇疾在身, 望斷陳力, 此臣所以瞻望雲天, 撫躬自悼者也。連日陳章, 見阻喉司, 秪有泯伏兢惕而已。昨因次對, 召命再辱, 非不欲隨詣闕外, 疏陳自廢之狀, 而老母宿病, 沈篤危綴之中, 又自近來, 泄痢無算, 氣息茶然, 臣以孑然獨身, 晝夜扶將, 實無一刻離捨之勢, 終不免坐犯違傲, 分義掃地, 罪合萬殞, 而只推之恩, 荐下格外, 惶感交極, 不知死所。玆敢畢瀝血懇, 仰請譴何, 伏乞聖慈, 俯垂諒察, 亟命勘臣辜犯, 以肅朝綱, 仍卽鐫削臣非分之職, 俾得以安意救護, 實天地生成之惠也。臣以病廢實狀, 方事祈免, 則宜不敢以職名自居, 有所附陳, 而第竊伏念, 昨日筵中, 有罪人坦參酌付處之命, 其他鞫囚, 亦多酌處云。臣於此, 竊不勝其驚惑憂歎之忱, 其何敢默無一言已乎? 坦之出於賊口, 寔以推戴, 是何等天地間難容之罪名, 而頃日解杻之命, 已是萬萬意外, 今又無端遽有此處分, 此何擧哉, 此何擧哉? 三尺之典, 出於祖宗, 坦之所坐, 干係宗社, 殿下安得以私恩而撓三尺乎? 爲臣子者, 所當碎首爭執, 必不撓祖宗之法, 伏願亟寢付處之命, 仍令鞫廳依律處斷焉。噫, 今玆凶逆, 振古所無, 懲討之典, 豈容或疏, 而聖上唯以了當鞫獄爲急, 罔念按治之不嚴, 昨日憲長疏批, 首尾五朔, 奚曰草草之敎, 可見聖意之務速, 而許多罪囚, 徑先酌處於半日之間, 事多獨斷, 不少留難, 臣實悶之。治逆之法, 務在嚴重, 反覆根究, 庶無網漏之患, 則遲速與否, 非所可論, 亦願特回聖思, 反汗成命, 以嚴鞫體, 不勝幸甚, 無任云云。答曰, 省疏具悉。疏陳事, 大意則是, 而予已詳量矣, 爾其勿辭, 從速察職(『승정원일기』 제666책, 영조 4년 7월 19일 戊辰) ○ 7월 25일(甲戌). 부사과(副司果)가 됨. ○ 12월 11일(丁亥). 병조좌랑이 됨.
1729년	영조 5	36	○ *2월. 삼사(三司), 난군이 추대한 밀풍군(密豊君) 탄(坦)의 처형 요구.* ○ 3월 10일(甲寅). 사서(司書)가 됨, 이때 경기 양천(陽川)에 있었으므로 입번(入番)하기 위해 승일상래(乘馹上來)하라 함. ○ 3월 25일(己巳). 자신과 노모의 병을 들어 체직을 청하는 상소 올림. * 司書柳壽垣疏曰, 伏以臣, 痼疾自廢, 屛跧鄕廬, 獨與老病偏母, 相依爲命, 實無暫時離違之勢, 而甄錄之恩, 前後荐及, 不知疎逖微臣, 何以獲此於君父, 惶恐感激, 不敢偃伏, 且以平生延頸之忱, 竟孤一瞻之願, 竊欲粗洩哀誠於朝晡祭班, 不計廢疾之在身, 情理之難捨, 冒昧趨承,

서기	제왕 연대	나이	사적과 사료초
1729년	영조 5	36	以爲一謝天恩, 退塡丘壑之計矣, 卽接鄕信, 則老母之宿疾, 近因將理之失宜, 一倍添劇, 粥飮全却, 氣息綿綴, 精神昏昏, 眞元日削, 今至多日, 一味沈篤, 臣旣終鮮兄弟, 無他在旁子侄, 家在鄕僻, 醫藥調治之節, 亦未能及時周旋, 臣自聞此報, 方寸煎灼, 歸省扶護, 一時爲急, 玆不得不冒死陳章, 徑出禁門, 臣罪至此, 實合萬隕, 伏乞聖慈, 天地父母, 俯賜矜察, 亟許鐫遞臣職名, 俾得以安意救護, 因命勘臣擅離直次之罪, 以肅朝綱, 不勝幸甚。答曰, 省疏具悉。爾其勿辭救護焉(『승정원일기』 제681책, 영조 5년 3월 25일 己巳) ○ 3월 28일(壬申). 부사과(副司果)가 됨. ○ *5월. 기유처분, 소론 완론 주도의 탕평이 시작됨.* ○ 윤7월 9일(辛巳). 지제교(知製敎)로 선발된 29인 중에 들다.
1731년	영조 7	38	○ 6월 13일(甲辰). 병조정랑이 됨.
1733년	영조 9	40	○ *정월. 노론의 김창집 · 이이명 신원요구를 십구하교(十九下敎)로 막음.* ○ 5월 28일(戊申). 경상도사(慶尙都事)에 임명됨. ○ 6월 3일(壬子). 혼가(婚家)로 피혐(避嫌)하여 경상도사 직에서 개차됨. ○ 11월 5일(壬午). 용담현령(龍潭縣令)에 임명됨. ○ 11월 25일(壬寅). 노모 병환을 이유로 증상(呈狀)하여 용담현령에서 파출(罷黜)됨.
1735년	영조 11	42	○ *정월. 김창집 · 이이명 신원관계로 반야하교(半夜下敎) 내림.* ○ 9월 24일(庚申). 태천현감(泰川縣監)에 임명됨. ○ 9월 25일(辛酉). 하직하고 태천현감으로 나아감. ○ 10월 9일(甲戌). 교리 조명택(趙明澤)으로부터 흔루지중(釁累至重) 견지공의자(見枳公議者) 중의 한 사람으로 배척받음. ○ 10월 9일(甲戌). 이조참판 송진명(宋眞明), 유수원의 재주 들어 태천현감 제수를 변호함. ○ 10월 12일(丁丑). 이조참의 조명교(曺命敎), 이조판서 윤순(尹淳)이 유수원의 재주를 들어 조명택의 배척으로부터 변호함. * 吏曹參議曺命敎疏曰…至於柳壽垣, 雖聾於耳, 不聾於心, 淹博之識, 周達之才, 求之朝著, 實罕其比。臣則粃前不能推轂, 使展其胸中之所有, 而乃屈之於如斗之縣, 臣方愧之, 若其昔年一疏, 始見枳於賊夢而已。雖乙丙苛索之際, 餘鋒不及, 丁戊以後, 外邑差除, 姑且不論, 臺省

서기	제왕 연대	나이	사적과 사료초
1735년	영조 11	42	春坊, 靡所見礙, 而特以病之故, 渠自棄世, 世亦棄之耳。今儒臣, 混擧諸人, 一筆句斷, 謂以釁累至重, 見枳公議, 未知釁累者何事, 見枳者何事? 噫, 國事之泮渙至此, 何乃故耶?(『승정원일기』 제810책, 영조 11년 10월 12일 丁丑) * 吏曹判書尹游疏曰…柳壽垣, 貫通之才, 淹博之識, 世無其倫, 何試不宜, 而只緣渠有五官之病, 不樂進取, 知者怜之, 間畀東縣南邑, 一赴一否, 初非有釁累之可言矣。今於僻小一縣之差遣, 忽發怒如此, 何前忘而後覺也? 臣竊哂之(『승정원일기』 제810책, 영조 11년 10월 12일 丁丑) ○ 11월 30일(乙丑). 유학 어유영(魚有瀛)·신경조(申景祖) 등 사학재임(四學齋任)들에 의해 윤용(尹容)·권일형(權一衡)·유건기(兪健基) 등과 함께 묵말(墨抹)됨. * 幼學魚有瀛·申景祖·任邁·兪學中·沈鈊·宋載經·沈觀之等疏曰, 伏以臣等, 伏聞日昨, 因泮儒所懷, 攙及墨抹朝紳事, 有四學掌議具宅遠等, 停擧之命, 臣等亦其前後齋任中人也。相顧愕眙, 繼之以悚懍焉…若夫見棄淸議, 不齒士流之尹容·柳壽垣·權一衡·兪健基之墨削, 亦皆出臣等之手, 而其外諸人, 則伊時齋任, 或已身死, 或在遠鄕, 臣等亦未知某人削某人, 而其非出於宅遠等之所獨爲明甚, 則今此宅遠等之獨被罪罰, 豈不冤哉?(『승정원일기』 제813책, 영조 11년 11월 30일 乙丑)
1736년	영조 12	43	○ 3월 12일(丙午). 부사과(副司果)에 단부(單付)됨.
1737년	영조 13	44	○ 1월 8일(丁酉). 지평에 임명됨. ○ 1월 11일(庚子). 지평으로서 상소하여 조명택(趙明澤)의 배척에 대변(對辨)하다. *○ 8월. 봉조하 이광좌 영의정으로 복귀, 혼돈개벽(混沌開闢)으로 소론 주도의 탕평 정국.* ○ 9월 13일(戊辰). 병조정랑이 됨. ○ 10월 24일(戊申). 영의정 이광좌, 공조참판 이종성 등 유수원을 천거하며 우서(迂書)를 소개함. 임금, 『우서』를 궐내로 들이라 함. * 十月二十四日未時, 上御熙政堂。大臣·備局堂上引見, 領議政李光佐, 行工曹判書尹淳, 行吏曹判書趙顯命, 行副司直金始炯, 兵曹判書朴文秀, 工曹參判李宗城, 左承旨李日躋, 假注書趙載敏·兪彦國, 記事官尹澤厚·朴成玉, 入侍進伏訖…光佐曰, 數昨曉頭赴見, 則東方有紅光通烘, 初疑火焰, 及至半天, 則乃赤氣也。今年災異, 若是荐疊, 思之誠茫然矣。遇災修省之道, 固當以修德爲先, 而其次莫如薦用人

서기	제왕 연대	나이	사적과 사료초
1737년	영조 13	44	才, 故臣於雷異之後, 首欲以此事仰請, 而或恐薦而不得用, 如韓德弼事, 則非徒無益而又害之, 故尙今趑趄, 而不敢仰達矣。卽今災異益甚, 國事罔涯, 則亦不可因噎而廢食, 故敢此仰達矣。上曰, 所達是矣, 而予所慮者, 徒爲吏曹之休紙故耳。今若爲人才薦, 則其題目, 將何以爲之乎? 顯命曰, 其題目, 若依司馬光所定薦法而用之, 則似好矣。文秀曰, 人才薦, 本來無益, 頃年州牧薦, 尙今爲笑囮。宰相欲薦其親屬, 則輒必換手爲之, 專出私意矣。臣意則不如不薦之爲愈也。宗城曰, 朴文秀之言, 雖似是矣。爲國之道, 莫如薦用人才, 則何可預憂其不能公薦, 而初不薦用乎? 文秀曰, 臣亦非謂勿薦也。但欲自上, 申飭群下, 使之各別惕念, 勿取形勢家人, 一從公心薦進矣。上曰, 靈城言是也。薦而不公, 則顧何益乎? 此則唯在於卿等, 而其題目則將何以爲定乎? 光佐曰, 不必多作名目, 只曰人才別薦, 而每人之下各以其所長, 懸註, 且以可合某樣職任, 開錄其傍, 朝臣各薦數人, 而朝家隨才調用, 則亦豈無實效乎? 上曰, 予意亦然。若爲題目, 則必拘於名目, 而多有弊端。若使多薦, 則亦必有猥雜不精之患矣。依卿所達, 只以人才別薦爲名, 而時・原任大臣則各薦二人, 政府西壁六卿・備局堂上・三司長官・兩局大將・八道監司・兩都留守, 各薦一人, 而勿拘文・南・武, 極擇薦進, 可也。抄出擧條。宗城曰, 適因薦人事, 臣有所懷, 敢此仰達矣。丹陽郡守柳壽垣, 耳聾如李德壽, 善文亦如李德壽。若以文章家言之, 則德壽似勝, 而如朝家高文大策, 則壽垣實偏勝, 且聾者, 例於事情或不足, 而壽垣, 則歷代制度, 利害, 國朝典章沿革, 瞭然於胸中, 嘗爲一書, 極論時政得失, 窮源溯本, 脈絡貫通, 自成一副當經綸。擧而措之, 雖未知一一皆當, 而其留心世務, 則積有年所, 故能如此, 而朝廷旣不記識, 故將不免虛老, 豈不可惜乎? 上曰, 誰之子而其聾何如耶? 顯命曰, 其父士人, 而故相臣尙運之從孫也。淳曰, 其聾則殆甚於李德壽矣。上曰, 其書名云何耶? 光佐曰, 臣亦嘗見其書, 誠奇矣。自名曰迂書。淳曰, 趙顯命名其書曰東書, 凡七卷, 言國家積弊, 透入骨髓, 而繼言變通矯捄之策, 雖未試用, 而見識・言議, 超出一世, 誠難士矣。顯命曰, 臣與壽垣, 未釋褐時, 略有面分, 立朝後言議差異, 漠然不相問聞。待罪西關時, 壽垣爲泰川縣監, 始與之言, 固非常, 而但慮聾者作宰, 或恐如何矣, 爲政數月, 實多可觀耳。雖全璧而政則微密, 始知其中有如許才矣。大抵壽垣, 壬癸年間, 駁故相臣趙泰耉, 其時緩峻論, 亦如今日, 故久枳不用, 中間病甚, 因未檢用, 有若得罪名義者然, 爲泰川時, 一臺官又劾之。臣入銓後, 卽欲收用, 而恐反貽辱, 初除騎郎, 旋移丹陽, 使之閑居, 讀書治民, 朝廷若某條用之則豈不好耶? 上曰, 其書何在? 宗城曰, 一處有淨本矣。上曰, 分付政院, 使之取入, 可也。淳曰, 壽垣在辛壬間年, 尙少, 故浮動於人, 爲此事, 蓋其時故相臣, 與一鏡角立, 而壽垣旣駁相臣。又嘗論臣兄事, 親舊以此少之, 然亦不染跡於一鏡。今則大覺其非, 嘗言黨論, 必至亡國, 故今則與其時大異矣。文秀曰, 年少臺諫, 一言雖或過中, 何可以此爲累乎? 顯命曰, 蓋其時相臣, 與一鏡不好, 士流皆倚仗相臣, 而壽垣適論相臣, 士流皆

서기	제왕 연대	나이	사적과 사료초
1737년	영조 13	44	怒之, 故輾轉至此, 非有他事也。宗城曰, 壽垣與一鏡, 初不相識矣。文秀曰, 顯命之言是矣。其間事情, 不過如此而已矣(『승정원일기』 제861책, 영조 13년 10월 24일 戊申) ○ 10월 28일(壬子). 『우서』를 다 읽은 임금이 유수원을 비국 낭청(備局郎廳)에 차정하라 함. ○ 11월 4일(丁巳). 정언에 임명됨. ○ 11월 22일(乙亥). 우의정 송인명, 『우서』를 환급(還給)하시라고 함.
1738년	영조 14	45	○ 4월 10일(壬辰). 정이검(鄭履儉), 염철(鹽鐵) · 상세(商稅)와 관련해 유수원의 『우서』 내용을 거론함. * 上御熙政堂召對, 參贊官嚴慶遐, 檢討官鄭履儉, 假注書閔師弘, 記事官洪正輔, 記注官金道元, 持大學衍義補入侍…履儉又曰, 減租亦出於勸農之意矣。我國無稅商之法, 獨斂於農民, 何以勸農乎? 上曰, 我國亦豈無商稅乎? 然關市譏而不征, 何必稅此而裕國用乎? 履儉曰, 自古鹽鐵, 爲遺利裕財之術, 莫先於鹽鐵之稅. 而我國獨無之, 國用之匱乏, 實由於此。慶遐曰, 戶曹有鹽盆稅矣。上曰, 此則與古鹽鐵之稅有異, 承旨似未諳矣。我國雖一草一木, 皆爲土豪之所占, 故無此等收稅之事矣。履儉曰, 向於柳壽垣冊子, 見有一二可行者, 到今創行新法, 臣亦知其不可, 而若立一法, 斷然行之, 則亦足以振紀綱矣。上曰, 儒臣所達固好, 而以廣諭前事與廣諭後事觀之, 可謂有紀綱乎? 且以牌不進之弊言之, 紀綱將因此而壞矣(『승정원일기』 제870책, 영조 14년 4월 10일 壬辰) ○ 12월 14일(壬辰). 장령에 임명됨. ○ 12월 17일(乙未). 장령 유수원이 양천(陽川)에 머물고 있으므로 승일상래(乘馹上來)하게 함. ○ 12월 19일(丁酉). 유수원, 『우서』를 임금이 직접 읽어 주는 영광을 입었으나 이로 인해 벼슬 받은 혐의가 있다 하여 사소(辭疏)를 올림, 미숙배(未肅拜)로 체직됨. * 掌令柳壽垣疏曰, 伏以臣於前歲, 待罪下邑, 猥承召旨, 旋蒙恩遞, 得以歸守病分矣。不意玆者, 又承新除之命, 臣誠驚惶悶蹙, 不知所以自措也。夫人生斯世, 出身事君, 豈非士之所願乎? 然受命於天, 自有定分, 定分之外, 不可得以踰越也。顧臣通籍, 今已三紀, 終不敢一日冒進於從班之後。蓋臣不幸有罷癃殘廢之疾, 兩耳全塞久矣。此卽臣自廢之定分, 而猶或時被塡擬於政注之間, 致有如今玆誤命。臣竊怪宰物者, 旣知其病廢實狀, 而猶爲此苟充何哉? 抑臣疾病之外, 又竊有意外事端, 私心有不勝其慙懼者。臣於向來被召之後, 因人聞之, 則蓋有

서기	제왕 연대	나이	사적과 사료초
1738년	영조 14	45	筵臣, 猥擧臣名, 至以臣私記文字, 上塵睿覽, 曾未幾日, 遽有召命云。臣不勝驚惑隕越, 至今追思, 每不覺其慙汗也。沈病幽憂, 無以遣日, 雖或有偶然信筆之漫草, 此不過私家箱篋間瑣陋之物, 猥達前席, 至登香案, 其爲事體之猥褻, 聽聞之駭笑, 已不可言。而至於因此, 而忝叨職名, 則實與齊虜, 以口舌得官者無異。臣雖不肖, 其可自安於心乎? 設令臣身, 雖無難强之痼疾, 卽此一事, 已足爲淸朝之羞恥, 其不可抗顔於班聯則, 明矣。仍伏念, 民有篤廢之疾者, 蠲其役而勿事。非但三代之政, 亦我時王之典, 而五官不備, 是爲篤疾若臣者, 眞所謂篤疾之甚。臣雖賤微, 猶在一物之中, 如蒙聖明惻然哀憐, 俾刋朝籍之末, 得比蠲役之氓, 使之優游老死於遂物之化, 則豈不有光於天地之仁乎? 適出郊外, 歸聞除命之降, 已有日矣。泯伏虛縻, 亦所不敢。玆不得不瀝懇哀籲。伏乞聖慈, 俯賜矜察, 亟許鐫削臣職名, 以安微分, 千萬幸甚。答曰, 省疏具悉。爾其勿辭察職(『승정원일기』 제882책, 영조 14년 12월 19일 丁酉)
1739년	영조 15	46	○ 3월 24일(庚午). 부사과가 됨 ○ 5월 6일(辛亥). 필선(弼善)이 됨, 여러 번 패초하나 나오지 않음. ○ 5월 22일(丁卯). 부사과가 됨. ○ 6월 5일(庚辰). 사복정(司僕正)이 됨.
1740년	영조 16	47	○ *5월. 이광좌 죽음.* ○ 5월 30일(丁巳). 부사과가 됨. ○ *6월. 경신처분으로 신임옥사를 역(逆)이 아니라고 판정함, 조현명(趙顯命)을 우의정에 특배(特拜)함.*
1741년	영조 17	48	○ 정월 27일(癸巳). 우의정 조현명의 천거로 군직(軍職)에 붙이고 뒤에 입시하라고 함. ○ 정월 28일(甲午). 부호군(副護軍)이 됨. ○ 2월 8일(癸卯). 부호군 직함으로 상소하여 이언대신(以言代身)하는 뜻으로 「관제서승도설(官制序陞圖說)」을 올림. 왕, 이 날의 석강(夕講)에 바로 입시하라 하고 조명리(趙明履)와 함께 「관제서승도」 검토함. * 副護軍柳壽垣疏曰, 伏以臣於病伏中, 忽伏聞有付臣軍銜, 使之入侍之命, 臣誠震驚隕惑, 莫知所以自措也。噫, 以臣微末篤疾之身, 千萬意外, 承此入覲之特教, 區區感激之情, 寧有涯量? 而以臣廢疾, 冒進至嚴至敬之地, 誠有所萬萬不敢者。況以閑廢散蹤, 旣無職守, 無端呈

서기	제왕 연대	나이	사적과 사료초
1741년	영조 17	48	身, 實無所據, 國體私義, 斷無是理。恩召之下, 末由祗承。玆敢趨詣九閽之外, 冒死陳章, 退俟威命。違慢之罪, 實合萬死, 唯有伏地戰慄而已。抑臣竊伏惟念, 臣之病廢踈賤, 未嘗一近耿光, 今玆特召, 似由於筵臣之偶提賤名, 而殿下欲一見其面目之何狀而已。然而登對之後, 殿下雖或下問其爲誰某, 顧臣聾廢已極, 實無以仰聆玉音, 自達其官職姓名之望。筵席之間, 豈容有此駭視瞻之病物乎? 雖以臣心言之, 通籍三十年, 始登文陛, 憂愛之誠, 出於秉彝, 雖極愚陋無所知識, 亦豈無一二所懷之猥欲陳達者? 而勢將囁嚅惶恐, 不敢啓齒, 終始泯伏, 有同土木偶人而出, 則是將爲臣平生之恨矣。臣竊念古人, 有於召命, 病不得承, 則亦有以言代身之擧。臣亦竊附斯義, 敢以曾所箚錄官制序陞圖說, 隨疏投進, 極知僭妄, 無所逃罪。然臣愚意, 雖使臣猥侍前席, 得以畢陳其所欲上聞者, 猶不如文字之詳盡, 故妄援古義, 畢獻愚誠, 亦非敢謂萬分之一, 或有可採, 祗是犬馬愚忠, 不能自已之致。惟聖明, 諒其誠而寬其罪, 不勝幸甚。臣無任云云。答曰, 省疏具悉。今者召爾, 非待之以山野之士也, 不過一欲見之矣。何過辭? 附陳冊子及圖, 留中以覽。爾其勿辭, 夕講入侍(『승정원일기』 제928책, 영조 17년 2월 8일 癸卯) * 辛酉二月初八日午時。上御熙政堂。晝講入侍。特進官金聖應, 同知事徐宗玉, 參贊官趙明履, 侍讀官尹得敬, 檢討官閔百行, 假注書李壽鳳, 記注官權䄎, 記事官邊是重, 宗臣海春君棪, 武臣趙東漸諸臣以次進伏…上曰, 柳壽垣疏批速下, 然後可以同入夕講矣。承旨亦見其冊乎? 趙明履曰, 臣不過一遭泛看之矣。作之者深思, 而見之者泛看, 此所以難言, 而大抵其冊本意, 全戒人臣樹黨之習, 而以弘文・六曹, 爲序陞之兩岐矣。上曰, 此有二階乎? 趙明履曰, 以可合承文之人, 皆付弘文, 是一歧也。以不合承文之人, 皆付六曹, 是一歧也。三考則同也。上曰, 隸事何也? 趙明履曰, 似是隸習官之類也。上曰, 翰林薦法, 亦有之乎? 趙明履曰, 此則無之, 而非但此也。其意蓋在於盡削名官, 故吏郞亦同兵郞矣。上曰, 其意則專在抑樹黨之弊矣。上曰, 南行窠則無之乎? 趙明履曰, 武蔭窠則雖不論, 而其說見之, 則自以爲文臣善處之, 則他自有善處之道矣。上曰, 然則不觀地望乎? 趙明履曰, 地望如合承文, 則皆付弘文, 而其次付六曹, 又有付校書者, 此亦觀地望者也。上曰, 弘文・六曹擇出時, 誰能任之, 而能免私乎? 趙明履曰, 此處行私, 則無可奈何矣。然其意專在博通淸選矣。上曰, 三考誰可任之乎? 此亦恐有私矣。趙明履曰, 三考之法, 姑不論。而殿下憂勤惕慮之日, 朝廷之上, 若有數三人可以憚壓一世者, 則自可以正朝廷矣。上曰, 此言, 是矣(『승정원일기』 제928책, 영조 17년 2월 8일 癸卯) ○ 2월 8일(癸卯). 유수원, 석강(夕講)에 입시하여 왕과 서승법(序陞法) 및 기타 정치에 관해 토론함. * 御熙政堂。夕講入侍。特進官金聖應, 同知事徐宗玉, 參贊官申宅夏, 侍讀官尹得敬, 檢討官閔百行, 副護軍柳壽垣, 假注書李壽鳳, 記注

서기	제왕 연대	나이	사적과 사료초
1741년	영조 17	48	官權祐, 記事官邊是重諸臣以次進伏。上曰, 柳壽垣未及來耶? 申宅夏曰, 家遠故未及來矣。上曰, 在新門外耶? 申宅夏曰, 在西小門外矣…徐宗玉曰, 柳壽垣多讀古人書, 自處以文章之士, 李德壽亦許其文章矣。申宅夏曰, 文章過人矣。上曰, 此人有著述耶? 申宅夏曰, 著述文字, 亦多有之矣。徐宗玉曰, 臣與申晩言曰, 此人眞有用之才也。其書雖不見施於世, 其用工則苦矣。如此之人, 當於事務, 則豈無可觀乎? 申晩之意, 深以爲然, 而亦稱其才矣。上曰, 雖三考之法, 豈無私也? 萬事莫如樹紀綱也。徐宗玉曰, 雖以東書觀之, 國朝古典, 八方事務, 無不通知, 其用工, 勤且博矣。上曰, 其年幾何? 申宅夏曰, 甲戌生矣。上曰, 然乎? 申宅夏曰, 吏・兵同曹之說, 前輩亦有之矣。徐宗玉曰, 世之不用此人, 蓋疑黨論之峻激, 而實由於不詳知之故也。此人曾於辛壬間, 與峻於黨論者, 有崖異事, 而亦有上疏之事。臣雖未的知其疏之指何事在何時, 而論議本不峻激矣。其祖卽古相臣尙運之弟也。上曰, 是柳相之侄耶? 其貌似柳相矣。徐宗玉曰, 臣偶未見柳相矣。上曰, 官制一通, 詳達, 可也。柳壽垣曰, 微末廢疾之人, 千萬意外, 猥蒙召入之命。而臣之聾病, 實無登筵之望, 故敢以簃錄文字, 隨疏投進矣。今承傳教, 使之詳達一通, 倉卒入來, 非但喘息未定, 文字汗漫, 有難悉陳, 如蒙指的下詢, 臣當逐款仰達矣。上曰, 東書此書外, 有以民事國事, 恒日蘊蓄, 而所欲言者, 則常時登對未易, 悉陳, 可也。柳壽垣曰, 所欲陳者, 雖或有之。臣之區區微忱, 唯以爲所陳圖說, 或有一分有益於國事, 故冒昧投進矣。仍顧申宅夏曰, 日暮承批, 十里馳入, 仍卽登對, 氣急喘促, 小息後庶可奏事矣。上曰, 氣喘乎? 使之小起, 定氣詳達, 可也。柳壽垣俯伏休息稍久。上曰, 登科已久乎? 徐宗玉曰, 與古判書臣洪鉉輔同榜矣。上曰, 是庚子以前矣。申宅夏曰, 渠本有病, 咫尺尊嚴之下, 安能悉陳所蘊也? 上曰, 予以李宗城論梁得中事觀之, 是何論人之易耶? 胡文定, 是豈人人所可同者耶? 徐宗玉曰, 人人皆似胡文定, 則先輩何必以胡文定獨稱乎? 此人有病, 酬酢, 似難矣。上曰, 此人爲知製教乎? 柳壽垣曰, 被選矣。上曰, 聾病之人, 每不精, 而此人雖以外貌觀之, 甚精矣, 必多可聞, 使之更陳。柳壽垣曰, 所欲陳達者, 雖或不止於此, 而臣之必以官制圖說陳達者, 臣意在從周。蓋三代以後, 明制最善, 其中官制, 尤得周官精義, 今日行之, 必有其效。世或以明朝, 亦有黨論, 以至於亡爲言, 而臣則以爲明本無黨, 此由東儒, 不曾細考明事而然矣。上曰, 皇朝豈無黨乎? 柳壽垣曰, 果有東林黨及齊・楚・浙三黨之名矣。皇朝雖亡, 卽我國父母之邦, 以此言陳達, 似涉未安。而不幸神宗皇帝聖德, 中年以後, 漸不克終, 三十年中, 不接臣僚, 不賜批答, 不除官職, 故朝廷全不成樣。以此怪鬼輩, 相與爭閱, 一時雖有黨名, 實則與唐之牛・李, 宋之洛・朔, 絶異。有同無主人之家, 奴僕自相鬪爭, 此是一時政亂而然, 不可以此, 謂之眞有黨論矣。有明二百七十年, 終無黨人角立, 私意橫流之弊, 分義紀綱, 極其嚴截。蓋自古創垂極難, 若非聖人, 必待開創之初, 方可辨得, 而漢祖・唐宗, 皆無帝王之學。惟大明高皇帝, 雖聖質, 或不無病痛,

서기	제왕 연대	나이	사적과 사료초
1741년	영조 17	48	而卽位三十年, 終始典學, 根據經史, 立法創制, 皆有義理, 實非漢・唐制度所可及也。以清人言之, 雖是夷狄, 渠亦不以純夷爲政, 而立國百年, 無黨弊者, 全用明制而然。此亦皇明無黨論之證, 臣則終不爲萬曆間一時事, 謂之黨論矣。上曰, 此外豈無黨論乎? 柳壽垣曰, 閭巷之人, 雖或論及明事, 只以萬曆中年以後, 謂有朋黨, 而今者聖教, 似指世宗朝張璁・桂萼及萬曆初年高拱・張居正, 各有黨與, 而有此下敎矣。此是閭巷之士, 所未能拈出者也。聖學誠高明矣。雖然此亦不過一時當國之臣, 略有黨與, 而旋卽消散, 亦不可謂黨論矣。上曰, 序陞之制, 其可無人才沈屈乎? 又命注書書示曰, 如董子・賈誼之才, 則何爲? 柳壽垣曰, 如董子・賈生之賢, 則世未多有, 而雖或有之。以序陞法言之, 正字三年而陞修撰, 次次序陞, 十五年而陞副學堂上, 二十七年陞正二品。雖有董子・賈生之賢, 以此官制用之, 亦不可謂之沈屈矣。上曰, 若如此言, 則可謂捷徑, 而亦豈無沈屈之弊也? 蓋此書可見其苦心也。又命注書書示曰, 選正字之時及三考序陞之時, 可無私乎? 其無紀綱, 隨法皆弊矣。柳壽垣曰, 大明殿試, 皇上親臨, 試擧子作文, 而其制極爲嚴密, 且考選正字之時, 亦出御題。殿下若依此制, 以選正字, 則豈有行私之患乎? 至於序陞, 有同我國, 參下序陞, 必無循私之理矣。上曰, 武蔭之制, 何以爲之? 柳壽垣曰, 聖人作易, 以變通不窮爲貴。所謂窮則變, 變則通者此也。以今日武科言之, 其數不知幾千幾萬。兵曹判書, 雖欲用公道, 亦安能盡及乎? 其弊已到窮極地頭矣。今若能文者, 使之講, 能射者, 使之射, 以此考選, 分差內三廳及軍門將官之屬, 而觀其中外居官, 次次以考績法序陞, 則雖至閫帥, 亦必得人矣。蔭法, 亦豈出於考績序陞之外乎? 上顧注書曰, 書此使知予意, 可也。仍命注書書示曰, 有懷必陳, 雖可尙, 予則以爲救弊之道, 一則樹紀綱, 一則循公道, 無過二者。雖有良法美制, 無紀綱私意橫而能行乎? 柳壽垣曰, 殿下每以立紀綱爲先務, 而臣意則紀綱, 非威罰所可立也。立紀綱恢公道之要, 實在序陞法之中矣。我國雖以玉堂言之。今日罷職, 明日敍用拜玉堂, 今日又違牌罷職, 明日又爲之侍從, 卽庶官之表率, 而全不恪勤行公, 如此而紀綱, 何從而立乎? 以序陞法言之, 正字三年, 陞修撰, 修撰三年, 陞校理, 校理三年, 陞應教, 如此十五年, 應教陞副學堂上, 有同參奉陞奉事, 奉事陞直長之制, 豈有牌不進者乎? 序陞自古如此, 非以爵祿, 拘束臣子, 使之恪勤行公也。雖以唐・虞言之, 必須歷試, 然後方可用人, 此所以有三考九考黜陟之制矣。上亟稱善曰, 此言是矣。此人曾無牌不進之事乎? 又曰, 此圖亦好矣。若如此法, 則近來願作宰之文官, 必不肯爲名宦矣。備局郞有闕乎? 徐宗玉曰, 臣亦未知之矣。上曰, 向時李宗城, 亦爲文郞廳矣。與大臣商確廟謨, 則必多有助, 除備局郞事知事, 言于大臣, 仍命柳壽垣退出。壽垣退出時, 曲拜於門內。申宅夏曰, 渠有聾病, 異於常人, 而曲拜門內, 有違事體, 推考, 何如? 上曰, 勿推。又曰, 渠必以我爲無味, 渠豈無未盡所蘊之歎也? 徐宗玉曰, 渠本守拙窮居, 今日承恩, 獲近耿光, 渠必感泣矣。豈有未盡達之恨也? 申宅夏曰, 渠以無職名之人, 而

서기	제왕 연대	나이	사적과 사료초
1741년	영조 17	48	昵侍天陛, 其爲榮感, 必自倍矣。上曰, 其爲人甚精矣。有聾病之人, 每不精, 曾於任守某宗臣某同來之時, 予見之矣。此人儀貌甚精, 大有蘊抱之人也。於從容時酬酢, 則必多可聞也。李德壽之病, 則勝於此人矣(『승정원일기』 제928책, 영조 17년 2월 8일 癸卯) ○ 2월 9일(甲辰). 주강(晝講)에서 임금, 이덕수(李德壽)에게 서승도(序陞圖)에 관해 물어 보자 이덕수는 붕당 없애기가 어렵다고 하였음. ○ 2월 22일(丁巳). 임금, 3대신과 「관제서승도설」을 검토, 대체로 신법(新法) 실시가 어렵다는 쪽으로 의견이 모아짐, 단 조현명만은 유수원의 개혁론에 대한 관심을 촉구함. * 二月二十二日巳時, 上御熙政堂。大臣・備局堂上引見入侍時, 領議政金在魯, 左議政宋寅明, 右議政趙顯命, 刑曹判書金聖應, 兵曹判書鄭錫五, 訓鍊都正具聖任, 禮曹參判權𥛚, 兵曹參判李周鎭, 同副承旨洪鳳祚, 司諫李道謙, 持平南泰赫, 校理鄭翬良, 假注書李壽鳳・李基德, 記事官李弘稷・邊是重諸臣進伏後…寅明曰, 柳壽垣官制之說, 何如? 以臣所見, 似爲是矣。上曰, 壽垣耳聾, 故不復問之, 而只聞弘文正字有弊云矣。寅明曰, 雖不必用其言, 而效與害皆如此矣。上曰, 其心則誠貴矣。儒臣亦見之乎? 鄭翬良曰, 小臣則不得見之矣。顯命曰, 此乃渠數十年積功也。其有疑處, 則點下以備郎, 一召與臣等, 論其掣肘決否處, 何如? 上曰, 不欲用新法者, 是予意也。神宗之與介甫, 行新法迂闊, 而朱子亦嘗論之矣。唐官六制事, 承旨亦見矣。此處則介甫咨嗟, 恨不與同, 而朱子亦許以睿斷矣。今日則如補衣, 此處補則彼處綻, 官制之紊亂淆雜極矣。必欲申明舊制, 予意也。卿等於備局, 書稟可也。寅明曰, 國初六典舊制乎? 上曰, 是也。在魯曰, 官制名實, 古今太不同矣。上曰, 自縣監至牧使階梯, 是捷徑也, 誠可怪矣。寅明曰, 多承傳故也。上曰, 然則釐正承傳似可矣。上曰, 皇朝則無黨云, 豈其然乎? 寅明曰, 皇朝則東林黨而已, 乃宦官之害也, 無義理相爭之黨也。顯命曰, 以黨論根本, 謂由於官制者, 有識之言也。在魯曰, 以其階梯之多故也。上曰, 吏郎・翰林無之則無黨, 而自弘正選時, 已有黨, 故予欲一問矣。在魯曰, 正字・著作・博士・修撰・校理・應教, 不過數年, 無智愚賢不肖, 皆陞堂上, 堂上後, 或監司, 堂下時, 無他處也。盡變官制則已, 而此則必不可成矣。上曰, 聾者似愚, 而此則不然矣。顯命曰, 甚博識矣。以爲五代藩鎭之亂, 以兵權之授, 而我國黨論, 則以通塞之授臣下故也云, 而國無長國, 人無長生, 亦安能預知何處生弊也? 上曰, 漢吳楚唐藩鎭, 宋胡元, 皆有弊。雖欲祛爲弊者, 豈無沛公乎? 在魯曰, 人君不能躬行, 以紀綱付臣下, 故自有弊矣。上曰, 紀綱二字, 最宜着意處也。顯命曰, 彼言亦非私智杜撰, 乃本諸周官, 參以古經者也。以臣意言之, 則引見論難, 若果有掣肘難行處, 則顯言退之, 實合於事體矣。寅明曰, 其言所謂權奸後朋黨, 朋黨後又有權奸者是也。其言曰, 官爵乃天爵, 而人主授匹夫者也。大則權奸, 小則

서기	제왕 연대	나이	사적과 사료초
1741년	영조 17	48	朋黨, 爲及第爲翰薦, 以至於宰相, 故授國權, 而爲久弊矣, 其言則是, 而其法則難行也。上曰, 言則然矣, 而有紀綱, 然後可以行之矣…顯命曰, 朴文秀・李匡德, 嚴責招致, 然後可成朝廷模樣矣。柳壽垣則小臣分疏, 而見所著文字, 則雖未知實有經綸, 而亦爲博識也。崔岦中人也, 而以文章, 故爲承文提調。壽垣雖病廢, 豈不愈於崔岦之中人乎? 此亦不可棄也。寅明曰, 僚相之言, 大體然矣, 而臣未知何以則好也…上曰, 林象元等事, 何如? 在魯曰, 完薦後敗, 乃不得已事。李宗迪之引嫌, 固爲不宜, 而況林象元不再薦之說甚怪矣。所謂三百年云者, 別兼之名, 猶未百年, 則此不成說矣。上曰, 象元則苟且, 而宗迪則適漏矣。欲使李宗迪, 則其時當使之矣。寅明曰, 其時渠敗薦矣。上曰, 其後有李益輔・金相福矣。寅明曰, 過相福則今無不可薦之義矣。上曰, 有李宗迪, 則象元不可行, 而有金相福, 則宗迪無不可行之義乎? 今兼春秋之多, 至於如此, 柳壽垣之言, 誠有可取也。寅明曰, 向日薦則宗迪必不當, 而今則無不可當之義矣。顯命曰, 李宗迪有隔地, 何不可之有哉? 上曰, 此後金相福, 亦可爲之乎? 在魯曰, 相福非完敗者, 豈不再當薦乎? 上曰, 完字何謂也? 在魯曰, 回薦無弊, 旣完焚香, 而被斥見敗者, 謂之完敗也。上曰, 鄭純儉無故乎? 在魯曰, 方在喪, 若無故則當爲下番矣。上曰, 壽垣之言, 以爲古時吏兵曹, 皆有薦矣。在魯曰, 古時有郎薦, 則直爲玉堂云矣。顯命曰, 兵郎亦極選, 而薦規則自宣廟朝始罷矣。上曰, 吏郎則今亦有薦規乎? 在魯曰, 猶有之。若非薦, 則玉堂前不能爲吏曹矣。上曰, 吏判不能通淸望耶? 寅明曰, 吏郎書之, 則彼此不爭, 而或不均則不行, 或偏重則偏擇, 雖以今日爲無黨, 而吏曹三堂與郎廳, 不無偏處矣。上曰, 此則親政日目睹之, 趙榮國・金尙魯, 以校書校理事, 有相爭之意, 極爲殊常, 壽垣之言, 終有理矣。弘文正字, 安保無此弊也? 在魯曰, 翰林與吏郎, 置多人, 俾不獨選, 似好矣。上曰, 過於少輩者, 年老者也。寅明曰, 少輩則欲得物望故也。顯命曰, 卿育鄕人, 以成黨論者, 吏郎也, 甚可痛矣。在魯曰, 人皆循例爲吏郎則好矣。顯命曰, 元無吏郎則好矣。上曰, 卿言亦非公矣。卿亦過此, 而居崇班後爲此言, 未知其可也。壽垣之說誠好矣。上曰, 吏郎亦能通之乎? 在魯曰, 堂下通則郎廳主之, 堂上通則參判・參議主之, 而判書不許之, 則何能爲之也。上曰, 朱書亦言吏部尙書, 以公心許之則可也, 私意則不可云, 要在擇人而已。上曰, 壽垣之言有是者, 而其言弘文正字法, 則科道必濫矣。在魯曰, 如中原規, 則常人皆當爲玉堂, 而我國則不然矣。寅明曰, 大明官制, 則以科次而定官, 壯元則入內閣, 甲科則爲庶吉士。淸人亦用其制, 而雖宰相之子, 居末第, 則不得爲此等官矣。上曰, 此法甚公。頃見中原官制, 則爲科日卽爲付官矣。寅明曰, 我國之法, 前所未有。唐・宋, 皆以文而選知制誥, 故司馬公, 以不閑四六, 不入試。其時人皆稱以忠實, 今則不然矣。上曰, 弘文正字・六曹外, 又有一層矣。寅明曰, 以文考之, 而以榜次送之之意也。上曰, 只別校書館而揀之則似易, 而分館則無之矣。寅明曰, 我國異於中原, 兩班與常漢不同。校館則別置, 而其餘則分等授之, 似好

서기	제왕 연대	나이	사적과 사료초
1741년	영조 17	48	矣。上曰, 無弘文之戰乎? 寅明曰, 有科場之戰, 而無弘文之戰矣。寅明曰, 宋以知制誥選, 而司馬光不入試。今若考試, 則今之人亦必效此, 而不入試矣。在魯曰, 不欲爲官, 則何能出用乎? 上曰, 人皆不欲爲官, 則誰可與共國事者乎? 我國人甚驕, 必欲勝法, 紀綱必大壞矣。在魯曰, 武蔭則如何? 上曰, 擧此而措之云矣。顯命曰, 大抵其法, 試才以文, 分館以授, 而文臣計仕升遷, 欲如蔭官者也。上曰, 至於政丞, 皆然乎? 在魯曰, 政丞則不然矣。寅明曰, 大明法制, 依周禮用之, 而漢·唐·宋之所無者多, 淸人亦用此制矣。上曰, 然矣(『승정원일기』 제929책, 영조 17년 2월 22일 丁巳) ○ 3월 26일(辛卯). 조현명·송인명이 유수원의 진용(進用)을 청하나 왕, 대용(大用)할 뜻이 없음. * 上御熙政堂。晝講。同知事徐宗伋, 特進官李周鎭, 參贊官元景夏, 侍讀官鄭翬良, 檢討官南泰齊, 假注書李箕彦, 記注官李胤沆, 記事官黃景源, 宗臣慶興君栴, 武臣申光岳入侍。進伏訖, 上曰, 左右相方在賓廳, 同爲入侍事, 注書傳諭。左議政宋寅明, 右議政趙顯命, 追後入侍…上曰, 今聞翰林字思之矣。頃者大臣, 亦言吏曹郞權之太重矣。卽今痼弊, 無過於翰林與銓郞, 宜有變通之道矣。柳馨遠隨錄, 卿等亦見之乎? 寅明曰, 未出身前見之矣。上曰, 朱子語類中, 周官制度復古事, 王介甫以爲主上, 何以不詢於大臣, 而獨自斷定乎云, 而予則以爲凡事, 能斷之後可行矣。大臣則柳壽垣經綸, 亦欲用之乎? 渠則曰考試法最好云, 而頃日儒生比較時, 亦有二張雷同, 弘文正字抄選時, 豈獨無相救之事乎? 古者吏兵郞, 皆有薦云, 然否? 寅明曰, 吏兵郞, 古者則皆極選, 故有薦法矣, 癸亥後罷之云矣。上曰, 吏郞之權罷之, 然後可以爲國矣。頃與元景夏酬酢矣。一時竝出四五翰林, 然後可以無爭矣。若於榜出之初, 門地可爲瀛選者, 竝爲翰薦, 次次付之, 則勝於卽今之法耶? 卿等之意, 何如? 景夏曰, 翰林, 國初則別無極擇之事, 但擇年少聰明者爲之, 故或有經翰林而官止禮郞者云矣…上曰, 在上之人, 雖欲如此, 彼翰林注書薦, 誰爲之乎? 在上之人, 旣不自薦, 則其薦之者, 豈盡公平乎? 寅明曰, 柳壽垣, 亦有一言可用者。宜罷翰薦云者, 其言是矣。翰林則薦翰林, 吏郞則薦吏郞, 實是謬法。古則雖商賈, 亦爲淸宦, 中世以來, 其弊至此矣…顯命曰, 臣之區區愚見, 柳壽垣經綸雖不可盡用, 其中有二者可用, 一則主事之法, 一則考試之法。大抵我朝事, 書吏爲主, 官員爲客, 凡干故事, 只憑書吏之口。雖時有輪對官引見之規, 而亦不過聽書吏之言, 書笏記而入對, 有何益乎? 若於各司, 皆置主事, 則豈不好乎? 至於考試法尤好矣。大抵柳壽垣所見, 間有絶人處, 其言不可盡棄矣, 而頃日賜對詢謨後, 不過差下備郞而止, 未知聖意之所在, 而其在勸奬人才之道, 似如何矣。上曰, 其時徐宗玉, 亦有所達, 依李宗城·李日躋例差下矣。耳聾之人, 多不了了, 而柳壽垣, 則極了了, 聽其言似博覽。若處之備局, 使參廟謨, 則似有助矣, 何必要津劇務而後爲好耶? 卿等亦招見否? 顯命曰, 其後卽呈病引入, 一

서기	제왕 연대	나이	사적과 사료초
1741년	영조 17	48	不參坐。臣等亦以爲若參廟議, 則必有超異之見, 而一不來參, 殊無差下意矣(『승정원일기』 제929책, 영조 17년 3월 26일 辛卯) * 上御晝講, 講春秋集傳。訖, 命大臣入侍, 論破朋黨, 行蕩平之道。左議政宋寅明曰 柳壽垣謂翰薦當罷云, 其言是矣。承旨元景夏曰 非但翰薦也。吏郎卽今痼弊也。右議政趙顯命以爲 時象之至此, 皆吏郎之弊也。遂與景夏力陳其當罷。寅明請廣選, 以輕其權, 且勿久任, 上以爲然。先是柳壽垣進 官制序陞圖, 其法取文官之當入承文院者, 皆考試分等, 壯元則爲弘文館正字, 其次爲藝文館檢閱, 又其次爲承文院正字, 如是則名官翰薦樹黨之弊, 可以革祛, 而官制皆用三年序陞之規, 則吏郎通淸之權, 不攻自破云。宋寅明、趙顯命等, 皆以主張蕩平之故, 積被淸論之攻斥。而元景夏又方與李天輔角立, 欲奪名流之權。遂樂聞其說, 相與迭陳於前席, 終至於壞破名宦, 官方淆濫, 而壽垣之說行矣(『영조실록』 권53, 17년 3월 26일 辛卯) * 罷翰林李益輔、金相福職。時益輔、相福等, 各有所薦, 而俱爲他黨所敗。先是上見柳壽垣 官制序陞圖, 有更張之意, 而猶未決, 至是惡黨人以名宦相傾奪, 遂欲罷翰苑回薦之法, 先罷益輔等職(『영조실록』 권53, 17년 4월 5일 己亥) ○ 4월 22일(丙辰). 왕, 이조전랑(吏曹銓郎)과 한림회천(翰林回薦)의 개혁에는 유수원의 방법을 도입하고자 하나 홍문록(弘文錄)과 대통(臺通)은 손대려고 하지 않음. * 二十二日午時, 上御熙政堂。晝講。大臣同爲入侍時, 領議政金在魯, 左議政宋寅明, 右議政趙顯命, 同知事鄭羽良, 特進官金若魯, 參贊官徐命珩, 侍讀官元景淳, 檢討官李成中, 假注書李聖運, 記注官李胤沆, 記事官黃景源, 宗臣綾昌君橚, 武臣行副護軍柳世復入侍。諸臣進伏訖…上曰, 右相之言, 首揆之達, 大體皆是矣。頃年右揆申晩求對時事及今番親政事, 果爲損事體而墜紀綱。其時元景夏, 以予爲非有所陳戒, 故予以爲是矣。今則如此小事, 撓攘不決, 則何事可做? 今此變通, 在下者必多拂鬱, 名官少輩, 尤爲撑中矣。在魯曰, 拂鬱者似或有之矣。上曰, 奚但或有而已? 雖所陳達之大臣, 亦應不快矣。頃見柳壽垣之書而置之矣。今番此事, 若在下者, 倡爲此說, 則渠輩必逐乃已。而特以斷自予衷, 故不敢發說矣。寅明曰, 拂鬱者雖有之, 此則流俗之見, 殿下不必以此, 有所撓動。而每事若必盡欲牢守, 使群下不敢發口, 則誠難矣。上曰, 卿言果是, 此則予當自勉矣。顯命曰, 吏郎之法, 自是祖宗朝典章, 而今已廢革。少年名官輩, 必以自今以後, 無復有激濁揚淸之擧爲言矣。上笑曰, 若謂之推波助瀾則, 可也。寧有激濁揚淸之可言乎?…在魯曰, 卽今應爲翰薦者, 殆至十五餘人矣。羽良曰, 舊榜可爲之人, 若或見漏, 則誠爲可惜矣。上曰, 時任翰林之言, 欲守大體之意, 而鄭羽良, 以舊榜見漏, 爲牽掣。此則不然矣。兩班子弟, 設或若干見漏, 庸何妨乎? 何必盡爲翰林, 然後爲兩班乎? 雖非翰

서기	제왕 연대	나이	사적과 사료초
1741년	영조 17	48	林, 亦有說書之路矣。顯命曰, 古之人如韓愈・柳宗元者, 皆不得爲翰林矣。上曰, 然矣。是故柳壽垣弘文正字之說, 蓋欲至公爲之之意也。在魯曰, 將來雖未知如何, 而初頭薦時, 則必有爭端矣。上曰, 雖有爭端, 旣革回薦之規, 則有何敗薦之弊乎? 在魯曰, 此節目姑置之。前頭更考實錄而講定, 似好矣。上曰, 翰風豈載實錄乎? 顯命曰, 非謂翰風, 欲考回薦之規也。宣廟以前, 未知其必有, 而仁廟以後, 則似有之矣。寅明曰, 臣意應講, 實是文具, 試製以取才則似愈, 而此亦太露矣。上曰, 柳壽垣之意, 蓋欲竝罷承文院矣。顯命曰, 壽垣之意, 以爲奔競之弊, 專由於淸要之職。今則付之於天, 抄出可合槐院之人, 一倂試才, 隨其等第高下, 先付弘正, 次次分排付之, 則所謂翰薦・弘錄臺通等事, 不攻自破。勿論彼此, 旣無紛爭猜忌之端, 則偏論自然消瀜爲言矣。成中曰, 此是付之無私, 一以至公之意也。上曰, 如此則或似有猥雜之弊矣。羽良曰, 壽垣冊子, 合宋明制度, 而成書者也…顯命曰, 大抵近來通塞操縱, 專在於下, 故黨論由是而轉極, 紀綱職此而不立, 馴致百弊俱生, 莫可救止。頃日柳壽垣之言, 臣則以渠獨得之見, 知之矣。今觀殿下處分, 似動於壽垣之言矣。上曰, 予未必動於此, 而亦不可謂之不動矣。法外更張, 予所重難, 而修擧大典, 豈曰非乎? 顯命曰, 今此變通, 實殿下苦心, 卽天地無私之度量。從今以往, 庶無吏郎爲黨通塞之弊, 翰林互對惹鬧之弊。而此外亦有弘錄臺通等事, 殿下若以此兩事, 爲能盡捄其弊, 則臣恐日月之明, 有所遺照矣。上曰, 卿言是矣。兩弊雖祛, 而餘弊尙多, 終不如吏郎翰薦之弊矣。壽垣之法, 或有好處, 而此等事, 唯在在上者之導率耳。但此事旣始之後, 期於必行, 能立紀綱則好矣。若不然則便作一場可笑之事, 予實悶之…顯命曰, 殿下雖不用壽垣之言, 而壽垣之意, 則殿下用之矣。然此猶有半上落下之慮。臣意非欲盡用壽垣之言, 試才之言, 前後屢達, 今若嚴立科條, 設行試才一次, 則可期有效矣。參下出身, 除中庶外, 盡爲抄擇, 大臣館閣, 齊會試取。甲者付翰苑, 乙者屬槐院, 丙者隷國子, 計朔出六之後, 翰苑出六者, 直爲玉堂, 槐院出六者, 直擬臺望。則從前積弊, 自可十去七八矣。上曰, 卿言正如余之所見, 非不好矣。而今雖試才, 安期必得人才乎?(『승정원일기』 제930책, 영조 17년 4월 22일 丙辰) * 翰薦釐革節目成。 春秋館領事金在魯、監事宋寅明・趙顯命、知事鄭錫五、同知事鄭羽良之所議定也。 節目凡十條…史臣曰 是時用事者, 患士大夫不附己, 欲盡收淸要之權, 援進廢錮諸族, 以廣蕩平之路。 然未有以發, 會柳壽垣上 官制序陞圖, 宋寅明、趙顯命等, 與元景夏同議, 遂力贊之, 請斷自宸衷, 於是直 命罷郎選, 改史薦。 金在魯適受暇在鄕, 及還朝, 知上意已決, 不敢爭, 卽草定新節目(『영조실록』 권53, 17년 4월 22일 丙辰) ○ *4월. 당쟁을 유발하는 서원 훼철 단행, 이조전랑(吏曹銓郎) 통청(通淸)의 법과 한림회천(翰林回薦)의 규(規)를 혁파함.* ○ 9월 29일(辛卯). 부사과가 됨.

서기	제왕 연대	나이	사적과 사료초
1741년	영조 17	48	○ *10월. 신유대훈(辛酉大訓)을 반포하여 노론 측 의리를 정당화함.*
1742년	영조 18	49	○ 정월 25일(乙酉). 필선(弼善)이 됨(이때 양천에 머물고 있음). ○ 2월 5일(乙未). 군자정(軍資正)이 됨. ○ 12월 27일(壬子). 사과(司果)가 됨.
1743년	영조 19	50	○ 3월 25일(己卯). 사성(司成)이 됨. ○ 11월 14일(癸巳). 이덕수에게 맡긴 『속오례의(續五禮儀)』 편찬이 늦어져 이를 돕기 위해 낭청(郎廳)으로 차하(差下)됨.
1744년	영조 20	51	○ 정월 28일(丙午). 부교리 김상적(金尙迪), 임금의 하문(下問)에 유수원이 이경학명어세(以經學名於世)라고 함. ○ 6월 11일(丁巳). 수교집록(受教輯錄) 편찬 가임자(可任者)로 선정됨. ○ 7월 5일(庚辰). 이종성, 죽은 이덕수 대신 『오례의』 찬수 맡으면서 유수원의 친병(親病) 있음을 들어 감하(減下)하고 윤광소(尹光紹)로 대신하게 하면서 수원(壽垣)이 『대명률(大明律)』을 암송하고 『문헌통고(文獻通考)』에 영략(領略)하다고 함. * 甲子七月初五日辰時, 上御興政堂。藥房請對, 領右相・纂輯廳堂上引見入侍時, 領議政金在魯, 都提調兪拓基, 右議政趙顯命, 副提調李春躋, 戶曹判書金若魯, 禮曹判書李宗城, 假注書李克祿, 記事官鄭元淳・李承祚諸臣進伏訖…宗城曰, 柳壽垣方有親患, 猝難行公云矣。上曰, 郎廳中有習知律文者乎? 宗城曰, 柳壽垣則雖無堂上而使之獨任, 足自當之。大明律則常時誦讀文獻通考, 極爲浩繁, 而亦能領略。右相亦嘗以此嘉歎矣。頃以用收事, 遞丹陽入來, 今過八年, 空然閑遊矣。上曰, 其人年則似少, 耳聾之人, 大抵若少年者多矣…宗城曰, 五禮儀添入諸條, 曾有與李德壽・柳壽垣差下堂郎, 修整之命。而德壽不幸喪逝, 本冊亦內入未下。成命之下, 不得擧行, 此是職掌所管, 故敢此仰達矣。上曰, 卿可主管而成之。宗城曰, 柳壽垣方有親病, 不得行公於纂輯廳云, 今姑減下。尹光紹匪久似當復命, 以尹光紹, 差下郎廳, 使之察任, 何如? 上曰, 依爲之。出擧條(『승정원일기』 제974책, 영조 20년 7월 5일 庚辰) ○ 11월 9일(壬午). 이때 모상(母喪)을 당하여 『속대전』 편찬에 관여하지 못하게 됨. * 上於興政堂 撰集廳堂上引見入侍…戶曹判書徐宗玉曰 柳壽垣素知法文 可與議此事矣 副司直具宅奎曰 臣欲親往相質 而壽垣方有喪 故未能耳(『승정원일기』 제979책, 영조 20년 11월 9일 壬午)

서기	제왕 연대	나이	사적과 사료초
1746년	영조 22	53	○ 5월. 노론 유봉휘에 대한 처분으로부터 소론에 대한 토역론(討逆論) 제기함.
1749년	영조 25	56	○ 정월. 왕세자의 대리청정이 시작됨.
1751년	영조 27	58	○ 윤5월 14일(己卯). 부사과에 있음.
1752년	영조 28	59	○ 5월. 조재호(趙載浩) 병조판서가 되어 이광좌를 토죄(討罪) 함.
1754년	영조 30	61	○ 정월. 조재호 우의정이 됨. ○ 윤4월 19일(戊辰). 왕, 주서(注書) 유동빈(柳東賓)의 벼슬한 친척으로 유수원이 있다는 말을 듣고 그의 박식함과 귓병을 기억해 냄.
1755년	영조 31	62	○ 2월. 나주괘서(羅州掛書)의 변(變) 일어남, 윤지(尹志) 이하징(李夏徵) 등 처형함. ○ 3월. 유봉휘·조태구에게 역율추시(逆律追施)하는 등 소론대신의 관작을 추탈함, 이종성·박문수(朴文秀) 등 소론 의리의 잘못을 반성하는 자열소(自列疏)를 올림. ○ 5월 2일(乙亥). 춘당대(春塘臺)의 토역정시(討逆庭試)에서 난언패설(亂言悖說)을 적은 심정연(沈鼎衍)의 시권(試券)이 적발됨, 관련 죄인 등을 심문하기 시작함. ○ 5월 16일(己丑). 내사복(內司僕)에서 죄인 심문할 때 유봉휘의 신축년(辛丑年) 상소가 심정연(沈鼎衍) 시권사(試券事)의 근본으로 몰리게 되자 승지 정광충(鄭光忠)이 유봉휘의 소를 유수원이 썼다고 하여 절도정배에 처하도록 요구함. ○ 5월 20일(癸巳). 신치운(申致雲)을 국문(鞫問)함에 해장(蟹醬) 발언이 나옴, 왕, 통분하여 눈물을 흘림, 동조자로서 유봉휘·박사집(朴師緝) 등을 말함. ○ 5월 21일(甲午). 신치운(申致雲) 복주(伏誅)하고 박사집(朴思緝)의 공초(供招)에서 유수원이 신치운의 일생 친구라고 함. * 上御內司僕, 親鞫朴師緝·柳鳳星 師緝供, 弼顯·弼夢卽臣從叔, 泰徵卽臣內舅, 而致雲自少親密矣。刑推師緝供, 致雲是机上肉, 故敢爲凶言, 常稱道鏡·夢·耈·輝及疏下諸賊, 以爲非逆。其凶言不敢達於帳殿, 而虎龍·弼夢凶言, 致雲皆爲之。鏡賊凶疏, 稱有忠節, 有若

서기	제왕 연대	나이	사적과 사료초
1755년	영조 31	62	夏徵之言, 臣以爲吾見亦然云矣 致雲恒言峻論中, 大者 光佐鉅偉, 沈鑵必能立節, 雖如鏡疏, 亦可爲之。又大讚李巨源伸救一鏡事, 而鑵・巨源, 尤其屢稱者也。臣與致雲爲凶言時, 其弟致恒・致興及李巨源、巨源子運和、金浩・金弘錫・柳壽垣同坐酬酢, 此等凶言, 豈可言於人人乎? 尙白及弘錫之孫正履皆其血黨, 巨源・壽垣乃其一生親舊。正履則凶言酬酢時雖不同參, 致雲常譽之以爲, 百事可做云矣。以大逆同參結案正刑, 孥籍如法(『영조실록』 권84, 31년 5월 22일 乙未) ○ 5월 24일(丁酉). 유수원 잡혀와 국문(鞫問)을 받음. 왕, 유수원의 흘겨보는 눈이 흉악하다고 함. 유봉휘 소(疏)를 자신이 쓴 것이 아니라고 밝힘. * 上御內司僕, 親鞫入侍時, 行都承旨鄭弘淳, 右承旨李景祚, 左副承旨李得宗, 右副承旨南泰會, 同副承旨尹東暹, 記事官洪趾海, 事變假注書崔夢嵒, 記事官李興宗・權穎, 領敦寧李天輔, 左議政金尙魯, 判義禁申晩, 知義禁李成中, 同義禁李益輔・南泰耆, 大司諫鄭光忠, 持平元仁孫, 問事郎廳掌樂正洪名漢, 副司果洪麟漢・洪景海・徐命膺・具壽國・鄭昌聖・黃仁儉・李最中, 文書都事朴師海・安宗茂, 別刑房都事李成玉・朴聖煥以次進伏…上曰, 壽垣上之。上曰, 橫視之目, 凶惡矣。壽垣招曰, 賊輝性稟狠毒, 不顧一家至親, 而欲主朝論矣。祖頻禁之而不止, 與矣家, 情誼不好矣。上曰, 狼毒則果甚矣。壽垣招曰, 初無寫疏之事, 賊輝亦不以一官擬矣身矣。師緝, 亦不知面矣。晩曰, 初曰不知師緝, 而又曰, 泰淳之孫, 此是違端也。上曰, 人事則勝於夏徵矣。幾月帳殿, 得一耳聾者誠難堪矣。賊輝疏, 何謂壽垣書之耶? 光忠曰, 一世之喧傳者, 故仰達矣。尙魯曰, 未聞其寫疏事矣。上曰, 偏論果峻乎? 尙魯曰, 峻, 故見枳, 不但耳聾也。泰會曰, 問郎洪名漢, 旣非玉堂, 而與兩司, 相語於一席, 推考, 何如? 上曰, 勿推, 可也。壽垣原情後下之… 上曰, 柳壽垣又上之, 示問目。上曰, 此是往牒所無, 而示問目之事, 世豈有之耶? 尙魯曰, 前招以謂承文正字及正言之外, 不得拜官云, 而聞爲說通, 亦除獻納云矣。上曰, 問之, 可也。壽垣招曰, 李肇爲吏判, 沈珙爲銓郎時, 始爲說通而終不首擬, 李光佐爲都政時, 除說書而亦爲陞六矣。上曰, 下之(『승정원일기』 제1119책, 영조 31년 5월 24일 丁酉) * ○ 假都事吳道潢, 罪人柳壽垣拿來囚。○同日巳時, 親鞫殿座。 ○ 同日, 罪人柳壽垣, 年六十二。白等矣身, 亦一臣子也, 有何心腸, 受逆輝之指揮, 放恣寫疏是喩, 究其心, 已涉無狀, 而卽此除良, 與逆賊致雲, 逆賊思緝, 共蓄逆鏡陰慘叵測之心, 爛漫綢繆之狀, 逆緝之招綻露無餘, 噫! 戊申逆說, 尙今思之, 竪髮衝冠, 今番諸賊, 不過梟獍之種, 怨國之徒, 而此等逆說, 意謂諸賊, 雖叵測, 豈可蘊蓄心頭矣, 今觀逆賊致雲思緝, 則又爲憤痛叱不喩況旀, 矣身, 身爲從班, 國何負於矣身, 而祖述逆鏡, 陰縮此心是喩, 節節痛駭, 節節陰慘是去乎, 其間事狀, 帳殿嚴問之下, 隱諱除良, 從實直招亦, 傳教推考教是臥乎在亦。矣身與逆

서기	제왕 연대	나이	사적과 사료초
1755년	영조 31	62	輝, 雖爲五寸親, 非但國家之大逆, 實爲矣身之世讎, 矣祖尙載, 爲人耿介, 以逆輝及其兄鳳瑞所爲之事, 異於人狼愎狼毒, 惟聚浮薄之輩, 與之親昵, 矣祖每責之。甲戌初, 與矣祖所見不合, 故矣祖以分館前, 翰林經吏郎, 而堂上十年, 未通大諫, 故矣身以渠等排擯其叔之狀, 備載家狀, 此可見與渠等之不好之實狀, 而矣身亦以前正言窮老, 而矣身未嘗做一官於逆輝, 及鏡賊儒夢輩之手矣。致雲則曾於朝行間知之, 而不見已十餘年, 思緝一生不知面, 而與矣六寸柳昌垣相知, 往來其家, 而矣身則雖見之, 未嘗與渠有一言片辭矣。矣身若書輝賊凶疏, 則豈有渠獨做好官, 而矣身若是擯棄之理乎? 思緝之祖泰淳亦, 與逆輝鳳瑞等同心,　故矣祖嘗斥之, 亦載家狀矣。其時逆輝及鳳瑞之子, 逐日爲儒疏, 而矣身則終不一參, 故決科後, 以此見擯, 而亦無悔心, 至於辛丑冬, 以文官爲名者皆上疏, 而矣身則獨不爲之矣。矣身登科五年, 官不過承文正字, 凶疏悖啓, 何以參涉乎? 逆鏡爲亞銓時, 破格擬致雲於兼說, 而矣身, 則與鏡夢初不相干, 矣身所作文字中, 攻斥思緝之祖, 豈與思緝親密乎? 寫疏事, 聞逆輝待命之報, 始知其爲上疏矣, 渠有及第之子, 且多能書之傔, 其寫疏之人, 矣身何以的知乎? 願與思緝面質矣, 逆輝爲完伯時, 矣母有病, 求饌物於渠, 而未嘗及一束石魚, 此亦可見其全無情誼矣。國家但知逆輝之爲國家大逆, 而至於家行之若是無狀, 則必不知矣。致雲則未知有含憾之事, 而思緝則初不相親, 豈有含憾乎? 峻論二字則極冤矣, 前後無一番參涉論議之事矣。上考處置教事。(『推案及鞫案』 193책, 194책, 「乙亥逆賊沈鼎衍等推案」 2·3, 5월 24일) ○ 同日罪人柳壽垣更推白等, 逆賊思緝, 與致雲同一心腸者, 而矣身之名, 綻露於逆賊思緝之招, 矣身雖欲掩諱, 焉敢掩諱是祢, 卽此除良, 矣身說書通淸, 在於辛壬之際, 以此觀之, 矣身招辭, 其涉巧飾, 是可欺也。甚事不欺, 節節巧譎是去乎, 若前除良, 無隱直招亦, 傳敎推考敎是臥乎在亦, 致雲則朝行間泛然知之, 而別無私讐, 似無含憾之端, 思緝尤無相交之事, 而或於他處相見, 渠爲人事, 而矣身以聾不答, 或因此含憾, 未可知也。至於辛壬間通淸, 則矣身雖聾, 亦以兩班爲及第, 則春坊或臺諫間, 通淸自是例事矣, 矣身以承文正字, 李肇爲吏判時, 通說書矣, 癸卯正月 光佐爲吏判時, 始爲說書, 而卽出六爲正言矣。如此小事, 豈敢欺隱, 而不告達乎, 相考處置敎事。(上同) ○ 5월 25일(戊戌). 유수원 복주(伏誅). 왕, 당론(黨論) 때문에 유수원 같은 역적이 나온다고 하여 당론을 크게 경계함. * 二十五日寅時, 上御內司僕。親鞫入侍時…天輔曰, 氣候若何, 寢膳諸節, 何如? 上曰, 一樣矣。罪人沈鏶刑問, 柳壽垣刑問。上曰, 汝之同心, 誰也? 垣招辭。詳載事變日記中 上曰, 聾者, 亦怨國難矣…上曰, 壽垣已正法, 鏶又半承款, 何以獨免乎?…上曰, 以今逆賊壽垣之招觀之, 卅載所知之心, 果信矣。今日廷臣, 雖喙長三尺, 焉敢辭也? 黨心甚而在上者不聽用, 則其心必拂鬱, 心拂鬱則怨國, 而其中甚者, 若壽垣輩之爲逆, 此正履霜堅氷至也。今有其本綻露, 豈敢曰此曰彼而自是

서기	제왕 연대	나이	사적과 사료초
1755년	영조 31	62	乎? 此後章奏間, 挾私意而其峻者, 親鞫訊囚, 當施逆律, 決不饒貸。吁嗟, 大小臣僚知悉。出榻教 (『승정원일기』 제1119책, 영조 31년 5월 25일 戊戌) * 柳壽垣、金渻伏誅。問壽垣 以汝亦一臣子, 有何心腸, 受逆輝之指揮, 放恣寫疏? 究其心已涉無狀, 而與逆賊致雲、師緝, 共蓄逆鏡陰慘叵測之心, 瀾漫綢繆之狀, 逆緝之招綻露無餘。汝身爲從班, 祖述逆鏡, 節節痛駭。遂刑訊, 壽垣承服招 臣與致雲、師緝交結親密, 其所沈滯, 與致雲無異者, 此專由於調劑之致。故上而訕上, 下而辱調劑諸臣, 陰蓄怨國之心。每與相對時, 多發凶言悖說, 如鏡、夢之爲, 時或有加於鏡、夢, 而臣輒與之瀾漫酬酢。蓋臣於諸賊, 非徒不以凶賊知之, 此實由於黨峻之心, 至於怨國, 以怨國之心, 至於常道罔測之悖說。大逆不道遲晩, 正刑, 孥籍如法(『영조실록』 권84, 31년 5월 25일 戊戌) *○ 同日罪人柳壽垣更推白等。矣身帳殿掩門之下,猶敢隱諱, 亦有巧飾者, 已涉無狀朎不喩, 卽此除良, 矣身果若曖昧, 則强食惜名, 宜以白脫是去乙, 反於此而不食, 已涉殊常是遣, 矣身與鄕曲無識者, 類懸殊, 則似若狂, 焉敢曰解枷, 其心何腸是喩, 其間事狀 一一無隱直招亦, 傳教推考教是臥乎在亦。矣身何敢絶食, 而胸隔不平, 欲喫米飮, 而不能矣, 解枷事何敢爲請, 而只欲換着衣服矣。昨果以正法與否, 問於羅卒, 而又以正法時, 當爲解枷與否問之矣, 豈有自處以大逆不道之理乎? 沈鏵亦與矣身相親, 而特以其有名字, 故得峻論之稱, 嘗笑謂矣身, 曰吾輩何嘗爲峻論云, 而想必生怯, 而峻論自服矣。今日世道之至於此極, 皆是峻論之弊, 則沈鏵亦豈爲偏論乎? 矣身相對沈鏵, 以爲所謂名流, 若盡滌黨心, 則世道之行云矣, 相考處置教事.(『推案及鞫案』 193책, 194책, 「乙亥逆賊沈鼎衍等推案」 2・3, 5월 25일) ○ 同日罪人柳壽垣更推白等。矣身若無綢繆逆賊致雲之事, 則思緝之招, 其豈若此是称, 昨日嚴問之下巧飾隱諱之狀, 已爲綻露朎不喩, 下府之後, 公然慌說 今日擧措之惝怳, 可謂東鼎復生是置, 狂說惝怳卽, 矣身之臟物, 雖欲寬刑 焉可寬刑, 今於嚴訊之下, 若前除良, 無隱直招亦, 刑問現推教是臥乎在亦。甲子年, 矣身在喪之時, 致雲一次來弔, 其後不見形影矣。如矣身之落鄕廢棄者, 豈可干涉於黨論乎? 沈鏵之招, 雖以矣身謂之峻論, 而豈可以此死乎? 思緝之招是矣, 而致雲之招亦是, 矣身果爲同參矣。矣身之仰視, 亦是不敬之致, 此是逆心矣。致雲則甲子年見之, 而思緝則辛未年見之, 果爲凶言悖說故, 矣身與之酬酌矣。其言則極爲凶獰, 決非人臣所可道之說矣。所謂凶言, 卽怨國之言矣。何爲如渠可用者, 皆不用之, 此爲至冤云矣。朝廷宰相之爲蕩平調劑者, 皆爲之小人, 以只用蕩平諸人, 爲悖惡之說, 辭氣甚悖, 故矣身所答亦如此, 而以爲今日所用之人, 豈勝於吾輩, 而吾輩則饑餓將死, 彼輩則登用, 以此怨望朝廷, 豈非悖惡說乎? 大逆不道, 旣不可免, 則何可不爲直招乎? 鳳輝則知以凶人, 而其外諸賊, 不以凶賊知之矣。其時矣身之言, 則果有加於致雲之所言, 矣身分明怨國, 此

서기	제왕 연대	나이	사적과 사료초
1755년	영조 31	62	是大逆不道矣。矣身固知鏡夢輩之爲逆, 而思緝來說怨國之言, 故矣身亦勃然而動有所云云矣。沈鑵之心, 亦如矣身同矣。矣身怨國, 則鑵亦怨國矣。昨年鑵自京還鄉時, 見矣身以右相筵奏, 謂之豈有如此政丞, 如此人爲政丞, 豈有益於國家云, 故矣身亦果以此酬酌矣。同一心腸者豈多有乎? 沈鑵則同一心腸矣, 有名字以爲峻論者, 皆是同一心腸矣。矣身則雖肯來見, 而沈鑵則往來京中, 宰相朝士之有名字者, 必盡知矣。沈鑵以爲, 光佐事停啓者, 及欲爲停啓而未果者, 皆同一心腸云矣。矣身之心腸, 非一毫有異於渠等, 而特以在鄕廢棄, 渠輩不來見, 故不知矣。矣身不但與思緝怨國, 亦與致雲怨國矣。矣身之怨國, 而已非爲不道之說矣。致雲思緝未嘗爲鏡夢之言, 而其言或有甚於鏡夢矣, 鏡夢之凶言, 矣身亦果同爲之矣。其凶言與戊申賊之言矣。怨國爲主, 以爲戊申賊之言, 一如勘亂錄矣, 相考處置敎事。 刑問一次, 訊杖三十度, 承服。(上同) ○ 同日罪人壽垣結案白等。矣身根脚段, 父鳳庭, 父矣父尙載並只故, 母金召史, 母矣父瀓並只故, 白良乎父母, 以胎生於忠州, 隨父母長養入籍於京中是白乎袮。矣身與致雲思緝等交結親密, 其所沈滯與致雲無異者, 此事由於調劑之致。故上訕于上, 下辱調劑諸臣, 陰縮怨國之心, 每於相對時, 多發凶言悖說, 與鏡夢之爲時, 或有加於鏡夢, 而矣身輒與之爛漫酬酌, 皆矣身等於諸賊, 非徒不以凶賊知之, 實由於以黨峻之心。至於怨國, 以怨國之心, 至於常道, 則叵測之悖說是白置, 大逆不道的實, 遲晩的只是白乎事。(上同) ○ 大逆不道罪人壽垣, 當日西小門外前路, 不待時陵遲處斬。(上同) ○ 5월 26일(己未). 심악(沈鑵), 죽음에 앞서 유수원의 역절(逆節)을 나라를 향한 정성이라 하며 수원과 함께 죽으니 또한 즐겁다고 하다. * 上御內司僕, 親鞫, 沈鑵伏誅…更問 以師緝招, 致雲常稱汝當伏節, 師緝亦曰, 逆鏡陰慘不道之說, 汝亦爲之云。 身爲宰列, 懷此凶心, 今此賊魁, 非汝而誰? 刑推後, 更推加刑, 鑵供 壽垣正刑, 臣知其由於凶言, 而不知以大逆正法矣。臣以壽垣逆節, 謂之向國有誠, 以壽垣之凶言, 謂非大逆。護逆遲晩結案。鑵又曰 與壽垣同歸, 死亦可樂矣。卽正刑如法(『영조실록』 권84, 31년 5월 26일 己未) ○ 5월 27일(庚申). 연좌율에 의하여 아들 동휘(東暉)가 교형(絞刑)에 처해지고 손자 종철(宗喆)과 손녀 갑임(甲任)은 거제부(巨濟府) 노비로, 호철(好喆)과 효임(孝任)은 남해현(南海縣)의 노비가 되다. *○ 6월 1일(癸卯). 옥사를 마무리하며 『천의리편감』(闡義理編鑑, 뒤에 『闡義昭鑑』으로 함)을 편찬.*

■ 원전·번역서

韓榮國(1981), 『국역 우서』 I·II, 민족문화추진회.

■ 연구 저서

姜萬吉(1973), 『朝鮮後期 商業資本의 發達』, 고려대학교 출판부.

金柄夏(1989), 『韓國經濟經營思想史』, 啓明大出版部.

한영우(2007), 『꿈과 반역의 실학자 유수원』, 지식산업사.

■ 연구 논문

姜萬吉(1971), 「朝鮮後期 商業의 問題點－《迂書》의 商業政策 分析」, 『한국사연구』 6, 한국사연구회.

권은경(1994), 「유수원의 학제·과거제론 연구」, 연세대학교 대학원 석사논문.

金淇烈(1992), 「聾菴 柳壽垣의 言論 研究」, 『史學研究』 43·44합집, 한국사학회.

金龍德(1975), 「重商論과 技術學의 導入論」, 『한국사 14 近代思想의 萌芽』, 국사편찬위원회.

金龍德(1976), 「茶山의 商業觀 研究」, 『歷史學報』 70, 역사학회.

金龍德(1977), 「兩班商人論考」, 『人文學研究』 第4·5合輯, 중앙대학교 인문학연구소.

김인규(2009), 「유수원의 職分主義 身分制 개혁론－'四民分業'과 '四民一致'를 중심으로－」, 『東方學』 16, 한서대학교 동양고전연구소.

김은하·박종석(2011), 「조선 후기 북학파 유수원과 홍대용의 教育改革論 연구」, 『인문사회과학연구』 12-1, 부경대학교 인문사회과학연구소.

朴東守·李熙永(1989). 「『우서』에 나타난 유수원의 經營組織論」, 『사회과학연구』 9-1, 영남대 사회과학연구소.

백승철(2007), 「농암 유수원의 商業觀과 商業振興論」, 『東方學志』 140, 延世大國學研究院.

백승철(2011), 「농암 유수원, 조선 후기 상공업 육성론의 개척자」, 『내일을 여는 역사』 42호, 서해문집 편집부.

배기헌(1996), 「농암 유수원의 郡縣支配體制와 地方財政개혁론」, 『金龜論叢』 3-1, 東國專門大學.

안대회(2013), 「楚亭 思想의 成立 背景과 그 影響」, 『초정 박제가 연구』, 사람의 무늬.

우홍준(2009), 「조선 후기 柳壽垣의 經世論」, 『韓國行政史學誌』 24, 한국행정사학회.

元裕漢(1972), 「朝鮮後期 貨幣流通構造 改善論의 一面－柳壽垣의 현실적 貨幣論을 중심으로」, 『歷史學報』 56, 역사학회.

元裕漢(1974), 「18世紀 前半期 中堅官僚 柳壽垣의 貨幣思想」, 『월간화폐계』 6월호, 화폐계사.

이강선(2002), 「조선 후기 重商학파의 개혁정책에 관한 연구－농암 유수원의 개혁사상을 중심으로」, 『韓國行政史學誌』 11, 한국행정사학회.

李崙圭(2000), 「土亭 李之菡의 商業觀에 관한 硏究」, 『韓國傳統商學硏究』 16, 韓國傳統商學會.

李銀周(1986), 「聾菴 柳壽垣의 學校制度改革案 硏究」, 인하대학교 사학과 석사학위논문.

李憲昶(2002), 「柳壽垣과 朴齊家의 商業振興論」, 『韓國實學硏究』 4, 한국실학학회.

이헌창(2013), 「楚亭의 利用厚生思想과 富國論」, 『초정 박제가 연구』, 사람의 무늬.

張惠子(1991), 「聾菴 柳壽垣의 科擧制 改善論」, 부산대학교 교육대학원 석사논문.

정명기(1988), 「聾菴 柳壽垣의 敎育論 연구」, 부산대학교 대학원 석사논문.

鄭禹澤(2002), 「柳壽垣의 經濟倫理思想에 관한 硏究」, 『韓國傳統商學硏究』 16-2, 한국전통상학회.

정호훈(2004), 「조선 후기 실학의 전개와 개혁론」, 『東方學志』 124, 延世大 國學硏究院.

조성을(1999), 「柳壽垣의 高麗時代 認識－制度에 대한 見解를 中心으로」, 『實學思想硏究』 10·11합집, 毋岳實學會.

조윤선(2008), 「聾巖 柳壽垣의 생애와 사법제도 개혁론」, 『韓國人物史硏究』 10, 한국인물사연구소.

趙楨基(1992), 「농암 유수원의 軍政思想」, 『華甲紀念論叢』, 人文・社會科學編, 中齋張忠植博士 華甲紀念論叢刊行委員會 編, 檀國大學校出版部.

최광만(2013), 「유수원의 교육개혁론」, 『교육사학연구』, 23-1, 교육사학회.

韓榮國(1976), 「농암 유수원의 政治・經濟思想(上)」, 『大丘史學』 10, 대구사학회.

韓榮國(1968), 「유수원저 『迂書』」, 『창작과 비평』 11, 창작과 비평사.

韓榮國(1973), 「柳壽垣의 『迂書』」, 『實學硏究入門』, 一潮閣.

韓榮國(1981), 「국역 『우서』 해제」, 민족문화추진회.

韓永愚(1972), 「柳壽垣의 身分改革思想」, 『韓國史硏究』 8, 한국사연구회.

黃明水(1992), 「韓・日 商人思想의 比較－柳壽垣과 石田梅岩의 比較」, 『華甲紀念論叢』, 人文・社會科學編, 中齋張忠植博士 華甲紀念論叢刊行委員會 編, 檀國大學校出版部.

황선민(1990), 「『迂書』의 商業 경영론 연구」, 『韓國傳統商學硏究』 3, 韓國傳統商學會.

Paolo Santangelo(1980), 「유수원(1694～1755)의 國家根本論」, 『제1회 한국학 국제학술회의 논문집』, 한국정신문화연구원.

가

가조(架槽) 288, 376
가족 노동력 443
가호별 종합소득세 357, 398, 400, 448
각세(榷稅) 351
감생(監生) 455, 515, 523
갑수(甲首) 390, 395, 396, 448
갑책(甲冊) 392
갑패(閘壩)의 제도 359
강희제(康熙帝) 30
거가세족(巨家世族) 118
거감(擧監) 524, 525
거인(擧人) 13, 89, 96, 250, 455, 503, 515, 523, 528
격례(格例) 526
견락거인(見落擧人) 96
결(結)·부(負)의 실적(實績) 410, 418, 450
결부법(結負法) 399, 418, 451
겸병(兼竝) 302, 451
경관(京官) 127
『경국대전(經國大典)』 90, 110, 115, 130, 144, 351, 392, 406, 409, 421
경묘법(頃畝法) 451
경신처분(庚申處分) 55, 60, 65
경신환국(庚申換局) 33
경제합리주의 240, 253, 255, 262~264, 268, 274, 275, 296, 298, 305, 306
경화사족(京華士族) 191
고공(雇工) 305, 311, 387
고과(考課) 73, 104, 120
고과법(考課法) 121
『고려사』 90, 233
고만(考滿) 113, 128, 413
고만서승법(考滿序陞法) 128
고염무(顧炎武) 87, 459, 485, 538
고적법(考績法) 74, 91, 102, 108, 120, 129~131, 142, 512
고적서승법(考績序陞法) 60
고적서승설(考績序陞說) 58
고적제(考績制) 50
고직(庫直) 403
고퇴생원(考退生員) 13, 96, 457, 509, 524, 526, 536
곡록(穀祿) 367
곡속(穀屬) 366
곡응태(谷應泰) 88
공감(貢監) 524
공거(貢擧) 97, 455, 527
공거의(貢擧議) 481
공거제(貢擧制) 13, 496, 505, 531
공론(公論) 61, 121, 127
공리(功利) 78, 242, 243, 251, 445, 452

공물 방납 202
공민(公民) 170, 195, 220, 221
공사(空士) 536
공사(貢士) 96, 524
공생(貢生) 515
공선전(貢饍錢) 399
공식(工食) 403
공의(公議) 117
공자(孔子) 78, 81, 139, 142, 156, 248, 251, 255, 291
공장(工匠) 282, 297, 303, 310, 311, 314, 391
공적 부세(賦稅) 401, 449
공전(公田) 174, 399
공정별(工程別) 분업 432, 433, 434, 446
공호(工戶) 419, 420
공화정(共和政) 132, 133
과거제(科擧制) 97, 103, 455
「과농소초(課農小抄)」 370
과전법 381
관개(灌漑) 286, 294, 376, 378
관상(官商) 175, 222
관생(館生) 524
관액진전(官額陳田) 408
『관자(管子)』 137, 172, 243, 251, 252, 325
관장(官匠) 175
관전(官田) 408, 413
『관제서승도설(官制序陞圖說)』 56~61, 65~67, 79, 91, 132, 143, 158, 567, 571
관제서승법(官制序陞法) 64, 121
관제수명(官制修明) 77, 91, 102
관제이정 108
「관제잡론(官制雜論)」 73, 75
「관제총론(官制總論)」 73
관제추승(官制推陞) 132
관중(管仲) 172
관찰사사(觀察使司) 110, 114
괄수윤거(刮水輪車) 288, 376
광작(廣作) 443
광주(廣州) 율리(栗里) 27
교맥(蕎麥) 366
구명규(具命奎) 37
구임법(久任法) 128, 157, 159, 472
구전(區田) 12, 363~372, 377, 446
구조적 개혁론 444
구조적 변동 439
구종(區種) 371
구직(九職) 80
구진(舊陳) 412, 414
국사(國社) 368
국실민부(國實民富) 72, 209
『국어(國語)』 172
국역(國役) 175
국체치규(國體治規) 119
국학(國學) 95, 291, 427, 510

국허민빈(國虛民貧) 70, 71, 75, 194, 199, 209, 262, 269, 271, 286, 321, 358, 446, 461
군덕(君德) 469
「군도(君道)」 139
군신공치(君臣共治) 133, 134, 153
군신일체론(君臣一體論) 133
군역 면제권 182, 189
군자소인변(君子小人辨) 95, 133
군주전제(君主專制) 133
군주정(君主政) 132, 133, 138, 143, 159
군현별 전액제(田額制) 418
군호(軍戶) 419, 420
궁가(宮家) 380, 381, 402, 449
궁경실학(窮經實學) 33
궁방전 381, 382
권농교문(勸農敎文) 361
권문세가(權門勢家) 193
권설직(權設職) 513
궤전(櫃田) 364
균부론(均賦論) 386
균산적(均産的) 정책론 448
균역(均役) 399
균요미(均徭米) 12, 13, 259, 357, 391, 395, 396, 398, 399, 400, 448, 449
균요전(均徭錢) 12, 13, 357, 391, 393, 396, 398, 399, 400, 448, 449
균전(均田)의 정사(政事) 405
균전법(均田法) 214
균전제(均田制) 178
근경학인(近京學人) 23
근기남인 126
금고(禁錮) 176, 279, 305
『금양잡록(衿陽雜錄)』 361
급보(給保) 177
급복전(給復田) 402, 403
급소(急少) 36, 37, 39, 146, 167, 224
급수관개(汲水灌漑) 369
급재(給災) 265, 266, 406
급제(及第) 324, 503
기경전(起耕田) 404, 414, 450
「기논선본지(記論譔本旨)」 43, 68, 150
기령호(畸零戶) 389, 419, 420
기록문책(記錄文冊) 130
기묘사류(己卯士類) 100
기술 도입론 284, 285
기술 발전론 274
기유처분(己酉處分) 44
기전(起田) 405
기초 생업(生業) 423
기환지가(綺紈之家) 120
길고(桔槹) 288, 376
김구(金構) 48
김동필(金東弼) 37
김매기〔鋤治〕 366
김석주(金錫胄) 30, 34, 88, 154
김시형(金始炯) 46

김우명(金佑明) 33, 248
김육(金堉) 9, 33, 34, 126, 127, 154, 247, 248, 338, 460
김일경(金一鏡, 急少) 35, 37, 38, 47, 148, 149
김자점(金自點) 126
김재로(金在魯) 45, 48, 51, 62, 64
김좌명(金佐明) 33
김집(金集) 126, 127, 338, 460
김징(金澂) 28
김창집(金昌集) 44, 55
김춘택(金春澤) 89
김흥경(金興慶) 48

나

나전통차(騾轉筒車) 288, 376
나주괘서(羅州掛書)사건 146
나주의 모산촌(茅山村) 24
낙제생원(落第生員) 98
낙토(樂土) 310, 349, 350, 434, 435, 436, 438, 440, 452
난음(難廕) 525
난전(亂廛) 208, 240, 295, 306, 314, 326
남구만(南九萬) 9, 26, 28, 32, 33, 34, 154
납공(納貢) 525
납세 의무 173
내각(內閣) 87
내성(內聖) 85
내성외왕(內聖外王) 85, 134
내재적(內在的) 발전론(發展論) 9
노론(老論) 44, 101, 167, 191, 192, 224, 245
노비 174, 267, 275, 279, 297, 305
노비 종천법(從賤法) 425
노심(勞心) 노동 203
노심자(勞心者) 203
노장(蘆場) 408
녹로(轆轤) 288, 376
「논관제연격득실(論官制年格得失)」 116
「논관제지폐(論官制之弊)」 73, 74
「논구임직관사례(論久任職官事例)」 136
「논동속(論東俗)」 68, 244
「논본조정폐(論本朝政弊)」 68, 69, 233, 311
「논비국(論備局)」 49, 68, 69, 77, 104
「논여제(論麗制)」 68, 232, 244
「논주론지폐(論主論之弊)」 73
「논패초(論牌招)」 50
「논학교(論學校)」 91
「논학교선보지제(論學校選補之制)」 102
「논한민(論閑民)」 80
『농가집성(農家集成)』 361
농기구 개선론 382

『농사직설(農事直說)』 361
『농상집요(農桑輯要)』 360
『농서(農書)』 361, 364~370, 377, 383, 447
농업 개량론 357
농업 육성책 420
농정(農政) 356, 357, 452
농정론(農政論) 12, 354
『농정전서(農政全書)』 368, 369, 385
농호(農戶) 420, 422
늠선생원(廩膳生員) 96, 98, 391, 428, 501, 519, 536

다

다산(茶山)의 정전제 440, 443, 444
당론(黨論) 95, 101, 158
대가(代加) 107
대각(臺閣) 122
대구(大口) 391, 420
대납(代納) 177
대동미(大同米) 109, 391, 393~396, 398, 400, 448, 449
대동법 247, 248, 315~319, 326, 338, 401
대두(大豆) 366
『대명률(大明律)』 42, 87, 90, 135, 144, 158
『대명회전(大明會典)』 89, 135, 457
대상(大商) 207, 208, 222, 256, 257
대소맥(大小麥) 366
대자본 231, 236, 241, 260, 278, 306, 323, 324, 350, 434
대탕평(大蕩平) 55, 61
대통(臺通) 62, 65
덕치(德治) 61, 140~142, 153, 158, 455, 457, 458
도목정사(都目政事) 130
도시문화 277, 302, 309
도인법(導引法) 369
도전(塗田) 363, 368
도지휘사(都指揮使) 111
도찰원(都察院) 87
돈거(砘車) 382
동궁조호설(東宮調護說) 27
동림당(東林黨) 90
동생(童生) 517
『동서(東書)』 46, 59
동치천하(同治天下) 133
두레박 377
둔전(屯田) 절수 380
득인론(得人論) 116

라

뢰사(耒耜) 382, 383, 384
리(犁) 383
리(里) 256, 389, 392

마

마자(麻子) 366
만민의 9직(職) 분업론 419
말업(末業) 174, 297, 298
맬더스 법칙 331, 335, 337
맹자(孟子) 79, 139, 142, 248, 251, 254, 255, 258, 259, 270, 291, 299, 307
면세(免稅) 265, 381, 402, 449
멸인욕(滅人欲) 79, 85
명·청 이상론 214, 216
「명법(明法)」 137
명법시(明法試) 472
『명사강목(明史綱目)』 88
『명사기사본말(明史紀事本末)』 88
『명이대방록(明夷待訪錄)』 88
무신란(戊申亂) 22, 39, 44
무적죄인(無籍罪人) 395
무전자(無田者) 441
무주(無主) 공지(空地) 380
무토(無土) 381
문벌(門閥) 102, 115, 118~120, 129, 130, 132, 139, 168, 191~193, 195, 198, 211, 214, 216, 218, 220, 239, 275, 277, 278, 426, 429
문음(門蔭) 97
문지(門地) 119
『문헌통고(文獻通考)』 29, 42, 49, 87, 90, 144
『문화유씨세보』 총목 28, 29
물론(物論) 121
물리(物理) 238, 336, 337, 340
물의(物議) 107, 121, 123, 127, 158
미성정(未成丁) 390, 420
민백행(閔百行) 56
민사(民社) 368
민산(民産) 234, 263, 270, 294, 312, 326, 331, 341
민수(民數) 389
민업(閔業) 31
민여개(閔汝蓋) 31
민전(民田) 413
민호(民戶) 261, 419, 420
밀풍군(密豊君) 39

바

박(鏄) 382
박동량 25
박문수(朴文秀) 45~47, 147, 167
박미(朴瀰) 25
박사집(朴思緝) 146~149
박세당(朴世堂) 32, 248, 338
박세채(朴世采) 31, 32, 338
박소(朴紹) 24
박응남(朴應男) 24
박응복(朴應福) 24
박응순(朴應順) 24

박응인(朴應寅) 24
박응천(朴應川) 24
박제가(朴齊家) 231, 232, 238, 251, 261, 276, 301, 309, 322, 325, 335, 339, 340, 342, 384
박지원(朴趾源) 251, 276, 340, 342, 370
박필몽(朴弼夢) 148
『반계수록(磻溪隨錄)』 109, 340, 440, 489
반상제(班常制) 181, 182, 187, 198, 307
반야하교(半夜下敎) 44
발공(拔貢) 529
방상(坊庠) 496
방전전(放佃田) 394
백광현(白光玹) 52
백징(白徵) 405
번거(翻車) 288, 376, 377
벌열(閥閱) 138
범민(凡民) 196
『범승지서(氾勝之書)』 366
법가(法家) 84, 137, 158, 159, 252, 468
법선왕(法先王) 78
법치(法治) 12, 114, 133, 140~142, 264, 265, 294, 455
벼〔稻〕 367
변법론(變法論) 86, 399, 439
별업(別業) 262, 436
병작 농민 452
병작농(竝作農) 423, 440, 451
병작료(竝作料) 441
병작반수 440
보(保) 351
보인(保人) 177
보충대(補充隊) 175, 180
보편교육 292, 293
복사(覆沙) 265, 411, 412, 414
복호(復戶) 403, 449
본업(本業) 174, 280, 354
본주(本主) 406, 407, 408
봄보리 371
봉건제(封建制) 119, 133, 137, 393
부곡(副穀) 366
부공(副貢) 529
부국강병 209, 272, 274, 321
부국론(富國論) 11, 231, 269, 321, 455, 458
부국안민(富國安民) 269, 271
부론(浮論) 116~118, 121, 125, 127~129, 132, 134, 156
부방(副榜) 526
부병제(府兵制) 178
부상대고(富商大賈) 205, 222, 253, 259
부생(附生) 519, 525
부세의 불균(不均) 397
부역(賦役) 232, 388
부학생(附學生) 96, 98, 99, 520
북벌(北伐) 100, 215, 385

북학(北學) 8, 21, 356, 385, 447
분공(分工) 466
분관(分館) 65
분봉제(分封制) 137
분업 234, 239, 258, 263, 270, 274, 275, 280~283, 294, 304, 308, 309, 314, 318, 325, 331, 335, 445
분직(分職) 466
비구(臂篝) 289, 382
비민(庇民) 84
비변사(備邊司) 49, 69, 105, 106, 108, 131, 337, 385, 458
비보소(裨補所) 375
빈흥(賓興) 480, 503, 505
빈흥제도(賓興制度) 503, 505

사

사(士) 계층 196, 205, 275, 277, 354, 391, 419, 426, 428, 429, 446
사(士)·농(農)·공(工)·상(商) 100, 168, 195, 273, 275, 279, 292, 295, 298, 322, 349, 424, 425, 426, 428, 439, 457
사결(私結) 415
사노비(私奴婢) 398, 448
사도(司徒) 479
사론(士論) 113, 121, 123, 246
사림(士林) 92, 94, 101, 103, 158
사물(私物) 398
사민(四民) 13, 21, 69, 70, 71, 75, 76, 89, 92, 104, 121, 129, 155, 168, 170, 196, 197, 199, 201, 204, 216, 218~221, 233, 234, 237~340, 262, 263, 269~280, 292, 294, 302, 303, 314, 316, 317, 331, 370, 458
사상층(士商層) 10, 13, 89, 90, 99, 170, 205, 206, 208, 209, 220
『사시찬요초(四時纂要抄)』 361
사염(私鹽) 422
사전(沙田) 368
사조(私租) 397, 398, 440, 448
사족(士族) 118, 168, 181, 182, 194, 201, 211, 275~277, 279, 299, 300, 349
사천(史薦) 107
사패의 법 381
사학(四學) 250, 496
사환권(仕宦權) 170, 173
산당(山黨) 34, 126, 246, 247, 338, 460
산림(山林) 82, 100, 101, 123, 246, 380, 381
산장(山場) 378
산학(算學) 471
삼농(三農) 430
삼대(三代) 77, 81, 171, 210, 220, 284, 291, 331, 397, 427
삼례(三禮) 79, 247

삼번란(三藩亂) 87
삼사(三司) 473
삼사분치(三司分治)체제 111
삼수미(三手米) 393, 398, 448
삼수옥(三手獄) 146
삼의사(三醫司) 177
상놈〔常漢〕 184, 186
상민(常民) 118, 182, 184, 186
상번제(上番制) 177
상법(商法) 257, 261, 291, 294
상서(庠序) 95, 291, 427
상세(商稅) 69, 352, 353
상앙(商鞅) 158
상업(常業) 258, 252, 298~300, 322
상업세 240, 254, 311, 313~315, 320, 340
상업육성론 231, 239
상업의 발전 434
상업자본 11, 287, 324
상업적 농업 433
상업진흥론 231, 234, 274, 275, 290, 296, 302, 323
상인(商人) 392
상인(商引) 392
상인(尙仁) 79, 78, 86
상적(商籍) 부여 206
상품구매력 434, 446
상학(商學) 291, 340
상호(商戶) 419, 420
생계 포기권 189
생살부(生殺簿) 151
생원(生員) 12, 89, 96, 97, 103, 455, 457, 515
생재(生財)의 방안 351, 353
서(黍) 366
서광계(徐光啓) 368, 385
서리(胥吏) 180, 263
서사법(敍事法) 111
서승(序陞) 108
서승고적(序陞考績) 10, 13, 61, 91, 115, 116, 126, 131, 132, 138, 140~143, 157, 158, 159
서승도(序陞圖) 59
서승법 129, 142
서얼(庶孼) 175, 177, 179, 267, 279, 305
서원(書員) 102, 412
서유구(徐有榘) 371
서인(庶人) 172
서종옥(徐宗玉) 55, 56
서학(書學) 471
서호수(徐浩修) 385
석송정사(石松精舍) 29, 31
선보법(選補法) 10, 72, 103, 143, 159
선진유가(先秦儒家) 90
선진유학(先秦儒學) 81
선혜청 109, 313, 316
성선설(性善說) 11, 223

성악설(性惡說) 139
성오(誠吾) 24
성의(誠意) 457
성정(成丁) 390, 391, 420
성호학(星湖學) 30
성혼(成渾) 100, 185
세가대족(世家大族) 119
세가자제(世家子弟) 103
세감(歲監) 525
세경(世卿) 138
세고(歲考) 529
세공(歲貢) 529
세공생(歲貢生) 527
세록(歲祿) 381, 403
세미(稅米) 394
『소곡유고(素谷遺稿)』 152
소구(小口) 391, 420
소동파(蘇東坡) 472
소두(小豆) 366
소론(少論) 101, 126, 167, 224, 248, 325, 330, 331, 336~339, 342, 458, 459
소매상〔小販商〕 208, 236, 237, 287, 299, 306
소봉(素封) 399
소시법(召試法) 66
소식(蘇軾) 115
소학(小學) 276, 291~293, 322, 427
소학계(小學契) 83, 284
속(涑) 24
속(粟) 366, 367
『속대전(續大典)』 90, 144, 155
『속문헌통고(續文獻通考)』 368, 369, 447
『속오례의(續五禮儀)』 66, 144
솔거(率去) 399
솔비(率婢) 390
솔정(率丁) 390, 391
송시열(宋時烈) 31, 84, 101, 248, 338, 460
송인명(宋寅明) 39, 40, 44, 48, 51, 55, 61, 63, 330
송준길(宋浚吉) 32
송진명(宋眞明) 41, 42, 45
수갑(水閘) 375
『수교집록(受敎輯錄)』 406
수기수세(隨起隨稅) 404, 405, 414, 450
수당(水塘) 377
수대리(讎代理) 44
수도(水稻) 366, 367
수레 235, 238, 264, 268, 284, 287~289, 312, 333
수리(水利) 372, 373, 375, 378, 379, 385, 447
수배(水排) 288, 376
수세(收稅)행정 388
수원사적(壽垣事蹟) 28
수전(水田)농업 374

수전고거(水轉高車) 288, 376
수전체제(授田體制) 175
수차(水車) 286, 372~375, 385, 447
수책(水柵) 288, 376
수초당본(遂初堂本) 88
수표가(手票價) 422
수해(水害) 373
숙분(熟糞) 365
순자(荀子) 12, 79, 139, 142, 458, 463
순자격(循資格) 127
순학(荀學) 142
숭본억말(崇本抑末) 정책 174
승상제(丞相制) 135
승전전(承佃田) 394
승호(僧戶) 419, 420
시기전(時起田) 402
시조(施措) 84
시파(時派) 54, 330
신공(身貢) 189, 391, 398, 448
신농씨(神農氏) 383, 384
신량역천층(身良役賤層) 174
신만(申晩) 55
신분제 189, 231, 239, 270, 275~278, 322, 429
신사(紳士) 89, 206, 324
신사민론(新四民論) 12, 455, 481
신사옥(辛巳獄) 27
신역(身役) 174
신유대훈(辛酉大訓) 55
신일헌(申一軒) 31
신임사화(辛壬士禍) 224
신임옥사(辛壬獄事) 22, 35, 43
신증전(新增田) 413
신치운(申致雲) 54, 146~149
신택하(申宅夏) 56
실결(實結) 402
실공(實功) 33, 460
실사(實事) 11, 13, 74, 75, 81, 84, 90, 105, 122, 131, 153, 218, 245, 246, 271, 284, 356, 458
실심(實心) 33, 460
실정(實政) 13, 81, 84, 90, 103, 105, 153, 218, 245, 246, 271, 458
실학(實學) 33, 245, 248~250, 339, 460
심대윤(沈大允) 493
심로숭(沈魯崇) 52, 54
심성론(心性論) 79
심악(沈鑵) 54, 146~149, 151~153
심유(沈濡) 493
심유현(沈維賢) 148
심육(沈錥) 493
심정연(沈鼎衍) 146, 148
심확(沈鑊) 493
십구하교(十九下教) 44
십일제(什一制) 401

아

안찰사사(按察使司) 110
암태도(巖太島) 380
앙마(秧馬) 288, 382
액사(額肆) 435, 436
액전법(額田法) 12, 357, 402, 404, 405, 411, 413~415, 417, 419, 449~451
액점(額店) 240, 241, 314, 315, 435, 436
약재(約齋) 31
양명학파(陽明學派) 12, 458
양민(良民) 184, 187, 239
양반(兩班) 183, 193, 239, 267, 275~279, 296~298, 301, 305, 310, 322, 323, 328, 337, 425
양병(養兵)의 재정(財政) 350
양사(養士) 494, 532
양안(量案) 449
양인(良人) 100, 143, 159, 170, 181, 182, 220, 457
양전(量田) 409, 410, 412, 414
양천제(良賤制) 10, 170, 178, 179, 181, 198, 214, 220, 221
양천현(陽川縣) 39, 154
양첩(良妾) 180
양출(粱秫) 366
어염(魚鹽) 262, 311, 312, 421
어호(漁戶) 419, 420
언전(櫃田) 363
엄당(閹黨) 90
여정(輿情) 121
역가(役價) 403
역관(譯官) 358
역호(驛戶) 419, 420
연납(捐納) 207
연령군(延齡君) 37
연분(年分) 412
연석(筵席) 124
연잉군(延礽君) 27
연작(連作)농업 361
연행(燕行) 384
염・철(鹽・鐵)의 전매(專賣) 350~352
염과(鹽課) 421
염법(鹽法) 421, 422
염분(鹽盆) 253, 259, 421
염사(鹽司) 421, 422
염상(鹽商) 206, 421, 422
염액(鹽額) 421
염인(鹽引) 421
염정(鹽丁) 421, 422
염정(鹽政) 421, 422
염표(鹽票) 421
염호(鹽戶) 253, 259, 419~421
영세(零細) 균작(均作) 443
영업전(永業田) 444
예감생(例監生) 515, 524
예공생(例貢生) 515

예론(禮論) 139
예송(禮訟) 100
예수(隷首) 418
예의(禮義) 77, 78, 80, 242, 243, 272, 279
예치(禮治) 10, 32, 58, 61, 79, 103, 114, 132, 133, 137, 139, 140, 142, 143, 153, 159, 455, 457
『오례의(五禮儀)』 144, 155
오명항(吳命恒) 39
오언주(吳彦胄) 42
오위제(五衛制) 177
『오학편(吾學編)』 29, 332
오호(五胡) 211
옥속(屋粟) 406
와비(臥碑) 94
완두(豌豆) 366
완론(緩論) 35, 38, 48, 54, 496
완소(緩少) 39, 44, 47
왕간(王艮) 486, 537
왕민사상(王民思想) 214
왕부(王府) 417, 418, 451
왕안석(王安石) 63, 79, 247, 263, 460
왕정(王政) 75, 90, 142, 156, 264, 285, 305, 354, 355, 367~369, 377, 383, 427, 440, 443
왕정(王禎) 364~366, 370, 447
「왕제(王制)」 503
왕토(王土) 214, 434
왕패병용(王霸併用) 32
외거(外居) 399
외거노(外居奴) 390, 391, 393, 395, 397
외거정(外居丁) 390
외왕(外王) 85
요순(堯舜) 77, 78, 354
욕지도(欲智島) 380
용골차(龍骨車) 377
용동궁(龍洞宮) 380
용미거(龍尾車) 375, 385
용사출척권(用捨黜陟權) 124
우감(優監) 525
우경(牛耕) 371
우공(優貢) 529
『우서(迂書)』 21, 29, 31, 33~35, 38, 40~46, 49, 51~56, 58, 59, 61, 66, 67, 72, 87, 91, 106, 118, 132, 143, 150, 153, 155, 158, 231~234, 241, 242, 244, 245, 247, 249, 251~253, 256, 262, 263, 269~275, 279, 291, 294~302, 308, 319, 321, 322, 324~331, 336, 337, 340~342, 351~354, 367
우예수차(牛曳水車) 288, 376
우회생산 280, 281
운조(耘爪) 289, 382
원시유가(原始儒家) 23, 84
원액전(元額田) 413

원포(園圃) 430
위전(園田) 363, 364
유관(柳寬) 24
유동빈(柳東賓) 145
유봉령(柳鳳齡) 29, 32
유봉영(柳鳳齡) 460, 491
유봉정(柳鳳庭) 28, 29
유봉휘(柳鳳輝) 26, 28, 34, 36, 37, 59, 145, 147, 149, 155, 342, 381
유상운(柳尙運) 9, 26, 27~29, 31, 34, 46, 88, 154, 272, 381
유상재(柳尙載) 26, 28, 32, 149
유용공(柳用恭) 24
유정제동(由靜制動)의 원리 387
유토(有土) 381
유학(幼學) 98, 99, 201, 316, 428, 429
유형원(柳馨遠) 109, 276, 305, 340, 349, 387, 399, 415, 440, 441, 489
유호(儒戶) 419
육관(六官) 112, 270
육부직주제(六部直奏制) 135, 136
육조(六曹) 91, 458, 473
윤광소(尹光紹) 144, 152
윤득경(尹得敬) 56
윤순(尹淳) 42, 45, 47, 49, 50
윤유(尹游) 41, 42, 47
윤증(尹拯) 9, 31, 32, 460
윤혜교(尹惠教) 45
율가(律家) 471
율곡(栗谷) 100, 276
율리(栗里) 88
율학(律學) 457, 471
율현(栗峴) 29, 30
은감(恩監) 525
은결(隱結) 415~417, 450, 451
은공(恩貢) 525
은생(恩生) 96
은세(隱稅) 415
은음(恩蔭) 513, 526, 528
『은파산고(銀坡散稿)』 54
을해옥사(乙亥獄事) 145~148, 152, 155, 167, 224, 493
음감(廕監) 524, 525
음구(陰溝) 376
음사(蔭仕) 97, 103, 297
음직(蔭職) 193
읍학(邑學) 391, 428, 496
읍학생(邑學生) 429
의리(義理) 193, 300
의리쌍행(義利雙行) 32, 84
의인왕후(懿仁王后) 25
의장(義莊) 205, 256~258, 437
의정부 서사제(署事制) 136
의학(義學) 205, 256, 437
이(犁)·화(鏵)의 제도 382
이거원(李巨源) 148
이건명(李健命) 44
이경석(李景奭) 32

이광사(李匡師) 145
이광좌(李光佐, 峻少) 36, 37, 39, 41, 43~47, 50~53, 146, 155, 330, 337
이덕수(李德壽) 144, 145
이랑(吏郞) 58, 64, 65
이래(移來)·이거(移去) 394
이문(移文) 395
이법치국(以法治國) 137
이사(移徙) 395
이수광(李睟光) 23, 88
이앙법(移秧法) 361
이용후생(利用厚生) 231, 249, 251, 252, 269, 271, 274, 282, 286, 307, 309, 310, 342, 349, 350, 434, 435, 436, 438, 452
이의현(李宜顯) 48
이이명(李頤命) 44, 55
이익(李瀷) 95, 349, 387, 442
이일제(李日躋) 46
이장(里長) 389, 390
이재(理財) 262, 263, 267, 274, 275, 296, 306
이적(夷狄) 212, 213
이정제(李廷濟) 38
이조전랑(吏曹銓郞) 22, 58, 60, 61, 63, 121, 125, 142, 155
이종성(李宗城) 41, 45, 46, 47, 50, 54, 143, 144, 147, 167, 330, 337
이주(離朱) 418
이중환(李重煥) 125, 126
이직(吏職) 181
이진유(李眞儒) 36
이책(里冊) 392
이철보(李喆輔) 147
이하진(李夏鎭) 30, 88
이현석(李玄錫) 88
이호(吏戶) 419, 420
이황(李滉) 81
인가(引價) 422
인군위당설(引君爲黨說) 133
인덕(仁德) 79
인도(印度) 211
인리(人吏) 391, 403, 449
인시제의(因時制宜) 85, 86, 90, 140, 156
인의(仁義) 72, 79, 139, 253
인정(人丁) 390, 394
인정(仁政) 156, 264~268
인조반정(仁祖反正) 123, 181, 192
인치(人治) 58, 114, 133, 139, 140, 153, 532, 537
인허장(認許狀) 387
『일지록(日知錄)』 88
일천즉천법(一賤則賤法) 175, 182
일호정식(一戶定式) 390
『임원십륙지(林園十六志)』 371
임인삼수옥(壬寅三手獄) 37
입법정제(立法定制) 458, 474

「입호정식(立戶定式)」 390

자

자영농(自營農) 443
자폐적 세계 202
자폐적(自閉的) 엘리트 10, 168, 194, 199, 202, 220
『잠곡유고(潛谷遺稿)』 90
『잠곡집(潛谷集)』 29, 33
잠직(蠶織) 289, 384
잡류(雜流) 175
잡부(雜賦) 12, 400, 401, 449
잡역(雜役) 401, 449
잡역가(雜役價) 401, 449
잡직(雜織) 102, 175, 177
장력(長曆) 110
장토(莊土) 438
재랑(齋郎) 97
재산루총서(在山樓叢書) 30
재행용인(才行用人) 102
적수(敵戍)의 율(律) 416
적전(籍田) 367
전(錢) 382
전가사변형(全家徙邊刑) 182
전덕홍(錢德洪) 494
전등(田等) 405, 410
『전록통고(典錄通考)』 90
전사(典史) 102
전선(銓選) 74
전세(田稅) 259, 267, 391, 393~396, 398, 400, 448, 449
전시과(田柴科) 178
전안(田案) 404
전액(田額) 405, 449
전업적(專業的) 분업(分業) 423, 427, 432, 446, 452
전작(佃作) 371
전장(田莊) 257, 262, 436
전재(全災) 413
전정(田政) 265, 402, 404, 406, 415, 416, 418, 449, 450
전제(典制) 102, 232
「전제(田制)」 항목 367
전조(銓曹) 126
전주(田主) 394
전책(田冊) 394
전품(田品) 418
전호(佃戶) 393
절수(折受) 380, 381
정(丁)·전(田)·사(事)·산(産) 387~390, 392, 393, 396, 400
정각(征榷) 352, 353
정관(貞觀) 389
정구(丁口) 311, 387
정군(正軍) 351, 391, 403
정군심(正君心) 50, 72
정규(政規) 69, 70, 73, 74, 80, 104

정년격(停年格) 127
정도전(鄭道傳) 69, 104, 176, 245, 461
정명(正名) 139, 142
정미환국 39, 44, 53
정사(政事) 84, 242, 247, 248, 256, 265, 266, 271, 272, 279, 285, 329
정사시조(政事施措) 85, 86, 134, 158
정성공(鄭成功) 87
정수기(鄭壽期) 37
정시(庭試) 97, 524
정심성의(正心誠意) 33, 83, 85, 134, 153, 156, 158
정약용(丁若鏞) 276, 385, 386, 416
정액전(正額田) 409
정인보(鄭寅普) 21
정전(丁錢) 391, 396, 397
정전(井田) 137, 264, 352, 368, 393, 397
정제두(鄭齊斗) 458, 491
정족(鼎族) 211
정직(正職) 175, 182
정폐(政弊) 77, 91
정휘량(鄭翬良) 152
제(穄) 366
제갈량(諸葛亮) 84, 116
『제민요술(齊民要術)』 366
제언(堤堰) 374, 375, 378
제학어사(提學御史) 510
조(租)·용(庸)·조(調) 170
조광조(趙光祖) 82, 100, 122, 123
조명교(曺命敎) 41, 42, 330
조명리(趙明履) 57
조명택(趙明澤) 40, 41, 42, 330
조문명(趙文命) 39, 40, 44, 48
조부(租賦) 352, 353
조사(造士) 103, 143, 159, 291
조사법(造士法) 71, 87, 95, 98, 100, 101
조사선보법(造士選補法) 91, 95, 98, 102, 132, 156
조재호(趙載浩) 146~149, 152
조준(趙浚) 69, 104, 176, 461
조지(竈地) 421
조태구(趙泰耈) 36, 38, 46, 47, 147
조태억(趙泰億) 36, 37
조태채(趙泰采) 38, 44
조현명(趙顯命) 45, 48, 54~56, 59, 61~63, 66, 143, 155, 167, 337, 338, 495
존군론(尊君論) 139
존주비민(尊主庇民) 33, 83~86, 134, 156
존천리(存天理) 79, 85
종량(從良) 175, 180
종록(宗祿) 381
종모법(從母法) 175
종사(從祀) 100
종주(從周) 78, 86, 156

종주(從周, 周禮) 79
좌구명(左丘明) 172
좌수별감(座首別監) 101
좌이관(佐貳官) 102
주가(主家) 391
주곡(主穀) 작물 366, 368, 369
주관(周官) 80
『주례(周禮)』 78, 80, 81, 90, 112, 114, 137, 158, 247, 280, 305, 325, 429, 430, 461, 472, 492
주론(主論) 74, 107, 108, 116, 121, 122, 127
주서(朱恕) 486
주원장(朱元璋) 134~136, 158
주자(朱子) 75, 81, 82, 84~86, 133, 142, 153, 223, 243, 245~248, 251, 255, 270, 292, 340, 361
준론(峻論) 28, 34, 35, 54, 147, 148, 496
준소(峻少) 37, 50
중간 농단 402, 404, 415, 449, 450
중서층(中庶層) 180, 181, 278
중원(中原) 땅 367
중전치세(重典治世) 135
중학(中學) 496
증광생원(增廣生員) 96, 98, 391, 502, 519, 536
지대(地代) 189
지주(地主) 398, 441
『지천집(遲川集)』 29, 32, 90
지치(至治) 78
직전법(職田法) 381
진량(陳亮) 84
진신(縉紳) 89
진안(陳案) 412
진전(陳田) 265, 266, 405, 406, 450
징소(徵召) 31

차

참(鑱) 382
창인(倉人) 367
척신(戚臣) 101
천리인정설(天理人情說) 72
천망(薦望) 125
천망통청(薦望通淸) 58
천민(天民) 196
천방관개(川防灌漑) 374
천업(賤業) 168
천인(賤人) 170
천직(賤職) 174
천첩(賤妾) 180
천하유도(天下有道) 133
철결(鐵結) 416, 451
첨수(甛水) 363
청론(淸論) 95, 117
청요직(淸要職) 62, 64, 65, 117, 121, 143, 499

청의(淸議) 61, 100, 107, 113, 116, 120~122, 126, 134, 153, 157, 158, 246
청천당(聽泉堂) 29, 31
체용(體用) 79
체형(體刑) 182
초임(初任) 194
초장(草場) 421
초지(草地) 408
촉서(薥黍) 366
「총론사민(總論四民)」 68, 70, 232, 234, 239, 269, 270, 272, 277, 284, 286, 299, 301, 306, 326, 331, 336
총책(總冊) 392
최명길(崔鳴吉) 32
최석정(崔錫鼎) 32~34, 90, 154, 491
최석항(崔錫恒) 36, 37, 147
축설(蓄洩) 378
충정(充定) 183
취사제도(取士制度) 494
치규(治規) 74
치술〔治術〕 76
치체(治體) 49, 69~74, 77, 80, 104, 156

타

타거(拖車) 289, 382
탄(坦) 39
탕당(蕩黨) 152
탕론(蕩論) 147, 148, 167
태사(太社) 367
태주학파 488, 537
태학(太學) 95, 291, 496
택수령(擇守令) 120
토역론(討逆論) 145
통차(筒車) 288, 376
통청(通淸) 22, 62, 107, 125, 126, 127, 158

파

파(鈀) 382
파당(陂塘) 376
판적(版籍) 479
패술(霸術) 78, 242, 243, 251
패초(牌招) 49
편리(編里) 390
편심(編審)제도 388, 393, 394, 410
편향(編鄕) 390
편호(編戶) 389, 390
평민(平民) 172, 187, 298
폐정변통론(弊政變通論) 32
포락(浦落) 265, 411, 412, 414
포전(圃田) 363, 364, 368
포정사사(布政使司) 110
포폄제(褒貶制) 130
표인(票引) 311, 387

피당(陂塘) 378

하

하삼도(下三道) 199
하심은(何心隱) 487
하제거인(下第擧人) 525
하택거(下澤車) 289, 382
학규(學規) 507
학정(學政) 522
『학정전서(學政全書)』 522
한낙오(韓樂吾) 486
한도(旱稻) 366
한림(翰林) 58, 61, 65, 87
한림리혁절목(翰林釐革節目) 61
한림직(翰林職) 64
한림천망(翰林薦望) 63
한림천법(翰林薦法) 57
한림회천(翰林回薦) 22, 58, 66, 121, 142, 155, 158
한민(閑民) 304, 305, 465
『한비자(韓非子)』 11, 158, 243, 251, 252, 254, 325
한재(旱災) 373
한천(翰薦) 62
합자(合資)제도 290
항산(恒産) 258, 265, 270, 299, 441, 322, 439
항심(恒心) 258, 442, 443
『해학유서(海鶴遺書)』 21
행사역부(行事曆簿) 110, 130
행수암거(行水暗渠) 376
향권(鄕權) 102
향리제(鄕吏制) 102
향상(鄕庠) 496
향소(鄕所) 101, 102, 444
향시(鄕試) 96, 97, 457
향신(鄕紳) 206
향약(鄕約) 83, 284
향임(鄕任) 101, 102
향족(鄕族) 191
향학(鄕學) 96
허노재(許魯齋) 533
허조(許稠) 177
험첩(驗帖) 311, 314, 387
현관(顯官) 182
현량과(賢良科) 83, 284, 462
호두(戽斗) 377
호마(胡麻) 366
호명(戶名) 419
호민(豪民) 418, 451
호요(戶徭) 259, 391, 397~399, 448
호율(戶律) 394
호적제(戶籍制) 386
호주(戶主) 396
호책(戶冊) 392
호포(戶布) 397
효문제(孝文帝) 172

홍문록(弘文錄) 62, 65
화(鏵) 383
화경(火耕) 378~380
「화식지(貨殖志)」 358
화전(火田) 223, 266, 301, 332, 333, 378~380
활민(猾民) 417
황극(皇極) 492
황종희(黃宗羲) 87, 459, 539
황희(黃喜) 177
회권(會圈) 66
회시(會試) 96, 97, 250
『효전산고(孝田散稿)』 52~54, 330
훈귀세력(勳貴勢力) 223
훈척(勳戚) 358

기타

1갑(甲) 390, 396
1향(鄕) 389
4민(民) 분업론 349, 358, 359, 419, 424, 431, 434, 438, 439, 445, 446
9직(職) 분업론 429

집필진(원고 게재 순)

정만조 · 국민대학교 명예교수
김성우 · 대구한의대학교 관광레저학과 교수
이헌창 · 고려대학교 경제학과 교수
김태영 · 경희대학교 명예교수
정순우 · 한국학중앙연구원 교수

실시학사 실학연구총서 08
농암 유수원 연구

1판 1쇄 인쇄 2014년 9월 20일
1판 1쇄 발행 2014년 9월 25일

편집인 | 재단법인 실시학사
집필진 | 정만조 · 김성우 · 이헌창 · 김태영 · 정순우

펴낸곳 | 성균관대학교 출판부 · 사람의무늬
등록 | 1975년 5월 21일 제1975-9호
주소 | 110-745 서울특별시 종로구 성균관로 25-2
전화 | 02)760-1252~4 팩스 | 02)762-7452
홈페이지 | http://press.skku.edu

ISBN 979-11-5550-080-4 94150
978-89-7986-923-1 (세트)
값 30,000원